宋人軼事彙編

二

周勛初　主編

葛渭君　周子來　王華寶　編

上海古籍出版社

宋人軼事彙編卷六

李沆

1 文靖李公沆布衣時，先正端焕知舒州，屬因事涉江，公實侍行。俄而風濤暴作，幾覆没。有大校王其姓，善鑒人倫，遽白曰：「此有真相，孰敢爲害，何懼之有？」是日果利涉無虞，衆皆神其事。及公之貴，王校尚存焉。《王文正公筆録》。《宋朝事實類苑》卷四十八。

2 李文靖重厚沉默，嘗寓京師，亦少出入。一日，忽有一轎至。下轎，乃一蓋頭婦人，不見其面，然儀度甚美。入文靖房，久而出。衆訝之，以爲文靖如此，却引得這般人來，遂問之。文靖亦只依違應之曰：「亦言某前程之類，何足信！」深詰之，文靖曰：「諸公曾見其面乎？一面都是目。」《朱子語類》卷一百二十九。

3 李文靖公沆初知制誥，太宗知其貧，多負人息錢，曰：「沆爲一制誥，俸入幾何？家食不給，豈暇償逋耶？」特賜錢一百三十萬，令償之。後爲學士，因宴，上目送愛之，曰：「沆風度端粹，真佳士也。」後爲右揆，居輔弼，當太平，無一事。凡封章建議務更張、喜激昂輩，摇鼓捭闔，公悉屏之，謂所親曰：「無以報國，聊用以安黎庶爾。」景德元年薨，上臨哭之慟，大呼曰：「天乎，忠良純厚，合享遐壽！」《玉壺清話》卷五。《宋朝事實類苑》卷六。

4 李沆貧時欠人錢三十萬，登第後，帝爲還之，故宋人詩云：「新祠民祭祀，舊債帝償還。」《隨園隨筆》卷二十七。參見雷有終2。

5 李文靖沆其初相也，真宗密使人覘之曰：「朕首命沆爲相，汝私往觀其忻戚。」中人還，言其門無車馬，蕭然如常。上歎曰：「李沆大耐官職。」《雲谷雜紀》卷四。

6 李文靖公沆爲相，沈正厚重，有大臣體。嘗曰：「吾爲相無他能，唯不改朝廷法制，用此以報國。」士大夫初聞此言，以謂不切於事。及其後，當國者或不思事體，或收恩取譽，屢更祖宗舊制，遂至官兵冗濫，不可勝紀，而用度無節，財用匱乏，公私困弊。推迹其事，皆因執政不能遵守舊規，妄有更改所致。至此始知公言簡而得其要，由是服其識慮之精。《歸田録》卷一。

7 李文靖公作相，嘗讀《論語》。或問之，公曰：「沆爲宰相，如《論語》中『節用而愛人』、『使民以時』兩句，尚未能行。聖人之言，終身佩之可也。」《邵氏聞見録》卷七。《言行龜鑑》卷一。

8 將詔庶官上封直言，有指中書過失，請行罷免者，帝覽之不悦，謂〔李〕沆曰：「此輩皆非良善，止欲自進，當譴責以警之。」沆曰：「朝廷比開言路，苟言之當理，宜加旌賞，不則留中可也。況臣等非才，備員台輔，倘蒙見黜，乃是言事之臣有補朝廷。」帝曰：「卿真長者耳。」《遵堯録》卷五。

9 李文靖公沆爲相時，真廟嘗夜遣使持手詔，問欲以某氏爲貴妃如何。文靖對使者引燭焚詔，口附奏曰：「但道沆以爲不可。」其事遂寢。《書》曰：「成王畏相。」其此之謂乎？《吕氏雜記》卷下。《昨非庵日纂》二集卷一。

10 李沆相秉鈞日，有狂生扣馬獻書，歷詆其短。李遜謝曰：「俟歸家當得詳覽。」狂生遂發訕怒，隨公馬後肆言曰：「居大位，不能康濟天下，又不能引退，久妨賢路，寧不媿於心乎？」但於馬上踧踖再三曰：「屢求退，以主上未賜允。」終無忤色。《厚德録》卷四。《自警編》卷一。《賢弈編》卷一。《讀書鏡》卷二。《何氏語林》卷十四。《昨非庵日纂》一集卷十。《古事比》卷三十七。

11 〔李〕沆在相位，接賓客常寡言。馬亮與沆同年生，又與維善，語維曰：「外議以大兄爲無口匏。」維乘間嘗達亮語，沆曰：「吾非不知也，然今之朝士，得升殿言事，上封論奏，了無壅蔽，多下有司，皆見之矣。若邦國大事，北有强虜，西有戎還，日旰條議，所以備禦之策，非不詳究。薦紳中如李宗諤、趙安仁皆時之英秀，與之談，猶不能啓發吾意。自餘通籍之子，坐起拜揖，尚周章失措，即席必自論功最，以希寵奬，此有何策而與之接語哉？苟屈意妄言，即世所謂籠罩，籠罩之事，僕病未能也。爲我謝馬君。」《楊文公談苑》。《宋朝事實類苑》卷八。《宋名臣言行録》前集卷二。《續湘山野録》。《遵堯録》卷五。《宋稗類鈔》卷一。

12 真宗初即位，李沆爲相。帝雅敬沆，嘗問治道所宜先，沆曰：「不用浮薄新進喜事之人，此最爲先。」帝問其人。曰：「如梅詢、曾致堯等是矣。」帝深以爲然。故終帝之世，數人者皆不進用。是時梅、曾皆以才名自負，嘗遣致堯副温仲舒安撫陝西，致堯於閤門疏論仲舒，言不足與共事，輕鋭之黨無不稱快。然沆在中書不喜也，因用它人副仲舒，而罷致堯。故自真宗之世，至仁宗初年，多得重厚之士，由沆力也。《龍川别志》卷上。

13 李文靖公沆爲相，專以方嚴厚重，鎮服浮躁，尤不樂人論説短長附己。胡祕監旦謫商州，久未召，嘗與文靖同爲知制誥，聞其拜參政，以啓賀之，歷詆前居職罷去者，云吕參政以無功爲左丞，郭參政以失酒爲少監，辛參政非材謝病優拜尚書，陳參政新任失旨退歸兩省，而譽文靖甚力，意將以附之。文靖愀然不樂，命小吏封置别篋曰：「吾豈真優于是者？亦適遭遇耳。乘人之後而譏其非，吾所不爲，况欲揚一己而短四人乎。」終爲相，旦不復用。《石林避暑録話》卷二。《厚德録》卷三。《自警編》卷四。《何氏語林》卷三。《昨非庵日纂》二集卷三。《宋稗類鈔》卷三。

14 見張齊賢13。

15 寇萊公與丁晉公始甚相善，李文靖公爲相，丁公尚爲兩制，萊公曰：「屢以丁薦，而公不用，何也？」文靖答曰：「今已爲兩禁也，稍進，則當國。如斯人者，果可當國乎？」寇曰：「如丁之才，相公自度終能抑之否？」文靖曰：「唯，行且用之，然他日勿悔也。」既而二公秉政，果傾軋，竟如文靖之言。《倦游雜録》。《宋朝事實類苑》卷五十七。《遵堯録》卷五。《群書類編故事》卷十七。《古今合璧事類備要》續集卷五十。《宋稗類鈔》卷三。

16 寇萊公始與丁晉公善，嘗以丁之才薦於李文靖公沆屢矣，而終未用。一日，萊公語文靖曰：「比屢言丁謂之才，而相公終不用，豈其才不足用耶？抑鄙言不足聽耶？」文靖曰：「如斯人者，才則才矣，顧其爲人，可使之在人上乎？」萊公曰：「如謂者，相公終能抑之使在人下乎？」文靖笑曰：「他日後悔，當思吾言也。」晚年，與寇權寵相軋，交至傾奪，竟有海康之禍，始服文靖之識。《東軒筆録》卷二。《宋朝事實類苑》卷十三。《宋名臣言行録》前集卷二。

17 李文靖端默寡言，堂下花檻頽圮，經歲不問。魚軒一日語之，文靖不答，累以爲言，文靖曰：「豈以此故動吾一念哉！」亦不之問。既薨，盛夏顔色不變，吐香如蓮花七日不滅。先文正在中書，一日拊其案曰：「安得見李同年耶？」……同列叩之，曰：「文靖與某在中書，邊事方紛然，予嘗謂曰：『何日事定？』文靖曰：『陛下天資高明，有爲之君也。今二虜未寧，故不暇。某老矣，它日適當公手。』」是時方東封西祀，建立道宫，皆如文靖之言。《聞見近録》。

18 真宗既與契丹和親，王文正旦問於李文靖沆曰：「和親何如？」文靖曰：「善則善矣，然邊患既息，恐人主漸生侈心耳。」文正亦未以爲然。及真宗晚年，多事巡游，大修宫觀，文正乃潛歎曰：「李公可謂有先知之明矣。」《涑水記聞》卷六。《宋名臣言行録》前集卷二。案：《舊聞證誤》卷一云和親時「李文靖之薨久矣」。

19 咸平、景德中，李文靖公沆在相位，王文正公旦知政事。時西北二方未平，羽書邊報無虚日，上既宵旰，二公寢食不遑。文正公歎曰：「安得及見太平，吾輩當優游矣。」文靖公曰：「國家有强敵外患，足以警懼。異日天下雖平，上意浸滿，未必能高拱無事。某老且死，君作相時當自知之，無深念也。」及北鄙和好，西陲款附，於是朝陵展禮，封山行慶，巨典盛儀，無所不講。文靖已死，文正既衰，疲於贊導，每歎息曰：「文靖聖矣。」故當時謂文靖爲聖相云。《邵氏聞見録》卷七。《王文正公筆録》。《澠水燕談録》卷二。《宋朝事實類苑》卷八。《遵堯録》卷五。

20 真宗朝，李沆、王旦同執政。四方奏報祥瑞，沆固滅裂之，如有災異，則再三疏陳，以爲失德所招，上意不悦。旦退謂沆曰：「相公何苦違戾如此？似非將順之意。」沆曰：「自古太平天子，志氣侈盛。

非事奢侈，則耽酒色，或崇釋老，不過以此數事自敗。今上富於春秋，須常以不如意事裁挫之，使心不驕，則可爲持盈守成之主。沆老矣，公他日當見之。」旦猶不以爲然。至晚年，東封西祀，禮無不講。時沆已薨，旦繪像事之，每胸中鬱鬱，則摩腹環行曰：「文靖，文靖。」蓋服其先識也。《孔氏談苑》卷二。《何氏語林》卷十五。《宋稗類鈔》卷三。

21 見王曾12。

22 見夏竦9。

23 〔李丞相沆〕自奉甚薄，所居陋巷，廳事無重門，其偪下已甚，頹垣壞壁，沆不以屑慮。堂前藥欄壞，妻戒守舍者勿令葺，以試沆。沆朝夕見之，經月，終不言。妻以語沆，沆笑謂其弟維曰：「豈可以此動吾一念哉？」家人勸治居第，未嘗答。維與言，因語次及之，沆曰：「身食厚禄，時有横賜，計囊裝亦可以治第。但念内典以此世界爲缺陷，安得圓滿如意，自求稱足？今市新宅，須一年繕完，人生朝暮不可保，又豈能久居？巢林一枝，聊自足耳，安事豐屋哉？」後遇疾，沐浴右脅而逝，時盛暑，停屍七日，室中無穢氣，亦履行之報也。《楊文公談苑》。《宋朝事實類苑》卷八。《自警編》卷三。《言行龜鑑》卷四。《何氏語林》卷十四。《昨非庵日纂》二集卷十。《宋稗類鈔》卷三。

24 李丞相沆有長者譽。一世僕逋宅金數十千，忽一夕遁去，有女將十歲，美姿格，自寫一券繫於帶，願賣於宅以償焉。丞相大惻之，祝夫人曰：「願如己子育於室，訓教婦德，俟長成求偶嫁之。」止請夫人親結褵，以主其婚，然而務在明潔。」夫人如所誨，及笄，擇一婿亦頗良，具奩幣歸之，女範果堅白。其二親後歸舊京聞之，淪感心骨。丞相病，夫婦封股爲羹饋之，至薨，衰絰三年。《湘山野録》卷下。《宋朝事實類苑》卷八。《厚德録》卷二。《仕學規範》卷三十。《自警編》卷四。《何氏語林》卷三。《昨非庵日纂》二集卷三。

25 李文靖乞去，題六和塔云：「經從塔下幾春秋，每恨無因到上頭。今日始知高處險，不如歸卧舊林丘。」《後村詩話》前集卷二。《昨非庵日纂》二集卷十四。

李 維

1 見朱昂6。

2 見丁謂40、41。

畢士安

1 見王禹偁1、2。

2 見梁顥1。

3 真宗尹京，畢相士安爲府判，沈毅忠厚。中書將有僉諧，太宗令輔臣歷選，俱不稱旨。而李相沆必欲用寇公，上曰：「準少年進用，才鋭氣浮，爲朕選河朔有重德、稀姓者，處其中而鎮之。」近臣少喻上意，方以畢公進。上果大喜，遂用參大政。時曹利用爲樞相，寇、曹二人者，一時恃酒，往往凌詬於席，公處其間，嘗温容以平之。不踰月，與寇俱平章事，歲餘，果負重望。太宗謂李沆曰：「朕固欲用士安者，頃夢數神人擁一紫綬者，令拜朕曰：『非久當相陛下。』夢中熟視之，乃士安也。」《玉壺清話》卷五。《宋朝事實類苑》卷四十五。

4　咸平二年十月，詔選官校勘《三國志》、《晉書》、《唐書》。或有言兩晉事多鄙惡，不可流行者。真宗以語宰相畢士安，曰：「惡以誡世，善以勸後，善惡之事，《春秋》備載。」帝然之，故命刊刻。《宋朝事實類苑》卷十六。

5　畢文簡公仕至輔相，而四海無田園居第，没未終喪，家用已屈，其妻貸於王文正公家，故天下稱其清。《自警編》卷二。

6　畢文簡公之婿曰皇甫泌，少時不羈，唯事蒱博。時畢公作相，累諭不悛，欲面奏其事，使加貶斥，方啓口云：「臣有女婿皇甫泌。」適值過庭有急報，不暇敷陳，他日又欲面奏，亦如之，若是者三，值上内逼，遽引袖起，遥語畢曰：「卿累言婿皇甫泌，得非欲轉官耶！可與轉一資。」畢公不敢辯，唯而退，泌即轉殿中丞，後累典大郡，以尚書右丞致仕，年八十五卒。《青箱雜記》卷八。參見向敏中9。

寇準

1　寇萊公少時，不修小節，頗愛飛鷹走狗。太夫人性嚴，嘗不勝怒，舉秤鎚投之，中足流血，由是折節從學。及貴，母已亡，每捫其痕，輒哭。《涑水記聞》卷七。《宋朝事實類苑》卷五十三。《宋名臣言行録》前集卷四。《群書類編故事》卷七。《昨非庵日纂》二集卷十六。《堯山堂外紀》卷四十四。

2 太宗幸魏時，公年十六，以父陷蕃，上書行在，辭色激昂，舉止無畏。上壯之，命有司記姓名。後二年進士及第。《宋名臣言行録》前集卷四。

3 公年十九，舉進士。時太宗取人多問其年，年少者往往罷遣，或教公增其年，公曰：「吾初進取，可欺君耶？」《宋名臣言行録》前集卷四。《自警編》卷二。《言行龜鑑》卷二。《古事比》卷十六。

4 初，寇萊公十九擢進士第，有善相者曰：「君相甚貴，但及第太早，恐不善終。若功成早退，庶免深禍。蓋君骨類盧多遜耳。」後果如其言。《澠水燕談録》卷六。《宋朝事實類苑》卷四十九。《古今事文類聚》前集卷三十九。《宋稗類鈔》卷一。

5 見張士遜4。

6 寇忠愍初登第，授大理評事，知歸州巴東縣。時唐郎中謂方爲郡，夕夢有人告云：「宰相至。」唐思之，不聞朝廷有宰相出鎮者。晨興視事，而疆吏報寇廷評入界，唐公驚喜，出郊迓勞。見其風神秀偉，便以公輔待之，且出諸子羅拜。唐新飾勒韉，置廳之左，寇既歸船，其子拯白其父曰：「適者寇屢目此，宜即送之。」寇果詢牙校：「何人知吾欲此？」對以十四秀才。既而力爲延譽，拯於孫漢公榜甲等成名。《倦游雜録》。《宋朝事實類苑》卷四十八。《括異志》卷八。《墨客揮犀》卷一。

7 〔公〕知歸州巴東縣，每期會賦役，不出符移，唯具鄉里姓名揭縣門，民莫敢後者。嘗賦詩有「野水無人渡，孤舟盡日横」之句，時以爲若得用，必濟大川。手植雙柏于縣庭，至今民以比甘棠，謂之「萊公柏」。《宋名臣言行録》前集卷四。《澠水燕談録》卷八。《宋朝事實類苑》卷六十九。《群書類編故事》卷二十三。《宋稗類鈔》卷一。

8 元祐九年，巴東大火，柏與公祠俱焚。明年，莆陽鄭贛來爲令，悼柏之焚，惜公手植，不忍剪伐，種凌霄於下，使附幹以上，以著公遺迹，且慰邦人之思。《宋名臣言行録》前集卷四。

9 〔寇準〕爲巴東令。巴東有秋風亭，準析韋應物一言爲二句云：「野水無人度，孤舟盡日横。」識者知其必大用。《東都事略》卷四十一。《氏族言行類稿》卷四十八。《林下偶談》卷二。

10 寇萊公詩「野水無人渡，孤舟盡日横」之句，深入唐人風格。初授歸州巴東令，人皆以「寇巴東」呼之，以比前趙渭南、韋蘇州之類。《湘山野録》卷上。《新編分門古今類事》卷十四。《堯山堂外紀》卷四十四。《宋稗類鈔》卷五。

11 太宗時，寇準爲員外郎，奏事忤上旨，上拂衣起，欲入禁中，準手引上衣，令上復坐，決其事然後退。上由是嘉之。《涑水記聞》卷二。《孔氏談苑》卷三。《宋朝事實類苑》卷六。《宋名臣言行録》前集卷四。《自警編》卷六。《仕學規範》卷十七。

12 太宗器重準，嘗曰：「朕得寇準，猶唐文皇之得魏鄭公也。」準爲虞部員外郎，言事，召對稱旨。太宗謂宰相曰：「朕欲擢用寇準，當授以何官？」宰相請用爲開封府推官，上怒曰：「此官豈可以待準者邪？」宰相請用爲樞密直學士，上沉思良久，曰：「且使爲此官可也！」《涑水記聞》卷二。《宋朝事實類苑》卷六。《曲洧舊聞》卷七。《類説》卷十九引《三朝聖政録》。

13 寇準初爲密學，方年少得意，偶撰《江南曲》云：「江南春盡離腸斷，蘋滿汀洲人未歸。」又云：「日暮江南一望時，愁情不斷如春水。」意皆悽慘。末年果南遷。《國老談苑》卷二。

14 見張洎6。

15 太宗嘗因久旱，欲遣使四方詢民疾苦，因謂大臣曰：「天下官吏必有用刑不當者。」時寇準副位樞弼，前對曰：「天下官吏未聞用刑不當者，陛下用刑則實有不當。」上默然久之，問曰：「何也？」準曰：「晉州祖吉受所監臨贓，罪不至死，陛下特命杖殺之。參知政事王沔弟犯監主自盗贓，罪至死，陛下以沔故恕其罪。此陛下用刑不當也。」上爲之感悟，罷沔參知政事。《儒林公議》。《萊公遺事》。

16 見呂端8。

17 公守青州，上欲見之，謂左右曰：「寇準豈念我否？」大臣有不悦者，進曰：「臣聞寇準在青州，唯聲色是娛，何暇念君父耶？」會遣中使撫巡山東，上曰：「往問寇準安否。北還，從取朝見表來，以慰朕思。」公再拜，泣而謝使者，曰：「良馬善犬皆知有主，豈有人臣不思君父邪！但以忌者當路，不敢乞歸。陛下若不棄，臣朝召夕行也。要君之章，實未敢上。」既而果召還，領相印。《萊公遺事》。

18 寇準年三十餘，太宗欲大用，尚難其少。準知之，遽服地黄，兼餌蘆菔以反之，未幾髭髮皓白。《國老談苑》卷二。《類説》卷四十五引《聖宋掇遺》。《堯山堂外紀》卷四十四。《宋稗類鈔》卷二。

19 寇忠愍爲執政，尚少，上嘗語人曰：「寇準好宰相，但太少耳。」忠愍乃服何首烏，而食三白，鬚髮遂變，於是拜相。《聞見近録》。《舊聞證誤》卷一辨其誤。

20 見趙昌言4。

21 公在魏時，太宗久不豫，驛召還，問後事。公謝曰：「知子莫若父，臣愚，不敢與也。」上曰：「以卿明智，不阿順，故問。卿不應讓。」公再拜曰：「臣觀諸子皇孫，無不令美，至如壽王，得人心深矣。」上大悦，遂定策以壽王爲太子。躬行告廟還，六宫皆登御樓以觀。時李后聞萬姓皆歌呼曰：「吾帝之子少年可愛。」李后不悦，歸以告上。上即召公責曰：「百姓但知有太子，而不知有朕，卿誤朕也。」公曰：「太子，萬世嗣社稷之主也，若傳之失其人，實爲可憂。今天下歌得賢主，陛下大幸，臣敢以爲賀。」上始解，太子卒以定。《萊公遺事》。《宋名臣言行録》前集卷四。

22 太宗嘗問寇萊公：「孰可備東宫？」公曰：「此社稷大計，當自擇之。知子莫若父，知臣莫若君。此事陛下不可離御坐，臣亦不敢離此，願一言決定之。」即言及真宗，公乃賀曰：「陛下知子矣。」後數日，真宗因出，有民竊語曰：「好箇小官家。」太宗聞之，頗不樂。召公問之，公又賀。太宗曰：「何賀？」公曰：「儲貳之立，惟恐人不歸伏，今人民有是言，誠可賀也。」太宗釋然。《東原録》。

23 見馮拯3。

24 鄧州花蠟燭名著天下，雖京師不能造，相傳云是寇萊公燭法。公嘗知鄧州，而自少年富貴，不點油燈，尤好夜宴劇飲，雖寢室亦燃燭達旦。每罷官去，後人至官舍，見廁溷間燭淚在地，往往成堆。《歸田録》卷一。《後山談叢》卷四。《國老談苑》卷二。《宋朝事實類苑》卷十。《宋名臣言行録》前集卷四。《自警編》卷二。《新編分門古今類事》卷二十。《何氏語林》卷二十一。《疑耀》卷二。《宋稗類鈔》卷四。

25 寇萊公嘗知鄧州，鄧人至今廟祀之。熙寧中，侍讀學士陳和叔知州，下令閉廟，不得修祀。一日，陳方食夾子，忽就楪失之，已而乃見在萊公祠外土偶手中。陳大怖駭，立牓示百姓，依舊祭享。《東齋記事》輯遺。《宋朝事實類苑》卷六十九。《續墨客揮犀》卷八。

26 見陳恕6。

27 見畢士安3。

28 寇忠愍拜相白麻，楊大年之詞，其間四句曰：「能斷大事，不拘小節。有干將之器，不露鋒鋩；懷照物之明，而能包納。」寇得之甚喜，曰：「正得我胸中事。」例外别贈白金百兩。《夢溪續筆談》。

29 張忠定守蜀，聞萊公大拜，曰：「寇準真宰相也。」又曰：「蒼生無福。」幕下怪問之，曰：「人千言而盡，準一言而盡，然仕太早，用太速，未及學爾。」張，寇布衣交也，萊公兄事之，忠定常面折不少恕，雖貴不改也。萊公在岐，忠定任蜀還，不留，既别，顧萊公曰：「曾讀《霍光傳》否？」曰：「未也。」更無他語。蓋以不學爲戒也。《後山談叢》卷四。《東原録》。《言行龜鑑》卷三。

30 契丹犯澶淵，奏至，寇準適在病告，上遣數輩召與計事。準辭疾。復遣衛士舁病而入，亦不至。明日，準入對。上引視二圖，一江南，一蜀中也。準曰：「江南必王欽若，蜀中必陳堯咨也，二人以其鄉里，皆亡國語，不可。」固請鑾輿親征，即出懷中所擬將校姓名，凡數百人，詔勑皆具。天戈即日言邁，遂平大寇，準之力也。《孫公談圃》卷下。

31 契丹犯澶淵，急書日至，一夕凡五至，萊公不發封，談笑自如。明日見同列以聞，真宗大駭，取而發之，皆告急也，又大懼，以問，公曰：「陛下欲了，欲未了耶？」曰：「國危如此，豈欲久耶！」曰：「陛下欲了，不過五日爾。」其説請幸澶淵。真宗不語，同列懼，欲退，公曰：「士安等止，候駕起，從駕而北。」真宗難之，欲還内，公曰：「陛下既入，則臣不得到又不得見，則大事去矣！請無還内而行也。」遂行，六軍百司，追而及之。《後山談叢》卷一。

32 澶淵之役，寇準與真宗論親征。上欲入，準曰：「陛下不可入，入則不出矣。」於是高瓊在殿下大呼「逍遥子」，即擁以行。《鶴林玉露》丙編卷五。

33 真宗皇帝景德元年，契丹入寇，犯澶淵，京師震動。當時大臣有請幸金陵、幸西蜀者。左相畢文簡公病不出，右相寇萊公獨勸帝親征，帝意乃決，遂幸澶淵。帝意不欲過河，寇公力請，高瓊控帝馬渡過浮梁。帝登城，六軍望黄屋呼「萬歲」，聲動原野，士氣大振。帝每使人覘萊公動息，或曰：「寇準晝寢，鼻息如雷。」或曰：「寇準方命庖人斫鱠。」帝乃安。《邵氏聞見録》卷一。

34 景德初，契丹入寇。是時，寇準、畢士安爲相，士安以病留京師，準從車駕幸澶淵。王欽若陰言於上，請幸金陵，以避其鋭。陳堯叟請幸蜀。上以問準，時欽若、堯叟在旁，準心知二人所爲，陽爲不知曰：「誰爲陛下畫此策者？罪可斬也。今虜勢憑陵，陛下當率勵衆心，進前禦敵，以衛社稷，奈何欲委棄宗廟，遠之楚、蜀邪？且以今日之勢，鑾輿回軫一步，則四方瓦解，萬衆雲散，虜乘其勢，楚、蜀可得至邪？」上寤，乃止。二人由是怨準。《涑水記聞》卷六。《東軒筆録》卷一。《宋朝事實類苑》卷十五。《宋名臣言行録》前集卷四。

35 景德中，虜犯澶淵，天子親征，樞密使陳堯叟、王欽若密奏宜幸金陵，以避其鋒。是時乘輿在河上行宫，召寇準入謀其事。準將入，聞内中人謂上曰：「群臣欲將官家何之邪？何不速還京師？」準入見，上以金陵謀問之，準曰：「群臣怯懦無知，不異於向者婦人之言。今胡虜迫近，四方危心，陛下唯可進尺，不可退寸。河北將士旦夕望陛下至，氣勢百倍。今若陛下回輦數步，則四方瓦解，虜乘其勢，金陵可得至邪？」上善其計，乃北渡河。《涑水記聞》卷七。《宋名臣言行録》前集卷四。

36 景德中，河北用兵，事駕欲幸澶淵，中外之論不一，獨寇忠愍贊成上意。乘輿方渡河，寇騎充斥，至於城下，人情恟恟。上使人微覘準所爲，而準方酣寢於中書，鼻息如雷。人以其一時鎮物，比之謝安。《夢溪筆談》卷九。《墨客揮犀》卷四。《何氏語林》卷十四。《樵書》初編卷二。

37 寇準從車駕在澶淵，每夕與楊億飲博謳歌，諧謔諠呼，常達旦。或就寢，則鼾息如雷。上使人覘知之，喜曰：「得渠如此，吾復何憂！」《涑水記聞》卷六。《宋名臣言行録》前集卷四。《古事比》卷十。

38 澶淵之役，真宗使候萊公。曰：「相公飲酒矣！」「唱曲子矣！」「擲骰子矣！」「鼾睡矣！」《後山談叢》卷一。

39 北戎犯河朔，兵寇澶淵，有幸吴蜀之議上之，曰：「俟賊退，而後可圖也。」上惑之。公曰：「此餓莩之言，不足取。今虜涉吾境，莫敢前却。陛下若親征，賊膽震裂，惡在他圖哉？」上至澶淵，賊猶未退。公曰：「六軍心膽在陛下身上，今若登城，擒賊必矣！」上因御樓，將吏果歡呼，萬弩齊發，即時射殺賊將韓統軍者，軍聲大振。賊知勢促，遂乞和。上以問公，公進畫曰：「如用臣此策，可數百年無事。不然，四五十年後，臣恐戎心又生矣。」上曰：「朕不忍生靈受困，不如且聽其和。四五十年後，安知無捍塞之士乎？」戎遂得和。公在軍中，詔令多有所不從。及乎謝日，奏曰：「使臣盡用詔令，安得事成之速哉？」上笑曰：「卿顧爲誰！」其君臣相得如此。《寇萊公遺事》。《宋名臣言行録》前集卷四。

40 上以澶淵之功，待〔寇〕準至厚，群臣無以爲比，數稱其功，王欽若疾之。久之，數承間言於上曰：

「澶淵之役，準以陛下爲孤注，與虜博耳。苟非勝虜，則爲虜所勝，非爲陛下畫萬全計也。且城下之盟，古人恥之。今虜衆悖逆，侵逼畿甸，準爲宰相，不能殄滅兇醜，卒爲城下之盟以免，又足稱乎？」上由是寖疎之。頃之，準罷而天書事起。《涑水記聞》卷六。《宋名臣言行録》前集卷四。

41 寇萊公決澶淵之策，真宗待之極厚，王欽若深害之。一日會朝，準先退，欽若進曰：「陛下敬畏寇準，爲其有社稷功邪？」上曰：「然。」欽若曰：「臣不意陛下出此言！澶淵之役，不以爲恥，而謂準有社稷功，何也？」上愕然曰：「何故？」對曰：「城下之盟，雖春秋時小國猶恥之。今以萬乘之貴，而爲此舉，是盟於城下也，其何恥如之！」上愀然不能答。由是顧準稍衰，旋即罷相，終海康之貶。《容齋三筆》卷二。

42 見魏野3。

43 見向敏中6。

44 見丁謂13。

45 見宋真宗24。

46 寇準鎮大名府，北使路由之，謂準曰：「相公望重，何以不在中書？」準曰：「主上以朝廷無事，北門鎖鑰，非準不可。」《國老談苑》卷二。《宋名臣言行録》前集卷四。《孔氏談苑》卷四。《類説》卷五十二。《自警編》卷六。《何氏語林》卷五。《宋稗類鈔》卷五。

47 萊公性自矜，惡南人輕巧。蕭貫當作狀元，萊公進曰：「南方下國，不宜冠多士。」遂用蔡齊。出院顧同列曰：「又與中原奪得一狀元。」時爲樞密使。《江隣幾雜志》。

48 見王旦22。

49 寇忠愍知永興軍，于其誕日排設如聖節儀。晚衣黄道服，簪花。走馬承受且奏寇準有叛心。真宗驚，手出奏示執政曰：「寇準乃反耶？」先文正熟視笑曰：「寇準許大年紀，尚騃耳，可劄與寇準知。」上意亦解。《聞見近録》。《厚德録》卷四。參見王旦23。

50 寇萊公善飲酒，人罕能敵。迨罷相，判永興，官吏賓客之能飲者，不限位貌，常令陪飲席。時處士魏野、僧蔓英亦常預坐。有倅連困于酒，已病，而公尚促之不已，其妻乃叩公庭而訟焉，遂免。後有一道人上謁，自言能劇飲，一引可盡㪷瓶。素公以瓶爲對，公喜如其請。既而道人舉瓶，一引而盡，公則不能。道人强之，公笑曰：「量不可加。」遂止。道人因謂公曰：「今後少勸人酒。」公悟，自爾勸酒減矣。《能改齋漫録》卷十八。

51 見向敏中5。

52 寇忠愍罷相，移鎮長安，悰悦牢落，有戀闕之興，無階而入。忽天書降於乾祐縣，指使朱能傳意密諭之，俾公保明入奏，欲取信於天下。公損節遂成其事，物議已譏之。未幾，果自秦川再召入相。將行，有門生者忘其名請獨見，公召之，其生曰：「某愚賤，有三策輒瀆鈞重。」公曰：「試陳之。」生曰：「第一，莫若至河陽稱疾免覲，求外補以遠害。第二，陛覲日，便以乾祐之事露誠奏之，可少救平生公直之名。第三，不過入中書爲宰相爾。」公不悦，揖起之。後詩人魏野以詩送行，中有「好去上天辭將相，歸來平地作神仙」之句，蓋亦警之爲赤松之游。竟不悟，至有海康之往。《湘山野録》卷中。

53 見魏野 4。

54 見王旦 69。

55 見李沆 15、16。

56 公好士，樂善不倦，丁謂、种放之徒皆出其門，嘗語所親曰：「丁生誠奇材，惟不堪重任。」公爲相，謂參政，嘗會食都堂，羹染公鬚，謂起拂之，公正色曰：「身爲執政，而親爲宰相拂鬚耶？」謂慙不勝。公恃正直而不虞巧佞，故卒爲所陷。《宋名臣言行録》前集卷四。

57 寇準拜中書侍郎平章事，丁謂參知政事，嘗會食於中書，有羹污準鬚，謂與拂之，準曰：「君爲參預大臣，而與官長拂鬚耶？」謂顧左右，大愧恨之。章聖既倦政，而丁謂曲意迎合太后之意，有臨朝之謀。準便殿請對，言：「太子叡德天縱，足以任天下之事，陛下胡不協天人係望，講社稷之丕謀，引望大明，敷照重霄？若丁謂恃才而挾姦，曹利用恃權而使氣，皆不可輔幼主，恐亂陛下家事。」因俯伏嗚咽流涕，真宗命中人扶起，慰諭之。明日，謂之黨以急變聞，飛不軌之語以中準，坐是罷相。乾興元年二月，貶雷州司户參軍，皆謂所爲也。《宋朝事實類苑》卷十一。《澠水燕談録》卷四。《自警編》卷四。

58 天禧末，真宗寢疾，章獻明肅太后漸預朝政，真宗意不能平。寇萊公探知此意，遂欲廢章獻，立仁宗，策真宗爲太上皇，而誅丁謂、曹利用等。於是李迪、楊億、曹瑋、盛度、李遵勗等協力，處畫已定，凡誥命，盡使楊億爲之，且將舉事。會萊公因醉漏言，有人馳報晉公，晉公夜乘犢車往利用家謀之。明日，利用入，盡以萊公所謀白太后，遂矯詔罷公政事。及真宗上仙，乃指萊公爲反，而投海上，其事有類上官儀者，天下冤之。楊億臨死，取當時所爲詔誥及始末事迹，付遵勗收之。至章獻上仙，遵勗乃抱億所留書進呈仁宗，及叙陳本末，仁宗盡見當日曲直，感歎再三，遂下詔湔滌其冤，贈萊公中書令，謚曰「忠愍」。又贈楊億禮部尚書，謚曰「文」，凡預萊公黨而被逐者，皆詔雪之。《東軒筆録》卷三。《宋朝事實類苑》卷十一。

59 寇準在相位，以純亮得天下之心。丁謂作相，專邪黷貨，爲天下所憤。民間歌之曰：「欲時之好呼寇老，欲世之寧當去丁。」及相繼貶斥，民間多圖二人形貌，對張於壁，屠酤之肆往往有焉。雖輕眇頑冥少年無賴者，亦皆口陳手指，頌寇而詬丁，若己之恩仇者。《儒林公議》。參見丁謂26。

60 丁謂當國，竄逐李、寇二公，欲殺不可，既南貶而文定復相。相傳忠愍爲閻羅王，世謂「死活不得」。《後山談叢》卷六。

61 見胡旦13。

62 鼎州甘泉寺介官道之側，嘉泉也，便於漱酌，行客未有不舍車而留者。始，寇萊公南遷日，題於東檻，曰：「平仲酌泉經此，回望北闕，黯然而行。」未幾，丁晉公又過之，題於西檻，曰：「謂之酌泉禮佛而去。」後范補之諷安撫湖南，留詩於寺曰：「平仲酌泉回北望，謂之禮佛向南行。煙嵐翠鎖門前路，轉使高僧厭寵榮。」《湘山野録》卷上。《倦游雜録》。《東軒筆録》卷二。《臨漢隱居詩話》。《堅瓠癸集》卷一。《宋稗類鈔》卷四。

63 〔寇準〕南遷，天下莫不冤之。初過零陵，行囊爲溪寇所掠，其酋長聞而趣還之。《東都事略》卷四十一。

64 寇萊公謫居道州，初至不諳風土，欲得樓居以御嵐瘴之氣，而力不能舉。一日，與客言之，客曰：

「此易事。」乃以語郡人，於是争爲出力營建，不日落成。及公薨，道之人繪公像祠於樓上，至今奉事唯謹。《獨醒雜志》卷二。

65 寇準謫營道，惟衣裘繫爲相時所得金笏頭帶，當權希時者諷其逾禮。準拒之曰：「君父所賜，服之不忘，未見禮之失也。」諷者慙恧而退。《國老談苑》卷二。《類説》卷四十五引《聖宋掇遺》。

66 湖湘官道，窮日之力，僅能盡兩驛。父老相傳，以爲寇萊公爲丁、曹所誣衊，謫爲道州司馬，欲以憂困殺之，陰令於衡、湘間十里則去一堠，以爲五里，故道里之長如是。公既居道，一日宴客，忽報中人傳勅來，且有持劍前行者。坐客皆失色，公不爲動。中人既至，公謂曰：「願先見勅。」中人出勅示，乃貶雷州司户。因就郡僚假緑綬拜命，終宴而罷。《獨醒雜志》卷二。

67 袁抗大監嘗言，曾守官營道，聞吏官言，寇萊公始謫爲州司馬，素無公宇，百姓聞之，競荷瓦木，不督而會，公宇立成，頗亦宏壯。守土者聞于朝，遂再有海康之行。始戒途，吏民遮道，馬復踖蹴不進，寇以策叩馬曰：「吾尚敢留滯邪？汝何不行？」馬即前去，寇泣，且曰：「語丁謂，我負若何事？致我于極地邪？」其後丁自朱崖移道州，袁嘗接其語論，遂以所聞質之。丁曰：「寇自粗疎。先朝因節日，賜宴于寇相第，寇好以大白飲人，時曹利用爲樞密副使，不領其意，寇曰：『某勸太傅酒，何故不飲？』曹竟不濡脣，寇怒曰：『若一夫耳，敢爾邪？』曹厲聲曰：『上擢某在樞府，而相公謂之一夫，明日當於上前辨之。』自此二公不協，厥後發萊公之事者，曹貂也。預謂何事？」然中外皆知萊公之禍，丁有力焉。《倦游雜録》。《宋朝事實類苑》卷十一。《宋名臣言行録》前集卷四。《自警編》卷六。

68 寇準乾興元年二月，貶雷州司户參軍，道出公安，剪竹插於神祠之前，而祝曰：「準之心若有負朝廷，此竹必不生。若不負國家，此枯竹當再生。」其竹果生。《宋朝事實類苑》卷十一引《東軒筆録》。《宋名臣言行録》前集卷四。《青瑣高議》前集卷三。

69 〔寇準〕及雷陽，吏以圖獻閲，視之，首載郡東南門抵海岸凡十里，準怳然悟曰：「吾少時有『到海秖十里，過山應萬重』之句，迺今日應爾，人生得喪，豈偶然耶！」《名臣碑傳琬琰集》上卷二。《青箱雜記》卷七。《宋朝事實類苑》卷四十六引《名賢詩話》。《東都事略》卷四十一。《苕溪漁隱叢話》後集卷二十。《新編分門古今類事》卷十四。《名賢氏族言行類稿》卷四十八。《堯山堂外紀》卷四十四。《宋稗類鈔》卷五。

70 寇萊公之貶雷州也，丁晉公遣中使賫勑往授之，以錦囊貯劍，揭於馬前。既至，萊公方與郡官宴飲，驛吏言狀，萊公遣郡官出逆之。中使避不見，入傳舍中，久之不出，問其所以來之故，不答。上下皆皇恐，不知所爲，萊公神色自若，使人謂之曰：「朝廷若賜準死，願見勑書。」中使不得已，乃以勑授之。萊公乃從録事參軍借録衫著之，短纔至膝，拜受勑於庭。升堦復宴飲，至暮而罷。《涑水記聞》卷六。《宋朝事實類苑》卷十四。《宋名臣言行録》前集卷四。《名賢氏族言行類稿》卷四十八。《自警編》卷二。《昨非庵日纂》一集卷十。

71 寇忠愍公之貶也，初以列卿知安州，既而又貶衡州副使，又貶道州别駕，遂貶雷州司户。時丁晉公與馮相拯在中書，丁當秉筆，初欲貶崖州，而丁忽自疑，語馮曰：「崖州再涉鯨波，如何？」馮唯唯而已。丁乃徐擬雷州。及丁之貶也，馮遂擬崖州，當時好事者相語曰：「若見雷州寇司户，人生何處不相逢？」比丁之南也，寇復移道州，寇聞丁當來，遣人以蒸羊逆於境上，而收其僮僕，杜門不放出，聞者多以爲得體。《歸田録》卷一。《宋名臣言行録》前集卷四。《自警編》卷四。《堯山堂外紀》卷四十四。《宋稗類鈔》卷一。《古謡諺》卷十九。

72 寇準掾雷康，丁謂謫朱崖，將假路於雷康。準聞之：「竄逐誠寃於謂，今謂窮來，而吾僕有剛者，必將致仇，當爲防之。」於是聚令博奕，亦閱之。詰旦，聞夜三更謂往矣，乃令散。《國老談苑》卷二。《類説》卷五十二。

73 寇萊公貶死雷州，喪還，過荆南公安縣，民懷公德，以竹插地掛物，爲祭焚之。後生笋成林，民以爲神，因爲公立祠，目其竹曰「相公竹」。王樂道爲記，刊石，李承之有詩曰：「已枯斷竹鈎私被，既殁賢公帝念深。仆木偃禾如不起，至今誰識大忠心？」《宋朝事實類苑》卷六十九引《筆談》，又卷十一引《本朝名臣傳》。《澠水燕談録》卷八。《倦游雜録》。《青瑣高議》前集卷三。《墨客揮犀》卷一。《宋名臣言行録》前集卷四。《塵史》卷下。《東都事略》卷四十一。《名賢氏族言行類稿》卷四十八。《自警編》卷六。《堯山堂外紀》卷四十四。

74 公推朴忠，喜直言，苟有可言者無所顧避，故當時曰：「寇某上殿，百僚股栗。」《萊公遺事》。《宋名臣言行録》前集卷四。《自警編》卷六。《古謡諺》卷二十。

75 寇萊公既貴，因得月俸，置堂上。有老媼泣曰：「太夫人捐館時，家貧，欲絹一匹作衣衾不可得，恨不及公之今日也。」公聞之大慟，故居家儉素，所卧青帷二十年不易。或以公孫弘事靳之，公笑曰：「彼詐我誠，尚何愧！」故魏野贈公詩曰：「有官居鼎鼐，無宅起樓臺。」後虜使在廷，目公曰：「此無宅相公耶？」或曰公頗專奢縱，非也。蓋公多典藩，於公會宴設則甚盛，亦退之所謂「甑石之儲，嘗空於私室；方丈之食，每盛於賓筵」者。余得於公之甥王公丞相所作公墓銘，公之遺事如此。《邵氏聞見録》卷七。《萊公遺事》。《宋名臣言行録》前集卷四。《碧溪詩話》卷九。《自警編》卷二。《昨非庵日纂》一集卷九。

76 寇準出入宰相三十年，不營私第，處士魏野贈詩曰：「有官居鼎鼐，無地起樓臺。」洎準南遷，時北使至，内宴，宰執預焉。使者歷視諸相，語譯導者曰：「孰是『無地起樓臺』相公？」畢坐無答者。《國老談苑》卷二。《青箱雜記》卷六。《何氏語林》卷二十四。《昨非庵日纂》一集卷二。《宋詩紀事》卷四。

77 魏仲先贈萊公詩曰：「有官居鼎鼐，無宅起樓臺。」真宗即位，北使至，錫宴，惟兩府預焉。北使歷視坐中，問譯者曰：「孰是『無宅起樓臺』相公？」丁晉公令譯者曰：「南方須大臣鎮撫，寇公撫南夏，非久即還。」《古今詩話》。《詩話總龜》前集卷十七。《宋名臣言行録》前集卷四。《自警編》卷三。

78 萊公性質豪侈，自布衣夜常設燭，廁間燭淚成堆，及貴而後房無嬖幸也。《後山談叢》卷四。

79 寇萊公性豪侈，所臨鎮燕會，常至三十醆。必盛張樂，尤喜《柘枝舞》，用二十四人，每舞連數醆方畢。《石林燕語》卷四。

80 寇萊公好《柘枝舞》，會客必舞《柘枝》，每舞必盡日，時謂之「《柘枝》顛」。今鳳翔有一老尼，猶是萊公時柘枝妓……尚能歌其曲。《夢溪筆談》卷五。《宋稗類鈔》卷七。

81 寇公性尚華侈，夏英公亦然。夏嘗語門下客曰：「萊公自奉豪奢，而世弗非者。至某則云云者多，何也？」客對曰：「舊傳寇公在鎮，暇日與僚屬出郊圍，坐席上，聞馱鐸聲，遣介問之，乃一縣令代還行李經由。公即召同席，從容宴賞。侍中今待入京士大夫與出都之人禮數已自加損，況其他歟！宜乎物論之不同矣。」竦默然久之。《珍席放談》卷上。

82 見李宗諤5。

83 寇萊公嘗曰：「母氏言吾初生兩耳垂有肉環，數歲方合。自疑嘗爲異僧，好游佛寺，遇虛窗静院，惟喜與僧談真。」公歷富貴四十年，無田園邸舍，入覲則寄僧舍或僦居。在大名日，自出題試貢士，曰《公儀休拔園葵賦》、《霍將軍辭治第詩》，此其志也。《湘山野録》卷下。

84 寇萊公準，少嘗爲淮漕，有方士爲治丹砂，用竹百二十尺而通其節，以器盛丹置其上而立之，半埋地中。於時才得六十尺竹，接而用之。始於歲之朔旦，盡歲而止，丹已融而墮器矣。《後山談叢》卷二。

85 見釋惠崇4。

86 寇萊公微時，由汴回梁，以銀百星買得邸姥女，曰倩桃，有美色，公尤愛幸。語言多所裨益。公自相府出鎮北門，有善歌者至庭下，公取金鍾獨酌，令歌數闋。公贈之束綵，歌者未滿意。倩桃自内窺之，立爲詩二章呈公，詩云：「一曲清歌一束綾，美人猶自意嫌輕。不知織女螢窗下，幾度抛梭織得成。」其二：「夜冷衣單手屢呵，幽窗軋軋度寒梭。臈天日短不盈尺，何似妖姬一曲歌。」公和云：「將相功名終若何，不堪急景似奔梭。人間萬事君休問，且向罇前聽艷歌。」《唐宋分門名賢詩話》卷二引《翰府名談》。又《詩話總龜》前集卷二十二亦引。《竹莊詩話》卷二十二。《堯山堂外紀》卷四十四。

87 萊公南遷，再移光州，妾倩桃泣曰：「妾前世師事仙人爲俠，今將别去，公當爲地下主者閻浮提王也。」不久亦亡。有王克勤見公曹州境上，擁驢北去。問後騎，曰：「閻浮提王交政也。」果爲閻羅王矣。《説郛》卷十七引《愛日齋叢鈔》。《湧幢小品》卷二十四。

88 陳彦育序，丹陽士子，從後湖蘇養直學詩，造其三昧。向伯恭爲浙漕，訪養直于隱居，彦育適在坐，一見喜之，邀與之共途，益以契合，遂以其愛姬寇氏嫁之攜歸。逾年，伯恭登從班，迺啓于思陵云：「寇氏，萊公之元孫，其後獨有此一女，乞以一官與其夫陳序。」遂詔特補和州文學。《揮麈餘話》卷二。

王祐

1 王晉公祐，事太祖爲知制誥。太祖遣使魏州，以便宜付之，告之曰：「使還，與卿王溥官職。」時溥爲相也。蓋魏州節度使符彦卿，太宗之婦翁夫人之父，有飛語聞於上。祐往别太宗於晉邸，太宗却左右，欲與之言。祐徑趨出。祐至魏，得彦卿家僮二人挾勢恣横，以便宜決配而已。及還朝，太祖問曰：「汝能保符彦卿無異意乎？」祐曰：「臣與符彦卿家各百口，願以臣之家保符彦卿家。」又曰：「五代之君，多因猜忌殺無辜，故享國不長。願陛下以爲戒。」帝怒其語直，貶護國軍行軍司馬，華州安置，七年不召。……初，祐赴貶時，親賓送於都門外，謂祐曰：「意公作王溥官職矣。」祐笑曰：「某不做，兒子二郎必做。」二郎者，文正公旦也。祐素知其必貴，手植三槐於庭曰：「吾子孫必有爲三公者。」已而果然。天下謂之三槐王氏。《邵氏聞見録》卷六。《涑水記聞》卷七。《文正王公遺事》。《仕學規範》卷三十。《宋名臣言行録》前集卷二。《能改齋漫録》卷十二。《藏一話腴》乙集卷上。《宋稗類鈔》卷三。

2 太祖與符彦卿有舊，常推其善用兵，知大名十餘年。有告謀叛者，亟徙之鳳翔，而以王晉公祐爲代，且委以密訪其事。戒曰：「得實，吾當以趙普所居命汝。」面授旨，徑使上道。祐到，察知其妄，數月無所聞。驛召面問，因力爲辯曰：「臣請以百口保之。」太祖不樂，徙祐知襄州，彦卿竟亦無他。祐後創居第於曹門外，手植三槐於庭曰：「吾雖不爲趙普，後世子孫必有登三公者。」已而，魏公果爲太保。《石林燕語》卷七。

3　王晉公祜不置田宅，曰：「子孫當各念自立，何必田宅。置之，徒使争財爲不義耳。」嘗以百口保符彦卿無異志，乃植三槐於第中便座，謂其子必有任公台者。《清波雜志》卷十。《宋名臣言行録》前集卷二引《温公日録》。

4　王祐嘗植三槐於庭，曰：「吾身不登三事，子孫必踐其位。」及子旦爲台輔，而三槐並茂，陰覆一庭。《五總志》。

5　見徐鉉23。

王　旦

1　《王文正遺事》稱，有言公幼時，嘗見天門開，中有公姓名二字。弟旭乘間問之，公曰：「要待死後，墓志上寫，吾不知。」此言雖云拒之，亦可見實嘗有是事矣。《曲洧舊聞》卷九。《文正王公遺事》。

2　先晉公之謫華州也，一日召伯祖、叔祖同詣陳希夷。希夷不出户而接之，坐久不語，忽問曰：「更有子乎？」晉公曰：「仲子在舍。」希夷曰：「召之。」及至門，希夷出門迎，顧先文正曰：「二十年太平宰相。」顧伯祖曰：「進士及第。」叔祖曰：「倚兄作官。」或問：「此君鼻偏如何？」希夷曰：「今日拜相，明日鼻正。」又愬文正曰：「他日至此，願放此地租税。」其後卒如其言。及真宗西祀汾陰，文正以前言啓之，上即詔釋雲臺觀租税。《清虚雜著補闕》。

3　王文正公旦釋褐知臨江縣，時獄有合死囚，公一夜不寐，思以計活之。方五鼓，空中人喝：「直更速起，相公將出廳。」果斯須開堂門升廳，急呼死囚出問。公之父中令晉公祐嘗曰：「此兒異日必爲三公。」因手植三槐於庭以待之，有作詩紀其事者甚多。《湘山野録》卷上。

4 公初登第，爲岳州平江宰。趙公昌言時領漕湖外，見公異之，議以女妻公，曰：「一當禀命於親。」時先晉公在京師，方與范魯公質家議親事，見其書曰：「既來禀我，意必欲之。」遂可。以歸，始聞范親之説。公既貴，以女適范魯公之孫全孫，因語全孫曰：「此親成吾先公之意矣。」《文正王公遺事》。

5 初，〔王〕旦與錢若水同直史館、知制誥，有僧善相，謂若水曰：「王舍人他日位極人臣，富貴無與爲比。」若水曰：「王舍人面偏而喉骨高，如何其貴也？」僧曰：「作相之後，面當自正。喉骨高者，主自奉養薄耳。」後果如其言。《涑水記聞》卷七。《宋朝事實類苑》卷十二。《古今事文類聚》後集卷十八。《錦繡萬花谷》前集卷三十八。

6 太宗皇帝一日命蘇公易簡曰：「卿看兩制中誰堪大用？」蘇公曰：「臣見同年王某有器識，遠大不可量也。」太宗曰：「朕志亦先定矣。」公知之，以女適蘇公之子耆。時蘇公已薨，其母太夫人薛氏在堂，每至，則公出拜，叙同年之知也。《文正王公遺事》。《宋朝事實類苑》卷十四。

7 王旦，字子明，爲翰林學士，嘗奏事下殿，真宗目送之曰：「與朕致太平，必斯人也。」後拜平章事，外撫四夷，内和百姓，官吏得職，天下富庶，頌聲洋溢，旦之力也。《孔氏談苑》卷三。

8 見李沆17—20。

9 公久參大政，子婿韓億赴官，公弟餞於家，親賢皆集，有群鵲數十喧噪於門，坐皆驚異，少聞堂吏報公拜相。《文正王公遺事》。

10 見李迪6。

11 祥符以後，凡天書禮文、宫觀典册、祭祀巡幸、祥瑞頌聲之事，王文正公旦實爲參政、宰相，無一不預。官自侍郎至太保，公心知得罪於清議，而固戀患失，不能决去。及其臨終，乃欲削髮僧服以斂，何所補哉！《容齋隨筆》卷四。《甕牖閒評》卷八。

12 東封，二府議增飾車服，以盛法從。諸公令人於公第日諷之，而無所爲。王冀公欽若乃作繡韉送公，曰：「前議恐忘，已令爲之。」公使具直而置之。冀公見公不乘而訝之，公曰：「常所跨者，君上所賜，非不華也。豈可更奢僭，以隳制度？」《文正王公遺事》。《宋朝事實類苑》卷十二。《何氏語林》卷十三。

13 東封，車駕在道，夜有堂吏，被酒忿争，皆愴惶入白，公卧不答。既入對，上出臣寮奏狀：「千乘萬騎在外，可斬首以令衆。」公曰：「此止小人一時醉毆，若斬之，是禁人飲酒，令飲酒者皆懼。車駕在外，人情焉得安？已捕歸京府繫治。」後府申覆，公曰：「若初輕斷，亦恐縱人，今霈大赦，可原之矣。第減一等。」《文正王公遺事》。《宋朝事實類苑》卷十四引《名臣遺事》。

14 見馬知節5。

15 上西祀，車駕至蒲，先晉公守此郡。上幸州署之逍遥樓，見詩牌，命左右讀之。後曰王某之父，勿言其名。因歎曰：王某有後如此。公之先考舊治，辭不從行。上作，遣中使持酒肴賜於行館。翌日，公具以告謝。《文正王公遺事》。

16 見魏野8。

17 公在昭應宫有宿齋。寶符閣役工有墜死者，公得報，繳奏曰：「陛下崇奉上虚，爲民祈福，今反勞民損財，是違天意。乞諭有司，省工惜費。」《文正王公遺事》。《宋名臣言行録》前集卷二。

18 公或歸私第，不去冠帶入静室中默坐。家人惶恐，不敢復前面，而不知其意。後公之弟問趙公安仁曰：「家兄歸時一如此，何也？」趙公曰：「見議事，公不欲行而尚未決。此必憂朝廷矣。」《文正王公遺事》。《宋朝事實類苑》卷十二引《名臣遺事》。《自警編》卷七。

19 上宣諭曰：「聞趙安仁在中書，絶不親事，每奏對，亦未嘗有一言，可罷之。」王文正公對曰：「趙安仁居常有體，凡有進擬，皆同列議定，方敢取旨。臣每見臨時變易於上前者，皆迎合陛下之意。安仁無異議，是有執守。」上曰：「能如此，朕不知也。卿可諭以委任之意，更令宣力。」公乃語趙，趙曰：「上誤有拔擢，以不才罷去，宜矣。使與衆人騁辨以合上意，安仁不敢爲也。」公喜曰：「吾適保安仁於上前，不誤知人矣。」《宋朝事實類苑》卷五十七引《名臣遺事》。《文正王公遺事》。

20 公在中書，寇公在密院。中書偶倒用了印，寇公須勾吏人行遣。他日樞院亦倒用了印，中書吏人呈覆，亦欲行遣，公問吏人：「汝等且道密院當初行遣倒用印者是否？」曰：「不是。」公曰：「既是不是，不可學他不是。」《宋名臣言行録》前集卷二引《龜山語録》。

21 中書有事關送密院，事礙詔格，寇萊公準在樞府，特以聞上，曰：「中書行事如此，施之四方，得非不便？」公見之，拜於上前曰：「此實中書之失。」堂吏皆遭罰責，密吏惶恐，白寇公曰：「中書、密院，日有相干，自來止逐房改易，不期奏白而使宰相謝罪。」不踰月，密院有事送中書，亦違舊詔，堂吏得之，欣然而呈公，公曰：「却送與密院。」吏出白寇公，寇公大慙。翌日見公，曰：「同年甚得許大度量。」公不答。銓司申舉，乞罷選人過堂，公曰：「此唐朝典故，但宰相不舉職，廢爲冗事，且當存之。仲尼所謂我愛其禮也。」《宋朝事實類苑》卷十四引《名臣遺事》。《文正王公遺事》。《自警編》卷一。

22　寇萊公準在樞府，上欲罷之，萊公已知，迺使人告公曰：「遭逢最久，今出，欲一使相，望同年主之。」公大驚曰：「將相之任，極人臣之貴，苟朝廷有所授，亦當懇辭，豈得以此私有干於人耶？」亟往白之，萊公不樂。後上議：「寇準令出，與一甚官？」公曰：「寇準未三十歲，已登樞府，太宗甚器之。準有才望，與之使相，令當方面，其風采足以爲朝廷之光。」上然之，翌日降制，萊公捧使相告謝於上前，感激流涕曰：「苟非陛下主張，臣安得有此命？」上曰：「王某知卿。」具道公之言。萊公出謂人曰：「王同年器識，非準可測。」公薨之時，萊公不在都下，後入朝，白於上前，來致奠，哀慟久之。《文正王公遺事》。《宋朝事實類苑》卷十三。《東都事略》卷四十。《自警編》卷七。《名臣碑傳琬琰集》上卷二。《言行龜鑑》卷二。《群書類編故事》卷五。《古事比》卷二十七。

23　王旦太尉薦寇萊公爲相。萊公數短太尉於上前，而太尉專稱其長。上一日謂太尉曰：「卿雖稱其美，彼專談卿惡。」太尉曰：「理固當然。臣在相位久，政事闕失必多。準對陛下無所隱，益見其忠直，此臣所以重準也。」上由是益賢太尉。初，萊公在藩鎮，嘗因生日搆山棚大宴，又服用僭侈，爲人所奏。上怒甚，謂太尉曰：「寇準每事欲效朕，可乎？」太尉徐對曰：「準誠賢能，無如騃何！」上意遽解，曰：「然。此止是騃耳。」遂不問。及太尉疾亟，上問以後事，唯對以宜早召寇準爲相云。《涑水記聞》卷五。《宋朝事實類苑》卷十三。《宋名臣言行録》前集卷二。《仕學規範》卷七。《厚德録》卷一。《自警編》卷一。

24 寇萊公準在長安，因生日爲會，有所過當，轉運使以聞。上以其狀示公，曰：「寇準爲大臣，豈得如此僭越？」公覽奏而笑曰：「寇準許大年紀，尚騃耳。」因奏曰：「陛下撫伏臣庶，不欲令大臣間被奢侈之名，此奏願録付準，必自知過。」萊公被命，連削待罪而止。《文正王公遺事》。《宋朝事實類類》卷十三引《名臣遺事》。

25 有卜者上封事，語干宫禁。上怒，令捕之，繫獄，坐以罪，因籍其家，得朝士往還書尺。上曰：「此人狂妄，果臣僚與之游從，盡可付御史獄案。」公得之以歸。翌日，獨對曰：「臣看卜者家藏之文字，皆與之筭命選日草本，即無言及朝廷事。臣記往年亦曾令人推步當生星辰，其狀尚存。」因出以奏曰：「果行此，乞以臣此狀同問。」上曰：「卿意如何？」對曰：「臣不欲以卜祝賤流，累及朝臣。」上乃解。公至政府，即時焚去。繼有大臣力言乞行根治，欲因而擠人，上言令中使再取其狀。公曰：「得旨已寢，尋即焚去矣。」《文正王公遺事》。《宋朝事實類苑》卷十三引《名臣遺事》。《厚德録》卷二。《宋稗類鈔》卷三。

26 張徐公耆任馬軍都帥，被旨選兵，下令太峻，兵懼而謀欲爲變。有密以聞，上召二府議之，公曰：「若罪張耆，今後帥臣何以御衆？捕之，則都邑之下或至驚擾，尤爲不可。」上曰：「朕亦思之。」公曰：「累奉德音，欲任張耆在樞府，臣以未曾歷事，今若擢用，使解兵柄，謀者自安矣。」乃進耆爲樞密副使，諸帥遞遷，謀者果定。上語輔臣曰：「王某善鎮大事，真宰相也。」《文正王公遺事》。《宋朝事實類苑》卷十三。案：《宋稗類鈔》卷三作張旻事。張耆原名旻，見《宋史》卷二百九十。

27 李和文都尉好士，一日召從官，呼左右軍官妓置會。夜午，臺官論之。楊文公以告王文正，文正不答，退以紅牋書小詩，以遺和文，且以不得預會爲恨。明日，真宗出章疏，文正曰：「臣嘗知之，亦遺其詩，恨不得往也。太平無象，此其無象乎！」上意遂釋。《厚德録》卷四。《自警編》卷四。

28 宮禁火災，上驚惶，語公曰：「兩朝所積，朕不敢妄費，一朝殆盡，誠可惜也。」公對曰：「陛下富有天下，財帛不足憂，所慮者，政令賞罰有所不當。臣備位宰府，天災如此，臣當免罷。」繼上表待罪。上乃降詔罪己，許中外封事言朝政得失。後有大臣言非天災，乃王宫失於火禁，請置獄。上出其狀，當斬決者數百人。公持以歸。翌日，乞獨對，言：「初火災，陛下降詔罪己，臣上言待罪。今行此刑，恐不副前詔，有違天意。果欲行刑，願罪臣，以明無狀。」上欣然聽納，免死者幾百輩。《文正王公遺事》。《厚德録》卷二。

29 祥符中，天下大蝗，近臣得死蝗于野以獻，宰臣將率百官稱賀，王魏公旦獨執不可。數日，方朝，飛蝗蔽天，真宗歎曰：「使百官方賀而蝗遽至，豈不爲天下笑耶！」《澠水燕談録》卷二。《文正王公遺事》。

30 王旦在中書，祥符末，内帑災，縑帛幾罄。三司使林特請和市於河外，草三上，旦悉抑之。頃而，特率屬僚訴於宰府。旦徐曰：「瑣微之帛，固應自至，奈何彰國弱於四方？」居數日，外貢併集，受帛四百萬。蓋旦先以密符督之也。《國老談苑》卷二。

31 上出《喜雨》詩示二府，聚看於上前，公袖歸，因諭同列曰：「上詩有一字誤，莫進入却上。」欽若曰：「此亦無害。」欽若沮而有奏陳。翌日，上怒謂公曰：「昨日朕詩有誤寫字，卿等皆見，何不奏來？」公再拜稱謝曰：「昨日得詩，未暇再閲，有失奏陳，不勝惶懼。」諸公皆再拜，獨樞密馬公知節不拜，具言公欲奏白而欽若沮之，又王某略不自辯，真宰相器也。上顧笑而撫諭之。《文正王公遺事》。《宋朝事實類苑》卷十三。《自警編》卷一。《賢弈編》卷一。

32 見王欽若27。

33 王冀公欽若、陳公堯叟、馬公知節同在樞府。一日，上前因事相忿，上召公至，則見冀公喧譁不已，馬則涕泣曰：「願與王欽若同下御史府。」公乃叱冀公曰：「王欽若！對上豈得如此，下去！」上大怒，乃命下獄。公從容曰：「欽若等恃陛下顧遇之厚，上煩陛下，臣冠宰府，當行朝典，然觀陛下天顔不怡，願且還内，來日取旨。」上許之。退，召冀公等切責之。上怒未解，冀公等惶懼，手疏待罪者相繼以聞。翌日，上召公曰：「王欽若等事如何處分？」公曰：「臣曉夕思之，欽若等當黜，然未知使伏何罪？」上曰：「對朕忿争無禮。」公曰：「陛下奄有天下，而使大臣坐忿争無禮之罪，恐夷狄聞之，無以威遠。」上曰：「卿意如何？」公曰：「願至中書，召欽若等宣示陛下含容之意，且戒約之，俟少間，罷之未晚。」上曰：「非卿之言，朕故難忍。」後數月，冀公等皆罷。《文正王公遺事》。《宋朝事實類苑》卷十三。《宋名臣言行録》前集卷二。

34 陳彭年任翰林學士日同求對，歸詣政府，納所言事。公方議事，乃延見之，顧陳曰：「何所啓？」陳起次，以其狀呈之，曰：「條貫科場。」公投之於地曰：「内翰做官幾日，待隔截天下寒士！」陳皇懼而退。時向文簡同在中書，歸令堂吏取之。一日，陳再來，公不見。堂吏言陳以有事啓白，公曰：「令到集賢廳晚見。」向公出陳内翰所留文字，公瞑目取紙封之。向曰：「何不一覽？」公曰：「不過興建符瑞，圖進取耳。」《文正王公遺事》。《宋名臣言行録》前集卷二。《上庠録》。

35 王沂公曾、張文節知白、陳彭年參預政事，因白公曰：「曾等拔擢至此，亦公之力。然願有裨補。」公曰：「願聞其説。」沂公等曰：「每奏事，其間亦有不經上覽，公但批旨奉行，恐人言之以爲不可。」公遜謝而已。一日奏對，公退，諸公留身。上已驚，曰：「有事何不與王某同來？」諸公以前説上，上曰：「所行公否？」諸公曰：「皆公。」上曰：「王某在朕左右多年，朕察之無毫髮之私。自東封後，朕諭王某，令小事可一面奉行，卿等當謹奉之。」退而謝於公曰：「上之委遇，非曾等所知也。」公曰：「向蒙諭及，不可自言曾得上旨，今後更賴諸公規益。」《文正王公遺事》。《宋名臣言行録》前集卷二。

36　王文正公以清德事真皇，上特敬重。一日御宴，陳設鮮華，且顧視，意色不悦。上已覺其如此，至中休，命左右以舊陳設易之矣。《孔氏談苑》卷一。《何氏語林》卷三。

37　上於後苑曲燕，步於檻中，自剪牡丹兩朵，召公親戴。有中貴人白公，言：「此花昨日上選賜相公，已於別叢擇下花，請相公躬進。」公乃取花，因酌一巵同獻。上大喜，引滿，以杯示公，從臣皆榮公。《文正王公遺事》。

38　王魏公當國時，玉清宮初成，丁崖相令大具酒食列幕次，以飲食游者。後游者多，詣丁訴：「玉清飲食官視不謹，多薄惡，不可食。」丁至中書言於魏公，公不答，丁三四言，終無所云。丁色變，問：「相公何以不答？」公曰：「此地不是與人理會饅頭夾子處。」《續明道雜志》。《何氏語林》卷十三。

39　見丁謂18。

40　丁謂參預大政，每議事，强於昔日。公察其難制，一日語丁曰：「參政近來似横，豈非欲作相耶？某多病，懇辭未免，以待漏院，凡有訴理，一一應答，氣羸稍難。」乃告上，乞用丁謂了待漏院事。丁謂悚息再拜。《文正王公遺事》。

41 上欲命王冀公作相，公曰：「欽若遭逢陛下，恩禮已隆，乞且在樞密，兩府任用亦均。臣見祖宗未嘗使南方人當國，雖古稱立賢無方，然須賢士乃可。臣爲宰相，不敢沮抑人，此亦公議也。」上遂止。後公罷，冀公作相，出語人曰：「爲王公遲我十年相。」《文正王公遺事》。

42 公爲兗州景陵宫朝修使，内臣周懷政同行。或乘間請見，公必候從者盡至，冠帶以出，見於堂皇，周乃白事而退。後周以事敗，議者方謂公遠慮，不涉嫌忌之間。《文正王公遺事》。《宋名臣言行録》前集卷二。

43 真宗朝，宦者劉承珪以端謹事上，病且死，求爲節度使。上促授之，王魏公旦執不從，曰：「復有求爲樞密使者，何以絶之！」至今宦者官不過留後。《澠水燕談録》卷二。《文正王公遺事》。

44 真宗時，王文正旦爲相，賓客雖滿座，無敢以私干之者。既退，旦察其可與言者及素知名者，使吏問居處。數月之後，召與語，從容久之，詢訪四方利病，或使疏其所言而獻之，觀其才之所長，密籍記其名。他日，其人復來，則謝絶不復見也。每有差除，旦先密疏三四人姓名請於上，上所用者，輒以筆點其首，同列皆莫之知。明日，於堂中議其事，同列争欲有所引用，旦曰：「當用某人。」同列争之莫能得。及奏入，未嘗不獲可。同列雖疾之，莫能間也。丁謂數毁旦於上，上益親厚之。《涑水記聞》卷六。《宋朝事實類苑》卷五十七。《宋名臣言行録》前集卷九。

45 公在兩府三十年，陰薦天下士，有終身不知者。後諸公修先帝實録，翰林劉公筠語素曰：「近日史院編修文字，有自内出者，見丞相薦舉之人，慎重如此。」《文正王公遺事》。

46 〔王文正〕公一日諭諸公曰：「上官泌差知河陽。」乃批署之。諸公後白公，曰泌欲一轉運使，公曰：「河陽重地，豈下一職司也？」其河陽之擬遂不復上。不晚，京東轉運使闕，諸公曰：「可差上官泌也。」公不答。因奏對，言上官泌向日議差河陽，然亦合入一職司，會京東轉運使闕，更禀上閲泌歷任，曰：「與轉運使。」諸公歸而相語曰：「王公無私如此。」《文正王公遺事》。《宋朝事實類苑》卷十二引《名臣遺事》。

47 曹瑋久在秦州，累章求代。上問旦誰可代瑋者，旦薦樞密直學士李及，上即以及知秦州。衆議皆謂及雖謹厚有行檢，非守邊之才，不足以繼瑋。楊億以衆言告旦，旦不答。及至秦州，將吏心亦輕之。會有屯駐禁軍，白晝掣婦人銀釵於市中，吏執以聞。及方坐觀書，召之使前，略加詰問，其人服罪，及不復下吏，亟命斬之，復觀書如故。將吏皆驚服。不日，聲譽達於京師。億聞之，復見旦，具道其事，謂旦曰：「向者相公初用及，外廷之議皆恐及不勝其任。今及材器乃如此，信乎相公知人之明也。」旦笑曰：「外廷之議，何其易得也。夫以禁軍戍邊，白晝爲盗於市，主將斬之，事之常也，烏足以爲異政乎？旦之用及者，其意非爲此也。夫以曹瑋知秦州七年，羌人讋服，邊境之事，瑋處之已盡其宜矣。使他人往，必矜其聰明，多所變置，敗壞瑋之成績。旦所以用及者，但以及重厚，必能謹守瑋之規摹而已矣。」億由是益服旦之識度。《涑水記聞》卷六。《宋朝事實類苑》卷五十七。《宋名臣言行録》前集卷九。

48 王文正公旦病，謁告不入，政府議知制誥盛度改諫議大夫、知開封府，上曰：「更問王某，如允當，入文書來。」中書坐聖語問公，公曰：「度必不樂此任。」政府召問之，度曰：「幸以文進，不願親吏事。」中書以度意聞上，上曰：「王某銓量才品，直是精當，必使人各得其所，向道須問王某。」度此命遂罷。《宋朝事實類苑》卷五十七。《文正王公遺事》。

49 公弟旭判國子監，翰林馮公元爲大理評事直講，弟白公：「元苦學有清節。」公乃召見至私第。公每還朝，與弟同坐，命講《論語》，諸子侍立於席，逾年而畢。公因薦於上：「元有學行。」翌日上召對，令說《書》，除太子中允，直龍圖閣，賜紫，詔班於本官之首。《文正王公遺事》。

50 諫議大夫張師德謁向文簡敏中，曰：「師德兩詣王相公門，皆不得見，恐爲人輕毀，望公從容明之。」一日，方議知制誥，公曰：「可惜張師德。」向公曰：「何謂？」公曰：「累於上前説張師德名家子，有士行，不意兩及吾門。狀元及第，榮進素定，但當静以待之耳。若奔競而得，使無階而進者當如何也？」向公方以師德之意啓之，公曰：「某處安得有人敢輕毀人？但師德後進，待我淺也。」向公自稱：「師德適有闕，望公弗遺。」公曰：「第緩之，使師德知，聊以戒貪進，激薄俗也。」《文正王公遺事》。《宋朝事實類苑》卷十四引《名臣遺事》。《言行龜鑑》卷五。

51 王沂公曾、李觀察維、薛尚書映，一日謁公，公託病。薛有不平之色，公婿韓億時在門下，見之，以此啓白，公曰：「韓郎未之思爾。王、薛皆李之婿，相率而來，恐有所干於朝廷事，果不可，沮之無害。若可行，答以何辭？執政之大忌。」韓乃謝曰：「非億所知。」後果李文靖妻有所請。《文正王公遺事》。《宋朝事實類苑》卷十三。

52 見張士遜14。

53 張文懿公士遜在東宮，一日謁公，言皇太子寫書甚好，公曰：「皇太子不待應舉選，學士去，不爲學書。」由是文懿日以善道規贊太子。《文正王公遺事》。

54 王文正公之爲相也，王沂公爲知制誥，呂許公爲太常博士、知濱州。沂公嘗見文正公，問：「君識太常博士呂夷簡否？」沂公曰：「不識也。」他日復見，復問之，沂公曰：「見朝士多稱其才者。」凡三見三問，乃曰：「此人異日當與公同秉國政。」是時，沂公既有名當世，頗以器業自許，心中不能平，因曰：「公識之耶？」曰：「不識也。」「然則何以知之？」曰：「吾見其奏請爾。」沂公猶不信，强應曰：「諾。」其後，丁晉公既敗，沂公先在中書，而許公自知開封府除參知政事，二人卒同秉政。沂公乃爲許公言之，問其當時奏請，乃不稅農器等事也。《東齋記事》卷三。《龍川別志》卷上。《宋名臣言行録》前集卷六。《名賢氏族言行類稿》卷三十八。

55 見梅詢4。

56 趙德明上表，矯以民饑，乞糧數百萬。上以其奏示輔臣，衆皆怒，曰：「德明方納款而敢渝誓約，妄有干請，乞降詔責之。」公從容進曰：「未曾將却物去，何責之有？」上曰：「卿意如何？」對曰：「臣欲降一手詔與德明，言爾土災饑，朝廷撫御遠方，固當賑救。然極邊芻粟，屯戍者衆，自要支持。已勅在京積芻粟百萬，令德明自遣衆飛輓。」上喜曰：「此真廟算也。」諸公皆曰：「王某之言，臣等皆思慮不至。」德明受詔，望闕再拜曰：「朝廷有人，不合如此。」《文正王公遺事》。《宋朝事實類苑》卷十三。《宋名臣言行録》前集卷二。《澠水燕談録》卷二。《吹劍録》。

57 契丹飛奏，於歲給外別假金帛。上以示公，公曰：「東封甚近，車駕將出，以此探朝廷之意爾。何其小哉！」上曰：「何以答之？」公曰：「止當以微物輕之也。」乃於歲給三十萬外各借二萬，仍諭次年額内除之。契丹得之大慚。次年復下有司:「契丹所借金帛六萬,事屬微末,仰依常數與之,今後永不爲例。」《文正王公遺事》。《宋朝事實類苑》卷十三。《宋名臣言行録》前集卷二。

58 公晚年官重,每家人出賀,立令止之。因語弟曰:「遭遇至此,愈增憂懼,何可賀也?」《文正王公遺事》。《宋朝事實類苑》卷十二。《宋名臣言行録》前集卷二。

59 公每有賜予,見家人置於庭下,乃瞑目而歎曰:「生民膏血,安用許多?」《文正王公遺事》。《宋朝事實類苑》卷十二。《宋名臣言行録》前集卷二。

60 公爲朝修使,自禁中乘車輅出都門,百官餞於道,乃憇於傳舍。兩禁請見,叩頭稱贊公榮遇之盛,公曰:「但覺愧仄不自安矣。」《文正王公遺事》。

61 王旦在中書,祥符末,大旱,一日自中書還第,路由潘氏旗亭,有狂生號王行者在其上,指旦大呼曰:「百姓困旱,焦勞極矣,相公端受重禄,心得安邪?」遂以所持經擲旦,正中于首。左右擒之,將送京尹,旦遽曰:「言中吾過,彼何罪哉?」乃命釋之。《國老談苑》卷二。《昨非庵日纂》二集卷十。

62 王魏公無他客,惟楊億至則倒屣。《吹劍四録》。

63 王旦相,罕接見賓客,惟大年來,則對榻卧談。卒時,屬其家事一付大年。丁晉公來求婚,大年令絶之。《孔氏談苑》卷一。《何氏語林》卷十三。

64 楊文公億少以文進,而以方直自守,乃以母病有陽翟之行。公恐人害之,白上,遣使賜醫藥。既而言者日有彈擊,以亞卿分司。上語輔臣曰:「聞楊億好謗時政。」公曰:「楊億遠人,幼荷國恩。若諧謔過當，臣恐有之，訕謗則保其不爲也。」公器重文公至深，頗欲其歸，乃因中書齋宿，覽文公近詩而作詩，趙文定與時賢繼和。上知之，乃諭公召文公還祕書監。久之，有問公者曰：「楊大監何不且與舊職？」公曰：「大年向以輕去，上左右人言可畏，賴上終始保全之。今此職欲出自清衷，以全君臣之契。」公薨後，楊文公方復禁署。《文正王公遺事》。《宋名臣言行録》前集卷二。

65　見楊億34。

66　〔王文正〕公與楊文公億爲空門友，楊公謫汝州，公適當軸，每音問不及他事，唯談論真諦而已。余嘗見楊公親筆與公云：「山栗一秤，聊表村信。」蓋汝唯產栗，而億與王公忘形，以一秤栗遺之。《青箱雜記》卷一。

67　王文正公性儉約，初無姬侍。其家以二直省官治錢，上使内東門司呼二人者，責限爲相公買妾，仍賜銀三千兩。二人歸以告公，公不樂，然難逆上旨，遂聽之。蓋公自是始衰，數歲而捐館。初，沈倫家破，其子孫鬻銀器，皆錢塘錢氏昔以遺中朝將相者，花籃火筒之類，非家人所有。直省官與沈氏議，止以銀易之，具言於公，公嚬蹙曰：「吾家安用此？」其後姬妾既具，乃呼二人，問昔沈氏什器尚在可求否，二人謝曰：「向私以銀易之，今見在也。」公喜，用之如素有。聲色之移人如此。《龍川别志》卷上。《群書類編故事》卷九。

68　王文正太尉氣羸多病，真宗面賜藥酒一注缾，令空腹飲之，可以和氣血，辟外邪。文正飲之，大覺安健，因對稱謝，上曰：「此蘇合香酒也。每一斗酒，以蘇合香丸一兩同煮。極能調五臟，却腹中諸疾，每冒寒夙興，則飲一杯。」因各出數榼賜近臣。自此臣庶之家，皆倣爲之。《夢溪筆談》卷九。《墨客揮犀》卷八。

69 王旦久疾不愈，上命肩輿入禁中，使其子雍與直省吏扶之，見於延和殿。勞勉數四，因命曰：「卿今疾亟，萬一有不諱，使朕以天下事付之誰乎？」旦謝曰：「知臣莫若君，惟明主擇之。」再三問，不對。是時張詠、馬亮皆爲尚書。上曰：「張詠如何？」不對。又曰：「馬亮如何？」不對。上曰：「試以卿意言之。」旦强起舉笏曰：「以臣之愚，莫若寇準。」上憮然，有間，曰：「準性剛褊，卿更思其次。」旦曰：「他人，臣所不知也。臣病困，不任久侍。」遂辭退。旦薨歲餘，上卒用準爲相。《涑水記聞》卷六。《宋朝事實類苑》卷十二。《宋名臣言行録》前集卷二。《群書類編故事》卷五。

70 王旦在中書二十年，常日罷歸，徑趍書閣，闔扉以自息，雖家人之親密者不復接焉。常以蝗旱憂愧辭位，俄而疾發不食。真宗命内饔調肉糜，宸翰緘器以賜，日常三四。旦疾亟，聚家人謂曰：「吾無狀，久坐台司，今且死矣，當祝髮緇衣，以塞吾平昔之志。」未幾而絶。家人輩皆欲從其言，惟壻蘇耆力排而止之。《國老談苑》卷二。《類説》卷四十五引《聖宋掇遺》。

71 本朝眷待耆德，於儀物之盛，惟王文正公也。病深，屢乞骸，不允。扶掖求對於便坐，面懇之，真宗遣皇太子出幕拜留，曰：「吾方以卿翼吾兒，卿瘦瘠殆此，朕安敢强？」翊日，册拜太尉，詔禮官草儀，就都堂赴上，五日一起居，起居日，入中書預參決。遇軍國重事，不限時日並入。至病之革，公召楊文公於卧内，囑以後事曰：「吾深厭煩惱，慕釋典，願未來世得爲苾蒭林間宴坐觀心爲樂。將易簀之時，君爲我剃除鬚髮，服壞色衣，勿以金銀之物置棺内。用茶毘火葬之法，藏骨先塋之側，起一茆塔，用酬夙願。吾雖深戒子弟，恐其拘俗，託子叮嚀告之。」又曰：「仗子撰遺表，但罄叙感戀而已，慎毋及姻戚。」大年謂曰：「餘事敢不一一拜教，若剃髮三衣之事，此必難遵。公，三公也，萬一薨奄，鑾輅必有祓禊之臨，自當斂贈公衮，豈可加於僧體乎？」至薨，大年與諸孤協議，但以三衣置柩中，不藏寶貨而已。壽六十一。配享真宗廟廷。《續湘山野録》。《宋朝事實類苑》卷十二。《涑水記聞》卷七。

72 公疾革，上臨視，賜白金五千兩。召楊文公於床前作讓表。公覽，乃自書四句曰：「已懼多藏，況無用處；見謀散施，以息災殃。」是冬公薨。文公歎曰：「精爽不亂如此。」文公因對上前語及，上令内司賓取元草視之。後榮國夫人謁章獻太后，語曰：「上見公表，泣下久之。」《文正王公遺事》。《宋名臣言行録》前集卷二。

73 王魏公旦與楊文公大年友善，疾篤，大年於卧内，託草遺奏，言爲宰相，不可以將盡之言爲宗親求官，止叙平生遭遇之際。表上，真宗歎之，遽遣就第，名數進録。《澠水燕談録》卷二。《宋朝事實類苑》卷十二。《宋名臣言行録》前集卷二。

74 公薨，諸子白衣者尚數人。公病革，命楊文公撰遺表，語文公曰：「但叙述遭逢，望保聖躬，日親庶政，進賢用士。不可以將盡之意，更以宗親爲託。」後推恩延賞，皆出於朝廷。《文正王公遺事》。

75 世傳王公嘗記前世爲僧，與唐房太尉事頗相類。及將捐館，遺命剔髮，以僧服斂。家人不欲，止以緇褐一襲納諸棺。然公風骨清峭，項微結喉，有僧相。人皆謂其寒薄，獨一善相者目之曰：「公名位俱極，但禄氣不豐耳。」故旦雖位極一品，而飲啗全少，家亦不畜聲伎。晚年移疾在告，真宗嘗密賚白金五十兩，旦表謝曰：「已恨多藏，況無用處。」竟不之受。《東齋記事》輯遺。《青箱雜記》卷一。《宋朝事實類苑》卷十二。

76 王旦疾，上親調藥。臨終，謂子曰：「我別無過，獨不諫天書一事。」命諸子削髮披緇以殮。《昨非庵日纂》二集卷十六。

77 公病，語其諸子曰：「我死後，慎勿以一文錢物入在柩中。漢文帝有言紙衣瓦棺葬我。不從吾言，九泉之下無福蔭汝。汝等切志之。」故公薨之薄葬，始服金帶，蓋棺以紙易之。《文正王公遺事》。

78 州東王文公寢疾，真廟屢訪醫者視之，仍不得輒歸。如是半年。一日，王氏以訃聞，而醫者語人曰：「半年厮繫絆與一服藥，且大家厮離。」《畫墁録》。《山居新語》。

79 王文正公門庭，未嘗接客。公薨，上諭近臣曰：「王某家却不覺静，緣當國日，亦門庭清肅。」吕文靖夷簡、魯肅簡宗道初參預政事，二妻入謝，章憲太后語之曰：「爾各歸語其夫，王某在政府多年，終始一節，先帝以此重之，宜爲師範也。」《宋朝事實類苑》卷十二。《文正王公遺事》。

80 王冀公欽若自江寧府歸，再執魁柄，魯公時參大政，凡聚議，多冀公不堪，語諸公曰：「掌武相公在政府日，參政豈敢如此？」魯公笑曰：「王文正，先朝重德，豈他人可企？苟公執政平允，宗道安敢不伏？」《文正王公遺事》。《宋朝事實類苑》卷十二引《名臣遺事》。《何氏語林》卷十七。

81 上宣諭曰：「朕尹京日，卿弟旭宰屬邑，有廉幹之稱，可委以繁使。」公對曰：「臣待罪宰府，恐公議非便。」上曰：「前代父子兄弟，並處貴位者多，不可以卿故，滯其才。」公曰：「今省府迺士人要職，若於平進遷擢，又得孤寒者一人。臣弟，陛下知名，望它日出於宸衷，且乞一閑局。」遂判吏部南曹。公歸，喜語弟曰：「上知爾之才，必有任使。」而終不言所得之旨，翌日被命乃知。後銓管引入，上見公弟，賜以緋魚，公因對敍感，上曰：「不知尚著緑，朕失照管。」《文正王公遺事》。《宋朝事實類苑》卷七引《名臣遺事》。

82 公以儉約率子弟，使在富貴不爲驕侈。兄子睦欲舉進士，公曰：「吾常以太盛爲懼，其可與寒士争進？」至其薨也，子素猶未官，遺表不求恩澤。《宋名臣言行録》前集卷二。

83 公之婿韓公，例當遠。公私以語其女曰：「爾勿憂，此一小事也。」一日，召女曰：「韓郎知洋州。」女曰：「何往入川？」公曰：「爾歸吾家，且不失所。吾若有所求，他日使人指韓郎婦翁，奏免遠適，累其遠大也。」後韓公聞之曰：「公待我厚也如此。」而韓終踐二府，以東宫二品官終老於家。公之婿蘇耆，應進士舉，唱第之日，格在諸科。故樞相陳文惠堯叟奏上，曰：「蘇耆是故蘇易簡男，王某女婿。」上顧公曰：「卿女婿也？」公不對，乃斂身少却，願且修學。及出，陳公語公曰：「相公何不一言，則耆及第矣。」公笑曰：「上親臨軒試天下士，至公也。某爲冢宰，自薦親屬於冕旒之前，士子盈庭，得不失體？」陳公愧謝之。《文正王公遺事》。《梁溪漫志》卷三。

84 〔王〕素年九歲，公每遇休沐，必呼之膝下。一日，見庭間花盛開，因使賦詩，公觀之，乃依韻和曰：「迥與群芳異，含芳向暮春。不如松柏木，常保歲寒新。」遂出示門人公孫覺，公孫因激勵曰：「以公之意，爾等豈得不勤學也？」《文正王公遺事》。

85 公爲兖州朝修使，辟夏鄭公爲管記。一日，召鄭公語曰：「我病，自度必不起，自遭逢，盡誠以事上，盡公以待士，以私以怨未嘗有毫髮。每念祖父興立門第，心之所存，惟冀有後。幼子小名公奴，恐其可教。他日學士爲吾育之。」鄭公出爲西帥，素別於順天院，曰：「先相有理命在竦，未能少副其意，寔負愧也。」因道此說。素感涕交下，對鄭公曰：「聞公之言，如聞先人之訓矣。敢不樹立？」《文正王公遺事》。

86 公婚姻皆求寒素之家。後公薨，丁公謂令王素錫白諸兄，求見爲昏請。諸兄問於楊文公，曰非先公之意也。遂止之。《文正王公遺事》。

87 公家有盜，乃官之給卒，捕繫府獄，尹狀奏，乞斬於公門之前。公大駭曰：「豈以己故而私國家法也？」遂入奏，乞府中科以常法。上宣示曰：「聞卿居第甚陋，朕密令計之，官爲修營其間，更係卿意增損之。」公頓首曰：「臣所居，乃先父舊廬，當日止庇風雨，臣今完葺，過已甚矣，每思先父，常有愧色，豈更煩朝廷？」上再三諭之，公力辭，乃止。《文正王公遺事》。《宋朝事實類苑》卷七引《名臣遺事》。《東山談苑》卷四。《昨非庵日纂》二集卷二。

88 太尉不置田宅，曰：「子孫當各念自立，何必田宅？置之，徒使爭財爲不義耳。」《宋名臣言行録》前集卷二。

89 公陪祠東封，有子侍行。家信至，公發之，見所寄衣帶以紅爲之，公怒曰：「我在，爾已好華如此，欲壞儒風。我死，望汝輩純素，難也。」亟令送還而易之。《文正王公遺事》。

90 公每見家人服飾似過，則瞑目曰：「吾門素風，一至於此。」亟令減損。故家人或有一衣稍華，出於車中遽易之，不敢令公見。《文正王公遺事》。《宋朝事實類苑》卷十二。《宋名臣言行録》前集卷二。

91 公歸，餐必召諸子，使之席地聚食。乃語左右曰：「剩與菜喫，此輩生長公相家，已驕矣，不可使不知淡薄之味。」《文正王公遺事》。

92 有貨玉帶者，持以及門，弟因呈公，公曰：「如何？」弟曰：「甚佳。」公命繫之，曰：「還見佳否？」弟曰：「繫之，安得自見？」公曰：「玉亦石也，得不重乎？自負重而使觀者稱好，無亦勞也？我腰間不稱此物，亟還之。」故平生所服，止於賜帶。《文正王公遺事》。《宋名臣言行録》前集卷二。《自警編》卷二。《言行龜鑑》卷二。《賢弈編》卷一。《昨非庵日纂》一集卷九。

93 公與故觀察使錢公若水治第，嘗假數千緡於公。錢公薨，其家償之，公皆不納。今直集賢院延年方數歲，公令人召之，坐之膝上，日哺以食。《文正王公遺事》。

94 王文正太尉局量寬厚，未嘗見其怒。飲食有不精潔者，但不食而已。家人欲試其量，以少埃墨投羹中，公唯啖飯而已。問其何以不食羹，曰：「我偶不喜肉。」一日，又墨其飯，公視之曰：「吾今日不喜飯，可具粥。」其子弟愬於公曰：「庖肉爲饔人所私，食肉不飽，乞治之。」公曰：「汝輩人料肉幾何？」曰：「一斤。今但得半斤食，其半爲饔人所廋。」公曰：「盡一斤可得飽乎？」曰：「盡一斤固當飽。」曰：「此後人料一斤半可也。」其不發人過皆類此。嘗宅門壞，主者徹屋新之，暫於廊廡下啟一門以出入。公至側門，門低，據鞍俯伏而過，都不問。門畢，復行正門，亦不問。有控馬卒歲滿辭公，公問：「汝控馬幾時？」曰：「五年矣。」公曰：「吾不省有汝。」既去，復呼回曰：「汝乃某人乎？」於是厚贈之，乃是逐日控馬，但見背，未嘗視其面，因去，見其背方省也。《夢溪筆談》卷九。《墨客揮犀》卷一。《宋朝事實類苑》卷十二。《宋名臣言行録》前集卷二。《古今事文類聚》續集卷十。《何氏語林》卷十四。《宋稗類鈔》卷三。

95 王文正公宇量鴻曠絶倫。在相府日，未還第間，上遣中使錫御酒十器，方逾閫内，厥兄亟令人詣國封首取二壺。其婦云：「此上賜也，俟相公歸視即持去。」兄怒，挈梃擊壺皆碎，醞流盈地。夫人怒之，不令却掃。公歸見之，問其故，左右具道所以然。徐語國封曰：「人生光景幾許時，其間何用校計？」餘無他言。兄與國封默愧也。《珍席放談》卷上。

96 韓魏公言：王文正母弟傲不可訓，一日逼冬至，祠家廟，列百壺於堂前，弟皆擊破之。家人惶駭。文正忽自外入，見酒流滿路不可行，俱無一言，但攝衣步入堂。其後弟忽感悟，復爲善，終亦不言。《韓魏公遺事》。《宋朝事實類苑》卷十三。《宋名臣言行録》前集卷二。《言行龜鑑》卷四。《何氏語林》卷二。《昨非庵日纂》一集卷十。

向敏中

1 向敏中，字常之。……父瑀，惟一子，教督甚嚴，嘗謂其妻曰：「大吾門者，此子也。」《名賢氏族言行類稿》卷四十六。

2 向文簡公爲廬陵倅，時人未有知者。安城士人彭仲元能以星曆知人禍福，文簡召問之，仲元曰：「通判不必他問，不出十年，位至公相。」文簡自廬陵罷官，閲數年，即大拜。《獨醒雜志》卷一。

3 向文簡公判大理寺時，没入祖吉贓錢，分賜法吏，公引鍾離意委珠事，獨不受。《自警編》卷二。

4 真宗皇帝時，向文簡拜右僕射，麻下日，李昌武爲翰林學士，當對。上謂之曰：「朕自即位以來，未嘗除僕射，今日以命敏中，此殊命也，敏中應甚喜。」對曰：「臣今自早候對，亦未知宣麻，不知敏中何如。」上曰：「敏中門下今日賀客必多，卿往觀之，明日却對來，勿言朕意也。」昌武候丞相歸，乃往見，丞相謝客，門闌悄然無一人，昌武與向親，徑入見之，徐賀曰：「今日聞降麻，士大夫莫不歡慰，朝野相慶。」公但唯唯。又曰：「自上即位，未嘗除端揆，此非常之命，自非勳德隆重，眷倚殊越，何以至此？」公復唯唯，終未測其意。又歷陳前世爲僕射者勳勞德業之盛，禮命之重，公亦唯唯，卒無一言。既退，復使人至庖厨中，問今日有無親戚賓客飲食宴會，亦寂無一人。明日再對，上問：「昨日見敏中否？」對曰：「見之。」「敏中之意何如？」乃具以所見對。上笑曰：「向敏中大耐官職。」《夢溪筆談》卷九。《雲谷雜紀》卷四。《宋名臣言行録》前集卷三。《仕學規範》卷二十一。《自警編》卷一。《言行龜鑑》卷二。《何氏語林》卷十四。《讀書鏡》卷十。《宋稗類鈔》卷三。《容齋隨筆》卷四考辨其誤。

5 向文簡敏中、寇忠愍準二相，同以太平興國五年登第。後文簡秉鈞，忠愍以使相守長安，作詩寄文簡，曰：「玉殿登科四十年，當時僚友盡英賢。歲寒唯有公兼我，白首猶持將相權。」文簡酬之曰：「九萬鵬霄振翼時，與君同折月中枝。細思淳化持衡者，得到于今更有誰。」《古今事文類聚》前集卷二十九。《青箱雜記》卷五。《宋朝事實類苑》卷二十六。《宋詩紀事》卷三。

6 真宗重於進退大臣，制辭亦加審慎。向敏中爲相，典故薛居正宅，居正子婦柴氏上書，訟敏中典宅虧價，且言敏中欲娶己，己不許。上面問敏中，對曰：「臣自喪妻以來，未嘗謀及再娶。」既而，上聞其欲娶王承衍女弟，責其不實，罷相歸班。其麻辭曰：「翼贊之功未著，廉潔之操蔑聞。喻利居多，敗名無恥。始營故相之第，終興嫠婦之辭。對朕食言，爲臣自昧。」又曰：「朕選用不明，縉紳興誚。」議者皆以敏中爲終身擯棄不復用矣。是時，舊相出鎮者，多不以吏事爲意。寇萊公雖有重名，所至之處，終日游宴，所愛伶人，或付與富室，輒厚有所得，然人皆樂之，不以爲非也。張齊賢儻蕩任情，獲劫盜或時縱遣之，所至尤不治。上聞之，皆不以爲善。唯敏中勤於政事，所至著稱。上曰：「大臣出臨方面，唯向敏中盡心於民事耳。」於是有復用之意。《涑水記聞》卷七。

7 向相在西京，有僧暮過村民家求寄止，主人不許，僧求寢於門外車箱中，許之。夜中有盜入其家，自牆上扶一婦人并囊衣而出。僧適不寐，見之。自念不爲主人所納而强求宿，而主人亡其婦及財，明日必執我詣縣矣，因夜亡去。不敢循故道，走荒草中，忽墮眢井，則婦人已爲人所殺，先在其中矣。明日，主人搜訪亡僧并子婦屍，得之井中，執以詣縣，掠治，僧自誣云：「與子婦姦，誘與俱亡，恐爲人所得，因殺之投井中，暮夜不覺失足，亦墜其中。贓在井傍亡失，不知何人所取。」獄成，詣府，府皆不以爲疑，獨敏中以贓不獲疑之。引僧詰問數四，僧服罪，但言：「某前生當負此人，死無可言者。」敏中固問之，僧乃以實對。敏中因密使吏訪其賊。吏食於村店，店嫗聞其自府中來，不知其吏也，問之曰：「僧某者，其獄如何？」吏紿之曰：「昨日已笞死於市矣。」嫗歎息曰：「今若獲賊，則何如？」吏曰：「府已誤決此獄矣，雖獲賊，亦不敢問也。」嫗曰：「然則言之無傷矣。婦人者，乃此村少年某甲所殺也。」吏曰：「其人安在？」嫗指示其舍，吏就舍中掩捕，獲之。案問具服，并得其贓。一府咸以爲神。《涑水記聞》卷七。《宋朝事實類苑》卷二十三。《宋名臣言行録》前集卷三。《棠陰比事》。《自警編》卷八。《折獄龜鑑》卷二。《昨非庵日纂》一集卷一。

8 太宗飛白書張詠、向敏中二臣名付中書，曰：「二人者皆名臣，爲朕記之。」向公自員外郎爲諫議、知樞密院，止百餘日。咸平四年，除平章事。後坐事出永興軍，駕幸澶淵，手賜密詔：「盡付西鄙事，許便宜從事。」公得詔藏之，視政如常。會邦人命國儺，有告禁卒欲倚儺爲亂者，公密使麾兵被甲衣袍伏於夾廡幕中。明日，盡召賓僚兵官，置酒縱閲，無一人預知者。命儺入，先令馳逞於中門外，後召至階，公振袂一揮，伏卒齊出，盡擒之，果各懷短刃，即席誅之。勦訖，屏屍，亟命灰沙掃庭，張樂以宴，賓從股慄。《玉壺清話》卷五。《宋朝事實類苑》卷八。

9　皇甫泌，向敏中之婿也，少年縱逸，多外寵，往往涉夜不歸。敏中正秉政，每優容之，而其女抱病甚篤，敏中妻深以爲憂，且有恚怒之詞，敏中不得已，具劄子乞與泌離婚。一日奏事畢，方欲開陳，真宗聖體似不和，遽離扆座。敏中迎前奏曰：「臣有女婿皇甫泌。」語方至此，真宗連應曰：「甚好，甚好，會得。」已還内矣。敏中詞不及畢，下殿不覺抆淚，蓋莫知聖意如何。已而，傳詔中書，皇甫泌特轉兩官，敏中茫然自失，欲翌日奏論，是夕，女死，竟不能辨直其事也。《東軒筆録》卷三。《宋稗類鈔》卷八。參見畢士安6。

王欽若

1　王文穆公欽若，臨江軍人。母李氏，父仲華，嘗侍祖郁任官鄂渚，而李氏有娠，就蓐之夕，江水暴溢，將壞廨舍，亟遷于黄鶴樓，始免身，生男，即公也。時隔岸漢陽居人，遥望樓際，若有光景氣象云。又公昔歲行圃田道中，宿于村舍，夜起，視天中，有赤文成「紫微」二大字，光耀奪目。使蜀還褒城路中，有人展謁，熟視刺字，乃唐相裴度，告公以默定之語，及言公他日當貴。兹亦異矣。後公每設壇禮神，必朱篆「紫微」二字，陳之醮所，又輟俸修晉公祠於圃田，作記以述其肹蠁云。《青箱雜記》卷六。《宋朝事實類苑》卷十一。

2 王冀公微時，薄游臨川，寄食蔡爲政門館。天寒，冀公無被，夜中凍甚，竊入僕陳超被中睡定。超方夢，有數人叱曰：「宰相睡，何得同牀耶？」即舁致户外。」超甚驚愕，不敢近冀公，乃取他被蓋之。自此謹待冀公，公有所乏，超盡力助之。公後貴顯，所以存問於超者甚至。超子亦舉進士。《能改齋漫録》卷十八。《宋稗類鈔》卷一。

3 王冀公，新喻人，微時往觀社求祭肉，衆問：「爾爲誰？」曰：「我秀才也。」衆曰：「何所能？」曰：「能詩。」時無紙筆，即取炭畫猪皮上曰：「龍帶晚烟歸洞府，雁拖秋色入衡陽。」後之人謂此句有宰相氣象。《獨醒雜志》卷一。

4 王文穆欽若未第時，寒窘，依幕府家。時章聖以壽王尹開封，一日晚，過其舍。左右不虞王至，亟取紙屏障風。王顧屏間一聯「龍帶晚煙離洞府，雁拖秋色入衡陽」，大加賞愛，曰：「此語落落有貴氣，何人詩也？」對曰：「某門客王欽若。」王遽召之，見其風度。其後信任頗專，致位上相。風雲之會，實基於此焉。《西清詩話》卷中。《堯山堂外紀》卷四十四。《堅瓠己集》卷四。《宋詩紀事》卷五。《古事比》卷四十六。

5 冀公王欽若淳化二年自懷州赴舉，與西州武覃偕行，途次圃田，忽失公所在。覃遂止於民家，散僕尋之。俄見僕闊步而至，驚悸言曰：「自此數里有一神祠，見公所乘馬弛韁宇下，某徑至蕭屏，有門吏約云：『令公適與王相歡飲，不可入也。』某竊窺見其中，果有笙歌杯盤之具。」覃亟與僕同往，見公已來，將半酣矣。詢之，笑而不答。覃却到民家，指公會處，乃裴晉公廟。覃心異之，知公非常人矣。公登第後，不數年爲翰林學士，使兩川，回軺至褒城驛，方憩於正寢，將吏忽見導從自外而至，中有一人云：「唐宰相裴令公入謁。」公忻然接之。因密謂公大用之期，乃懷中出書一卷，示公以富貴爵命默定之事，言終而隱。及公登庸，圃田神祠出俸修飾，爲文紀之。《湘山野録》卷上。《新編分門古今類事》卷三。《名賢氏族言行類稿》卷二十四。

6　王文穆公作舉人時，謁南頓喬給事。喬晝寢，夢有人告云：「相公來奉謁。」喬戒閽者云：「有賓客來，悉通報。」相次，有一舉人投刺，乃文穆也。喬引入卧内，見其容貌磊落，以家人禮待之。《宋朝事實類苑》卷四十六引《康靖公聞見録》。

7　王冀公欽若鄉薦赴闕，張僕射齊賢時爲江南漕，以書薦謁錢希白公易，時以才名，方獨步館閣。適會延一術士以考休咎，不容通謁。冀公跼促門下，因厲聲詬閽人，術者遥聞之，謂錢曰：「不知何人耶？若聲形相稱，世無此貴者，但恐形不副貌耳。願邀之，使某獲見。」希白召之。冀公單微遠人，神骨疎瘦，復贅於頸，而舉止山野。希白蔑視之，術者悚然，側目瞻視。冀公起，術者稽顙興嘆曰：「人中之貴有此十全者！」錢戲曰：「中堂内便有此等宰相乎？」術人正色曰：「公何言歟！且宰相何時而無，此君不作則已，若作之，則天下康富，而君臣相得，至死有慶而無弔。不完者，但無子爾。」錢戲曰：「他日將陶鑄吾輩乎？」術者曰：「恐不在他日，即日可待，願公毋忽。」後希白方爲翰林學士，冀公已真拜。《湘山野録》卷中。《宋朝事實類苑》卷四十八。《西塘集耆舊續聞》卷八。《群書類編故事》卷十四。《新編分門古今類事》卷十引《朝野雜録》。

8　錢若水暇日在家，延一術士，戒閽者不得進客。既而門外喧争久之，呼問，閽者曰：「有一秀才欲請謁，辭以有客，不肯去。」因命之進，則刺字書云：「臨江軍進士王欽若。」既入，無冠，頭巾、皂衫、黄帶，雀躍嘶聲而結喉，鄙狀可掬。錢意甚輕之。術士一見，不復顧錢，側坐向王，咨嗟不已。少頃，王辭，術士不揖錢，褰衣從之。錢大駭，使人呼術者，詰之，乃曰：「斯人大富貴人也，名位壽考無不極，但無嗣，當以外姓爲嗣。」既卒，真廟俾其婿張環主祀。《畫墁録》。

9 真宗朝，黄震知亳州永城縣。時大旱，王丞相欽若爲郡倅，至邑祈雨。夜祭祠下，王默禱，他日如至台輔，四更當雨。黄密知之，私戒鼓吏，促其更籌，遽擊四鼓，而雲未應。王亦自信之重，莊嚴而待，及期果雨，竟如所望。《能改齋漫録》卷十八。

10 王欽若爲亳州判官，監會亭倉。天久雨，倉司以穀溼不爲受納，民自遠方來輸租者，食穀且盡，不能得輸。欽若悉命輸之倉，奏請不拘年次，先支溼穀，不至朽敗。奏至，太宗大喜，手詔答許之，因識其名。秩滿入見，擢爲朝官。《涑水記聞》卷七。

11 王欽若、毋賓古同倅三司。一日，賓古曰：「天下宿逃之財，自五代迄今，理督未已，亡族破家，疵民大矣，俟啓而蠲之。」欽若即命吏理其數，翌日上奏。真宗大驚曰：「先帝豈不知耶？」欽若曰：「先帝非不審其弊，蓋與陛下收天下心。」真宗霑泣久之，遽詔有司俾盡釋焉。欽若自此宸眷之厚。《國老談苑》卷二。

12 世傳文穆遭遇章聖，本由一言之寤。蓋章聖踐祚之初，天下宿逋數百萬計，時文穆判三司理欠司，一日抗疏，請盡蠲放以惠民。上遽召詰之曰：「此若惠民，曷爲先帝不行？」公對曰：「先帝所以不行者，欲以遺陛下，使結天下人心。」於是上蹙然頷之，未幾命宰府召試《孝爲德本頌》，授右正言、知制誥，不數年，遂大拜。《青箱雜記》卷六。

13 館中同列疾王文穆，使陳越寢如文穆之尸，石中立作文穆之妻哭其傍，餘人歌虞殯于前後。欽若聞之，密奏，將盡逐之。王文正持其奏不下。《孔氏談苑》卷三。

14 真宗時，王欽若善承人主意，上望見輒悦之。每拜一官，中謝日，輒問曰：「除此官且可意否？」其寵遇如此。《涑水記聞》卷七。

15 王欽若爲翰林學士，與比部員外郎、直集賢院、修起居注洪湛同知貢舉，湛後差入貢院，時諸科已試第六場。是時，法禁尚疎，欽若奴祁睿得出入貢院。欽若妻受一舉人賂，書睿掌以姓名語欽若，皆奏名。有濟源經科，因一僧許賂欽若銀十挺，既入六挺，餘負而不歸，僧往索之，因諠鬭。事發，下御史臺鞫案。事方紛紜，真宗擢欽若參知政事。中丞趙昌言以獄辭聞，收欽若下臺對辨，上雖知其情，終不許，曰：「朕待欽若至厚，欽若欲銀，當就朕求之，何苦受舉人賂邪？且欽若纔登兩府，豈可遽令下吏乎？」昌言爭不能得。湛乃獨承其罪，詔免死罪，杖背，免刺面，配嶺南牢城。湛家貧，每會客，從同館梁顥借銀器，是時適在其家，因没以爲贓。欽若内亦自愧，其後擢湛子鼎爲官以報之。《涑水記聞》卷七。

16 真宗次澶淵，一日，語萊公曰：「今虜騎未退，而天雄軍截在賊後，萬一陷没，則河朔皆虜境也。何人可爲朕守魏？」萊公曰：「當此之際，無方略可展。古人有言，智將不如福將。臣觀參知政事王欽若，福禄未艾，宜可爲守。」於是即時進札請敕。退召王公於行府，諭以上意，授敕俾行。王公茫然自失，未及有言，萊公遽曰：「主上親征，非臣子辭難之日。參政爲國柄臣，當體此意。驛騎已集，仍放朝辭，便宜即途，身乃安也。」遽酌大白飲之，命曰「上馬盃」。王公驚懼，不敢辭，飲訖拜别。萊公答拜，且曰：

「參政勉之，回日即爲同列也。」王公馳騎入天雄，方戎虜滿野，無以爲計，但屯塞四門，終日危坐。越七日，虜騎退，召爲中書門下平章事、集賢殿大學士。《東軒筆録》卷一。《容齋隨筆》卷四考辨其誤。

17 王文穆爲人雖深刻，然其人智略士也。澶淵之役，文穆鎮天雄。契丹既退，王親軍率大兵嚮魏府，魏府鈐轄懼，欲閉城拒之，文穆曰：「不可。若果如此，則猜嫌遂形，是成其叛心也。」乃命於城外十里結綵棚以待之。至則迎勞，歡宴飲酒連日。既罷，其所統軍皆已分散諸道矣，親軍皆不知焉。《涑水記聞》卷七。

18 見寇準40。

19 見寇準41。

20 王冀公欽若罷參知政事，而真宗眷遇之意未衰，特置資政殿學士以寵之。時寇萊公在中書，定其班位依雜學士，在翰林學士下。冀公因訴于上曰：「臣自學士拜參知政事，今無罪而罷，班反在下，是貶也。」真宗爲特加大學士，班在翰林學士上。其寵遇如此。《歸田録》卷一。

21 景德中，上欲優寵王欽若，乃特置資政殿學士以處之。既而有司定議班在翰林學士下。尋又置資政殿大學士，亦以欽若爲之，而班在翰林承旨之上。則資政殿學士與大學士皆自王欽若始也。《青箱雜記》卷三。

22 王冀公罷參政，真宗朝夕欲見，擇便殿清近，惟資政爲優，因以公爲本殿大學士。公奏曰：「臣雖出於寒賤，不能獨宿，欲乞除一臣僚兼之。」遂以陳文僖彭年並直。一夕，公攜一巨榼入宿，方與陳寒夜閑飲，遽中人持鑰開宮扉獨召公，匆匆而入，謂陳曰：「請同院不須相候，獨酌數杯先寢。」至行在，真宗與公對飲，飲罷持禁燭送歸，繁若列星。陳危坐伺之，已四更，笑曰：「同院尚未寢乎？」陳曰：「恭候司長，豈敢先寢。」喜笑倒載，解襪褫帶幾不能，坦腹自矜曰：「某江南一寒生，遭際真主，適主上以巨觥敵飲，僅至無算，抵掌語笑，如僚友之無間。」已而遂寢。殆曉盥櫛罷，與陳相揖，覺夜歸數談頗疎漏，自言：「夜來沉湎，殊不記歸時之早晚，無乃失容於君子乎？」陳曰：「無之。」但殷勤愧謝。既別，已將趍班，同趨出殿門，執其手以語封之曰：「夜來數事，止是同院一人聞之。」文僖歸謂子弟曰：「大臣慎密，體當如此。」《湘山野録》卷下。《宋朝事實類苑》卷六。《宋稗類鈔》卷一。

23 真宗封岱祠汾，雖則繼述先志，昭答靈貺，中外臣民，協謀同欲，然實由文穆之力贊焉。祠禮畢，章聖登太山頂，偕近臣周覽前代碑刻，内一碑首云：「朕欽若昊天。」真宗顧文穆笑曰：「元來此事前定，只是朕與欽若。」《青箱雜記》卷六。

24 冀公王欽若嘗代真宗郊祀回，上問：「卿家何積累，乃有今日？」對曰：「術者言臣祖墳佳。」上令圖以進，訣曰：「通濟橋下水朝流，世代出公侯。睦宦橋下水來衝，分土作三公。」上乃舉筆引水出墳前曰：「水何不從此去？」明年水決，遂罷相。《樵書》初編卷一。

25 真宗晚年欲策后，時王旦爲宰相，趙安仁參知政事，將問執政，會王旦告病去，遂獨問安仁曰：「朕欲以賢妃劉氏爲后，卿意何如？」趙對曰：「劉氏出於側微，恐不可母儀天下。」真宗不懌。翌日，以趙之語告王冀公欽若，冀公曰：「陛下姑問安仁，意欲以何人爲后？」異時，上果以冀公之言問，趙對曰：「德妃沈氏乃先朝宰相沈義倫之家，宜可以作配聖主。」真宗翌日以語冀公，冀公曰：「臣固知如此，蓋趙安仁嘗爲沈義倫門客。」真宗深以爲然。未幾，罷安仁參知政事，轉欽若一官，爲天書扶持使。劉氏竟立。《東軒筆録》卷二。《涑水記聞》卷五。《東都事略》卷四十九。

26 見馬知節9。

27 〔王〕欽若爲人陰險多詐，善以巧譎中人，人莫之寤。與王旦同爲相，翰林學士李宗諤有時名，旦善視之。旦欲引宗諤參知政事，以告欽若，欽若曰：「善。」旦曰：「當以白上。」宗諤家素貧，禄廪不足以給婚嫁，旦前後資借之，凡千餘緡，欽若知之。故事，參知政事中謝日，所賜物近三千緡。欽若因密奏：「宗諤負王旦私錢，不能償。旦欲引宗諤參知政事，得賜物以償己債，非爲國擇賢也。」明日，旦果以宗諤名薦於上，上作色不許。其權譎皆此類。《涑水記聞》卷七。《樂善録》卷九。《東都事略》卷四十九。

28 見王旦31。

29 見王旦33。

30 見王旦41。

31 王冀公久被真廟異眷。晚居政府，某州妖獄發，盡以中外士大夫與妖人往來歌詩聞，有云「左僕射中書門下平章事王欽若」，真廟面責之，冀公辯數四，終不置，則頓首曰：「臣官工部尚書，安敢擅增至左僕射？此理明甚，而聖意終不解者無他，蓋臣福謝耳。」竟坐策免云。《邵氏聞見後録》卷二十二。

32 見陳從易1。

33 見孫冕5。

34 王文穆欽若以故相來守杭州。錢唐一老尉，蒼頭華髮矣，文穆初甚不樂，詢其履歷，乃同年生，惻然哀之，遂封章于朝。詔特改京秩。尉以詩謝之云：「當年同試大明宫，文字雖同命不同。我作尉曹君作相，東君元没兩般風。」《揮麈餘話》卷一。《西湖游覽志餘》卷二十一。《堯山堂外紀》卷四十四。《宋詩紀事》卷九十六。

35 仁宗既即位，每朝退，多弄翰墨。一日學書，適遇江陵王欽若奏章上達，因飛帛大書「王欽若」三字。既罷，左右取之呈於太后，是時欽若有再命相之議。太后遂令中使合其字，緘爲湯藥，馳馹以賜欽若，即口宣召之。欽若至闕下，故寂無知者。《國老談苑》卷一。《老學庵筆記》卷九。案：「江陵」當爲「江寧」。

36 文穆王冀公，天聖初，再爲相，既拜命謝恩，即請詣景靈宫奉真殿朝謝真宗皇帝。冀公仍以五百千建道場，託先公爲齋文，其略曰：「奉諱之初，謝病於外，臨西宫而莫及，企南狩以方遥。」失其本，餘不盡記。自後二府初拜恩入謝，即詣景靈宫，蓋踵冀公故事也。《春明退朝録》卷下。

37 天聖初，契丹遣使請借塞内地牧馬，朝廷疑惑，不知所答。欽若方病在家，章獻太后命肩輿入殿中問之，欽若曰：「不與則示怯，不如與之。」太后曰：「夷狄豺狼，奈何延之塞内？」欽若曰：「虜以虚言相恐愒耳，未必敢來。宜密詔曹瑋，使奏乞整頓士馬以備非常。」太后從之，契丹果不入塞。瑋時知定州。《涑水記聞》卷七。

38 比部郎洪湛，以王欽若賄賣任懿及第，累謫儋州，竟死海外。忽有相識遇洪大庾嶺，猶儀衛赫然，若有官者。相識謂是赦還，與執手慶慰，洪曰：「我往捕王欽若耳。」言訖不見，其人愕然。已而欽若病甚，口呼：「洪卿寬我，我以千金累卿，然惠秦已橐百兩，不難償卿九百也。」《楓窗小牘》卷下。

39 欽若方用事時，四方饋遺，不可勝紀。其家金帛、圖書、奇玩，富於丁謂。爲天火所焚，一朝殆盡。《涑水記聞》卷七。《樂善録》卷九。

40 〔王〕欽若與〔丁〕謂及劉承規、陳彭年、林特交通，蹤跡詭異，時以五鬼目之。《東都事略》卷四十九。《名臣傳琬琰集》卷三。《堯山堂外紀》卷四十四。《古事比》卷八。

41 王文穆夫人悍妒，貴爲一品，不置姬侍。宅後圃中作堂名三畏。楊文公戲之曰：「可改作四畏。」公問其説，曰：「兼畏夫人。」《類説》卷十六引《見聞雜録》。《堯山堂外紀》卷四十四。

42 僕射相國王公，至道丙申歲，爲譙幕，因按逃田饑而流亡者數千户，力謀安集，疏奏乞貸種粒、牛、糧，懇訴其苦，朝廷悉可之。一夕，次蒙城驛舍，夢中有人召公出拜，空中紫綬象簡者，貌度凝重，如牧守赴上之儀，遣一緑衣丱童遺公曰：「以汝有憂民深心，上帝嘉之，賜此童爲宰相子。」受訖即寤。迨曉，憇食於楚靈王廟，作詩志於壁。是夕，夫人亦有祥兆而因娠焉。後果生一子，即慶之是也。器格清粹，天與文性，未十歲，公已貴，蔭爲奉禮郎。恥門調，止稱進士，或號棲神子，惟談紫府丹臺間事。有《古木詩》「不逢星漢使，誰識是靈槎」。祥符壬子歲，謂所親曰：「上元夫人命我爲玉童，只是吾父未受相印，受，則吾去矣。」不數日，公正拜，慶之已疾，公憶丙申之夢，默不敢言。不踰月，慶之卒，年十七。真宗聞其才，矜卹特甚，命尚宫就宅加賵襚，詔賜進士及第，焚誥於室。《湘山野録》卷中。《宋朝事實類苑》卷四十五。案：《宋史·王欽若傳》其子名從益。

丁謂

1〔竇偁〕嘗與丁顗同幕。顗子謂尚幼，偁見之，曰：「此子後必以文致遠。」即以其子妻之。謂果至宰相。《名賢氏族言行類稿》卷四十八。

2見胡則1。

3吕獻可記丁晉公詩有：「天門九重開，終當掉臂入。」王元之讀曰：「入公門，鞠躬如也。天門豈可掉臂入乎？此人必不忠。」《能改齋漫録》卷十一。《觀林詩話》。《優古堂詩話》。《苕溪漁隱叢話》前集卷二十五及《詩人玉屑》卷十二引《高齋詩話》。

4見孫何1。

5見孫何2。

6〔丁謂〕嘗以文謁王禹偁，禹偁稱其文與孫何比之韓、柳，名遂大振。既而何冠多士，而謂占第四，自以與何齊名，恥居其下，臚傳之際，殿下有言。太宗曰：「甲乙丙丁，合居第四，尚何言？」《東都事略》卷四十九。

7見龔穎2。

8丁晉公釋褐授饒倅，同年白稹爲判官。稹一日以片幅假緡於公，云：「爲一故人至，欲具飡，擧篋無一物堪質，奉假青蚨五鐶。不宣。稹白謂之同年。」晉公笑曰：「是紿我也。榜下新婚京國富室，豈無半千質具邪？懼余見撓，固矯之爾。」於簡尾立書一闋，戲答曰：「欺天行當吾何有，立地機關子太乖。五百青蚨兩家闕，白洪崖打赤洪崖。」時已兆朱崖之讖。《湘山野録》卷下。《古今詩話》。《詩話總龜》前集卷三十四。《新編分門古今類事》卷十四。《堯山堂外紀》卷四十四。

9 呂洞賓者，多游人間，頗有見之者。丁謂通判饒州日，洞賓往見之，語謂曰：「君狀貌頗似李德裕，它日富貴皆如之。」謂咸平初，與予言其事。謂今已報政。《楊文公談苑》。《宋朝事實類苑》卷四十三。《西塘集耆舊續聞》卷六。《類説》卷十九引《見聞録》。

10 見穆修1。

11 真宗幸澶淵，丁晉公以鄆、齊、濮安撫使知鄆州。虜既入塞，河北居民驚犇渡河，欲避於京東者，日數千人，舟人邀阻不時濟。丁聞之，亟取獄中死囚數人以爲舟人，悉斬於河上，於是曉夕並渡，不三日皆盡。既渡，復擇民之少壯者，分畫地分，各使執旗幟、鳴金鼓於河上，夜則傳更點、申號令，連數百里。虜人莫測，訖師退，境内晏然。《石林燕語》卷十。《仕學規範》卷二十六。

12 丁謂有才智，然多希合，天下以爲奸邪。及稍進用，即啓導真宗以神仙之事，又作玉清昭應宫，耗費國帑，不可勝計。謂既爲宫使，夏竦以知制誥爲判官。一日，宴宫僚於齋廳，有雜手伎俗謂弄盌注者，獻藝于庭，丁顧語夏曰：「古無詠盌注詩，舍人可作一篇。」夏即席賦詩曰：「舞拂挑珠復吐丸，遮藏巧便百千般。主公端坐無由見，却被傍人冷眼看。」丁覽讀變色。《東軒筆録》卷二。《宋朝事實類苑》卷七十一。《墨客揮犀》卷八。《堯山堂外紀》卷四十六。《宋稗類鈔》卷六。

13 丁晉公爲玉清昭應宮使，每遇醮祭，即奏有仙鶴盤舞于殿廡之上。及記真宗東封事，亦言宿奉高宮之夕，有仙鶴飛於宮上，及升中展事，而仙鶴迎舞前導者，塞望不知其數。又天書每降，必奏有仙鶴前導。是時寇萊公判陝府，一日，坐山亭中，有烏鴉數十，飛鳴而過，萊公笑顧屬僚曰：「使丁謂見之，當目爲玄鶴矣。」又以其令威之裔，而好言仙鶴，故但呼爲「鶴相」。《東軒筆録》卷二。《宋朝事實類苑》卷六十七引《青箱雜記》。《宋稗類鈔》卷六。案：《紺珠集》卷十二引《湘山野録》云：丁晉公自稱「化鶴之裔」，以爲印記，時謂「鶴相」。宛委山堂本《説郛》卷六十引《湘山録》同。

14 晉公從駕東封，與顯官聚話，因話及東獄有奈河、黑水，乃人間陰獄也。晉公感其事，而成詩焉：「黑水溪傍聊駐馬，奈河岸上試回頭。高崖昏處是陰獄，須信人生到此休。」公後得崖州，亦前定也。《宋朝事實類苑》卷四十六。

15 真宗東封回，至兖州回鑾驛覃慶橋，酺賜輔臣、親王、百官宴於延壽寺。有金龜集游童衣袂，大如榆莢。丁謂以獻，上命中使齎示群臣。余爲兒童時，侍先大夫爲建寧漕屬，官廨後多草莽，其間多有此物，有甲能飛，其色如金，絶類小龜，小兒多取以爲戲，初非難得之物也。鶴相善佞而欺君，乃遽指以爲祥瑞，載之史册，真可發後世一笑也。《癸辛雜識》後集。

16 丁晉公從車駕巡幸，禮成，有詔賜輔臣玉帶。時輔臣八人，行在祇候庫止有七帶。尚衣有帶，謂之比玉，價直數百萬，上欲以賜輔臣，以足其數。晉公心欲之，而位在七人之下，度必不及己，乃諭有司不須發尚衣帶，自有小私帶，且可服之以謝，候還京別賜可也。有司具以此聞。既各受賜，而晉公一帶，僅如指闊。上顧謂近侍曰：「丁謂帶與同列大殊，速求一帶易之。」有司奏「唯有尚衣御帶」。遂以賜之。其帶熙寧中復歸内府。《夢溪筆談》卷二十二。《宋朝事實類苑》卷七十一。《宋稗類鈔》卷四。《容齋隨筆》卷四考辨其誤。

17 丁謂除参政，楊億賀之，公曰：「骰子選耳，何足道哉。」《類説》卷五十二引《國老閒談》。參見楊億27。

18 忽一日，真宗問：「馮拯如何？」晉公奏曰：「馮拯在中書、密院十年，却並無是非。實亦公心於國家。」真宗良久不答又奏，復不答，遂退。尋問掌武曰：「丁某每來朕前保持馮拯，不知馮拯屢來破除伊。」掌武奏曰：「丁某不獨於上前不言人非，於臣處亦未嘗言人之非。」掌武退謂晉公曰：「今後休於上前保持始平。」公亦别無他語。掌武由是愈器重晉公。《丁晉公談録》。

19 見王旦40。

20 祥符中，丁晉公出典金陵，真宗以《袁安卧雪圖》賜之，真古妙手，或言周昉筆，亦莫可辨。至金陵，擇城之西南隅曠絶之地，建賞心亭，中設巨屏，置圖其上，遂爲金陵奇觀。歲久頗失覆護，縑素敗裂，稍爲好事者竊去。嘉祐中，王君玉出守郡，首詣觀之，惜其剽取已盡，嗟之尤久，作詩題其旁云：「昔人已化遼天鶴，往事難尋卧雪圖。」《澠水燕談録》卷七。《圖畫見聞志》卷六。《春明退朝録》卷下。

21 金陵賞心亭，丁晉公出鎮日重建也。秦淮絶致，清在軒檻，取家篋所寶《袁安卧雪圖》張於亭之屏，乃唐周昉絶筆。凡經十四守，雖極愛而不敢輒覬，偶一帥遂竊去，以市畫蘆雁掩之。後君玉王公琪復守是郡，登亭留詩曰：「千里秦淮在玉壺，江山清麗壯吴都。昔人已化遼天鶴，舊畫難尋卧雪圖。冉冉流年去京國，蕭蕭華髮老江湖。殘蟬不會登臨意，又噪西風入座隅。」《湘山野録》卷上。《堯山堂外紀》卷五十一。《堅瓠庚集》卷三。《宋稗類鈔》卷四。《宋詩紀事》卷十一。

22 祥符中，丁晉公自參知政事拜平江軍節度使、知昇州。時建節鉞者，出入必陳其儀度。既還本鎮，鄉人爲之改觀。公在童齔時，嘗從老郁先生學。至是，首入陋巷，詣先生之居，以兩朱衣掖之，拜於其下。先生惶懼，大聲呼之曰：「拜殺老夫矣。」既坐，話舊極款密，且云：「小年狹劣，荷先生教誨，痛加榎楚。使某得成立者，皆先生之賜也。」先生愈不自安，不數月果卒。公遣吏爲辦棺斂葬埋之物甚厚，吴人至今以爲美譚。《中吴紀聞》卷一。《茶香室叢鈔》卷三。

23 丁晉公自保信軍節度使、知江寧府召爲參知政事。中書以丁節度使，召學士草麻。時盛文肅爲學士，以爲參知政事合用舍人草制，遂以制除。丁甚恨之。《歸田録》卷一。《宋朝事實類苑》卷二十六。《翰苑遺事》。《古今合璧事類備要》前集卷十五。《錦繡萬花谷》後集卷九引《倦游雜録》。

24 寇萊公與丁晉公同在政事堂日，閒論及天下語音何處爲正，寇言惟西洛人得天下之中，丁曰：「不然，四方各有方言，唯讀書人然後爲正。」《談撰》。

25 見寇準56、57。

26 〔丁〕謂逐寇準，京師爲之語曰：「欲得天下寧，當拔眼中釘。欲得天下好，莫如召寇老。」及謂得罪，人以爲報云。《東都事略》卷四十九。《宋詩紀事》卷一百引《古今風謡》。參見寇準59。

27 見王曾23。

28 真宗晚年不豫，寇準得罪，丁謂、李迪同爲相，以其事進呈，上命除準小處知州。謂退，署其紙尾曰：「奉聖旨：除遠小處知州。」迪曰：「曏者聖旨無『遠』字。」謂曰：「與君面奉德音，君欲擅改聖旨以庇準邪？」由是二人鬭鬩，更相論奏。上命翰林學士錢惟演草制，罷謂政事，惟演遂出迪而留謂。外人先聞其事，制出，無不愕然，上亦不復省也。《涑水記聞》卷六。

29 呂文靖說：作正字日，值旬休，丁晉公宅會客，忽來招，遂趨往。至則懷中出詞頭，簾外草寇萊公判雷州制。既畢，覽之不懌，曰：「舍人都不解作文字邪？」呂遜謝再三，乞加增損，遂注兩聯云：「當孽豎亂常之日，乃先皇違豫之初。緣此震驚，遂至沈極。」《江隣幾雜志》。案：《續資治通鑑長編》卷九十八辨呂夷簡當時已不任中書舍人，當從《龍川別志》，當直舍人乃宋綬。又《五總志》云楊億當直，亦誤。

30 真宗既疾，甚殆，不復知事。李迪、丁謂同作相。內臣雷允恭者，嬖臣也，自劉后以下，皆畏事之。謂之進用皆允恭之力。嘗傳宣中書，欲以林特爲樞密副使，迪不可，曰：「除兩府須面奉聖旨。」翌日，爭之上前，聲色俱厲。謂辭屈，俛首鞠躬而已。謂既退，迪獨留，納劄子。上皆不能省記，而二相皆以郡罷。允恭傳宣謂家，以中書闕人，權留謂發遣。謂由此入直中書，見同列，召堂吏喻之，索文書閱之。來日與諸公同奏事，上亦無語。衆退，獨留。及出，道過學士院，問院吏今日學士誰直。曰：「劉學士筠。」謂呼筠出，口傳聖旨令謂復相，可草麻。筠曰：「命相必面得旨，今日必有宣召，麻乃可爲也。」謂無如之何。它日，再奏事，復少留，退過學士院，復問誰直。曰：「錢學士惟演。」謂復以聖旨語之。惟演即從。謂既復相，乃逐李公及其黨，正人爲之一空。將草李公責詞，時宋宣獻知制誥當直，請其罪名，謂曰：「《春秋》無將，漢法不道，皆其事也。」宋不得已從之。詞既成，謂猶嫌其不切，多所改定，其言上前爭議曰「罹此震驚，遂至沉頓」，謂所定也。及謂貶朱崖，宋猶掌詞名，即爲之詞曰：「無將之戒，深著於魯經；不道之誅，難逃於漢法。」天下快之。《龍川别志》卷上。《東都事略》卷四十九。《宋稗類鈔》卷四。

31　寇萊公貶時，楊文公在西掖，既得詞頭，有請于丁晉公。公曰：「《春秋》無將，漢法不道，皆其罪也。」楊深不平之。及晉公去位，楊尚當制，爲責詞曰：「無將之戒，深著乎魯經；不道之誅，難逃於漢法。」一時快之。《五總志》。

32　寇忠愍之貶，所素厚者之人，自盛文肅以下皆坐斥逐，而楊大年與寇公尤善，丁晉公憐其才，曲保全之。議者謂丁所貶朝士甚多，獨於大年能全之，大臣愛才一節可稱也。《歸田録》卷一。

33　〔丁謂〕生平最尚禨祥，每晨占鳴鵲，夜看燈蕊，雖出門歸邸，亦必竊聽人語，用卜吉兆。時有無賴于慶，貧寒不振，計且必死凍餓，謀于一落第老儒，老儒曰：「汝欲自振，必易姓名，當大濟耳，幸無忘我。」慶拜而聽之。老儒遂改于爲丁，易名宜禄，使投身於謂。謂大喜，收之。門下皆怪問之，謂不答，第曰：「吾得此人，大拜必矣。」不旬月，而謂果入相，此人遂以寵冠紀綱，雖大僚節使，無弗倚藉關說，不踰年而宜禄家十萬矣。老儒亦以引見，竟得教授大郡。至今相傳，不解所謂。頃偶讀沈約《宋書》曰宰相蒼頭呼爲宜禄，且復姓丁，愈愜所念。莫謂晉公眼不讀書也。《楓窗小牘》卷上。《堅瓠廣集》卷一。《宋稗類鈔》卷四。

34　丁謂爲宰相，將治第於冰櫃街，患其卑下，既而於集禧觀鑿池，取棄土以實其基，遂高爽，又奏開保康門爲通衢，而宅據要會矣。《東軒筆録》卷十三。

35　丁謂用事，一日，魯肅簡公以公事造其第，魯方拜起，丁曰：「學士拜時鬚撇地。」魯應之曰：「相公坐處幕漫天。」隱「須撇地」、「莫漫天」耳。「須撇地」者，丁欲魯之從己，使勿遲疑也；「莫漫天」者，魯亦譏之之言也。《甕牖閒評》卷八。參見魯宗道6，楊億51、52。

36 見王曾19。

37 仁廟初纂臨，升袞冕，纔十二歲，未能待旦，起日高時，明肅太后垂箔擁佑。一日，遣中人傳旨中書：「爲官家年小起晚，恐稽留百官班次，每日祇來這裏休語斷會。」首台丁晉公適在藥告，惟馮相拯在中書，覆奏曰：「乞候丁謂出廳商議。」殆丁參告，果傳前語。晉公口奏曰：「臣等止聞今上皇帝傳寶受遺，若移大政於他處，則社稷之理不順，難敢遵稟。」晉公由此忤明肅之旨，復回責同列曰：「此一事，諸君即時自當中覆，何必須候某出廳，足見顧藉自厚也。」晉公更衣，馮謂魯參曰：「渠必獨作周公，令吾輩爲莽、卓，乃真宰存心也。」初，寇忠愍南貶日，丁嘗秉筆，謂馮相曰：「欲與竄崖，又再涉鯨波如何？」馮但唯唯，丁乃徐擬雷州。及丁之貶也，適當馮相秉筆，謂魯參曰：「鶴相始欲貶寇於崖，嘗有鯨波之嘆，今暫出周公涉鯨波一巡。」竟竄崖州。《續湘山野録》。

38 丁晉公在中書日，因私第會賓客，忽顧衆而言曰：「某嘗聞江南李國主鍾愛一女，早有封邑，聰慧姿質，特無與比。及年釐降，國主謂執政曰：『吾止一女，才色頗異，今將選尚，卿等爲擇佳婿，須得少年奇表，負殊才而有門地者。』執政遍詢縉紳，須外府將相之家，莫得全美。或有詣執政言曰：『嘗聞洪州劉生者爲本郡參謀，歲甲未冠，儀形秀美，大門曾列二卿，兼富辭藝，可以塞選。』執政遽以上言，亟令召之。及至，皆如其說。國主大喜，於是成禮。授少列，拜駙馬都尉。鳴珂鏘玉，出入中禁，良田甲第，奇珍異寶，赫奕崇盛，雄視當時。未周歲而公主告卒，國主傷悼悲泣曰：『吾不欲再睹劉生之面。』勑執政削其官籍，一簪不與，却送還洪州。生恍若夢覺，觸類如舊。」丁語罷，因笑曰：「某他日亦不失作劉參謀也。」席上聞之，莫不失色。後半載，果有朱崖之行，資貨田宅在京者，悉皆籍没，孑然南行，匹馬數僕，宛如未第之日。《續湘山野録》。《澠水燕談録》卷六。《宋朝事實類苑》卷四十五。《新編分門古今類事》卷十四引《遺史》。《何氏語林》卷二十九。《宋稗類鈔》卷六。

39 術士王生，金陵人，瞽而善聽聲。時丁相謂先罷參知政事，知金陵。忽一日，車從出自南門，王於稠人中潛聽其馬蹄聲，大言於衆曰：「參政月中必召大拜也。」月餘果急詔歸覲，再拜中書。踰年真宗晏駕，丁充山陵使。時王生來京師，丁聞其來，甚喜，召宿書院，厚待之。俟曉入朝，俾聽馬蹄聲，退語諸子曰：「相公福壽堅固，但蹄響有西行之兆。」諸子責之曰：「爾知相公充山陵使，故有是説耶？」王不對。後有朝僚問之，曰：「蹄雖西去，而無回聲。」丁果罷相，分司西京，繼有南崖之命。《新編分門古今類事》卷十二。《類説》卷十九。《群書類編故事》卷十四引《該聞録》。

40 〔丁謂〕其中書時，總領山陵事。李維在翰林，將授其親職爲挽郎，懇請於謂曰：「更在陶鑄。」謂應聲曰：「陶鑄復陶鑄，齋郎又挽郎。」維對曰：「自然堪淚下，何必更殘陽。」未幾而謂敗。《國老談苑》卷二。《古今詩話》。《唐宋分門名賢詩話》。《詩話總龜》前集卷三十四。《宋朝事實類苑》卷四十六引《名賢詩話》。《新編分門古今類事》卷十四。

41 真宗國卹，凡蔭補子弟有當齋挽之職者，若齋郎止侍齋祭，若挽郎至有執紼翣導靈仗者，子弟或赧之。王沂公曾在中書翰林，李承旨維視沂公爲姪婿，凡兩日詣中堂求免某子挽鐸之執。沂公曰：「此末事，請叔丈少候，首台聚廳當白之。」丁晉公出廳，沂公白之。丁遂諾，謂李曰：「何必承旨親來？」李遂拜謝。拜起，戲謂丁曰：「昨日并今日，齋郎與挽郎。」蓋言兩日伺之。丁應聲曰：「自然堪下淚，何必更殘陽。」滿座服其敏捷，而事更妥帖。不數日，遂出，未及洛而南遷，下淚之讖也。《湘山野録》卷下。

42 丁晉公執政，不許同列留身，唯王曾一切委順，未嘗忤其意。曾謂丁曰：「欲面求恩澤，又不敢留身。」丁曰：「如公不妨。」一日留身，進文字一卷，具道丁事。丁去數步，大悔之。自是遂有朱崖之行。《孫公談圃》卷中。《何氏語林》卷二十九。《宋稗類鈔》卷一。參見王曾24、25。

43 見吕夷簡12。

44 丁謂前敗之一夕，買竭都市中金。餘産籍没，後官斥賣，人有買其綵薦一，拆之得絹凡三百餘端。《王氏談録》。

45 丁朱崖敗，有司籍其家，有絳紗籠數十，大率如燭籠，而無跋無炧，不知何用。其家曰：「聚螢囊也。」詳其此製，有火之用，無火之熱，亦已巧矣。《演繁露》卷八。《堅瓠壬集》卷四。

46 見寇凖62。

47 見寇凖68。

48 見寇凖71。

49 丞相濟陽公丁謂夢懶瓚師，訓以覺悟之理。及覺，憶夢之象，坐一山庵中，俾畫工圖之。其年丁貶崖州司户，道經潭州，宿雲蓋山海會禪寺。因縱步，見一山庵，歷歷如昔日之夢。訪彼僧，則曰：「南岳懶瓚大明禪師庵。」嗟惋久之。遂舍白金五十兩，建道場，供千僧，以答夢中之訓。《新編分門古今類事》卷八引《該聞録》。《宋四六話》卷十一。

50 丁晉公之南遷也，行過潭州，自作《齋僧疏》云：「補仲山之衮，雖曲盡於巧心；和傳説之羹，實難調於衆口。」其少以文稱，晚年詩筆尤精，在海南篇詠尤多，如「草解忘憂憂底事，花名含笑笑何人」，尤爲人所傳誦。《歸田録》卷一。《宋朝事實類苑》卷四十。《國老談苑》卷二。

51 〔丁謂〕既至貶所，教民陶瓦，先爲公宇，次營所居之第，爲小樓，日游其上，閲書焚香，怡然以自得。《國老談苑》卷二。《類説》卷四十五引《聖宋掇遺》。

52 丁晉公竄朱崖，到海上，遇異人，頗道平生休咎，有驗。又云：「公但無慮，非久，當復北歸，以壽終。」公叩其由，答曰：「公食料中尚有羊數口，食之未既爾。」《珍席放談》卷下。

53 丁晉公在崖州，方弈棋，其子哭而入。詢之，云：「適聞有中使渡海將至矣。」公笑曰：「此王欽若使人來駭我耳。」使至，謝恩畢，乃傳宣撫問也。《江隣幾雜志》。《孔氏談苑》卷三。《宋稗類鈔》卷四。

54 丁晉公自崖州還，與客會飲。一客論及天下地理，謂四坐曰：「海内州郡何處最爲雄盛？」晉公曰：「唯崖州地望最重。」客問其故，答曰：「朝廷宰相祇作彼州司户參軍，它州何可及也！」《遯齋閒覽》。《續墨客揮犀》卷六。《東都事略》卷四十九。《五雜組》卷十六。《堯山堂外紀》卷四十四。《宋稗類鈔》卷六。

55 丁晉公之逐，士大夫遠嫌，莫敢與之通聲問。一日，忽有一書與執政，執政得之不敢發，立具上聞。泊發之，乃表也，深自叙致，詞頗哀切，其間兩句曰：「雖遷陵之罪大，念立主之功多。」遂有北還之命。

謂多智變，以流人無因達章奏，遂託爲執政書，度以上聞，因蒙寬宥。《夢溪筆談》卷二十二。《墨客揮犀》卷五。《宋朝事實類苑》卷七十一。

56 丁晉公既投朱崖，幾十年。天聖末，明肅太后上仙，仁宗獨覽萬幾，當時仇敵多不在要地，晉公乃草一表，極言策立之功，辨皇堂誣搆之事，言甚哀切。自以無緣上達，乃外封題云：「啓上昭文相公。」是時王冀公欽若執政，丁自海外遣家奴持此啓入京，戒云：「須候王公見客日，方得當面投納。」其奴如戒，冀公得之，驚不敢啓封，遽以上聞。仁宗拆表，讀而憐之，乃令移道州司馬。晉公有詩數首，略曰：「君心應念前朝老，十載飄流若斷蓬。」又曰：「九萬里鵬容出海，一千年鶴許歸遼。且作瀟湘江上客，敢言瞻望紫宸朝。」天下之人，疑其復用矣。穆修聞丁有道州之徙，作詩曰：「却訝有虞刑政失，四凶何事亦量移？」謂之失人心如此。《東軒筆録》卷三。《宋朝事實類苑》卷七十一引《倦游録》。《宋稗類鈔》卷四。

57 丁謂在朱崖，家于洛陽，爲書叙致真宗恩遇，厚自刻責，且勵家人不可興怨。遂寄洛守，託達於家。洛守不敢私開，遽奏之。上覽而感動，遂有雷州之命。《國老談苑》卷二。

58 元豐二年，予居洛。有老父年八九十，自云少日隨丁晉公至朱崖，頗能道當時事。呼問之，老人曰：「公初自分司西京貶崖州，某從行。至龍門南彭婆鎮，公病瘧，夜遇盜，失物甚多，至今有玉椀在潁陽富家，盜所質也。至崖州，久之，某辭歸，公授以蠟丸，戒曰：『俟西京知府某官與會府官，即投之。』某如所教，知府王欽若也，對府官得之不敢開，遽以奏，乃自陳乞歸表也。其中云：『雖滔天之罪大，奈立主之功高。』繼有旨復祕書監，移光州。」《邵氏聞見録》卷七。

59〔丁〕謂在朱崖凡五年，嘗以家財與土人商販，蠲其息。其人問所欲，謂曰：「欲煩賫家書至洛陽爾。」仍戒其人曰：「俟有中貴人至與留守宴，即投之。」其人如教。留守得之大驚，不敢拆其書，遂奏之，乃謂作陳情表，假家書以達之也。其表叙其受遺册立之功，有云：「臣有彌天之罪，亦有彌天之功。」章獻與仁宗覽之惻然，遂徙雷州。《東都事略》卷四十九。

60丁崖州多智數。在海外，有一販夫，輒與數百緡，任其貨易，久不問。商人疑其意，且欲報之，曰：「相公或使之，雖死不避。」丁乃預計南京春宴，必有中使在坐，因作表丐還，封爲書，授府坐，約商人曰：「汝必須於是日到，仍須宴次投之。」商人欣躍而去，至則如其言。府坐得書，懼不敢發，欲匿之，又中書已見。遂因中使回附奏，自是得移光州。《孫公談圃》卷下。

61僧海妙者謂余言：昔出入丁晉公門下，公作相時，鑿池養魚，覆以板。每客至，去板釣鮮魚作膾，其餚饌珍異不可勝數。後自朱崖以秘書少監移光州，海妙往見之。公野服杖屨行山中，觀村民採茶，勞其辛苦，人不知爲晉公也。《邵氏聞見録》卷七。

62丁晉公至朱崖，作詩曰：「且作白衣菩薩觀，海邊孤絶寶陀山。」作《青衿集》百餘篇，皆爲一字題，寄歸西洛。又作《天香傳》，叙海南諸香。又作州郡名，配古人姓名詩，又集近人詞賦而爲之序，及佗記述題詠，各不下百餘篇，蓋未嘗廢筆硯也。後移道州，旋以秘書監致仕，許於光州居住。流落貶竄十五年，髭鬢無斑白者，人亦伏其量也。在光州，四方親知皆會，至食不足。轉運使表聞，有旨給東京房錢一萬貫，爲其子珙數日呼博而盡。臨終前半月，已不食，但焚香危坐，默誦佛書，以沉香煎湯，時時呷少許。啓手足之際，付囑後事，神識不亂，正衣冠奄然化去。其能榮辱兩忘，而大變不怛，真異人也。《東軒筆録》卷三。《宋朝事實類苑》卷十一。《宋稗類鈔》卷三。

63 丁晉公自海外徙宅光州，臨終，以一巨篋寄郡帑中，上題云：「候五十五年，有姓丁來此作通判，可分付開之。」至是歲，有丁姓者來貳郡政，即晉公之孫。計其所留年月，尚未生。啓視之，但一黑匣貯大端硯一枚，上有一小竅，以一棋子覆之。揭之，有水一泓，流出無有歇時，温潤之甚，不可名狀。丁氏子孫，至今寶之。《揮麈餘話》卷二。《宋稗類鈔》卷八。《硯箋》卷一。

64 王文正公曾在中書，得光州奏秘書監致仕丁謂卒。文正顧謂同列曰：「斯人平生多智數，不可測，其在海外，猶能用智而還，若不死，數年，未必不復用。斯人復用，則天下之不幸可勝言哉？吾非幸其死也。」《東軒筆録》卷四。

65 〔丁〕謂貌睢盱，若常寒餓者，而貴震天下，相者以爲真猴形。《涑水記聞》卷三。《宋朝事實類苑》卷六十四。

66 見盛度12。

67 〔丁公謂〕嘗言，古今所謂忠臣孝子，皆不足信。乃史筆緣飾，欲爲後代美談者也。《王文正公筆録》。

68 丁晉公謂曹、馬爲聖人，夏英公嘗美李林甫之作相。《江鄰幾雜志》。《古事比》卷三十九。《香祖筆記》卷十。

69 丁崖州雖險詐，然亦有長者言。真宗常怒一朝士，再三語之，丁輒稍退不答。上作色曰：「如此叵耐，問輒不應？」謂進曰：「雷霆之下，臣若更加一言，則虀粉矣。」真宗欣然嘉納。《江隣幾雜志》。《孔氏談苑》卷一。《厚德録》卷二。《自警編》卷四。《言行龜鑑》卷六。

70 真宗嘗曲宴羣臣於太清樓，君臣讙浹，談笑無間，忽問：「廛沽尤佳者何處？」中貴人奏有南仁和者，亟令進之，徧賜宴席。上亦頗愛，問其價，中貴人以實對。上遽問近臣曰：「唐酒價幾何？」無能對者，唯丁晉公奏曰：「唐酒每升三十。」上曰：「安知？」丁曰：「臣嘗讀杜甫詩曰：『蚤來就飲一斗酒，恰有三百青銅錢。』是知一升三十錢。」上大喜曰：「甫之詩自可爲一時之史。」《玉壺清話》卷一。《中山詩話》。《古今詩話》。《羣書類編故事》卷二十二。《堯山堂外紀》卷四十四。

71 真宗朝歲歲賞花釣魚，群臣應制。嘗一歲，臨池久之，而御釣不食，時丁晉公應制詩云：「鶯驚鳳輦穿花去，魚畏龍顔上釣遲。」真宗稱賞，群臣皆自以爲不及也。《歸田録》卷二。《宋朝事實類苑》卷三十五。《堯山堂外紀》卷四十四。《宋稗類鈔》卷五。

72 丁晉公好釋、老，又酷嗜弈棋，中堂退食對局，以夜繼日。一日問李畋虚心之法，對曰：「請侍中弼諧之外，勿於棋子役心，虚已半矣。」公曰：「如子之言，何止於棋，凡有所著，則不虚矣。」《類説》卷十九引《駭聞録》。

73 丁晉公好蓄瑰異，宰衡之日，除其周旋爲端守，屬求佳硯。其人至郡，前後所獻幾數百枚，皆未滿公意。一日，硯工見有飛鷺翹駐潭心，意非立鷺之所。因令没人視之，見下有圓石大如米斛，塊處潭中，似可挽取。疑其有異，即以白守。集漁户維舟出之，石既登岸，轉仄之間，若有涵水聲。硯工視之，賀曰：「此必有寶石藏中，所謂石子者是也。相傳天産至珍，滋蔭此潭，以孕崖石，散爲文字之祥。今日見之矣。」即叢手攻剖，果得一石於泓水中，大如鵝卵，色紫玉也。中剖之爲二硯，亟送其一，公得之喜甚，報書云：「硯應有二，何爲留一自奉，得無効雷豐城之留莫邪否！此非終合之物也。」守曰：「天下至寶，不可萃于一家，以啓人貪心。」託以解職後面獻，而公以擅移陵寢事，籍其家矣，而硯不知所在。《春渚紀聞》卷九。

宋人軼事彙編卷七

李 迪

1 李文定本甄城人，既徙京師，都人呼爲「濮州李家」。《揮塵録》卷二。

2 李文定公迪爲學子時，從种放明逸先生學。將試京師，從明逸求當塗公卿薦書，明逸曰：「有知滑州柳開仲塗者，奇才善士，當以書通君之姓名。」文定攜書見仲塗，以文卷爲贄，與謁俱入。久之，仲塗出，曰：「讀君之文，須沐浴乃敢見。」因留之門下。一日，仲塗自出題，令文定與其諸子及門下客同賦。賦成，驚曰：「君必魁天下，爲宰相。」令門下客與諸子拜之曰：「異日無相忘也。」文定以狀元及第，十年致位宰相。仲塗門下客有柳某者，後官至侍御史，文定公命長子柬之娶其女，不忘仲塗之言也。《邵氏聞見録》卷七。《宋名臣言行録》前集卷五。

3 李文定年四十方登第。陳康肅守鄆時，猶在場屋，多與之游。每題壁，則書「布衣李迪捧硯」。其後李相國，而陳方建節。《珍席放談》卷上。

4 李文定公迪與夏侯鱗，各題詩於濮州王驥郎中屋壁。文定曰：「南巷蕭條北巷連，君歸未得伴君閑。郡樓獨上最高處，盡日凭闌不爲山。」夏侯曰：「夜來飛夢到瑶池，借得周王八駿騎。宴罷卻歸蓬島去，五雲狂踏影參差。」明年，文定第一人，夏侯第二人及第。《東原録》。

5 李文定公迪，美鬚髯，未御試，一夕，忽夢被人剃削俱盡，迪亦惡之。有解者曰：「秀才須作狀元，緣今歲省元是劉滋，已替滋矣。非狀元而何？」是歲，果第一人。《青箱雜記》卷三。《宋朝事實類苑》卷四十六。《新編分門古今類事》卷七。

6 景德中，李迪、賈邊皆舉進士，有名當時，及就省試，主文咸欲取之，既而二人皆不與。取其卷視之，迪以賦落韻，邊以《當仁不讓於師論》以「師」爲「衆」，與注疏異説。乃爲奏具道所以，乞特收試。時王文正公爲相，議曰：「迪雖犯不考，然出於不意，其過可恕。如邊特立異説，此漸不可啓，將令後生務爲穿鑿，破壞科場舊格。」遂收迪而黜邊。《東齋記事》卷一。《石林燕語》卷八。

7 李文定公家甚貧，同巷李生，每推財以濟之。公感其意，拜爲兄。尋舉進士第一，李生遣人奉書通殷勤，公口謝之而已，不答。書生慚，謂公挾貴忘舊，遂不復相聞。後十年，公爲左相，因而奏李生昔日賙恤之義，願授一官，以報其德。詔授左班殿直。公製袍笏，致書州將，令送生至公所，公與叙舊好，且謝曰：「昔日周旋，極不敢忘，幸被誤恩，乃獲所願。」《言行龜鑑》卷三。

8 見宋真宗29。

9 上將立章獻后，迪爲翰林學士，屢上疏諫，以章獻起於寒微，不可母天下，由是章獻深銜之。《涑水記聞》卷八。《宋朝事實類苑》卷十。《宋名臣言行録》前集卷五。

10 李文定公迪罷陝西都轉運使，還朝。是時真宗方議東封西祀，修太平事業。知秦州曹瑋奏：「羌人潛謀入寇，請大益兵爲備。」上大怒，以謂瑋虚張虜勢，恐愒朝廷，以求益兵。以迪新自陝西還，召見，示以瑋奏，問其虚實，欲斬瑋以戒妄言者。文定從容奏曰：「瑋武人，遠在邊鄙，不知朝廷事體，輒有奏陳，不足深罪。臣前任陝西，觀邊將才略，無能出瑋之右者，他日必能爲國家建功立事。若以此加罪，臣爲陛下惜之。」上意稍解。迪因奏曰：「瑋良將，必不妄言。所請之兵，亦不可不少副其請。臣觀陛下意，但不欲從鄭門出兵耳。秦之旁郡兵甚多，可發以戍秦。臣在陝西，籍諸州兵數爲小册，常置鞶囊中以自隨，今未敢以進。」上曰：「趣取之。」迪取於鞶囊以進，上指曰：「以某州某州兵若干戍秦州，卿即傳詔於樞密院發之。」既而，虜果大入寇，瑋迎擊，大破之，遂開山外之地。奏到，上喜，謂迪曰：「山外之捷，卿之功也。」《涑水記聞》卷八。

11 周懷政之誅，上怒甚，欲責及太子，群臣莫敢言。迪爲參知政事，俟上怒稍息，從容奏曰：「陛下有幾子，乃欲爲此計？」上大寤，由是獨誅懷政等，而東宫不動摇，迪之力也。《涑水記聞》卷八。《宋朝事實類苑》卷十。《宋名臣言行録》前集卷五。

12 李文定公爲參知政事，時仁宗爲皇太子，文定兼賓客。一日，召對滋福殿，欲相之，固辭。俄而太子出，謝曰：「蒙恩，以賓客爲宰相。」真宗顧謂曰：「尚可辭耶？」乃拜吏部侍郎兼太子少傅、同中書門下平章事。久之，與丁謂争事，罷。天下之人皆以亮直許之。《宋朝事實類苑》卷十引《東齋記事》。

13 李文定公坐與丁晉公不合，中嘗鬱鬱不樂，舊中書省壁間有其手題詩一聯，云：「灰心緣忍事，霜鬢爲論兵。」凡數十處。此裴晉公詩也。《石林避暑録話》卷一。

14 見宋真宗33。

15 真宗不豫，大漸之夕，李文定公與宰執以祈禳宿内殿。時仁宗幼冲，八大王元儼者有威名，以問疾留禁中，累日不肯出。執政患之，無以爲計，偶翰林司以金盂貯熟水，曰：「王所須也。」文定取案上墨筆攪水中，水盡黑，令持去。王見之大驚，意其有毒也，即上馬去。《邵氏聞見録》卷六。《宋名臣言行録》前集卷五。《賢弈編》卷一。《自警編》卷七。《言行龜鑑》卷六。《識小録》卷四。《宋稗類鈔》卷三。案：《舊聞證誤》卷一曰：「此時李文定得罪，黜知鄆州久矣。」

16〔李迪〕爲相，時真宗已不豫。丁謂與迪同奏事退，既下殿，謂矯書聖語，欲爲林特遷官。迪不勝忿，與謂争辨，引手板欲擊謂，謂走，獲免。因更相論奏，詔二人俱罷相，迪知鄆州，明日，謂復留爲相。迪至鄆且半歲，真宗晏駕，迪貶衡州團練副使。謂使侍禁王仲宣押迪如衡州。仲宣始至鄆州，見通判已下而不見迪。迪皇恐，以刃自剄，人救得免。仲宣凌侮迫脅，無所不至。人往見迪者，輒籍其名，或饋之食，留至臭腐，棄捐不與。迪客鄧餘怒曰：「豎子！欲殺我公以媚丁謂邪？鄧餘不畏死，汝殺我公，我必殺汝！」從迪至衡州，不離左右。仲宣頗憚之，迪由是得全。《涑水記聞》卷八。

17 國初，官舟數少，非達官貴人不可得乘。李丞相迪謫衡州副使，鄭載在淮南，爲假張馳子客舟以行。《東軒筆録》卷十三。《臨漢隱居詩話》。

18 洛陽至京六驛，舊未嘗進花，李文定公留守，始以花進。歲差府校一人，乘驛馬，晝夜馳至京師。所進止姚黄、魏紫三四朵，用菜葉實籠中，藉覆上下，使馬不動摇，亦所以禦日氣。又以蠟封花蔕，可數日不落。至今歲貢不絶。《澠水燕談録》卷八。

19 李文定公以故相守兖州，有嫠婦爲其里人以僞券誣討田産，訴於官凡十餘年，皆不得直。及文定公未去郡，而傅龍圖初中甲科，以廷尉評事知仙源縣。初至官，嫠婦又訟於縣，求逮所訟與書券者，驗其書跡不類，因窮治，盡得奸狀，里人既伏辜，而歸其田産與嫠婦焉，一郡驚爲神明。李公聞之，歎曰：「吾爲政於此，不能使枉者直，而又罪其嫠婦，吾甚愧之。」乃以帛謝罪於婦，而盛薦傅公於朝。《南窗紀談》。

20 見孫復2。

李肅之

1 李肅之公明，文定公子也。在三司，論事切直，仁宗嘉納，歐公以簡賀之，甚有稱賞之語。公明喜曰：「歐公平日書疏往來，未嘗呼我字也，此簡遂以字呼我，人之作好事，可不勉哉！」《曲洧舊聞》卷一。

李承之

1 見章惇5。

馮拯

1 馮拯之父爲中令趙普家内知。内知，蓋勾當本宅事者也。一日，中令下簾獨坐，拯方十餘歲，彈雀於簾前，中令熟視之，召坐與語。其父遽至，惶恐謝過，中令曰：「吾視汝子，乃至貴人也。」因指其所坐榻，曰：「此子他日當至吾位。」馮後相真宗、仁宗，位至侍中。《東軒筆録》卷二。《宋朝事實類苑》卷十一。

2 〔馮拯〕少時，以文謁趙普，普見而奇之，謂曰：「子位與壽，他日我若也。」……判河南日，仁宗遣內人撫問，還奏其寢處皆儉素，無他飾。仁宗因賜以衾裯及錦綺屏。然拯平居自奉極於侈靡也。《名賢氏族言行類稿》卷一。

3 馮拯，河南人，其父爲趙韓王守第舍。拯年少時，韓王見之，問此爲誰，其父對曰：「某男也。」韓王奇其狀貌，曰：「此子何不使之讀書？」其父遂使之就學。數年，舉進士，韓王爲之延譽，遂及第。太宗時，拯上言請立太子，太宗怒，謫之嶺南。久之，以右正言通判廣州事。其同官爲太常博士，署位常在拯下。寇萊公素惡拯，會覃恩，拯遷虞部員外郎，其同官遷屯田員外郎。其同官以拯素剛，讓居其下，萊公見奏狀，怒，下書詰之，曰：「虞部署位乃在屯田之上，於法何據？趣以狀對。」於是，拯密奏言：「寇準以私憾專抑挫臣。呂端畏怯，不敢與争。張洎又準所引用，朝廷之事一決於準。威福自任，縱恣不公，皆如此。」比上省章奏，大怒，萊公由是出知褒州。上又責讓呂端、張洎，二人皆頓首曰：「準在中書，臣等備員而已。」真宗即位，拯遂被用至宰相。今上即位，發丁朱崖罪，竄之南荒，拯之力也。拯無文學，而性伉直，自奉養奢靡，官至侍中。《涑水記聞》卷六。

4 見丁謂37。

5　馮拯在中書，孔道輔初拜正言，造其第謝之。拯謂曰：「天子用君作諫官，豈宜私謝執政耶？」道輔慚伏而退。後嘗謂人曰：「如馮公者，未足爲賢相，然求之於今，亦未易有也。」《儒林公議》。

6　馮拯姬媵頗衆，在中書，密令堂吏市珠絡，自持爲遺。或未允所售，出入懷之，有及三四夕。《國老談苑》卷二。《類説》卷四十五引《聖宋掇遺》。

7　天聖中，侍中馮拯薨。次年，京城南錫慶院側人家生一驢，腹下白毛成「馮拯」二字。馮氏以金贖之，潛育於槽中，四方皆知之。《泊宅編》三卷本卷下。宛委山堂《説郛》本《括異志》。《堅瓠秘集》卷六引《説儲》。

楊　礪

1　真宗爲襄王，以〔楊〕礪爲記室。始，礪應舉時，嘗夜夢見一人，衣冠甚古，謂礪曰：「汝能從吾游乎？」礪隨往。頃之，覩宫衛嚴邃，俄陞大殿，見一南面而坐者，指示礪曰：「此來和天尊，汝異日事之。」礪再拜而退。及爲記室，謁襄王還，謂妻子曰：「今日見襄王，正昔日夢中所見也。」《東都事略》卷三十七。《幕府燕閒録》。《類説》卷十九。《湖海新聞夷堅續志》前集卷一。

2　楊礪，太祖建隆初狀元及第。在開封府，真宗問礪何年及第，礪唯唯不對。真宗退問左右，然後知之，自悔失問，謂礪不以科名自伐，由是重之。《涑水記聞》卷七。《宋朝事實類苑》卷七。

3　見宋真宗8。

宋湜

1 真宗即位之次年，賜李繼遷姓名，而復進封西平王。時宋湜、宋白、蘇易簡、張洎在翰林，俾草詔册，皆不稱旨。惟宋公湜深賾上意，必欲推先帝欲封之意，因進辭曰：「先皇帝早深西顧，欲議真封，屬軒鼎之俄遷，建漢壇之未逮，故兹遺命，特付眇躬，爾宜望弓劒以拜恩，守疆垣而效節。」上大喜，不數月參大政。《湘山野録》卷上。《宋朝事實類苑》卷四十。

王嗣宗

1 王嗣宗，汾州人，太祖時舉進士，與趙昌言争狀元於殿前，太祖乃命二人手搏，約勝者與之。昌言髪秃，嗣宗毆其幞頭墜地，趍前謝曰：「臣勝之！」上大笑，即以嗣宗爲狀元，昌言次之。初爲秦州司理參軍，路沖知州事，常以公事忤沖意，怒，械繫之。會有獻新果一合者，沖召嗣宗謂曰：「汝爲我對一句詩，當脱汝械。」嗣宗請詩，沖曰：「嘉果更將新合合。」嗣宗應聲曰：「惡人須用大枷枷。」沖悦，即捨之。太宗時，王嗣宗以秘書丞知横州。上遣武德卒之嶺南詷察民間事，嗣宗執而杖之，械送闕下。因奏曰：「陛下不委任天下賢俊，而猥信此輩，以爲耳目，竊爲陛下不取。」上大怒，命械送嗣宗詣京師。既至，上怒解，喜嗣宗直節，遷太常博士、通判澶州。後知邠州事，州有狐王廟，巫祝假之以惑百姓，歷年甚久，舉州信重。前後長吏皆先謁奠，乃敢視事。嗣宗毁其廟，熏其穴，得狐數十頭，盡殺之。《涑水記聞》卷三。《仕學規範》

卷十四。

2 宋咸茂《談録》云：「祖宗以來，殿試用三題，爲以先納卷子、無雜犯者爲魁。開寶八年廷考，王嗣宗與陳識齊納賦卷，藝祖命二人角力以争之，而嗣宗勝焉。嗣宗遂居第一名，而以識爲第二人。其後嗣宗帥長安，种放自從官歸終南山舊隱。一日，嗣宗往訪之，放命諸姪羅拜，而嗣宗倨受之，放以爲非而誚焉。嗣宗怒云：『舍人教牧牛兒時，嗣宗已狀元及第矣。』放曰：『吾豈與「角力兒」較曲直耶？』遂至忿争。事既上聞，詔放徙居洛川以避之。」已上宋録中云，蓋亦略見之《三朝史》矣，而司馬温公《涑水紀聞》乃云：「嗣宗與趙昌言角力而勝。」昌言乃太平興國四年胡旦榜第二人，嗣宗廷試所争乃陳識，温公所紀偶誤焉。嗣宗是歲以《橋梁渡長江》爲賦題，蓋當年下江南一時勝捷故耳。《玉照新志》卷四。

3 見姚仲孫1。

4 景德中，邠州有神祠，凡民祈禱者，神必親享，盃盤悉空。遠近奔赴。蓋狐穴神座下，通寢殿下，複門繡箔，人莫得窺。群狐自穴出，分享肴醴。王公嗣宗雅負剛正，及鎮邠土，乃騎兵挾矢，驅鷹犬，投薪穴中，縱火焚之。群狐奔逸，擒殺悉盡。鞭廟祝背，徙其家，毁其祠，妖狐遂絶。初，公在長安也，極疏种山人放之短。好事者有詩云：「終南隱士聲華歇，邠土妖狐巢穴空。二事俱輸王太守，聖朝方信有英雄。」《澠水燕談録》卷九。《友會談叢》卷上。《群書類編故事》卷十一。《宋詩紀事》卷二。

5 王嗣宗爲御史中丞。真宗一日幸相國寺，回自北門，嗣宗上言曰：「天子行黄道，豈可由後門？臣任當風憲，詎敢廢職？」上悦其直，給内帑三千緡以自罰。北門由是不常開焉。《國老談苑》卷二。《類説》卷四十五。

6　王嗣宗爲中丞，退朝，適見市人奪物而走，嗣宗躍馬追及，斥左右縶之。《東軒筆録》卷十三。

7　种放以處士召見，拜諫官，真宗待以殊禮，名動海内。後謁歸終南山，恃恩驕倨甚。王嗣宗時知長安，放至，通判以下群拜謁，放小俛垂手接之而已，嗣宗内不平。放召其諸姪出拜嗣宗，嗣宗坐受之。放怒，嗣宗曰：「曏者通判以下拜君，君扶之而已。此白丁耳，嗣宗狀元及第，名位不輕，胡爲不得坐受其拜？」放曰：「君以手搏得狀元耳，何足道也！」嗣宗怒，遂上疏言：「放實空疎，才識無以踰人，專飾詐巧，盜虚名。陛下尊禮放，擢爲顯官，臣恐天下竊笑，益長澆僞之風。且陛下召魏野，野閉門避匿，而放陰結權貴以自薦達。」因抉擿言放陰事數條。上雖兩不之問，而待放之意寖衰。齊州進士李冠嘗獻嗣宗詩曰：「終南處士聲名滅，邠土妖狐窟穴空。」《涑水記聞》卷六。《宋朝事實類苑》卷三十六。《宋名臣言行録》前集卷十。《群書類編故事》卷十六。

8　嗣宗後帥長安。處士种放，人主所禮，每帥守至，輒面教之。嗣宗不服，以言拒之，放責數嗣宗，聲色甚厲。嗣宗怒，以手批其頰。先是，真宗有勅書令种放有章奏即付驛，欲詣即乘驛。放乘驛，訴於上前。上特於嵩山陽置書院以處之，而不加罪。嗣宗去郡，有人送詩曰：「終南處士威風減，渭北妖狐窟穴空。」嗣宗大喜，歸告其子孫曰：「吾死，無爲碑志，但刻此詩於石，立於墓傍，其爲榮也多矣。」《呂氏雜記》卷下。《侍講日記》。《行營雜録》。《堯山堂外紀》卷四十三。《宋詩紀事》卷二。

9　王大同太尉嗣宗知西京，年逾耳順。有一郎監當，亦年老，以吏事被責。大同忘己之年，遽云：

「年已老，何不休官，作甚？」徐悟，顧洛陽知縣燕肅祕丞云：「我只要料錢養家。」《江隣幾雜志》。

10 王嗣宗，太祖時以魁甲登第，多歷外郡，晚方入朝。真宗時，爲副樞，以老辭位，真宗遽止之。嗣宗曰：「臣力不任矣，但恨天眼遲開二十年。」《西塘集耆舊續聞》卷十。

11 嗣宗性忌刻，多與人相忤。世傳嗣宗家有恩讎簿，已報者則勾之。晚年交游，皆入讎簿。《涑水記聞》卷六。

12 王嗣宗不信鬼神，疾病，家人爲之焚紙錢祈禱，嗣宗聞之，笑曰：「何等鬼神，敢問王嗣宗取枉法贓邪？」《涑水記聞》卷六。《宋朝事實類苑》卷六十七。《類説》卷四十五引《聖宋掇遺》。

趙安仁

1 景德初，北戎請盟，欲撰答書，久亡體制。時趙文定安仁爲學士，獨記太祖朝書札規式，詔撰之。及修明講好之制，深體輕重，朝論美之。時虜使韓杞者，始修聘好，獷悍無檢，命公接伴，公旋教覲見之儀，方漸馴擾。及將辭，嫌服太長，步武縈足，復欲左衽。公戒之曰：「君將陛殿受還書，去天顏咫尺，可乎？」剛折之，纔不敢。明年，虜選姚柬之，翹翹者也。至闕，復接伴。柬之者，輕縱逞辨，坐則談兵。公徐曰：「君號多聞者，豈不聞兵者不祥之器，聖人不得已而用之？今得已之時也，二國始以禮儀修好，非君所談之事。」方此少戢，酬對得體。遂參祥符二政，拜宗正卿，掌玉牒屬籍。國初，梁周翰創宗籍之制，不便宮邸。公裁酌得宜，又造《仙源積慶圖》，盡列長幼親屬之目，以進於便坐張之，爲盛事。《玉壺清話》

卷四。

2 見龐籍1。

3 見王旦19。

4 見王欽若25。

5 梁景不善書，每起草必用蜀牋。趙安仁善書，起草必用舊紙。人號「二背」。《類説》卷十九引《異聞録》。

馬知節

1 〔馬公子元〕早知成都，以抑强扶弱，爲蜀人所喜。然酷嗜圖畫，能第其高下。成都多古畫壁，每至其下，或終日不轉足。蜀中有高士孫知微，以畫得名，然實非畫師也。公欲見之而不可得。知微與壽寧院僧相善，嘗於其閣上畫《惠遠送陸道士》、《藥山見李習之》二壁。僧密以告公，公徑往從之。知微不得已，擲筆而下，不復終畫。公不以爲忤，禮之益厚。知微亦愧其意，作《蜀江出山圖》，伺其罷去，追至劍門贈之。《欒城先生遺言》。《佩文齋書畫譜》卷五十。

2 馬知節樞密知秦州，州嘗質羌酋二十人屬，殆逾二紀。知節曰：「此亦人也，豈不懷土？」悉遣還。蕃落感其惠，乞受代，無以敢怨塞者也。《厚德録》卷三。

3 真宗車駕在澶淵，太將王超擁兵十萬屯真定，逗遛不進。馬太尉知節移書詬讓，復辭以中渡無橋，徒涉爲患。公命工庀材，一夕而就，始肯出兵。知節，全義之子也。七歲，父卒，太祖軫念曰：「真羽林孤兒也。」召入內，送國子學，列青衿胄子之間，御賜今名。後果有立，纔三十餘爲樞使。咸平初帥秦，號爲善政。《玉壺清話》卷五。

4 真宗朝，簽書樞密院馬公知節，武人，方直任誠。真宗東封，下至從臣，皆齋戒。至嶽下，撫問執政曰：「卿等在路素食不易。」時宰相臣寮有私食驢肉者，馬乃對曰：「亦有打驢子喫底。」及還都，設酺宴。開封府命吏屏出貧子，隔于城外。上御樓，見人物之盛，喜顧宰臣曰：「今都城士女繁富，皆卿等輔佐之力。」馬乃奏曰：「貧底總趕在城外。」左右皆失色，真宗以爲誠而親之。事多類此。馬公一日從駕游幸，群臣皆賦詩。馬素不習文，真宗强之。既奏曰：「臣不善書，乞宣陳堯叟與臣書。」真宗如其言。陳時爲首樞，議者惜之。《能改齋漫録》卷十二。《宋稗類鈔》卷八。

5 真宗時，馬知節、韓崇訓皆以檢校官簽署樞密院事。知節爲人質直。真宗東封泰山，車駕發京師，上及從官皆蔬食。封禪禮畢，上勞宰臣王旦等曰：「卿等久食蔬，不易。」旦等皆再拜。知節獨進言：「蔬食者唯陛下一人而已。王旦等在道中與臣同次舍，無不私食肉者。」又顧旦等曰：「知節言是否？」旦再拜曰：「誠如知節之言。」《涑水記聞》卷七。《宋名臣言行録》前集卷三。《吹劍録》。《自警編》卷二。

6 祥符中，軍士有告其營將誹毁天書者。上怒，欲鞫正其罪。時馬知節在樞府，力言不可，且曰：「天書之降，臣等若非親承德音，亦未之敢信，矧軍校乎？苟正其罪，則軍政不能肅矣。」遂止。《儒林公議》。

7 馬樞密知節，勁直自任，持大笏入朝，上頗怪之，馬曰：「臣見本院長官多欺陛下，臣不怕驚動官家，惱亂宰相，則打煞此斷兒久矣。」上慰勞之。《聞見近録》。

8 樞密馬公知節與同列奏對次，忽厲聲曰：「王欽若讀盡劄子，莫謾官家。」馬公退，見王公，辭色尚怒，因語公曰：「主上仁明有德望，顧諸子上前議論，知節幾欲以笏擊之，但恐驚動君相。」公歎撫久之。《文正王公遺事》。《宋名臣言行録》前集卷三。《自警編》卷六。

9 真宗末，王冀公每奏事，或懷數奏，出其一二，其餘皆匿之，既退，以己意稱聖旨行之。嘗與馬知節俱奏事上前，冀公將退，知節目之曰：「懷中奏何不盡出之？」《涑水記聞》卷五。《宋名臣言行録》前集卷三。《自警編》卷六。

10 見王旦31。

陳彭年

1 真宗詔卿士舉賢良，翰林朱公昂舉陳彭年。陳以家貧，無贄編可投之，備入削奏，乞終任，不願上道。杜龍圖鎬、刁秘閣衎列章奏曰：「朱昂端介厚重，不妄舉人，況彭年實有才譽，幼在江左，已爲名流所重，乞不須召試，止用昂之舉，詔備清問可也。」乃以本官直史館。《玉壺清話》卷八。《宋朝事實類苑》卷五十七。

2 江南陳彭年，博學書史，於禮文尤所詳練。歸朝，列於侍從，朝廷郊廟禮儀，多委彭年裁定，援引故事，頗爲詳洽。嘗攝太常卿，道駕，誤行黄道上，有司止之，彭年正色回顧曰：「自有典故。」禮曹素畏其該洽，不復敢詰問。《夢溪筆談》卷二十二。《宋朝事實類苑》卷七十三。《墨客揮犀》卷五。

3 陳彭年被章聖深遇，每聖文述作，或俾彭年潤色之。彭年竭精盡思，以固恩寵，贊佞符瑞，急希進用。當其役慮時，隨寒暑燥溼不知也。有高信臣者，其中表也，館於其家，見彭年足疾甚，每自朝歸第，則亟就書室，嘿坐端慮。或呼婢僕脱靴，則瘡膿霑漬，亦不自苦，少求休息。一日旬浣，乘閒步於廊廡，忽見紅英墮地，訝曰：「何花也？」左右對曰：「石榴花耳。」彭年曰：「此有榴樹耶？」乃彌年所居之僦地也，其鋭進如此。時人目爲「九尾狐」，言其非國祥而媚惑多歧也。《儒林公議》。《宋稗類鈔》卷二。

4 陳彭年，字永年，生撫州，十三歲著《皇綱論》萬餘言，爲江左名輩所重。除正言，待制於龍圖閣，與晁少保迥、戚密學綸條貢舉事，盡革舊式，防閑主司，嚴設糊名謄録。取《字林》、《韻集》、《韻略》、《字統》及《三倉》、《爾雅》定其字式，爲禮部韻及廟國之避。凡科場儀範，遂爲著格。編《太宗御集》。公書字甚急，日可萬餘，細碎急草，翌日往往不能辨。一旦遽卒，真宗急遣中人詣其家，取平生編著，但破篋中得二十餘軸，人不能辨，惟起居院吏趙亨能辨之。上召亨補三班吏，令重寫之。送楊大年別行改較，無一字之誤者。《玉壺清話》卷五。

5 見中國長公主2。

6 陳彭年，方咸平中更科場體式，結怨士人，時謂之「辣手」。《實賓録》卷七。

7 見楊億20。

8 陳彭年，大中祥符中與晁文莊内翰等四人同知貢舉。省試將出奏試卷，舉人壅衢觀其出省。諸公皆慘赧其容，獨彭年揚鞭肆意，有驕矜之色。榜出，有甥不預選，怒入其第。會彭年未來，於几上得黄敕，乃題其背曰：「彭年頭腦太冬烘，眼似朱砂鬢似蓬。紕繆幸叨三字内，荒唐仍在四人中。取他權勢欺明主，落卻親情賣至公。千百孤寒齊下淚，斯言無路達堯聰。」彭年怒，抱其敕入奏，章聖見而不悅，然釋其罪。《詩話總龜》前集卷三十七引《江南野録》。《堯山堂外紀》卷四十四。《宋詩紀事》卷九十六。

9 見王旦34。

10 陳彭年在翰林所兼十餘職，皆文翰清祕之目，時人謂其署銜爲「一條冰」。《國老談苑》卷二。《紺珠集》卷十二。《類説》卷四十五引《聖宋掇遺》。《何氏語林》卷十七。《宋稗類鈔》卷二。《宋詩紀事》卷四。

11 大參陳彭年以博學强記受知定陵，凡有問，無不知者。其在北門，因便殿賜坐對，甚從容，上因問：「墨智、墨允是何人？」彭年曰：「伯夷、叔齊也。」上問：「見何書？」曰：「《春秋少陽》。」即令祕閣取此書，既至，彭年令於第幾板尋檢，果得之。上極喜，自是注意，未幾執政。《道山清話》。

12 陳彭年姦諂，時有「九尾野狐」之號。晚節役用心神太過，遂成健忘。《江隣幾雜志》。

13 嘉祐末，余在太學，有傭書陳逵者，攜一子，方孩，饑凍不可支，書亦不佳。或曰：「此陳彭年嫡孫也。其父彦博守汀州，以贓敗，杖脊流海島，遂至無賴。」時余方冠，未知彭年之爲人，獨念祖爲執政而孫已若是耶。既而見劉貢父，盡得彭行事，所謂「九尾野狐」者，乃知天之報也不差。後逵困甚，與其弟歸，發彭年冢，取金帶分貨抵罪云。《畫墁録》。

14 陳彭年子彦博知汀州，以贓敗。彦博子達貧困甚，乃與姊弟謀同發彭年冢，取金帶賣分之。事覺，皆抵罪，蓋陳彭年之餘殃耳。《温公日記》卷三。

陳省華

1 諫議大夫陳省華，生三子皆登進士第，而伯仲皆爲天下第一。晚年與燕國夫人馮氏俱康寧，長子堯叟知樞密院，次子堯佐直史館，少子堯咨知制誥。每對客，三子列侍，客不自安，求去，省華曰：「學生輩立侍，常也。」士大夫以陳氏爲榮。《澠水燕談録》卷二。《宋朝事實類苑》卷二十四。《宋名臣言行録》前集卷六。《厚德録》卷二。《賢弈編》卷二。《雲齋廣録》卷一。《東山談苑》卷四。《古事比》卷二。《宋稗類鈔》卷四。

2 陳省華以大卿居家，其子堯叟參樞密，堯咨掌制誥，每朝退，端服夾侍。偶賓至，則導茗酪焉。《國老談苑》卷一。《類説》卷四十五。

3 陳文忠公堯叟，字唐夫，端拱二年狀元及第。文惠公堯佐，字希元，端拱元年舉進士第十六人。康肅公堯咨，字嘉謀，咸平三年狀元及第。三人皆秦國公省華之子也。方仲弟希元登第之明年，賜緋。與父省華同日改祕書丞。故唐夫有啓事云：「蟾桂驪珠，連歲有弟兄之美；魚章象簡，同時聯父子之榮。」《游宦紀聞》卷二。《宋稗類鈔》卷二。

4 〔陳諫議省華〕家法甚嚴，堯叟娶馬尚書亮女，日執饋。馬于朝路語諫議，以女素不習，乞免其責。諫議答云：「未嘗使之執庖，自是隨山妻下厨耳。」馬遂語塞。《能改齋漫録》卷十二。《言行龜鑑》卷四。《宋稗類鈔》卷四。

5 太尉陳堯咨爲翰林學士日，有惡馬，不可馭，蹄嚙傷人多矣。一旦，父諫議入廄，不見是馬，因詰圉人，乃曰：「内翰賣之商人矣。」諫議遽謂翰林曰：「汝爲貴臣，左右尚不能制，旅人安能蓄此？是移禍于人也。」亟命取馬，而償其直，戒終老養焉。《能改齋漫録》卷十二。《吹劍四録》。《宋稗類鈔》卷三。

陳堯叟

1 陳堯叟，字唐夫，爲廣西轉運使，上言：苧布所種，與桑柘不殊，既成宿根，旋拔新榦，枝葉繁茂，則刈之，周歲之間，三收其苧。一固其本，十年不衰。每織布一端，止售百錢，蓋織者多，而市者少，故地有遺利，人無資金。自克復交廣，布帛之數歲萬匹，自勸民廣殖麻苧，以鹽鐵折變收市，未及二年，已得三十七萬餘匹。請以苧麻充折桑棗之數，令佐書曆爲課。《宋朝事實類苑》卷八引《范蜀公蒙求》。

2 陳侍中堯叟爲廣南西路轉運使。嶺南風俗，病者必禱神，不服藥。堯叟有《集驗方》百本，刻石桂州驛舍，人頗賴之。又以地氣蒸暑，爲植柳鑿井，每三二十里，必置亭舍什器，人免渴死。《仕學規範》卷二十九引《本朝名臣傳》。《東都事略》卷四十四。

3 景德、祥符之間，陳堯叟諸人造作天書符瑞，以爲固寵容悦。《甕牖閒評》卷八。

4 見宋真宗24。

陳堯佐

1 陳文惠初見希夷先生，希夷奇其風骨，謂可以學仙，引之同訪白閣道者。希夷問道者：「如何？」

道者掉頭曰：「南庵也，位極人臣耳。」文惠不曉「南庵」之語。後作轉運使，過終南山，遇路人相告曰：「我適自南庵來。」乃遣左右往問南庵所在，因往游焉。行不數里，恍如平生所嘗經歷者。既至庵，即默識其宴坐寢息故處。考南庵修行示寂之日，即文惠垂弧之旦，始悟前身是南庵修行僧也。文惠自有詩八韻紀其事。《曲洧舊聞》卷三。

2 陳文惠公堯佐，端拱元年程宿下及第，同年二十八人，時公兄弟俱未仕，父省華尚爲小官，家極貧。魏野以詩賀之曰：「放人少處先登第，舉族貧時已受官。」《澠水燕談録》卷七。《宋朝事實類苑》卷三十四。《宋詩紀事》卷四。

3 陳文惠赴端州，艤舟廬陵，有胡僧叩舷謂公曰：「虎目、鳳鼻、猿身，平地不能爲也。當有攀附，然後有所食，位極卿相。」僧爲詩一絶曰：「虎目猿身形最貴，須因攀附即升高。知公今向端溪去，助子清風泛怒濤。」公後登庸，乃吕申公所薦引。《詩話總龜》前集卷三十二引《青瑣集》。參見陳執中2。

4 陳文惠公堯佐就遷府推官，以言事切直，降通判潮州。……堯佐至州，修孔子廟，作韓吏部祠堂，於是人率以知學。時張氏子年十六，與其母濯於惡溪，爲鱷魚所噬。堯佐以爲昔韓愈患鱷之害，以文投溪中，而鱷爲遠去，今復害人，不可不除。使捕得，更爲文，鳴鼓於市而戮之。《仕學規範》卷十五引《仁宗朝名臣傳》。

5 咸平中，陳文惠謫官潮州，時州人張氏濯于江邊，爲鱷魚所食。公曰：「昔韓吏部以文投惡溪，鱷魚爲吏部遠徙；今鱷魚既食人，則不可赦矣。」乃命吏督漁者網而得之，鳴鼓告其罪，戮之於市，圖其形爲之贊，至今多傳之。《澠水燕談録》卷八。《宋朝事實類苑》卷六十。《宋名臣言行録》前集卷六引歐陽修撰《神道碑》。《錦繡萬花谷》前集卷三十六。

6 大丞相文惠陳公受潮州通判沿漕檄，權惠州刺史，率秀才許申偕行。中道艤舟古岸，江風頗涼，新月初出。俄有介胄百輩，乘騎數人，指揮甚明，云：「今夜丞相、漕使宿此，或稍疎虞，毫髮不赦。」公與許相對，不知孰爲相，孰爲漕。明早詢其地，有姚娘廟存焉。後公來秉鈞衡，申亦作本路漕使，皆如其言。《新編分門古今類事》卷三。

7 陳文惠公堯佐知壽州，遭歲大饑，公自出米爲糜以食餓者。吏民以公故，皆争出米，其活數萬人。公曰：「吾豈以是私惠耶？蓋以令率人，不若身先，而使其從之樂也。」《自警編》卷八。《仕學規範》卷二十一引《皇朝名臣言行録》。

8 見楊朴3。

9 見張宗永1。

10 吕申公累乞致仕，仁宗眷倚之重，久之不允。他日，復叩於便坐，上度其志不可奪，因詢之曰：「卿果退，當何人可代？」申公曰：「知臣莫若君，陛下當自擇。」仁宗堅之，申公遂引陳文惠堯佐曰：「陛下欲用英俊經綸之臣，則臣所不知。必欲圖任老成，鎮静百度，周知天下之良苦，無如陳某者。」仁宗深然之，遂大拜。後文惠公極懷薦引之德，無以形其意，因撰《燕》詞一闋，攜觴相館，使人歌之曰：「二社良辰，千秋庭院。翩翩又見新來燕。鳳凰巢穩許爲鄰，瀟湘煙暝來何晚。亂入紅樓，低飛緑岸。畫梁時拂歌塵散。爲誰歸去爲誰來，主人恩重朱簾捲。」申公聽歌，醉笑曰：「自恨捲簾人已老。」文惠應曰：

「莫愁調鼎事無功。」老於嵩廊，醖藉不減。《湘山野録》卷中。《宋朝事實類苑》卷五十七。《吹劍三録》。《堯山堂外紀》卷四十五。《堅瓠庚集》卷三。《詞苑叢談》卷七。《詞林紀事》卷三。

11 陳文惠將終前一日，自爲墓志曰：「宋有潁川先生堯佐，字希元，道號知餘子，年八十不爲天，官一品不爲賤，使相納禄不爲辱，三者粗備，歸息於先秦國大夫、仲兄丞相棲神之域，吾何恨哉。」《澠水燕談録》卷二。《宋朝事實類苑》卷八。

12 陳文惠公善八分書，變古之法，自成一家，雖點畫肥重而筆力勁健。能爲方丈字，謂之「堆墨」，目爲八分。凡天下名山勝處，碑刻題榜，多公親蹟。世或效之，皆莫能及。《澠水燕談録》卷七。

13 陳文惠善八分書，點畫肥重，自是一體，世謂之「堆墨書」，尤宜施之題榜。鎮鄭州日，府宴，伶人戲以一幅大紙濃墨塗之，當中以粉筆點四點。問之：「何字也？」曰：「堆墨書田字。」文惠大哂。《澠水燕談録》卷十。《宋朝事實類苑》卷六十六。《皇宋書録》。《宋詩紀事》卷四。《詞林紀事》卷三。

14 〔陳文惠堯佐〕公喜堆墨書，游長安佛寺題名，從者誤側硯污鞋，公性急，遂窒筆於其鼻，客笑失聲。《中山詩話》。《宋朝事實類苑》卷六十四。《堯山堂外紀》卷四十五。《宋詩紀事》卷四。《詞林紀事》卷三。

15 陳文惠善爲四句詩，在江湖，有詩云：「平波渺渺煙蒼蒼，菰蒲纔熟楊柳黄。扁舟繫岸不忍去，秋風斜日鱸魚鄉。」文惠年六十餘，纔爲知制誥，其後遂至真宰使相致仕。文惠喜堆墨書，深自矜負，號前無古人，後無來者。與石少傅同在政府，石欲戲之，政事堂有黑漆大飯牀，長五六尺許，石取白堊，横畫其中，可尺餘，而謂陳曰：「我頗學公堆墨字。」陳聞之歡甚。石顧小吏二人舁飯牀出，曰：「我已能寫口字。」陳爲悵然。《中山詩話》。《宋朝事實類苑》卷六十四。《堯山堂外紀》卷四十五。

16 陳文惠公堯佐能爲詩，世稱其《吴江》詩云：「平波渺渺煙蒼蒼，菰蒲纔熟楊柳黄。扁舟繫岸不忍去，秋風斜日鱸魚鄉。」今吴江口有鱸鄉亭，蓋取公句。《吴郡志》卷五十。

17 陳文惠公留題松陵詩，其末有「秋風斜日鱸魚鄉」之句。屯田郎林肇爲吴江日，作亭江上，因以「鱸鄉」名之。《中吴紀聞》卷五。

18 陳文惠堯佐以使相致仕，年八十，有詩云：「青雲岐路游將徧，白髮光陰得最多。」構亭號佚老，後歸政者往往多效之。《中山詩話》。《堯山堂外紀》卷四十五。

19 陳文惠公堯佐退居鄭下，尤好篇詠。時宰相張士遜判西京，三月，嘗以洛下姚黄、魏紫及酒遺之。公答詩曰：「有花無酒頭慵舉，有酒無花眼倦開。正向西園念蕭索，洛陽花酒一時來。」當時盛傳之。《雲齋廣録》卷二。《孔氏談苑》卷三。《類説》卷二引《名臣傳》。《何氏語林》卷十一。《宋詩紀事》卷四。《宋稗類鈔》卷四。

20 陳文惠公堯佐見動物，必戒左右勿殺。器服壞，隨輒補之，曰：「無使不全以見棄也。」《言行龜鑑》卷二。

陳堯咨

1 真宗欲擇臣僚中善弓矢、美儀彩，伴虜使射弓，時雙備者惟陳康肅公堯咨可焉。陳方以詞職進用。時以晏元獻爲翰林學士、太子左庶子，事無巨細皆咨訪之。上謂晏曰：「陳某若肯换武，當授與節鉞，卿可諭之。」時康肅母燕國馮太夫人尚在，門範嚴毅。陳曰：「當白老母，不敢自輒。」既白之，燕國命杖撻之，曰：「汝策名第一，父子以文章立朝爲名臣，汝欲叨竊厚禄，貽羞於閥閲，忍乎？」因而無報。真宗遣小璫以方寸小紙細書問晏曰：「主皮之議如何？」小璫俟送中書，大臣慌然不諭。次日稟奏，真宗不免笑而就之：「朕爲不曉此一句經義，因問卿等。」止黜其璫於前省，亦不加罪。《湘山野録》卷中。《宋朝事實類苑》卷十一。

2 陳堯咨善射，百發百中，世以爲神，常自號曰小由基。及守荆南回，其母馮夫人問：「汝典郡有何異政？」堯咨云：「荆南當要衝，日有宴集，堯咨每以弓矢爲樂，坐客罔不歎服。」母曰：「汝父教汝以忠孝輔國家，今汝不務行仁化而專一夫之伎，豈汝先人志邪！」杖之，碎其金魚。《澠水燕談録》卷九。《孔氏談苑》卷四。《宋朝事實類苑》卷五十二。《東都事略》卷四十四。《雲齋廣録》卷一。《宋名臣言行録》前集卷六。《群書類編故事》卷七。《新編醉翁談録》庚集卷一。《賢弈編》卷二。《言行龜鑑》卷四。《東山談苑》卷一。

3 陳康肅公善射，當世無雙，公亦以此自矜。嘗射於家圃，有賣油翁釋擔而立，睨之久而不去。見其發矢十中八、九，但微頷之。康肅問曰：「汝亦知射乎？吾射不亦精乎？」翁曰：「無他，但手熟爾。」康肅忿然曰：「爾安敢輕吾射！」翁曰：「以我酌油知之。」乃取一葫蘆置於地，以錢覆其口，徐以杓酌油瀝之，自錢孔入而錢不濕，因曰：「我亦無他，惟手熟爾。」康肅笑而遣之。《歸田録》卷一。《宋朝事實類苑》卷五十二。《紺珠集》卷十一。《宋稗類鈔》卷七。

4 陳節使堯咨權通判流内銓時，舊制選人皆用制奏舉，乃得京寺官。而士有孤寒不爲人知者，堯咨特爲陳其功狀，升擢之。《厚德録》卷三。

5 長安多仕族子弟，恃廕縱横，二千石鮮能治之者。陳堯咨知府，有李大監者，堯咨舊交，其子尤爲强暴。一旦，以事自致公府，堯咨問其父兄宦游何方，得安信否，語言勤至。既而讓曰：「汝不肖，亡賴如是，汝家不能與汝言，官法又不能及，汝恃贖刑，無復恥耳！我與爾父兄善，義猶骨肉，當代汝父兄訓之。」乃引於便坐，手自杖之數十下。由是子弟亡賴者皆惕息。然其用刑過酷。有博戲者，杖訖，桎梏列於市，置死馬其傍，腐臭氣中瘡皆死，後來者繫於先死者之足。其殘忍如此。《涑水記聞》卷七。《宋朝事實類苑》卷二十三。

6 《陝西通志》：三桂亭，在長安城南，宋諫議大夫陳公之別墅。三子堯叟、堯佐、堯咨皆登科，故亭因以名。大中祥符間，堯咨知永興軍，書詩于碑：「不誇六印滿腰懸，二頃仍尋負郭田。當日弟兄皆刷羽，如今鴻雁盡摩天。扶疎已問新栽竹，清淺猶尋舊漱泉。大尹今來還又去，夕陽旌旆復翩翩。」《宋詩紀事》卷七。

7 陳堯咨以龍圖閣學士換觀察使，自陳：「臣本儒生，少習俎豆，今荷聖恩，易以武弁，願佩金魚，以示優異。」特詔從之。《澠水燕談録》卷五。

陳博古

1 景祐四年，鎖廳人最盛，開封府投牒者至數百人，國子監及諸州者不在焉。是時，陳堯佐爲宰相，韓億爲樞密副使，既而解牓出，堯佐子博古爲解元，億子孫四人皆無落者。衆議喧然，作《河滿子》以嘲之，流聞達於禁中。殿中侍御史蕭定基時掌謄録，因奏事，上問《河滿子》之詞，定基因誦之。先是，天章閣待制范仲淹坐言事，左遷饒州。王宫待制王宗道因奏事，自陳爲王府官二十年不遷，詔改除龍圖閣學士。權三司使王博文言於上曰：「臣老且死，不復得望兩府之門。」因涕下。上憐之，數日遂爲樞密副使。當時輕薄者取張祜詩，益其文以嘲之曰：「天章故國三千里，學士深宫二十年。殿院一聲河滿子，龍圖雙淚落君前。」《涑水記聞》卷三。《宋詩紀事》卷九十六。參見王博文3。

高瓊

1 〔高瓊〕少時在外寢，一夕父往視之，若見有金甲而侍其側者，父異之。及長，以材勇事太宗于潛邸，即位，以爲御龍直指揮使。《東都事略》卷四十二。

2 太宗親征北狄，直抵幽州，圍其城。俄一夕大風，軍中虚驚，南北兵皆潰散。而諸將多不知車駕所在，唯節度使高公瓊隨駕。上于倉卒中，大怒諸將不赴行在，翌日欲行軍法。高奏曰：「夜來出不意，諸將若有知陛下所在，豈陛下之福耶？臣獲在左右，亦偶然耳。諸將不可罪。」上悟，皆釋之。高之門出太皇太后，爲天下母。議者以爲有陰德之助。《能改齋漫録》卷十二。《宋稗類鈔》卷三。

3 景德初，契丹入寇，大臣有欲避狄江南、西蜀者，寇凖不可，諸將中獨瓊與凖意同。凖既力争之，真宗曰：「卿文臣，豈能盡用兵之利？」凖曰：「請召高瓊。」瓊至，乃言避狄爲便。凖大驚，以瓊爲悔也。已而徐言：「避狄固爲安全，但恐扈駕之士中路逃亡，無與俱西南者耳。」真宗乃大驚，始決北征之策。《東都事略》卷四十二。

4 上在澶淵南城，殿前都指揮使高瓊固請幸河北，曰：「陛下不幸北城，北城百姓如喪考妣。」馮拯在旁呵之曰：「高瓊何得無禮！」瓊怒曰：「君以文章爲二府大臣，今虜騎充斥如此，猶責瓊無禮，君何不賦一詩詠退虜騎邪？」上乃幸北城。《涑水記聞》卷六。《宋名臣言行録》前集卷四。

5 見宋真宗17。

曹利用

1 曹利用以蔭補殿前承旨，嘗述備邊之策。契丹南侵，六師薄伐，至于澶淵，契丹遣使求和。真宗曰：「須忠義識略之人，可以入敵境觀其誠僞，不必限以位秩高下。」二府薦利用可使，真宗曰：「是常陳邊事者。」召見，首陳和戎息民爲便。上問家所在，利用曰：「臣盡節，得死爲幸，豈顧家爲？」乃假崇儀副使將命，至大名，路梗不通，縋城而下。晝夜兼行，抵虜帳，戎主請割關南地，利用慷慨宣國威靈，稱朝廷歲以繒帛爲遺，可也。遂與韓杞同還，以書詞未遜，復與杞往。虜遣王繼忠與利用言，兩朝懽好，實爲美事，虜王年少，願兄事南朝。又遣姚東之俱來講解，虜遂北歸。《宋朝事實類苑》卷十二引《本朝名臣傳》。

2 景德中，契丹南牧。真宗用寇萊公計，親御六軍渡河，兵始交而斃其貴將。契丹有求和意，朝廷知之，使供奉官曹利用使於兵間。利用見虜母於軍中與蕃將韓德讓偶在駞車上，坐利用車下，饋之食，共議和事。利用許之歲遺銀絹三十萬疋兩。利用之行也，面請所遺虜者，上曰：「必不得已，雖百萬亦可。」及還，上在帷宫，方進食，未之見，使内侍問所遺。利用曰：「此機事，當面奏。」上復使問之，曰：「姑言其略。」利用終不肯言，而以三指加頰。内侍入曰：「三指加頰，豈非三百萬乎？」上失聲曰：「太多！」既而曰：「姑了事亦可耳。」帷宫淺薄，利用具聞其語。既對，上亟問之，利用再三稱罪，曰：「臣許之銀絹過多。」上曰：「幾何？」曰：「三十萬。」上不覺喜甚，由此利用被賞尤厚。《龍川别志》卷上。《東都事略》卷五十。《宋稗類鈔》卷三。

3 曹利用先賜進士出身，而後除僕射，乃知進士之爲貴也如此。《東齋記事》卷一。

4 利用既居大位，遂肆驕縱。章獻臨朝，威震天下，利用奏事簾前，頗不祗肅，或以指爪擊帶鞓，左右指以示章獻曰：「利用在先帝時敢爾耶！」章獻雖銜怒，然亦嚴憚之，稱「侍中」而不名「利用」。《東都事略》卷五十。

5 樞密曹侍中利用，澶淵之役以殿直使於契丹，議定盟好，由是進用。當莊獻明肅太后時，以勳舊自處，權傾中外，雖太后亦嚴憚之，但呼侍中而不名。凡内降恩澤，皆執不行。然以其所執既多，故有三執而又降出者，則不得已而行之。久之爲小人所測，凡有求而三降不行者，必又請之。太后曰：「侍中已不行矣。」請者徐啓曰：「臣已告得侍中宅嬭婆或其親信爲言之，許矣。」於是又降出，曹莫知其然也，但以三執不能已，僶俛行之。於是太后大怒，自此切齒，遂及曹芮之禍。《歸田録》卷一。

6 彭内翰乘往在三館，時嘗與釣魚宴。故事，天子未得魚，侍臣雖先得魚，不敢舉竿。是時上已得魚，左右以紅絲網承之，侍坐者畢賀。已而，乘同列有得魚者，欲舉之，左右止之，曰：「侍中未得魚，學士未可舉也。」侍中者，曹鄆公利用也。乘固已怪之。頃之，宰輔有得魚者，左右以白綢承之。及利用得魚，復用紅綢，利用亦不止之。乘出，謂人曰：「曹公權位如此，不以逼近自嫌，而安於僭禮，難以久矣。」無幾而敗。《涑水記聞》卷三。

7 曹襄悼公利用，天聖中，退朝歸私第，中衢逢狂人奪其樞密使印，心獨惡之。未幾，姪芮爲不法事敗，治獄者鍛成其事，芮死，公貶隨州，再貶房陵，行至襄陽，監者迫自盡，天下寃之。《澠水燕談録》卷九。

8 曹襄悼利用既忤宦者，明年，會其姪汭在真定因侍婢與中饋爭寵，嫁出之，而汭猶過其家不已。其夫不勝憤，因汭衩衣衣淡黄襖子入其家，而其夫山呼，汭倉卒不知避。宦者爲走馬奏之，即倡言汭與其叔利用謀不軌，差王博文勘其事。鍛鍊既成，以大鑊煎油，拉汭烹之。至今都監之廨凶不可入，蓋汭之寃鬼猶在也。歐陽叔弼言：「頃於青州王家見章獻與王沂公親札一紙云：『曹利用與其姪兒謀叛，事理分明也，須早殺卻。若落他手，便悔不及也。』」《默記》卷上。

9 曹侍中在樞府，務革僥幸，而中官尤被裁抑。……〔曹〕芮既被誅，曹初貶隨州，再貶房州，行至襄陽渡北津，監送内臣楊懷敏指江水謂曹曰：「侍中，好一江水。」蓋欲其自投也，再三言之，曹不諭。至襄陽驛，遂逼其自縊。《歸田録》卷一。

10 曹貂利用將赴漢東，入内供奉官楊懷敏盡逐其左右，且將上馬，坐驛廳，無人至。使數輩立屏後，時引首來窺，楊則揮手令去。曹夙懷憂懼，覩此疑將就刑。楊又徐進云：「侍中且宜歇息。」遂閉堂自經。《江隣幾雜志》。

張耆

1 見王旦26。

2 張耆既貴顯，嘗啓章聖，欲私第置酒，以邀禁從諸公，上許之。既晝集盡歡，曰：「更願畢今夕之樂，幸毋辭也。」於是羅幃翠幕，稠疊圍繞，繼之以燭。列屋蛾眉，極其殷勤，豪侈不可狀。每數杯，則賓主各少憩，如是者凡三數。諸公但訝夜漏如是之永，暨至徹席出户，詢之，則云：「已再晝夜矣。」《揮麈後録》卷五。《宋稗類鈔》卷二。

3 見晏殊50、51。

王漢忠

1 王漢忠，字希傑，徐州人。真宗嘗曰：「漢忠知書好學，帥臣不易得也。」累爲保静軍節度使，每行師，誥曰，必焚香祝曰：「願軍民無犯吾令，違者一毫無貸。」故所部無盜賊。性剛果，不務小節，好爲詩，慕賈島、李洞之體。以故群帥不悦。後爲邠寧環慶部署，坐違詔無功，責爲左屯衛上將軍，知襄州。《宋朝事實類苑》卷五十六。

王繼忠

1 真宗爲開封尹，呼通衢中鐵盤市卜一瞽者，令張耆、夏守贇、楊崇勳左右數輩，揣聽聲骨，因以爲娱，或中或否。獨相王繼忠，瞽者駭之，曰：「此人可訝，半生食漢禄，半身食胡禄。」真宗笑而遣去。繼忠後爲觀察使、高陽總管。咸平六年，虜寇望都，與虜酣戰，至乙夜，戎騎合圍數十重，徐戰徐行，旋傍西山而遁，至白城，陷虜。上聞之，甚嗟悼，皆謂即没。景德初，戎人乞和，繼忠與撰奏章，而勸諷誘掖，大有力焉，朝廷方知其存。後每歲遣使，真宗手封御帶藥茗以賜焉。繼忠服漢章，南望天闕，稱「未死臣」，哭拜不起，問聖體起居，不避虜嫌。以其德儀雄美，虜以女妻之，僞封吴王，改姓耶律，卒於虜，人謂陷蕃王氏也。《玉壺清話》卷四。《宋朝事實類苑》卷四十八。《石林燕語》卷十。

石 普

1 石普好殺人，以殺爲娱，未嘗知暫悔也。醉中縛一奴，使其指使投之汴河，指使哀而縱之。既醒而悔，指使畏其暴，不敢以實告。居久之，普病，見奴爲祟，自以必死。指使呼奴示之，祟不復出，普亦愈。《東坡志林》卷三。

李允則

1 李允則知雄州十八年。初，朝廷與契丹和親，約不修河北城隍，允則欲展雄州城，乃置銀器五百兩於城北神祠中。或曰：「城北孤迥，請多以人守之。」允則不許。數日，契丹數十騎盗取之，允則大怒，移牒涿州捕賊，因且急築其城。契丹内慚，不敢止也。允則爲長吏，於市中下馬往富民家，軍營與婦女笑語無所間，然富民犯罪未嘗少寬假。契丹中機密事，動息皆知之，當時邊臣無有及者。《涑水記聞》卷六。《宋朝事實類苑》卷十四。

2 北人信誓，兩界非時不得葺理城堞。李元則知雄州，欲展城無由，因作銀香爐寘城北土地堂，一日使人竊取之，遂大喧勃，蹤跡去來，辭連北疆。紛紜久之，因興工起築，今雄州城北是也。又建浮屠九層，躬率十緡，日修供具，不日成之。既而下瞰幽級，如指諸掌。《畫墁録》。

3 李允則守雄州，匈奴不敢南牧，朝廷無北顧之憂。一日，出官庫錢千緡，復斂民間錢起浮圖。即時飛謗至京師，至於監司亦屢有奏削。真宗悉封付允則，然攻者尚喧沸。真宗遣中人密諭之。允則謂使者曰：「某非留心釋氏，實爲邊地起望樓耳！」蓋是時北鄙方議寢兵，罷斥堠，允則不欲顯爲其備。然後謗毁不入，畢其所爲。《國老談苑》卷二。

4 李允則，真廟時知滄州。虜圍城，城中無礮石，乃鑿冰爲礮，虜解去。《老學庵筆記》卷六。

馮守信

1 馮守信仕真宗，爲步軍指揮使，會郊禮，其弟欲以其子爲守信之子冒取高廕，守信曰：「吾自行伍，主上拔擢至此，每愧無以報稱，奈何欺之邪！」是歲己子無所蔭，以明於弟無所愛。《澠水燕談録》卷四。《閒燕常談》。

魏能　楊延朗

1 虜犯澶淵，傅潛堅壁不戰，河北之郡城守者多爲蕃兵所陷，或守城，或棄城出奔。當是時，魏能守安肅軍，楊延朗守廣信軍，乃世所謂「梁門、遂城」者也。二軍最切虜境，而攻圍百戰不能下，以至賊退出界，而延朗追躡轉戰，未嘗衄敗。故時人目二軍爲「銅梁門，鐵遂城」，蓋由二將善守也。《東軒筆録》卷一。《古謡諺》卷五十九。

張　藴

1　咸平中，契丹舉國入寇，南至淄、青。淄川小郡，城壘不完，刺史吏民皆欲棄城奔于南山。兵馬監押張藴按劍厲聲曰：「奈何去城隍，委府庫？大衆一潰，更相奪，狄未至而吾已殘矣。刺史若出，吾當斬以徇。」由是無敢動者。後，君爲環州馬嶺鎮監押，雖處窮塞，猶建孔子祠，刻石爲之記。慶曆中，范文正公過其地，書其碑陰以美之。《澠水燕談録》卷四。

周懷政

1　真宗不豫，寇萊公與内侍省都知周懷政密言於上，請傳位皇太子，上自稱太上皇，上許之，自皇后以下皆不與知。既而月餘無所聞。二月二日，上幸後苑，命後宫挑生菜，左右皆散去。懷政伺上獨處，密懷小刀至上所，涕泣言曰：「臣前言社稷大計，陛下已許臣等，而月餘不決，何也？臣請剖心以明忠款。」因以刀劃其胸，僵仆於地，流血淋漓。上大驚，因是疾復作，左右扶輿入禁中。皇后命收懷政下獄，按問其狀。又於宫中索得萊公奏言傳位事，乃命親軍校楊崇勳密告云：「寇準、周懷政等謀廢上、立太子。」遂誅懷政而貶萊公。《涑水記聞》卷六。

楊景宗

1 楊景宗，即章睿太后弟也。太后既入掖庭，景宗無賴，以罪隸軍營務，黥墨其面，至無見膚。真宗幸玉清昭應宫，將還内，而六宫皆乘金車，迎駕於道上。景宗以役卒立御溝之外，太后車中指景宗，令問其姓氏骨肉，景宗具以實對，太后泣於車中。景宗惟知其女兄在掖庭，疑其是也，遽呼太后小字及行第，太后大哭曰：「乃吾弟也。」即日上言，官之以右班殿直，後至觀察留守。景宗既在仕，遂用藥去其黥痕，無芥粟存者，既貴而肥皙如玉。性恣横，好以木檛擊人，世謂之「楊骨槌」云。始丁晉公作相，造宅於保康門外，景宗時以役夫荷土築地，及晉公事敗，籍没入官，晚年以宅賜景宗，其正寢乃向日荷土所築之地也。《東軒筆録》卷二，又卷十五。《涑水記聞》卷八。《宋稗類鈔》卷三。

2 楊景宗，章惠太后弟也，後以太后得官。晉公謫，即以其第賜之。性凶悍，使酒挾太后。晚尤驕肆，好以滑槌毆人，時號「楊滑槌」，故今猶以名其宅云。《石林燕語》卷十。

3 見張奎2。

張茂實

1 張茂實太尉，章聖之子，尚宫朱氏所生。章聖畏懼劉后，凡後宫生皇子、公主俱不留。以與内侍張景宗，令養視，遂冒姓張。既長，景宗奏授三班奉職。入謝日，章聖曰：「孩兒早許大也。」……滕元發言：嘗因其病問之，至卧内，茂實岸幘起坐，其頭角巉然，真龍種也，全類奇表。蓋本朝内臣養子未有大用至節帥者，于此可驗矣。其子詢，字仲謀，賢雅能詩。有子與邸中作婿，此可怪也。《默記》卷上。

馬亮

1 太子少保馬公亮自言少肄業於廬州城外佛寺。一夕，臨窗燭下閲書，有大手如扇，自窗伸於公前，若有所索。公不爲視，閲書如故。如是比夜而至。……公乃研雄黄漬水，密置案上。是夕大手又至，公遽以筆濡雄黄，大書一草字，書畢，聞窗外大呼：「速爲我滌去，不然，禍及於汝。」公雅不爲聽，停燭而寢。有頃，怒甚，而索滌愈急，公不應。逮曉，更哀鳴而手不能縮，且曰：「公將大貴，我且不爲他怪，徒以相戲而犯公，何忍致我於極地耶？我固得罪，而幽冥之狀，由公以彰暴於世，亦非公之利也。公獨不見温嶠然犀照牛渚之事乎？」公大悟，即以水滌去草字，且戒他日勿復擾人。怪遂謝而去。《括異志》卷三。《異聞總録》卷三。《湖海新聞夷堅續志》後集卷二。《群書類編故事》卷十一。

2 馬亮少保初以殿中丞通判常州，吏有亡失官物者，械繫妻子，干連數十百人。亮一切縱去，許其自償所負，不踰月而盡輸之。《折獄龜鑑》卷四。

3 馬亮善相人，爲夔路監司日，吕文靖父爲州職官，一見文靖，即許以女嫁之。其妻怒曰：「君嘗以此女爲國夫人，何爲與選人子？」亮曰：「此所以爲國夫人也。」《孫公談圃》卷下。《吕氏雜記》卷下。

4 馬尚書亮以尚書員外郎直史館，使淮南時，吕許公夷簡尚爲布衣，方侍其父罷江外縣令，亦至淮甸，上書求見。馬公一閱，知其必貴，遂以女妻之。後許公果爲相。馬公知江寧府，時陳恭公執中以光禄寺丞經過，馬接之極厚，且謂曰：「寺丞他日必至真宰。」令其數子出拜曰：「願以老夫之故，他日少在陶鑄之末。」《東軒筆録》卷三。《宋朝事實類苑》卷四十九。《雲齋廣録》卷二。《西塘集耆舊續聞》卷八。

5 馬亮爲湖南安撫，位八座，有德於荆人。遠地不閑朝儀，舉官之尊者必曰「安撫尚書」。《魏公譚訓》卷九。

6 馬尚書亮知江寧府，秩滿將代，一夕夢舌上生毛，有僧解之曰：「舌上生毛剃不得，尚書當再任。」已而果然。《青箱雜記》卷三。

7 馬尚書亮知廬州，見翰林王公洙爲小官，馬公曰：「子全似宋白，異日官至八座。」由此異待。通判疾之，後羅織王公，遂以罪免，乃曰：「你這回更做宋尚書。」其後王公竟登近侍，及卒，贈尚書。《青箱雜記》卷四。《宋朝事實類苑》卷四十八。

王世則

1 希夷先生陳摶，語人禍福，合若符契。王世則與韓見素、趙諫同詣先生，世則僞爲僕，拜于堂下，先生笑之曰：「侮人者，自侮也。」揖世則坐于諸坐之右：「將來科名，君爲首，冠諸君之次，正如此會。」明年，世則舉進士第一，餘如坐次。《澠水燕談録》卷三。

2 五代之際，天下剖裂，太祖啓運，雖則下西川，平嶺表，收江南，而吴、越、荆、閩納籍歸覲，然猶有河東未殄。其後太宗再駕，乃始克之。海内自此一統，故因御試進士，乃以「六合爲家」爲賦題。時進士王世則遽進賦曰：「搆盡乾坤，作我之龍樓鳳閣；開窮日月，爲君之玉户金關。」帝覽之大悦，遂擢爲第一人。《青箱雜記》卷二。

李士衡

1 李士衡少時，一俠者遺一劍，屬之曰：「君他日發跡在於劍，記之。」後爲秘書丞，知劍州。王均亂成都，陷漢州，進攻綿不下，因趨劍門。士衡預度寇至，城必不能守，徙金帛居民保劍關。……公果因劍發跡，以至貴顯。逮卒，劍亦失之。《玉壺清話》卷五。

2 李士衡之父，以豪恣不法誅死。士衡方進用，王欽若欲言之，而未有路。會真宗論時文之弊，因言：「路振文人也，然不識體法。」上曰：「何也？」曰：「李士衡父誅死，而振爲贈告曰『世有顯人』。」上頷之。士衡以故不大用。《東坡志林》十二卷本之卷四。《宋稗類鈔》卷二。

3 李士衡爲館職，使高麗，一武人爲副。高麗禮幣贈遺之物，士衡皆不關意，一切委於副使，時船底疏漏，副使者以士衡所得縑帛藉船底，然後實己物以避漏溼。至海中，遇大風，船欲傾覆，舟人大恐，請盡棄所載，不爾船重必難免。副使蒼惶，悉取船中之物投之海中，更不暇揀擇。約投及半，風息船定，既而點檢所投，皆副使之物，士衡所得在船底，一無所失。《夢溪筆談》卷九。《自警編》卷九。《新編分門古今類事》卷十八。《宋稗類鈔》卷七。參見吕端2。

4　見劉敞14。

劉　綜

1　〔劉〕綜，名臣也。少孤，依外兄通遠軍使董遵誨以從學，遵誨遣綜貢馬於朝。還日，太祖解真珠盤龍帶，遣綜賫賜遵誨。綜時年十六歲，奏曰：「臣外兄止以方貢修人臣之常節，陛下解寶勒賜之，臣竊恐勳臣別立殊績，陛下當何以爲賜？」敷奏清雅，辭容秀徹，太祖愛之，謂左右曰：「兒非常材。」從容謂之曰：「吾委遵誨以方面，不得以此爲較。」後雍熙二年，擢第於梁顥榜中，同年錢若水深器之，推挽於朝。《玉壺清話》卷一。《宋朝事實類苑》卷十五。

2　見宋真宗19。

3　劉綜知開封府，一日奏事畢，真廟延之，從容曰：「卿與中宫近屬，已擬卿差遣，當知否？」綜變色，作秦音：「啓陛下，臣本是河中府人，出於孤寒，不曾有親戚在宫中。」未幾，出知廬州。《畫墁録》。

劉　綽

1　劉綽，天聖中爲京西漕，分遣屬官盤量諸都在倉之糧，凡收十萬餘石，歸朝上殿，具劄子乞付三司收係。時章獻太后垂簾，問曰：「已盤量者餘貫許，再盤量否？」曰：「向來盤量官多狥顏情，不肯盡收入曆。」又曰：「卿識王曾、張知白、吕夷簡、魯宗道否？此四人者，皆不因盤量收出剩斛斗，致身於此。」劉大慚，謂人曰：「當是時，殿上甏罏可入亦入矣。」《倦游雜録》。《類説》卷十六。

李及

1 見王旦47。

2 章獻太后臨朝，内侍省都知江德元權傾天下，其弟德明奉使過杭州，時李及知杭州，待之一如常時中人奉使者，無所加益。僚佐皆曰：「江使者之兄居中用事，當今無比，榮枯大臣如反掌耳，而使者精鋭，復不在人下，明公待之，禮無加者。意者，明公雖不求福，獨不畏其爲禍乎？」及曰：「及待江使者不敢慢，亦不敢過，如是足矣，又何加焉？」既而德明謂及僚佐曰：「李公高年，何不求一小郡以自處，而久居餘杭繁劇之地，豈能辦邪？」僚佐走告及曰：「果然，江使者之言甚可懼也。」及笑曰：「及老矣，誠得小郡以自逸，庸何傷？」待之如前，一無所加，既而德明亦不能傷也。時人服其操守。《涑水記聞》卷十。《宋朝事實類苑》卷十一。《宋名臣言行録》前集卷九。《西湖游覽志餘》卷七。

3 憲成李公及爲杭州，不游宴。一旦遇雪，命促飲具，郡僚不無意于歌舞高會也，乃訪林和靖于孤山，清談同賞。又日飲食外，不市一物。至去官，唯買《白樂天集》一部。《邵氏聞見後録》卷二十。《西湖游覽志餘》卷七。

4 公知杭州，每訪林逋於孤山，望林麓而屏導從，步入其廬。一日冒雪出郊，衆謂當置酒召客，乃獨造逋，清談至暮而返。逋死，公以喪服哭送，拜墓乃歸。吴兒自是恥其風俗之薄也。《宋名臣言行録》前集卷九。

鄭向

1　鄭向知杭州，王耿爲兩浙轉運使。二人者，屢以公事相失，以至互有論列，朝廷未推鞫，而耿死，鄭往哭之，盡哀。杭州僚屬相駭曰：「龍圖素惡端公，今何哭慟也？」范拯在傍戲曰：「諸君不會，龍圖待哭斯人久矣。」《倦游雜録》。《宋朝事實類苑》卷六十五。

2　濠州州宇含桃閣下，因斸土得一石匣，始疑中藏金玉，開之，得巨編數帙，乃陳留鄭向所述《五代開皇紀》三十卷。乾興元年，向以尚書屯田員外郎爲郡守，瘞此書於閣下，中有銘曰：「自朱矯命，終紫游位。五十四年，一十三帝。興亡行事，魚貫珠綴。瘞稿於斯，如地之利。」此書亦行於世。《墨莊漫録》卷二。

韓丕

1　驪山白鹿觀，向有道士王某，通五經。結茅廬數十區，講授生徒幾百人，韓丕亦嘗從之學。王間遣生徒往近村市酒。一日，命韓挈榼以往。王謂諸生曰：「韓秀才風骨粹重，向去進士不可量也。然到山歲餘，未嘗見其所業。」命破扃，索其寢室中，於席下得槲葉厚四五寸，或二三葉，或十數葉，以細梗貫之，乃韓之著述也。王見之驚駭，自此厚加禮待。《倦游雜録》。《宋朝事實類苑》卷十二。《續墨客揮犀》卷九。

2 韓丕有清操，頗能爲詩，及入禁中，不甚長於應用。一夕須詔書甚急，韓停筆既久，問吏索舊草，吏以本典扃户出宿，不可搜檢。丕乃破鎖取之，改易而進。不一月，逐出院。《宋朝事實類苑》卷二十九。《類説》卷二十二引《金坡遺事》。

3 見滕元發13。

吕文仲

1 吕文仲，歙人，爲中丞，有陰德。咸平中，鞫曹南滑民趙諫獄。諫豪於財，結士大夫，根蒂特固。忽御寶封軒裳姓名七十餘輩，自中降出，皆昔委諫營産買妾者，悉令窮治。文仲從容奏曰：「更請察其爲人，密籍姓名，候舉選對敭之日，斥之未晚。」真宗從之。《宋朝事實類苑》卷十三引《涑水記聞》。

張茂直

1 張茂直，兖人，家貧，喜讀書。少游汶上，嘗買瓜於圃，翁倚鋤睥睨曰：「子非久當斷頭，下刃之際，稍速則死，稍緩則生。果獲免，必享富貴。」無何，慕容彦超據兖，例驅守埤。周師破敵，擁城者例坐斬，斬殆盡，至茂直，挾刀者語之曰：「汝髮甚修鬒，惜爲頸血所污，可先斷之。」茂直許焉。將理髮，得釋免。後知制誥、秘書監卒。《玉壺清話》卷五。

梁顥

1 翰林梁狀元顥，丱角時從其父至官府，畢相士安時爲郡官，見其有異于人，及坐，定目看便廳壁上書字，問其父曰：「此子亦讀書耶？」曰：「亦就學。」又問：「曾學對屬否？」曰：「其師嘗教之，但某俱不識其能否。」乃指壁間字曰：「此有一句詩，無人對得。」曰：「鸚鵡能言爭似鳳。」顥應聲曰：「蜘蛛雖巧不如蠶。」畢大驚異，延之家塾，自教養之，卒成大名。《侍講日記》。《呂氏雜記》卷下。參見王禹偁1、2。

2 梁顥子適，適子美，三世爲京兆尹。《玉芝堂談薈》卷二。

梁固

1 祥符二年，真宗東封岱山，六月，放梁固已下進士三十一人及第。四年，祀后土於汾陰，十一月，放張師德以下三十一人及第。固，雍熙二年狀元顥之子；師德，建隆二年狀元去華之子。兩家父子狀元，當時士大夫榮之。甘棠魏野聞而以詩賀之曰：「封禪汾陰連歲牓，狀元俱是狀元兒。」《澠水燕談録》卷六。《宋朝事實類苑》卷二十四。《東齋記事》卷一。《堯山堂外紀》卷四十三。《黄嬭餘話》卷三。《宋稗類鈔》卷二。

2 東封榜狀元梁固作省判，卒，附一婢言：「已授陰山諫議大夫。」索茶喫卻，封角子、押字如生時。又云欲取寵婢及一小鬟。不久二婢皆卒。《泊宅編》三卷本卷中。

3 梁狀元固，博達俊偉人也。未有室，職於史館，數年而卒。未克斂，凭侍姬玉兒者降靈語云：「吾今棄世才信宿，家事不治乃爾。」又召子弟戒勅曰：「吾家素貧，尚有鉛器數十事，兼朝廷必有贈賜，足辦喪事，不得倚四郎中其叔父也，但托祖舍人可也。」家人問曰：「學士今居何所？」曰：「見作陰山諫議，寄任不輕。」又索毫楮作啓，令子弟取某書還某家，於某家取所借某書，還者收，取者得。復索茶合，飲一杯已，手自封，真梁之迹也。須臾乃去。姬如醉醒，詰之殊不自知。《括異志》卷二。

4 見梁適2。

梁　景

1 見趙安仁5。

馮　元

1 見王旦49。

2 真宗嘗讀《易》，召大理評事馮元講《泰卦》。元曰：「泰者，天氣下降，地氣上騰，然後天地交泰。亦猶君意接於下，下情達於上，無有壅蔽，則君臣道通。嚮若天地不交，則萬物失宜；上下不通，則國家不治矣。」上大悅，賜元緋衣。《涑水記聞》卷六。

3 見宋真宗5。

4 見宋真宗54。

5 馬元儒學精深，名齊孫奭。居喪不爲佛事，但誦《孝經》而已。時人稱其顓篤。《儒林公議》。案：馬元，當爲「馮元」之誤。

6 〔馮元〕性微吝，判國子監，公讌，自以其家所賜酒充事，而取其直以歸，人以此少之。無子，死之日，家貲鉅萬。《涑水記聞》卷四。《宋朝事實類苑》卷七。

杜鎬

1 杜鎬侍郎兄仕江南，爲法官，嘗有子毀父畫像，爲近親所訟者，疑其法，未能決，形於顏色。鎬尚幼，問知其故，輒曰：「僧道毀天尊佛像，可以比也。」兄甚奇之。《折獄龜鑑》卷四。《名賢氏族言行類稿》卷三十七。

2 杜鎬在江南時，待試於有司。一日，旅邸方晝寢，忽有鼠銜文一卷自門竇而入。鎬寤而逐之，鼠不驚走，以書寘之牀前而去。取其書而觀之，乃《孝經注疏》也。鎬心異其事，遂取讀數過。既入試，問題正出疏中，鎬遂中選。《獨醒雜志》卷三。《東都事略》卷四。《孫公談圃》卷下。《名賢氏族言行類稿》卷三十七。

3 太宗嘗問杜鎬曰：「今人皆呼朕爲官家，其義未諭，何謂也？」鎬對曰：「臣聞三皇官天下，五帝家天下。考諸古誼，深合於此。」上甚悅其對。《儒林公議》。

4 景德初，契丹大寇河朔，章聖將幸澶淵，中外人情震懼。車駕發京師，六軍奏作樂，上疑，問左右，杜鎬前曰：「周武伐紂，前歌後舞。」上悅，遂作樂，人情頗安。《儒林公議》。

5 杜文正鎬，江南集賢校理澄心堂，歸朝直秘閣。上幸太閣，詢經義，敷對稱旨，賜金紫。景德中，爲近侍，扈從澶淵之幸。洎凱旋，鑾駕還闕日，有司空行宫，適當懿德皇后忌辰，上疑回鑾鼓吹鼙笳非便，時公爲儀仗使，已先馳還闕，備迎駕之儀，遂馳騎問公。公即奏曰：「於義無害，武王載木主伐紂，時居喪，尚前歌後舞，況忌者乃追遠存思爾。」《玉壺清話》卷八。

6 見种放15、16。

7 真宗重禮杜鎬。鎬直龍圖閣，上嘗因沐浴罷，飲上尊酒，封其餘，遣使賜鎬於閣下。鎬素不飲，得賜，喜，飲之至盡，因動舊疾，忽僵不知人。上聞之，驚，步行出至閣下，自調藥飲之。仍詔其子津入侍疾。少頃，鎬稍蘇，見至尊在，欲起，上撫令卧。鎬疾平，然後入宫。方鎬疾亟時，上深自咎責，以爲由己賜酒致鎬疾也。《涑水記聞》卷六。《宋朝事實類苑》卷七。《類説》卷十九引《三朝聖政録》。

8 見宋真宗53。

9 杜學士鎬博聞强記，凡有檢閲，先戒小吏某事在某書第幾行，取視無差。士大夫有所著撰，多以古事詢之，無不知者。雖晚學卑品，亦應答不倦，時人號爲杜萬卷。《墨客揮犀》卷七。《玉壺清話》卷八。《宋稗類鈔》卷五。

10 鎬博聞强記，凡所檢閲，必戒書吏云：「某事某書在某卷幾行。」覆之，一無差。每得異書，多召問之，必手疏本末以聞。士大夫有所撰著，多訪以古事，雖晚輩卑品請益，應答無倦。年踰五十，猶日治經史數十卷，或寓直館中，四鼓則起誦《春秋》。所居僻陋，僅庇風雨，處之二十載不遷徙。《名賢氏族言行類稿》卷三十七。

11 翰林侍講學士杜鎬，博學有識。都城外有墳莊，一日若有甘露降布林木，子侄輩驚喜，白于鎬。鎬味之，慘然不懌，子侄啓請，鎬曰：「此非甘露，乃雀餳，大非佳兆。吾門其衰矣。」踰年鎬薨。《談淵》。

查　道

1 查道淳化中初赴舉，貧不能上道，親族裒錢三萬遺之。道出滑州，過父友呂翁家。翁喪，無以葬，母兄將鬻其女以辦喪事。道傾褚中錢悉與之，又與嫁其女。《自警編》卷四。《昨非庵日纂》一集卷三。

2 查道初應舉，自荆州湖游索，獲資十餘萬。至襄陽逆旅，見女子端麗秀出，非塵中之偶，因詰其所來，乃故人之女也。遂以行槖求良謹者嫁之。是歲由此罷舉。又嘗於旅邸床下獲金釵一束，且百隻，意所遺者必復來求之。向晚，果二人至。見道，但嗟惋而已。道詰之，具言其所遺，如道所獲，遂盡以付之。其人驚喜，請留三之一以爲謝，道固拒之而去。《國老談苑》卷二。《仕學規範》卷三十九。《新編分門古今類事》卷十九。

3 查道，江寧人，文徽之後。少貧，太宗時，進士及第。在河北爲主簿，廉介。與妻採野蔬，雜米爲薄粥以療饑。税過期不辦，州召縣吏悉枷之。既出門，他吏皆脱去。道獨荷之，自下鄉督税。鄉之富民，盛具酒饌以待之，道不食，杖其富民，于是餘民大驚，逋税立辦。道不勝貧，與妻謀，欲去官歸賣藥。會樊知古爲河漕，素知道節行，欲薦之。道辭以與本縣令葉齊。知古曰：「令素所不識也。」道曰：「公不薦令，道亦不敢當公薦也。」知古不得已，兩薦之。《能改齋漫録》卷十三。

4 查道罷館陶尉，與程宿寓於逆旅中。夕有盜取其衣，既覺，呼宿曰：「衣有副乎？翌日當奉假。」盜聞之，棄獲而去。《國老談苑》卷二。

5 見宋真宗54。

6 見張士遜10。

7 查道性淳古，早寓常州琅山寺，躬事薪水以給衆。常衣巨衲，不復洗濯，以育蚤虱。晚年待制龍圖閣，朝列伏其重德，咸謂之查長老。《國老談苑》卷二。《類説》卷四十五、卷五十三。

8 查道以謹儉率己，爲龍圖閣待制，每食必盡一器，度不勝，則不復下筯，雖蔬茹亦然。嘗謂諸親曰：「福當如是惜之。」《國老談苑》卷二。《類説》卷四十九引《聖宋掇遺》。《昨非庵日纂》二集卷九。

李虚己

1 見宋太宗31。

2 見宋真宗54。

李行簡

1 李侍制行簡家素貧，能刻志自學，坐石上讀六經，每至夜分，雖寒暑不以少易。又聚木葉學書，其筆法遒勁。聚書至萬餘卷，多手自抄寫，人謂之「李書樓」。《仕學規範》卷一引《皇朝名臣四科事實》。

2 見宋真宗54。

3 李集賢行簡在蜀時，富民陳子美者，繼母詐爲父書，逐出之。累訴不得直，轉運檄行簡劾正其事。及代還，子美乃遺以黄金五百兩，行簡怒，不納。感泣而去。《仕學規範》卷十四引《仁宗朝名臣傳》。

陸　參

1 陸參少好學，淳謹，獨與母居。鄰家失火，母急呼，參不應，蹴之墮牀下。良久，束帶，執燭而至，曰：「大人嚮者呼參，未束帶，故不敢應。」及長，舉進士及第。嘗爲縣令，有劫盜繫甚急，參愍之，呼謂曰：「汝迫於飢寒爲是耳，非性不善也。」命緩其縛。一夕，逸之，吏急以白參，參命捕之，歎曰：「我以仁惻緩汝，汝乃忍負參如此，脱復捕得，胡顔見參？」又有訟田者，判其狀尾而授之，曰：「汝不見虞、芮之事乎？」訟者齎以示所司，皆不能解，復以見參，參又判其後曰：「嗟乎，一縣之人，曾無深於《詩》者！」人皆傳以爲笑。蔡文忠公以爲有淳古之風，薦之朝廷，官員外郎，遷史館檢討，著《蒙書》十卷。《涑水記聞》卷三。

崔遵度

1 崔遵度，清節純德，泊于榮利。事太宗爲右史十餘年，每侍殿陛，側身軒楹，以自屏蔽，不欲當上顧盼，其恬晦如此。琴德尤高，嘗著琴静室，往往通夕，妻、子罕見其面。《澠水燕談録》卷二。《玉壺清話》卷二。《宋朝事實類苑》卷十一。

2 崔堅白侍郎，口不談人之過，澹於勢利。祥符中，掌右史者幾十年。每立殿墀上，常自退匿，慮上見之。精《易》象，善鼓琴。所僦舍有小閣，手植竹數竿，朝退，默坐其上，翛然獨酌以自適。《墨客揮犀》卷七。

3 崔遵度爲太子諭德，性方正清素，尤精於琴。嘗著《琴箋》，以天地自然有十二聲徽，非因數也。范仲淹嘗問琴理於遵度，對曰：「清麗而静，和潤而遠。琴書是也。」《國老談苑》卷一。

戚綸

1 戚密學綸初筮仕，知太和縣。里俗險悍，喜搆虚訟，公至，以術漸摩。先設巨械，嚴固狴牢，其箠梃絙索，比他邑數倍，民已悚駭。次作《諭民詩》五十絶，不事風雅，皆流俗易曉之語，俾之諷詠，以申規警。立限曰：「諷誦半年，頑心不悛，一以苛法治之。」果因此詩，獄訟大減。其詩有云：「文契多欺歲月深，便將疆界漸相侵。官中驗出虚兼實，枷鎖鞭笞痛不禁。」大率類此，江南往往有本。每當歲時，與因約曰：「放女暫歸祀其先，櫛沐蟣蝨。」民感其恵，皆及期而還，無敢逭者。《玉壺清話》卷四。《宋朝事實類苑》卷二十二。

2 見王禹偁14。

3 戚綸待制龍圖閣，天書初降，群臣表賀，詞皆溢美。綸獨言曰：「曠古未有此事，不可恃之爲祥，當戒慎修省，以答天意。」真宗覽而嘉之。《國老談苑》卷二。

李　巽

1　賦亦文章，雖號巧麗，苟適其理，則與傳注何異。如李巽《土鼓賦》：「土之静静，乃陰之實；鼓之動動，乃陽之精。陰以質而濁，陽以文而清。將以質勝文而其理永固，遂以土爲鼓而其義有成。」斯迨於無愧於理矣，當時謂之「李土鼓」。後有鮑當者，著《孤鴻詩》，甚精，時亦號「鮑孤鴻」。《東原録》。

2　李巽亦以《六合爲家賦》登第。……巽字仲權，邵武人，以《蜃樓》、《土鼓》、《周處斬蛟》三賦馳名，累舉不第，爲鄉人所侮，曰：「李秀才應舉，空去空回，知席帽甚時得離身？」巽亦不較。至是乃遺鄉人詩曰：「當年蹤跡困泥塵，不意乘時亦化鱗。爲報鄉閭新戚道，如今席帽已離身。」蓋國初猶襲唐風，士子皆曳袍重戴，出則以席帽自隨。巽後仕至度支郎中、兩浙轉運使卒。與王禹偁相友善。《青箱雜記》卷二。《宋朝事實類苑》卷三十。《宋詩紀事》卷三。

陸　軫

1　陸太傅軫，會稽人，神采秀異，好爲方外游。七歲，猶不能語。一日，乳媪攜往後園，俄而吟詩曰：「昔時家住海三山，日月宫中屢往還。無事引他天女笑，謫來爲吏在人間。」後仕至兵部郎官，力請老，歸稽山。宋元憲公、杜祁公一時名勝，皆有送行詩篇，中多及神仙之事，蓋公之雅志也。公晚年專意爐鼎，丹將成。偶一日，妻夫人因事怒，擊碎其丹，化爲雙鶴飛去。《西塘集耆舊續聞》卷一。《宋詩紀事》卷十二。案：《春渚紀聞》

卷七以爲陸珪少時事，《愛日齋叢鈔》卷二辨其誤。

2 天聖中，陸軫同判衢州。一日早起，覺印堂癢，以手揣摸，司空部上有肉突起，如指面許大，兩日漸堅實。又兩月，天庭上亦然。又一月，天中、輔角二部亦然。又兩月，左右龍角骨起，映印堂甚低。是月，印堂連山根與二龍角相應，相次左右眉稜連額角起。每以相書考驗，此諸部骨起，皆主封侯公相之貴，然軫止吏部郎中、直昭文館，典郡而已。《泊宅編》十卷本卷八。

3 太傅性質直，雖在上前，不少改越音。爲館職時，嘗因奏事，極言治亂，舉笏指御榻，曰：「天下奸雄睥睨此座者多矣，陛下須好作，乃可長保。」明日，仁祖以其語告大臣，曰：「陸某淳直如此。」《家世舊聞》卷上。

4 太傅以集賢校理出守鄉郡，朝士多以詩送行。宋景文公詩最爲一時盛傳，云：「亭餘内史流觴水，路入仙人取箭山。」《家世舊聞》卷上。

5 景祐間，猶兼文行取士，不專糊名。太傅守越，解試畢，入院放榜，既盡拆試卷，乃曰：「何爲不見項堂長乎？」即求項程文，得之，拔置榜首，而黜最後一名。項蓋有文行，爲鄉先生。當時多如此，不以爲異也。《家世舊聞》卷上。

6 〔陸〕太傅公嘗守會稽，上元夕，放燈特盛，士女駢闐。有一士人，從貴宦幕外過，見其女樂甚都，注目久之。觀者狎至觸墜其幕，貴宦者執其士以聞於府。公呼而責之，曰：「爲士不克自檢，何耶？」對曰：「觀者皆然，竟自脱去，獨某居後，所以被辱。」公觀其應對不凡，必是佳士，因謂曰：「子能賦此斑竹簾詩，當釋子罪。」蓋用斑竹簾爲幕也。士子索筆，落紙立就，其詩曰：「春風慽慽動簾帷，繡户朱門鎮日垂。爲愛好花成片段，故教直節有參差。」又曰：「昔年珠淚裛虞姬，今日侯門作妓衣。世事乘除每如此，榮華到底是危機。」公覽詩，大奇之，延爲上客。《西塘集耆舊續聞》卷一。

7 太傅辟穀幾二十年，然亦時飲，或食少山果。醉後，插花帽上。《家世舊聞》卷上。

8 太傅軫自號朝隱子，楊公（大雅）自號大隱子，其意趣蓋莫逆也。《家世舊聞》卷上。

9 太傅幼孤，伯父中允公諱玕，教養成就甚力。其後，太傅納兩官，乞追贈，朝廷特許之，贈太子中允，事載《國朝會要》，至今爲故事。及得任子恩，推以予中允之後者四人。《家世舊聞》卷上。

陸　珪

1 太尉鎖廳試兩浙漕司。前試數日，夢乘馬，後有鼓吹甚盛，導從悉介胄之士，意但謂多捷之徵。已而入試，賦題乃《大獻奏凱樂》，果以魁送。《家世舊聞》卷上。

2 太尉與孫威敏、龐莊敏皆親故。自二公貴，有書則答之，不先通書也。間至京師，必俟調官畢，始一見而歸。二公遣子弟追餞，或已不及。與歐陽文忠公亦聯姻。嘗過揚州，文忠適爲守。入境，關吏以告，文忠喜謂諸子曰：「陸長官來矣。汝前母早死，吾見楊家諸親，未嘗不加厚也。」已而，公亦不求見而去。《家世舊聞》卷上。

孫冕

1 咸平中，孫冕乞於江、淮、荆湖通商賣鹽，許商人於邊上入糧草，或京中納錢帛，一年之内，國家預得江、淮、荆湖三路賣鹽課額，而又公私之利有十倍焉。爲陳恕等沮之，遂寢。《澠水燕談録》卷一。《宋朝事實類苑》卷十六。

2 揚州后土廟有花一株，潔白可愛，歲久，木大而花繁，俗目爲瓊花，不知實何木也，世以爲天下無之，惟此一株。孫冕鎮維揚，使訪之山中，甚多，但歲苦樵斧野燒，故木不得大，而花不能盛，不爲人貴。孫傷之，作詩曰：「可憐遐地産，常化燎原灰。」近年京師亦有之，或云乃李文饒所賦玉蕊花也。《澠水燕談録》卷八。《宋朝事實類苑》卷六十。

3 孫伯純史館知海州日，發運司議置洛要、板浦、惠澤三鹽場，孫以爲非便，發運使親行郡，決欲爲之，孫抗論排沮甚堅。百姓遮孫自言置鹽場爲便，孫曉之曰：「汝愚民不知遠計。官買鹽雖有近利；官鹽患在不售，不患鹽不足。鹽多而不售，遺患在三十年後。」至孫罷郡，卒置三場。近歲連、海間刑獄、盜賊、差徭，比舊浸繁多，緣三鹽場所置積鹽如山，運賣不行，虧失欠負，動輒破人産業，民始患之。朝廷調發軍器，有弩樁箭幹之類，海州素無此物，民甚苦之，請以鰾膠充折。孫謂之曰：「弩樁箭幹，共知非海州所産，蓋一時所須耳。若以土産物代之，恐汝歲被科無已時也。」其遠慮多類此。《夢溪補筆談》卷二。

4 孫伯純史館知蘇州，有不逞子弟與人争「狀」字當從「犬」、當從「大」，因而搆訟。孫令褫去巾帶，紗帽下乃是青巾。孫判其牒曰：「偏旁從大，書傳無聞；巾帽用青，屠沽何異？量決小杖八下。」蘇民傳之，以爲口實。《夢溪補筆談》卷二。

5 孫集賢冕，天禧中直館幾三十年，江南端方之士也，節概清直。晚守姑蘇，甫及引年，大寫一詩於廳壁，詩云：「人生七十鬼爲鄰，已覺風光屬別人。莫待朝廷差致仕，早謀泉石養閑身。去年河北曾逢李，今日淮西又見陳。寄語姑蘇孫刺史，也須抖擻老精神。」題畢，拂衣歸九華，以清節高操羞百執事之顔。朝廷嘉之，許再任，詔下已歸，竟召不起。王冀公欽若，里閈交素也。冀公天禧中罷相，以宫保出鎮餘杭，艤舟蘇臺，歡好欵密，醉謂孫曰：「老兄淹遲日久，且寬衷，當別致拜聞。」公正色曰：「二十年出處中書，一素交潦倒江湖，不預一點化筆。迨事權屬他，出廟堂數千里爲方面，始以此語見説，得爲信乎？」冀公愧謝，解舟遂行。《湘山野録》卷上。《堯山堂外紀》卷四十四。《昨非庵日纂》一集卷十九。《宋詩紀事》卷四。

洪　湛

1 見王欽若15。

2 見王欽若38。

李仲容

1 李侍郎仲容，濤相之後，吉德恬退，不與物校，時人目爲「李佛子」。《青箱雜記》卷二。

2 見宋真宗45。

曾致堯

1 見李沆12。

2 見晏殊4。

胡則

1 工部胡侍郎則爲邑日，丁晉公爲游客，見之，胡待之甚厚，丁因投詩索米。明日，胡延晉公，常日所用樽罍悉屏去，但陶器而已。丁失望，以爲厭己，遂辭去。胡往見之，出銀一篋遺丁曰：「家素貧，唯此飲器，願以贐行。」丁始諭設陶器之因，甚愧德之。後晉公驟達，極力攜挽，卒至顯位。《夢溪筆談》卷九。《宋稗類鈔》卷一。案：《厚德録》卷二、《何氏語林》卷二十一、《昨非庵日纂》二集卷三誤作胡宿事。

胡稷言

1 胡稷言，字正思，則之姪。學古文，宋景文公以特奏補官，爲山陰丞。致仕，築圃鑿池，追陶靖節之風，種五柳以名堂。清修寡欲，延納後進。日晡後，不飲食，客坐蕭然，具湯一杯而已。《吴郡志》卷二十六。

王濟

1 太宗朝，王濟主漳州龍溪簿時，福建諸郡輸鸛翎爲箭羽，既非常有之物，而官司督責甚急，民間苦之。濟輒以便宜喻郡民，用鵝翎代之。因附驛以聞，詔可其請，施及旁郡，民咸德之。《閒燕常談》。

2 光禄卿王濟，刑部詳覆官，屢上封事。是時，諸道置提舉茶鹽酒税一官，朝廷因令訪察民間事，吏之能否，甚重其選。會京西道闕官，太宗問左右：「刑部有好言者，爲誰？」左右以濟對，上即以授之。《涑水記聞》卷二。《宋朝事實類苑》卷六。

3 真宗車駕巡師大名，王雜端濟爲鎮倅，調丁夫十五萬修黄、汴河。濟以謂役廣勞民，乞徐圖之，詔往經度，遂減十萬。張齊賢相請令濟立狀保河不決。奏曰：「河之決，繫陰陽災沴，責在調元者。和陰陽，弭災沴，爲國致太平，河豈有決乎？臣乞先令宰臣立一保狀，天下太平，然後臣以族入狀，保河不決。」丞相曰：「今非太平耶？」濟對曰：「北有胡寇，西有賊遷，關右、兩河，歲被侵擾，臣敢謂未也。」上動容，留之問以邊計，敷奏可采。後知河中府，車輅幸澶淵，虜騎旁侵，詔沿河斷橋梁，毁舟舫，緩者以軍律論。濟馳騎飛奏曰：「陝西關防天設，其數十萬斛以河爲載，若用小舟，沈覆必矣，此誠可惜，所□斷梁之議，摇動民心，尤宜寢罷。」真宗悟其議，立弭之。《玉壺清話》卷四。

4 景德初，契丹寇澶州，樞密使陳堯叟奏請沿河皆撤去浮橋，舟船皆收泊南岸。勑下河陽、河中、陝府如其奏，百姓大驚擾。監察御史王濟知河中府，獨不肯撤，封還勅書，且奏以爲不可。陝州通判張稷時以公事在外，州中已撤浮橋，稷還，聞河中府不撤，乃復修之。寇相時在中書，由是知此二人。明年，召濟爲員外郎兼侍御史知雜事，方且進用。濟性鯁直，衆多嫌之，及寇相出，濟遂以郎中知杭州，徙知洪州而卒。稷亦以此爲三司判官、轉運使。《涑水記聞》卷七。《宋朝事實類苑》卷十四。

5　見林逋4。

6　見張齊賢16。

胡順之

1　胡順之爲浮梁縣令，民臧有金者，素豪橫，不肯出租，畜犬數十頭，里正近其門輒噬之。繞垣密植橘柚，人不可入。每歲里正常代之輸租，前縣令不肯禁。順之至官，里正白其事，順之怒曰：「汝輩嫉其富，欲使順之與爲仇耳。安有王民不肯輸租者邪？第往督之。」及期，里正白不能督。順之使手力繼之，又白不能。又使押司録事繼之，又白不能。順之悵然曰：「然則此租必使令自督邪？」乃命里正聚藁，自抵其居，以藁塞門而焚之。臧氏人皆逃逸，順之悉令掩捕，驅至縣，其家男子年十六以上盡痛杖之。乃召謂曰：「胡順之無道，既焚爾宅，又杖爾父子兄弟，爾可速詣府自訟矣。」臧氏皆懾服，無敢詣府者。自是臧氏租常爲一縣先。府嘗遣教練使詣縣，順之聞之，曰：「是固欲來煩擾我也。」乃微使人隨之，陰記其入驛舍及受驛吏供給之物。既至，入謁，色甚倨，順之延與坐，徐謂曰：「教練何官邪？」曰：「本州職員耳。」曰：「應入驛乎？」教練使踧踖曰：「道中無邸店，暫止驛中耳。」又曰：「應受驛吏供給乎？」曰：「道中無芻糧，故受之。」又曰：「應與命官坐乎？」教練使趣下謝罪。順之乃收械繫獄，置闇室中，以糞十甕環其側。教練使不勝其苦，因順之過獄，呼曰：「令何不問我罪？」順之笑謝曰：「教練幸勿訝也，今方多事，未暇問也。」繫十日，然後杖之二十，教練使不服，曰：「我職員也，有罪當受杖於州。」順之笑曰：「教練久爲職員，殊不知法，杖罪不送州邪！」卒杖之。自是府吏無敢擾縣者。州雖惡之，然亦不能罪也。後爲青州幕僚，發麻氏罪，破其家，皆順之之力。真宗聞其名，召至京師，除著作佐郎、洪州僉判。順之爲人深刻無恩，至洪州，未幾，病目，惡明，常以物帛包封乃能出，若日光所爍，則慘痛徹骨，由是去官。家於洪州，專以無賴把持長短，憑陵細民，殖產至富。……卒於洪州。《涑水記聞》卷六。《宋朝事實類苑》卷二十三。

姚仲孫

1 〔姚龍圖仲孫〕爲許州司理參軍，時王嗣宗知州事。民有被盜殺者，其妻訴里胥常責賄於其夫，不與而怨，此必盜也。乃捕繫獄，將傅以死。而仲孫疑之，嗣宗怒曰：「若保非盜也邪？」然亦不敢遽決。後數日，果得真盜者，嗣宗方喜曰：「審獄當如是也。」改資州，轉運使檄往富順監按疑獄，全活者數十人。《仕學規範》卷十五。《厚德録》卷三。

陳從易

1 王文穆罷相知杭州。朝士送詩，唯陳從易學士云：「千重浪裏平安過，百尺竿頭穩下來。」冀公重稱之。《江鄰幾雜志》。

2 陳龍學從易，天禧中坐失舉送。宰相寇準素惡之，遂除知吉州。及準貶道州，從易爲湖南轉運使，或謂曰：「可忘廬陵之命耶？」準至，從易以故相禮敬之。言者爲慚。《自警編》卷四。《宋稗類鈔》卷三。

3 見楊億23。

4 陳舍人從易，當時文方盛之際，獨以醇儒古學見稱，其詩多類白樂天。……陳公時偶得杜集舊本，文多脱誤，至《送蔡都尉詩》云「身輕一鳥」，其下脱一字。陳公因與數客各用一字補之。或云「疾」，或云「落」，或云「起」，或云「下」，莫能定。其後得一善本，乃是「身輕一鳥過」。陳公歎服，以爲雖一字，諸君亦不能到也。《六一詩話》。

5 見蘇頌1。

梅　詢

1 梅詢侍讀，嘗從真宗東封，因卜命於岳神，夢三牛鬬于庭，有稱相公通謁者，雖異之，而不曉其兆。既而得濠梁守，州廨有三石牛。後吕許公夷簡以殿中丞來倅，詢見之，疑若所夢謁者，於是委遇至厚。不數年許公大拜，梅爲發運使，按部至濠上，作詩寄許公云：「十五年前忝一麾，公餘嘗得預言詩。玉階步武爲霖早，雲路風波得志遲。浴鳳池深春蕩蕩，觀魚臺古草離離。重來故老休相問，請揭紗籠看舊碑。」《侯鯖録》卷七。《宋詩紀事》卷五。

2 侍讀梅公詢，端拱二年第進士。……景德中嘗夢與一士人，年甚少，共射一石牛。梅中脅，少年者中首。至祥符中，真宗東封，詢被選於太平頂行事，宿齋其上。是夕燔香再拜，默祈將來通塞之事。既寢，夢牛馬羊布野，有二牛鬭於前。一人被冠服，前謂牛曰：「伺呂公再入中書，鬭亦未晚。」牛遂解去。其後自尚書郎帶職知濠州，呂申公以太常博士通守郡事，儀狀酷似向夢中所見。又守倅之居花圃中，各有一小石牛。梅因省前夢，厚結於申公。寶元中，呂公入相，擢梅爲天章閣待制。其後申公自北都再持政柄，梅已爲樞密直學士，判審官院，又遷爲侍讀學士、群牧使。是歲十二月得疾，出守許州，以至捐館。

《括異志》卷五。

3 見呂夷簡7。

4 梅侍讀詢，以文雅自任，久在侍從，忽求爲濠州。既被命，見先文正，文正曰：「何以求此？」曰：「聊以温故耳。」文正曰：「待差一通判去，伴舍人讀書。」梅其去怏怏，益不平。未幾，差博士呂夷簡通判濠州，梅語人曰：「何處得箇呂夷簡來，也會讀書？」梅辭，文正適與王沂公同坐堂上，王因以梅語白，文正曰：「君善待呂公，呂公它日與王公同作相，舍人方作學士。」梅愈不平，王亦爲過言。其後王沂公、呂文靖同宰席，梅適除學士。《聞見近録》。

5 梅詢爲翰林學士，一日書詔頗多，屬思甚苦，操觚循階而行。忽見一老卒卧於日中，欠伸甚適，梅忽歎曰：「暢哉。」徐問之曰：「汝識字乎？」曰：「不識字。」梅曰：「更快活也。」《夢溪筆談》卷二十三。《宋朝事實類苑》卷六十六。《五雜組》卷十六。《堯山堂外紀》卷四十五。《昨非庵日纂》一集卷八。《宋稗類鈔》卷五。

6 梅侍讀詢，晚年尤躁於禄位。嘗朝退，過閤門，見箱中有錦軸云「胡則侍郎致仕告身」。同列取視之，詢遠避之而過，曰：「幣重而言甘，誘我也，何以視爲？」時人多笑之。《涑水記聞》卷三。《宋朝事實類苑》卷六十四。

7 梅詢年七十餘，又病足，常撫其足而詈之，曰：「是中有鬼，令我不至兩府者，汝也！」有所愛馬，每夜令五人相代牽馬相之，不繫於柱，恐其縈絆傷之故也。又夜中數自出視之。嘗牽馬將乘，撫其鞍曰：「賤畜，我已薄命矣，汝豈無分被繡韉邪？」《涑水記聞》卷三。《宋朝事實類苑》卷六十四。《名賢氏族言行類稿》卷九。《宋稗類鈔》卷二。

8 見石中立7。

9 見盛度12。

10 〔梅〕詢與孫何、盛度、丁謂，真宗時俱在清貴。詢好潔衣服，裒以龍麝，其香數步襲人；何性落拓，衣服垢汗；度體充壯，居馬上，前如仰，後如俯；謂，吴人，面如刻削。時人爲之語曰：「梅香，孫臭，盛肥，丁瘦。」《涑水記聞》卷三。《何氏語林》卷二十八。

劉偁

1 祥符中，有劉偁者久困銓調，爲陝州司法參軍，廉慎至貧。及罷官，無以爲歸計，賣所乘馬辦裝，跨驢以歸。魏野以詩贈行曰：「誰似甘棠劉法掾，來時乘馬去騎驢。」未幾，真宗祀汾陰，過陝，詔徵野赴行在，野避不奉詔。上遣中使就野家索其所著，得贈偁詩，上歎賞久之。語宰臣曰：「小官中有廉貧如此者。」使召之，偁方爲江南幕吏，至，以爲京官，知青州博陵縣。後有差除，上曰：「得如劉偁者，可矣。」未數年，亟遷主客郎中、三司户部判官。真宗之奬拔廉吏如此，然由野一詩發之也。《澠水燕談録》卷七。《宋朝事實類苑》卷二十三。《仕學規範》卷二十引《皇朝名臣四科事實》。《五雜組》卷十四。《香祖筆記》卷十。

黄宗旦

1 見楊億67。

2 見王質3。

3 黄宗旦晚年病目，每奏事，先具奏目成誦於口，至上前，展奏目誦之，其實不見也。同列害之，密以他書易其奏目，宗旦不知也，至上前，所誦與奏目不同，歸乃覺之，遂乞致仕。《夢溪筆談》卷二十二。《宋朝事實類苑》卷七十一。《墨客揮犀》卷五。

張雍

1 見滕中正2。

2 蜀州青城民王小波爲亂，小波死，又推其妻弟李順爲賊首，帥餘黨蟻聚萬餘人，兩川大擾。張諫議雍知梓州，雍生於河朔極邊，素諳守禦之法，練士卒三千人，葺綿州金帛實其帑，又募勇卒千餘人守城，設砲竿飛矢石。創械具才備，賊果至，大設衝梯火車，晝夜力攻，在圍八十日，張守設方略，立於矢石，告衆曰：「勉力無自墮，萬一城破，先梟吾首獻賊，以贖汝命。吾已飛檄帥帳求援兵，不久必至。」翌日，果王繼恩分兵來援，賊方潰。詔嘉美。咸平中，拜禮部侍郎、鹽鐵使，不得臺省之體，齪齪無圓機，三司簿領置案前，曰：「急，急中急。」上聞之，笑曰：「雍之俗狀，殆至於此。」命王嗣宗代之。《玉壺清話》卷四。

黄覺

1 黄覺仕宦不遂，嘗送客都門外，不及寓邸舍，會一道士取所攜酒炙呼飲之，既而，道士舉杯摭水寫「吕」字，覺始悟其爲洞賓也。又曰：「明年江南見君。」覺果得江南官。及期見之，出懷中大錢七，其次十，又小錢三，曰：「數不可益也。」予藥數寸許，告覺曰：「一以酒磨服之，可保一歲無疾。」覺如其言，至七十餘，藥亦垂盡，作詩曰：「牀頭曆日無多子，屈指明年七十三。」果是歲卒。《中山詩話》。

邵曄　陳世卿

1 邵曄知廣州，鑿内濠以泊舟楫，不爲颶風所害。相次陳世卿代之，奏乞免本州計口買鹽之害。五年之後，民始有完衣飽食，廣人歌曰：「邵父陳母，除我二苦。」《玉壺清話》卷三。《宋朝事實類苑》卷二十二。

張昭及

1 滎州張昭及，剛毅不畏强禦。故爲櫟楊主簿，陳堯咨莊僕恃勢干縣政，輸賦不以時，昭及捕而杖之。堯咨聞而歎曰：「張子一主簿而能如此，它日當薦爲御史。」使人召之，昭及竟不往也。《澠水燕談録》卷四。

劉滋

1 劉郎中滋，累舉不第，年餘四十，始遂登科。嘗夢有人提印滿籃，令己吞之，滋有難色，其人曰：「但任意吞，看吞得幾顆。」滋不得已，吞至十四顆，其印皆顆顆見於腹中。後果歷十四任終。《青箱雜記》卷三。《新編分門古今類事》卷七。

張逸

1 張逸，字天隱，鄭州人。登進士。初嘗以樞密直學士知益州。蜀人諳其民風。華陽縣鄉長殺人，誣道旁者，縣吏受財，獄具，乃令殺人者守囚。逸曰：「囚色冤，守者氣不直，豈守者殺人乎？」囚始敢言，而守者果服，立誅之。蜀人以爲神。歲饑，民多殺耕牛食之，犯者皆配關中。逸奏：「民殺牛以活，將廢穡事。今歲小稔，請一切放還，復其業。」報可。凡四守益州。《揮麈録》卷四。

2 見張唐輔1。

張希顔

1 見張詠63。

2 見宋綬5。

黄震

1 真宗朝，黄震知亳州。永城縣瀕汴河，例至冬涸，朝廷遣中官促州縣科民開淘。時中官多任喜怒，非理箠撻役民。黄憤然毆之，中官即捨役赴闕自訴。帝問曰：「黄震緣何毆汝？」中官奏云：「言是我百姓，汝安得亂打！」帝嘉其言，即敕中官赴黄門，杖二十。《能改齋漫録》卷十二。

江翱

1 江翱，建安人，文蔚之兄子也。爲汝州魯山令，邑多曠土，連歲枯旱，艱食。翱自建安取旱稻一種，此稻耐旱，繁實可久蓄，宜高原，至今邑人多種之，歲歲足食。《楊文公談苑》。《宋朝事實類苑》卷二十三。

孫何

1 孫何、丁謂舉進士第，未有名，翰林學士王禹偁見其文，大賞之，贈詩云：「三百年來文不振，直從韓柳到孫丁。如今便好令修史，二子文章似六經。」二人由是名大振。《涑水記聞》卷二。《堯山堂外紀》卷四十四。《宋詩紀事》卷五。

2 孫何嘗作《兩晉名賢贊》并詩三十篇，王禹偁延譽之曰：「丁謂與孫何，便可白衣修撰。」《宋詩紀事》卷五引《歷代吟譜》。

3 太宗時親試進士，每以先進卷子者賜第一人及第。孫何與李庶幾同在科場，皆有時名，庶幾文思敏速，何尤苦思遲。會言事者上言：「舉子輕薄，爲文不求義理，惟以敏速相誇。」因言：「庶幾與舉子於餅肆中作賦，以一餅熟成一韻者爲勝。」太宗聞之大怒，是歲殿試，庶幾最先進卷子，遽叱出之。由是何爲第一。《歸田録》卷一。《新編分門古今類事》卷十八。《宋稗類鈔》卷二。

4 孫何、孫僅，學行文辭傾動場屋。何既爲狀元，王黄州覽僅文編，書其後曰：「明年再就堯階試，應被人呼小狀元。」後牓僅果爲第一。黄州復以詩寄之云：「病中何幸忽開顔，記得詩稱小狀元。粉壁乍懸龍虎牓，錦標終屬鶺鴒原。」并寄何詩曰：「惟愛君家棣華牓，登科記上並龍頭。」潘逍遥亦有詩曰：「歸來遍檢登科記，未見連年放弟兄。」而陳堯叟、堯咨兄弟亦前後相繼爲狀元，士林皆以爲盛事。《澠水燕談録》卷三。《黄孀餘話》卷三。《宋詩紀事》卷七。

5 〔孫〕何爲轉運使，令人負礓礫自隨，所至散之地，吏應對小失誤，則於地倒曳之。故從者憑依其威，妄爲寒暑，所至搔擾，人不稱賢。《涑水記聞》卷三。《宋朝事實類苑》卷六十四。

6 〔孫〕何性落拓而酷好古文。爲轉運使，頗尚苛峻，州縣吏患之，乃求古碑字磨滅者紙本數廳，釘於館中。何至則讀其碑，辨識文字，以爪搔髮垢而嗅之，遂往往至暮，不復省録文案云。《涑水記聞》卷三。《宋朝事實類苑》卷六十四。《名賢氏族言行類稿》卷十四。《何氏語林》卷三十。《宋稗類鈔》卷五。

7 孫何漢公自京東遷二浙，實居于此，作三亭。一曰「自公」，於此退處也；二曰「温故」，於此閲書也；三曰「艤舟」，於此繫舟以備巡按也。有《三亭記》見集中。《吴郡圖經續記》卷下。

8 孫漢公何擢甲科，與丁相竝譽於場屋，時號「孫丁」。……素近視，每上殿進劄子，多宿誦精熟，以合奏牘。忽一日，飄牘委地四散，俯拾零亂倒錯，合奏不同，上頗訝之。俄而倉皇失措，墜笏於地。有司以失儀請劾，上釋而不問。因感恙，抱病乞分務西雒。不允，遣太醫診視，令加鍼灸。公性禀素剛，對太醫曰：「禀父母完膚，自失護養，致生疾疹，反以鍼艾破之？ 況生死有數，苟攻之不愈，吾豈甘爲强死鬼耶？」遂不起。《玉壺清話》卷四。

9 見梅詢10。

孫僅

1 某爲左司諫，知制誥，有以〔孫〕何之文相售者，見其文有韓、柳風格，因誇於同列……又得〔孫〕僅之文編，時給事中兼右庶子畢公與吾同典誥命，適來吾家，因出僅文以示之，讀未竟，乃大呼曰：「嚇死老夫矣。」《小畜集》卷二十九《孫庸墓志》。

2 見孫何4。

3　景德中，初契丹通好，首命故給事中孫公僅奉使而往。洎至彼國，屬修聘之始，迎勞餮餼須給之禮，殊未詳備。北人館待優異，務在豐腆無所。然事或過差，僅必抑而罷之，自餘皆爲隨事損益，俾豐腆中度而後已。迄今信使往復，不改其制。故奉使鄰境，由僅爲始，時得禮制。《王文正公筆録》。

4　〔孫〕僅爲陝西轉運使，作《驪山》詩二篇，其後篇有云：「秦帝墓成陳勝起，明皇宫就禄山來。」時方建玉清昭應宫，有惡僅者，欲中傷之，因録其詩以進。真宗讀前篇云「朱衣吏引上驪山」，遽曰：「僅小器也，此何足誇！」遂棄不讀，而陳勝、禄山之語，卒得不聞，人以爲幸也。《歸田録》卷一。《宋朝事實類苑》卷三十六。《東都事略》卷四十七。《宋稗類鈔》卷一。

5　見魏野2。

謝　泌

1　謝史館泌，解國學舉人，黜落甚衆，群言沸摇，懷甓以伺其出。公知，潛由他途投史館避宿數日。太宗聞之，笑謂左右曰：「泌職在考校，豈敢濫收？小人不自揣分，反怨主司，然固須避防。」又問曰：「何官職騶導雄偉，都人斂避？」左右奏曰：「惟臺省知雜，呵擁難近。」遂授知雜，以避擲甓之患。《玉壺清話》卷四。《宋朝事實類苑》卷五十七。《群書類編故事》卷五引《名臣遺事》。

2　謝泌名知人，少許可，平生薦士，不過數人，而後皆至卿相。每發薦牘，必焚香望闕再拜曰：「老臣又爲陛下得一人。」王文正公，即其所薦士也。《倦游雜録》。《宋朝事實類苑》卷五十七。《續墨客揮犀》卷五。

3 謝泌諫議，居官不妄薦士，或薦一人，則焚香捧表，望闕再拜而遣之。其所薦雖少，而無不顯者。泌知襄州日，張密學逸爲鄧城縣令，有善政。鄧城去襄城，渡漢水纔十餘里，泌暇日多乘小車，從數吏，渡漢水入鄧城界，以觀風謡。或載酒邀張野酌，吟嘯終日而去，其高逸樂善如此。張亦其薦也。《東軒筆録》卷十。《宋朝事實類苑》卷五十五。《何氏語林》卷五。《宋稗類鈔》卷一。

朱台符

1 朱台符，眉州人。俊邁敏博，少有賦名，與同輩課試，以尺度其晷，台符八寸而一賦已就。凡有所作文字，其彫篆皆類於賦，章疏、歌曲亦然。河西作梗，因上封事，其略曰：「且夫結之以恩者，彼必懷之；示之以威者，彼必畏之。若爾，則所謂繼遷者，自當革心而束手，款塞而旋庭矣。」又嘗爲數闋，其略曰：「歌遏雲兮慘容色，舞迴風兮腰一搦。」又曰：「顰多而翠黛難成，望極而烏雲易散。當本深心兮牡丹期，到如今兮賜冰頒扇。」鄉人田錫嘗曰：「朱拱正一闋，乃《閨怨賦》一首，只少原夫。」《玉壺清話》卷四。《宋朝事實類苑》卷三十六。

張君房

1 祥符中，日本國忽梯航稱貢，非常貢也，蓋因本國之東有祥光現，其國素傳中原天子聖明，則此光現。真宗喜，勑本國建一佛祠以鎮之，賜額曰「神光」。朝辭日，上親臨遣。夷使回，乞令詞臣撰一寺記。時當直者雖偶中魁選，詞學不甚優贍，居常止以張學士君房代之，蓋假其稽古才雅也。既傳宣，令急撰寺記。時張尚爲小官，醉飲於樊樓，遣人徧京城尋之不得，而夷人在閤門翹足而待，又中人三促之，紫微大窘。後錢、楊二公玉堂暇日改《閑忙令》，大年曰：「世上何人最得閑？司諫拂衣歸華山。」蓋种放得告還山養藥之時也。錢希白曰：「世上何人號最忙？紫微失卻張君房。」時傳此事爲雅笑。《湘山野録》卷上。《宋朝事實類苑》卷六十三。《紺珠集》卷十二。《群書類編故事》卷十五。《堯山堂外紀》卷四十四。《堅瓠己集》卷一。《宋詩紀事》卷一百。

2〔張君房〕平生喜著書，如《雲笈七籤》、《乘異記》、《麗情集》、《科名分定録》、《潮説》、《脞説》之類甚衆。知杭州錢唐，多刊作大字版攜歸，印行於世。君房同年白稹者，有俊聲，亦以文名世，蚤卒，有文集行于世。常輕君房爲人，君房心銜之。及作《乘異記》，載白稹死，其友行舟，夢稹曰：「我死罰爲黿，汝來日舟過，當見我矣。」如其言，行舟見人聚視，而烏鵲噪于岸，倚舟問之，乃漁人網得大黿。其友買而放之於江中。《乘異記》既行，君房一日朝退，出東華門外，忽有少年拽君房下馬奮擊，冠巾毀裂，流血被體，幾至委頓。乃白稹之子也，問：「吾父安有是事？必死而後已！」觀者爲釋解，且令君房毀其板。君房哀祈如約，乃得去。《默記》卷下。

楊　嵎

1 楊嵎爲光禄寺丞直史館，瘍生於頰，連齒，輔車外腫若覆甌，内潰，出濃血不輟，吐之，甚痛楚，醫爲療之百方，彌年不差。人有語之曰：「天官瘍醫中有名方，何不試用？」嵎乃案瘍人療瘍，必攻以五毒，合黄堥，買石膽、丹砂、雄黄、礜石、磁石其中，燒之三日三夜，煙上著，以雞羽掃取，以注創，惡肉破骨盡出。嵎即依方，注藥創中，少頃，朽骨連兩牙潰出，疾遂愈，至今十五年。嵎見任主客員外郎。《楊文公談苑》。《宋朝事實類苑》卷四十九。

李畋

1 李畋自八九歲，大父曰：「此措大兒也。」每教讀書，必令畫工圖經中事迹，一一指示，解説其義。畋因此酷好繪畫，公卿皆爲畫有贊。《類説》卷十九引《駭聞録》。

2 見張詠35。

3 見張詠36。

4 天聖中，新羅人來朝貢，因往國子監市書。是時，直講李畋監書庫，遺畋松子髮之類數種，曰：「生芻一束，其人如玉。」畋答以：「某有官守，不敢當。」復還之，曰：「中心藏之，何日忘之。」於是，使者起而折旋，道「不敢」者三。《東齋記事》輯遺。《宋朝事實類苑》卷七十八。

5 李畋嘗爲國子直講，欲求郡而未得。一日，晨登講席，諸生皆見畋巾上有兩焰火起，是日，報得榮州。《新編分門古今類事》卷十五引《談藪》及《名臣傳》。

楊覃

1 楊蟫爲益倅，奏名上，太宗不識「蟫」字，亟召問立名之因，奏曰：「臣父命之，不知其由，兄蚡、弟蜕，盡從『虫』。臣家漢太尉震之後，今已孤，不敢輒更。」上曰：「『蟫』有何義？」奏曰：「臣聞出《羽陵蠹書》，曰白魚蟲也。」上歎曰：「古人名子，不以日月山川隱疾，尚恐稱呼有妨，今以細碎微類列名其子，未知其謂也。」以御筆抹去「虫」，止賜名「覃」。《玉壺清話》卷三。

2 至道中，國家征夏虜，調發陝西芻粟隨軍至靈武，陝西騷動，民皆逃匿，賦役不肯供給。有詔：「督運者皆得便宜事，不牽常法。」吏治率皆峻急，而京兆府通判水部員外郎楊譚、大理寺丞林特尤甚。長安人歌之曰：「楊譚見手先教鏁，林特逢頭便索枷。」長安多大豪及有蔭户，尤不可號令。有見任知某州妻清河縣君者，不肯運糧，譚録而杖之，於是民莫敢不趨令。譚、特令民每驢負若干，每人擔若干，仍賫糧若干，官爲封之，須出塞乃聽食，怨嗟之聲滿道。既而京兆最爲先辦，民無逃棄者，諸州皆稽留不能辦，比事畢，人畜死者什八九。由是人始復稱之。二人以是得顯官，譚終諫議大夫，特至尚書、三司使。《涑水記聞》卷二。《宋朝事實類苑》卷二十三。案：楊譚，《宋史》卷三百七作「楊覃」。

林特

1 見楊覃2。

2 林特本廣南攝官，以勤爲吏職，又善以辭色承上接下，官至尚書三司使、修昭應宫副使。是時，丁朱崖爲修宫使，特一日三見，亦三拜之。與吏卒語，皆煦煦撫慰之，由是人皆樂爲盡力，事無不齊集。精力過人，常通夕坐而假寢，未嘗解衣就枕。《涑水記聞》卷六。

劉承規

1 皇城使劉承規，在太祖朝爲黄門小底時，氣性不同，已有心力，宫中呼爲劉七。每令與諸小底數真珠，内夫人潛於看窗覘之，未嘗偷竊一顆，餘皆竊置於衣帶中。洎太宗即位後，有一宫人潛逾垣而出，捕獲。太宗遲疑間，似不欲殺，承規輒承意而奏曰：「此人不可容，官家若放却，宫人總走。臣乞監去處置，須是活取心肝進呈。」太宗甚然之。六宫皆拜而泣告。承規再三奏不可留，於是就太宗前領去，送一尼寺中，潛遠嫁之。却取旋殺猪心肝一具，猶熱，以合子貯來進呈。六宫皆圍合子而哭之。良久略揭視之，便令承規將去，仍傳宣賜承規壓驚銀五鋌。由是宫掖之間，肅然畏法。《丁晉公談録》。《堅瓠壬集》卷二。

張存　任并

1 景德中，河朔舉人皆以防城得官，而范昭作狀元，張存、任并雖事業荒疎，亦皆被澤。時有無名子嘲曰：「張存解放旋風砲，任并能燒猛火油。」存後仕尚書，并亦仕至屯田員外郎、知要州卒。《青箱雜記》卷八。《詩話總龜》前集卷三十七。《山居新語》。

賈詢

1 賈詢，廣都人，倜儻有奇節，輕財尚義，樂濟人之難。王均之叛，縣宰初暐奔山中，無以自匿，恇怯不能行，詢負匿其家，又使親黨護送帥府，暐卒免害。暐感之，作《義士傳》，刻石三聖院。《厚德録》卷二引《澠水燕談録》。

宋人軼事彙編卷八

邢昺

1 邢尚書昺，曹州農家子，深曉播殖。真宗每雨雪不時，憂形于色，責日官所定雨澤豐凶之兆，多或不中。昺因進《耒耜歲占》三卷，大有稽驗，皆牧童村老歲月於畎畝間揣占所得。咸平二年，置經筵侍讀，首以公爲之。……真宗晚年，多召于近寢，從容延對，忽一日，見公衰甚，御袖掩目泫然曰：「宫邸舊僚，淪謝殆盡，存者惟卿爾。」遽密賚銀千兩，繒千匹。昺康裕無恙，果非久感疾。將易簀，車駕臨問，公拖紳整巾，歷叙遭際，上爲之泣别。既終，又爲之臨喪，惟將相喪疾，方有此幸。《玉壺清話》卷五。《宋朝事實類苑》卷六。

2 邢昺以九經及第，鬱爲儒者，乃傾意〔王〕欽若，納身垢污，爲士流所薄。嘗奉勑撰《爾雅疏義》，其後太學生郭盛言：「昔人不分老子與韓非同傳，郭注、邢疏無論，周公不享其意，即先人得無稱冤地下？且郭迮逆敦，邢附欽若，《爾雅》近正，今則近邪。」盛舉九經，乞辭此疏。時邢自稱子才之裔，太學中語曰：「景純有孫，子才無後。」《楓窗小牘》卷上。

3 邢昺常被疾，請告，真宗親臨問，賜藥一奩、銀器千兩、綵千匹。國朝故事，非宗戚將相，問疾臨奠，帝不親行，惟昺與郭贄以恩舊，特用此禮，儒者榮之。《楊文公談苑》。《宋朝事實類苑》卷二十八。

4 邢昺疾亟，車駕幸其第，其子干恩澤，並乞不敕葬。《孔氏談苑》卷一。

孫　奭

1 孫奭，字宗古，博平人。幼好學，博通書，善講説。太宗端拱中，九經及第，再調大理評事，充國子監直講。太宗幸國子監，詔奭説《尚書·説命》三篇，奭年少位下，然音讀詳潤，帝稱善，因歎曰：「天以良弼賚商，朕獨不得邪？」因以切勵輔臣，賜奭緋章服，累遷都官員外郎，侍諸王講，賜紫章服。《宋朝事實類苑》卷十一引《金坡遺事》。

2 景德、祥符之間，北戎結好，宇内乂寧，一時邪諛之臣，唱爲瑞應祺祥，以罔明主，王欽若、陳彭年輩實主張之。天書既降，於是東封、西祀、太清之行，以次丕講，滿朝耆老方正之士，鮮有肯啓昌言以遏其姦焰，雖寇萊公亦爲之。而孫宣公奭獨上疏争救，于再于三，《真録》出於欽若提綱，故不能盡載，以故後人罕稱之。……奭之論諫，雖魏鄭公、陸宣公不能過也。《容齋三筆》卷七。

3 真宗將西祀，龍圖閣待制孫奭上疏切諫，以爲西祀有十不可，陛下不過欲效秦皇、漢武刻石頌德、誇耀後世耳。其辭有云：「昔秦多繇役，而劉、項起於徒中；唐不恤民，而黄巢因於飢歲。今陛下好行幸，數賦斂，安知天下無劉、項、黄巢乎？」上乃自製《辨疑論》以解之，仍遣中使慰諭焉。《涑水記聞》卷六。《宋名臣言行録》前集卷九。

4 永興軍上言朱能得天書，真宗自拜迎入宮。孫奭知河陽，上疏切諫，以爲天且無言，安得有書？天下皆知朱能所爲，惟上一人不知耳，乞斬朱能以謝天下。其辭有云：「得來唯自於朱能，崇信只聞於陛下。」其質直如此，上亦不之責。頃之，朱能果敗。《涑水記聞》卷六。《宋名臣言行録》前集卷九。《類説》卷十九引《三朝聖政録》。

5 孫奭起於明經，敦履修潔，端議典正，發於悃愊。章聖崇奉瑞貺，廣構宮殿以夸夷夏。奭累疏切諫，上雖不能納用，而深憚其正。疏語有「國之將興，聽之於人；國之將亡，聽之於神」。其忠樸如此。《儒林公議》。

6 孫奭尚書侍經筵，上或左右瞻矚，或足敲踏床，則拱立不講。以此，奭每讀書，則體貌益莊。《江鄰幾雜志》。《孔氏談苑》卷二。

7 孫奭敦守儒學，務去浮薄。判國子監積年，討論經術必詣精緻。監庫舊有《五臣注文選》鏤板，奭建白内於三館，其崇本抑末，多此類也。《儒林公議》。

8 見賈昌朝3。

9 宋尚書祁爲布衣時，未爲人知。孫宣公奭一見奇之，遂爲知己。後宋舉進士，驟有時名，故世稱宣公知人。公嘗語其門下客曰：「近世謚用兩字，而文臣必謚爲文，皆非古也。吾死得謚曰『宣』若『戴』足矣。」及公之卒，宋方爲禮官，遂謚曰「宣」，成其志也。《歸田録》卷一。

10 故事，直學士以上皆服金帶。孫奭羸老，不勝其重，詔特聽服犀帶而賜以金帶。《涑水記聞》卷四。

11 孫宣公奭以太子少傅致仕，居于鄆。一日，置宴御詩廳，語客曰：「白傅有言：『多少朱門鎖空宅，主人到老不曾歸。』今老夫歸矣。」喜動于色。復顧石守道諷《易·離卦》九三爻辭，且曰：「樂以忘憂，自得小人之志；歌而鼓缶，不興大耋之嗟。」《澠水燕談録》卷四。《宋朝事實類苑》卷四十一。《宋名臣言行録》前集卷九。《仕學規範》卷六引《皇朝名臣四科事實》。《自警編》卷五。《東山談苑》卷四。

楊億

1 〔楊〕大年祖文逸，僞唐玉山令。大年將生，一道士展刺來謁，自稱懷玉山人，冠褐秀爽，斯須遽失，公遂生。後至三十七，爲學士，晝寐於玉堂，忽自夢一道士來謁，亦稱懷玉山故人，坐定，袖中出一誥牒曰：「内翰加官。」取閲之，其榜上草寫「三十七」字，大年夢中頗驚曰：「得非數乎？」道士微笑。又曰：「許添乎？」道士點頭。夢中命筆，止添一點爲「四十七」。至其數，果卒。《玉壺清話》卷四。《宋朝事實類苑》卷四十五。《堯山堂外紀》卷四十四。

2 楊億祖文逸，爲僞唐玉山令。億將生，文逸夢一道士，自稱「懷玉山人」。未幾，億生，有紫毛被體，七尺餘，經月乃落。《詩林廣記》後集卷九引《三朝正史》。《苕溪漁隱叢話》後集卷三十六。《郡齋讀書志》卷十九。《宋詩紀事》卷六。《古事比》卷二。

3 母張氏，始生億，夢丹衣人，自言武夷君托化，既誕，則一鶴雛，盡室驚駭，貯而棄之江。其叔父曰：「吾聞間世之人，其生必異。」追至江濱開視，則鶴蜕，嬰兒具焉，體猶有紫毳尺餘，既月乃落。《詩林廣記》後集卷九引《名臣傳》。《苕溪漁隱叢話》後集卷三十六。《湧幢小品》卷二十五。《徐氏筆精》卷七。

4 楊文公之生也，其胞蔭始脱，則見兩鶴翅交掩塊物而蠕動，其母急令密棄諸溪流，始出户而祖母迎見，亟啓視之，則兩翅欻開，中有玉嬰轉側而啼，舉家驚異，非常器也。余宣和間於其五世孫德裕家見其八九歲時《病起謝郡官》一啓，屬對用事，如老書生，而筆蹟則童稚也。《春渚紀聞》卷一。《玉芝堂談薈》卷十一。《宋稗類鈔》卷一。

5 楊文公數歲不能言，一日家人抱登樓，忽觸其首，便能語。家人曰：「既能言，可爲詩乎？」曰：「可。」遂吟《登樓詩》云：「危樓高百尺，手可摘星辰。不敢高聲語，恐驚天上人。」《古今詩話》。《詩話總龜》前集卷二。《宋朝事實類苑》卷三十四。《竹坡詩話》。《堯山堂外紀》卷四十四。《七修類稿》卷二十一。《徐氏筆精》卷五。

6 楊大年生數歲不能言。一日，其父抱至後園，語之曰：「後園梨落籬，神童知不知。」大年忽發聲應曰：「不是風摇樹，便是鵲驚枝。」《堯山堂外紀》卷四十四。

7 楊大年内翰七歲，對客談論有老成風。年十一，太宗聞其名，召對便殿，授祕書省正字，且謂曰：「卿久離鄉里，無念父母乎？」對曰：「臣見陛下，一如臣父母。」上歎賞久之。《遯齋閒覽》。《墨客揮犀》卷七。《何氏語林》卷二十二。《宋稗類鈔》卷五。

8 楊大年年十一，建州送入闕下，太宗親試一賦一詩，頃刻而就。上喜，令中人送中書，俾宰臣再試。時參政李至狀：「臣等今月某日，入内都知王仁睿傳聖旨，押送建州十一歲習進士楊億到中書。其人來自江湖，對敭軒陛，殊無震慴，便有老成，蓋聖祚承平，神童間出也。臣亦令賦《喜朝京闕》詩，五言六韻，亦頃刻而成。其詩謹封進。」詩内有「七閩波渺邈，雙闕氣岧嶢。曉登雲外嶺，夜渡月中潮」，斷句云「願秉清忠節，終身立聖朝」之句。《湘山野録》卷上。《古今詩話》。《詩話總龜》前集卷二。《孔氏談苑》卷四。《堯山堂外紀》卷四十四。

9 占城進獅子，楊文公館閣讀書，進詩賀云：「渡海鯨波息，登山豹霧清。」當時激賞。《江鄰幾雜志》。

10 楊億作《二京賦》，既成，好事者多爲傳寫。有輕薄子書其門曰：「孟堅再生，平子出世。《文選》中間，恨無隙地。」楊亦書門答之曰：「嘗惜違顔，事等隔世。雖書我門，不争此地。」《楓窗小牘》卷上。《詩話總龜》前集卷十三引《雜説》。《堯山堂外紀》卷四十四。

11 楊大年二十一歲爲光禄丞，賜及第。太宗極稱愛。三月，後苑曲宴，未貼職不得預，公以詩貽館中諸公曰：「聞戴宮花滿鬢紅，上林絲管侍重瞳。蓬萊咫尺無因到，始信仙凡迥不同。」諸公不敢匿，即時進呈。上訝有司不即召，左右以未貼職爲對，即日直集賢院，免謝，令預曲宴。後修《册府元龜》，王相欽若總其事，詞臣二十八人，分撰篇序。下詔，須經楊億删定，方許用之。《玉壺清話》卷四。《宋朝事實類苑》卷四十五。《澠水燕談録》卷七。《宋朝事實類苑》卷三十四。《詩話總龜》前集卷四。《唐宋分門名賢詩話》。《堯山堂外紀》卷四十四。《堅瓠戊集》卷一。《宋詩紀事》卷六。

12 楊文公億初入館時年甚少。故事，初授館職，必以啓事謝先達。時公啓事有曰：「朝無絳、灌，不妨賈誼之少年；坐有鄒、枚，未害相如之末至。」一時稱之。《卻掃編》卷上。《何氏語林》卷九。《堯山堂外紀》卷四十四。《宋稗類鈔》卷五。

13 文公楊億居士，字大年，幼舉神嬰，及壯，負才名而未知有佛。一日，過同僚，見讀《金剛經》，笑且罪之，彼讀自若。公疑之曰：「是豈出孔、孟之右乎？何佞甚！」因閲數板，懵然始少敬信。《五燈會元》卷十二。

14 見張洎5。

15 楊大年與梁周翰、朱昂同在禁掖。大年年未三十，而二公皆高年矣，大年但呼朱翁、梁翁，每以言侵侮之。一日，梁戲謂大年曰：「這老亦待留以與君也。」朱於後亟搖手曰：「不要與。」衆皆笑其捷。雖一時戲言，而大年不五十而卒。《道山清話》。《拊掌録》。參見梁周翰4。

16 見种放12。

17 見寇準28。

18 見寇準37。

19 見王曾13。

20 見王曾14。

21 楊大年奉詔修《册府元龜》，每數卷成，輒奏之。比再降出，真宗常有簽貼，有少差誤必見，至有數十簽。大年雖服上之精鑑，而心頗自愧。竊惴上萬幾少暇，不應能如此。稍訪問之，乃每進本到，輒降付陳彭年。彭年博洽，不可欺毫髮，故謬誤處皆簽帖以進。大年乃盛薦彭年文字，請與同修，自是進本降出，不復簽矣。《明道雜志》。《何氏語林》卷九。

22 祥符、天禧中，楊大年、錢文僖、晏元獻、劉子儀以文章立朝，爲詩皆宗尚李義山，號「西崑體」。後進多竊義山語句。賜宴，優人有爲義山者，衣服敗敝，告人曰：「我爲諸館職撏撦至此。」聞者懽笑。大年《漢武詩》云：「力通青海求龍種，死諱文成食馬肝。待詔先生齒編貝，忍令索米向長安。」義山不能過也。元獻《王文通詩》曰：「甘泉柳苑秋風急，卻爲流螢下詔書。」子儀畫義山像，寫其詩句列左右，貴重之如此。《中山詩話》。《古今詩話》。《苕溪漁隱叢話》前集卷二十二。《詩人玉屑》卷十七。《詩林廣記》卷二。《宋詩紀事》卷六。

23　楊億在兩禁，變文章之體，劉筠、錢惟演輩皆從而斆之，時號「楊劉」。三公以新詩更相屬和，極一時之麗，億乃編而叙之，題曰《西崑酬唱集》。當時佻薄者謂之「西崑體」。其它賦頌章奏，雖頗傷於彫摘，然五代以來蕪鄙之氣，由兹盡矣。陳從易者頗好古，深擯億之文章，億亦陋之。天禧中，從易試别頭進士，策問時文之弊，曰：「或下俚如《皇荂》，或叢脞如《急就》。」億黨見者深嫉之。《儒林公議》。《宋詩紀事》卷六。

24　楊文公億，以文章幸于真宗，作内外制。當時辭誥，蓋少其比。朝之近臣，凡有除命，願出其手，俟其當直，即乞降命。故潤筆之入，最多于衆人。蓋故事，爲當筆者專得。楊以傷廉，遂乞與同列均分，時遂著爲令。《能改齋漫録》卷十二。

25　〔楊億〕在翰苑日，有新幸近臣以邪説進者，意欲扳公入其黨中。因間語公曰：「君子知微知章，知柔知剛。」公正色疾聲答曰：「小人不恥不仁，不畏不義。」《寓簡》卷五。《宋名臣言行録》前集卷四引《家塾記》。《何氏語林》卷十三。《堯山堂外紀》卷四十四。《昨非庵日纂》二集卷十三。《東山談苑》卷八。

26　楊文公有重名於世，嘗因草制爲執政者多所點竄，楊甚不平，因以稿上塗抹處，以濃墨傅之，就加爲鞋底樣，題其傍曰「世業楊家鞋底」。或問其故，曰：「是他别人脚迹。」當時傳以爲嗢噱。自後舍人行詞，遇塗抹者，必相謔云「又遭鞋底」。《西塘集耆舊續聞》卷五。《説郛》卷三十五引《能改齋漫録》。《隱窟雜志》。《宋稗類鈔》卷六。

27　楊億在翰林，丁謂初參政事，億例賀焉，語同列曰：「骰子選爾，何多尚哉。」未幾，辭親疾逃陽翟別墅。《國老談苑》卷二。《宋名臣言行録》前集卷四引《掇遺》。《有宋佳話》。《何氏語林》卷十三。參見丁謂17。

28 祥符中，楊文公爲翰林學士，以久疾初愈入直，乞權免十日起居。詔免半月，仍令出宿私第。文公具表謝，真宗以詩批其末，賜之云：「承明近侍究儒玄，苦學勞心疾已痊。善保興居調飲食，副予前席待多賢。」祖宗眷禮儒臣之盛，古未有也。《石林燕語》卷五。

29 楊大年爲學士時，草《答契丹書》云：「隣壤交歡。」進草既入，真宗自注其側云：「朽壤、鼠壤、糞壤。」大年遽改爲「隣境」。明旦，引唐故事：學士作文書有所改，爲不稱職，當罷，因亟求解職。真宗語宰相曰：「楊億不通商量，真有氣性。」《歸田録》卷一。《宋朝事實類苑》卷四十。《宋名臣言行録》前集卷四。《東都事略》卷四十七。《翰苑群書・翰苑遺事》。《西塘集耆舊續聞》卷五。

30 楊文公億以文章擅天下，然性特剛勁寡合。有惡之者，以事譖之。大年在學士院，忽夜召見於一小閣，深在禁中。既見，賜茶，從容顧問，久之，出文藁數篋，以示大年，云：「卿識朕書蹟乎？皆朕自起草，未嘗命臣下代作也。」大年惶恐不知所對，頓首再拜而出，乃知必爲人所譖矣。由是佯狂，奔於陽翟。真宗好文，初待大年眷顧無比，晚年恩禮漸衰，亦由此也。《歸田録》卷一。《宋朝事實類苑》卷十。《宋名臣言行録》前集卷四。《遵堯録》卷三。《東都事略》卷四十七。參見宋真宗27。

31 真宗將立明肅后，令丁謂諭旨於楊大年，令作册文。丁云：「此段不憂不富貴。」大年答曰：「如此富貴，亦不願得。」《孔氏談苑》卷一。《江鄰幾雜志》。《何氏語林》卷十三。《昨非庵日纂》二集卷一。《古事比》卷十六。

32 祥符中，楊文公以母疾，不俟報，歸陽翟。初，真皇欲立莊獻爲皇后，文公不草詔，莊獻既立，不自安，乃託母疾而行。上猶親封藥，加以金帛賜之。《東齋記事》卷一。

33 楊大年性剛，頻忤上旨。母在陽翟有疾，遂留請假榜子與孔目吏，中夕奔去。上憐其才，終優容之，止除少分司，仍許只在陽翟。《類説》卷二十二引《金坡遺事》。

34 楊文公在翰林，母處外被疾。請告，不待報即去。上遣中使賜御封藥洎金帛以賜，謂輔臣曰：「億侍從官，安得如此自便？」王文正對曰：「億本寒士，先帝賞其詞學，置在館殿，陛下矜容，不然顛躓久矣。然近職不當居外地。」遂除太常少卿分司。《珍席放談》卷上。

35 楊文公既佯狂逃歸陽翟，時祥符六年也。中朝士大夫自王魏公而下，書問常不輟，皆自爲文，而用其弟倚士曹名，奏牘則託之母氏。其答王魏公一書末云：「介推母子，絶希綿上之田；伯夷弟兄，甘守西山之餓。」當時服其微而婉云。《石林燕語》卷七。

36 楊文公爲執政所忌，母病，謁告，不俟朝旨，徑歸韓城，與弟倚居，踰年不調。公有啓謝朝中親友曰：「介推母子，願歸綿上之田；伯夷弟兄，甘受首陽之餓。」後除知汝州，而希旨言事者攻擊不已，公又有啓與親友曰：「已擠溝壑，猶下石而弗休；方困蒺藜，尚關弓而相射。」《青箱雜記》卷五。《宋朝事實類苑》卷四。《西塘集耆舊續聞》卷六。

37 見王旦62。

38 見王旦63。

39 見王旦64。

40 見王旦66。

41 見王旦71。

42 楊文公在翰林，以讒佯狂去職，然聖眷之不衰。聞疾愈，即起爲郡，未幾，復以判秘監召。既到闕，以詩賜之曰：「瑣闥往年司制誥，共嘉藻思類相如。蓬山今日詮墳史，還仰多聞過仲舒。報政列城歸覲後，疏恩高閣拜官初。諸生濟濟彌瞻望，鉛槧諮詢辨魯魚。」祖宗愛惜人材，保全忠賢之意如此。《石林詩話》卷中。《苕溪漁隱叢話》前集卷二十五。

43 真宗嘗以御製《釋典文字法音集》三十卷，天禧中詔學僧廿一人於傳法院箋注，楊大年充提舉注釋院事。製中有「六種震動」之語，一僧探而箋之，暗碎繁駁三百字，大年都抹去，自下二句止八字，曰：「地體本靜，動必有變。」其簡當若此。《湘山野録》卷中。

44 楊大年爲翰林學士，適禮部試天下士。一日，會鄉里待試者，或云：「學士必持文衡，幸預有以教之。」大年作色拂衣而入，則曰：「於休哉！」大年果知貢舉。凡程文用「於休哉」者，皆中選。而當時坐中之客，半不以爲意，不用也。《邵氏聞見後録》卷二十。《群書類編故事》卷五。《堯山堂外紀》卷四十四。

45 楊文公知舉於都堂，簾下大笑。真宗知之，既開院，上殿怪問：「貢舉中何得多笑？」對曰：「舉人有上請堯、舜是幾時事，臣對以『有疑時不要使』。以故同官俱笑。」真宗亦爲之笑。《東齋記事》輯遺。《宋朝事實類苑》卷六十六。參見歐陽修90。

46 楊大年與王文穆不相得，在館中，文穆或繼至，大年必徑出，他處亦然，如袁盎、晁錯也。文穆去，朝士皆有詩，獨文公不作。文穆辭日，奏真廟，傳宣令作詩，竟不肯送。《孔氏談苑》卷一。《畫墁録》。《江隣幾雜志》。《何氏語林》卷十三。

47 真宗晚年得風疾，自疑不起，嘗枕宦者周懷政股，與之謀，欲命太子監國。懷政，東宫官也，出與寇準謀之。遂議立太子，廢劉氏，黜丁謂等。使楊億草具詔書，億私語其妻弟張演曰：「數日之後，事當一新。」稍洩，丁謂夜乘婦人車與曹利用謀之，誅懷政，黜準，召億至中書。億懼，便液俱下，面無人色。謂素重億，無意害之。徐曰：「謂當改官，煩公爲作一好麻耳。」億乃少安。準初爲此謀，欲遣使四方，宣示風指，誅異己者，使楊億爲詔書，遣其婿王曙出使。曙知其不可，力止之，意其必有禍敗，藏其詔書草，使其妻縫置夾衣中。及劉后既没，朝廷方欲理準舊勳，曙出其書，文字磨滅，殆不可復識，由此贈億禮部尚書，謚曰文。《龍川別志》卷上。

48 見寇準58。

49 見丁謂31。

50 見丁謂32。

51 楊文公大年美鬚髯。一日，早朝罷，至都堂，丁晉公時在政府，戲謂之曰：「内翰拜時鬚掃地。」公應聲曰：「相公坐處幕漫天。」晉公知其譏己，而喜其敏捷，大稱賞之。天禧末，寇公諸人皆貶遠方，文公實預謀，而晉公愛其才，終不忍害也。《獨醒雜志》卷一。《聞見近録》。《宋詩紀事》卷一百。

52 丁晉公與楊文公游處宴集，必有詼諧之語，復皆敏於應答。一日，臺諫攻文公，因晚俟晉公之門。

方伏拜，晉公亟謂文公曰：「内翰拜時髭擎地。」文公隨聲答曰：「相公坐處幕瞞天。」蓋楊美髭髯，而丁第方盛設帷幕，因互相譏也。《詩話總龜》前集卷三十八引《有宋佳話》。《堯山堂外紀》卷四十四。參見丁謂35、魯宗道6。

53 楊文公深達性理，精悟禪觀，捐館時，作偈曰：「漚生復漚滅，二法本來齊。要識真歸處，趙州東院西。」《青箱雜記》卷十。

54 楊大年臨卒，戒家人：「吾頂赤趺坐，汝輩勿哭驚吾。」既而果然。家人驚號，則復寤而寢，遂卒。釋教頂赤生天，腹赤生人，足赤沉滯。《江隣幾雜志》。

55 錢副樞若水嘗遇異人傳相法，其事甚怪。錢公後傳楊大年，故世稱此二人有知人之鑒。仲簡，揚州人也，少習明經，以貧傭書大年門下，大年一見奇之，曰：「子當進士及第，官至清顯。」乃教以詩賦。簡，天禧中舉進士第一甲及第，官至正郎，天章閣待制以卒。謝希深爲奉禮郎，大年尤喜其文，每見，則欣然延接，既去，則歎息不已。鄭天休在公門下，見其如此，怪而問之，大年曰：「此子官亦清要，但年不及中壽爾。」希深官至兵部員外郎、知制誥，卒年四十六，皆如其言。《宋朝事實類苑》卷四十八。

56 楊公大年尤負藻鑒，在翰林日，與章郇公共事，嘗言郇公異日必作相，己所不及。又見著作佐郎張士遜，知其有宰器，即薦之，由此大拜。又鄉人吳待問嘗從公學，公語其徒曰：「汝輩勿輕小吳，小吳異日須登八座，亦有年壽。」後皆如其言。待問即春卿、沖卿父也。《青箱雜記》卷四。《宋朝事實類苑》卷四十八。

57 見張士遜10。

58 見張士遜11。

59 楊大年每欲作文，則與門人賓客飲博、投壺、弈棋，語笑諠譁，而不妨構思。以小方紙細書，揮翰如飛，文不加點，每盈一幅，則命門人傳録，門人疲於應命，頃刻之際，成數千言，真一代之文豪也。《歸田録》卷一。《宋朝事實類苑》卷四十。《宋名臣言行録》前集卷四。《捫蝨新語》卷五。《玉芝堂談薈》卷八。《宋稗類鈔》卷五。

60 公凡爲文，所用故事常令諸生子弟檢討出處，每段用小片紙録之。既成，則綴粘所録而蓄之。時人謂之「衲被」焉。《宋名臣言行録》前集卷四。《仕學規範》卷三十四。《吹劍三録》。《修辭鑑衡》卷二。

61 楊文公嘗戒其門人，爲文宜避俗語。既而公因作表云：「伏惟陛下德邁九皇。」門人鄭戩遽請於公曰：「未審何時得賣生菜？」於是公爲之大笑而易之。《歸田録》卷一。《宋朝事實類苑》卷六十六。《何氏語林》卷二十七。《堯山堂外紀》卷四十四。《宋稗類鈔》卷六。

62 世傳北狄來祭皇太后文，楊大年捧讀，空紙無一字，即自撰曰：「惟靈巫山一朵雲，閬苑一團雪，桃源一枝花，秋空一輪月。豈期雲散雪消，花殘月缺，伏惟尚享。」時仁皇深喜其敏速。《履齋示兒編》卷九。《螢雪叢説》卷上。《增訂遼詩話》卷下。《堯山堂外紀》卷四十四。《宋稗類鈔》卷五。案：《十駕齋養新録》卷七謂「此委巷無稽之談」。

63 楊大年因奏事論及《比紅兒詩》，大年不能對，甚以爲恨。遍訪《比紅兒詩》，終不可得。忽一日，見鬻故書者有一小編，偶取視之，乃《比紅兒詩》也，自此士大夫始多傳之。《夢溪筆談》卷十四。《詩話總龜》前集卷二。

64 真宗嘗問楊大年：「見《比紅兒詩》否？」大年失對。每語子孫爲恨。後諸孫有得於相國寺庭雜賣故書中者。《邵氏聞見後録》卷十七。

65 楊大年不喜杜工部詩，謂爲村夫子。鄉人有強大年者，續杜句曰「江漢思歸客」，楊亦屬對，鄉人徐擧「乾坤一腐儒」，楊默然若少屈。《中山詩話》。《古今詩話》。《詩話總龜》前集卷五。《唐宋分門名賢詩話》卷一。《類説》卷五十六。《堯山堂外紀》卷四十四。

66 舊學士院壁間有題云：「李陽生，指李樹爲姓，生而知之。」久無對者。楊大年爲學士，乃對云：「馬援死，以馬革裹尸，死而後已。」《侯鯖録》卷四。《堯山堂外紀》卷四十四。

67 楊大年行酒令：「李耳生，指李樹爲姓，生而知之。」黄宗旦應云：「馬援死，以馬革裹尸，死而後已。」《江鄰幾雜志》。

68 寇萊公在中書，與同列戲云：「水底日爲天上日」，未有對。而會楊大年適來白事，因請其對，大年應聲曰：「眼中人是面前人。」一坐稱爲的對。《歸田録》卷二。《宋朝事實類苑》卷三十四。《堅瓠甲集》卷四。

69 相國寺燒朱院，舊日有僧惠明善庖，炙猪肉尤佳，一頓五觔。楊大年與之往還，多率同舍具餐。一日，大年曰：「爾爲僧，遠近皆呼燒猪院，安乎？」惠明曰：「奈何？」大年曰：「不若呼燒朱院也。」都人亦自此改呼。《畫墁録》。

70 唐世士人宴聚，盛行葉子格。……今其格世或有之，而無人知者，惟昔楊大年好之。仲待制簡，大年門下客也，故亦能之。大年又取葉子彩名紅鶴、皂鶴者，別演爲鶴格。鄭宣徽戩、章郇公得象皆大年門下客也，故皆能之。《歸田録》卷二。

71 楊文公與王鼎、王綽號「江東三虎」。《韻語陽秋》卷二。《堯山堂外紀》卷四十四。案：此誤。《東軒筆録》卷十三曰：「王達、楊紘、王鼎皆爲轉運按察，尤苛刻暴虐，時謂之『江東三虎』。」

楊瑋

1 楊文公晚年居陽翟，素厚楊瑋。瑋嘗辭赴舉，求貲糧而行，公命以千錢予之。瑋本責辦於公，既得此，殊非本意，然亦不動。公熟視之，良久，亦無它。瑋辭去，公命乘驢於階。瑋不肯，公拊其背曰：「子他日不可，今日可矣。子異日必爲吾此官。」既而以錢百千貸之。瑋遂及第，名位率與文公等。《龍川別志》卷上。

劉筠

1 劉筠，自景德以來，與楊億以文章齊名，號爲「楊劉」，天下宗之。《郡齋讀書志》卷十九。

2 見楊億22、23。

3 祥符中，嘗下詔禁文體浮艷，議者謂是時館中作《宣曲》詩。《宣曲》見《東方朔傳》。其詩盛傳都下。而劉、楊方幸，或謂頗指宫掖。又二妃皆蜀人，詩中有「取酒臨邛遠」之句，賴天子愛才士，皆置而不問，獨下詔諷切而已。不然，亦殆哉。《渭南文集》卷三十一《跋西崑酬唱集》。《宋詩紀事》卷六。

4 劉子儀在南陽以翰林學士召，中途改成都。彌年又召爲學士，至西京復加兩學士、知鄭州。《謝表》云：「仙山已到，屢爲風引而還；長安甚遥，豈覺日邊之近。」《南游記舊》。《翰苑群書·翰苑遺事》。

5 見丁謂30。

6 天禧末，真宗聖躬多不豫，丁謂當國，恣行威福。時劉筠在翰林，守正不爲阿附，謂深嫉之。筠乃求出爲郡，止授諫議大夫，守廬州。筠拜章求兼集賢院學士，謂沮之不與。筠舟至淮上，遇水暴漲，作詩云：「行行極目天無柱，渺渺横流浪有花。客子方思舟下碇，陰虬自喜海爲家。村遥樹列晴川薺，岸濶牛分觸氏蝸。鳶嘯風高誠可畏，此情難諭坎中蛙。」識者美其憂思之深遠焉。《儒林公議》。《宋詩紀事》卷六。

7 劉子儀與夏英公同在翰林，子儀素爲先達。章獻臨朝時，子儀主文，在貢院，聞英公爲樞密副使，意頗不平，作《堠子詩》云：「空呈厚貌臨官道，大有人從捷逕過。」《温公續詩話》。《詩話總龜》前集卷四十四引《閒居詩話》。《堯山堂外紀》卷四十四。《堅瓠戊集》卷二。

8 劉子儀侍郎三入翰林，意望入兩府，頗不懌，詩云：「蟠桃三竊成何事，上盡鰲頭跡轉孤。」稱疾不出，朝士問候者繼至，詢之，云：「虚熱上攻。」石八中立在坐中，云：「只消一服清凉散。」意謂兩府始得用青涼傘也。《江鄰幾雜志》。《侯鯖録》卷三。《孔氏談苑》卷二。《詩話總龜》前集卷三十四。《堯山堂外紀》卷四十四。《宋稗類鈔》卷二。《宋詩紀事》卷六。參見石中立7、8。

9 天聖中，劉子儀《賀五王出閤啓》云：「芝函曉列，星飛降天上之書；棣萼晨趨，嶽立受日中之字。」皆隱用「五」字、「王」字也。《王公四六話》卷上。

10 見劉燁4。

11 劉子儀贈人詩云：「惠和官尚小，師達禄須干。」取柳下惠聖之和，師也達，而子張學干禄之事。或有除去「官」字示人曰：「此必番僧也，其名達禄須干。」聞者大笑。《中山詩話》。《宋朝事實類苑》卷六十五。《堯山堂外紀》卷四十四。

錢惟演

1　錢惟演作《樞密直學士題名記》，附麗丁謂，輒去寇準姓氏，云「逆準」。蔡齊嘗言于仁宗曰：「寇準社稷之臣，忠義聞於天下，豈可爲姦黨所誣哉！」遂令磨去。《清波雜志》卷八。

2　見丁謂28。

3　天聖三年，錢思公除中書門下平章事，錢希白爲學士當制。希白於思公，從父兄也。兄草弟麻，當時以爲盛事。建中靖國元年，曾子宣自樞府入相，子開適草制，本朝惟此二人而已。《石林燕語》卷七。

4　錢希白，惟演從兄也。惟演拜相，希白當制，世稱：「弟拜相，兄草麻，自古未有。」惟座主拜相，門生草麻，前代記之矣。《類説》卷二十二引《金坡遺事》。

5　錢僖公惟演自樞密使爲使相，而恨不得爲真宰，居常歎曰：「使我得於黄紙盡處押一箇字，足矣。」亦竟不登此位。《東軒筆録》卷二。《宋稗類鈔》卷二。

6　錢思公官兼將相，階、勳、品皆第一。自云：「平生不足者，不得於黄紙書名。」每以爲恨也。《歸田録》卷二。《宋朝事實類苑》卷十一。

7　錢文僖公惟演生貴家，而文雅樂善出天性。晚年以使相留守西京，時通判謝絳、掌書記尹洙、留府推官歐陽修，皆一時文士，游宴吟詠，未嘗不同。洛下多水竹奇花，凡園囿之勝，無不到者。有郭延卿者，居水南，少與張文定公、吕文穆公游，累舉不第，以文行稱於鄉閭。張、吕相繼作相，更薦之，得職官，然延卿亦未嘗出仕，葺幽亭，藝花卉，足迹不及城市，至是年八十餘矣。一日，文僖率僚屬往游，去其居一里外，即屏騎從，腰輿張蓋而訪之，不告以名氏。洛下士族多，過客衆，延卿未始出，蓋莫知其何人也。但欣然相接，道服對談而已。數公疎爽闓明，天下之選，延卿笑曰：「陋居罕有過從，而平日所接之人，亦無若數君者。老夫甚愜，願少留，對花小酌也。」於是以陶罇菓蔌而進，文僖愛其野逸，爲引滿不辭。既而吏報申牌，府史牙兵列庭中，延卿徐曰：「公等何官而從吏之多也？」尹洙指而告曰：「留守相公也。」延卿笑曰：「不圖相國肯顧野人。」遂相與大笑。又曰：「尚能飲否？」文僖欣然從之，又數盃。延卿之禮數盃盤，無少加於前，而談笑自若。日入辭去，延卿送之門，顧曰：「老病不能造謝，希勿訝也。」文僖登車，茫然自失。翌日，語僚屬曰：「此真隱者也，彼視富貴爲何等物耶？」歎息累日不止。《東軒筆録》卷三。《雲齋廣録》卷一。《宋朝事實類苑》卷四十二。《邵氏聞見録》卷八。《仕學規範》卷六。《何氏語林》卷二十。《昨非庵日纂》二集卷十九。《宋稗類鈔》卷二。

8 錢思公鎮洛，所辟僚屬盡一時俊彦。時河南以陪都之要，驛舍常闕，公大創一館，榜曰臨轅。既成，命謝希深、尹師魯、歐陽公三人者各撰一記，曰：「奉諸君三日期，後日攀請水榭小飲，希示及。」三子相掎角以成其文。文就出之相較，希深之文僅五百字，歐公之文五百餘字，獨師魯止用三百八十餘字而成，語簡事備，復典重有法。歐、謝二公縮袖曰：「止以師魯之作納丞相可也，吾二人者當匿之。」丞相果召，獨師魯獻文，二公辭以他事。思公曰：「何見忽之深，已礱三石奉候。」不得已俱納之。然歐公終未伏在師魯之下，獨載酒往之，通夕講摩。師魯曰：「大抵文字所忌者，格弱字冗。諸君文格誠高，然少未至者，格弱字冗爾。」永叔奮然持此説別作一記，更減師魯文廿字而成之，尤完粹有法。師魯謂人曰：「歐九真一日千里也。」思公兼將相之位，帥洛，止以賓友遇三子，創道服、筇杖各三。每府園文會，丞相則壽巾紫褐，三人者羽氅攜筇而從之。《湘山野録》卷中。《何氏語林》卷二十六。

9 天聖、明道中，錢文僖公自樞密留守西都，謝希深爲通判，歐陽永叔爲推官，尹師魯爲掌書記，梅聖俞爲主簿，皆天下之士，錢相遇之甚厚。一日，會於普明院，白樂天故宅也，有《唐九老畫像》，錢相與希深而下，亦畫其旁。因府第起雙桂樓，西城建閣臨圜驛，命永叔、師魯作記。永叔文先成，凡千餘言。師魯曰：「某止用五百字可記。」及成，永叔服其簡古。永叔自此始爲古文。錢相謂希深曰：「君輩臺閣禁從之選也，當用意史學，以所聞見擬之。」故有一書，謂之《都廳閑話》者，諸公之所著也。一時幕府之盛，天下稱之。《邵氏聞見録》卷八。

10 謝希深、歐陽永叔官洛陽時，同游嵩山。自潁陽歸，暮抵龍門香山。雪作，登石樓望都城，各有所懷。忽於煙靄中有策馬渡伊水來者，既至，乃錢相遣厨傳歌妓至。吏傳公言曰：「山行良勞，當少留龍門賞雪，府事簡，無遽歸也。」錢相遇諸公之厚類此。後錢相謫漢東，諸公送別至彭婆鎮，錢相置酒作長短句，俾妓歌之，甚悲。錢相泣下，諸公皆泣下。王沂公代爲留守，御吏如束濕，諸公俱不堪其憂。日訶其多出游，責曰：「公等自比寇萊公何如？寇萊公尚坐奢縱取禍貶死，況其下者！」希深而下不敢對，永叔取手板起立曰：「以脩論之，萊公之禍不在杯酒，在老不知退爾。」時沂公年已高，若爲之動。諸公偉之。《邵氏聞見録》卷八。《容齋五筆》卷九。《東山談苑》卷五。《何氏語林》卷二十四。《堯山堂外紀》卷四十八。案：責歐陽修等人乃王曙，見《續資治通鑑長編》卷一百一十四。

11〔歐陽文忠公〕爲西京留守推官，府尹錢思公、通判謝希深皆當世偉人，待公優異。公與尹師魯、梅聖俞、楊子聰、張太素、張堯夫、王幾道爲七友，以文章道義相切劘。率嘗賦詩飲酒，閒以談戲，相得尤樂。凡洛中山水園庭、塔廟佳處，莫不游覽。思公恐其廢職事，欲因微戒之。一日府會，語及寇萊公，思公曰：「諸君知萊公所以取禍否？由晚節奢縱、宴飲過度耳。」文忠遽曰：「宴飲小過，不足以招禍。萊公之責，由老不知退爾。」坐客爲之聳然，時思公年已七十。《澠水燕談録》卷四。

12歐陽公爲西京留守推官，事錢思公。一日，群游嵩山，取潁陽路歸。暮抵龍門，雪作。登石樓，望都城次，忽煙靄中有車馬渡伊水者。既至，乃思公遣厨傳歌妓，且致俾從容勝賞毋遽歸之意。思公既貶漢東，王文康公晦叔爲代。一日，訶幕客多游，責曰：「君等自比寇萊公何如？萊公尚坐奢縱取禍！」衆不敢對，歐公取手板起立曰：「以某論之，萊公之禍，不在杯酒，在老不知退爾。」四座偉之。是時文康年已高，爲之動。《清波雜志》卷九。《宋稗類鈔》卷一。

13天聖中，錢文僖留守西都，而應天院有三聖御像，去府僅十里，朔望集衆官朝拜，未曉而往，朝拜畢，三杯而退。文僖戲爲句曰：「正好睡時行十里，不交談處飲三杯。」又有人送驢肉，復曰：「廳前捉到須依法，合内盛來定付厨。」《春明退朝録》卷中。《宋朝事實類苑》卷六十三。

14錢文僖公留守西洛，嘗對竹思鶴，寄李和文公詩云：「瘦玉蕭蕭伊水頭，風宜清夜露宜秋。更教仙驥傍邊立，盡是人間第一流。」其風致如此。淮寧府城上莎，猶是公所植。公在鎮，每宴客，命廳籍分行剗襪，步于莎上，傳唱《踏莎行》。一時勝事，至今稱之。《能改齋漫録》卷十一。《宋稗類鈔》卷四。

15 錢思公雖生長富貴，而少所嗜好。在西洛時，嘗語僚屬言：「平生惟好讀書，坐則讀經史，臥則讀小説，上廁則閲小辭，蓋未嘗頃刻釋卷也。」《歸田録》卷二。《宋朝事實類苑》卷十。《宋稗類鈔》卷五。

16 錢惟演作留守，始置驛貢洛花，有識鄙之。《仇池筆記》卷上。

17 見晏殊13。

18 錢思公生長富貴，而性儉約，閨門用度，爲法甚謹。子弟輩非時不能輒取一錢。公有一珊瑚筆格，平生尤所珍惜，常置之几案。子弟有欲錢者，輒竊而藏之，公即悵然自失，乃牓于家庭，以錢十千贖之。居一二日，子弟佯爲求得以獻，公欣然以十千賜之。他日有欲錢者，又竊去。一歲中率五、七如此，公終不悟也。《歸田録》卷一。《宋朝事實類苑》卷十一。《宋稗類鈔》卷八。

19 盛度，錢氏婿，而不喜惟演，蓋邪正不相入也。惟演建言二后並配，御史中丞范諷發其姦，落平章事，以節度使知隨州。時度幾七十，爲知制誥，責詞云：「三星之媾，多戚里之家；百兩所迎，皆權要之子。」蓋惟演之姑嫁劉氏，而其子娶於丁謂也。《東坡志林》卷二。

20 時大臣爲樞相，以非辜降節度使，謫漢東。會禁林主誥者素爲深仇，貶語云：「公侯之家，鮮克稟訓；茅土之後，多或墜宗。」具官某亡國之衰緒，孽臣之累姻。」時冢宰謂典誥曰：「萬選公其貶語太酷。」禁林曰：「當留數句，以俟後命。」太宰笑曰：「尚未逞憾乎？」《湘山野録》卷上。

21 見劉后5。

22 錢思公謫居漢東日，撰一曲曰：「城上風光鶯語亂，城下煙波春拍岸。緑楊芳草幾時休，淚眼愁腸先已斷。情懷漸變成衰晚，鸞鑑朱顔驚暗换。昔年多病厭芳樽，今日芳樽惟恐淺。」每歌之，酒闌則垂涕。時後閣尚有故國一白髮姬，乃鄧王俶歌鬟驚鴻者也，曰：「吾憶先王將薨，預戒挽鐸中歌《木蘭花》引紼爲送，今相公其將亡乎？」果薨於隋。鄧王舊曲亦有「帝卿煙雨鎖春愁，故國山川空淚眼」之句，頗相類。《湘山野録》卷上。《宋稗類鈔》卷六。

23 錢文僖惟演嘗纂書，名《逢辰録》，排日盡書其父子承恩榮遇及朝廷盛典，極爲詳盡。《揮塵後録》卷一。《茶香室三鈔》卷十二。

錢昆

1 國朝自下湖南，始置諸州通判，既非副貳，又非屬官。故嘗與知州争權，每云：「我是監郡，朝廷使我監汝。」舉動爲其所制。太祖聞而患之，下詔書戒勵，使與長吏協和……至此遂稍稍戢。然至今州郡往往與通判不和。往時有錢昆少卿者，家世餘杭人也，杭人嗜蟹，昆嘗求補外郡，人問其所欲何州，昆曰：「但得有螃蟹無通判處，則可矣。」至今士人以爲口實。《歸田録》卷二。

錢易

1 見宋太宗28。

2 咸平元年，開封發解以高輔堯爲首，錢易次之。易有時名，不得魁薦，頗不平之，上書言試題，語涉一人爲首，乃以孫暨爲第一，輔堯次之，易第三，餘如舊。《澠水燕談録》卷六。《宋朝事實類苑》卷三十。

上命錢若水覆考。既而上以爲士人争進，幾不可長，止令擢文行兼著者譏諷。輔堯亦請以解頭讓易。

3 太宗錢易内翰賢良登第，子彦、明逸連捷大用。明逸有奏云：「兩朝之間相繼者父子，十年之内並進者弟兄。」時人榮之。《青瑣高議》後集卷八。案：彦，據史傳當爲「彦遠」。

4 錢易希白，子彦遠字子高，明逸字子飛，俱以賢良登科。族人藻醇老既應説書進士，俱中第，又應中大科。熊伯通以啓賀藻知制誥曰：「七年三第，閱賢良文學之科；一門四人，襄潤色討論之職。」四人謂易、惟演、明逸及藻也。《王公四六話》卷上。

5 見錢惟演 3。

晁迥

1 晁文元公迥，少聞方士之術，凡人耳有靈響，目有神光。其後聽於静中，若鈴聲遠聞。耆年之後，愈覺清徹。公名之曰三妙音：一曰幽泉漱玉，二曰清聲摇空，三曰秋蟬曳緒。《澠水燕談録》卷二。《何氏語林》卷二十三。《宋稗類鈔》卷七。

2 晁文元公天資純至，年過四十登第，始娶，前此未嘗知世事也。初學道於劉海蟾，得煉氣服形之法；後學釋氏，嘗以二教相參，終身力行之。既老，居昭德坊里第。又於前爲道院，名其所居堂曰「凝寂」，燕坐蕭然，雖子弟見有時。《石林燕語》卷十。

3 祥符中，天書降，有旨云：「可示晁迥。」迥云：「臣讀世間書，識字有數，豈能識天上書！」定陵屢欲用爲宰執，用事者忌之而止。迥即文元公也。《曲洧舊聞》卷一。

4 大中祥符元年冬，行升中之禮，駐蹕岱宗。晁迥當草赦書之詞，例先進呈裁定。准舊儀，學士當直日，或遇宣召，即繫鞋以赴，上戴帽子見之。迥自忖度，今皇上以封祀大禮，方在致齋之中，必加嚴肅，不同常時，乃盛服秉笏造行宮門。有中使入奏，俄出報云：「上適問之，聞學士穿執，遽起入内矣，可止此祇伺。」暨中使復入，迥佇立移晷，中使來召，引至幄次，而上已改御巾幘而坐。起居訖，升詣帝所，望之儼然，即之也温，進呈詞藁，省覽稱善，怡顔撫問，有加常等。既而賜坐，令飲茶而退。《宋朝事實類苑》卷七引《金坡遺事》。

5 大中祥符、天禧之間，迥當宿直，方甲夜，奉召赴内東門，上御面東閣子坐。起居訖，升進次，宣索坐物，執事者疊青墩於御坐之東北隅，方命坐，而上語及，遽起側立以聽焉。示諭令草詔，恭受宸旨畢，命復坐，飲茶而退。卻行纔踰閾，上宣言曰：「將蠟燭與學士照路。」俄有中使就御前拔取列置密炬之一，其圍徑甚大，中使執之前引，出内東門，付於本院引接人吏。《宋朝事實類苑》卷七引《金坡遺事》。

6 大中祥符、天禧之間，暮春之月，閤門傳宣布告，令赴池苑游宴之會。法從既集，俄而陰雲興，密雨降，有詔罷後苑之游。上賜宴飲，上御承明殿，面北而坐，預侍坐者翼列如儀。既而執事之臣，捧金盤進名花，有牡丹重沓千房者，并諸奇花，首置御坐前，餘皆散布諸臣彫俎之上。内臣先供奉至尊，戴御花，以及親賢宰執亦如之，以次諸臣，皆自戴焉。上忽乃眷西顧，宣言曰：「與學士戴花。」俄有中使數人遽至，與迥及一二同僚戴之，觀者無不竦動也。《宋朝事實類苑》卷七引《金坡遺事》。

7　晁文元公迥在翰林，以文章德行爲仁宗所優異，帝以君子長者稱之。天禧初，因草詔得對，命坐賜茶，既退，已昏夕，真宗顧左右取燭與學士，中使就御前取燭，執以前導之，出内門，傳付從使。後曲燕宜春殿，出牡丹百餘盤，千葉者纔十餘朶，所賜止親王、宰臣，真宗顧文元及錢文僖，各賜一朶。又常侍宴，賜禁中名花。故事，惟親王、宰臣即中使爲插花，餘皆自戴。上忽顧公，令内侍爲戴花，觀者榮之。《澠水燕談録》卷一。

8　吕申公爲相，有長者忠厚之行，故其福禄子孫，爲本朝冠族。嘗因知制誥有闕，進擬晁宗慤。仁宗曰：「無甚文名。」命别擬人。申公曰：「臣之所見或異於是。今内外之臣，文字在宗慤之上固多，但宗慤父迥年逾八十，受先朝尊禮。若使其生見子爲侍從，且父子世掌絲綸，尤爲盛事。迥必重感戴，足以惇聖朝孝悌之風。」上許之，即降旨召試。是日，亟命至中書。迥方熟睡，不暇白知也。既畢還家，而迥老病卧于牀上，注目以待宗慤之歸，問：「今日來何晏也？」宗慤具白：「召試畢方歸，故不暇白大人也。」問：「試得意否？」宗慤曰：「甚得意也。」迥大喜，遽下牀扶行，失病所在。蓋久病卧於牀，因喜其子召試而忘其疾也。宗慤在詞掖久之，父子每同錫燕，縉紳榮之。宋綬云：「自唐以來，惟楊於陵身見其子嗣復繼掌書命，至是有晁氏焉。」《默記》卷上。

9　晁太傅迥謝事燕居，獨處道院，不治他務，戒家人無輒有請，惟二饍以時而進。既畢即徹，若祭享然。子宗慤擢正字，易章服詣謝，公亦不顧。其夫人嘗密覘之，但見瞑目端坐，鬚髮摇風，凝然若木偶。《晁氏客語》。

10 晁文元迥嘗云：「陸象先有『天下本無事，祇是庸人擾之，始爲煩耳。』吾亦曰：『心間本無事，率由妄念擾之，始爲煩耳。』」《石林燕語》卷十。

11 文靖丈事晁文元，而晁文莊丈事文靖，諸家事契，無如二家之深。後晁丈説之以道事滎陽公，如親子姪。《東萊吕紫微師友雜志》。

12 晁太傅迥前身是静居天主。《樂善録》卷七。《古事比》卷十一。

晁宗慤

1 見晁迥8。

2 見丁度3。

姚　鉉

1 太宗留意藝文，好篇詠。淳化中，春日苑中有賞花釣魚小宴，宰相至三館畢預坐，咸從賦詩，中字爲韻，上覽以第優劣。時姚鉉先成，曰：「上苑煙花迥不同，漢皇何必幸回中。花枝冷濺昭陽雨，釣線斜牽太液風。綺萼惹衣朱檻近，錦鱗隨手玉波空。小臣侍宴驚凡目，知是蓬萊第幾宫。」賜白金百兩。時輩榮之，以比奪袍賜花等故事。《詩話總龜》前集卷四。《宋詩紀事》卷四。

2　姚鉉責居連州，嘗寫所著《文粹》一百卷，好事者於縣樓貯之。官屬多遣吏寫録。吏寫爲苦，以鹽水噀之，冀其速壞。後縱火焚樓。《類説》卷十九引《見聞録》。

3　見夏竦7。

穆修

1　穆修，字伯長，汶陽人。後居蔡州，師事〔陳〕圖南。少豪放，性褊少合，多游京洛間，人嘗書其句於禁中壁間。真宗見之，深加賞歎，問侍臣曰："此爲誰詩？"或以穆修對，上曰："有文如此，公卿何以不薦？"丁晉公在側曰："此人行不逮文。"由是上不復問。蓋伯長與晉公有布衣舊。晉公赴夔漕，伯長猶未仕，相遇漢上。晉公意欲伯長先致禮，伯長竟不一揖而去。晉公銜之，由是短於上前。後晉公貶朱崖，徙道州，公有詩云："却謗有虞刑政失，四凶何事不量移。"可見其不相善也。《宋名臣言行録》前集卷十引《易學辨惑》。《何氏語林》卷二十九。《宋稗類鈔》卷二。

2　張文節守亳，亳之士豪者作佛廟。文節使以騎召先生作記。記成，竟不竄士名。士以白金五斤遺之，曰："枉先生之文，願以此爲壽。"又使周旋者曰："士所以遺者，乞載名于石，圖不朽耳。"既而亟召士讓之，投金庭下，遂俶裝去。郡士謝之，終不受。常語人曰："寧區區糊口爲旅人，終不爲匪人辱吾文也。"《蘇學士集》卷十五《哀穆先生文》。《名賢氏族言行類稿》卷四十九。《何氏語林》卷十三。《宋稗類鈔》卷二。

3〔穆修〕性褊訐少合，初任海州參軍，以氣陵通判，遂爲捃摭削籍，繫池州，其集中有《秋浦會遇》詩，自敘甚詳。後遇赦釋放，流落江外，賦命窮薄，稍得錢帛，即遇盜，或卧病，費竭然後已。是故衣食不能給。晚年得《柳宗元集》，募工鏤板，印數百帙，攜入京相國寺，設肆鬻之。有儒生數輩至其肆，未評價直，先展揭披閱，修就手奪取，瞑目謂曰：「汝輩能讀一篇，不失句讀，吾當以一部贈汝。」其忤物如此，自是經年不售一部。《東軒筆録》卷三。《楊文公談苑》。《東都事略》卷一百十三。《宋名臣言行録》前集卷十引《易學辨惑》。《宋詩紀事》卷九。

4穆修伯長在本朝爲初好學古文者，始得韓、柳善本，大喜，自序云：「天既饜我以韓，而又飫我以柳，謂天不予饗，過矣。」欲二家文集行於世，乃自鏤板，鬻於相國寺。性伉直，不容物，有士人來，酬價不相當，輒語之曰：「但讀得成句，便以一部相贈。」或怪之，即正色曰：「誠如此，修豈欺人者？」士人知其伯長也，皆引去。《曲洧舊聞》卷四。

5往歲士人，多尚對偶爲文。穆修、張景輩始爲平文，當時謂之古文。穆、張嘗同造朝，待旦於東華門外。方論文次，適見有奔馬踐死一犬，二人各記其事，以較工拙。穆修曰：「馬逸，有黃犬遇蹄而斃。」張景曰：「有犬死奔馬之下。」時文體新變，二人之語皆拙澁，當時已謂之工，傳之至今。《夢溪筆談》卷十四。《墨客揮犀》卷二。《宋稗類鈔》卷五。

狄遵度

1狄遵度，字元規，樞密直學士棐之子，敏慧夙成。當楊文公崑體盛行，乃獨爲古文章，慕杜子美、韓退之之句法。一夕，夢子美自誦其逸詩數十章，既覺，猶記其兩句云：「夜卧北斗寒掛枕，木落霜拱雁連天。」因書其後曰：「子美存耶？果亡耶？其肯爲余來耶？嘿誦人未知之者，俾予知耶？觀其詞，蓋非他人所能爲，真子美無疑矣。」遵度因足成其詩，號《佳城篇》。不幸年二十，爲襄城簿而卒。詩云：「佳城鬱鬱頽寒煙，孤雛乳兔號荒阡。夜卧北斗寒掛枕，木落霜拱雁連天。浮雲西去伴落日，行客東盡隨長川。乾坤未死吾尚在，肯與蟪蛄論大年。」《侯鯖録》卷二。《夢溪續筆談》。《宋詩紀事》卷十。

2 狄遵度幼而聰慧。弱冠爲文，詞氣豪邁，有韓、柳之風。其爲歌詩，每以子美爲法。既而友人有往湘中者，乃爲文，使之耒陽，弔子美之墳。數日，忽夢子美與之反覆諷誦其平生所爲詩十餘篇，皆世所未聞者。及覺，彷彿可記，纔十餘字。《宋詩紀事》卷十引《遯齋閒覽》。

許　洞

1 有進士許洞者，善爲詞章，俊逸之士也。因會諸詩僧分題，出一紙，約曰：「不得犯此一字。」其字乃山、水、風、雲、竹、石、花、草、雪、霜、星、月、禽、鳥之類，于是諸僧皆閣筆。洞，咸平三年進士及第，時無名子嘲曰「張康渾裹馬，許洞鬧裝妻」者是也。《六一詩話》。《宋朝事實類苑》卷六十三。《堯山堂外紀》卷四十三。《宋詩紀事》卷七。

2 許洞，太子洗馬仲容之子，登咸平三年進士第。平生以文章自負，所著詩篇甚多，當世皆知其名，歐陽文忠公嘗稱其爲俊逸之士。所居惟植一竹，以表特立之操，吴人至今稱之曰：「許洞門前一竿竹。」

《中吴紀聞》卷一。

3 〔許洞〕爲雄武軍推官，詣府白事，有倅踞坐不起。即移書責知州馬知節。知節怒，劾之，除名。歸吴，所居常植一竹，以表特操。吴人至今詠之曰：「許洞門前一竿竹。」日以酣飲，嘗從民坊貰酒，大有所負。一日，忽書壁作酒歌數百言，人争往觀，其酤數倍。《吴郡志》卷二十五。《宋詩紀事》卷七。

4 許洞以文詞稱於吴，尤邃《左氏春秋》。嗜酒，嘗從酒家貸飲。一日，大寫壁作歌數百言，鄉人競來觀之，售數倍，乃盡捐其所負。《吴郡圖經續記》卷下。《宋詩紀事》卷七。

張在

1 青州布衣張在，少能文，尤精於詩，奇蹇不遇，老死場屋。嘗題龍興寺老柏院詩云：「南鄰北舍牡丹開，年少尋芳日幾回。惟有君家老柏樹，春風來似不曾來。」大爲人傳誦。文潞公皇祐中鎮青，詣老柏院，訪在所題，字已漫滅。公惜其不傳，爲大字書於西廊之壁。後三十餘年，當元豐癸亥，東平畢仲甫將叔見公於洛下，公誦其詩，囑畢往觀。畢至青，訪其故處，壁已圮毁，不可得，爲刻于天宫石柱，又刊其故所題之處。《澠水燕談録》卷七。《宋朝事實類苑》卷三十四。《西溪叢語》卷上。《宋詩紀事》卷三。

鮑當

1 鮑當善爲詩，景德二年進士及第，爲河南府法曹。薛尚書映知府，當失其意，初甚怒之，當獻《孤雁詩》云：「天寒稻粱少，萬里孤難進。不惜充君庖，爲帶邊城信。」薛大嗟賞，自是游宴無不預焉，不復以掾屬待之。時人謂之「鮑孤雁」。薛嘗暑月詣其廨舍，當方露頂，狼狽入，易服，把板而出，忘其幞頭。薛嚴重，左右莫敢言者。坐久之，月上，當顧見髮影，大慚，以公服袖掩頭而走。《温公續詩話》。《堯山堂外紀》卷四十四。《宋詩紀事》卷七。

2 詩人鮑郎中當知睦州日，嘗言桐廬縣一民兼并刻剥，閭里怨之，盡詛曰：「死則必爲牛。」一旦死，果鄰村産一白牛，腹旁分明題其鄉社、名姓。牛主潛報兼并之子，亟往窺之，既果然，亦悲恨無計。又恐其事之暴，欲以價求之。其民須得百千方售，其孤亦如數贈之。既得之，遂豢於家。未幾，一針筆者持金十千首於郡曰：「某民令我刺字於白牛腹下，約得金均分，今實不均，故首之。」吏鞫刺時之事。曰：「以快刀剃去氄毛，以針墨刺字，毛起，則宛如天生。」鮑深嫉之，黥二姦，竄於島。《湘山野録》卷中。

3 鮑當有《清風集》行於世，時號「鮑清風」。嘗以《孤雁》詩上一鉅公，亟稱之，故又號「鮑孤雁」。又有《貧女吟》云：「貧女臨水妝，徘徊波不定。豈敢怨春風，自無臺上鏡。」深有古意。幸不遇賞音，使有所遇，又將爲「鮑貧女」耶？《觀林詩話》。

4 先子既老，迤邐還浙。予偶至杭，創小圃在清波門外，去城十里許，稍加葺治，迎侍來居二年，而先子捐館。後因閱遺稿，見先子未第時，有《贈吴興朱臨詩》，斷章云：「安得斷茅環堵地，漁樵終老繼清風。」初以謂先子慕朱早退，故有是句也。緒與前輩語，方知是圃乃鮑當郎中故居。鮑有詩編名曰《清風集》，時號「鮑清風」。《泊宅编》三卷本卷上。《宋詩紀事》卷七。

任玠

1 蜀人任玠温如，晚寓寧州府宅，一夕，夢一山叟貽詩曰：「故國路遥歸去來。」玠和之曰：「春風天遠望不盡。」既覺，自笑曰：「吾其死乎！」數日，不病而逝。《澠水燕談録》卷六。

郭震

1 文潞公説，頃年進士郭震、任介皆西蜀豪逸之士。一日，郭致簡於任曰：「來日請飡皛飯。」任不曉厥旨，但如約以往。將日中，方具糲飯一盂，蘆菔、鹽各一盤，餘更別無物。任曰：「何者爲皛飯？」郭曰：「飯白，蘆菔白，鹽白，豈不是皛飯？」任更不復校，强勉食之而退。任一日復致簡於郭曰：「來日請飡毳飯。」郭亦不曉厥旨，亦如約以往。迨過日中，迄無一物，郭問之，任答曰：「昨日已曾上聞。」郭曰：「何也？」任曰：「飰也毛，蘆菔也毛，鹽也毛，只此便是毳飯。」郭大噱而退。蜀人至今爲口談。《宋朝事實類苑》卷六十七引《魏王語録》。《群書類編故事》卷十六。參見蘇軾201。

2 〔郭震〕才識過人，淳化中嘗出東郊，忽賦詩曰：「今日出東郊，東郊好春色。青青原上草，莫放征馬食。」遂走京師，上書言蜀將亂，不報。已而李順起於邛僰。《東都事略》卷一百十八。

王　奇

1　王奇少爲縣掾史，令題《雁》詩「隻隻啣蘆背曉霜，晝隨鴛鷺立寒塘」一聯于屏風。奇密續後二句：「晚來漁棹驚飛去，書破遥天字一行。」令奇之，因激使學。後游京師，居李文靖沆客位。真宗臨奠，見屏間《秋興》詩：「澤國來游豈厭重，羈孤懷感自無窮。雁聲不到歌樓上，秋色偏欺客路中。宿寺夢回蓮葉雨，渡江衣冷荻花風。誰憐未得青雲志，琴劍年年西復東。」召對稱旨，特許殿試，賜第。奇作詩云：「不拜春官爲座主，親逢天子作門生。」《宋詩紀事》卷九引《贛州府志》。《堅瓠甲集》卷二。

張　維

1　張維者，蜀人也，爲沙門，後反初。尤善王書，絶得懷素之骨，世鮮能及之。王嗣宗曾薦於今上，召試御書院。維自負其能，少肯降屈，入院内，環視諸人所書，不覺微哂，衆怒，非排之，止得隸秘閣，爲楷書，不就。景德末，扈駕謁陵，還經鄭州，從幸開元寺，觀新塔，僧前揖言：「聞公深信内典，願爲之碑。」因諾之。後爲撰碑，維爲書，真一時之絶也。維貧薄甚，後寄死人家。《楊文公談苑》。《宋朝事實類苑》卷五十。

武宗元

1　武宗元，真廟朝比部員外郎也，畫手妙一時。中嶽告成，召宗元圖羽儀於壁，以名手十餘人從行。既至，武獨占東壁，遣群工居西，幕以幃帳。群工規模未定，武乃畫一長脚幞頭執撾者在前。諸人愕然，且怪笑之，問曰：「比部以上命至，乃畫此一人，何耶？」武曰：「非爾所知。」既而武畫先畢。其間羅列森布，大小臣僚，下至厮役，貴賤行止，各當其分，幾欲飛動。諸人始大服。《過庭録》。

《圖畫見聞志》卷三。《宋稗類鈔》卷八。

宋迪

1 度支員外郎宋迪工畫，尤善爲平遠山水，其得意者，有《平沙雁落》、《遠浦帆歸》、《山市晴嵐》、《江天暮雪》、《洞庭秋月》、《瀟湘夜雨》、《煙寺晚鐘》、《漁村落照》，謂之八景，好事者多傳之。往歲小窑村陳用之善畫。迪見其畫山水，謂用之曰：「汝畫信工，但少天趣。」用之深伏其言，曰：「常患其不及古人者，正在於此。」迪曰：「此不難耳。汝當先求一敗牆，張絹素訖，倚之敗牆之上，朝夕觀之。觀之既久，隔素見敗牆之上，高平曲折，皆成山水之象，心存目想，高者爲山，下者爲水，坎者爲谷，缺者爲澗，顯者爲近，晦者爲遠，神領意造，恍然見其有人禽草木飛動往來之象，了然在目，則隨意命筆，默以神會，自然境皆天就，不類人爲，是謂活筆。」用之自此畫格日進。《夢溪筆談》卷十七。《宋朝事實類苑》卷五十二。《續墨客揮犀》卷一。

翟院深

1 翟院深，營丘伶人，師李成山水，頗得其體。一日，府宴張樂，院深擊鼓爲節，忽停撾仰望，鼓聲不續。左右驚愕，太守召問之，對曰：「適樂作次，有孤雲横飛，淡佇可愛。意欲圖寫，凝思久之，不知鼓聲之失節也。」太守笑而釋之。《澠水燕談録》卷七。《宋朝事實類苑》卷五十一。《圖畫見聞志》卷四。《宣和畫譜》卷十一。《圖繪寶鑑》卷三。《宋稗類鈔》卷八。

种放

1 明清家昔有盧載《范陽家志》一書，叙其祖多遜行事之詳。……多遜門下士有种英、蘇冠者，平生最器重之。得罪之後，賓客雲散，獨英、冠二人徒步送抵天涯而還。英後易名放，即明逸。冠易名易簡，魁天下，爲參知政事。《玉照新志》卷一。《東山談苑》卷三。案：據史傳，种放、蘇易簡皆無此事，此條顯誤，姑且録之。

2 种放明逸，少舉進士不第，希夷先生謂之曰：「此去逢豹則止，他日當出于衆人。」初莫諭其意，故放隱于南山豹林谷，真宗召見，寵待非常，拜工部侍郎，皆符其言。《澠水燕談録》卷四。《宋朝事實類苑》卷四十二。

3 种隱君少時與弟汶往拜陳希夷摶，陳宿戒厨僕來日有二客，一客膳於廊。纔旦果至，惟邀放升堂，殷勤眤睨，以一絶贈之，曰：「鑑中有客白髭多，鑑外先生識也麽。只少六年年六十，此中陰德莫蹉跎。」种都不之曉，但屈指以三語授之曰：「子貴爲帝友，而無科名，晚爲權貴所陷。」种又乞素履之術。陳曰：「子若寡欲，可滿其數。」种因而不娶不媵，壽六十一。《湘山野録》卷上。《宋朝事實類苑》卷四十二。《新編分門古今類事》卷十。

4 种先生放，字明逸，隱居終南山豹林谷。聞華山陳希夷先生之風，往見之。希夷先生一日令灑掃庭除，曰：「當有嘉客至。」明逸作樵夫拜庭下，希夷挽之而上曰：「君豈樵者？二十年後當爲顯官，名聲聞於天下。」明逸曰：「某以道義來，官禄非所問也。」希夷笑曰：「人之貴賤莫不有命，貴者不可爲賤，亦猶賤者不可爲貴也。君骨相當爾，雖晦迹山林，恐竟不能安，異日自知之。」後明逸在真廟朝以司諫赴召。帝攜其手，登龍圖閣，論天下事，蓋眷遇如此。《邵氏聞見録》卷七。《東軒筆録》卷二。《東都事略》卷一百十八。《宋名臣言行録》前集卷十。《名賢氏族言行類稿》卷一。《古今事文類聚》前集卷三十九。《群書類編故事》卷十四。

5 見陳搏39。

6 〔陳搏〕有高識，嘗戒門人种放曰：「子他日遭逢明主，不假進取，迹動天闕，名馳寰海。名者，古今之美器，造物者深忌之。天地間無完名，子名將起，必有物敗之。戒之。」放至晚節，侈飾過度，營産滿雍、鎬間，門人戚屬以怙勢强併，歲入益厚，遂喪清節，時議凌忽。王嗣宗守京兆，乘醉慢駡，條奏於朝，會赦方止。《玉壺清話》卷八。《宋朝事實類苑》卷四十一。《宋名臣言行録》前集卷十。

7 希夷爲明逸卜上世葬地於豹林谷下，不定穴。既葬，希夷見之，言地固佳，安穴稍後，世世當出名將。明逸不娶，無子，自其姪世衡至今，爲將帥有聲。《邵氏聞見録》卷七。《宋名臣言行録》前集卷十。《貴耳集》卷中。

8 种放隱終南山，至老不娶，養母，非力耕之粒不饋，四方從學者幾百人，由此被召。《國老談苑》卷二。《類説》卷四十五引《聖宋掇遺》。

9 〔种放〕太宗時召之不起。母死，水漿不入口者三日，廬於墓側。張齊賢言，放隱居求志孝友之行，可勵風俗。《名賢氏族言行類稿》卷一。

10〔种放〕與母隱終南山豹林谷，結草茅爲廬，以講習爲業，後生多從之學問，得其束脩以自給。著書十卷，人多傳寫之。工爲歌詩，亦播人口。宋維翰爲陜西轉運使，表薦之，太宗令本州給裝錢三萬，遣赴闕，量其才收用。放詣府受金，治行。素與張賀善，賀適自秦州從事公累免官，居京兆。放詣賀謀其事，賀曰：「君今赴召，不過得一簿尉耳。不如稱疾，俟再召而往，當得好官。」放然之，即託賀爲奏草，稱疾。太宗曰：「此山野之人，亦安用之？」令本府歲時存問，不復召。其母甚賢，聞有朝命，恚曰：「常勸汝勿聚徒講學。身既隱矣，何用文爲？果爲人知，而不得安處，我將棄汝，深入窮山矣。」放既辭疾，母悉取其筆硯焚之，與放轉詣窮僻，人迹罕至。後母卒，無以葬，遣僮奴持書于錢若水、宋湜。若水、湜同上言，以爲先朝嘗加召命，今貧不能葬其母，欲以私覿，是掠朝廷之美。詔京兆府賜錢三萬、帛三十疋、粟三十石。咸平末，張齊賢知京兆府，表薦，召爲左司諫，直昭文館，賜五品服。《楊文公談苑》。《宋朝事實類苑》卷四十二。

11 太平興國中，李繼遷以西夏叛，朝廷興師剪伐，迨十年餘。至咸平末，猖獗愈盛，寇陷邊境。章聖以西民疲于輸挽，有厭兵之意，而無名以罷師伐。議者益紛紜未決。事固秘密，未聞于外。處士种放山中有詩云：「胡雛負恩信，聖主恥干戈。」章聖聞之歎美，且愜素志，即遣使賚詔召至，授左司諫，直昭文館。會景德初，邊臣奏李繼遷死，其子阿移，即德明也，願納款，遂罷兵。《詩話總龜》前集卷一引《志逸》。

《澄懷録》卷上。《昨非庵日纂》二集卷十九。

12 真宗初，詔种隱君放至闕，以敷對稱旨。日既高，中人送中書膳，諸相皆盛服俟其來，种隱君韋布，止長揖而已。楊大年聞之頗不平，以詩嘲曰：「不把一言裨萬乘，秪叉雙手揖三公。」上聞之，獨召楊曰：「知卿有詩戲种某。」楊汗浹股慄，不敢匿避。又曰：「卿安知無一言裨朕乎？」出一皂囊，内有十軸，乃放所奏之書也。其書曰《十議》，所謂議道、議德、議仁、議義、議兵、議刑、議政、議賦、議安、議危。俾大年觀之，從容奏曰：「臣當翊日負荆謝之。」《湘山野録》卷上。《宋朝事實類苑》卷四十二。《孔氏談苑》卷四。

13 真宗優禮种放，近世少比。一日，登龍圖閣，放從行，真宗垂手援放以上，顧近臣曰：「昔明皇優李白，御手調羹，今朕以手援放登閣，厚賢之禮，無愧前代矣。」故蔣永叔《薦放姪孫謙》云：「放早以逸民被遇，章聖有握手登樓之睠。」《澠水燕談録》卷四。《宋朝事實類苑》卷七。

14 种放隱終南山，召拜起居舍人，賜告西歸。有一高士，隱居三世，以野蔌一盤、詩一篇贈放云：「接得山人號舍人，朱衣前引到蓬門。莫嫌野菜無多味，我是三追處士孫。」《文昌雜録》卷四。《逸老堂詩話》卷下。

15 种放以諫議大夫還山，真宗命宴餞於龍圖閣，群臣賦詩以贈行。杜鎬學士獨跪上前，誦《北山移文》，音句鏘越。一坐盡傾，上尤善之。《國老談苑》卷二。

16 章聖朝，种明逸抗疏辭歸終南舊隱。上命設宴禁中，令廷臣賦詩以寵其行。獨翰林學士杜鎬辭以素不習詩，誦《北山移文》一遍。明逸不懌，云：「野人焉知大丈夫之出處哉？」《玉照新志》卷一。

17 景德中，种放賜號先生，暫還嵩山，真宗置酒資政殿餞放，侍臣當直者四人預。時所司不宿具，皆相顧不敢坐，上乃親定位次：翰林學士晁迥西向；資政殿學士王欽若東向；知制誥朱巽西向，次迥；待制戚綸東向，次欽若；放北面對上，特示客禮。酒半，上賦七言詩一章賜放和，侍臣皆賦，士大夫榮之。《澠水燕談録》卷四。《宋朝事實類苑》卷四十二。

18見王嗣宗7、8。

19真宗祀汾陰還，駐蹕華陰，因登亭望蓮花峯，忽憶种放居是山，亟令中貴人裴愈召之。時放稱疾不應召，上笑而止，因問愈曰：「放在家何爲耶？」愈對曰：「臣到放所居時，會放在草廳中看畫水牛二軸。」上顧謂侍臣曰：「此高尚之士怡性之物也。」遂按行在所見扈從圖軸，得四十餘卷，盡令愈往賜之。《圖畫見聞志》卷六。

20真宗西祀回蹕，次河中，時長安父老三千人具表詣行在乞臨幸，且稱「漢、唐舊都，關河雄固，神祇人民無不望天光之下臨也」。上意未果，召种司諫放以決之。時种持兄喪於家，既至，真廟擕之登鸛鵲樓，與決雍都之幸。种懇奏曰：「大駕此幸有不便者三：陛下方以孝治天下，翻事秦、漢，侈心封禪郡嶽，而更臨游別都，久抛宗廟，於孝爲闕，此其不便一。其百司供擬頓仗事繁，晚春蠶麥已登，深費農務，此不便二。精兵重臣扈從車蹕，京國一空，民心無依，況九廟乎？此陛下深宜念之，乃其三也。」上玉色悚然，曰：「臣僚無一語及此者。」放曰：「近臣但願扈清蹕、行曠典、文頌聲，以邀己名，此陛下當自寤於清衷也。」翊日，傳召鑾輿還闕，臨遣，雍人所幸宜不允。真宗便欲邀放從駕至京，放乞還家林，上曰：「非久必當召卿。」《湘山野録》卷上。

21种司諫既以三不便之奏諫真宗長安之幸，惟大臣深忌之，必知車輅還闕不久須召，先布所陷之基，使其里舊雷有終諷之曰：「非久朝旨必召，明逸慎勿輕起，當自存隱節。」徐宜特削一奏請覲，以問鑾駕還闕之良苦，乃君臣之厚誠也。」种深然之。上還京，已渴佇與執政議召种之事，大臣奏曰：「种某必辭免。乞陛下記臣語，久而不召，往往自乞覲。」試召之，詔下果不至，辭曰：「臣父幼亡，伯氏鞠育，誓持三年之喪，以報其德，止有數月，乞終其制。」上已微惑。後半年，知河陽孫奭果奏入，具言种某乞詣闕請覲。上大駭，召執政曰：「率如卿料，何邪？」大臣曰：「臣素知放之所爲，彼視山林若桎梏，蓋强隱節以沽譽，豈嘉遁之人耶？請此一覲，亦妄心狂動，知鼎席將虚，有大用之覬，陛下宜察之。」蓋王文正旦累章求退之時也。由此寵待遂解，劄付河陽賜种買山銀一百兩，所請宜不允。是歲遂亡，祥符八年也。种少時有《瀟湘感事》詩，曰：「離離江草與江花，往事洲邊一歎嗟。漢傅有才終去國，楚臣無罪亦沉沙。淒涼野浦飛寒雁，牢落汀祠聚晚鴉。無限清忠歸浪底，滔滔千頃屬漁家。」誠先兆也。《湘山野録》卷上。

22〔种放〕祥符八年歲旦，山齋曉起，服道衣，聚諸生列飲，取平生文藁，悉焚之，酒數行而逝。《玉壺清話》卷八。《宋朝事實類苑》卷四十一。

23〔种放〕其學不喜釋氏，常裂佛書以製幃帳。《名臣碑傳琬琰集》中卷三十八。

魏野

1 魏野處士，陝人，字仲先，少時未知名。嘗題河上寺柱云：「數聲離岸櫓，幾點別州山。」時有幕僚，本江南文士也，見之大驚，邀與相見，贈詩曰：「怪得名稱野，元來性不群。借冠來謁我，倒屣起迎君。」仍爲延譽，由是人始重之。其詩效白樂天體。真宗西祀，聞其名，遣中使召之，野閉户踰垣而遁。……卒，贈著作郎，仍詔子孫租稅外，其餘科役，皆無所預。《温公續詩話》。《詩話總龜》前集卷十二。《堯山堂外紀》

四十四。《宋詩紀事》卷九十六。

2 處士魏野，貌寢性敏，志節高尚。鳳閣舍人孫僅與野敦縞素之舊，尹京兆日，寄野詩説府中之事。野和之，其末有「見説添蘇亞蘇小，隨軒應是珮珊珊」之句。添蘇，長安名姬也，孫頗愛之。一日，孫召添蘇謂曰：「魏處士詩中以爾方蘇小，如何？」添蘇曰：「處士詩名藹於天下，著鄙薄在其間，是蘇小之不如矣，又何方之乎？」孫大喜，以野所和詩贈之。添蘇喜如獲寶，一夕之内，長安爲之傳誦。添蘇以未見野，深懷企慕，乃求善筆札者，大署其詩於堂壁，衒鬻於人。未幾，野因事抵長安，孫忻聞其來，邀置府宅，他人未之知也。有好事者密召過添蘇家，不言姓氏。添蘇見野風貌魯質，固不前席。野忽舉頭見壁所題，添蘇曰：「魏處士見譽之作。」野殊不答，乃索筆於其側別紀一絶。添蘇始知是野，大加禮遇。詩曰：「誰人把我狂詩句，寫向添蘇繡户中。閑暇若將紅袖拂，還應勝得碧紗籠。」《續湘山野録》。《宋詩紀事》卷十。《茶香室三鈔》卷七。

3 寇萊公典陝日，與處士魏野同游僧寺，觀覽舊游，有留題處，公詩皆用碧紗籠之，至野詩則塵蒙其上。時從行官妓之慧黠者輒以紅袖拂之。野顧公笑，因題詩云：「世情冷暖由分別，何必區區較異同。但得常將紅袖拂，也應勝似碧紗籠。」《古今詩話》。《青箱雜記》卷六。《傅幹注坡詞》卷七。《堯山堂外紀》卷四十四。《堅瓠戊集》卷二。又《堅瓠補集》卷三。《宋稗類鈔》卷五。

4 章聖幸汾陰回，望林嶺間亭檻幽絶，意非民俗所居。時魏野方教鶴舞，俄報有中使至，抱琴逾垣而走。後寇萊公鎮洛，凡三邀，不至。萊公暇日寫刺訪之，野葛巾布袍，長揖萊公，禮甚平簡。頃之，議論《騷》、《雅》，相得甚歡。將别，謂萊公曰：「盛刺不復還，留爲山家之寶。」萊公再秉鈞軸，野常游門下，顧遇之禮，優異等倫。一日，獻詩曰：「好去上天辭富貴，却來平地作神仙。」萊公得詩不悦。自是，禮日益薄，即辭去。後二年，貶道州，每題前詩于窗，朝夕吟哦之。《詩話總龜》前集卷二引《古今詩話》。《遺史記聞》。《國老談苑》卷一。《宋稗類鈔》卷六。

5 〔寇〕忠愍鎮北都，召魏野置門下。北都有妓女美色，而舉止生梗，士人謂之「生張八」。因府會，忠愍令乞詩於野，野贈之詩曰：「君爲北道生張八，我是西州熟魏三。莫怪尊前無笑語，半生半熟未相諳。」《夢溪筆談》卷十六。《墨客揮犀》卷三。《宋朝事實類苑》卷三十六。《拊掌録》。《堯山堂外紀》卷四十四。《宋稗類鈔》卷五。《宋詩紀事》卷十。

6 見劉偁1。

7 章聖遣使召魏野，仲先聞使至，留詩一聯于壁而遽去。云：「洗硯魚吞墨，烹茶鶴避煙。」使還，以壁間詩對。章聖曰：「野不求仕矣。」遂不召。《古今詩話》。《類説》卷五十六。《詩林廣記》後集卷九。《堯山堂外紀》卷四十四。《昨非庵日纂》二集卷十九。

8 王太尉相旦從車駕過陝，野貽詩曰：「昔時宰相年年替，君在中書十一秋。西祀東封俱已了，如今好逐赤松游。」王袖其詩以呈上，累表請退，上不許。野又嘗上寇萊公準詩云：「好去上天辭將相，却來平地作神仙。」《温公續詩話》。《青箱雜記》卷一。《宋朝事實類苑》卷十二。《國老談苑》卷二。《堯山堂外紀》卷四十四。《讀書鏡》卷六。《昨非庵日纂》一集卷八。《宋稗類鈔》卷六。

9 魏處士隱居陝府，有孔目官姓王者，好爲惡詩，嘗至東郊舉示魏，及言其精於屬對，魏甚苦之而不能却也。一日忽有數客訪魏，而王至，云：「某夜得一聯，似極難對，能對者當輸一飯。」會衆請其句，云：「籠㭰不是籠㭰，蚊厨乃是籠㭰。」方竊自稱奇，而魏即應聲云：「我有對矣，可以『孔目不是孔目，驢紂乃是孔目』。」一座稱快。王即拂袖而出，終身不至草堂也。《春渚紀聞》卷七。

10 祥符中，契丹使至，因言本國喜誦魏野詩，但得上帙，願求全部。真宗始知其名，將召之，死已數年，搜其詩，果得《草堂集》十卷，詔賜之。《玉壺清話》卷七。《茶香室叢鈔》卷八。

11 魏野居於陝郊，其地頗有水竹之勝。客至，必留連飲酒。……野子閑，有父風，皇祐中，天章閣待制李公昭遇守陝，言於朝，賜號清逸處士。《春明退朝録》卷中。《宋朝事實類苑》卷四十一。

12 見李瀆2。

13 魏野，字仲先，陝府人，不喜巾幘，無貴賤，皆紗帽白衣以見之，跨白驢。真宗祠汾陰，召不起。能詩，有唐人風格，卒贈著作郎，蠲其家役。李瀆，野之中表兄也，瀆卒，野哭之慟，謂其子曰：「吾不可往，爾宜去奠之。」才六日，而野亦卒，人以爲異。《宋朝事實類苑》卷四十一。

李　瀆

1 〔蒲中李瀆〕少好學，有高志，長廬中條山下，以泉石吟詠自樂，未嘗造州縣。真宗祀汾陰，詔赴行在，瀆不起，有表稱謝云：「十行温詔，初聞丹鳳銜來；一片閑心，已被白雲留住。」真宗製詩以賜之。《澠水燕談録》卷四。《宋朝事實類苑》卷四十一。

2 陝右魏處士野、蒲中李徵君瀆乃中表也，俱有高節，以吟咏相善。野于東郊鑿土室方丈，蔭以脩竹，泉流其前，曰樂天洞；瀆結茅齋中條之陰，曰浮雲堂，皆有蕭灑之趣。每乘興相過，賦詩飲酒，累日乃去。一日，瀆過野曰：「前夕恍惚若夢中，牀下有人曰：『行到水窮處，未知天盡時。』即正其誤曰：盍云『坐看雲起時』。對曰：『此浮雲安得興起邪？』瀆水命，此必死期，故來訪別。」還家，未幾卒。《澠水燕談録》卷四。《玉壺清話》卷七。《新編分門古今類事》卷十四。

楊朴

1 〔楊朴〕性癖，嘗騎驢往來鄭圃，每欲作詩，即伏草中冥搜。或得之，則躍而出，適遇之者無不驚。《巖下放言》卷下。《堯山堂外紀》卷四十三。《宋稗類鈔》卷五。《宋詩紀事》卷五。

2 真宗既東封，訪天下隱者，得杞人楊朴，能詩。及召對，自言不能。上問：「臨行有人作詩送卿否？」朴曰：「惟臣妾有一首云：『更休落魄耽盃酒，且莫猖狂愛詠詩。今日捉將官裏去，這回斷送老頭皮。』」上大笑，放還山。《東坡志林》卷二。《孔氏談苑》卷二。《堯山堂外紀》卷四十二。《宋詩紀事》卷八十七。

3 楊朴，字契先一作元，一日秋晴，戲釣於道傍溪澗中，值漕臺陳文惠出巡按，從者訶之，契先竟不顧。文惠怒，命從者攝至前路郵亭中詰之，契先風神村野，宛然一耕夫也。文惠益怒，欲加以刑。契先丐毫楮供析，乃作絶句云：「昨夜西風爛熳秋，今朝東岸獨垂鈎。紫袍不識蓑衣客，曾對君王十二旒。」文惠謝遣之。《桐江詩話》。《苕溪漁隱叢話》前集卷四十二。《宋詩紀事》卷五。

4 劉後村《跋楊通老移居圖》：一帽而跣者，荷藥瓢書卷先行。一髻而牧者，負布囊驅三羊繼之。一女子蓬首挾琴，一童子肩貓，一童子背一小兒，一奴荷薦席筠籃帛槌之屬，又繼之。處士帽帶，執卷騎驢。一奴負琴，又繼之。細君抱一兒騎牛，别一兒坐母前，持箠曳繩殿其後。處士攢眉凝思，若覓句然。雖妻子奴婢、生生服用之具，極天下之酸寒藍縷，然猶畜二琴，手不釋卷，其迂闊野逸之態，每一展玩，使人意消。舊題云：《楊通老移居圖》。本朝處士魏野有亭榭，林逋無妻子，惟楊朴最貧而有累，恐是畫朴。但朴字契元，不字通老。明日翻故紙，得朴集，洛人臧逋爲序，有朴絶句云云。放翁跋云：四婆，即處士之配。蘇嶠季真家有處士夫妻像，野逸如生。凡集所載，與卷内物色皆合，騎牛者四婆，作詩送朴赴召者也。《宋詩紀事》卷五。

邢惇

1 邢惇，雍丘人，以學術稱於鄉曲，家居不仕。真宗末，以布衣召對，問以治道，惇不對。上問其故，惇曰：「陛下東封西祀，皆已畢矣，臣復何言？」上悦，除試四門助教，遣歸。惇衣服居處，一如平日，鄉人不覺其有官也。既卒，人乃見其勅與廢紙同束置屋梁間。《涑水記聞》卷五。《宋朝事實類苑》卷四十二。

韓退

1 韓退處士，絳州人，放誕不拘，浪跡秦、晉間，以詩自名。嘗跨一白驢，自有詩云：「山人跨雪精，上便不論程。嗅地打不動，笑天休始行。」爲人所稱。好著寬袖鶴氅，醉則鶴舞，石曼卿贈詩曰：「醉狂玄鶴舞，閒卧白驢號。」《温公續詩話》。《宋詩紀事》卷十。

江直木

1 江直木，隱居廬山，有至行。一夕，有盜入齋中，直木假寐不動，清貧無它物，唯持藥鼎而去，遺其蓋。直木俟其出户，隨後擲蓋與之。來日謂人曰：「器不全成，得之安用？」報曉雞爲狸所食，直木悵然，將有以報雞之寃者。來日持百錢坐路隅以俟，有持死兔過者，即市之，割以祭雞。人或謂直木：「此非狸。」直木曰：「亦是其類也。」《楊文公談苑》。《宋朝事實類苑》卷四十一。

王樵

1 王樵，字肩望，淄川人也。性超逸，深于《老》、《易》，善擊劍，有概世之志。廬梓桐山下，稱淄右書生，不交塵務。山東賈同、李冠皆尊仰之。咸平中，契丹内寇，舉族北俘。潛入虜中訪其親，累年不獲，乃歸，持諸喪，刻木爲親，葬奂山東，立祠，奉侍終身。太守劉通詣樵，踰垣遁去。其後，高弁知州事，范諷爲通判，相與就見之。李冠以詩寄之曰：「霜臺御史新爲郡，棘寺廷評繼下車。首謁梓桐王處士，教風從此重詩書。」晚自號「贅世翁」，爲贊，書其門，曰：「書生王樵，薄命寡志。無益於人，道號贅世。」豫卜地爲窌，名繭室，中壘石榻，刻銘其上，曰：「生前投軀，以虞不備。殁後寄魄，以備不虞。」後感疾，即入繭室中，自掩户，乃卒。命以古劍殉葬。《澠水燕談録》卷四。《宋朝事實類苑》卷四十一。

林逋

1 林逋隱居杭州孤山，常畜兩鶴，縱之則飛入雲霄，盤旋久之，復入籠中。逋常泛小艇，游西湖諸寺，有客至逋所居，則一童子出應門，延客坐，爲開籠縱鶴，良久，逋必棹小船而歸，蓋嘗以鶴飛爲驗也。逋高逸倨傲，多所學，唯不能棊。常謂人曰：「逋世間事皆能之，唯不能擔糞與著棊。」《夢溪筆談》卷十。《墨客揮犀》卷三。《何氏語林》卷二十。《東山談苑》卷六。《西湖夢尋》卷三。《詞林紀事》卷三。

2 林君復嘗蓄一鶴，字曰「鳴皋」。自泛小艇游西湖諸寺，客至，則一童子應門延坐，開籠放鶴，必棹船而歸。蓋以鶴飛爲度。山多古梅，相傳君復手植，時人因有「子鶴妻梅」之說。《湖山便覽》卷二。

3 錢塘林逋亦著高節，以詩名當世，名公多與之游。天聖中，丞相王公隨以給事中知杭州，日與唱和，親訪其廬，見其頹陋，即爲出俸錢新之。逋乃以啓謝王公，其略曰：「伏蒙府主給事，差人送到留題唱和詩石一片，并創軒棨，以庇風日。衡茅改色，猿鳥交驚。夫何至陋之窮居，獲此不朽之奇事？竊念頃者清賢鉅公，出鎮藩服，亦常顧邱樊之側微，念土木之衰病，不過一枉駕，一式廬而已，未有迂回玉趾，歷覽環堵。當纓蕤之盛集，攄風雅之祕思，率以賡載，始成編軸。且復搆他山之堅潤，刊群言之鴻麗，珠聯綺錯，雕縟相照，輦植置立，賁于空林，信可以奪山水之清暉，發斗牛之寶氣者矣。」迨景祐初，逋尚無恙，范文正公亦過其廬，贈逋詩曰：「巢由不願仕，堯舜豈遺人？」又曰：「風俗因君厚，文章到老醇。」其激賞如此。《青箱雜記》卷六。

4 林逋處士隱居西湖，朝廷命守臣王濟體訪。逋聞之，投贄一啓，其文皆儷偶聲律之流，乃以文學保薦，詔下，賜帛而已。濟曰：「草澤之士須稽古，不友王侯。文學之士，則修詞立誠，俟時致用。今逋兩失之。」《事文類聚》前集卷三十三。《該聞録》。《類説》卷十九。《群書類編故事》卷十八。《西湖游覽志餘》卷二十一。《疑耀》卷六。

5 林逋傲許洞，洞作詩嘲逋，餘杭人以爲中的：「寺裏掇齋饑老鼠，林間咳嗽病獼猴。豪民遺物鵝伸頸，好客臨門鱉縮頭。」《江隣幾雜志》。《西湖游覽志餘》卷二十一。《堯山堂外紀》卷四十四。《堅瓠己集》卷二。

6 處士林逋居於杭州西湖之孤山。逋工筆畫，善爲詩，如「草泥行郭索，雲木叫鈎輈」，頗爲士大夫所稱。又《梅花詩》云：「疎影横斜水清淺，暗香浮動月黄昏。」評詩者謂：「前世詠梅者多矣，未有此句也。」又其臨終爲句云：「茂陵他日求遺稾，猶喜曾無封禪書。」尤爲人稱誦。自逋之卒，湖山寂寥，未有繼者。《歸田録》卷二。《宋朝事實類苑》卷三十五。《宋名臣言行録》前集卷十。《宋詩紀事》卷十。

7 東人王居卿在揚州，孫巨源、蘇子瞻適相會。居卿置酒曰：「『疎影横斜水清淺，暗香浮動月黄昏。』此和靖《梅花》詩，然而爲詠杏花與桃、李，皆可用也。」東坡曰：「可則可，恐杏花與桃花不敢承當。」一坐爲之大笑。《侯鯖録》卷八。《王直方詩話》。《詩話總龜》前集卷九。《類説》卷五十七。

8 〔林逋〕臨終作一絶曰：「茂陵他日求遺藁，猶喜初無封禪書。」或刻石置之其墓中。《郡齋讀書志》卷十九。

9 見李及4。

10 宋林處士和靖隱居西湖之孤山，後宦游於杭者，或妾或女死，多葬其地，故纍纍於林墓之前後。有士人題詩云：「太乙宫前處士家，於今换作宫人斜。想因孤嶼人清絶，故使桃花照命耶。」《堅瓠丙集》卷一。

11 至元間，釋氏豪横，改宫觀爲寺，削道士爲髡。且各處陵墓，發掘迨盡。孤山林和靖處士墓屍骨皆空，惟遺一玉簪。時有人作詩以悼之曰：「生前不繫黄金帶，身後空餘白玉簪。」《南村輟耕録》卷十三。《堯山堂外紀》卷四十四。《湖山便覽》卷二。

12 和靖先生豈有頷珠者，而楊璉真珈亦發其墓焉。聞棺中一無所有，獨有端硯一枚。《遂昌雜録》。

13 泉南林洪，字龍發，號可山，肄業杭泮，粗有詩名。理宗朝，上書言事，自稱和靖七世孫，冒杭貫，取鄉薦。……時有無名子作詩嘲之曰：「和靖當年不娶妻，只留一鶴一童兒。可山認作孤山種，正是瓜皮搭李皮。」蓋俗云以强認親族者爲「瓜皮搭李樹」云。《梅磵詩話》卷中。《宋詩紀事》卷七十三。《古謡諺》卷八十四。

14 林可山稱和靖七世孫，不知和靖不娶，已見梅聖俞序中矣。姜石帚嘲之曰：「和靖當年不娶妻，因何七世有孫兒？若非鶴種并梅種，定是瓜皮搭李皮。」《隨隱漫録》卷三。《至正直記》卷四。《堅瓠丙集》卷一。《宋稗類鈔》卷六。

石砒

1 國初，隱士石砒居洛陽之北邙山，馮拯侍中爲留守。砒每騎驢直造侍中，見必拜之，飲酒至醉乃去。砒好作詩，多道家語，有曰：「結網蜘蛛翻仰肚，轉枝啄木倒垂頭。」意謂謀利者如此。又曰：「蝸牛角上争閑事，石火光中寄此身。」意謂好利者若此。洛陽人頗能誦之。一日，自城中飲酒大醉，騎驢夜歸，失所在。《邵氏聞見録》卷十六。

孔旻

1 淮南孔旻隱居篤行，終身不仕，美節甚高。嘗有竊其園中竹，旻愍其涉水冰寒，爲架一小橋渡之。推此則其愛人可知。《夢溪筆談》卷九。《宋史翼》卷三十六。

孔旼

1 見韓維17。

孔晤

1 孔晤，魯山處士旼之弟也。爲順陽令，有虎來至城南，晤率吏卒往逐之，晤最居其前。虎據山大吼，吏卒皆失弓槍偃仆，虎來搏晤，有小吏執硯，趨當其前，虎銜以去。晤取獵户毒矢，挺身逐之，左右諫不可，晤曰：「彼代我死，我何忍不救之？」逐虎入山十餘里，竟射中虎，奪小吏而還，小吏亦不死。《涑水記聞》卷十四。《宋朝事實類苑》卷六十二。

柴通元

1 真宗皇帝時，有道士柴通元者，居陝州承天觀，壽百餘歲。耐寒暑，日縱酒，往往不食。祀汾陰隨輦，自號羅山太一洞主。臨終，召官僚士庶，言死生之要。夜分盥灌，望闕而逝。舉其體，甚輕，若蟬蜕然。《續墨客揮犀》卷一。案：柴通元，《宋史》卷四百六十二作柴通玄。

柴文元

1 柴文元，本綿州彰明縣弓手。沿幹山樊覩一鷹，帶緑緣，胸絆於林間。柴喜其俊異，又疑豪子所蓄，遂取以歸。道遇少年，就索，柴即與之。少年愧謝，傳以符術，授丹筆一枝，曰：「遇人疾厄，當書符以救之。」柴歸縣，不喜執役。遂竄迹西蜀，游荆渚。每書符以治疾，亦時得金，以助行橐。後游太華，見陳希夷，問：「子何處得太乙真君筆乎？」方知所遇乃太乙洞主。柴即求披戴，住閿鄉縣觀中。真宗西祀回，召對賜坐，問以無爲之要，賜茶藥束帛。時已百餘歲，善服氣，能長嘯，精彩如中年人。觀即唐軒游宫，有明皇詩及所書《道德經》二碑。真宗作詩賜之，改賜祥符觀額，邑人至今呼爲柴先生觀。《能改齋漫録》卷十八。

章齊一

1 金陵道士章齊一，善爲詩，好嘲詠，一被題目，即日傳誦，人皆畏之。《楊文公談苑》。

趙抱一

1 秦州趙抱一者，初嘗牧牛田間，一夕，有人叩門召之，以杖引行，杖端有氣如煙，其香可悦。俄至山崖絶頂，見數人會飲，音樂交奏，抱一駭莫能測。會巡檢過其下，聞樂聲，以爲群盜懽集，令呼民梯山而上，至則無所覩，唯抱一獨在，援以下之，自是不食。《楊文公談苑》。

賀蘭歸真

1 見宋真宗20。

張無夢

1 道人張無夢，在真宗朝，以處士見，除校書郎。無夢善攝生。梅昌言知蘇州，無夢求見之，先與詩云：「壺中一粒長生藥，待與蘇州太守分。」好爲大言，處之不疑，自比李少君。然無夢年九十死。無夢語人，少時絶欲，屏居山中十餘歲，自以爲不動。及出，見婦人美色，乃復歉然。又入山十餘年，乃始寂定。勸人飲食毋用鹽醋，煮餅淡食，更自有天然味。無夢老病耳聾，其死亦無他異。《中山詩話》。

劉遁

1 〔丁〕晉公舊有園在保康門外，園内有仙游亭、仙游洞，景趣瀟洒。有道士劉遁相往來，遁作仙游亭詩贈公云：「屢上游仙亭上醉，游仙洞裏杳無人。他時鶴駕游滄海，同看蓬萊島上春。」公莫曉其詩。公南遷，遁往見公於崖，公方思其詩，乃知遁異人也。與之泛舟海上而飲，公曰：「今日之游，成子之詩意也。」《宋朝事實類苑》卷四十三引《名賢詩話》。

史延壽　許　我

1 史延壽，嘉州人，以善相游京師，貴人争延之。視貴賤如一，坐輒箕踞稱我，人號曰史不拘，又曰史我。吕文靖公嘗邀之，延壽至，怒閽者不開門，叱之，閽者曰：「此相公宅，雖侍臣亦就客次。」延壽曰：「彼來者，皆有求於相公，我無求，相公自欲見我耳。不開門，我竟還矣。」閽者走白公，公開門迎之。延壽挾術以游于世，無心於用舍，故能自重也如此。《澠水燕談録》卷四。《宋朝事實類苑》卷四十一。

2 賈魏公爲相日，有方士姓許，對人未嘗稱名，無貴賤皆稱「我」，時人謂之「許我」。言談頗有可採，然傲誕，視公卿蔑如也。公欲見，使人邀召數四，卒不至。又使門人苦邀致之，許騎驢徑欲造丞相廳事，門吏止之不可，吏曰：「此丞相廳門，雖丞郎亦須下。」許曰：「我無所求於丞相，丞相召我來。若如此，但須我去耳。」不下驢而去。門吏急追之不還，以白丞相。魏公又使人謝而召之，終不至。公歎曰：「許市井人耳，惟其無所求於人，尚不可以勢屈，況其以道義自任者乎！」《夢溪筆談》卷十八。《墨客揮犀》卷四。《宋稗類鈔》卷四。

3 富鄭公初不識許我，聞其名，遽召見之。我乘馬直造廳廡，謁者請就賓次，通姓名，我曰：「既召我來而不迎我，是見輕也。」復乘馬徑去。公聞之，歎息曰：「許我所以能我者，以無所求，而俯仰在我也。」《五總志》。

史序

1 景德四年，司天判監史序奏：「今年太歲丁未六月二十五日，五星當聚周分。」既而重奏：「臣尋推得五星自閏五月二十五日近太陽行度。按《甘氏星經》曰：『五星近太陽而輒見者，如君臣齊明，下侵上之道也。若伏而不見，即臣讓明於君，此百千載未有也。』但恐今夜五星皆伏。」真宗親御禁臺以候之，果達旦不見。大赦天下，加序一官，群臣表賀。《湘山野録》卷上。

釋文鑑

1 見張詠76。

2 見張唐輔1。

徐奭

1 見宋真宗41。

2 祥符中，西蜀有二舉人同硯席。既得舉，貧甚，干索旁郡以辦行。將迫歲，始離鄉里，懼引保後時，窮日夜以行。至劍門，張惡子廟號「英顯王」，其靈響震三川，過者必禱焉。二子過廟已昏晚，大風雪苦寒，不可夜行，遂禱於神，各占其得失，且祈夢爲信，草就廟廡下席地而寢。入夜風雪轉甚，忽見廟中燈燭如畫，殽俎甚盛，人物紛然往來。俄傳導自遠而至，聲振四山，皆岳瀆貴神也。既就席，賓主勸酬如世人。二子大懼，已無可奈何，潛起，伏暗處觀焉。酒行，忽一神曰：「帝命吾儕作來歲狀元賦，當議題。」一神曰：「以『鑄鼎象物』爲題。」既而諸神皆一韻，且各删潤彫改，商確又久之，遂畢，朗然誦之曰：「當召作狀元者魂魄，授之。」二子默喜，私相謂曰：「此正爲吾二人發。」迨將曉，見神各起到别，傳呼出廟而去，視廟中寂然如故。二子素聰警，各盡記其賦，亟寫於書帙後，無一字忘，相與拜賜，鼓舞而去。倍道而行，笑語欣然，惟恐富貴之逼身也。至京，適將引保就試，過省益志氣洋洋。半驗矣，至御試，二子坐東西廊。御題出，果《鑄鼎象物賦》，韻脚盡同。東廊者下筆思廟中所書，懵然一字不能上口。間關過西廊問之，西廊者望見東來者，曰：「御題驗矣。我乃不能記，欲起問子，幸無隱也。」東廊者曰：「我正欲問子也。」於是二子交相怒曰：「臨利害之際，乃見平生，且此神賜而獨私以自用，天其福爾邪？」各憤怒不得意，草草信筆而出。及唱名，二子皆被黜，狀元乃徐奭也。既見印賣賦，二子比廟中所記者無一字異也。二子歎息，始悟凡得失皆有假手者，遂皆罷筆入山，不復事筆硯。恨不能記其姓名云。《説郛》卷四十一下引《蓼花洲閒録》。

吕　憲

1　吕防嘗應舉京師，與市易劉神善相遇甚善。同上之市飲。吕曰：「某今歲如何？」劉曰：「且飲，奉爲言之。」久而曰：「將來春榜，只有吕憲而無吕防，君其改之。」蓋南省未試之前也。吕遂改名憲，果於李迪狀元下及第。《新編分門古今類事》卷十一引《青瑣高議》。

廖復

1 天禧二年，開封解牓出，有廖復者被黜，率衆詣鼓院訴有司不公。朝廷差錢惟演等重考，取已落者七十餘人，復亦預薦，時號「還魂秀才」。《泊宅編》十卷本卷八，又三卷本卷上。

孫籍

1 真宗東封還，群臣獻歌頌稱贊功德者相繼，惟進士孫籍獻書言：「封禪，帝王之盛事，然願陛下慎於盈成，不可遂自滿假。」上善其言，即召試中書，賜同進士出身。《涑水記聞》卷六。《宋朝事實類苑》卷十六。

翁肅

1 翁肅，閩人，守江州。昏耄，代者至，既交割，猶居右席，代者不校也。罷起，轉身復將入州宅，代者攬衣止之，曰：「這個使不得。」《畫墁録》。

陸起

1 陸起，性滑稽，宰吉州廬陵，劇邑，訴訟尤多。起既才短，率五鼓視事，至夜分猶不能辦。自作一絶題廳壁云：「驅雞政府本來無，剛被人呼邑大夫。及至五更侵早起，算來卻是被雞驅。」《臨漢隱居詩話》。

張唐輔

1 張逸密學知成都，善待僧。文鑑大師，蜀中民素所禮重。一日，文鑑謁張公，未及見。時華陽主簿張唐輔同候於客次，唐輔欲搔髮，方脱烏巾，睥睨文鑑，罩於其首，文鑑大怒，諠呶。張公遽召，才就坐，即白曰：「某與此官人素不相熟，適來輒將幞頭罩某面上。」張公問其故，唐輔對曰：「某方頭癢，取下幞頭，無處頓放，見大師頭閑，遂且權頓少時，不意其怒也。」張公大笑而已。《倦游雜録》。《宋朝事實類苑》卷六十七。《五雜組》卷十六。

宋人軼事彙編卷九

王曾

1 王沂公之父見字紙遺墜，必掇拾以香湯洗燒之。一夕，夢宣聖拍其背曰：「汝何以重吾字紙之勤也？恨汝老矣，無可成就。他日當令曾參來汝家受生，顯大門户。」未幾，果生一男，遂命名曾，後果狀元及第。《吹劍四録》。《七修類稿》卷四十九引《文昌化書》。

2 王沂公曾，青州人。郊居，門直大路，夾以槐陰，兩大槐夾路，交枝連理，是歲公生，作相之祥也。《新編分門古今類事》卷十五引《沂公言行録》。

3 〔王文正公〕嘗適江左，護外喪，度京口，大風起，舟子請急艤焉。公念赴喪事宜不得緩，促遂行。顧前後舟皆欲覆，公所乘獨安然以濟，聞者歎異之。《名臣碑傳琬琰集》中卷四十四引富弼《王文正公曾行狀》。

4 王公曾、張公詠、錢若水微時，謁華山陳希夷求相，欲以學仙者。希夷謂王、張曰：「爾輩非仙才，王當爲宰輔。」顧張，取紙筆遺之，張曰：「悟矣，推吾入鬧中耶。」又謂錢曰：「余不足以知子，當見白閣道者。」錢遂造之，道者曰：「君急流中勇退人也。」其後，王果拜相，張位至八座，歷試中外，以才顯。錢爲樞臣。《澗泉日記》卷下。

5 予嘗愛王沂公曾布衣時，以所業贄呂文穆公蒙正，卷有《早梅》句云：「雪中未問和羹事，且向百花頭上開。」文穆曰：「此生次第已安排作狀元宰相矣。」後皆盡然。《湘山野録》卷上。《詩話總龜》前集卷三。《古今詩話》。《唐宋分門名賢詩話》卷一。《新編分門古今類事》卷十四。《宋朝事實類苑》卷三十六引《魏王語録》。《孔氏談苑》卷二。《魏公譚訓》卷四。《蓬窗日録》卷七。《堯山堂外紀》卷四十四。《宋稗類鈔》卷二。《宋詩紀事》卷七引《歷代吟譜》。

6 内黄傅珏者，以財雄大名。……珏不力於學，弁鶡碌碌下僚，獨能知人。嘗坐都市，閲公卿車騎之過者，言它日位所至，無毫髪差。初不能相術，每曰：「予自得於心，亦不能解也。」嘗寓北海，王沂公曾始就鄉舉，珏偶俟其姻于棘圍之外，遇之，明日，以雙筆要而遺之，曰：「公必冠多士，位宰相，它日無相忘。」聞者皆笑。珏不爲怍，遂定交，傾貲以助其用，沂公賴之。既而如言，故沂公與其二弟以兄事之，終身不少替。《桯史》卷九。

7 咸平五年，南省試進士《有教無類賦》，王沂公爲第一，賦盛行於世，其警句有云：「神龍異稟，猶嗜欲之可求；纖草何知，尚薰蕕而相假。」時有輕薄子，擬作四句云：「相國寺前，熊翻筋斗；望春門外，驢舞柘枝。」議者以謂言雖鄙俚，亦着題也。《歸田録》卷二。《堯山堂外紀》卷四十四。

8 先君諱宰，字元鈞言：青州王沂公所居坊，有榜曰「三元文正之坊」。又嘗見沂公登科報其父書曰：「曾今日殿前唱名，遂忝第一，皆先世積德、大人教訓所致，然此亦是世間有底事，大人不須過喜。」《家世舊聞》卷下。

9 王沂公曾青州發解，及南省、程試，皆爲首冠。中山劉子儀爲翰林學士，戲語之曰：「狀元試三場，一生喫著不盡。」沂公正色答曰：「曾平生之志不在温飽。」《東軒筆録》卷十四。《舊聞證誤》卷一。《宋名臣言行録》前集卷五。《陔餘叢考》卷十三。

10 王沂公作三元，人皆賀之，衆交贊其三元之盛。公正色曰：「曾當時窗下讀書，意本不爲此二字。」又在太學時，至貧。冬月止單衣，無綿背心，寒甚。則二兄弟乃以背相抵，晝夜讀書。人或遺之以衣服，皆不受。《北窗炙輠録》卷下。

11 王沂公狀元及第，還青州故郡。府帥聞其歸，乃命父老倡樂迎於近郊。公乃易服，乘小衛，由他門入。遽謁守，守驚曰：「聞君來，已遣人奉迎。門司未報，君何爲抵此？」王曰：「不才幸忝科第，豈敢煩郡守父老致迓？是重其過也。故變姓名，誑迎者與門司而上謁。」守歎曰：「君所謂真狀元矣。」遂許之遠大。《能改齋漫録》卷十二。《賢弈編》卷一。《自警編》卷一。《言行龜鑑》卷二。《昨非庵日纂》二集卷十。《宋稗類鈔》卷三。

12 王沂公初就殿試時，固已有盛名。李文靖公沆爲相，適求婿，語其夫人曰：「吾得婿矣。」乃舉公姓名曰：「此人今次不第，後亦當爲公輔。」是時吕文穆公家亦求姻於沂公。公聞文靖言，曰：「李公知我。」遂從李氏，唱名果爲第一。《石林燕語》卷九。《堯山堂外紀》卷四十四。《宋稗類鈔》卷三。

13 寇萊公初入相，王沂公時登第，後爲濟州通判。滿歲當召試館職，萊公猶未識之，以問楊文公曰：「王君何如人？」文公曰：「與之亦無素，但見其兩賦，志業實宏遠。」因爲萊公誦之，不遺一字。萊公大驚曰：「有此人乎？」即召之。《石林燕語》卷七。

14 公在閣下累年，時楊文公已居内制。楊性恢諧，好嘲誚，凡僚友無不狎侮，至公則曰：「第四廳舍人不敢奉戲。」故李翰林昌武尤所歎服，嘗曰：「若王舍人，可謂不可得而親疎也。」《宋名臣言行録》前集卷五。《何氏語林》卷十三。

15 景德中，朝廷始與北虜通好，詔遣使將以北朝呼之，王沂公以爲太重，請但稱契丹本號可也。真宗激賞再三，朝論韙之。《澠水燕談録》卷二。《宋朝事實類苑》卷九。《宋名臣言行録》前集卷五。《儒林公議》。

16 祥符中，王沂公奉使契丹，館伴耶律祥頗肆談辨，深自衒鬻，且矜新賜鐵券，公曰：「鐵券，蓋勳臣有功高不賞之懼，賜之以安反側耳，何爲輒及親賢？」祥大沮矣。《澠水燕談録》卷二。《宋朝事實類苑》卷九。《宋名臣言行録》前集卷五。

17 王曾爲參知政事，改葬叔太子中舍宗元、叔母嚴氏，自言幼孤，叔父母育之。詔贈宗元工部員外郎，嚴氏懷仁縣太君。《燕翼詒謀録》卷四。

18 真宗上仙，明肅召兩府諭之，一時號泣。明肅曰：「有日哭在，且聽處分。」議畢，王文正曾作參政，秉筆，至淑妃爲皇太妃，秉筆曰：「適來不聞此語。」丁崖州曰：「遺詔可改邪？」衆亦不敢言。明肅亦知之，始惡丁而嘉王之直。《江鄰幾雜志》。《孔氏談苑》卷三。

19 真宗晏駕，二府受遺制，輔立仁宗及皇太后權聽斷軍國事。宰相丁謂欲去「權」字，王沂公時參大政，獨執之曰：「皇帝冲年，太后臨朝，斯非國家常典，稱『權』猶足示後，況言猶在耳，何可改也！」謂深感其言，「權」字遂不敢去。《澠水燕談録》卷二。《宋朝事實類苑》卷十六引《魏王别録》。

20 乾興初，丁謂欲每議大政則太后後殿朝執政，朔望則皇帝前殿朝群臣，其餘常事，獨令入内押班雷允恭附奏禁中，傳命二府。衆以爲隔絶中外，不便。王沂公時判禮院，引東漢故事，皇帝在左，太后在右，同殿加簾，中書、樞密院以次奏事。人心乃安。《澠水燕談録》卷二。

21 見宋真宗34。

22 真宗初上仙，丁晉公、王沂公同在中書，沂公獨入劄子，乞於山陵已前一切内降文字，中外並不得施行。又乞今後凡兩府行下文字，中書須宰臣參政，密院須樞密使、副、簽書員同在，方許中外承受。兩宫可其奏。晉公聞之，愕然自失，由是深憚沂公矣。《東軒筆録》卷三。

23 真皇上仙，執政因對奏：寇準與南行一郡。丁謂至中書云：「雷州司户。」王曾參政云：「適來不聞有此指揮。」丁云：「停居主人，宜省言語。」王悚息而已。蓋王是時僦寇宅而居。《孔氏談苑》卷二。

24 王文正爲參知政事，嫉丁晉公姦邪，屢欲開陳，以宰執同對，未果。每閒暇與晉公語，色欲言而輒止者數四。晉公詰之，文正曰：「弟某當遠官，而老母鍾愛，兹事頗亂方寸也。」晉公曰：「公可留身面陳其事，得旨，吾曹亟奉行爾。」明日，宰執退而文正獨留。晉公悟，悔之不及。文正具陳謂姦邪，簾幃嘉納，丁自此黜，士論莫不快之。《曲洧舊聞》卷一。

25 丁謂當國，權勢震主，引王沂公爲參知政事，諂事謂甚至。既登政府，每因閒暇與謂款，必涕泣作可憐之色，晉公問之數十次矣。一日，因問，閔然對曰：「曾有一私家不幸事，恥對人言。曾少孤，惟老姊同居，一外生不肖，爲卒，想見受艱辛杖責多矣。老姊在青州鄉里，每以爲言。」言訖又涕下。謂亦惻然，因爲沂公言：「何不入文字，乞除軍籍？」沂公曰：「曾既污輔臣之列，而外生如此，豈不辱朝廷？自亦慙言于上也。」言畢，又涕下。謂再三勉之：「此亦人家常事，不足爲媿，惟早言于上，庶脱其爲卒之苦爾。」自後謂數數勉之留身上前奏知，沂公必涕下曰：「豈不知軍卒一日是一日事？但終自羞赧爾。」晉公每催之，且謂沂公曰：「某日可留身奏陳。」沂公猶不欲，謂又自陳之。一日，且責沂公：「門户事乃爾緩？謂當奉候于閤門。」沂公不得已，遂留身。既留身踰時，至將進膳猶不退，盡言謂之盜權姦私，且言：「丁謂陰謀詭譎多智數，變亂在頃刻。太后、陛下若不亟行，不惟臣身齏粉，恐社稷危矣！」太后大怒，許之，乃退。晉公候于閤門，見其甚久，即頓足捩耳云：「無及矣！」方悟知其令謂自爲己謀，不使之覺，欲適當山陵之事而發故也。沂公既出，遇謂于閤門，含怒不揖而出。晉公始悟見賣，含毒而已不覺也。是日，既至都堂，召兩府入議，而不召謂。謂知得罪，祈哀于馮拯、錢惟演及曾等，曰：「今日謂家族在諸公矣。」太后欲誅謂，拯申理之。沂公奏請召知制誥，就殿廬草制罷之，不復宣麻。太后從之。責太子少保，分司西京，俄竄崖州。向使謂防閑沂公，則豈有此禍？故知權數在謂之上也。《默記》卷上。

26 天聖初，公嘗詮録古先聖賢事跡凡六十事，繪事以獻。上嘉納之，降詔褒美，仍勑鏤板模印，均賜近侍。《宋名臣言行録》前集卷五。

27 王沂公曾當國，屢薦吕許公夷簡。是時明肅太后聽政，沂公奏曰：「臣屢言吕夷簡才望可當政柄，而兩宫終未用，以臣度太后之意，不欲其班在樞密使張旻之上耳。且旻一赤脚健兒，豈容妨賢如此？」太后曰：「固無此意，行且用夷簡矣。」沂公曰：「兩宫既已許臣，臣請即今宣召學士草麻。」太后從之。及許公大拜，漸與沂公不協。晚年睽異，勢同水火，當時士大夫各有附麗，故慶曆中朝廷有黨人之論矣。《東軒筆録》卷七。

28 王曾僕射有台宰之量，每進擢時材，不欲人歸恩在己。初參大政，嘗薦蘇維甫者可當煩使。維甫至京師，屢造其門，不敢輒干以私。一日，久奉朝請，資用已乏，因旬澣詰旦詣公，語餘，遂及身計。公答以他辭。維甫退，所館已有持勑者在門，乃新命江淮都大發運使，寔朝行之極選也，乃王公九日所署勑也。維甫慚歎久之。其它事多類此。范仲淹被遇極深，嘗贊之曰：「久當朝柄，未嘗樹私恩，此人之所難也。」公曰：「恩若自樹，怨使誰當？」識者以爲明理之言。《儒林公議》。

29 王文正公曾爲人方正持重，在中書最爲賢相，嘗謂：「大臣執政，不當收恩避怨。」公嘗語尹師魯曰：「恩欲歸己，怨使誰當？」聞者歎服，以爲名言。《歸田録》卷一。《宋朝事實類苑》卷九。

30 魏公言：公當國，門下未嘗顯拔一人。希文乘間輒諷之曰：「明揚士類，宰相之任也。公之盛德獨少此爾。」公徐應之曰：「司諫不思邪？恩若己出，怨將誰歸？」希文憫然歎曰：「真宰相也。」《韓魏公別録》。《宋名臣言行録》前集卷五。《遵堯録》卷五。

31 王沂公當軸，以厚重鎮天下，尤抑奔競。張師德久次館閣，博學有時望，而不事造請，最爲魯肅簡公所知。一日，中書議除知制誥者，魯盛稱張才德，沂公以未識爲辭。魯密諷張見沂公，張辭不往，魯屢諷之，張重違魯意，始緣職事一往，沂公辭不見，張大悔恨。他日，中書復議，魯無以易張，曰：「向已爲公言之矣。」沂公曰：「張君器識行義，足以爲此，然尚有請謁耳。」逾年，方命掌誥。沂公之取人如此，故當時士大夫務以沖晦自養焉。《澠水燕談録》卷三。《宋朝事實類苑》卷十四。參見王旦50。

32 見尹洙5。

33 有一朝士，與王沂公有舊，欲得齊州。沂公曰：「齊州已差人。」乃與廬州，不就，曰：「齊州地望，卑於廬州，但於私便爾耳。相公不使一物失所，改易前命，當亦不難。」公正色曰：「不使一物失所，唯是均平。若奪一與一，此一物不失所，則彼一物必失所。」其人慚沮而退。《夢溪補筆談》卷二。

34 魏公言：公德器深厚而寡言，當時有得其品題一兩句者，人皆以爲榮。琦爲諫官時，因納劄子，忽云：「近日頻見章疏甚好，只如此可矣。向來如高若訥輩多是擇利，范希文亦未免近名。」《宋名臣言行録》前集卷五引《魏公别録》。

35 王文正公曾、李文定公迪，咸平、景德間相繼狀元及第。其後更踐政府，乃罷相鎮青，又爲交承，故文正送文定移鎮兖海詩有「錦標奪得曾相繼，金鼎調時亦踐更」之句，又云：「并士兒童君再見，會稽章紱我偏榮。」蓋文定再鎮兖，而青社，文正鄉里也。《澠水燕談録》卷七。《宋朝事實類苑》卷二十四。《詩話總龜》前集卷十七。《古今事文類聚》前集卷二十。《宋詩紀事》卷七。

36 公再涖大名，治政益信于俗，民居軍伍，咸畫像以事之。時敵使往來入境，皆云：「此府王公在焉。」必沐浴潔服而入。《宋名臣言行録》前集卷五。《自警編》卷六。

37 公留守洛陽，屬歲歉，里有囷積者，饑民聚黨賫取鄰郡，以强盗論，報死者甚衆，公但重笞而釋之。遠近聞以爲法，全活者數千計。《宋名臣言行録》前集卷五。《厚德録》卷二。

38 校書郎張子奭居三川間，嘗請見王沂公。延於便坐，屏左右語之曰：「聞伊闕令劉定基貪虐無狀，民將興訟。」又出書一軸，悉數其罪，且曰：「爲吏至此，誠不足念。若舉以成獄，則平民罹其害者不啻千人。今將先事除之如何？」奭對以漢薛宣故事，公頷之。未幾，檄召令至府面詰之，仍示以鄉來書軸，俾自閱之，劉首伏不敢有隱，且求解去。翌日，以疾告自免，由是訟息而民安。《厚德録》卷二引《王沂公言行録》。

39 見盛度15。

40 王沂公每見子姪語話學人鄉音，及效人舉止，必痛抑之，且曰：「不成登對後亦如此！」《道山清話》。

41 公與孫冲同榜。冲子京一日往辭，公相留云：「喫食了去。」飭子弟云：「已留孫京喫食，安排饅頭。」饅頭時爲盛饌也。食後，合中送數軸簡紙。開看皆是他人書簡後截下紙。《宋名臣言行録》前集卷五引《韓莊敏遺事》。《自警編》卷二。《昨非庵日纂》一集卷九。

42 王沂公以簡紙數幅送人，皆他人書簡後截下紙。晏元獻公凡書簡首尾空紙，皆手自剪熨，置几案以備用。王文康公平生不以全幅紙作封皮，嘗戒其子弟。諸公皆身處貴盛，儉德若此。世俗費紙者，何人語以古事！《愛日齋叢鈔》卷二。《堅瓠秘集》卷四。

43 王沂公曾，青州人。宋真宗問曰：「卿鄉里諺云：『井深槐樹粗，街闊人義疏。』何也？」曾對曰：「『井深槐樹粗』，土厚水深也；『街闊人義疏』，家給人足也。」真宗善其對。《齊乘》卷五。《湧幢小品》卷一。《古謠諺》卷六十五。

符於難老，效豈止於蠲痾。」又曰：「臣等用愧鹽梅，言慚藥石。」乃知前輩文，必引事相類，雖涉小巧，亦不可不然。《東原録》。

45 王丞相曾前身是青草堂和尚。《樂善録》卷七。《古事比》卷十一。

張知白

1 桑贊以旄節鎮彭城，張文節在幕下。桑月給幕職厨料，人十五千以下，文節家貧，食甚衆，命倍給之，文節亦止取其半。或不得已過有所用，即具所用之因，聞于桑，歸其餘于帑藏。贊雖武人，嘗謂文節曰：「公異日必大用，恨吾老，不得見也。」祥符中，文節爲京東轉運使，奏稱：「昔在桑贊幕下，知臣良厚。今贊死，葬濟州，子弟悉官于外，臣乞每遇寒食，暫至贊墓拜掃。」詔可之。自是歲一往，祭奉之禮如在。洎在相府，凡桑氏子孫來見者，待之有如骨肉。《宋朝事實類苑》卷十引《歸田録》。《墨客揮犀》卷八。

2 張文節公初爲龍圖閣待制，求判國子監。真宗問王魏公：「國子清閑無職事，知白豈不長於治劇，欲自便耶？」魏公對：「知白博學，通曉民政，但其所守素清而廉於進取，故爾。」上曰：「若此，正好爲中執法。」乃命以右諫議大夫除御史中丞。上用人如此，景德、天禧間，所以名臣多也。《石林燕語》卷九。

3 張知白爲參知政事，嘗言：「參政之名，實貳彼相，禮當隆之。」每乘馬直入政事堂下。《國老談苑》卷二。

4 張文節公知白，初參知政事，爲宰相王欽若所排。及知南京，欽若謫分司南京，衆謂必報之，而知白待之加厚。其在相位清約如寒士。慎重名器，人服其公。《厚德録》卷四。

5 天聖中，張文節在政府，國封歲時入見，章獻母儀天下，見其二侍婢老且陋，怪其過自貶約。對以丞相不許市妙年者，因勑國封密市二少婢，或丞相問，但言吾意。國封遂買二女奴，首飾服用，不啻三十餘萬。一日，文節歸第，二婢拜於庭。文節詢其所自，國封具以告。從容指旁侍二姬，謂夫人曰：「此二姬，乃夫人昔之媵也。今出之，亦無所歸，固當終身于此耳。若二姝齒未踰笄，將嫁少年子，向去之事，固不可知，若令守一老翁，甚無謂也。雖然，太后聖慈垂愍，然某之志，豈可渝也？他日入見，宜以此懇敷奏。」遽召宅老，呼二婢之父兄，對之折券，并衣著首飾與之，俾爲嫁資。謂曰：「若更雇于人，必當送府勘罪。」《宋朝事實類苑》卷十引《澠水燕談》。《自警編》卷三。《昨非庵日纂》二集卷三。

6 張文節知白爲相，自奉養如河陽掌書記時。所親或規之曰：「公受俸不少，而自奉如此，雖自信清約，外人頗有公孫布被之譏，公宜少從衆。」公嘆曰：「吾今日之俸，雖舉家衣錦玉食，何患其不能？顧人之常情，由儉入奢易，由奢入儉難。吾今日之俸，豈能常有，身豈能常存？一旦異於今日，家人習奢已久，不能頓儉，必至失所。豈若吾居位、去位，身存、身亡如一日乎？」《善誘文》。《賢弈編》卷一。《昨非庵日纂》二集卷九。

7 張知白清儉好學，居相位如布素時，其心逸如也。及病革，上幸其家，夫人惡衣以見。及臨知白寢所，見其敝氊縑被，帷帟質素，嗟美久之，亟令輦帳具卧物以賜。後之稱清德者，皆以知白爲師。《儒林公議》。

張士遜

1 太傅張公，光化軍人。生百日，始能啼。襁褓中，喪其父母。少孤貧，讀書武當山，有道士見而異之，曰：「子有道氣，可隨我學仙。」公不欲，道士亦弗强，曰：「不然，亦位極人臣。」《青箱雜記》卷八。《宋朝事實類苑》卷十。

2 張士遜鄧公，生均州鄖鄉深山間，始冠已有純德，稱於鄉里。京西舊有淫祀曰大戒，其設頗雄，立二十四司、三十六門。公幼往觀之，其巫傳神語曰：「張秀才請於中書門下坐。」後果以師儒之重相仁廟。《玉壺清話》卷一。

3 退傅相公，光化軍人，少時薄游武當，村舍主人將殺以祀鬼，安卧室中，誦《六天北地咒》，巫者見星宿覆其上，怖而卻走。《江隣幾雜志》。

4 張鄧公嘗謂予曰：「某舉進士時，寇萊公同游相國寺，前詣一卜肆。卜者曰：『二人皆宰相也。』既出，逢張相齊賢、王相隨，復往詣之。卜者大驚曰：『一日之内，而有四人宰相。』相顧大笑而退。因是卜者聲望日消，亦不復有人問之，卒窮餓以死。」四人其後皆爲宰相，共欲爲之作傳，未能也。《東齋記事》卷三。《宋朝事實類苑》卷四十九。《群書類編故事》卷十四。

5 張文懿生百日不啼，身長七尺二寸，人皆異之。初爲射洪令，有道士崔知微者，謁公，曰：「吾嘗得相法於異人，公正鶴形，不十年相天下。壽考絶人甚遠。」又縣之東十里餘羅漢院僧善慧，夢金甲神人叱令灑掃庭宇，相公且來矣。詰朝誦經以待之，即文懿公也。慧語此，文懿謝之，云：「安有是事！」《曲洧舊聞》卷三。

6 淳化中，張鄧公士遜爲梓州射洪縣令，會歲旱，禱於白崖山陸使君祠，遂雨。公立庭下，若聽命然，須雨足，乃退。蜀人刻石記其事於祠中。《東齋記事》卷四。《宋朝事實類苑》卷十。《仕學規範》卷二十。《名賢氏族言行類稿》卷二十五。

7 張文懿雖爲小官，而憂民出於至誠。在射洪，禱雨於白厓山陸史君之廟。與神約，曰：「神有靈，即賜甘澤。不然，咎在令，當曝死。」乃立於烈日中，意貌端慤。俄頃有雲起西北，霶霈四合，雨大霔足。父老咨異，因爲立生祠焉。《曲洧舊聞》卷三。

8 張文懿爲射洪令時，出城過村寺，寺老僧必迎于道。邂逅過之，亦必出迎。文懿怪而詰之，僧曰：「長官來則山神夜夢告某曰：相公至矣。」一日復往，而僧不出，文懿曰：「不出何也？」僧謝曰：「神不我告也。」文懿以爲誕，使僧問其所以，夜夢告曰：「長官誤斷殺牛事，天符已下，不復相矣。」文懿驚駭，省之，果嘗有殺牛事也，遂復改正。明日再過寺，僧復出曰：「昨夕山神云，長官復爲相，明日當來，但減算耳。」後文懿三入中書。《聞見近録》。

9 張文懿爲射洪令，一道士詣邑，熟視文懿不語。久之，頂間取瓢，出藥十粒，顧文懿曰：「可餌之。」文懿即餌之。道士微笑，復取之，至九十粒即吐。道士浴之，使再餌之，復吐其四，實餌八十六粒。道士曰：「明日可到城外觀也。」明日詣之，謂文懿曰：「欲爲神仙耶？欲爲宰相耶？」文懿曰：「欲爲相耳。」道士咨歎久之，留一書，封緘甚密：「且候作相，老勸時開。」竟不知其何人也。文懿八十六歲，未嘗有疾，至上元偶思道士所留書，啓之，乃彩選一册，因會子弟作選至宰相，視上惟有真人耳，始悟道士意也。明日，道士忽至，顧文懿曰：「打疊了未？」語畢而去。使人訪之，即卧店中卒矣。文懿忽覺腹痛，須臾一囊下，藥八十六粒炳然如新。遂葬藥于三寶堂下，是夕薨。《聞見近録》。

10 查道善鑒人物。知許昌日，張文懿罷射洪令，歸闕過之，一見大悦，以書薦於楊大年。大年令諸子列拜之，文懿辭不敢當。大年曰：「不十年，此輩皆在君陶鑄之末，但恨老朽不見君富貴耳。」其後果如其言。《曲洧舊聞》卷三。

11 〔太傅張公〕以淳化三年孫何榜下及第，久困選調，年幾五十，始轉著作佐郎、知邵武縣。還朝，以文贄楊公大年，比三日，至門下，連值楊公與同輩打葉子，門吏不敢通，公亦弗去。楊公忽自窗隙目之，知非常人，延入款語，又觀所爲文，以爲有宰相器。未幾，薦爲御史，尋充壽春王友，由此附會，遂登台輔。然公寛厚長者，記存故舊，嘗與邵武姓魚一僧相善，及貴，猶不忘，爲魚奏紫方袍，弟子守仙亦沾錫服。晚年致政，猶時時遺守仙物不絶，答書皆親筆，書語皆稠疊勤拳，其敦篤如此。《青箱雜記》卷八。《宋朝事實類苑》卷十。

12 真宗時，試進士初用糊名法，以革容私之弊。張士遜以監察御史爲巡鋪官，因白主司有親戚在進士，明日當引試，願出以避嫌。主司不聽，士遜乃自言引去。真宗是之。《燕翼詒謀録》卷五。

13 張鄧公士遜，以監察御史爲諸科考試官，以舉子有當避親者，求免去，主司不從，真宗嘉之。自後，試官親戚，悉牒送别頭考校，至今著爲令。《澠水燕談録》卷六。

14 張鄧公爲殿中丞，一見王東城，遂厚遇之，語必移時。王公素所厚唯楊大年，公有一茶囊，唯大年至，則取茶囊具茶，他客莫與也。公之子弟，但聞取茶囊，則知大年至。一日，公命取茶囊，群子弟皆出窺大年，及至，乃鄧公。他日，公復取茶囊，又往窺之，亦鄧公也。子弟乃問公：「張殿中者何人，公待之如此？」公曰：「張有貴人法，不十年當據吾座。」後果如其言。《夢溪筆談》卷九。《宋稗類鈔》卷三。

15 真皇時，置天慶觀。張鄧公士遜爲廣南東路轉運使，會詔天下置天慶觀，公因請即舊觀爲之，以紓天下土木之勞。詔如其請。《東齋記事》卷一。

16 見王旦53。

17 張文懿公士遜在相位，陳堯佐罷參知政事，有挾怨上言堯佐欲反，復有誣諫官陰附宗室者。士遜置二奏上前，且言：「憸言動搖朝廷，若一開姦萌，則臣亦不能自保矣。」上悟，置告者於法，誣諫官事亦寢。《言行龜鑑》卷六。《昨非庵日纂》二集卷十七。

18 見呂夷簡28。

19 見孔道輔8。

20 士遜爲人寬厚，亦有過人者。一日，仁宗語士遜曰：「人言范仲淹嘗欲乞廢朕，朕但未見其章疏爾。」士遜曰：「陛下既未見其章疏，不可以空言加罪，望陛下訪之。」積十數請，仁宗曰：「竟未之見也，然爲朕言之者多矣。」士遜力爲辨其不然，仁宗意乃解。其後士遜歸老，啓國於鄧。仲淹適守鄧州。士遜還鄉，仲淹置酒高會。明日，士遜復置會，揮金甚盛，時人榮之。《東都事略》卷五十二。

21 彭舉正，萍鄉人。端莊謹愿，確守禮法，苦志於學，目不妄視，口不妄言。宰相張士遜聞其名，招置館下，甚愛重之。舉正一夕獨坐書室，聞窗中切切有人私語聲。須臾，有物投窗中而去，秉燭取觀，得紅羅髻頭一條。翌早，公朝歸，舉正告辭求去甚力，公曰：「何遽如此，得非有説乎？」舉正具白以夜來事，公笑曰：「老夫知君莊重有守，聊以此相戲耳，毋自反責。」苦留之。數年特與奏補，累官國子博士、衡州刺史。《湖海新聞夷堅續志》前集卷一。

22 張士遜以二女入侍，諫官將言，乃出之。《碧雲騢》。

23 張鄧公在相位，喪閨女，几上書「薄福」字。《珍席放談》卷下。

24 張鄧公士遜三入相，景祐五年，與章郇公並命，已七十五歲。後二年，西賊叛命，即寶元、康定之間，措置乖方，物議罪之。萬引年，除正太傅致仕，以小詩白郇公云：「赭案當衙並命時，蒹葭衰朽倚瓊枝。如今我得休官去，鴻入南溟鳳在池。」近輔咸知焉。當時輕薄少年改鄧公詩云：「赭案當衙並命時，與君兩箇没操持。如今我得休官去，一任夫君鶻露啼。」聞者無不大哂也。《談淵》。《堅瓠己集》卷二。

25 張退傅相公與陳文惠公同秉政，張既以帝傅致政，有詩寄文惠曰：「赭案當年並命時，蒹葭衰颯倚瓊枝。皇恩乞與桑榆老，鴻入高冥鳳在池。」張公既退居，年七十八歲，有《除夜》詩：「八十光陰有二年，煙蘿門户喜開關。近來無奈山中相，頻寄書來許綴班。」退傅以八十二歲薨，正八十有二之讖。《倦游雜録》。《宋朝事實類苑》卷三十五。《古今事文類聚》前集卷三十二。

26 退傅張鄧公士遜晚春乘安轝出南薰，繚繞都城，游金明。抵暮，指宜秋而入，閽兵捧門牌請官位，退傅止書一闋於牌，云：「閑游靈沼送春回，關吏何須苦見猜。八十衰翁無品秩，昔曾三到鳳池來。」《湘山野録》卷中。《宋朝事實類苑》卷三十五。《堯山堂外紀》卷四十五。《宋稗類鈔》卷三。

27 張文懿既致政，而安健如少年。一日，西京看花回，道帽道服，乘馬張蓋，以女樂從入鄭門，監門官不之識也，且禁其張蓋，以門籍請書其職位。文懿以小詩大書其紙末云：「門吏不須相怪問，三曾身到鳳池來。」監門官即以詩進，仁宗遣中使錫以酒餼問勞。《聞見近録》。

28 張丞相士遜，慶曆年懇上封章，乞還政柄，方許還第。一日，暫出游近邑，惟一僕馭馬，一僕持傘。復歸，門吏訶其青蓋，詢問。丞相取門曆書一絶云：「因思山去看山回，軟帽輕紗入御臺。門吏何須問張蓋，兩曾身到鳳池來。」門吏以詩奏御。仁廟喜愛其詩意，特賜銀絹各百，中使傳旨云：「助卿游山之費。」朝野榮之。《青瑣高議》前集卷五。

29 張文懿爲鄧國公，既致政還鄉。時范文正守鄧，置酒高會，軍校皆命坐。文懿既至，即據主席而客文正，席中駭之。文懿徐曰：「公知鄧州，蹔守此土耳。老夫開國於此，所以主席無嫌。」識者是之。明日，文懿復置會，揮金甚盛，以帛三百端爲文正壽。時人榮之。《清虚雜著補闕》。

30 仁宗篤師傅恩，遇公特厚，致政後，每大朝會，常令綴兩府班。公時已八十餘，而拜跪尚輕利，仁宗悦，乃飛白「千歲」二字賜之。公遽進歌以謝。《青箱雜記》卷八。

張友正

1 張友正，鄧公之季子，少喜學書，不出仕。有别業，價三百萬，盡鬻以買紙。筆蹟高簡，有晉宋人風味，尤工于草書。故廬在甜水巷，一日棄去，從水櫃街僦小屋，與染工爲鄰。或問其故，答曰：「吾欲假其縑素學書耳。」于是與約，凡有欲染皂者先假之，一端酬二百金，如是日書數端。《石林避暑録話》卷三。《宋稗類鈔》卷八。

2 張友正，字義祖，退傅鄧公之子。自少學書，常居一小閣上，杜門不治他事。積三十年不輟，遂以善書名。神宗嘗評其草書爲本朝第一。《郤掃編》卷中。

3 〔張〕義祖，名友正，退傅之子，居昭德坊，不下閣二十年，學書窺右軍之妙，尚以蔡君謨爲淺近，米元章爲狂誕非合作，然世無知者。《邵氏聞見後録》卷二十八。

吕夷簡

1 五代時，有姓吕爲侍郎者三人，皆名族，俱有後，仕本朝爲相。吕琦，晉天福爲兵部侍郎，曾孫文惠端相太宗。吕夢奇，後唐長興中爲兵部侍郎，孫文穆蒙正相太宗，曾孫文靖夷簡相仁宗，衣冠最盛。已具《前録》。吕咸休，周顯德中爲户部侍郎，七世孫正愍大防相哲宗。異哉！《揮麈後録》卷二。

2 吕察問云：其叔曾祖文靖公未達時，嘗夜步月下，逢婦人以紅冪首立於側，公了不顧，婦人言：

「官人覷我一覷。」亦不答，至於再三，漫揭其冪，則滿面皆眼也，叱之曰：「恁觜臉卻要人看！」婦無語，而立不動。少頃，公復過前，乃謝曰：「官人真有宰相器量。」遂没不見。《異聞總録》卷四。

3 吕文靖少時，伯父司空不以任子薦之。宗親爲言，司空曰：「彼當自致公輔，豈可以門閥卑之？」後中甲科，爲職官，月俸五千八百。乃約家人，日用不過百金，有餘，置竹筒盛之。一千以供太夫人，一千以畀内子，八百以備伏臘。竹筒之積，具飯以待同寮。上下欣然，無不足之色。後果繼世父官。《魏公譚訓》卷十。

4 見馬亮3。

5 見吕蒙正24。

6 吕申公夷簡嘗通判蜀中，忘其郡名。廨宇中素有鬼物，號榆老姑，乃榆木精，其狀一老醜婦。常出厨間，與群婢相爲偶，或時不見。家人見之久，亦不以爲怪。公呼問之，即下階拜之云：「妾在宅日久，雖非人，然不敢爲禍。」公亦置而不問。常謂公他日必大貴。一日忽懷妊，群婢戲之，自言非久當産，遂月餘不見。忽出云：「已産矣，請視之，後園榆木西南生大贅乃是。」視之果然。《詩話總龜》後集卷四十二引《見聞録》。

7 梅侍讀知濠州，嘗夢有人通刺云：「相公來謁。」睡起，通判吕殿丞至，文靖公也。梅見其語話奇特，遂厚待之。梅後坎軻，當吕作相，引爲待制。《宋朝事實類苑》卷四十五引《康靖公聞見録》。

8 含桃閣在〔鳳陽〕府之舊濠州廨。宋祥符中，梅詢爲守，吕夷簡爲倅，相得甚歡，以此爲憩宴之地。

《明一統志》卷七。

9 海陵西溪鹽場，初，文靖公嘗官于此，手植牡丹一本，有詩刻石。後范文正公亦嘗臨莅，復題一絶：「陽和不擇地，海角亦逢春。憶得上林色，相看如故人。」後人以二公詩筆故，題詠極多，而花亦爲人貴重，護以朱欄，不忍採折。歲久茂盛，枝覆數丈，每花開數百朶，爲海濱之奇觀。《澠水燕談録》卷七。《宋朝事實類苑》卷三十四。

10 吕許公夷簡爲郡守，上言乞不税農器。真宗知其可爲宰相，記名殿壁，後果正台席。《東軒筆録》卷三。《宋朝事實類苑》卷九。

11 見王旦54。

12 真宗崩，丁晉公爲山陵大禮使，宦者雷允恭爲山陵都監。及開皇堂，泉脉坌湧，丁私欲庇覆，遂更不聞奏，擅移數十丈。當時以爲移在絶地，於是朝論大諠。是時吕夷簡權知開封府，推鞫此獄，丁既久失天下之心，而衆咸目爲不軌，以至「取彼頭顱，置之郊社」云云。獄既起，丁猶秉政，許公雅知丁多智數，凡行移、推劾文字，及追證左右之人，一切止罪允恭，略無及丁之語。獄具，欲上聞，丁信以爲無疑，遂令許公奏對。公至上前方暴其絶地之事，謂竟以此投海外，許公遂參知政事矣。《東軒筆録》卷三。

13 真宗初上仙，莊獻攀慕號切，凡喪祭之禮，務極崇厚。吕文靖公奏曰：「太后爲先帝喪紀之數，宗廟之儀，不忍裁減，曲盡尊奉，此雖至孝之道，以臣所見，尚未足報先帝恩遇之厚。唯是遠姦邪，奬忠直，惜民財，拔擢時彦，使邊徼寧靖，人物富安，皇帝德業日茂，太后壽樂無憂，此報先帝之大節也。」《澠水燕談録》

卷一。《宋朝事實類苑》卷十六。

14 章懿太后之葬也，明肅方聽政，有旨令鑿内城垣以出柩。是時吕文靖公夷簡當國，遽求對，而明肅已揣知其意，止令入内都知羅崇勳問有何事。文靖具奏鑿垣非禮，宜開西華門以出神柩。明肅使崇勳報曰：「向夷簡道，豈意卿亦如此也。」文靖答曰：「臣備位宰相，朝廷大事當廷争，太后不允，臣終不退。」崇勳三返，而太后之意不回。文靖正色謂崇勳曰：「宸妃誕育聖主，而送終之禮如此，異時治今日之事，莫道夷簡不争。太尉日侍太后左右，不能開述諷導，當爲罪魁矣。」崇勳大懼，馳告明肅，於是始允所請。《東軒筆録》卷四。

15 吕文靖公爲相，章獻太后垂簾同聽政。李宸妃薨，章獻秘之，欲以宫人常禮治喪於外。文靖早朝，留身奏曰：「聞禁中貴人暴薨，喪禮宜從厚。」章獻遂挽仁宗入内。少頃，獨坐簾下，召文靖問曰：「一宫人死，相公云云何與？」公曰：「臣待罪宰相，事内外無不當預。」章獻怒曰：「相公欲離間我母子耶？」公從容對曰：「陛下不以劉氏爲念，臣不敢言；尚念劉氏也，喪禮宜從厚。」章獻悟，遽曰：「宫人李宸妃也，且奈何？」文靖乃請治喪皇儀殿，太后與帝舉哀後苑，百官奉靈轝由西華門以出，用一品禮殯洪福寺。公又謂入内都知羅崇勳曰：「宸妃當以后服殮，用水銀實棺，異時莫道夷簡不曾説來。」章獻皆從之。後章獻上仙，燕王謂仁宗言：「陛下李宸妃所生，妃死以非命。」仁宗號慟毁頓，不視朝者累日，下哀痛之詔自責，尊宸妃爲皇太后，謚章懿。甫畢，章獻殿殯，幸洪福寺祭告。易梓宫，帝親哭視之，后玉色如生，冠服如皇太后者，以有水銀沃之，故不壞也。帝歎息曰：「人言其可信哉！」待劉氏加厚。使仁宗孝德、章獻母道兩全，文靖公先見之明也。嗚呼智哉！《邵氏聞見録》卷八。《東都事略》卷五十二。《昨非庵日纂》二集卷一。

16 見晏殊15。

17 仁宗初即位，章獻明肅皇后垂簾。一夕大内火，宫門晨未啟，輔臣請對。上與太后御拱宸門樓，百官拜樓下。申公獨立不肯拜，曰：「昔者禁掖不戒于火，中外震動。願一見上，乃敢拜。」詔爲舉簾見之。廷中聳然稱歎，皆曰：「此真宰相器也。」《寓簡》卷四。《東都事略》卷五十二。《言行龜鑑》卷六。

18 契丹遣使借兵伐高麗，明肅欲與之，文靖公堅執不可。后曰：「適已微許其使矣，不與恐生怨，奈何？」公曰：「但以臣不肯拒之。」既而后語其使曰：「意非不欲應，但吕相公堅不可耳。」使人無語而去。《宋名臣言行録》前集卷六。《東山談苑》卷四。

19 契丹求和親，割關南之地。狄使見吕夷簡，畏伏曰：「觀宰相如此，雖留無益。」《自警編》卷六。

20 吕許公當國，是時太后臨朝，仁宗尚幼，公能以智輯睦二宫，無纖毫之隙。及許公薨，仁宗方視朝，慟哭久之，顧左右大臣曰：「吕夷簡死，誰復能辨大事者！」及舉哀，哭之甚慟。遂以祭奠器皿盡賜其家。張公安道時攝太常卿，親見其事。其後奉勑撰《許公神道碑》，其家欲言和協二宫事，安道於上前質其虚實，上不喜，曰：「吾不能復記此事。」良久乃曰：「明肅章獻嘗自言夢周王祐真宗長子，早夭。來告，將脱生荆王宫中。時允初始生，荆王少子，所謂五相公者。太后欲取入宫養之，吕夷簡争之，乃止。」上所言如此，則許公信有力矣。《龍川别志》卷上。

21 見晁迥8。

22 見晁迥11。

23 見包拯5。

24 劉后上仙，仁宗欲以楊太妃爲太后，以問申公。申公曰：「典故無此事。」上曰：「奈已許之矣。」呂曰：「太后樂乎？」上曰：「樂之。」呂即曰：「唯唯。陛下宫中甚孤立，不便。」呂以此意密語公。時諫官、御史知其非而畏其説，竟不敢争也。公曰：「呂公固多不正以結上，然皆有説以勝人，人亦不能奪也。」劉后服未除，而勸仁宗娶曹后，希文進曰：「又教陛下做一不好事。」他日，呂語某云：「此事外人不知，劉既上仙，官家春秋盛，郭后、尚美人皆以寵廢，以色進者不可勝數，已幾於昏矣。不立后，無以止之。」公曰：「每事自有深意。」《韓魏公别録》。

25 仁宗初蒞政，問輔臣：「四方奏獄來上，不知所以裁之，如之何則可？」呂文靖公夷簡進曰：「凡奏獄，必出於疑。疑則從輕可也。」帝深以爲然，故終仁宗之世，疑獄一從於輕。《厚德録》卷四。

26 范公作諫官，申公不悦王隨，乃面諷希文云：「隨近日多引師巫出入。及某事某事，皆可擊也。」希文云：「某不知其詳，未敢聞命。」呂知希文不納，恐事泄，反以語隨云：「范司諫欲奏言某事，某已勸之，且止矣。」公曰：「呂申公極有機智，雖忌正人，然亦未嘗敢全疏棄之。」《韓魏公别録》。

27 見郭后3。

28 張鄧公、呂許公同作宰相。一日朝退，仁宗獨留呂公，問曰：「張士遜久在政府，欲與一差遣出去。」呂公曰：「士遜出入兩朝，亦頗宣力。」仁宗曰：「恩命如何？」呂公曰：「與除静江軍節度使、檢校太傅，知許州。」仁宗曰：「有虧他否？」呂公曰：「聖恩優厚。」呂公既退，張、呂親姻也，私焉曰：「主上獨留公，必是士遜別有差遣。」因祈以恩命。呂沉吟久之，曰：「使弼，使弼。」張亦欣然慰望。是日，張公打屏閤子内物色過半矣，既夕鎖院，明日早，張公令院子盡搬閤子内物色歸家，更不趨待漏院，只就審官東院待漏。既入朝，張公惟祇候宣麻，呂公惟準擬押麻耳。忽有堂吏報呂公云：「相公知許州。」呂公大驚。于是張公押麻，乃呂公除静江軍節度使、檢校太傅，知許州也。《孔氏談苑》卷一。《賓退録》卷四。參見宋仁宗26。

29　呂許公夷簡爲相日，文潞公彦博爲太常博士，進謁，許公改容禮接，因語之曰：「太博去此十年，當踐某位。」《東軒筆録》卷三。《宋朝事實類苑》卷四十九。《古今事文類聚》前集卷三十九。

30　見文彦博8。

31　見章得象5。

32　見盛度15。

33　見李淑1。

34　景祐末，西鄙用兵，大將劉平死之，議者以朝廷使宦者監軍，主帥節制有不得專者，故平失利。詔誅監軍黄德和。或乞罷諸帥監軍，仁宗以問宰臣，呂文靖公曰：「不必罷，但擇謹厚者爲之。」仁宗委公擇之，對曰：「臣待罪宰相，不當與中貴私交，無由知其賢否。願詔都知、押班保舉，有不職，與同罪。」仁宗從之。翌日，都知叩首乞罷諸監軍。士大夫嘉公有謀。《澠水燕談録》卷二。《宋朝事實類苑》卷九。《宋名臣言行録》前集卷六。《錦繡萬花谷》前集卷十。

35 范文正公於景祐三年言吕相之短，坐落職、知饒州，徙越州。康定元年，復天章閣待制、知永興軍，尋改陝西都轉運使。會許公自大名復入相，言於仁宗曰：「范仲淹賢者，朝廷將用之，豈可但除舊職邪？」即除龍圖閣直學士、陝西經略安撫副使。上以許公爲長者，天下皆以許公爲不念舊惡。文正面謝曰：「曏以公事忤犯相公，不意相公乃爾獎拔。」許公曰：「夷簡豈敢復以舊事爲念耶？」《涑水記聞》卷八。《宋名臣言行録》前集卷六。《厚德録》卷二。《自警編》卷四。《言行龜鑑》卷三。《何氏語林》卷十四。

36 見宋庠20。

37 見宋庠21。

38 見宋祁19。

39 見富弼16。

40 慶曆中，仁宗服藥，久不視朝。一日，聖體康復，思見執政，坐便殿，促召二府。宰相吕許公聞命，移刻方赴召。比至，中使數促公，同列亦贊公速行，公愈緩步。既見，上曰：「久疾方平，喜與公等相見，而遲遲其來何也？」公從容奏曰：「陛下不豫，中外頗憂，一旦聞召近臣，臣等若奔馳以進，慮人驚動耳。」上以爲得輔臣之體。《澠水燕談録》卷二。《宋朝事實類苑》卷九。《宋名臣言行録》前集卷六。《邵氏聞見録》卷八。《仕學規範》卷二十。《自警編》卷七。《何氏語林》卷十四。《錦繡萬花谷》前集卷十。《昨非庵日纂》二集卷十。《宋稗類鈔》卷三。

41 張安壽曰：呂申公夷簡平生朝會出入進止皆有常處，不差尺寸。慶曆中爲上相，首冠百僚起居，誤忘一拜而起，外間讙言呂相失儀。余時舉制科在京師，聞之，曰：「呂公爲相久，非不詳審者，今大朝會而失儀，是天奪之魄，殆將亡矣。」後十四日，忽感風疾，遂致仕，以至不起。《涑水記聞》卷三。

42 慶曆初，呂許公在相位，以疾甚求罷。仁宗疑其辭疾，欲親視之。乃使乘馬至殿門，坐椅子輿至殿陛，命其子公弼掖以登。既見，信然，乃許之。《石林燕語》卷八。

43 呂許公疾病，仁宗剪髭爲藥以賜之，又手詔以問群臣可任兩府者。其親遇如此。《涑水記聞》卷十。

44 見陳堯佐10。

45 范文正公仲淹爲參知政事，建言乞立學校、勸農桑、責吏課、以年任子等事，頗與執政不合。會有言邊鄙未寧者，文正乞自往經撫，於是以參知政事爲河東、陝西安撫使。時呂許公夷簡謝事居圃田，文正往候之，許公問曰：「何事遽出也？」范答以「暫往經撫兩路，事畢即還矣」。許公曰：「參政此行，正蹈危機，豈復再入？」文正未諭其旨，果使事未還，而以資政殿學士知邠州。《東軒筆録》卷四。

46 呂文靖公致政，居鄭州。范文正公自參知政事出爲河東陝西宣撫使，過鄭，見文靖公。文靖問曰：「參政出使何也？」文正曰：「某在朝無補，自謂此行欲圖報於外。」文靖笑曰：「參政誤矣。既跬步去朝廷，豈能了事？」文正聞其言，始有悔意。未幾，除資政殿學士、知邠州，兼陝西四路安撫使。《邵氏聞見録》卷八。

47 見范仲淹44。

48 文靖夫人因内朝，皇后曰：「上好食糟淮白魚。祖宗舊制，不得取食味於四方，無從可致。相公家壽州，當有之。」夫人歸，欲以十奩爲獻。公見問之，夫人告以故，公曰：「兩奩可耳。」夫人曰：「以備玉食，何惜也？」公悵然曰：「玉食所無之物，人臣之家安得有十奩也？」《邵氏聞見録》卷八。

49 吕文靖教馬子山云：「事不要做到十分。」子山初未諭，其後語人云：「一生只用此一句不盡。」《孔氏談苑》卷三。

50 大丞相吕夷簡，一日，有儒者張球獻詩曰：「近日厨中乏所供，孩兒啼哭飯籮空。母因低語告兒道，爹有新詩上相公。」公見詩甚悦，因以俸錢百緡遺之。又爲引道貴官門館，得依棲之。《青瑣高議》前集卷五。《堅瓠丁集》卷三。

51 吕文靖生四子：公弼、公著、公奭、公孺，皆少時，文靖與其夫人語：「四兒他日皆繫金帶，但未知誰作宰相，吾將驗之。」他日，四子居外，夫人使小鬟擎四寶器，貯茶而往，教令至門故跌而碎之，三子皆失聲，或走歸告夫人者，獨公著凝然不動。文靖謂夫人曰：「此子必作相。」元祐果大拜。《孫公談圃》卷下。《仕學規範》卷十。《群書類編故事》卷十六。《何氏語林》卷十四。《昨非庵日纂》一集卷十。《宋稗類鈔》卷三。

52 〔吕〕文靖長於知人，世能道其事者。王仲儀，故相子，待制年未四十，一日謁公，簪紳騎從華奕。公二子窺之，相與羡慕。公知而語曰：「汝輩何愛王某？」對云：「以其少年榮達耳。」又告之曰：「爾曹皆當遠過斯人。」二子者，晦叔、寶臣，一宰相，一樞密使。《珍席放談》卷下。

53 吕文靖公宅在京師榆林巷，群從數十。遇時節朔望，則昧旦共集於一處，以須尊者之出。《異聞總録》卷四。

王隨

1 王章惠公隨舉進士時甚貧，游於翼城，逋人飯，執而入縣。石務均之父爲縣吏，爲償錢，又飯之，館之於其家，而其母尤所加禮。一日，務均醉毆之，王遂去。明年登第，久之，爲河東轉運使，務均恐懼逃竄。然隨豈有害之之意乎？至是事敗，文潞公爲縣，捕之急，往投隨，隨已爲御史中丞矣。未幾，封一鋌銀至縣，葬務均之母，事少解。至隨爲參知政事，奏務均教練使，務均亦改行自修。王公長厚，而不忘一飯之恩也如此。《東齋記事》卷三。《宋朝事實類苑》卷二十二。《厚德録》卷二。《自警編》卷四。《言行龜鑑》卷三。

2 王章惠公隨知揚州，許元以舉子上謁，自陳世家，乃唐許遠之後。章惠率同僚上表，薦其忠烈之家，乞朝廷推恩，而通判以下皆不從，章惠遂獨狀薦之，朝廷以爲郊社齋郎。元有材謀，曉錢穀，爲江淮制置發運判官，以至爲使，凡十餘年，號爲能臣，終天章閣待制。《東軒筆録》卷十一。《宋朝事實類苑》卷五十七引《涑水記聞》。

3 見林逋3。

4 王章惠公隨知戎州，戎人多蓄逃卒。或忤意，則執以求賞，故坐法衆。隨至，下令能自歸者免，仍隸舊籍，多所全活。《厚德録》卷四。案：戎州，據《東都事略》卷五十六及《宋史》卷三百一十一，當作「秦州」。

5 明道中，江淮薦饑，始命王隨爲安撫使。隨素無才術，不能拯傷救弊，以活流殍。但令人負緡以散丐者，每出則前後擁塞，趨導者不能呵，隨方姁姁矜問，示爲恩惠，識者無不嗤之。《儒林公議》。

6 王隨作相，病已，甚好釋氏，時有獻嘲者云：「誰謂調元地，番成養病坊。但見僧盈室，寧憂火掩房。」在杭州常對一聾長老誦已所作偈。僧既聵，離席引首，幾入其懷，實無所聞。番歎賞之，以爲知音之妙。《江隣幾雜志》。《孔氏談苑》卷二。《唐宋分門名賢詩話》卷三。《宋詩紀事》卷九十六。

7 丞相王公隨亦悟性理，捐館時，知河陽，作偈曰：「畫堂燈已滅，彈指向誰説。去住本尋常，春風掃殘雪。」是夕薨。凌晨大雪，實正月六日。《青箱雜記》卷十。《江鄰幾雜志》。

8 王丞相隨刻意於詩，以謂詩皆言志，不可容易而作。嘗有應制科人成鋭集詩三篇，國子博士侯君以獻於隨。隨覽之，乃親筆尺牘答侯君，其略曰：「隨拜啓：伏承賢良成秀才見訪不及，裁製三册，文華宏逸，學術該贍。然覽《野菊詩》云：『彩檻應無分，春風不借恩。』又《野花詩》云：『馨香雖有艷，栽植未逢人。』實皆綺靡不辭，未協榮登之兆。復閲《别隨州裴員外》嘉句云：『憑高看漸遠，更上最高樓。』諒惟再舉，合踐高科。」其好品藻如此。《青箱雜記》卷七。

9 王隨相諱德，幕賓謂德爲可已，優人贊祝云：「此相公之可已。」《江隣幾雜志》。

章得象

1 郇公之未生，鄧國太夫人夢陟山巔，禮高廣坐，授玉像一，既喜，寤。郇公之始生，太師密公夢相者拜於前，傍有人曰：「相而拜台輔也。」二尊爲詩以勵之曰：「吾家累世多陰施，今日青雲豈假梯。」已而果然。《搜神秘覽》卷中。

2〔章得象〕母嘗夢登山，遇神人授以玉象，及生，復夢庭積象笏，因名得象。《東都事略》卷五十六。

3 閩中唯建、劍、汀、邵武四處殺子，士大夫家亦然。章郇公，建州人，生時家媪將不舉，凡滅燭而復明者三，有呼於梁者曰：「相公。」家人懼甚，遽收養之。《孫公談圃》卷下。

4 世言閩人多短小，而長大者必爲貴人。郇公身既長大，而語聲如鐘，豈出其類者是爲異人乎！其爲相務以厚重，鎮止浮競，時人稱其德量。《歸田録》卷二。《宋朝事實類苑》卷六十四。

5 章郇公雖閩人，然其爲人厚重。少時有相工知人貴賤，公父以兄弟見之，相者曰：「中有一人大貴。」公就位，舍去不復問。公弟從之不已。父曰：「所謂貴者誰也？」相者曰：「舍去者是也。」後以侍郎爲參知政事。吕許公鄙其爲人，宋宣獻時以尚書爲樞密副使，許公即以爲參知政事，欲以逼公。公之親友皆勸公自引去，公不聽。久之，宣獻卒，乃求避位。許公深愧之，言於仁宗，留公不遣。及許公薨，遂秉政。《龍川别志》卷上。

6 章子平言其祖郇公初宰信州玉山縣，以憂去，服除，再知玉山縣。帶京債八百千赴任，既而玉山縣數豪僧爲償其債，郇公作詩謝其僧，僧以石刻之，流布四方，而時無貶議者。玉山有舉子徐生，郇公與之游，嘗過生，生置酒，酒酣，郇公作詩書于壁曰：「村醪山菓簇盃盤，措大家風總一般。今日相逢非俗客，憑君莫作長官看。」《東軒筆録》卷十五。

7 章郇公守洪州，嘗因宴客，擲骰賭酒。乃自默占，如異日登台輔，即成貴采，一擲得佛面浮圖。遂緘祕其骰，至爲相猶在。《能改齋漫録》卷十八。《宋稗類鈔》卷一。《茶香室續鈔》卷二十一。

8《司馬文正公日録》云：章郇公得象爲職方，知洪州罷歸。丁晉公與楊文公博，召數人皆不至。丁以爲二人博無歡，楊曰：「有章職方者善博，可召之。」既至，丁不勝，輸銀器數百兩。章無喜色，亦不辭。他日又博，章輸銀器數百兩，亦無吝色。丁由是嘉其有度量，援引以至清顯。楊亦嘗稱郇公他日必爲公臺。《苕溪漁隱叢話》後集卷三十六。《宋稗類鈔》卷三。

9 章郇公作正字日，寒食，與丁晉公會博，勝且厚。丁翌日封置所負銀數百兩歸公。明年寒食復博，而郇却負于丁。丁督索甚急，郇即出舊物以償之。而封緘如舊，塵已昏垢。丁大服其量。《能改齋漫録》卷十二。《宋稗類鈔》卷三。

10 章相性簡静，差試舉人，出《人爲天地心賦》。舉子白云：「先朝嘗開封府發解出此題，郭稹爲解元，學士豈不聞乎？」曰：「不知，不知。」匆遽别出一題目《教由寒暑》，既非已豫先杼軸，舉人上請：「題出《樂記》，此教乃樂教也，當用樂否？」應曰：「諾。」又一舉人云：「上在諒陰，而用樂事，恐或非便。」紛紜不定，爲無名子嘲曰：「武成廟裏沽良玉，開封府舉人就武成王廟試《良玉不琢賦》夫子門牆弄簸箕。國學試《良弓之子必學爲箕賦》。惟有太常章得象，往來寒暑不曾知。」《江鄰幾雜志》。《詩話總龜》前集卷三十八。《唐宋分門名賢詩話》卷三。

11 章郇公在翰林十二年。當劉太后時，人多儌倖，以希大用，公乃中立不倚。晚遷承旨，最爲久次。及副樞李公諮卒，公始代之。時有親吏聞命，即徑造齋閣報慶。公厲聲曰：「無妄語。」乃叱出之。《能改齋漫録》卷十二。

12 章相在翰林日，嘗差知權開封府二十七日，請僧在家設七晝夜道場，懼冤濫也。《江隣幾雜志》。

13 章郇公初入樞府，以所賜鞍繡文疏略，命市工别繡之。既就來上，視其花乃宰相所用，不旋踵遂大拜。《能改齋漫録》卷十八。

14 見文彦博9。

15 章郇公在中書。歐陽文忠公初自夷陵縣令貶所回，復館職，通判滑州。以書與公求一郡，公答之，無可意。文忠不悦。俄而擢知諫院，一年中歷三司，直龍圖，爲學士、河朔都轉運。文忠始服公非賣恩者。《能改齋漫録》卷十二。

16 章得象在中書時，方天下多敝事，且有西鄙之患，每與范希文、富彦國以文字至相府，欲發議論，輒閉目數數，殊不應人。彦國憤惋，數欲悖之，希文惜大體，不許也。《韓魏公别録》。

17 慶曆中，韓、范、富執政日，務興作。時章郇公爲相，張文定因往見之，語以近日諸公頗務興作，如何？郇公不答。凡數問之，曰：「得象每見小兒跳躑作戲，禁止不得。到觸著牆，自退耳。方其舉步時，勢難遏也。」未幾，三公悉罷。《聞見近録》。

18 慶曆中，富鄭公、韓魏公俱少年執政，頗務興作。章郇公位丞相，終日默然如不能言。或問郇公：「富、韓勇於事爲何如？」曰：「得象每見小兒跳躑戲劇，不可訶止，俟其抵觸牆壁自退耳。方鋭於跳躑時，勢難遏也。」後富、韓二公閲歷歲月，經涉憂患，始知天下之事不可妄有紛更。而王荆公者，年少氣盛，强項莫敵，盡將祖宗典制變亂之。二公不可救止而去，始歎郇公之言爲賢也。《邵氏聞見後録》卷二十。

19 章郇公，慶曆中罷相知陳州，艤舟蔡河上。張方平、宋子京俱爲學士，同謁公，公曰：「人生貴賤，莫不有命，但生年月日時胎有三處合者，不爲宰相，亦爲樞密副使。」張、宋退召術者，泛以朝士命推之，惟得梁適、呂公弼二命，各有三處合，張、宋歎息而已。 是時梁、呂皆爲小朝官，既而皇祐中，梁爲相，熙寧中，呂爲樞密使，皆如郇公之言。《東軒筆録》卷十四。

20 章郇公得象在私第，子弟有夜扣門稟事者，公曰：「若是公事，明早來待漏院理會；若是私事，即於堂前夫人處稟覆。」在中書，一日坐處地陷，徐起，使人填之，不以爲怪。家人聞之甚憂，及公還家，亦不言。至晚，公與弟虞部對飲，虞部問公：「今日聞中書地陷，是否？」曰：「中書地陷，何幹汝事？」竟不言。《言行龜鑑》卷二。《仕學規範》卷十二。

21 初，閩人謡曰：「南臺沙合出宰相。」至得象相時，沙湧可涉。政和六年，沙復湧，已而余丞相深大拜。《揮麈録》卷四。《林下偶談》卷二。《宋稗類鈔》卷六。

22 〔諫議大夫賈昌衡〕言：有一相知任憲，至一郡，有護戎年高，因料兵曰：「護戎老不任事，何可容也？」太守默然，戎乃抗聲曰：「我本不欲來，爲小兒子所强，今果受辱。」憲問小兒子爲誰，曰：「外甥。」復問爲誰，曰：「章得象也。」蓋郇公是時方爲丞相。憲曰：「雖年高，精神不減，不知何餌？」戎曰：「無恁餌。」憲曰：「好箇健老兒。」惠酒而去。《麈史》卷下。

章仲昌

1 見王博文[3]。

晏殊

1〔晏殊〕父本撫州手力節級，公幼能文，李虚己知滁州，一見奇之，許妻以女，因薦於楊大年，大年以聞，時年十三。真宗面試詩賦，疑其宿成，明日再試，文采愈美。上大奇之，即除祕書省正字，令於龍圖閣讀書，師陳彭年。《宋名臣言行録》前集卷六。

2 晏元獻公爲童子時，張文節薦之於朝廷，召至闕下，適值御試進士，便令公就試。公一見試題，曰：「臣十日前已作此賦，有賦草尚在，乞别命題。」上極愛其不隱。及爲館職，時天下無事，許臣寮擇勝燕飲，當時侍從文館士大夫各爲燕集，以至市樓酒肆，往往皆供帳爲游息之地。公是時貧甚，不能出，獨家居與昆弟講習。一日選東宫官，忽自中批除晏殊。執政莫諭所因，次日進覆，上諭之曰：「近聞館閣臣寮，無不嬉游燕賞，彌日繼夕，唯殊杜門與兄弟讀書，如此謹厚，正可爲東宫官。」公既受命，得對，上面諭除授之意，公語言質野，則曰：「臣非不樂燕游者，直以貧無可爲之。臣若有錢，亦須往，但無錢不能出耳。」上益嘉其誠實，知事君體，眷注日深。仁宗朝，卒至大用。《夢溪筆談》卷九。《宋朝事實類苑》卷七。《宋名臣言行録》前集卷六。《澠水燕談録》卷六。《墨客揮犀》卷十。《自警編》卷二。《言行龜鑑》卷一。《昨非庵日纂》二集卷六。《古事比》卷十六。

3 晏殊相年七歲，自臨川詣都下求舉神童。時寇萊公出鎮金陵，殊以所業求見，萊公一見器之。既辭，命所乘賜馬、韉、轡送還旅邸，復諭之曰：「馬即還之，韉、轡奉資桂玉之費。」知人之鑒，今尠其比。《續湘山野録》。

4 曾諫議致堯性剛介，少許可。一日，在李侍郎虚己坐上，見晏元獻公。晏，李之婿也，初爲奉禮郎。曾熟視之曰：「晏奉禮他日貴甚，但老夫耄矣，不及見子爲相也。」《東軒筆録》卷三。《宋朝事實類苑》卷四十九。《雲齋廣録》卷一。《西塘集耆舊續聞》卷八。《古今事文類聚》前集卷三十九。

5 晏相言：作知制誥，誤宣入禁中，真宗已不豫，出一紙文字，視之，乃除拜數大臣。奏：臣是外制，不敢越職領之。須臾，召到學士錢惟演。晏奏：「臣恐洩漏，乞宿學士院。」翌日，麻出，皆非向所見者，深駭之，不敢言。《江隣幾雜志》。《孔氏談苑》卷二。

6 晏元獻公留守南郡，王君玉時已爲館閣校勘，公特請于朝，以爲府簽判，朝廷不得已，使帶館職從公。外官帶館職，自君玉始。賓主相得，日以賦詩飲酒爲樂，佳時勝日，未嘗輒廢也。嘗遇中秋陰晦，齋厨夙爲備，公適無命，既至夜，君玉密使人伺公，曰：「已寢矣。」君玉亟爲詩以入，曰：「只在浮雲最深處，試憑絃管一吹開。」公枕上得詩，大喜，即索衣起，徑召客治具，大合樂。至夜分，果月出，遂樂飲達旦。前輩風流固不凡，然幕府有佳客，風月亦自如人意也。《石林詩話》卷上。《澄懷録》卷上。《堯山堂外紀》卷四十六。《宋詩紀事》卷十一。

7 晏元獻公以文章名譽，少年居富貴，性豪俊，所至延賓客，一時名士多出其門。罷樞密副使，爲南京留守，時年三十八。幕下王琪、張亢最爲上客。亢體肥大，琪目爲牛；琪瘦骨立，亢目爲猴。二人以此自相譏誚。琪嘗嘲亢曰：「張亢觸牆成八字」，亢應聲曰：「王琪望月叫三聲。」一坐爲之大笑。《歸田録》卷一。《宋朝事實類苑》卷六十四。《五雜組》卷十六。《宋稗類鈔》卷六。

8　晏丞相知南京，王琪、張亢爲幕客，泛舟湖中，只以諸妓自隨。晏公把柁，王、張操篙。琪南方人，知行舟次第，至橋下，故使船觸柱而橫，厲聲呼曰：「晏梢使柁不正也。」《孔氏談苑》卷三。《何氏語林》卷二十五。《黄嬭餘話》卷一。

9　晏元獻公赴杭州，道過維揚，憩大明寺，瞑目徐行，使侍史誦壁間詩板，戒其勿言爵里姓名，終篇者無幾。又俾别誦一詩云：「水調隋宫曲，當年亦九成。哀音已亡國，廢沼尚留名。儀鳳終陳跡，鳴蛙只沸羹。淒涼不可問，落日下蕪城。」徐問之，江都尉王琪詩也。召至同飯，又同步游池上。時春晚，已有落花，晏云：「每得句書墻壁間，或彌年未嘗强對。且如『無可奈何花落去』，至今未能也。」王應聲曰：「似曾相識燕歸來。」自此辟置，又薦館職，遂躋侍從矣。《能改齋漫録》卷十一。《苕溪漁隱叢話》後集卷二十引《復齋漫録》。《詩人玉屑》卷十引《遺珠》。《宋稗類鈔》卷五。《宋詩紀事》卷十一。案：《苕溪漁隱叢話》云晏殊不曾知杭州，「復齋乃云元獻赴杭州，道過維揚」，所記誤。

10　晏元獻早入政府，迨出鎮，皆近畿名藩，未嘗遠去王室。自南都移陳，離席，官奴有歌「千里傷行客」之詞。公怒曰：「予生平守官，未嘗去王畿五百里，是何千里傷行客也。」《能改齋漫録》卷十六。《宋稗類鈔》卷二。

11　晏元獻爲藩郡，率十許日乃一出廳，僚吏旅揖而已。有欲論事，率因親校轉白，校復傳可否以出，遂退。《老學庵筆記》卷七。

12　曾祖爲三司判官，夏相爲使，一歲才一開宴，女樂侍姬，管絃器皿，窮極奢僭。後晏公代使，每休沐，約同寮置酒，案上不過數器。久之，漸進盈几，乃草具。歌舞倦，則曰：「此輩伎倆已盡，吾輩亦可呈事藝。」設硯墨紙札，各賦詩述懷以爲樂。《魏公譚訓》卷六。

13 元獻晏公爲丞相時，作新第于城南。時錢思公鎮西洛，晏求牡丹于思公。公以絶句并花寄晏云：「名花封殖在秋期，翠石丹萓幸可依。華館落成和氣動，便隨桃花共芳菲。」《能改齋漫録》卷十一。

14 見李宸妃4。

15 章懿之崩，李淑護葬，晏殊撰志文，只言生女一人，早卒，無子。仁宗恨之，及親政，内出志文，以示宰相曰：「先后誕育朕躬，殊爲侍從，安得不知？乃言生一公主，又不育，此何意也？」呂文靖曰：「殊固有罪，然宫省事祕，臣備位宰相，是時雖略知之而不得其詳，殊之不審，理容有之。然方章獻臨御，若明言先后實生聖躬，事得安否？」上默然良久，命出殊守金陵。明日，以爲遠，改守南都。如許公保全大臣，真宰相也，其有後宜哉！及殊作相，八王疾革，上親往問。王曰：「叔久不見官家，不知今誰作相？」上曰：「晏殊也。」王曰：「此人名在圖讖，胡爲用之？」上歸閲圖讖，得成敗之語，并記志文事，欲重黜之。宋祁爲學士，當草白麻，争之。乃降二官知潁州，詞曰「廣營産以殖貲，多役兵而規利」，以它罪罪之。殊免深譴，祁之力也。《龍川别志》卷上。《宋名臣言行録》前集卷六。

16 見范仲淹69。

17 晏元獻爲參知政事，後仁宗親政，與同列皆罷，知亳州。先有摘其爲章懿太后墓志，不言帝所生以自結者，然亦不免俱去。一日，游渦水，見蛙有躍而登木捕蟬者，既得之，口不能容，乃相與墜地，遂作《蜩蛙賦》，略云：「匿蕞質以潛進，跳輕軀而猛噬。雖多口而連獲，終扼腕而弗制。」《石林避暑録話》卷四。

18 晏元獻初罷政事，守亳社，每歎士風雕落。一日，營妓曰劉蘇哥，有約終身不寒盟者，方春物暄妍，駿馬出郊，登高塚曠望，長慟遂卒。元獻謂士大夫受人眄睞，隨燥濕變渝如反掌手，曾狂女子不若。爲序其事，以詩弔之：「蘇哥風味逼天真，恐是文君向上人。何日九原芳草緑，大家攜酒哭青春。」《西清詩話》卷下。《苕溪漁隱叢話》前集卷二十六。《青泥蓮花記》卷五。《宋詩紀事》卷七。

19 膳部魯郎中言，昔年陳州有女妖，自云孔大娘，每昏夜，於皷腔中與人語言，尤知未來事。時故相晏元獻公守陳，方製小辭一闋，修改未定，而孔大娘已能歌矣。又何怪也。《文昌雜録》卷一。《詞林紀事》卷三。

20 李宗易郎中，陳州人，詩文、琴棊、游藝皆妙絶過人，前輩中名士也。晏臨淄公爲陳守，屬伏暑中，同諸客集於州之後圃。時炎曦赫然，晏公歎曰：「江南盛冬烘柹，當此時得而食之，應可滌暑也。」宗易忽對曰：「此極易致，願借四大食合。」公大驚，遽令取之。宗易起，入於堂之西房，令取合，復掩關少刻而出，振衣就席，徐曰：「可令開合。」既如言，烘柹四合俱滿。正如盛冬初熟者，霜粉蓬勃，分遺衆客及其家，靡不沾足。晏公曰：「此人能如此，甚事不可做！」自是遂疎之。《默記》卷中。

21 慶曆癸未十二月十九日立春，甲申元日，丞相晏元獻公會兩禁於私第。丞相席上自作《木蘭花》以侑觴曰：「東風昨夜回梁苑。日脚依稀添一綫。旋開楊柳緑蛾眉，暗折海棠紅粉面。　無情欲去雲間雁。有意飛來梁上燕。無情有意且休論，莫向酒杯容易散。」于時坐客皆和，亦不敢改首句「東風昨夜」四字。《歲時廣記》卷七引《古今詞話》。

22 慶曆中，西師未解，晏元獻公殊爲樞密使，會大雪，歐陽文忠公與陸學士經同往候之，遂置酒於西園。歐陽公即席賦《晏太尉西園賀雪歌》，其斷章曰：「主人與國共休戚，不惟喜悦將豐登。須憐鐵甲冷徹骨，四十餘萬屯邊兵。」晏深不平之，嘗語人曰：「昔日韓愈亦能作詩詞，每赴裴度會，但云『園林窮勝事，鍾鼓樂清時』，却不曾如此作鬧。」《東軒筆録》卷十一。《臨漢隱居詩話》。《苕溪漁隱叢話》前集卷二十六。《孔氏談苑》卷四。《侯鯖録》卷四。《堯山堂外紀》卷四十六。《茶餘客話》卷十一。

23 晏公不喜歐陽公，故歐陽公自分鎮叙謝，有曰：「出門館不爲不舊，受恩知不爲不深，然足迹不及於賓階，書問不通於執事。豈非飄流之質，愈遠而彌疎；孤拙之心，易危而多畏！動常得咎，舉輒累人。故於退藏，非止自便；偶因天幸，得請郡符。問遺老之所思，流風未遠；瞻大邦之爲殿，接壤相交。」晏公得之，對賓客占十數語，授書史作報。客曰：「歐陽公有文聲，似太草草。」晏公曰：「答一知舉時門生，已過矣。」《邵氏聞見後録》卷十五。《潘子真詩話》。《苕溪漁隱叢話》前集卷二十六。

24 見歐陽修33。

25 王荆公於楊寘榜下第四人及第。是時，晏元獻爲樞密使，上令十人往謝。晏公俟衆人退，獨留荆公，再三謂曰：「廷評乃殊鄉里，久聞德行鄉評之美。況殊備位執政，而鄉人之賢者取高科，實預榮焉。」又曰：「休沐日相邀一飯。」荆公唯唯。既出，又使直省官相約飯會，甚慇懃也。比往時，待遇極至。飯罷，又延坐，謂荆公曰：「鄉人他日名位如殊坐處，爲之有餘矣。」且歎慕之又數十百言，最後曰：「然有二語欲奉聞，不知敢言否？」晏公言至此，語欲出而擬議久之。晏公泛謂荆公曰：「能容於物，物亦容矣。」荆公但微應之，遂散。公歸至旅舍，歎曰：「晏公爲大臣，而教人者以此，何其卑也！」心頗不平。

荆公後罷相，其弟和甫知金陵，時説此事，且曰：「當時我大不以爲然。我在政府，平生交友，人人與之爲敵，不保其終。今日思之，不知晏公何以知之；復不知『能容於物，物亦容焉』二句有出處，或公自爲之言也。」《默記》卷中。《清波雜志》卷四。《宋稗類鈔》卷三。

26 紅梅清艷兩絶，昔獨盛於姑蘇，晏元獻始移植西崗第中，特珍賞之。一日，貴游賂園吏，得一枝分接，由是都下有二本。公嘗與客飲花下，賦詩曰：「若更遲開三二月，北人應作杏花看。」客曰：「公詩固佳，待北俗何淺耶！」公笑曰：「顧傖父安得不然？」一座絶倒。王君玉聞盜花種事，以詩遺公：「館娃宫北舊精神，粉瘦瓊寒露蘂新。園吏無端偷折去，鳳城從此有雙身。」自爾名園争培接，遍都城矣。《西清詩話》卷下。《苕溪漁隱叢話》前集卷二十六。《梅譜》。《堯山堂外紀》卷四十六。

27 曾布以翰林學士權三司使，坐言市易事落職，知饒州。舍人許將當制，頗多斥詞，制下，將往見曾而告：「始得詞頭，深欲繳納。又思之，釁隙如此，不過同貶耳，於公無所益也，遂黽勉爲之。然其中語言頗經改易，公他日當自知也。」曾曰：「君不聞宋子京之事乎？昔晏元獻公當國，子京爲翰林學士，晏愛宋之才，雅欲旦夕相見，遂税一第於旁近，延居之，其親密如此。遇中秋，晏公啓宴，召宋，出妓，飲酒賦詩，達旦方罷。翌日罷相，宋當草詞，頗極詆斥，至有『廣營産以殖私，多役兵而規利』之語。方子京揮毫之際，昨夕餘酲尚在，左右觀者亦駭歎。蓋此事由來久矣，何足校耶！」許亦憮然而去。《東軒筆録》卷十。《苕溪漁隱叢話》前集卷二十六。《堯山堂外紀》卷四十六。《青泥蓮花記》卷五。《宋稗類鈔》卷六。《宋詩紀事》卷七。案：《舊聞證誤》卷二曰：「蘇子由謂景文救解元獻，曾子宣謂景文詆斥晏公，二者皆誤。」

28 晏元獻罷相守潁州。一日，有歧路人獻雜手藝者，作踏索之伎。已而擲索向空，索植立，遂緣索而上，快若風雨，遂飛空而去，不知所在。公大駭莫測。已而守衙排軍白公曰：「頃嘗出戍，曾記見此等事，但請闔郡譙門大索，必獲。蓋斯等妖術未能遽出府門也。」公如請，戒衆兵曰：「凡遇非衙中舊有之物，即以斧斫之。」既周視無有。最後于馬院旁一卒曰：「舊有繫馬柱五枚，今有六枚，何也？」亟斫之，即大呼，乃人爾。遂獲妖人。《默記》卷下。

29 晏元獻公爲京兆，辟張先爲通判。新納侍兒，公甚屬意。先字子野，能爲詩詞，公雅重之。每張來，即令侍兒出侑觴，往往歌子野所爲之詞。其後王夫人寖不容，公即出之。一日，子野至，公與之飲，子野作《碧牡丹》詞，令營妓歌之，有云「望極藍橋，但暮雲千里。幾重山，幾重水」之句。公聞之憮然，曰：「人生行樂耳，何自苦如此？」亟命於宅庫支錢若干，復取前所出侍兒，既來，夫人亦不復誰何也。《道山清話》。《堯山堂外紀》卷四十六。《詞林紀事》卷四。案：《緑窗新話》卷上引《古今詞話》作晏幾道事，當誤。

30 晏元獻守長安，有村中富民異財，云素事一玉髑髏，因大富。今弟兄異居，欲分爲數段。元獻取而觀之，自額骨左右皆玉也，瓌異非常者可比。見之，公喟然歎曰：「此豈得於華州蒲城縣唐明皇泰陵乎？」民言其祖實於彼得之也。……因潛命瘞於泰陵云。《默記》卷上。

31 紫閣山老僧文聰説，晏相來游山，獼猴萬數，徧滿山川。僧言未嘗如此多也。《江隣幾雜志》。

32 晏元獻公晚年，夢乘白馬渡長橋。中渡橋斷，白馬奔逸，公墮橋上，馬獨登天。俄而公薨。次年，公婿楊侍郎察，夢與公對飲，七行而罷。楊公起，視庭下奏樂人擁從，皆紙人也。寤而告其夫人，因曰：

「我必棄世。」未幾果薨。《能改齋漫録》卷十八。

33 晏元獻自西京以久病請歸京師，留寘講筵。病既革，上將臨問之。甥楊文仲謀謂：「凡問疾大臣者，車駕既出，必擕紙錢。蓋已膏肓，或遂不起，即以弔之，免萬乘再臨也。」遂奏：「臣病稍安，不足仰煩臨問。」仁宗然之。實久病，忌擕奠禮以行。然後數日即薨。故歐公作神道碑言：「明年正月，疾作，不能朝。飭太醫朝夕視，有司除道，將幸其家。公歎曰：『吾無狀，乃以疾病憂吾君。』即奏：『臣疾少間，行愈矣。』乃止。丁亥，以公薨聞，上以不即視公爲恨。」蓋此意也。《默記》卷上。

34 晏元獻公清瘦如削，其飲食甚微，每析半餅，以筯卷之，抽去其筯，内捻頭一莖而食。此亦異於常人也。《歸田録》卷一。《宋朝事實類苑》卷十。

35 晏元獻公喜推引士類，前世諸公爲第一。……富韓公，其婿也。吕申公薦報聘虜，公時在樞府，亦從而薦之，不以爲嫌。《石林燕語》卷九。

36 晏元獻喜薦士，其得人最多。范蜀公作公挽詞云：「生平欲報國，所得是知人。」《能改齋漫録》卷十一。

37 晏元憲公雖早富貴，而奉養極約，惟喜賓客，未嘗一日不燕飲。而盤饌皆不預辦，客至旋營之。頃見蘇丞相子容嘗在公幕府，見每有嘉客必留，但人設一空案一杯，既命酒，果實蔬茹漸至，亦必以歌樂相佐，談笑雜出。數行之後，案上已粲然矣。稍闌即罷，遣歌樂曰：「汝曹呈藝已徧，吾當呈藝。」乃具筆札相與賦詩，率以爲常。前輩風流，未之有比也。《石林避暑録話》卷二。《澄懷録》卷上。《何氏語林》卷十。《東山談苑》卷七。《堅瓠秘集》卷六。《宋稗類鈔》卷四。

38 晏元憲平居書簡及公家文牒，未嘗棄一紙，皆積以傳書。雖封皮，亦十百爲沓，暇時手自持熨斗，貯火于旁，炙香匙親熨之，以鐵界尺鎮案上。每讀書得一事，則書以一封皮，後批門類，授書吏傳録。蓋今《類要》也。《石林避暑録話》卷二。《剡溪野語》。《茶香室叢鈔》卷九。

39 見王曾42。

40 晏相國，今世之工爲詩者也，末年見編集者，乃過萬篇，唐人以來所未有。然相國不自貴重其文，凡門下客及官屬解聲韻者，悉與酬唱。《宋景文公筆記》卷上。

41 晏元獻公雖起田里，而文章富貴，出於天然。嘗覽李慶孫《富貴曲》云：「軸裝曲譜金書字，樹記花名玉篆牌。」公曰：「此乃乞兒相，未嘗諳富貴者。」故公每吟詠富貴，不言金玉錦綉，而唯説其氣象，若「樓臺側畔楊花過，簾幕中間燕子飛」、「梨花院落溶溶月，柳絮池塘淡淡風」之類是也。故公自以此句語人曰：「窮兒家有這景致也無？」《青箱雜記》卷五。

42 晏元獻父名固。在相位，有朝士乃固始人，往謁元獻。問其鄉里，朝士曰：「本貫固縣。」元獻怒曰：「豈有人而諱始字乎？」蓋其始欲避之，生獰誤以應也。《揮麈後録》卷六。

43 晏元獻家有《相笏經》，占吉凶，十可八九。《文昌雜録》卷二。

44 晏元獻夫人王氏，國初勳臣超之女，樞密使德用之妹也。元獻婿富鄭公也，鄭公婿馮文簡，文簡孫婿蔡彦清、朱聖予，聖予女適滕子濟，俱爲執政。元獻有古硯一，奇甚，王氏舊物也，諸女相授，號「傳婿硯」，今藏滕氏。又有古犀帶一，亦元獻舊物，今亦藏滕氏。《揮麈録》卷二。《硯箋》。

45 晏元獻判西京，范希文以大理寺丞丁憂，權掌西監。一日，晏謂范曰：「吾一女及笄，仗君爲我擇婿。」范曰：「監中有二舉子，富皐、張爲善，皆有文行，他日皆至卿輔，並可婿也。」晏曰：「然則孰優？」范曰：「富修謹，張疏俊。」晏曰：「唯。」即取富皐爲婿，皐後改名，即丞相鄭國富公弼。《東軒筆録》卷十四。《宋朝事實類苑》卷四十九。《宋名臣言行録》前集卷七。

46 晏元獻公爲相，求婚於〔范〕文正。文正曰：「公之女若嫁官人，某不敢知。必求國士，無如富某者。」元獻一見〔富韓〕公，大愛重之，遂議婚。公亦繼以賢良方正登第。《邵氏聞見録》卷九。《香祖筆記》卷十一。

47 晏元獻公嘗屬范文正公擇婿。久之，文正言有二人，其一富高，一張爲善。公曰：「二人孰優？」曰：「富君器業尤遠大。」遂納富，即富公也，時猶未改名。……爲善，亦安道舊名。《石林燕語》卷九。《宋稗類鈔》卷三。

48 王青，晏元獻公門下常賣人，自號王實頭。常遇奇士，傳一相術，時時相公之奴婢輒中。夫人一日呼至堂下，青遽相其女曰：「此國夫人也。」夫人笑曰：「爲我擇一佳婿。」青應聲曰：「恰有一秀才，姓富，須做宰相。明年狀元及第，在興國寺下。」元獻退朝，夫人具道其事，使人通好。明年，富黜於春官，晏以青爲妄，大悔之。未幾，富中大科，恩比狀元，即大丞相鄭公也。《孫公談圃》卷上。《香祖筆記》卷十一。

49 富文忠、楊隱甫皆晏元獻公婿也。公在二府日，二人已升貴仕。富每詣謁，則書室中會話竟日，家膳而去。楊或來見，則坐堂上，置酒從容，出姬侍，奏弦管，按歌舞以相娱樂。人以是知公待二婿之重輕也。二婿之功名年位亦自不相倫矣。《珍席放談》卷下。

50 壽州張侍中、撫州晏丞相俱葬陽翟地，相去數里。有發塚盜，先築室于二塚之間，自其家竅穴以通其隧道。始發張墓，得金寶珠玉甚多，遂完其棺櫬，以揜覆其穴。次發晏公墓，若有猛獸嗥吼，盜甚懼，遽出，呼其徒一人同入，又聞兵甲鼓噪之聲，盜亦懼，又呼一人同之，則寂然無響，三盜笑曰：「丞相之神盡於是矣。」及穿襯槨，殊無所有，供設之器，皆陶甓爲之。又破其棺，棺中惟木胎金裹帶一條，金無數兩，餘皆衣服，腐朽如塵矣。盜失望而恚，遂以刀斧劈碎其骨而出。既而貨張墓金盂于市，爲人擒之，遂伏罪，及言其事。世謂均破塚，而張以厚葬完軀，晏以薄葬碎骨，事有不可知如此者。《東軒筆録》卷七。《邵氏聞見後録》卷二十二。《宋稗類鈔》卷一。

51 元豐元年，盜發陽翟，而元獻晏公墓最被其酷。始盜之穴塚也，煙霧不可近，及有黄氣氤氳而出，乃下石，秉松炬而入，見一冠帶者，踞坐呵叱。盜以鋤鍬擊之，應手而滅。乃剖棺，其衣片如蝴蝶飛颺，取金帶，攜珍玩，焚之而去。盜又云：「於張耆侍中家疑塚得金銀珠玉，不可勝計。」李方叔嘗言，陽翟一老嫗，善聯串骸骨，耆子孫使之改葬，而莫有臨視者。嘗以一骨一鬚示人，此夫子牙、侍郎鬚也。予嘗從晁之道過陽翟，拜於元獻墓下，以耆事質於寺僧及其里人，所言皆同也。《曲洧舊聞》卷七。

52 晏元憲公四世孫女，其父孝廣爲鄧州南陽縣尉。女小字師姑，年十五，從叔孝純官于廣陵。建炎三年，陷于虜，係以北去，每欲侵陵之，輒擲身于地，偃仆氣絶，或自經，或投于井，皆救而獲免。其主母愛之，撫育如己出，虜中争傳誇焉。《梁溪漫志》卷八。

晏穎

1 臨淄公既顯，其季弟穎自幼亦如臨淄公警悟。章聖聞其名，召入禁中，因令作《宫沼瑞蓮賦》，大見稱賞，賜出身，授奉禮郎。穎聞之，走入書室中，反關不出。其家人輩連呼不應，乃破壁而入，則已蜕去。案上有紙，大書小詩二首。一云：「兄也錯到底，猶誇將相才。世緣何日了，了却早歸來。」一云：「江外三千里，人間十八年。此行誰復見，一鶴上遼天。」其年十八歲也。章聖御篆「神仙晏穎」四字，賜其家。《道山清話》。《宋詩紀事》卷七。案：晏穎，《西清詩話》卷下誤作「李邦穎」。

晏幾道

1 慶曆中，開封府並棘寺同日奏獄空，仁宗於宫中宴集，遣中使宣晏叔原作詞。叔原進《鷓鴣天》一首云：「碧藕花開水殿涼。萬年枝上轉紅陽。昇平歌管隨天仗，祥瑞封章滿御牀。金掌露，玉爐香。歲華方共聖恩長。皇州又奏圜扉静，十樣宫眉捧壽觴。」詞入，帝大喜。《唐宋諸賢絶妙詞選》卷三。《堯山堂外紀》卷四十六。

2 熙寧中，鄭俠上書，事作下獄，悉治平時所往還厚善者，晏幾道叔原皆在數中。俠家搜得叔原與俠詩云：「小白長紅又滿枝，築毬場外獨支頤。春風自是人間客，主張繁華得幾時。」裕陵稱之，即令釋出。《侯鯖録》卷四。《苕溪漁隱叢話》前集卷二十六。《堯山堂外紀》卷四十六。《宋詩紀事》卷二十五。

3 晏叔原，臨淄公晚子。監潁昌府許田鎮，手寫自作長短句，上府帥韓少師。少師報書：「得新詞盈卷，蓋才有餘而德不足者，願郎君捐有餘之才，補不足之德，不勝門下老吏之望」云。一監鎮官，敢以酒杯間自作長短句示本道大帥；以大帥之嚴，猶盡門生忠於郎君之意；在叔原爲甚豪，在韓公爲甚德也。《邵氏聞見後録》卷十九。

4 元祐中，叔原以長短句行，蘇子瞻因黄魯直欲見之，則謝曰：「今日政事堂中，半吾家舊客，亦未暇見也。」《研北雜志》卷上。

5 叔原年未至乞身，退居京城賜第，不踐諸貴之門。蔡京重九、冬至日，遣客求長短句，欣然爲作《鷓鴣天》：「九日悲秋不到心，鳳城歌管有新音。風彫碧柳愁眉淡，露染黄花笑靨深。初過鴈，已聞砧，綺羅叢裏勝登臨。須教月户纖纖玉，細捧霞觴灧灧金。」「曉日迎長歲歲同，太平簫鼓間歌鐘。雲高未有前村雪，梅小初開昨夜風。羅幕翠，錦筵紅，釵頭羅勝寫宜冬。從今屈指春期近，莫使金罇對月空。」竟無一語及蔡者。《碧雞漫志》卷二。

6 晏叔原歌詞，初號《樂府補亡》。自序曰：「往與二三忘名之士，浮沈酒中。病世之歌詞，不足以析酲解愠，試續南部諸賢作五七字語，期以自娱。不皆叙所懷，亦兼寫一時杯酒間聞見，及同游者意中事。……始時沈十二廉叔、陳十君龍家，有蓮、鴻、蘋、雲，工以清謳娱客。每得一解，即以草授諸兒，吾三人聽之，爲一笑樂。」《碧雞漫志》卷二。

7 晏叔原見蒲傳正云：「先公平日小詞雖多，未嘗作婦人語也。」傳正云：「『緑楊芳草長亭路，年少抛人容易去』，豈非婦人語乎？」晏曰：「公謂年少爲何語？」傳正曰：「豈不謂其所歡乎？」晏曰：

「因公之言，遂曉樂天詩兩句云：『欲留年少待富貴，富貴不來年少去。』」傳正笑而悟。然如此語意自高雅爾。《潛溪詩眼》。《苕溪漁隱叢話》前集卷二十六。《賓退録》卷一。《詩人玉屑》卷二十一。

8　伊川聞誦晏叔原「夢魂慣得無拘檢，又踏楊花過謝橋」長短句，笑曰：「鬼語也。」意亦賞之。《邵氏聞見後録》卷十九。

9　晏叔原聚書甚多，每有遷徙，其妻厭之，謂叔原有類乞兒搬漆椀。叔原戲作詩云：「生計惟兹椀，般檕豈憚勞。造雖從假合，成不自埏陶。阮杓非同調，顔瓢庶共操。朝盛負餘米，暮貯藉殘糟。幸免墦間乞，終甘澤畔逃。挑宜筇竹杖，捧稱葛爲袍。倘受桑間餉，何堪井上螬。綽然真自許，噱爾未應號。世久輕原憲，人方逐子敖。願君同此器，珍重到霜毛。」《墨莊漫録》卷三。《宋稗類鈔》卷五。《宋詩紀事》卷二十五。

杜　衍

1　杜祁公衍，越州人，父早卒，遺腹生公，其祖愛之。幼時，祖父脱帽，使公執之，會山水暴至，家人散走，其姑投一竿與之，使挾以自泛。公一手挾竿，一手執帽，漂流久之，救得免，而帽竟不濡。前母有二子，不孝悌，其母改適河陽錢氏。祖父卒，公年十五六，其二兄以爲母匿私財以適人，就公索之，不得，引劍斫之，傷腦。走投其姑，姑匿之重橑上，出血數升，僅而得免。乃詣河陽，歸其母。繼父不之容，往來孟、洛間，貧甚，傭書以自資。嘗至濟源，富民相里氏奇之，妻以女，由是資用稍給。舉進士，殿試第四。及貴，其長兄猶存，待遇甚有恩禮。二兄及錢氏、姑氏子孫，受公蔭補官者數人，仍皆爲之婚嫁。《涑水記聞》

卷十。《宋名臣言行録》前集卷七。《宋朝事實類苑》卷十。《群書類編故事》卷十七。

2 杜祁公少時客濟源，有縣令者能相人，厚遇之。與縣之大姓相里氏議婚不成，祁公亦別娶。久之，祁公妻死，令曰：「相里女子當作國夫人矣。」相里兄弟二人，前却祁公之議者兄也，令召其弟曰：「秀才杜君，人材足依也，當以女弟妻之。」議遂定。其兄尤之，弟曰：「杜君，令之重客。令之意其可違？」兄悵然曰：「姑從之，俾教諸兒讀書耳。」祁公未成婚，赴試京師，登科。相里之兄厚資往見，公曰：「婚已定議，其敢違？某既出仕，頗憂門下無教兒讀書者爾。」凡遺却之。相里之兄大慚以歸。祁公既娶相里夫人，至從官，以兩郊禮奏異姓恩任，相里之弟後官至員外郎。《邵氏聞見録》卷八。《群書類編故事》卷八。

3 杜衍知乾州，權知鳳翔府。及罷歸，二州民邀留境上曰：「何奪我賢太守也！」《名賢氏族言行類稿》卷三十七。

4 杜祁公向以太常博士、陝西提點刑獄丁太夫人憂，寓華下郡。有進士聳漢卿者，俊敏有才，公常與之談燕。關中養蠶，率是黃絲，故居民夏服多以黃縑爲之。因問：「何故關右人好着黃絹生衣？」聳對曰：「似浙中人好喫紫蘇熟水。」及見鴨没池中，公云：「鴨入池中董。」聳即曰：「蟬鳴樹上緇。」公嘗撰國初一節將墓碑，其中一句云：「某官以生運推移。」聳即下堦磬折曰：「日南長至。」公笑爲改之。《倦游雜録》。《宋朝事實類苑》卷六十七。

5 公食于家，惟一麵一飯而已，或美其儉，公曰：「衍本一措大爾，名位服用皆國家者，俸入之餘以給親族之貧者，常恐浮食，焉敢以自奉也。一旦名位爵禄國家奪之，却爲一措大，又將何以自奉養耶？」

又嘗戒門生曰："天下惟浙人褊急易動，柔懦少立。"衍自在幕府，至於監司，人尚不信。及爲三司副使，累於上前執奏不移，人始信之。反曰："杜衍如是，莫非兩浙生否？"《宋名臣言行録》前集卷七引《語録》。《自警編》卷二。《言行龜鑑》卷二。《東山談苑》卷三。《昨非庵日纂》一集卷九。

6 吏部審官，主天下吏員，而居職者類以不久遷去，故吏得爲奸。公始視銓事，一日，選者三人争其闕。公以問吏，吏受丙賕，對曰："當與甲，乙不能争。"遂授他闕。居數日，吏教丙訟甲負某事，不當得。公悟，召乙問之，乙謝曰："僕已得他闕，不願争。"公不得已與丙，而笑曰："此非吏罪，乃吾未知銓法爾。"因命諸曹各具格式科條以白，問曰："盡乎？"曰："盡矣。"明日勑諸吏無得升堂，使坐聽行文書而已。由是吏不與銓事。《宋名臣言行録》前集卷七。《仕學規範》卷二十一。

7 杜祁公衍常言："父母之名，耳可得聞，口不可得言，則所諱在我而已，他人何預焉。"故公帥并州，視事未三日，孔目吏請公家諱，公曰："下官無所諱，惟諱取枉法贓。"吏悚而退。《青箱雜記》卷二。

8 杜祁公兩帥長安。其初多任清儉，宴飲簡薄，倡妓不許升廳。服飾麤質，袴至以布爲之。及再至，事體皆變，筵會或至夜分。自索歌舞，或繫紅裹肚勒帛。長安父老見公通變，皆曰："杜侍郎入兩地去。"旋踵召知天府，入樞密，遂爲相焉。《能改齋漫録》卷十二。《古事比》卷五。

9 杜正獻公、丁文簡公俱爲河東宣撫，河陽節度判官任遜，恭惠公之子，上書言事，歷詆執政，至恭惠，曰："至今臣父，亦出遭逢。"謂其非德選也。進奏院報至，正獻戲文簡曰："賢郎亦要牢籠。"文簡深銜之。其後二公同在政府，人言蘇子美進奏院祠神事，正獻避嫌不與，文簡論以深文，子美坐廢爲民，從坐者數十人，皆名士大夫也，正獻亦罷去。一言之謔，貽禍一時，故不可不慎也。《後山談叢》卷四。《容齋隨筆》卷八有辨誤之言。

10 于彭年深於術數。一日，有報杜祁公作相者，彭年曰：「百日宰相。」後如其言。《東齋記事》補遺。

11 滕元發言：杜祁公作相，夜召元發作文字，因觀其狀貌，歎曰：「此骨相窮寒，豈宰相之狀也？」徐命左右秉燭，手展書卷，起而觀之，見眼有黑光徑射紙上。元發默然曰：「杜公之貴者此也。」後與王介甫同作館職，同夜直。忽見介甫展書燭下，黑光亦徑射紙上。因爲荆公説祁公之事，言介甫他日必作相。介甫歎曰：「子勿相戲，安石豈願作宰相哉？」十年之間，果如元發之言。《默記》卷上。

12 杜祁公衍在中書，奏：「武臣帶軍職若四廂都虞候等出領藩郡，不惟遣使額重，而又供給優厚。在祖宗時，蓋邊臣俸給不足用，故以此優之，俾集邊事。今四鄙寧肅，帶此職者皆近戚紈綺，欲乞並罷。」仁宗深然之，許爲著令，條告中外。方三日，一近姻之要者懇圍掖，上不得已，忽批一内降，某人特與防禦使、四廂都虞候、知南京，餘人不得援例。次日，祁公執奏：「臣近奉聖詞，玉音未收，昨日何忽又降此批？」仁宗降玉色諭云：「卿止勉行此一批，蓋事有無可奈何者。」祁公正色奏曰：「但道杜衍不肯。」竟罷之。《續湘山野録》。

13 杜祁公爲人清約，平生非賓客不食羊肉。時朝多恩賜，請求無不從。祁公尤抑倖，所請即封還，其有私謁，上必曰：「朕無不可，但這白鬚老子不肯。」《孫公談圃》卷上。《仕學規範》卷二十四。《庶齋老學叢談》卷二。

14 公享客多用髹器，客有面稱嘆曰：「公爲相清貧乃爾耶？」公命侍人盡取白金燕器，陳於前曰：

「衍非乏此，雅不好爾。」《宋名臣言行録》前集卷七引《家塾記》。

15 杜正獻公爲相，蔡君謨、孫之翰爲諫官，屢乞出。仁宗云：「卿等審欲得郡，當具所欲乞奏來。」於是蔡除福州，孫除安州。正獻云：「諫官無故出，終非美事，乞且如舊。」上可之，退書聖語。時陳恭公爲參政，不肯書，曰：「某初不聞。」正獻懼，遂焚之，由此遂罷相。議者謂正獻當俟明日審奏，不當遽焚其書也。正獻言，始在西府時，上每訪以中書事。及爲相，雖中書事，不以訪。公因言，君臣之間，能全終始者，蓋難也。蘇子瞻云。《宋朝事實類苑》卷十引《東軒筆録》。《東坡志林》十二卷本之卷四。《仇池筆記》卷上。

16 杜祁公爲守兖州。石守道卒於郡，惡之者謂介僞死而北走胡，以詔覈實。祁公會僚屬語之，衆不敢當。時龔輔之爲掌書記，抗言曰：「介平生遒諒，有是耶？願以闔族保其必死。」祁公悚然，探懷中奏稿示之曰：「老夫既保介矣。君年少，見義必爲，豈可量哉！」《閒燕常談》。

17 杜祁公罷相知兖州，寓北郊佛寺，以待兖州接人，踰再浹日。會宗衮自汶陽召還，過其寺，造謁，而杜公曰：「處此幾與在中書日同矣，且莫北去，欲識壁云郭汾陽曾留此。」蓋自戲其居位不久也。《春明退朝録》卷下。《宋朝事實類苑》卷六十四。

18 杜祁公爲人清儉，在官未嘗燃官燭，油燈一炷，熒然欲滅，與客相對清談而已。《歸田録》卷一。《宋名臣言行録》前集卷四。《宋朝事實類苑》卷十。《新編分門古今類事》卷二十。《昨非庵日纂》二集卷九。《宋稗類鈔》卷四。

19 杜祁公居官清介，每請俸必過初五。家人有前期誤請者，公怒，即以付有司劾治。《石林燕語》卷十。

20 賈黯以慶曆丙戌廷試第一，往謝杜公，公無他語，獨以生事有無爲問。賈退謂公門下客曰：「黯以鄙文魁天下，而謝于公，公不問。而獨在于生事，豈以黯爲無取耶？」公聞而言曰：「凡人無生事，雖爲顯官，亦不能不俯仰，由是進退多輕。今賈君名在第一，則其學不問可知，其爲顯官則又不問可知。衍獨懼其生事不足，以致進退之輕，而不得行其志焉，何怪之有？」賈君爲之歎服。《能改齋漫録》卷十二。《雲谷雜記》卷四。《自警編》卷五。《讀書鏡》卷四。《宋稗類鈔》卷三。

21 杜正獻公自少清羸，若不勝衣，年過四十，鬚髮即盡白。雖立朝孤峻，凛然不可屈，而不爲奇節危行。雍容持守，不以有所不爲爲賢，而以得其所爲爲幸。歐陽文忠公素出其門。公謝事居宋，文忠適來爲守，相與歡甚。公不甚飲酒，惟賦詩倡酬，是時年已八十，然憂國之意，猶慷慨不已，每見于色。歐公嘗和公詩，有云：「貌先年老因憂國，事與心違始乞身。」公得之大喜，常自諷誦。當時以爲不惟曲盡公志，雖其形貌亦在摹寫中也。《石林詩話》卷上。《宋詩紀事》卷八。

22 杜祁公乞身得請，旅於洛中，置一宅居之。時歐公爲留守，祁公入宅，即攜具往賀。歐公見其門巷隘陋，語公曰：「此豈相公所居者？當別尋一第稍寬者遷之。」公曰：「某今日忝備國家宰相，居此屋謂之小，固宜。然異日齋郎、承務居之，大是過當。」竟不許。《北窗炙輠録》卷下。

23 杜正獻公衍一日憂見於色，門生曰：「公今日何以不悦？」公曰：「適覩朝報，行某事。行某事非便，所以憂爾。」又一日，喜見於色，門生未及問，公曰：「今日朝報，某人進用。某人進用，社稷之福也。」公又曰：「孔子稱『不在其位，不謀其政』，第衍荷國恩之深，退居以來，家事百不關心，獨未能忘國爾。」《自警編》卷七。《言行龜鑑》卷二。

24　杜祁公以宫師致仕於南都，時新榜一巍峩者出倅巨藩，道由應天，太師王資政舉正以其少年高科，方得意於時，盡假以牙兵、寶轡、旌鉞導從，呵擁特盛。祁公遇於通衢，無他路可避，乘欵段，裘帽暗弊。二老卒斂馬側立於傍，舉袖障面。新貴人頗恚其立馬而避，問從者曰：「誰乎？」對曰：「太師相公。」《湘山野録》卷中。《宋朝事實類苑》卷十。《宋稗類鈔》卷三。

25　杜祁公罷相歸鄉里，不事冠帶。一日在河南府客次，道帽深衣坐席末。會府尹出，衙皂不識其故相，有本路運勾至，年少貴游子弟，怪祁公不起揖，厲聲問：「足下前任甚處？」祁公曰：「同中書門下平章事。」《萍洲可談》卷三。

26　杜祁公罷相歸鄉里，書謁稱前鄉貢進士。《北窗炙輠録》卷下。《茶香室三鈔》卷十二。

27　杜祁公休退，居南都，客至無不見，止服衫帽，嘗曰：「七十致政，可用高士服乎？」《春明退朝録》卷下。

28　杜相在南都，尤待遇祖父。每一月不往，必曰：「子容欲爲不可得而親疎耶？何待老夫之薄也？」是時歐公爲尹，每燕會，止是兩客，祁公與祖父也。《魏公譚訓》卷六。

29　見蘇頌4、5。

30　慶曆末，杜祁公告老，退居南京，與太子賓客致仕王涣、光禄卿致仕畢世長、兵部郎中分司朱貫、尚書郎致仕馮平爲「五老會」，吟醉相歡，士大夫高之。祁公以故相耆德，尤爲天下傾慕。兵部詩云：「九老且無元老貴，莫將西洛一般看。」五人年皆八十餘，康寧爽健，相得甚歡，故祁公詩云：「五人四百有餘歲，俱稱分曹與挂冠。」而畢年最高，時已九十餘，故其詩云：「非才最忝預高年。」是時，歐陽文忠公留守睢陽，聞而歎慕，借其詩觀之，因次韻以謝，卒章云：「聞説優游多唱和，新詩何惜借傳看。」《澠水燕談録》卷四。《宋朝事實類苑》卷四十一。《宋詩紀事》卷八。

31 至和五老，則杜衍、丞相、祁國公、八十。王涣、禮部侍郎、九十。畢世長、司農卿、九十四。朱貫、兵部郎中、八十八。馮平。駕部郎中、八十八。時錢明逸留鑰睢陽，爲之圖象而序之。《齊東野語》卷二十。

32 南都五老：杜祁公衍、王涣、畢世長、朱貫、馮平。《小學紺珠》卷六。

33 杜祁公衍、張文定方平，皆致政居睢陽，里巷相往來。有朱承事者，以醫藥游二老之間。祁公勁正，未嘗雜學，每笑安道佞佛，對賓客必以此嘲之，文定但笑而已。朱承事乘間謂文定曰：「杜公天下偉人，惜未知此事。公有力，盍不勸發之？」文定曰：「君與此老緣熟勝我，我止能助之耳。」朱應之而去。一日，祁公呼朱切脈甚急，朱謂使者曰：「汝先往白相公，但云看《首楞嚴》未了。」使者如所告馳白，祁公默然。久之乃至。隱几揖令坐，徐曰：「老夫以君疏通解事，不意近亦例闒茸。如所謂《首楞嚴》者何等語，乃爾躭着。聖人微言無出孔、孟，捨此而取彼，是大惑也。」朱曰：「相公未讀此經，何以知不及孔、孟？以某觀之，似過之也。」袖中出其首卷，曰：「相公試閲之。」祁公熟視朱，不得已，乃取默看，不覺終軸，忽起大驚曰：「世間何從有此書邪？」遣使盡持其餘來，徧讀之，捉朱手曰：「君真我知識。安道知之久，而不以告我，何哉？」即命駕見文定，叙其事，文定曰：「譬如人失物，忽已尋得，但當喜其得之而已，不可追悔得之早晚也。僕非不相告，以公與朱君緣熟，故遣之耳。雖佛祖化人，亦必藉同事也。」祁公大悦。《苕溪漁隱叢話》前集卷二十七引《林間録》。《何氏語林》卷九。《宋稗類鈔》卷七。

34 傅獻簡與杜祁公取未見石刻文字二本，皆踰千言，各記一本。祁公再讀，獻簡一讀，覆誦之，不差一字，祁公時年踰七十矣。《邵氏聞見後録》卷二十。

35 杜岐公既致仕還家，年已七十，始學草書即工。《卻掃編》卷中。《蔡寬夫詩話》。《古事比》卷三十。

36 皇祐中，明堂大享，時世室亞獻無宫僚，惟杜祁公衍以太子太師致仕南京，仁宗詔公歸以侍祠。公已老，手染一疏以求免。但直致數句，更無表章鋪叙之飾，止以奇牒妙墨臨帖行書親寫陳奏：「臣衍向者甫及年期，還上印紱，天慈極深，曲徇私欲。今犬馬之齒七十有三，外雖支持，中實衰弊。且明堂大享千載難逢，臣子豈不以捧璋侍祭爲榮遇？臣但恐顛倒失容，取戾非淺。伏望陛下察臣非矯，免預大禮，無任屏營。」《湘山野録》卷上。《宋朝事實類苑》卷六。

37 杜祁公謝政，不造宅，假官舍回車院居之，積十年，薨於其中。余守宋時嘗往觀，湫隘與編民不遠，耆老猶指廢屋三間，爲公之書室。公未嘗出，亦不甚飲酒。客至，粟飯一盂，雜以餅餌，他品不過兩種。無客即静坐，不聞人聲，有瞷之者，或賦詩作草書，未嘗不滿紙也。《巖下放言》卷下。

38 杜祁公罷相，居南京，無宅，假驛舍居之數年。訖公薨，卒不遷。亦不營生事，止食其俸而已。然閭里吉凶慶弔，與親識之道南京者，相與燕勞，問遺之禮，未嘗廢。公薨，夫人相里氏以絶俸不能自給，始盡出其篋中所有，易房服錢三千。公本遺腹子，其母後改適河陽人。公爲前母子不容，因逃河陽，依其母傭書於濟源。富人相里氏一見奇之，遂妻以女云。《石林燕語》卷十。

賈昌朝

1 賈文元未及誕彌之月，母夢人遺之一冠。既寤，猶記其形制，繪以示人，乃貂蟬冠也。後公位躋侍中，告薨，王荆公作挽詞云：「天上貂蟬曾夢賜，歸魂應侍紫陽宫。」述其事也。《珍席放談》卷下。

2 賈魏公昌朝先德名注，嘗爲棣州推官。公方在孕，一夕夢一緋衣冠者自空而下，以巨箱捧貂蟬冠以獻。俄而公生。始數歲，先令公爲瀛幕。公時在膝下，契丹數十萬攻圍逾月，城甚危，守陴者聞空中神告曰：「城有中朝輔相，勿憂賊也。」數日，虜遁去，城卒無患。《括異志》卷一。

3 賈文元初以晉陵縣主簿爲國子監説書，孫宣公爲判監，始見，因會學官，各講一經。既退，謁宣公，久之不出。徐令人持《唐書·路隋韋處厚傳》使讀，文元了不喻。已乃見之，曰：「知所以示二傳乎？」曰：「不知。」宣公言：「君講書有師法，他日當以經術進，如二公，勉自愛。」其後，宣公辭講筵請老，即薦文元自代，時官猶未甚顯。未幾，仁宗卒爲創崇政殿説書命之。崇政殿説書，自文元始云。《石林燕語》卷九。《龍川别志》卷下。

4 賈昌朝娶陳堯咨女，女嘗逐母夫人入宫，遂識朱夫人。昌朝既貴，又因朱夫人而識賈夫人，謂之賈婆婆。昌朝在府，政事多内相關應，故主恩甚隆。昌朝與吴育論事不平而出，因賈婆婆獲厚賜，然遭新相於上前言賈婆婆，上稍厭之。《碧雲騢》。

5 温成皇后乳母賈氏，宫中謂之賈婆婆。賈昌朝連結之，謂之姑姑。臺諫論其姦，吴春卿欲得其實而不可。近侍有進對者曰：「近日臺諫言事，虛實相半，如賈姑姑事，豈有是哉！」上默然久之，曰：「賈氏實曾薦昌朝。」《東坡志林》卷三。《宋朝事實類苑》卷四。《五總志》。《東都事略》卷六十五。

6　見宋仁宗95。

7　慶曆中，契丹使劉六符求和親，賈昌朝館伴，未有以拒之。先是，宗真之弟號大弟者用事，橫於虜中，因信使嘗通書幣。仁宗使昌朝謂六符，欲因今使答之。六符辭曰：「此於太后甚善，然於本朝不便。」昌朝因曰：「即如此，欲以太子宗真之子求和親，皇帝豈安心乎？」六符不能答，自是和親之議頗息。《龍川別志》卷下。

8　宋仁宗時，賈昌朝留守北都，聖諭至，即刻石於府園倚山樓。《言行龜鑑》卷六。

9　王拱辰榷河北鹽，仁宗手詔罷之。帥臣賈昌朝刻之癭木亭。及提刑薛向乞再榷之，公俟其入奏，邀至亭上，酒五行，無他語。向顧見石刻，知事已露，遂已。《吹劍録》。

10　賈文公昌朝爲中丞，劉平、石元孫陷西虜，或誣以降，議收其族。昌朝言事未可知，乃不果收。及在相位，元孫自西夏歸，議賜死。昌朝獨曰：「自古將帥被執，歸，不死。」元孫得不死。判大名府，河決商胡，中書議歸之六塔。昌朝力争之，不已。其後河果不止塞，振救瀕河水災之民，全活甚衆。《厚德録》卷四。

11　慶曆中，河決北都商胡，久之未塞，三司度支副使郭申錫親往董作。凡塞河決，垂合，中間一埽，謂之「合龍門」，功全在此。是時屢塞不合，時合龍門埽長六十步。有水工高超者獻議，以謂：「埽身太長，人力不能壓，埽不至水底，故河流不斷，而繩纜多絶。今當以六十步爲三節，每節埽長二十步，中間以索連屬之。先下第一節，待其至底，方壓第二、第三。」舊工争之，以爲不可，……申錫主前議，不聽超説。是時賈魏公帥北門，獨以超之言爲然，陰遣數千人於下流收漉流埽。既定而埽果流，而河决愈甚，申錫坐謫。卒用超計，商胡方定。《夢溪筆談》卷十一。

12 賈文元曲水園在許昌城北，有大竹三十餘畝，潩河貫其中，以入西湖，最爲佳處。初爲本州民所有，文潞公爲守，買得之。潞公自許移鎮北門，而文元爲代。一日，挈家往游，題詩壁間云：「畫船載酒及芳辰，丞相園林潩水濱。虎節麟符抛不得，卻將清景付閒人。」遂走使持詩寄北門。潞公得之大喜，即以地卷歸賈氏。文元亦不辭而受。然文元居京師後，亦不復再至。園今荒廢，竹亦殘毁過半矣。《石林詩話》卷上。《堅瓠戊集》卷二。《宋詩紀事》卷九。

13 賈文元公《戒子孫文》云：「古人重厚樸實，乃能立功立事，享悠久之福。」又：「士人所貴，節行爲大。軒冕失之，有時而復來；節行失之，終身不可得矣。」縉紳以爲格言。《能改齋漫録》卷十四。

陳執中

1 見馬亮4。

2 丞相陳公執中，改官授端州刺史，泝江而上，至於洪、吉之間，阻風數日。晚岸幽寂，公徐徐閑步。遇胡僧，卷鼻目聳，金環貫耳，揖公，公坐，命之坐於岸。僧謂公曰：「公虎目鳳鼻，骨方氣清，身當極貴。」公知其異，前席詢之。僧云：「……公相甚奇，但公虎目猿身，平地非能爲也。當有攀附，然後有所食，公不日位極卿相。」公曰：「如師言，不敢相忘。」僧求紙爲詩贈公，詩曰：「虎目猿身形最貴，衹因攀附即升高。知君今向端溪去，助子清風泛怒濤。」僧乃指公曰：「請入舟中，順風將至。」僧遂與公相揖而别，乃登舟，張帆去。公回顧，僧猶岸上祝公曰：「保重。」公後顯用，皆仁廟拔擢，至於相，果如僧言。《青瑣高議》後集卷一。參見陳堯佐3。

3 陳恭公執中以衛尉寺丞知梧州，驛遞上疏，以乞立儲貳。真宗嘉其敢言。翌日臨朝，袖其疏以示執政，歎獎久之，召爲右正言，然爲王冀公所忌。一日，真宗賦《御溝柳》詩，宣旨自宰相兩省皆和進。恭公因進詩曰：「一度春來一度新，翠光長得照龍津。君王自愛天然態，恨殺昭陽學舞人。」《東軒筆録》卷三。《宋朝事實類苑》卷三十六。《宋詩紀事》卷九。

4 陳英公執中初以左正言謫爲中允，監永州酒税，郡守常以諫官待之。間日，具肴膳，就其所治以延款之。英公即座，周視居宇，忽於榱桷楣間注目久之，顧謂吏曰：「見一牌否？」左右對以無睹，郡守而下皆曰未嘗有牌。陳笑而雜以他語。及歸，家人怪而詢之。公曰：「宛見一金字牌，書『僕射廳』三字。」公由是益自負。既而兩正臺府，竟踐此位。《括異志》卷一。

5 〔陳〕執中好閲人，而解賓王最受知，初爲登州黄縣令，素不相識，執中一見，即大用，勅舉京官，及後作相，又薦館職。賓王仕至工部侍郎，致政，家雄富，諸子皆京秩，年七十餘卒。賓王爲人方頤大口，敦龐重厚，左足下有黑子，甚明大。《青箱雜記》卷二。

6 見范仲淹34。

7 見陳亞9。

8 見夏竦29。

9 陳恭公在真宗時，自疏遠小臣始建儲嗣之議，仁宗德之。慶曆中，由參知政事拜相，仁宗召翰林學士張方平諭曰：「卿草陳執中麻，當令中外無言，乃善。」故有「納忠先帝，有德朕躬」之語，仁宗稱善，世亦無敢議者。《東軒筆録》卷十一。

10 陳恭公初相，張安道爲學士，仁宗召至幄殿，面諭曰：「善爲草麻辭，無使外人得有言。」蓋恐其物望未孚也。安道載其請建儲之事云：「納忠先帝，有德朕躬。」上覽稱善。及恭公薨，墓碑未立，時論者猶未一，上賜額曰「褒忠之碑」，特命安道爲之。故安道首言「『褒忠碑』者，皇帝神筆；表揚故相岐國公執中之遺烈也。」於是遂無議之者。《石林燕語》卷五。

11 陳恭公執中爲相，事方嚴，少和裕，尤惡士大夫之急進。慶曆末，有郎官范祥上言解鹽利害，朝廷遂除祥陝西提刑兼制置鹽事，祥詣中書建白曰：「提點刑獄而兼利權，殆非典故，乞納勑別候差遣。」恭公曰：「提點刑獄乃足下資序合入，制置鹽事乃國家試才，比已降勑陝西都運司，以解鹽事盡交與提刑司管勾，而足下之意將如何也？苟有補於朝廷，固不惜一轉運使也；若靖言庸違，自有誅責，豈可預欲僥求？」祥以言中其隱，震慴而去。至和初，王荆公力辭召試，而有旨與在京差遣，遂除群牧判官。時沈康爲館職，詣恭公曰：「某久在館下，屢求爲群牧判官而不得，王安石是不帶職朝官，又歷任比某爲淺，必望改易。」恭公曰：「王安石辭讓召試，故朝廷優與差遣，豈復屑屑計資任也。朝廷設館閣以待天下之才，未嘗以爵位相先，而乃争奪如此，學士之顔視王君宜厚矣。」康慚沮而去。《東軒筆録》卷九。

12 陳恭公執中當國時，曾魯公由修起居注除待制、群牧使。恭公弟婦，王冀公孫女，曾出也。歲旦拜恭公，恭公迎謂：「六新婦，曾三除從官，喜否？」王固未嘗歸外家，輒答曰：「三舅甚荷相公收録，但太夫人不樂，責三舅曰：『汝三人及第，必是全廢學，丞相姻家備知之，故除待制也。』」恭公默然。未幾，改知制誥。蓋恭公不由科舉，失於夷考也。《西塘集耆舊續聞》卷三。《容齋四筆》卷二。

13 至和中，陳恭公秉政，會嬖妾張氏笞女奴迎兒殺之。時蔡襄權知開封府，事下開封窮治，而仁宗於恭公寵眷未衰，别差正郎齊廓看詳公案。時王素爲待制，以詩戲廓曰：「李膺破柱擒張朔，董令回車擊主奴。前世清芬宛如在，未知吾可及肩無？」廓知事不可直，以簡報王曰：「不用臨坑推人。」《東軒筆録》卷十。《宋朝事實類苑》卷六十三。

14 趙抃上言，陳相……很愎任情，迎兒方年十三，用嬖人張氏之言，累行笞撻，窮冬裸縛，絶其飲食，幽囚至死；海棠爲張氏所捶，遍身瘡痕，自縊而死；又一女僕，髡髮，自經而死。一月之内，三事繼發。前後所殺，亦聞不少。《涑水記聞》卷四。

15 世傳陳執中作相，有婿求差遣，執中曰：「官職是國家的，非卧房籠篋中物，婿安得有之？」竟不與。故仁宗朝諫官累言執中不學無術，非宰相器，而仁宗注意愈堅。其後，諫官面論其非，曰：「陛下所以眷執中不替者，得非以執中嘗於先朝乞立陛下爲太子耶？且先帝止二子，而周王已薨，立嗣非陛下而誰？執中何足眷？」仁宗曰：「非爲是，但執中不欺朕耳。」《青箱雜記》卷二。《宋朝事實類苑》卷六。

16 陳恭公自爲參政時，仁宗即眷之厚，不但以其嘗請建儲德之也。皇祐初，趙清獻諸人攻恭公二十餘章，意終不解。一日，喟然顧一老中官曰：「汝知我不樂乎？」中官曰：「豈非以陳相公去住未定耶？」上曰：「然。」中官曰：「此亦易耳！既臺諫官有言，何不從之，使去？」上曰：「吾豈不知此？但難得如此老子不謾我爾。」後不得已，欲罷之，猶令自舉代。恭公薦吳正肅公，即召至闕下。會賜宴，正肅疾作，不果相。然世亦以此多恭公也。《石林燕語》卷五。

17 見歐陽修85。

18 陳恭公再罷政，判亳州，年六十九。遇生日，親族往往獻《老人星圖》以爲壽，獨其姪世修獻《范蠡游五湖圖》，且贊曰：「賢哉陶朱，霸越平吳。名遂身退，扁舟五湖。」恭公甚喜，即日上表納節。明年，累表求退，遂以司徒致仕。《東軒筆録》卷八。《宋朝事實類苑》卷十。《孔氏談苑》卷四。《詩律武庫》卷四。《仕學規範》卷七。《自警編》卷五。《湖海新聞夷堅續志》前集卷一。《言行龜鑑》卷五。《何氏語林》卷十九。《堯山堂外紀》卷四十五。《昨非庵日纂》一集卷十九。《宋稗類鈔》卷六。《宋詩紀事》卷九。

19 陳執中死，禮官以前事不正諫，請謚榮靈。《江隣幾雜志》。

20 陳恭公執中事仁宗兩爲相，悉心盡瘁，百度振舉。然性嚴重，語言簡直，與人少周旋，接賓客，以至親戚骨肉，未嘗從容談笑，尤靳恩澤，士大夫多怨之。惟仁宗嘗曰：「不昧我者惟陳執中耳。」及終也，韓維、張洞謚之曰榮靈，仁宗特賜曰恭。薨後月餘，夫人謝氏繼卒，一子纔七歲，諸姪俱之官。葬日，門下之人惟解賓王至墓所，世人嗟悼之。梅堯臣作輓詞兩首，具載其事。《東軒筆録》卷十二。

21　見韓維4。

22　陳執中館伴虜使，問隨行儀鸞司：「緣何有此名？」不能對。或云隋大業中鸞集於供帳庫，遂名此。《江鄰幾雜志》。《高齋漫録》。

23　蔡持正之父黄裳，任陳州録事參軍，年逾七十。陳恭公自元台出爲郡守，見其老不任職，揮之令去。黄裳猶豫間，恭公云：「倘不自列，當具奏牘竄斥。」黄裳即上掛冠之請，以太子右贊善大夫致仕，今之通直郎也。卜居于陳，力教二子持正、與碩，苦貧困，饘粥不繼。久之，持正登第。黄裳臨終，戒以必報陳氏。其後持正登政路，恭公之子世儒，以群婢殺其所生坐獄，而世儒知而不發，持正請并坐。神宗云：「執中止一子，留以存祭祀，如何？」持正云：「五刑之贖三千，其罪莫大於不孝。其可赦邪？」竟寘極典。世儒子後以娶宗女補武官，或云大將陳思恭即其孫，思恭子黽年，嘗爲東宫春坊。《揮麈後録》卷六。

24〔陳執中〕子世儒，母即張氏也。執中卒，張氏爲尼。世儒既長，迎歸，與妻李事之不謹。世儒宰相子，庸騃，久居京師。元豐間爲太湖縣，不樂爲外官，與李諷諸婢謀殺張，欲以憂去。諸婢以藥毒之不死，夜持釘陷其腦骨，以喪歸。爲婢所告，送大理寺推治，而李辭屢變，凡三易獄始得實，世儒并妻等十人並處死。《東都事略》卷六十六。

宋人軼事彙編卷十

范仲淹

1 范文正公幼孤，隨其母適朱氏，因從其姓，登第時，姓名乃朱説也。後請于朝，始復舊姓，表中改用鄭準一聯云：「志在投秦，入境遂稱於張禄；名非伯越，乘舟偶效於陶朱。」范蠡、范雎事，在文正用之，尤爲切當。《中吴紀聞》卷二。《青箱雜記》卷五。《孔氏談苑》卷三。《宋朝事實類苑》卷四十。《西塘集耆舊續聞》卷六。《容齋三筆》卷八。《宋稗類鈔》卷五。《宋詩紀事》卷六。

2 范仲淹，字希文，早孤，從其母適朱氏，因冒其姓，與朱氏兄弟俱舉學究。少尫瘠，嘗與衆客同見諫議大夫姜遵，遵素以剛嚴著名，與人不款曲，衆客退，獨留仲淹，引入中堂，謂其夫人曰：「朱學究年雖少，奇士也。他日不唯爲顯官，當立盛名於世。」遂參坐置酒，待之如骨肉，人莫測其何以知之也。年二十餘，始改科舉進士。《涑水記聞》卷十。《宋朝事實類苑》卷五十七。

3 公二歲而孤，母夫人貧無依，再適長山朱氏。既長，知其世家，感泣。去之南都，入學舍，掃一室，晝夜講誦。其起居飲食，人所不堪，而公自刻益苦，居五年，大通六經之旨。《宋名臣言行録》前集卷七。

4 范文正公生三歲而孤，母夫人貧無依，再適長山朱氏，長育有恩，常思厚報之。及貴，用南郊所加恩，贈朱氏父太常博士，暨諸子皆公爲葬之，歲則爲飧祭朱氏，他子弟以公蔭得補官者三人。《言行龜鑑》卷三。

5 范文正公未免乳喪其父，隨母嫁淄州長白山朱氏。既冠，文章過人，一試爲南宫第一人，遂擢第。仕宦四十年，晚鎮青，西望故居，纔百餘里，以詩寄其鄉人曰：「長白一寒儒，登榮三紀餘。百花春滿地，二麥雨隨車。鼓吹前迎道，煙霞指舊廬。鄉人莫相羡，教子苦詩書。」《澠水燕談録》卷七。《宋朝事實類苑》卷三十四。

6 仲淹微時甚貧，常結中吏人范仲尹爲族弟。仲淹及第時，姓朱名説，自朱改范姓，遂與仲尹連名。及爲諫官，攻吕許公而得罪，仲尹亦遭逐。《碧雲騢》。

7 慶曆中，范希文以資政殿學士判邠州。予中途上謁，翌日召食時，李郎中丁同席。范與丁，同年進士也。因道舊日某修學時，最爲貧窶，與劉某同在長白山僧舍，日惟煮粟米二升，作粥一器，經宿遂凝，以刀爲四塊，早晚取二塊，斷虀十數莖，醋汁半盂，入少鹽，暖而啗之，如此者三年。《墨客揮犀》卷三。《宋朝事實類苑》卷九。《自警編》卷一。《言行龜鑑》卷一。《昨非庵日纂》二集卷九。

8 范希文讀書長白山，日煮粟米二升作粥，晝以四塊，斷薤數莖啖之。嘗作《薤賦》，其警句云：「陶家甕内，淹成碧緑青黄；措大口中，嚼出宫商角徵。」一日，於寺中得窖金，覆之不取，及貴，語僧出金修寺。《堯山堂外紀》卷四十七。

9 公在淄州長白山僧舍讀書，一夕見白鼠入穴中，探之，乃銀一甕，遂密掩覆。後公貴顯，寺僧修造，遣人欲求於公，但以空書復之。初，僧怏然失所望。及開緘，使於某處取此藏。僧如公言，果得白銀一甕，今人往往談此事。《范文正公言行拾遺事録》卷一。

10 公處南都學舍，晝夜苦學五年，未嘗解衣就寢，夜或昏怠，輒以水沃面，往往饘粥不充，日昃始食。同舍生或饋珍饍，皆拒不受。《宋名臣言行録》前集卷七引《遺事》。

11 范文正公爲舉子時，讀書南都。留守有子居學，見公食粥，歸告其父，以公厨食饋公，既而悉已敗矣。留守子曰：「大人聞公清苦，故遺以食物，而不下箸，得非以相浼爲罪乎？」公謝曰：「非不感厚意，但食粥安之已久，今遽享盛饌，後日豈能啖此粥乎？」《吾師録》。《宋稗類鈔》卷三。

12 公與南都朱某相善。朱且病，公視之，謂公曰：「某嘗遇異人，得變水銀爲白金術。吾子幼，不足傳，今以傳君。」遂以其方并藥贈公。公不納，强之乃受，未嘗啓封。後其子寀長，公教之，義均子弟。及寀登第，乃以所封藥並其術還之。《范文正公言行拾遺事録》卷一。《宋名臣言行録》前集卷七。《席上腐談》卷下。

13 范文正少養於外氏朱家，朱，南京人，今留府後朱少卿宅是也。文正學於府庠，同舍有病者，文正親調藥以療。病極，囑文正曰：「吾無以報子，平生有一術，游遠方未嘗窮乏者，術之力也。今以遺子。」因授藥一囊，方書一小册。文正不得已而留之，未嘗取視。後二十年，得其子還之，封識宛然。《孫公談圃》卷中。《厚德録》卷二。

14 范文正公仲淹少貧悴，依睢陽朱氏家，常與一術者游。會術者病篤，使人呼文正而告曰：「吾善煉水銀爲白金，吾兒幼，不足以付，今以付子。」即以其方與所成白金一斤封志，内文正懷中。文正方辭避，而術者氣已絶。後十餘年，文正爲諫官，術者之子長，呼而告之曰：「而父有神術，昔之死也，以汝尚幼，故俾我收之。今汝成立，當以還汝。」出其方并白金授之，封識宛然。《東軒筆録》卷三。《宋朝事實類苑》卷九。《厚德録》卷一。《賢弈編》卷四。《青瑣高議》後集卷二。《雲齋廣録》卷一。《自警編》卷二。《言行龜鑑》卷三。《昨非庵日纂》卷三。《群書類編故事》卷十二。

15 范文正公微時，嘗詣靈祠求禱，曰：「他時得位相乎？」不許。復禱之曰：「不然，願爲良醫。」亦不許。既而嘆曰：「夫不能利澤生民，非大丈夫平生之志。」他日，有人謂公曰：「大丈夫之志于相，理則當然。良醫之技，君何願焉？無乃失于卑耶？」公曰：「嗟乎，豈爲是哉？古人有云：『常善救人，故無棄人；常善救物，故無棄物。』且大丈夫之于學也，固欲遇神聖之君，得行其道。思天下匹夫匹婦有不被其澤者，若己推而内之溝中。能及小大生民者，固惟相爲然。既不可得矣，夫能行救人利物之心者，莫如良醫。果能爲良醫也，上以療君親之疾，下以救貧民之厄，中以保身長年。在下而能及小大生民者，捨夫良醫，則未之有也。」《能改齋漫録》卷十三。

16 范仲淹少貧勤，日食虀粥一角。秀才時，便以天下爲己任。嘗謁相士問云：「能作宰相不？」相士曰：「否！」問：「能作名醫不？」相訝曰：「何前高而今卑也？」仲淹曰：「惟兩者可救人。」相士讚曰：「仁心如此，真宰相也。」《昨非庵日纂》一集卷十一。

17 范文正公作《金在鎔賦》云：「儻令區别妍媸，願爲軒鑑；若使削平禍亂，請就干將。」則公負將相器業、文武全才，亦見於此賦矣。公又爲《水車賦》，其末云：「方今聖人在上，五日一風，十日一雨，則斯車也，吾其不取。」意謂水車唯施於旱歲，歲不旱則無所施，則公之用捨進退亦見於此賦矣。蓋公在寶元、康定間，遇邊鄙震聳，則驟加進擢，及後晏静，則置而不用，斯亦與水車何異？《青箱雜記》卷十。《孔氏談苑》卷三。

18 公以進士解褐爲廣德軍司理日，抱具獄與太守争是非。守盛怒臨之，公不爲屈。歸必記其往復論辯之語于屏上。《宋名臣言行録》前集卷七引汪藻撰《祠堂記》。

19 范仲淹少時，求爲泰州西溪監鹽，其志欲吞西夏，知用兵利病耳。而廨舍多蚊蚋，文正戲題其壁曰：「飽去櫻桃重，饑來柳絮輕。但知離此去，不用問前程。」《冷齋夜話》卷五。《續墨客揮犀》卷五。《捫蝨新話》補遺。

20 見吕夷簡9。

21 通、泰、海州皆濱海，舊日潮水皆至城下，土田斥鹵，不可稼穡。范文正公監西溪倉，建白於朝，請築捍海隄於三州之境，長數百里，以衛民田，朝廷從之。以文正爲興化令，專掌役事。又以發運使張綸兼知泰州，發通、泰、楚、海四州民夫治之。既成，民至於今享其利。興化之民往往以范爲姓。《涑水記聞》卷十。

22 晏丞相留守南京，仲淹遭母憂，寓居城下。晏公請掌府學，仲淹常宿學中，訓督學者，皆有法度，勤勞恭謹，以身先之。夜課諸生讀書，寢食皆立時刻，往往潛至齋舍詗之。見有先寢者，詰之，其人紿云：「適疲倦，暫就枕耳。」仲淹問：「未寢之時，觀何書？」其人亦妄對。仲淹即取書問之，其人不能對，乃罰之。出題使諸生作賦，必先自爲之，欲知其難易，及所當用意，亦使學者準以爲法。由是四方從學者輻湊。其後宋人以文學有聲名於場屋朝廷者，多其所教也。服除，至京師，上宰相書，言朝政得失及民間利病，凡萬餘言，王曾見而偉之。時晏殊亦在京師，薦一人爲館職。曾謂殊曰：「公知范仲淹，捨不薦，而薦斯人乎？已爲公置不行，宜更薦仲淹也。」殊從之，遂除館職。頃之，冬至立仗，禮官定議欲媚章獻太后，請天子帥百官獻壽於庭，仲淹奏以爲不可。晏殊大懼，召仲淹，怒責之，以爲狂。仲淹正色抗言曰：「仲淹受明公誤知，常懼不稱，爲知己羞，不意今日更以正論得罪於門下也。」殊慙無以應。《涑水記聞》卷十。《宋朝事實類苑》卷九。《宋名臣言行録》前集卷七。《東都事略》卷五十九上。

23　見孫復1。

24　見晏殊45—47。

25　見宋仁宗16。

26　范文正公守桐廬，始於釣臺建嚴先生祠堂，自爲記，用《屯》之初九、《蠱》之上九，極論漢光武之大、先生之高，財二百字。其歌詞云：「雲山蒼蒼，江水泱泱。先生之德，山高水長。」既成，以示南豐李泰伯。泰伯讀之，三歎味不已，起而言曰：「公之文一出，必將名世，某妄意輒易一字，以成盛美。」公瞿然握手扣之，答曰：「『雲山、江水』之語，於義甚大，於詞甚溥，而『德』字承之，乃似趢趚，擬换作『風』字，如何？」公凝坐頷首，殆欲下拜。《容齋五筆》卷五。《東園叢説》卷下。《四溟詩話》卷三。

27　〔邵居士餗〕尤工爲釵股篆，世所欽重。范文正公作《釣臺嚴先生祠堂記》，欲求其書而刻之石，專遣錢持書懇之。余嘗傳得范公之書，今録于此書云：「……先生篆高出四海，誠能枉神笔於片石，則子陵之風，後千百年未泯，其高尚之爲教也，亦大矣哉。」《負暄野録》卷上。

28　范文正公謫睦州，過嚴陵祠下，會吴俗歲祀，里巫迎神，但歌《滿江紅》，有「桐江好，煙漠漠。波似染，山如削。遶嚴陵灘畔，鷺飛魚躍」之句。公曰：「吾不善音律，撰一絶送神。」曰：「漢包六合網英豪，一箇冥鴻惜羽毛。世祖功臣三十六，雲臺争似釣臺高。」吴俗至今歌之。《湘山野録》卷中。《宋朝事實類苑》卷三十四。《堯山堂外紀》卷四十七。

29 公尹京日，有内侍怙勢作威，傾動中外，公抗疏列其罪。疏上，家所藏書有言兵者，悉焚之，仍戒其子曰：「我上疏言斥君側小人，必得罪以死。我既死，汝輩勿復仕宦，但於墳側教授爲業。」疏奏，嘉納其言，罷黜内侍。《范文正公言行拾遺事録》卷一。

30 范仲淹，字希文，知開封府事，決事如神，京師謡曰：「朝廷無憂有范君，京師無事有希文。」……寶元中，元昊叛，上知其才兼文武，起師延安，日夕訓練精兵。賊聞之曰：「無以延州爲意，今小范老子腹中有數萬甲兵，不比大范老子可欺也。」戎人呼知州爲「老子」，「大范」謂雍也。《孔氏談苑》卷三。《東都事略》卷五十九。《自警編》卷六。《言行龜鑑》卷八。《愛日齋叢鈔》卷二。《宋詩紀事》卷一百。

31 景祐中，范文正公知開封府，忠亮讜直，言無回避。左右不便，因言公離間大臣，自結朋黨，乃落天章閣待制，黜知饒州。余靖安道上疏論救，以朋黨坐貶。尹洙師魯言：「靖與仲淹交淺，臣於仲淹義兼師友，當從坐。」貶監郢州税。歐陽修永叔貽書責司諫高若訥不能辨其非辜，若訥大怒，繳其書，降授夷陵縣令。永叔復與師魯書云：「五六十年來，此輩沉默畏慎，布在世間，忽見吾輩作此事，下至竈間老婢，亦爲驚怪。」時蔡襄君謨爲《四賢一不肖》詩，播布在都下，人争傳寫，鬻書者市之，頗獲厚利。虜使至，密市以還。張中庸奉使過幽州，館中有書君謨詩在壁上。四賢：希文、安道、師魯、永叔也。一不肖，謂若訥也。《澠水燕談録》卷二。《宋名臣言行録》後集卷四。《宋朝事實類苑》卷九引《涑水記聞》。

32 范文正公以言事凡三黜。初爲校理，忤章獻太后旨，貶倅河中。僚友餞於都門曰：「此行極光。」後爲司諫，因郭后廢，率諫官、御史伏閣争之不勝，貶睦州。僚友又餞於亭曰：「此行愈光。」後爲天章閣、知開封府，撰《百官圖》進呈。丞相怒，奏曰：「宰相者，所以器百官。今仲淹盡自掄擢，安用彼相？臣等乞罷。」仁宗怒，落職貶饒州。時親賓故人又餞於郊曰：「此行尤光。」范笑謂送者曰：「仲淹前後三光矣，此後諸君更送，只乞一上牢可也。」客大笑而散。惟王子野質力疾獨留數夕，抵掌極論天下利病，留連惜别。范嘗謂人曰：「子野居常病羸不勝衣，及其論忠義，則龍驤虎賁之氣生焉。」明日，子野歸，客有迎大臣之旨惴之者：「君與范仲淹國門會别，一笑語、一樽俎，采之皆得其實，將有黨錮之事，君乃第一人也。」子野對曰：「果得覘者録某與范公數夕郵亭之論，條進於上，未必不爲蒼生之幸，豈獨質之幸哉？」士論壯之。《續湘山野録》。《昨非庵日纂》二集卷十三。

33 仁宗初獨聽政，范文正以進《擬資叙班簿圖》上之，冀曉上心，使執政者不得越次欺罔。執政以事危之，遂謫知饒州。諸公出餞，語文正曰：「前黜已光，今更光矣。」文正謔曰：「今回光，後回光，直待上牢了仲淹，方是了期耶？」衆大噱。《清虚雜著補闕》。

34 范文正公仲淹自知開封落待制，以吏部員外郎知饒州，出都時，惟王待制質餞宿于城外，暨水道之官，歷十餘州，無一人出迎迓者。時陳恭公執中以龍圖閣直學士知揚州，迎送問勞甚至。《東軒筆録》卷十三。

35 景祐中，范文正公以言事觸宰相，黜守饒州，到任，謝表云：「此而爲郡，陳優優布政之方；必也立朝，增蹇蹇匪躬之節。」天下歎公至誠，許國始終不渝，不以進退易其守也。《澠水燕談録》卷二。《宋朝事實類苑》卷五十三。

36　范文正公鎮鄱陽，有書生獻詩甚工，文正禮之。書生自言：「天下之至寒餓者，無在某右。」時盛行歐陽率更書，《薦福寺碑》墨本直千錢。文正爲具紙墨，打千本，使售于京師。紙墨已具，一夕，雷擊碎其碑。故時人爲之語曰：「有客打碑來薦福，無人騎鶴上揚州。」《冷齋夜話》卷二。《續墨客揮犀》卷四。《新編分門古今類事》卷十八。《堯山堂外紀》卷四十七。《昨非庵日纂》二集卷八。《宋稗類鈔》卷一。《古謡諺》卷四十七。

37　范文正守鄱陽，喜樂籍，未幾召還，作詩寄後政云：「慶朔堂前花自栽，爲移官去未曾開。年年憶著成離恨，只託春風管領來。」到京，以綿臙脂寄其人，題詩云：「江南有美人，別後長相憶。何以慰相思，贈汝好顏色。」《西溪叢語》卷下。《雨航雜録》卷上。《堯山堂外紀》卷四十七。《堅瓠甲集》卷四。《居易録》卷十五。《宋詩紀事》卷八。《詞林紀事》卷三。

38　范文正公守番陽郡，創慶朔堂。而妓籍中有小鬟妓，尚幼，公頗屬意。既去，而以詩寄魏介曰：「慶朔堂前花自栽，便移官去未曾開。年年長有別離恨，已託東風幹當來。」介因鬻以惠公。今州治有石刻。《能改齋漫録》卷十一。《青箱雜記》卷八。《吹劍四録》。《群書類編故事》卷九。《青泥蓮花記》卷十。《宋稗類鈔》卷四。

39　范文正公自京尹謫守鄱陽，作堂於後圃，名曰「慶朔」。未幾，易守丹陽，有詩曰：「慶朔堂前花自栽，便移官去未曾開。如今憶着成離恨，衹託春風管句來。」予昔官江東，嘗至其處，龕詩壁間。郡人猶有能道當時事者，云：「春風，天慶觀道士也，其所居之室曰春風軒，因以自名。公在郡時與之游，詩蓋以寄道士云。」《卻掃編》卷下。

40 范文正公守鄱陽，以母忌，預請芝山寺僧誦《金剛經》。夜夢母云：「得古佛經半卷，已超升矣。」明日入山，有暫到僧曰古塔主，扣之，果如夢中語。《夷堅支志》癸卷十。

41 范文正公鎮越，民曹孫居中死於官，其家大窘，遺二子幼妻，長子方三歲。公乃以俸錢百緡賙之，其他郡官從而遺之，若有倍公數。公爲具舟，擇一老吏將轄其舟，且誡其吏曰：「過關防，汝以吾詩示之。」其詩曰：「一葉輕帆泛巨川，來時煖熱去涼天。關防若要知名姓，乃是孤兒寡婦船。」《青瑣高議》前集卷五。《堯山堂外紀》卷四十七。

42 錢尚書遹爲洪州職官録事，過鄱陽，見彭器資。值月朔，有衣冠數十輩來見。彭公設拜，各人進問起居而退。錢在書齋中窺見，甚訝之，因問公：「此輩何人？」公曰：「皆鄉里後進子弟也。」錢曰：「今他處後進必居於位，或與先生並行，何以有此？」彭公曰：「昔范希文自京尹謫守是邦，其爲政，以名教厚風俗、敦尚風義爲先，州人仰慕，咸傾嚮之，遂以孝弟自任，而不敢忽，久之不變也。此大賢臨政之效，可以爲法。」《范文正公言行拾遺事録》卷一。

43 見呂夷簡35。

44 范文正公篤於忠亮，雖喜功名，而不爲朋黨。早歲排呂許公，勇於立事，其徒因之，矯厲過直，公亦不喜也。自越州還朝，出鎮西事，恐許公不爲之地，無以成功，乃爲書自咎，解讎而去。其後以參知政事安撫陝西，許公既老居鄭，相遇於途。文正身歷中書，知事之難，惟有過悔之語，於是許公欣然相與語終日。許公問何爲亟去朝廷，文正言欲經制西事耳。許公曰：「經制西事，莫如在朝廷之便。」文正爲之愕然。故歐陽公爲文正神道碑，言二公晚年歡然相得，由此故也。後生不知，皆咎歐陽公。予見張公（安道）言之，乃信。《龍川别志》卷上。

45 范文正公帥鄜、延，答元昊書不請。宋元憲請斬，云：「度必擅以土地金帛許之。」晏元獻、鄭文肅請驗其書，仲淹素直，必不隱。書既上，乃免。《後山談叢》卷四。

46 見宋庠21。

47 仁宗時，西戎方熾，韓魏公琦爲經略招討副使，欲五路進兵，以襲平夏，時范文正公仲淹守慶州，堅持不可。是時尹洙爲秦州通判兼經略判官，一日將魏公命至慶州，約范公以進兵。范公曰：「我師新敗，士卒氣沮，當自謹守，以觀其變，豈可輕兵深入耶？以今觀之，但見敗形，未見勝勢也。」洙歎曰：「公於此乃不及韓公也，韓公嘗云：『大凡用兵，當先置勝負於度外。』今公乃區區過慎，此所以不及韓公也。」范公曰：「大軍一動，萬命所懸，而乃置於度外，仲淹未見其可。」洙議不合，遽還。魏公遂舉兵入界，既而師次好水川，元昊設覆，全師陷没，大將任福死之。魏公遽還，至半途，而亡卒之父兄妻子號於馬首者幾千人，皆持故衣紙錢招魂而哭曰：「汝昔從招討出征，今招討歸而汝死矣，汝之魂不識亦能從招討以歸乎？」既而哀慟聲震天地，魏公不勝悲憤，掩泣駐馬，不能前者數刻。范公聞而歎曰：「當是時，難置勝負於度外也。」《東軒筆録》卷七。《宋名臣言行録》前集卷七。《昨非庵日纂》一集卷十一。

48 范文正公以龍圖閣直學士帥邠、延、涇、慶四郡，威德著聞，夷夏聳服，屬户蕃部率稱曰龍圖老子，至于元昊，亦以是呼之。《澠水燕談録》卷二。《宋名臣言行録》前集卷七。《自警編》卷六。

49　〔范〕仲淹與韓琦叶謀，必欲收復靈夏横山之地，邊上謡曰：「軍中有一韓，西賊聞之心骨寒。軍中有一范，西賊聞之驚破膽。」《宋名臣言行録》前集卷七引《名臣傳》。《類説》卷三引《名臣傳》。《孔氏談苑》卷三。《東都事略》卷五十九。《自警編》卷六。《宋詩紀事》卷一百。

50　見韓琦21。

51　范文正用士多取氣節而闊略細故，如孫威敏、滕達道皆所素厚。其爲帥，辟置幕客，多取見居謫籍未牽復。人或疑之，公曰：「人有才能而無過，朝廷自應用之。若其實有可用之材，不幸陷於吏議深文者，不因事起之，則遂爲廢人矣。」《寓簡》卷五。

52　范公嘗立一軍爲「龍猛軍」，皆是招收前後作過黥配底人，後來甚得其用。時人目范公爲「龍猛指揮使」。《朱子語類》卷一百三十三。

53　范文正公嘗在邊庭，以黄金鑄一箋筒，飾以七寶，每得朝廷詔旨敕命，貯之筒中。後爲一老卒夜間盗去，潛遁於家。公知之勿究，明年以老放歸。袁文清公桷伯長有詩題文正公遺像一絶云：「甲兵十萬在胸中，赫赫英名震犬戎。寛恕可成天下事，從他老卒盗金筒。」《逸老堂詩話》卷下。

54　范希文戍邊，行水邊，甚樂之，從者前云：「此水不好，裹面有蟲。」謂之蟲，乃是魚也，答云：「不妨，我亦食此蟲也。」《江隣幾雜志》。

55　范文正公守邊日，作《漁家傲》樂歌數闋，皆以「塞下秋來」爲首句，頗述邊鎮之勞苦，歐陽公嘗呼爲窮塞主之詞。及王尚書素出守平凉，文忠亦作《漁家傲》一詞以送之，其斷章曰：「戰勝歸來飛捷奏，傾賀酒，玉階遥獻南山壽。」顧謂王曰：「此真元帥之事也。」《東軒筆録》卷十一。《宋朝事實類苑》卷三十九。《堯山堂外紀》卷四十七。《堅瓠庚集》卷三。《詞林紀事》卷三。

56 公與韓魏公召爲樞密副使，天下聞之，士大夫皆酌酒相賀曰：「上用韓某、范某，非惟社稷幸，乃天下生民之幸。」《范文正公言行拾遺事録》卷二。

57 見石介 8。

58 祖宗用人，多以兩省爲要，而翰林學士尤號清切。由是登二府者，十常六七。杜正獻公以清節名天下，然一生多歷外職，五爲使者，徧典諸名藩。在内，惟爲三司、户部副使、御史中丞、知開封府，遂至爲樞密副使。范文正公自諫官被謫，召還，以天章閣待制判國子監，遷知開封府，復謫，晚乃自慶州亦入爲樞密副使。二公皆未嘗歷兩省，而文正之文學不更文字之職，世尤以爲歉也。《石林燕語》卷七。

59 慶曆三年，范文正公作參知政事，富文忠公作樞密副使。時盜起京西，掠商、鄧、均、房，光化知軍棄城走。奏至，二公同對上前，富公乞取知軍者行軍法，范公曰：「光化無城郭，無甲兵，知軍所以棄城。乞薄其罪。」仁宗可之。罷朝至政事堂，富公怒甚，謂范公曰：「六丈要作佛耶？」范公笑曰：「人何用作佛，某之所言有理，少定爲君言之。」富公益不樂。范公從容曰：「上春秋鼎盛，豈可教之殺人？至手滑，吾輩首領皆不保矣！」富公聞之汗下，起立以謝曰：「非某所及也。」《邵氏聞見録》卷八。《清虚雜著補闕》。《范文正公言行拾遺事録》卷一。

60 慶曆中，劫盜張海横行數路，將過高郵。知軍晁仲約度不能禦，諭軍中富民出金帛，市牛酒，使人迎勞，且厚遺之。海悦，徑去，不爲暴。事聞，朝廷大怒。時范文正在政府，富鄭公在樞府，鄭公議欲誅仲約以正法，范公欲宥之，争於上前。……仁宗釋然從之，仲約由此免死。既而富公愠曰：「方今患法不舉，方欲舉法，而多方沮之，何以整衆？」范公密告之曰：「祖宗以來，未嘗輕殺臣下，此盛德事，奈何欲輕壞之？且吾與公在此，同僚之間，同心者有幾？雖上意亦未知所定也，而輕導人主以誅戮臣下，它日手滑，雖吾輩亦未敢自保也。」富公終不以爲然。及二公迹不自安，范公出按陝西，富公出按河北，范公因自乞守邊。富公自河北還，及國門，不許入，未測朝廷意，此夜徬徨不能寐，遶牀歎曰：「范六丈，聖人也。」《龍川別志》卷下。《宋名臣言行録》前集卷七。《童蒙訓》卷下。《能改齋漫録》卷八。《厚德録》卷二。《鶴林玉露》甲編卷五。《自警編》卷一。《昨非庵日纂》一集卷十七。

61 慶曆中，有近侍犯法，罪不至死，執政以其情重，請殺之，范希文獨無言，退而謂同列曰：「諸公勸人主法外殺近臣，一時雖快意，不宜教手滑。」諸公默然。《夢溪筆談》卷十。

62 見梅堯臣8。

63 范文正公氣節忠勁，知無不言。仁廟朝，屢獻章疏，數見斥逐。故梅聖俞作《啄木鳥》詩以見意，曰：「啄盡林中蠹，未肯出林飛。不識黄金彈，雙翎墮落暉。」《宋朝事實類苑》卷三十四。

64 〔范仲淹〕至參知政事。上自即位，視群臣多矣，知仲淹無所有，厭之，而密試以策，觀其所藴。策進，果無所有，上笑曰：「老生常談耳。」因喻令求出，遂爲河東陝西宣撫使。《碧雲騢》。

65 范文正公守邠州，暇日率僚屬登樓置酒，未舉觴，見縗絰數人營理葬具者。公亟令詢之，乃寓居士人卒于邠，將出殯近郊，賵歛棺槨，皆所未具。公憮然，即徹宴席，厚賙給之，使畢其事。坐客感歎有泣下者。《澠水燕談録》卷二。《宋朝事實類苑》卷九。《厚德録》卷二。《仕學規範》卷二十九。《自警編》卷四。《言行龜鑑》卷三。《隨隱漫録》卷五。《昨非庵日纂》一集卷三。

66 賈内翰黯以狀元及第歸鄧州，范文正公爲守，内翰謁文正曰：「某晚生，偶得科第，願受教。」文正曰：「君不憂不顯，惟『不欺』二字，可終身行之。」内翰拜其言不忘，每語人曰：「吾得於范文正公者，平生用之不盡也。」《邵氏聞見録》卷八。《仕學規範》卷十二。《名賢氏族言行類稿》卷三十九。《言行龜鑑》卷二。

67 見尹洙9。

68 滕子京負大才，爲衆忌嫉，自慶帥謫巴陵，憤鬱頗見辭色。文正與之同年，友善，愛其才，恐後貽禍。然滕豪邁自負，罕受人言。正患無隙以規之，子京忽以書抵文正，求《岳陽樓記》，故記中云：「不以物喜，不以己悲。先天下之憂而憂，後天下之樂而樂。」其意蓋有在矣。《過庭録》。

69 范文正公以晏元獻薦入館，終身以門生事之，後雖名位相亞亦不敢少變。慶曆末，晏公守宛丘，文正起南陽，道過，特留歡飲數日。其書題門狀，猶皆稱門生。將别，以詩叙殷勤，投元獻而去，有「曾入黄扉陪國論，卻來絳帳就師資」之句，聞者無不歎服。《石林燕語》卷九。《范文正公言行拾遺事録》卷一。

70 皇祐二年，吴中大饑，殍殣枕路。是時范文正領浙西，發粟及募民存餉，爲術甚備。吴人喜競渡，好爲佛事，希文乃縱民競渡，太守日出宴于湖上，自春至夏，居民空巷出游。又召諸佛寺主首諭之曰：

「饑歲工價至賤，可以大興土木之役。」于是諸寺工作鼎興。又新敖倉吏舍，日役千夫。監司奏劾杭州不恤荒政，嬉游不節，及公私興造，傷耗民力。文正乃自條叙所以宴游及興造，皆欲以發有餘之財，以惠貧者。貿易飲食工技服力之人，仰食於公私者，日無慮數萬人。荒政之施，莫此爲大。是歲兩浙惟杭州晏然，民不流徙，皆文正之惠也。《夢溪筆談》卷十一。《宋名臣言行録》前集卷七。《鶴林玉露》甲編卷三。

71 范文正作守，歲荒且疫作，公興徭役以勞之，曰：「在民得食其力，又使人氣血運動，豈類東山之游？」《晁氏客語》。《蓬窗日録》卷六。

72 范蜀公記：范文正治杭州，二浙阻饑，穀價方湧，斗錢百二十。公遂增至斗百八十，衆不知所爲。公仍命多出牓沿江，具述杭饑及米價所增之數。于是商賈聞之，晨夜争進，唯恐後，且虞後者繼來。米既輻湊，遂減價，還至百二十。《能改齋漫録》卷二。

73 范文正殿餘杭時，有一近臣同路宴公於堂，以其家聲樂相娱，繼出俳優，男女紛揉，褻語交至。怪而問其男女誰何，主人答云：「兒曹爾。」公不懌，避席即去。王荆公具書其事於策。《珍席放談》卷下。

74 公在杭州，子弟以公有退志，乘間請治第洛陽，樹園圃，以爲逸老之地。公曰：「人苟有道義之樂，形骸可外，况居室哉！吾今年踰六十，生且無幾，乃謀樹第治圃，顧何時而居乎？吾之所患，在位高而難退，不患退而無居也。且西都士大夫園林相望，爲主人者莫得常游，而誰獨障吾游者，豈必有諸己而後爲樂耶？」《宋名臣言行録》前集卷七。《昨非庵日纂》一集卷八。《古事比》卷四十九。

75 范文正公鎮錢塘，兵官皆被薦，獨巡檢蘇麟不見録，乃獻詩云：「近水樓臺先得月，向陽花木易爲春。」公即薦之。《清夜録》。《堯山堂外紀》卷四十七。《宋詩紀事》卷十七。

76 韓汝玉令錢唐，眷一妓，嘗宿其家。一日晏起，縣吏挾之立門外，候聲喏，汝玉即升妓家中堂受喏。翼日，下吏杖一百，即解官自劾云：「某無狀，不檢，爲吏所侮，無以莅民，請解印歸。」時范文正公知杭州，大奇之，曰：「公傑士也，願自愛。」即令還職。汝玉既滿，復攜此妓游西湖，戀戀一月不去。文正公置酒餞之，召妓佐酒，候汝玉極醉時，令舟子解纜去。及醒，則舟離錢唐數十里矣。後汝玉歷膴仕有聲。《西湖游覽志餘》卷十六。

77 文正公自政府出，歸鄉焚黄，未至近邑，先投遠狀。或以爲太過，公曰：「『維桑與梓，必恭敬止』，敢不盡禮乎？」既至，搜外庫，惟有絹三千匹。令掌吏録親戚及閭里知舊，自大及小，散之皆盡，曰：「宗族鄉黨，見我生長、幼學、壯仕，爲我助喜。我何以報之？」又買負郭常稔之田千畝，號曰義田，以濟養群族，擇族之長而賢者一人主之。其計日食人米一升，歲衣人一縑，嫁女者錢五十千，再嫁者三十千，再娶者十五千，葬者如再嫁之數，葬幼者十千。族之聚者九十口，歲入粳稻八百斛，以其所入，給其所聚，仕而家居俟代者預焉，仕而之官者罷其給。公雖没，後世子孫修其業，承其志，如公存也。《中吴紀聞》卷三。《澠水燕談録》卷四。《宋名臣言行録》前集卷七。《仕學規範》卷七。《自警編》卷三。《言行龜鑑》卷四。《清夜録》。《群書類編故事》卷六。《昨非庵日纂》二集卷十一。

78 范文正公幼孤，隨母再適朱氏。公性至孝，以母在時方貧，及顯，非賓客不重肉，妻子僅能自充。然好施與，所得俸禄盡置義莊，以贍宗屬。泛愛樂善，故雖里巷之人，亦知公之姓字。《墨客揮犀》卷八。《厚德録》卷一。

79 范文正公鎮青社，會河朔艱食，青之輿賦移博州置納，青民大患輦置之苦，而河朔斛價不甚翔踊。公止戒民本州納，價每斗三鍰，給抄與之，俾簽幕者輓金往幹，曰：「博守席君夷亮，余嘗薦論，又足下之婦翁也。攜書就彼，坐倉以倍價招之，事必可集。賫巨榜數十道，介其境則張之。設郡中不肯假廩，寄僧舍可也。」簽稟教行焉，至則皆如公料。村斛時爲厚價所誘，貿者山積，不五日遂足。而博斛亦衍，斛金尚餘數千緡，隨等差給還。青民因立像祠焉。《湘山野録》卷中。《東齋記事》補遺。《宋朝事實類苑》卷二十二。

80 皇祐中，范文正公鎮青，龍興僧舍西南洋溪中有醴泉湧出，公構一亭泉上，刻石記之。其後青人思公之德，目之曰范公泉。《澠水燕談録》卷八。《宋朝事實類苑》卷六十一。

81 淄州淄川縣梓桐山石門澗，有石曰青金，色青黑相雜，其文如銅屑，或云即自然銅也，理細密。范文正公早居長白山，往來于此，嘗見其石。皇祐末，公知青，遣石工取以爲硯，極發墨，頗類歙石。今東方人多用之，或曰「范公石」，然不耐久，久則不免斷裂。《澠水燕談録》卷八。

82 見張士遜20。

83 公遇夜就寢，即自計一日食飲奉養之費及所爲之事。果自奉之費與所爲之事相稱，則鼾鼻熟寐，或不然，則終夕不能安眠，明日必求所以稱之者。《范文正公言行拾遺事録》卷一。《邵氏聞見後録》卷二十二。《隨手雜録》。《自警編》卷二。

84 嘗有欲爲〔范文正〕公買緑野堂者，公不肯：「在唐如晉公者，是可尊也，一旦取其物而有之，如何得安？寧使耕壞，及他人有之，已則不可取也。」《宋名臣言行録》前集卷七引《程氏遺書》。《古事比》卷四十九。

85 范文正公嘗得一宅基，堪輿家相之曰：「此當出卿相。」公曰：「誠有之，不敢以私一家。」即捐基建學，今蘇州府學是也。《賢弈編》卷四。《昨非庵日纂》一集卷十八。

86 吴遵路丁母憂，廬墓側，蔬食終制。既殁，家無長物，公分俸賙其家。《范文正公言行拾遺事録》卷一。

87 公爲人作銘文，未嘗受遺。後作范忠獻銘，其子欲以金帛謝，拒之。乃獻以所蓄書畫，公悉不收，獨留《道德經》而還，戒之曰：「此先君所藏，世之所寶，某竊以爲宗家惜之，毋爲人得也。」《范文正公言行拾遺事録》卷一。

88 范文正公嘗爲人作墓銘，已封，將發，忽曰：「不可不使師魯見。」明日以示尹師魯，曰：「希文名重一時，後世所取信，不可不慎也。今謂轉運使爲部刺史，知州爲太守，誠爲脱俗。然今無其官，後必疑之，此正起俗儒争論也。」希文撫几曰：「賴以示子，不然，吾幾失之。」《幕府燕閒録》。

89 公爲吏部員外郎出守時有三婢。及官大，歷二府，以至於薨，凡十年不增一人，亦未嘗易也。《宋名臣言行録》前集卷七。《自警編》卷二。

90 公子純仁，娶婦將歸，或傳婦以羅爲帷幔。公聞之，不悦，曰：「羅綺豈帷幔之物耶？吾家素清儉，安得亂吾家法，敢持歸吾家，當火於庭。」《范文正公言行拾遺事録》卷一。《宋名臣言行録》前集卷七。《賢弈編》卷二。《自警編》卷二。《昨非庵日纂》一集卷九。

91 靈隱寺方丈有范文正公木床，樸甚，詩云：「先生守杭日，去去五百年。遺夢了不覺，山僧嘗晝眠。」《棗林詩集》。

92 范堯夫丞相嘗教子弟云：「文正公有言：『常調官好做，家常飯好喫。』」《侯鯖録》卷八。《鶴林玉露》甲編卷一。

93 范文正公清嚴，而喜論兵，嘗好誦韋蘇州詩「兵衛森畫戟，燕寢凝清香」。《冷齋夜話》卷二。《詩話總龜》前集卷五十。

94 范文正公喜彈琴，然平日止彈《履霜》一操，時人謂之范履霜。《老學庵筆記》卷九。《識小録》卷一。《湧幢小品》卷四。《宋稗類鈔》卷七。《宋詩紀事》卷八。《詞林紀事》卷三。《古事比》卷三十九。

95 范文正公所居宅，必先浚井，納青朮數斤於其中，以辟瘟氣。《泊宅編》十卷本卷二。

96 范文正公修史，載某隱慝，夜夢某怒云：「不改史，將禍爾子。」公不改，果長子純禮亡。夜又夢某詈云：「再不改，將禍爾次子。」果次子純仁病。全家泣請，公終不改，已而純仁病愈。《隨園隨筆》卷二十八。

案：長子爲純佑。

97 文正范公《岳陽樓記》有云：「先天下之憂而憂，後天下之樂而樂。」其後東坡行忠宣公辭免批答，徑用此語云：「吾聞之乃烈考曰：『君子先天下之憂而憂，後天下之樂而樂。』雖聖人復起，不易斯言。卿將書之紳，銘之盤盂，以爲一言而可以終身行之者歟！則今兹爰立之命，乃所以委重投艱而已，又何辭乎？」其後忠宣上遺表，亦用之云：「蓋嘗先天下之憂，期不負聖人之學。此先臣所以教子，而微臣所以事君。」《齊東野語》卷一。

98 世言文正三子各得其父一體，蓋長子忠宣得其德量，中子右丞純禮彝叟得其文學，德孺得其將略也。《卻掃編》卷下。

99　見滕元發3、4。

100　蘇州人喜盜，諱言「賊」。世云范文正乃平江人，警夜者避不敢言賊，乃曰「看參政鄉人」，是可笑也。《雞肋編》卷上。

101　曾王父捐館，至五七日，曾王妣前一夕夢其還家，急令開篋笥，取新公裳而去。因問之曰：「何忽促如此？」答曰：「來日當見范文正公，衣冠不可不早正也。」又問：「范公何爲尚在冥間？」曰：「公本天人也，見司生死之權。」既覺，因思釋氏書，謂人死五七，則見閻羅王。豈文正公聰明正直，故爲此官邪！《中吴紀聞》卷五。

102　歐文忠作《范文正神道碑》，累年未成。范丞相兄弟數趣之，文忠以書報曰：「此文極難作，敵兵尚强，須字字與之對壘。」蓋是時吕申公客尚衆也。余嘗于范氏家見此帖，其後碑載初爲西帥時，與申公釋憾事曰：「二公歡然，相約平賊。」丞相得之曰：「無是，吾翁未嘗與吕公平也。」請文忠易之。文忠怫然曰：「此吾所目擊，公等少年，何從知之？」丞相即自刊去二十餘字乃入石，既以碑獻文忠，文忠卻之曰：「非吾文也。」《石林避暑録話》卷二。

103　歐陽公作《文正神道碑》云：「吕公復相，公亦再起被用，於是二公驩然相約，共力國事。天下之人皆以此多之。」文正之子堯夫以爲不然，從歐陽公辯，不可，則自削去「驩然」、「共力」等語。歐陽公殊不樂，爲蘇明允云：「《范公碑》，爲其子弟擅於石本改動文字，令人恨之。」《邵氏聞見後録》卷二十一。《林下偶談》卷二。《木筆雜鈔》卷上。

104〔歐陽文忠〕爲范公作《神道碑》，言西事起，吕公擢用希文，盛稱二人之賢，能釋私憾而共力於國家。希文子純仁，大以爲不然，刻石時輒削去此一節，云：「我父至死，未嘗解仇。」公亦歎曰：「我亦得罪於吕丞相者，惟其言公，所以信於後世也。」吾嘗聞范公自言平生無怨惡於一人，兼其與吕公解仇書，見在范集中。豈有父自言無怨惡於一人，而其子不使解仇於地下？父子之性，相遠如此。《墨莊漫録》卷八。《宋稗類鈔》卷三。

105 歐陽公撰《范文正神道碑》，富韓公以差叙官次爲言，公以爲「此碑直叙事繫天下國家之大者耳，後人固不於此求范公官次也」。《水東日記》卷七。

106 文正墓志，則富公之文也。先是，富公自歐陽公平章，其書略曰：「……弼常病今之人，作文字無所發明，但依違模稜而已。人之爲善固不易，有遭讒毁者，有被竄斥者，有窮困寒餓者，甚則誅死族滅。而執筆者但求自便，不與之表顯，誠罪人也。人之爲惡者，必用姦謀巧詐，貨賂朋黨，多方以逃刑戮，況不止刑戮是逃，以至子子孫孫享其餘蔭而不絶，可謂大幸矣。執筆者又憚之，不敢書其惡，則惡者愈惡，而善人常沮塞不振矣。君子爲小人所勝所抑者，不過禄位耳。惟有三四寸竹管子，向口角頭褒善貶惡，使善人貴，惡人賤，善人生，惡人死，須是由我始得，不可更有所畏怯而噤默，受不快活也。向作《希文墓志》，蓋用此法，但恨有其意而無其詞，亦自謂希文之善稍彰，姦人之惡稍暴矣。今永叔亦云：『胸臆有欲道者，誠當無所避，皎然寫之，洩忠義之憤，不亦快哉！』則似以弼之説爲是也。然弼之説，蓋公是公非，非於惡人有所加諸也，如《希文墓志》中，所詆姦人皆指事據實，盡是天下人聞知者，即非創意爲之，彼家數子皆有權位，必大起謗議，斷不卹也。」初，寶元、慶曆間，范公、富公，歐陽公，天下正論所自出。范公薨，富公、歐陽公相約書其事矣。歐陽公後復不然，何也？《邵氏聞見後録》卷二十一。

107 靖康間，欲追褒司馬温公，輿論以謂惟范忠宣在元祐間尤爲厚德可儷，而有司一時鹵莽，乃誤書文正之名，批旨行下，遂俱贈太師，蓋不知文正以忠宣、德孺爲宰執，已追贈至太師中書令兼尚書令魏國公久矣。《揮麈録》卷三。

范純佑

1 文正長子監簿純佑，幼有智略，與富彦國家子有游。富氏引葬，陳設從葬祭用甚盛，觀者如堵，器用蓋錫造者。監簿在側，取一器擘而示衆曰：「此錫器，爾等謂何物耶？」富氏子大怒，以爲笑已，監簿徐謂曰：「爾何所見，吾正恐愚民致疑，害爾先塋耳。」富子歎服，時始十餘歲。《過庭録》。

2 范文正公長子監簿純佑，自幼警悟，明敏過人，公所料事必先知之，善能出神。公在西邊，凡虜情機事皆預遥知，蓋出神至虜廷而得之，故公每制勝料敵如神者，監簿之力也。一日，因出神爲人所驚，自此神觀不足，未幾而亡。《吴中舊事》。《墨莊漫録》卷五。

3 范文正公四子，長曰純祐，材高善知人，如狄青、郭逵，時爲指使，皆禮異之，又教狄以《左傳》，幕府得人，多所薦達。又通兵書，學道家能出神。一日方觀坐，爲妹婿蔡交以杖擊户，神驚不歸，自爾遂失心。

然居喪猶如禮，草文正行狀，皆不誤失。至其得疾之歲，即書曰：「自此天下大亂。」遂擲筆於地，蓋其心之亂也。有子早世。只一孫女，喪夫，亦病狂，嘗閉於室中，窗外有大桃樹，花適盛開，一夕斷櫺登木食桃花幾盡。明旦，人見其裸身坐於樹杪，以梯下之，自是遂愈。再嫁洛人奉議郎任謂，以壽終。《雞肋編》卷中。《蓼花洲閒録》。

韓國華

1 韓國華，字光弼，相州人，爲右司諫鹽鐵判官。每歲後苑賞花，三館學士皆預，國華與潘太初封對，自言任兩省清官，兼計司職，不得侍曲宴。即日命直昭文館，後三日苑宴，即命陪預。三司屬官兼直館，自國華等始。《宋朝事實類苑》卷二十七引《范蜀公蒙求》。

韓琦

1 韓魏公父諫議大夫國華，嘗仕於蜀。蜀中士人胡廣，善相術，見諫議，大奇之，曰：「是必生貴子，請納女焉。」後諫議出守泉州。祥符元年戊申歲七月二日，生魏公於泉州州宅。僕與韓氏交游，嘗見諫議、胡夫人畫像皆奇偉，宜其生貴人也。世言魏公世居河朔，故其狀貌奇偉而有厚重之德。然生於泉州，故爲人亦微任術數，深不可測，有閩之風，皆其土風然也。《嬾真子録》卷五。《舊聞證談》卷二。

2 蜀士胡其姓者，知其女貴，能生子作宰相，攜入京師，尋一朝士生宰相者，即與之。遇道間見韓光禄國華，拜于馬首云：「三年在京師，閱人多矣。光禄必生宰相子，敢以女爲獻。」後果生魏公。今韓氏家廟有胡夫人，即斯人女也。《貴耳集》卷下。《茶香室四鈔》卷五。

3 韓魏公應舉時，夢打毬一捧盂八。時魏公年僅弱冠，一上登科，則一捧盂八之應也。《青箱雜記》卷三。

4 元絳與堂叔來赴省試，既至都下，叔因疾委頓，厚之已爲營幹凶具矣。經久復蘇，乃云：「冥中曾到一官府，殿閣甚多，金碧相照。俄過一堂，上有榜云『侍中堂』，俯而窺，則字皆黄金。又以青紗覆之，其人姓名有四，曰趙普，曰丁謂，曰馮拯，曰韓某。」厚之即書其事於紙。公時未第，人亦莫知有公姓名，後省榜出，忽見之，人猶戲相謂曰：「元氏之夢，非此人乎？」既而唱名，公亞榜首，聞是事者，固已異之。既授監丞通判，詣朝堂，過正衙時，朝堂中數朝士，見一衣朱少年同坐，未甚爲禮。及相問姓名，乃云：「近有人夢君爲侍中，知否？」公遜謝不敢當。後推考本朝爲真侍中者，惟此四人而已。《宋朝事實類苑》卷四十六引《魏王别録》。

5 見李師中1。

6 見宋祁15。

7 見宋祁16。

8 見王德用4。

9 初爲館職，所與游者皆一時英俊。石曼卿氣豪邁，多戲侮同舍，獨見公不敢少慢，但時呼爲「韓家」。蓋當時市井小民凡所畏尊官，則呼厥姓曰「某家」，故石效此語。自在館閣已有重望於天下，與同館王拱辰、御史蕭定基同發解開封府舉人。二公時有争喧，公安坐幕中閲試卷，如不聞。拱辰忿不助己，詣公室謂公曰：「此中習宰相氣度耶？」公和顔謝之。《宋名臣言行録》後集卷一。《韓魏公家傳》卷十。《自警編》卷一。

10 石曼卿意氣豪俊，同時諸人，無不被凌誚者，獨未嘗侵公也。公曰：「某以誠待之而已。」《韓魏公别録》。《仕學規範》卷十一。

11 仁宗朝，李都尉喜延士大夫，盡聲色之樂，一時館閣清流無不往者。公於其間獨爲年少，獨未嘗造焉。李數召，而數以事辭。人有强之者，公曰：「固欲往，但未有名爾。」公處之而不失和，李既莫得以怨，同時諸公亦不以爲介也。《韓魏公别録》。《宋名臣言行録》後集卷一。《宋朝事實類苑》卷十四。

12 韓忠獻公琦監左藏庫，時方貴高科，多徑去爲顯職，公獨滯于筦庫。衆以爲非宜，公處之自若，不以爲卑冗，職事亦未嘗苟且。《自警編》卷五。《言行龜鑑》卷二。

13 公徙開封府推官，理事不倦，暑月汗流浹背，府尹王博文大器重之，曰：「此人要路在前，而治民如此，真宰相器也。」《宋名臣言行録》後集卷一引《胡氏傳家録》。

14 韓琦爲諫官三年，所存諫草欲斂而焚之，以效古人謹密之義。然恐無以見人主從諫之美，乃集七十餘章爲三卷，曰《諫垣稿》，自序於首，大略曰：「諫主於理勝，而以至誠將之。」《錦繡萬花谷》卷十一。

15 康定間，元昊寇邊，韓魏公領四路招討，駐兵延安。忽夜有人攜匕首至卧内，遂褰幃，魏公起坐，問誰何，曰：「某來殺諫議。」又問曰：「誰遣汝來？」曰：「張相公遣某來。」蓋夏國相張元正用事也。魏公復就枕曰：「汝攜予首去。」其人曰：「某不忍，願得諫議金帶足矣。」遂取帶而去。明日，魏公亦不治此事。俄有守陴卒報城樓上得金帶，乃納之。時范相兄純祐亦在延安，謂魏公曰：「不治此事得體矣，蓋行之則沮國威。今乃受其帶，是墮賊計中耳。」魏公握其手，再三歎服曰：「非某所及。」《麈史》卷中。《宋名臣言行録》後集卷一。《清波雜志》卷二。《自警編》卷七。《賓退録》卷三。《言行龜鑑》卷二。《何氏語林》卷十四。《昨非庵日纂》一集卷十。

16 〔韓魏〕公爲陝西招討時，師魯與英公不相得。師魯於公處即論英公事，英公於公處亦論師魯，公皆納之，不形於言，遂無事。《自警編》卷一。

17 楚執中性滑稽，謔玩無禮。慶曆中，韓魏公琦帥陝西，將四路進兵，入平夏，以取元昊，師行有日矣。尹洙與執中有舊，薦于韓公，執中曰：「虜之族帳無定，萬一遷徙深遠，以致我師，無乃曠日持久乎？」韓公曰：「今大兵入界，則倍道兼程矣。」執中曰：「糧道豈能兼程耶？」韓公曰：「吾已盡括關中之驢運糧，驢行速，可與兵相繼也。萬一深入，而糧食盡，自可殺驢而食矣。」執中曰：「驢子大好酬獎。」韓公怒其無禮，遂不使之入幕。然四路進兵，亦竟無功也。《東軒筆録》卷四。《宋朝事實類苑》卷六十六。

18 見夏竦32。

19 見范仲淹47。

20 見范仲淹49。

21 公與范公在兵間最久，公名重一時，人心歸之，樂爲之用，朝廷倚以爲重，故天下稱爲「韓范」。《宋名臣言行録》後集卷一。《名賢氏族言行類稿》卷十五。

22 韓魏公與范文正公議西事不合，文正徑拂衣起去，魏公自後把住其手云：「希文，事便不容商量？」魏公和氣滿面，文正意亦解。只此一把手間，消融幾同異。《北窗炙輠録》卷上。《昨非庵日纂》二集卷十。

23 見劉易1。

24 見李師中2、3。

25 韓稚珪侍中知秦州日，卧疾數日，冥冥無所知，倏然而蘇，語左右曰：「適夢以手扶天者再，不覺驚寤。」其後援英宗於藩邸，翼今上於春宫。扶天之祥，已兆於慶曆中。《倦游雜録》。《宋朝事實類苑》卷四十五。《續墨客揮犀》卷四。《孔氏談苑》卷四。

26 見范仲淹56。

27 見石介8。

28 石守道編《三朝聖政録》，將上，一日，求質於公。公指數事爲非。其一，太祖時嘗惑一宫鬟，視朝晏，群臣有言，太祖悟，潛伺鬟方酣寢，刺殺之。公曰：「此豈可爲萬世法。已溺之，乃惡其溺而殺之，彼何罪？使其復有嬖，將不勝其殺矣。」遂去此等數事。守道服其清識。《韓魏公遺事》。

29 有士人贋作韓魏公書，謁蔡君謨。蔡雖疑之，然士頗豪，與之三千緡，因回書，遣四兵送之，併致果物於魏公。客至京，謁公曰：「某以貧，故輒贋公書見蔡端明。端明有回書並果物，令某面致。某死罪。」公徐曰：「君謨手段小，此恐未足以了公事。夏太尉在長安，可往見之。」爲之治書。子弟請曰：「士爲贋書，大人容之善矣。長安之書，無亦可已。」公曰：「士能爲我書，又能動君謨，其才器亦不凡矣。」至關中，夏竟官之，蓋書中所囑者如此。《瑞桂堂暇録》。《讀書鏡》卷四。《堅瓠乙集》卷二。

30 見章得象18。

31 蘇子美有逸才，詞氣俊偉，飄然有超世之格。慶曆中，監奏邸，承舊例以拆賣故紙錢祠神，因以其餘享賓客。言事者欲因子美以累一二大臣，彈擊甚急。宦者操文符捕人送獄，皆一時名士。都下爲之紛駭，左右無敢救解者，獨韓魏公從容言于仁宗曰：「舜欽一醉飽之過，止可薄治之，何至如此？」帝悔見于色。《澠水燕談録》卷四。《厚德録》卷二。《宋稗類鈔》卷三。《香祖筆記》卷十。

32 韓魏公慶曆中以資政殿學士帥淮南，一日，後園中有芍藥一榦分四岐，岐各一花，上下紅，中間黄蕊間之。當時揚州芍藥未有此一品，今謂之「金纏腰」者是也。公異之，開一會，欲招四客以賞之，以應四花之瑞。時王岐公爲大理寺評事通判，王荆公爲大理評事僉判，皆召之。尚少一客，以判鈐轄諸司使忘其名官最長，遂取以充數。明日早衙，鈐轄者申狀，暴泄不至。尚少一客，命取過客曆，求一朝官足之。過客中無朝官，唯有陳秀公時爲大理寺丞，遂命同會。至中筵，剪四花，四客各簪一枝，甚爲盛集。後三十年，四人皆爲宰相。《夢溪補筆談》卷三。《魏公譚訓》卷十。《後山談叢》卷二。《墨客揮犀》卷一。《遯齋閒覽》。《清波雜志》卷三。《群書類編故事》卷二十三。《堅瓠丁集》卷三。《宋稗類鈔》卷一。

33 見王安石13。

34 見王安石14。

35 魏公治維揚日，有一異人相訪，云：「公之名位，當如州東相官，至公師，而憂責過之。候某年某月日可見，但一生爲丘八所攖耳。」既而潛去，不復見。嘉祐中，自樞密使拜集賢相，有來賀者，乃當時維揚所見之人也。語公曰：「記當時所道月日否？乃今日也。公此去，方任重責，山野之人，今將永託門下。」公喜，留之，會客至，先起，尋失所在。《宋朝事實類苑》卷四十六。

36　韓魏公自成德移帥中山，前驅至沙河，而馳報曰：「河勢將漲，慮水暴至，願迴轅。」少頃，公曰：「第具舟。」既而徐濟，人望其上流，若有神龍偃止之狀。行李方絶，波濤果如山而下，後騎猶有未得渡者。觀者莫不驚歎，以謂盛德所至，神明常輔相之也。《宋朝事實類苑》卷六十九引《魏王别録》。

37　慶曆八年，王則叛貝州，既誅，始析河北大名、定武、真定、高陽爲四路，置帥，更命儒臣以輯邊備。韓魏公自鄆州徙鎮武定，則大興方略，事無不自親。嘗有《題養真亭》詩云：「所期清策慮，不是愛精神。」又云：「吏民還解否，吾豈苟安人？」其志可見矣。郡圃號衆春，會歲饑，涉春未嘗一游。陳薦在幕府，以詩請公云：「水底魚龍思鼓吹，沙頭鷗鷺望旌旗。」公亟答之云：「細民溝壑方援手，别館鶯花任送春。」在鎮五年，政聲流聞，自是天下遂屬以爲相。《石林詩話》卷中。

38　慶曆八年，大水，歲饑，流民滿道。公大發倉廩，募人入粟，分命官吏設飦粥以食民，公日往案視，遠近歸之者不可勝數。明年，皆給路糧遣歸。優詔褒美，其略曰：「河北都轉運司奏，去年河北艱食，人户流亡，卿多方擘畫，全活人命及七百萬，並歸本業，蓋是卿用心拯救，朕甚嘉之。」《宋朝事實類苑》卷八引《魏王别録》。

39　見狄青10。

40　韓魏公在中山，狄青爲副總管，陳薦爲幕客。今魏公之子師朴出鎮，而青之子詠、薦之子厚，復踐此職，亦異事也。《東坡志林》十二卷本之卷一。

41〔韓魏〕公帥定武時，嘗夜作書，令一兵持燭於傍，兵他顧，燭燃公鬚，公遽以袖拂之，而作書如故。少頃閒視，則已易其人矣，公恐吏笞之，亟呼視之曰：「勿較，渠已解持燭矣。」軍中咸服其度量。《青瑣高議》後集卷二。《宋朝事實類苑》卷十四。《宋名臣言行録》後集卷一。《厚德録》卷二。《仕學規範》卷十一。《賢弈編》卷一。《自警編》卷一。《古今事文類聚》別集卷十六。《古今合璧事類備要》別集卷五十四。《言行龜鑑》卷二。《何氏語林》卷十四。《昨非庵日纂》一集卷十。

42 韓魏公初鎮定武時，年纔四十五，德望偉然，中外莫不傾屬。公亦自以天下爲己任，御事不憚勤勞。晚作閱古堂，嘗爲八詠，其《疊石》、《藥圃》、《溝泉》三篇，卒章云：「主人未有銘功處，日視崔嵬激壯懷。」「吾心盡欲醫民病，長得憂民病不消。」「誰知到此幽閒地，多少餘波濟物來。」其意氣所懷，固已見於造次賦詠之間，終成大勳，豈徒言之而已哉！《石林詩話》卷下。

43 韓魏公知定州日，作閱古堂，自爲記，書于石後，又畫魏公像於堂上。宋子京知定州，作樂歌十闋，其詞曰：「聽説中山好，韓家閱古堂。畫圖真將相，刻石好文章。」魏公聞之不喜。《東軒筆録》卷十一。《宋朝事實類苑》卷三十六。《宋詩紀事》卷十一。

44 忠獻韓公素擅輕財好施之德。一日帥定州，道逢鄉里一經生作擭。公顧左右，適無所有，乃以所用銀掬水可及百兩與之。經生回，中途又遇一攫客，生曰：「公途次之物，止有一銀掬水，我已得之矣，幸子勿往。」客訴以勢不可已，經生乃斷其銀，與客分而去。《談撰》。

45 韓魏公鎮真定時，有門客彭知方爲酒使，踰垣宿於娼室。門吏報公，公不究。久之，爲《種竹》詩曰：「殷勤洗濯加培擁，莫遣狂枝亂出牆。」客見其詩愧甚，乃和公詩曰：「主人若也憐高節，莫爲狂枝贈一柯。」公特以百緡遣一指使投都下，市一女奴贈之。公之愛士待客，皆類此。《青瑣高議》前集卷五。《詩話總龜》前集卷三。《群書類編故事》卷四。《樵書》初編卷一。《堅瓠丁集》卷三。

46 北嶽祠在州之曲陽縣，歲久不葺，守臣奉祠，與執事者升降於頹簷壞廡間，公以爲慢神，莫斯爲甚，迺完廟宇，焕然一新。每雨雪不時降，公即走僚屬禱于祠下，而神必應之。時北道荐饑，定獨屢豐，故嘗有詩曰：「靈嶽祠官尚未迴，六花隨禱下瓊瑰。」其後公改帥并門，又嘗題于廟云：「每時有水旱，必致禱祠下，無不響答，故枉道，即靈居以謝。」《宋朝事實類苑》卷八引《魏王别録》。

47 皇祐三年，本路八州之民，合數千人，檛登聞鼓，願不以三年代韓魏公。上自以中山地重，輟公未可，乃遷觀文殿學士，再任。其制略曰：「顧定武之雄塞，控燕垂之巨防。克宣壯猷，有嚴武服。戎落畏附，師屯肅和。思代爾庸，良難其付。且推進律之寵，宜懋增職之留。」中山之民又嘗相率走闕下，願得生祀公以廟，天子嘉歎焉。故龍圖李公詢序閱古堂，嘗紀其事。後公薨，士民追思不已，相與立祠以成其志。《宋朝事實類苑》卷二十三引《魏王别録》。

48 公昔在定武時爲資政，定武故老至今曰「自家資政」。在并州時爲太尉，則曰「自家太尉」。在相、魏時爲侍中，則曰「自家侍中」。其所至得人心如此。雖去鎮十餘年，相遠千里外，每公誕日，爲壽者常不絶。《韓魏公别録》。

49 韓魏公帥太原，以多病求鄉郡，遂建相州之節。知相州，到郡疾亦未安。一夕，有大星殞寢堂之後，家人大驚，以謂不祥。久之，魏公方行而仆於地，家人尤惡之。而久之疾遂平，了無一事。一日邸報至，王貽永卒，貽永亦建相州節，星殞於相，爲貽永也。貽永庸人……所謂没興王附馬者。《續明道雜志》。

50 北方民家，吉凶輒有相禮者，謂之「白席」，多鄙俚可笑。韓魏公自樞密歸鄴，赴一姻家禮席，偶取盤中一荔枝，欲啗之。白席者遽唱言曰：「資政喫荔枝，請衆客同喫荔枝。」魏公憎其喋喋，因置不復取。白席者又曰：「資政惡發也，卻請衆客放下荔枝。」魏公爲一笑。「惡發」，猶云怒也。《老學庵筆記》卷八。《宋稗類鈔》卷六。

51 嘉祐中，韓魏公當國，遣使出諸道，以寬恤民力爲名。使既行，魏公大悔之，每見外來賓客，必問寬恤使者不擾郡縣否，意恐詔使搔擾，民重不安也。《續明道雜志》。

52 韓魏公在相府。嘉祐中畿邑多蝗，朝廷遣使分行督捕。時一朝士還闕見公，面白：「縣雖有蝗，全不食稼」。公識其言之佞也，遂問：「有遺種否？」佞者不期問此，遽對：「遺種不無。」公曰：「但恐來年令嗣不及尊君。」其人慚而退。《珍席放談》卷下。

53 韓魏公爲丞相，每見文字有攻人隱惡者，即手自封之，未嘗使人見。《厚德録》卷二。《剡溪野語》。《自警編》卷四。《言行龜鑑》卷二。《何氏語林》卷三。《昨非庵日纂》二集卷三。

54 國朝引試率在八月中。韓魏公當國日，二蘇將就試，黄門忽卧病。魏公知而奏曰：「今歲制科之士，惟蘇軾、蘇轍最有聲望，今聞轍偶病未可試。如此人兄弟中一人不得就試，甚非衆望，須展限以待之。」上許之。黄門病中，魏公數使人問訊，既聞安全，方引試，比常例展二十日。自後試科並在九月。《賢弈編》卷二。《何氏語林》卷三。《宋稗類鈔》卷一。

55 見蘇軾17。

56 韓魏公得宰相體。時曾魯公爲亞相，趙閱道、歐陽永叔爲參政。凡事該政令，則曰「問集賢」。該典故，曰「問東廳」。該文學，則曰「問西廳」。大事則自與決之矣。《麈史》卷上。《宋名臣言行録》後集卷一。《自警編》卷六。《言行龜鑑》卷六。

57 韓魏公屢薦歐陽公，而仁宗不用，他日復薦之，曰：「韓愈，唐之名士，天下望以爲相，而竟不用；使愈爲之，未必有補於唐，而談者至今以爲謗。歐陽修，今之韓愈也，而陛下不用，臣恐後人如唐，謗必及國，不特臣輩而已。陛下何惜不一試之，以曉天下後世也。」上從之。《後山談叢》卷五。《宋名臣言行録》後集卷一。

58 歐公平日少許人，惟服韓公，嘗因事發歎曰：「累百歐陽修，不足望韓公！」公謂：歐與曾同在兩府，歐性素褊，曾則齷齪，每議事，至厲聲相攻，不可解。公一切不問，俟其氣定，徐以一言可否之，二公皆服。《韓魏公遺事》。

59 有士人求見韓魏公，説親喪，二女未嫁，願有以周之。公退，顧無所有，爲之戚然。夫人收酒器，得一大合，送之。士人對使者曰：「相公何薄我也？」叱之，不受。公曰：「吾固疑甚薄也。」復哀一合，送至，士人又怒罵不受。使者曰：「相公實無所有，非薄君也。」士人不顧，使者持回。公又哀一合以往，士人笑以書授使者曰：「吾事已辦，不願受也。向來蓋欲觀公度量耳。」《瑞桂堂暇録》。

60 韓琦在政府時，以三十萬錢買女婦張氏，姿色美麗。券成，張忽潸然曰：「妾本修職郎郭守義妻也，部使者挾私，劾以敗官。今秋高歲晚，實恐盡室餓死京師，願没身於人，以活守義兒女。」琦惻然憫之，遣張持錢還舍，令語：「守義敗官果非辜，可訴之朝，事白，汝卻歸我家。」郭後得辯雪，張來如約。琦不使至前曰：「吾位宰相，豈可妾士人妻，向者錢費用應盡。」取前日券，包金二十星，曰：「助汝之官，善視兒女。」張涕泗感激，百拜而去。《昨非庵日纂》二集卷三。

61 魏公夫人嘗蓄婢，而魏公不知也。教以歌舞，至魏公生朝，乃出之，使上壽，公見其疏爽，悦之。其婢既上壽畢，忽泣下。公怪而問之，婢曰：「念妾父在時，每生朝，婢子輩上壽，亦必歌此曲，今忽感其事，不知淚之所從也。」公曰：「汝父爲何人？」曰：「某人，嘗爲某州通判。」公大驚，責夫人曰：「此士大夫女，安得輒取爲婢？」夫人謝不知。魏公即令與諸女列，後擇一有官人，厚嫁之。《北窗炙輠録》卷上。

62 英宗即位之數日，方掛服於福寧東廂，時百官在庭，公爲攝太尉，范鎮内翰攝太常卿，各具衰服立簾前，俟時行禮。忽聞簾内連聲大呼云：「待殺我！」左右莫不駭栗。公乃投杖於地，揭簾而入，直趨至前曰：「誰激惱官家？且入内中服藥。」遂擁帝以授宫人，内侍扶帝而歸。出，則語景仁曰：「此事惟内翰見，謹勿漏露。」俄令百官拜慰而退，外庭無一人知者。歐陽修退，謂所親曰：「始見韓公遇事真不可及也。」《韓魏公家傳》卷五。

63 英宗即位已數月，初掛服於柩前，哀未發而疾暴作，大呼，語言恐人所不可聞。左右皆反走，大臣輩駭愕癡立，莫知所措。公亟投杖於地，直趨至前，抱入簾曰：「誰激惱官家？且當服藥。」内人驚散，公呼之，徐徐方來，遂擁上以授之曰：「皆須用心照管官家。」再三慰安以出，仍戒當時見者曰：「今日事，惟某人見，某人見，外人未有知者。」復就位哭，處之若無事。《宋名臣言行録》後集卷一。《韓魏公遺事》。

64 英宗既感疾，倦於進藥，雖親近勸之莫聽。公常親執丹劑，上必爲飲之。一日，議當進一醉膏……服之，當熟寢一晝夜。藥劑多而難飲，公親執藥杯以進，帝飲幾盡而卻之，淋污公衣，太后亟出御服令公易之，公辭而出。《韓魏公家傳》卷五。

65 英宗初以驚疑得疾，雖平而疑未解，潛晦自居，猶若疾者。面壁卧，不受藥餌。公日率同僚自捧藥以進，公俯而懇告，則或熟視而不言，或取藥覆公之衣而不顧。魏公或跪於榻上者移時，或拜於牀下者數四。太后每勞公曰：「相公亦不易勝矣，大王汝自勸及，大王勸之尤不顧也。然須公强之而後服。」《宋名臣言行録》後集卷一。

66 仁宗彌留，英宗即位之次日，疾作不能視朝，慈壽攝政。疾每甚，即獨召公責曰：「相公自看取！」公謂：「不須如此，但服下涎藥，自無事。」公嘗藥以進。英宗怒，以藥覆公，公徐進藥而退。慈壽一日又獨召公入，英宗疾作甚，直視二王，謂公曰：「何不立長君？此輩做不得，相公錯也！」公曰：「不錯。」慈壽怒曰：「文字滿前後，雖大臣亦有言者。」公力開陳，以爲不然。卒能翼清躬，復大位，皆公力也。《韓魏公遺事》。

67 今上初即位，慈壽一日送密札與公，諭及高后與上不奉事意，有「爲孀婦作主」之語，仍敕中貴俟報。公但曰：「領聖旨。」一日，入札子，以山陵有事取覆，乞晚臨後上殿，意他公莫與。既見，謂：「官家不得驚，有一文字，須進呈説破，只是不可泄。上今日皆慈壽力，恩不可忘。然既非天屬之親，願加意承奉，便自無事。」上曰：「謹奉教。」公又云：「此文字臣不敢留，幸宮中密燒之。若泄，則讒間遂開，卒難以合。」上唯唯。後二宫相歡，人莫能窺其迹。《韓魏公遺事》。《韓魏公家傳》卷五。《宋名臣言行録》後集卷一。

68 英宗既驟自外來，又即被疾，久不預事，禁中人情多傾附慈壽宫，讒言間諜，兩宫遂成隙矣。光獻簾下屢有不平之語。公即深以危言感動曰：「臣等只外面見得官家，裏面保護，全在太后。若官家失照管，太后亦未得安穩。」太后驚曰：「相公是何言語？自家更是用心。」公即曰：「太后照管，則衆人自照管！」同列爲之縮頸。既出，吴奎曰：「語不太過否？」公曰：「不如此不得。」《韓魏公家傳》卷五。《宋名臣言行録》後集卷一。

69 韓魏公爲英宗山陵使。是時，兩宫常爲近侍姦人所間。一日侵夜，忽有中使持簾帷御封至，魏公持之久不發，忽自起赴燭焚之。使者驚愬曰：「有事當别論奏，安可輒焚御筆？」公曰：「此某事，非使人之罪也，歸但以此奏知。」卒焚之。有頃，外傳有中使再至，公亟出迎問故。曰：「得旨追前使人，取御封。」公曰：「不發，焚之矣。」二使歸報，慈聖歎曰：「韓琦終見事遠，有斷。」《石林燕語》卷一。案：英宗，《石林燕語考異》曰「英宗當作仁宗」，是。

70 英宗遇貂璫少恩禮，左右不悦，多道禁中隱密者，雖大臣亦心惑之。公獨屹然不動，昌言於衆曰：「豈有前殿不曾差了一語，而一入宫門得許多錯來？琦深疑此事，簾前亦屢以此爲對。」自爾人情知公意不摇，妄傳語言者遂息。《宋名臣言行録》後集卷一。

71 熙寧二年，韓魏公自永興軍移判北京，過闕上殿。王荆公方用事，神宗問曰：「卿與王安石議論不同，何也？」魏公曰：「仁宗立先帝爲皇嗣時，安石有異議，與臣不同故也。」帝以魏公之語問荆公，公曰：「方仁宗欲立先帝爲皇子時，春秋未高，萬一有子，措先帝於何地？臣之論所以與韓琦異也。」荆公强辯類如此。當魏公請册英宗爲皇嗣時，仁宗曰：「少俟，後宫有就閣者。」公曰：「後宫生子，所立嗣退居舊邸可也。」蓋魏公有所處之矣。然荆公終英宗之世，屢召不至，實自慊也。或云蔡襄亦有異議，英宗知之，襄不自安，出知福州。治平初，英宗即位，有疾，宰執請光獻太后垂簾同聽政。有入内都知任守忠者姦邪反復，間諜兩宫。時司馬温公知諫院，吕諫議爲侍御史，凡十數章，請誅之。英宗雖悟，未施行。宰相韓魏公一日出空頭敕一道，參政歐陽公已簽，參政趙槩難之，問歐陽公曰：「何如？」歐陽公曰：「第書之，韓公必自有説。」魏公坐政事堂，以頭子勾任守忠者立庭下，數之曰：「汝罪當死。」責蘄州團練副使，蘄州安置。取空頭敕填之，差使臣即日押行，其意以謂少緩則中變矣。嗚呼！魏公真宰相也。歐陽公言：「吾爲魏公作《晝錦堂記》云：『垂紳正笏，不動聲色，措天下於太山之安』者，正以此也。」《邵氏聞見録》卷九。

72 見曹后15。

73 見曹后16。

74 見富弼36。

75 見富弼37。

76 見富弼38。

77 見富弼39。

78 見富弼40。

79 英宗即位，韓忠獻公使諭宗室諸王曰：「皇帝已即位，大王宜思保富貴，毋行所悔。」諸王皇恐，詣次求見，公謝卻之。某王還次及階，足廢不舉，扶而後升。《後山談叢》卷四。

80 見蘇洵14。

81 見司馬光17。

82 治平中，夏國泛使至，將以十事聞於天子，未知其何事也。時太常少卿祝諮主館伴，既受命，先見樞府，已而見丞相韓魏公，公曰：「樞密何語？」諮曰：「樞密云：『若使人言及十事，第云受命館伴，不敢輒及邊事。』」公笑曰：「豈有止主飲食，不及他語邪！」公乃徐料十事以授祝曰：「彼及某事則以某辭辯，言某事則以某辭折。」祝唯唯而退。及宴見使者，果及十事，凡八事正中公所料，祝如所教答之，夏人聳服。祝常以謂魏公真賢相，非它人可比也。《澠水燕談録》卷二。《宋朝事實類苑》卷八。《自警編》卷一。

83 慶曆中，孫沔爲御史，以西事詆公甚力。後公爲宰相，沔以罪廢。會陝西用兵，起沔帥慶州。過闕賜對，英宗諭曰：「韓琦稱卿有邊帥才，故復用卿。」沔退而袖長書，俯伏謝罪，皇愧幾無所容。《韓魏公家傳》卷十。

84 公晚與永叔相知，而相親最深。永叔深服公之德量，嘗曰：「累百歐陽修，何敢望韓公。」公曰：「永叔相知無他，琦以誠而已。」公知永叔不以《繫辭》爲孔氏書，又多不以《文中子》爲可取，中書相會累年，未嘗與之言及也。《宋名臣言行録》後集卷一。《厚德録》卷二。《自警編》卷二。《言行龜鑑》卷三。

85 李清臣平日多於公前論釋氏貴定力，謂：「無定則不能主善。」公每然之。後朝廷斥異論者，清臣頗持兩端，公因書問之曰：「比來臺閣，斥逐紛紛，吾親得不少加定力邪！」《宋名臣言行録》後集卷一。《宋稗類鈔》卷六。

86 仁廟靈駕欲到永昭，葬且有日，道路妄傳皇堂棟損，有司驚駭，不知所出。公至鄭始聞。時諸使見公，鈞公指，皆欲不問而掩之。公正色曰：「不可！果損，當易之。若違葬期，侈所費，比責猶可當，亦無可奈何。若苟且掩之，後有壞覆，人主致疑心，臣下何以當責？」一坐爲之歎息，服其不苟，處事必盡，識且及遠。既到，皇堂棟乃不損。《韓魏公遺事》。

87 神宗初即位，中丞王陶言，宰相韓魏公不押常朝班爲跋扈。帝遣近侍以章疏示魏公，公奏曰：「臣非跋扈者，陛下遣一小黄門至，則可縛臣以去矣。」帝爲之動，出王陶知陳州。《邵氏聞見録》卷三。

88 韓魏公罷政，以守司徒兼侍中、鎮安武勝軍節度使。公累章牢辭，至以爲恐開大臣希望僭忒之階。遂改淮南節度使。元豐間，文潞公亦加兩鎮，引魏公事辭，卒亦不拜。《老學庵筆記》卷八。

89 見王安石15。

90 見王安石45。

91 神宗遣貴璫張茂則傳宣撫問韓魏公，公待以舊例常禮。或謂公：「茂則貴密方親信，宜厚遇之。」公曰：「正謂此也。我若過禮之，茂則歸奏，必爲人主所窺，不若且守中而已，乃所以防閑也。」《默記》卷中。

92 熙寧初，公在咸秦，平涼經略使蔡挺建議，欲城白塔，公許之。及本路兵馬夫丁既興，而虜騎亦至塞下，挺恐兵敗而事不濟，且已任其罪，乃走使京師，具事勢如此，及其可憂之狀，請命於朝廷。朝廷惟責公以不當增修保障，致一路溝城懼於奔衝，而不知始建謀者，挺也。公亦不自辨明，洎城成，無事，公復奏挺之功，而乞加獎諭焉。《宋朝事實類苑》卷八引《魏王別録》。

93 蔡挺在密院日，有廢馬監之議，朝廷遂遣蔡確出相度利害，確以可廢聞。上以謂所得子利，給官吏與兵卒猶不足，則國家所費亦大，不如廢之便。公聞之，曰：「馬監之於國，爲利豈少哉！不惟馬之蕃息足以備緩急之用，又足以爲四夷之聲勢。」《宋朝事實類苑》卷十七引《魏王別録》。

94 魏公在永興，一日，有一幕官來參，公一見熟視，蹙然不樂，凡數月未嘗交一語。儀公乘間問公：「幕官者，公初不識之，胡然一見而不樂？」公曰：「見其額上有塊隱起，必是禮拜，當非佳士。恁地人，緩急怎生倚仗？」《道山清話》。《宋稗類鈔》卷二。

95 公判京兆日，得侄孫書云：「田産多爲鄰近侵占，不欲經官陳理。」魏公止於書尾題詩一絶云：「他人侵我且從伊，子細思量未有時。試上含光殿基看，秋風秋草正離離。」《韓魏公遺事》。

96 韓魏公初罷相，出鎮長安，或獻詩云：「是非莫問門前客，得失須憑塞上翁。引取碧油紅旆去，鄴王臺畔醉春風。」公以爲然，即請守相州。《詩人玉屑》卷九引《幕府燕閒録》。《宋詩紀事》卷九十六。

97 公舊有德於關中，秦人愛之。後子華自丞相出宣撫，秦之父老有遠來觀於道傍者，乃愕然相謂曰：「吾以謂韓侍中，乃非也。」於是相引以去。《韓魏公別録》。《宋朝事實類苑》卷八。《自警編》卷六。

98 熙寧初，朝廷初置條列司，諸路各置提舉常平司，及俵常平錢，收二分之息。時魏公鎮北都，上章論其事，乞罷諸路提舉官，常平法依舊，不收二分之息。魏公精於章表，其説從容詳悉，無所傷忤。有皇城使沈惟恭者輒令其門客孫棐詐作魏公之表云：「欲興晉陽之甲，以除君側之惡。」表成，惟恭以示閤門使李評，評奪其藁以聞。上大駭，下惟恭、孫棐於大理，而御史中丞吕公著因便坐奏事，猶以棐言爲實。上出魏公章送條例司，惟恭流海上，孫棐杖殺於市，罷公著中丞，出知潁州，制曰：「比大臣之抗章，因便坐而與對，乃厚誣方鎮，有條惡之謀，深駭予聞，乖事理之實。」《東軒筆録》卷六。

99〔韓魏公〕每爲人言：「自少至老，始終所踐履，惟在一部《論語》中，未嘗須臾散離。」文若云：「公晚鎮北門，已六十餘矣。玉汝爲都轉運使，公時多病，不甚視政事，數謁告家居。玉汝每攜文若問候，至則直造卧内，几案間不見他物，惟一唾壺與《論語》耳，乃信傳者不謬。」《巖下放言》卷中。

100 韓魏公、文潞公先後鎮北門。魏公時，朝城令杖一守把兵，方二下，兵輒悖駡不已，令以送府。公問兵：「實悖令否？」曰：「實。」曰：「汝禁兵，既在縣有役，則有階級矣。」即判送狀，領赴市曹處斬，從容平和如常時。衆見其投判筆，方知有異。潞公時，復有外縣送一兵，犯如前者。公震怒，問虚實。兵以實言。亦判送狀處斬，擲其筆。二公之量不同：魏公則彼自犯法，吾無怒焉，潞公異禀雄豪，姦惡不容也。《邵氏聞見後録》卷二十。《宋名臣言行録》後集卷一。

101 公判大名府日，有案吏請假娶妻，繼有訟其不法及參假，送獄勘正。將引斷，乃令封起公案。及半年後，一日，令取前案送簽廳行遣，二倅乃白公曰：「此人自封案後，頗謹願，不爲非法。乞恕罪，如何？」公乃問二倅曰：「二公知某封案之意乎？」曰：「不知。」公乃云：「此人緣請假娶妻，繼而至訟。當時若便斷遣，必傷三家人情。此人與父母必咎其妻，而妻之父母亦不悦，所以封起案卷。今已半年矣，無可疑者，請一面行之。」公之臨政，雖輕刑亦必致慮。《韓魏公遺事》。

102 韓魏公留守北京，有幕官每夜必出游宴。同官皆欲譖之，慮公不聽。一日，相約至日晚見公議急事，乞召幕官，久之不至。方欲白公所以，公佯驚曰：「某忘記，早來某官嘗白某，早出見一親識矣。」其寬大容人之過如此。又嘗久使一使臣，求去參選，公不遣，如是數年。使臣怨公不遣，則白公：「某參選方是作官，久留公門止是奴僕耳。」公笑，屏人謂曰：「汝亦嘗記某年月日，私竊官銀數十兩置懷袖中否？獨吾知之，他人不知也。吾所以不遣汝者，正恐汝當官不自慎，必敗官爾。」使臣愧謝。公之寬弘大度，服人如此。《童蒙訓》卷中。

103 韓魏公知北都，有中外親獻玉盞一隻，云：「耕者入壞冢而得，表裏無纖瑕可指，真絕寶也。」公以百金答之，尤爲寶玩。乃開醮召漕使顯官，特設一桌，覆以繡衣，致玉盞其上，且將用之酌酒遍勸坐客。俄爲吏將誤觸，臺倒，玉盞俱碎，坐客皆愕然。吏將伏地待罪。公神色不動，笑謂坐客曰：「物破亦自有時。」謂吏將曰：「汝誤也，非故也，何罪之有？」《墨客揮犀》卷七。《厚德録》卷二引《翰府名談》。《青瑣高議》後集卷二。《宋朝事實類苑》卷十四。《宋名臣言行録》後集卷一。《仕學規範》卷十一。《自警編》卷一。《湖海新聞夷堅續志》前集卷一。《何氏語林》卷十四。

104 公判大名府，一日，倅車出按屬縣，其女與簽判子逾牆私通，倅妻親送至府庭。公乃爲之掌判，使成婚對，以掩前過，仍以五百千助嫁。《韓魏公遺事》。

105 公在北門見客，或至午方暇，引公事，必呼閽者諭之曰：「訴事者餒矣。」遍曉之，令飯而後來，人皆慰悦，然公亦未食也。《韓魏公别録》。

106 公在魏時，府僚路拯者，就案呈有司事，而狀尾忘書名，公即以袖覆之，抑首與語，稍稍潛卷，語笑從容以授之。路君退而自愧服，曰：「真天下盛德。」《韓魏公别録》。《宋名臣言行録》後集卷一。《厚德録》卷二。《自警編》卷四。《昨非庵日纂》二集卷十七。

107 尹師魯以貶死，有子朴，方襁褓。既長，韓魏公聞於朝，命官。魏公判北京，薦爲幕屬，教育之如子弟。朴少年有才，所爲或過舉，魏公掛師魯之像哭之。朴亦早死。《邵氏聞見録》卷九。

108 公在北門，重陽燕諸曹於後園，有一詩，一聯云：「不羞老圃秋容淡，且看寒花晚節香。」公居常謂：「保初節易，保晚節難。」……又作《喜雪》詩，一聯云：「危石蓋深鹽虎陷，老松擎重玉龍寒。」人謂公身雖在外，自任以天下之重如此。《韓魏公遺事》。《宋朝事實類苑》卷三十六。《詞林紀事》卷三。《宋詩紀事》卷十一。

109 熙寧初，韓魏公罷相，鎮北京，新進多陵慢之。魏公鬱鬱不得志，嘗爲詩云：「花去曉叢蜂蝶亂，雨均春圃桔槔閒。」時人稱其微婉也。《職官分紀》卷二十八引《歸田録》。《冷齋夜話》卷二。《詩話總龜》前集卷五十。《宋詩紀事》卷十一引《迂叟詩話》。

110 劉御藥好收古畫，多求諸公跋尾，數册上有金書字，悉上筆。餘三册，公卿多題於後。劉到北門宣公，出畫册，謂獨未得公數字爲恨。公題云：「觀畫之術無他，惟逼真而已。得真之全者，絶也。得真之多者，上也。不得其多，非中即下矣。持吾説以觀劉氏之畫，其可逃乎哉？安陽戇叟病中題。」人謂此術不獨可觀畫，亦可觀人物也。《韓魏公遺事》。

111 韓魏公判北京，有術者上謁，言能視笏文知吉凶。魏公語其人明日至。明日，魏公作飯召通判，而術者得預焉。魏公預與通判易笏，令觀之。術者視魏公笏言：「某日當再召，在相位必當若干年。」視通判笏曰：「某日當進秩，當至某官。」既畢，魏公令人厚謝之。通判曰：「狂生敢欺罔相公如此，罪應誅，乃反厚贈之，何也？」公曰：「琦先欺他。」《北窗炙輠録》卷上。《茶餘客話》卷十八。

112 韓魏公喜營造，所臨之郡，必有改作，皆宏壯雄深，稱其度量。在大名，於正寢之後稍西爲堂五楹尤大，其間洞然，不爲房室，號「善養堂」，蓋其平日宴息之地也。《卻掃編》卷下。《何氏語林》卷二十一。《宋稗類鈔》卷四。

113 韓魏公元勳舊德，夷夏具瞻。熙寧中留守北都，遼使每過境，必先戒其下曰：「韓丞相在此，無得過有呼索。」遼使與京尹書，故事，紙尾止押字，是時悉書名，其爲遼人尊畏如此。每使至于國，必問侍中安否。其後，公子忠彦奉使，遼主問嘗使中國者曰：「國使類丞相否？」或曰：「類。」即命工圖之。《澠水燕談録》卷二。《宋朝事實類苑》卷八。

114 公治大名四年，虜使每南來，涉臨清縣，即戒其下曰：「此韓侍中境内，慎勿亂須索以辱我也。」又嘗有使曰：「我輩在國中，想望韓公名。今幸至此，如何得見？」故事，惟通判攝少尹，與之相見而已，留守不出也。又嘗有諭其下者曰：「獻侍中馬，須擇好者來。」既而不如旨，怒曰：「此豈比他處，而敢爾不加意！」遂撻其人，易其馬。《韓魏公别録》。《宋朝事實類苑》卷八。《自警編》卷六。

115 虜人每見漢使，必起立致恭以問曰：「韓公安否？今在何處？」次問文、富二老，亦以公，餘或以官、以名而已。《韓魏公别録》。《宋朝事實類苑》卷八。

116 自唐以來，守北門者不知幾何人，惟狄梁公有生祠。公之去魏，魏人亦立生祠於熙寧佛寺，儀形宛然。每公誕辰，士女焚香於堂，小民獻技於庭者，終日不絶。公聞而笑曰：「我尚生也，而如此邪！」及公薨，魏人之來赴者甚多，而就哭於祠下者尤衆。《韓魏公别録》。

117 韓魏公所歷諸大鎮，皆有遺愛，人人畫像事之。獨魏人於生祠爲塑像，歲時瞻奠。《自警編》卷六引《行狀》。《言行龜鑑》卷二。

118 見歐陽修146。

119 韓魏公自中書出守相州，於居第作狎鷗亭。永叔以詩寄曰：「豈止忘機鷗鳥信，鈞陶萬物本無心。」魏公喜曰：「余在中書進退升黜，未嘗置心於其間。永叔可謂知我。」《古今詩話》。《詩話總龜》前集卷十五。《唐宋分門名賢詩話》卷四。

120 韓魏公晚號「安陽戇叟」。《石林燕語》卷十。

121 韓魏公以使相出鎮相州，因祀宣尼宿於齋館。夜有偷兒入其室，褰帷挺刃，顧謂公曰：「不能自濟，故來求濟於公。」公曰：「几上器具，可直百千，盡以與汝。」偷兒曰：「非此謂也，願得公首，以獻西人。」公即引頸。偷兒投刃稽顙曰：「以公德量過人，故來試公。然几上之物已荷公賜，願公無洩也。」公曰：「諾，明日於宅庫如其數取償之。」終不以語人。其後爲盜者以他事坐罪當死，乃於市中備言其事，曰：「慮吾死後，惜公之遺德，不傳於世也。」《厚德録》卷一引《遯齋閒覽》。《韓魏公遺事》。《類説》卷四十七。《群書類編故事》卷十六。

122 韓忠獻公判相州日，寒食節出祀，庖人驅數羊欲殺之。内一羊奔出公前跪鳴，良久不去，若有所訴。公問之曰：「汝非乞命呼？吾知矣。」羊鳴地而再跪伏，若拜謝狀。公即親書一牌，曰「長生羊」，繫於頸，令不得殺。公後筵會亦不用羊。《湖海新聞夷堅續志》前集卷二。

123 熙寧中，侍禁孫勉，監澶州堤，見一黿自黄河順流而下，射殺之，繼而暴卒。入冥爲黿訴，當償命。殿上主者乃韓魏公，勉實故吏，乃再三求哀。公教乞檢房簿，既至陰府，如所教，以尚有壽十五年，遂放還。《韓魏公别録》所書，其略如此。《魏公家傳》則云：右侍禁孫勉，監元城埽，埽多墊陷，費工料。勉詢知有巨黿穴其下，乃伺出射殺之。數日，勉方晝卧，爲吏追去：「有黿訴，當往證之。」既至一宫闕，守衛甚嚴，吏云：「紫府真人宫也。」勉仰視，真人乃韓魏公也，亟俯伏訴。公微勞之曰：「汝當往陰府證事乎？」勉述殺黿事，公取黄誥示之，謂曰：「黿不與人同，彼害汝埽，殺之，汝職也。」遣之使去，出門遂寤。事既播揚，神皇謂輔臣曰：「聞説韓琦爲真人事否？」皆曰：「未之聞也。」上具道所以，咨嗟久之。《清波雜志》卷七。《青瑣高議》前集卷一。《賓退録》卷六。

124 老王先生老志，道人前事未來者，凡有幾，罔不中。韓文公粹彦，吾妻父也。嘗得其手字曰：「憑取一真語，天官自相尋。」不月餘，自工部除禮部侍郎。小天一日命吾紹介，往見之。老志喜，即語小天曰：「紫府真人。」小天亦疾應曰：「先公魏國薨後，有家吏孫勔日主灑掃，因射大黿死被追，故有紫府真人事。或書於《青瑣小説》，不謬也。」老志又曰：「紫府真人，實陰官之貴，匪天仙。魏公功德茂盛，近始陞諸天矣。其初玉華真人下侍者也。」小天疾應曰：「乃玉華真人下侍者也。」二人相語，即啐喙同時。吾大爲之駭。小天徐語吾及老志曰：「先公晚在鄉郡，但寢與食外，朝夕惟處道室中静默，有獨坐至夜分者。未薨之前，遂自悟其身乃玉華真人下侍者也。」時吾歎息不已，而老志喜色自布宅。此事獨吾得久矣，恨世猶未知也。《鐵圍山叢談》卷五。

125 公起堂於此第池上，以效樂天，因名曰「醉白堂」。五月堂成，公賦一詩，其一卒章云：「霓裳百指非吾事，只學醺酣石上眠。」自是寢疾，以六月二十四日薨，此詩遂爲絶筆。既而上遣使特爲石藏以葬公，始悟「石上眠」之句若讖云。《韓魏公别録》。《詩話總龜》前集卷三十二。

126 韓魏公以病乞鄉郡，遂以使相侍中判相州，既而疾革，一夕，星隕於園中，櫪馬皆鳴，翌日，公薨。《東軒筆録》卷六。《古事比》卷一。

127 韓忠獻公神道碑，神宗御製也。中云：「薨前一夕，有大星殞于園中，櫪馬皆鳴。」《宋朝事實類苑》卷八。

128 韓侍中薨，差内臣張都知督葬事，玄堂甃以石，一切用度，皆出于官。上自撰墓碑，題其額曰：「兩朝顧命定册元勳之碑。」明年，曾侍中薨，上題其墓碑額曰：「兩朝顧命贊册亞勳之碑。」《倦游雜録》。《宋朝事實類苑》卷八。《墨客揮犀》卷二。

129 熙寧中，華山圮，雨木冰，已而韓魏公薨。王荆公挽詞云：「木稼曾聞達官怕，山頹果見哲人萎。」《賓退録》卷三。《雞肋編》卷下。《宋詩紀事》卷十五。

130 見蕭注2。

131 韓魏公聲雌，文潞公步碎。相者以爲二公若無此二事，皆非人臣之相。《老學庵筆記》卷七。《宋稗類鈔》卷五。

132 公姿貌英特，美鬚髯，骨骼清聳，眉目森秀。圖繪傳天下，人以謂高山大岳，望之氣象雄傑，而包育微細，畜泄雲雨，藏匿寶怪，蓋自然也。《宋名臣言行録》後集卷一。

133 凡人語及其所不平，則氣必動，色必變，辭必厲，唯韓魏公不然。更説到小人忘恩背義，欲傾己處，辭和氣平，如道尋常事。公曰：「某平生仗孤忠以進，每遇大事，則以死自處。幸而不死，事皆偶成，實天扶持，非某能也。」《宋朝事實類苑》卷十四。《韓魏公别録》。

134 韓魏公元勳盛德如此，聞人一小善，則曰：「琦不及也。」《自警編》卷四。

135 禁卒有私逃數日而負其母以至者，軍中執之以見公，按法當死。卒曰：「母老且病，近在數舍間，常恐不復見。誠知擅去當誅，得一見，死無恨。」公惻然，考按得實，即以便宜釋之。軍中感悦，有垂涕者。《宋朝事實類苑》卷十四。

136 韓魏公門人有擊鬮夜出者，閽吏不得賂，詰旦以鎖損訴于公。公曰：「鎖不堪用，付市買修來。」《清波雜志》卷四。《晁氏客語》。

137 吴長文子璟，素以勁挺有器節稱，公亦稱之。及幕府有闕，門下有以璟爲言者，公曰：「此人氣雖壯，然包畜不深，發必暴，且不中節，當以此敗。」置而不言。不踰年，璟罪敗，皆如其言。《宋朝事實類苑》卷十四。

138 韓魏公客郭注者，才而美，然求室則病。行年五十，未有室家。魏公憐之，百計賙恤，爲求婚，將遂，其人必死。公以侍兒賜之，未及門而注死。《冷齋夜話》卷九。《續墨客揮犀》卷四。《苕溪漁隱叢話》前集卷二十八。《昨非庵日纂》二集卷八。

139 魏公一日至諸子讀書堂，見卧榻枕邊有一劍，公問儀公：「何用？」儀公言：「夜間以備緩急。」公笑曰：「使汝果能手刃賊，賊死于此，汝何以處？萬一奪入賊手，汝不得爲完人矣。古人青氊之説，汝不記乎？」《道山清話》。《宋稗類鈔》卷五。

140 凡將相隨行，公使錢令子弟主之，遂以給私用，無復限量。獨公不然，所至一以屬本郡，月之所給，亦隨衆人，皆著爲例，例所不當得，一毫不取。《韓魏公别録》。

141 公在相府時，家有女樂十二輩。及崔夫人亡，一日盡厚遣之。同列多勸公留以爲暮年之歡，公曰：「所樂能幾何？而常令人勞心，孰與吾閒静之樂也。」識者以謂過人遠矣。《韓魏公别録》。《宋朝事實類苑》卷八。《自警編》卷二。《言行龜鑑》卷二。《昨非庵日纂》一集卷七。

142 韓魏公家不食蔬，以脯醢當蔬盤，度亦始於近時耳。《老學庵筆記》卷七。

143 〔公〕家藏圖籍萬餘卷，卷末皆題曰「傳賢子孫」。《韓魏公家傳》卷十。

144 韓稚圭善飲，後以疾，飲量殊減。《江隣幾雜志》。

145 予在揚州，一日，獨游石塔寺，訪一高僧。坐小室中，僧於骨董袋中取香如芡許，炷之，覺香韻不凡，與諸香異，似道家嬰香，而清烈過之。僧笑曰：「此魏公香也。韓魏公喜焚此香，乃傳其法。」《墨莊漫録》卷二。

146 王正甫、石才翁對韓魏公草書，公言：「二子一似向馬行頭吹笛。」座客皆不曉，公爲解之：「若非妙手，不敢向馬行頭吹也。」《蘇軾文集》卷六十九《題跋》。

147 魏公生儀公兄弟，名連彦字。彦生子，名從口字。口生子，從胄字。胄之子，名連三畫。或謂魏公之命，以其名琦字析焉。《揮麈録》卷二。

148 元豐中，忠彦以墳墓久闕照管，乞弟粹彦監相州酒税。神宗御批云：「韓琦有功于國，非他臣比，特依所乞。」仍令吏部今後常注其見在仕子孫一人，隨本資任，或親民監當相州一差遣。國朝以來，臣僚之家未嘗有此，乃非常之恩也。《韓魏公家傳》卷十。

149 韓魏公名德爲遐邇所重。韓魏公之子忠彦聘遼，國主知其爲公子，問嘗使南朝者：「形貌肖韓相公否？」皆曰：「然。」遂圖忠彦之像。靖康間，金人至河南，所過蕭然，入相州傳孝寺，見公畫像，下馬羅拜，秋毫不犯而去。又覓公墓，拜謁而退。《雲谷雜紀》卷三。

150 方靖康之變，燕人有隨虜過相州，因謁韓魏公祠堂，題詩祠中，一聯云：「有客能吟丞相柏，無人敢伐召公棠。」魏公勳德之重，而外夷亦知景慕如此也。《庚溪詩話》卷下。《堯山堂外紀》卷四十七。

151 粘罕遣兵破潁昌府，指揮兵馬不得入韓琦宅，至是百姓數千人皆入其家，並免殺戮。《三朝北盟會編》卷七十二。

富弼

1 富鄭公父名言，而不辭右正言。《齊東野語》卷四。

2 見呂蒙正24。

3 富文忠公少日，有詬者，如不聞。或問，曰：「恐駡他人。」曰：「斥公名云富某。」曰：「天下安知無同姓名者乎？」《仕學規範》卷十三。《言行龜鑒》卷二。《群書類編故事》卷十六。《讀書鏡》卷二。《蓬窗日録》卷六。

4 富公未第時，家於水北上陽門外，讀書於水南天宫寺三學院。院有行者名宗顥，嘗給事公左右。及公作相，顥已爲僧，用公奏賜紫方袍，號寶月大師。公致政，築大第於至德坊，與天宫寺相邇。公以病謝客，宗顥來或不得前，則直入道堂，見公曰：「相公頗憶院中讀書時否？」公每爲之笑。時節送遺甚厚。《邵氏聞見録》卷十九。

5 見釋宗顥2。

6 王冀公欽若以使相尹洛，振車騎入城，士民聚觀。富韓公方爲舉子，與士人魏叔平、段希元、一張姓者同觀於上東門裏福先寺三門上。門高，富公魁偉，三人者挽之以登，見其旌節導從之盛。富公歎曰：「王公亦舉子耶！」三人者曰：「君何歎，安知吾輩異日不爾也？」後富公出入將相，以三公就第，年八十乃薨，謚曰文忠，其名位不在冀公之下，而功德則過之。魏叔平、段希元至富公爲宰相，以特奏名命官，張姓者窮老而死云。《邵氏聞見録》卷十七。

7　至和間，富公當國，立一舉三十年推恩之法。蓋公與河南進士段希元、魏昇平同場屋相善，公作相，不欲私之，故立爲天下之制。二人俱該此恩，希元官至太子中舍，致仕轉殿中丞；昇平官至大理寺丞。此法至今行之。嗚呼！爲宰相不私其所親如此，富公可謂賢矣。昇平既卒，公念之不忘，招其子宜與子孫講學。公薨，宜亦老，猶居門下。《邵氏聞見録》卷九。

8　歐陽公爲西京留守推官，富鄭公猶爲舉子，每與公往來。是時，胥夫人乳媪年老不睡，善爲冷淘，鄭公喜嗜之。每晨起，戒中厨具冷淘，則鄭公必來。公怪而問之，乳媪云：「我老不睡，每夜聞遶宅馬聲，則富秀才明日必至，以此驗之。若如常夜，則必不來。」歐公知富公必貴。《默記》卷下。

9　見晏殊45—47。

10　見晏殊48。

11　見晏殊49。

12　制科亦多由進士，故皆試詩賦一篇，唯富鄭公以茂材異等起布衣，未嘗歷進士。既召試，乃以不能爲詩賦懇辭，詔試策論各一。自是遂爲故事。《石林避暑録話》卷二。

13　富鄭公早年嘗夢青州王相公以後事相託。公曰：「相公德被生民，當延遐壽，何遽及此？」後二年，罷相，知鄆州，辟鄭公爲倅。到任月餘，有大星隕于宅園。家人怪之，相告曰：「後月當見。」不至後月薨。鄭公爲治喪事，故鄭公挽詞曰「道德被生民」，與當年夢中符契。《古今詩話》。《詩話總龜》前集卷三十五。《宋朝事實類苑》卷四十六引《名賢詩話》。

14 見郭后 1。

15 吕許公初薦富韓公使虜，晏元獻爲樞密使，富公不以嫌辭，晏公不以親避，愛憎議論之際，卒無秋毫窺其間者。其直道自信不疑，誠難能也。及使還，連除資政殿學士，富公始以死辭，不拜，雖義固當然，其志亦有在矣。未幾，晏公爲相，富公同除樞密副使。晏公方力陳求去，不肯並立。仁宗不可，遂同處二府。前蓋未有此比也。《石林避暑録話》卷三。

16 慶曆二年，大遼以重兵壓境，泛使劉六符再至，求關南十縣之地。虜意不測，在廷之臣無敢行者。富韓公往聘，面折虜之君臣，虜辭屈，增幣二十萬而和。方當公再使也，受國書及口傳之辭於政府，既行，謂其副曰：「吾爲使者而不見國書，萬一書辭與口傳者異，則吾事敗矣。」發書視之，果不同。公馳還，見仁宗具論之。公曰：「政府故爲此，欲置臣於死地。臣死不足惜，奈國命何？」仁宗召宰相吕夷簡面問之，夷簡從容袖其書曰：「恐是誤，當令改定。」富公益辯論不平，仁宗問樞密使晏殊曰：「如何？」殊曰：「夷簡決不肯爲此，真恐誤耳。」富公怒曰：「晏殊姦邪，黨吕夷簡以欺陛下。」富公，晏公之婿也，富公忠直如此。《邵氏聞見録》卷九。《宋名臣言行録》後集卷二。

17 或傳富鄭公奉使遼國，虜使者云：「早登雞子之峯，危如累卵。」答云：「夜宿丈人之館，安若泰山。」又曰：「酒如綫，因針乃見。」富答曰：「餅如月，遇食則缺。」《梅礀詩話》卷上。《增訂遼詩話》卷下。《宋四六話》卷十二。《宋詩紀事》卷十二引《玉蓮詩話》。

18 富公晚年，見賓客譽其奉使之功，則面頸俱赤，人皆不喻其意。子弟於暇日以問公，公曰：「當吾使北時，元勳宿將，皆老死久矣。後來將不知兵，兵不習戰，徒見聘問絡繹，恃以無恐。雖曲不在我，若與之較，則彼包藏禍心，多歷年所事，未可知。忍恥增幣，非吾意也。」《曲洧舊聞》卷二。

19 見章得象18。

20 見范仲淹59。

21 見范仲淹60。

22 富鄭公知鄆州，有士人出入倡家久，其後與倡競，乃撾其面，碎之，涅以墨，遂敗其面。其倡號泣訴于府。公大怒，立追士人至，即下之獄。數日當决遣，其士素有才名，府幕皆更進言于鄭公曰：「此人實高才，有聲河朔間，今破除之，深爲可惜。」公曰：「惟其高才，所以當破除也。吾亦知其人非久于布衣者，當未得志，其賊害乃如此，以如斯人而使大得志，是虎生翼者。今不除之，後必爲民害。」意决之。《北窗炙輠録》卷下。

23 富鄭公爲樞密副使，坐石守道詩，自河北宣諭使還，道除知鄆州，徙青州，讒者不已，人皆爲公危懼。會河北大饑，流民轉徙東下者六七十萬人，公皆招納之。勸民出粟，自爲區晝，散處境内，屋廬、飲食、醫藥，纖悉無不備，從者如歸市。有勸公非所以處疑弭謗，禍且不測，公傲然弗顧曰：「吾豈以一身易此六七十萬人之命哉！」卒行之愈力。明年，河北二麥大熟，始皆襁負而歸，則公所全活也。于是雖讒公者，亦莫不畏服，知不可撓，而疑亦因是浸釋。公在政府不久，而青州適當此變。嘗見其與一所厚書云：「在青州二年，偶能全活得數萬人，勝二十四考中書令遠矣。」張侍郎舜民嘗刻之石。《石林避暑録話》卷三。《厚德録》卷三。《仕學規範》卷二十六。《宋稗類鈔》卷一。

24 富公知青州，歲穰而河朔大飢，民東流。公以爲從來拯飢，多聚之州縣，人既猥多，倉廩不能供，散以粥飯，欺弊百端。由此人多饑死，死者氣薰蒸，疫疾隨起，居人亦致病斃。是時方春，野有青菜，公出榜要路，令飢民散入村落，使富民不得固陂澤之利，而等級出米以待之。民重公令，米穀大積，分遣寄居閑官往主其事，間有健吏，募流民中有曾爲吏胥、走隷者，皆倍給其食，令供簿書、給納、守禦之役。借民倉以貯，擇地爲場，堀溝爲限。與流民約，三日一支，出納之詳，一如官府。公推其法於境内，吏胥所在，手書、酒炙之饋日至，人人忻戴，爲之盡力。比麥熟，人給路糧遣歸。餓死者無幾，作叢冢葬之。其間强壯堪爲禁卒者，募得數千人，面刺「指揮」二字，奏乞撥充諸軍。時中有與公不相能者，持之不報，人爲公憂之。公連上章懇請，且待罪，乃得報。自是天下流民處，多以青州爲法。《龍川别志》卷下。《宋名臣言行録》後集卷二。

25 慶曆末，富文忠公鎮青州，會河決商胡，北方大水，流民坌入京東。公勸所撫八州之民出粟以助賑給，各因坊村擇寺廟及公私空舍，又因山崖爲窟室，以處流離。擇寓居官無職事者，各給以俸，即民所贅聚，籍而受券，以時給之。器物薪芻，無不完具。不幸死者，爲叢塚收瘞，自爲文，遣使祭之。明年夏，大稔，計其道里，資遣還業。八州之間所活者，無慮五十餘萬人。其募爲兵者，又萬餘人。仁宗嘉之，拜公禮部侍郎，公曰：「恤災賑乏，臣之職也。」卒辭不受。《澠水燕談録》卷二。

26 富鄭公守青，值荒歲艱食，從朝廷乞斛斗濟民，作書與執政云：「伏念人生，好事難得入手，今方遇之，幸樂成此志也。」《侯鯖録》卷八。

27 見范仲淹106。

28 仁皇帝問王懿敏素曰：「大僚中孰可命以相事者？」懿敏曰：「下臣其敢言？」帝曰：「姑言之。」懿敏曰：「唯宦官宫妾不知姓名者，可充其選。」帝憮然，有間，曰：「唯富弼耳。」懿敏下拜曰：「陛下得人矣。」既告大庭相富公，士大夫皆舉笏相賀，或密以聞，帝益喜曰：「吾之舉賢於夢卜矣。」《邵氏聞見後録》卷二十。

29 嘉祐中，富韓公爲宰相，歐陽公在翰林，包孝肅公爲御史中丞，胡翼之侍講在太學，皆極天下之望。一時士大夫相語曰：「富公真宰相，歐陽永叔真翰林學士，包老真中丞，胡公真先生。」遂有「四真」之目。《容齋五筆》卷三。《小學紺珠》卷六。《古謡諺》卷四十五。

30 三得人：富弼宰相，歐陽修翰林學士，張昪御史中丞升卿。至和中。《小學紺珠》卷六。

31 見蘇洵6。

32 見蘇洵7。

33 嘉祐中，仁宗已不豫，久不御殿，雖宰臣亦不得見。富文忠公求入視疾，内侍以公未有詔旨，止之，公叱之曰：「安有宰相一日不見天子！」遂趨入見，因乞監侍祈禱，留宿殿中。自是，事無巨細，皆白執政而後行，上下晏然。《澠水燕談録》卷二。

34 國朝宰相，最少年者惟王溥，罷相時父母皆在，人以爲榮。今富丞相弼入中書，時年五十二，太夫人在堂康强，後三年，太夫人薨，有司議贈卹之典，云：「無見任宰相丁憂例。」是歲三月十七日春宴，百司已具，前一夕有旨：「富某母喪在殯，特罷宴。」此事亦前世未有。《歸田録》卷二。《宋朝事實類苑》卷二十四。

35 富鄭公、韓魏公同在中書，鄭公母老矣，一日語及故事，宰相有起復視事者，魏公曰：「此非朝廷盛事。」已而鄭公居母憂，朝廷屢起之。上章三辭，貼黄言：「臣在中書日，嘗與韓琦言之，決不當起。」魏公曰：「吾但以實言之，不料以爲怨。」自此二人稍稍有隙。《龍川别志》卷下。《宋名臣言行録》後集卷二。

36 至和中，仁宗寢疾，時相富文忠密通意光獻立後，而慈聖意在英宗。傳道中外者，張茂則也。而伺察英宗起居狀者，王廣淵也，蔡抗也。事垂成，語文潞公。潞公爲首相，與富公議協，密諭王文忠爲詔草，常懷之以待非常。久之，仁宗疾有瘳，潞公服喪去位，富文忠乃召韓忠獻爲樞密使，且密告之，欲共圖其事。富文忠尋亦憂去，忠獻乃立英宗爲皇子。富文忠聞之不懌，以謂事固定，待有變而立可也，萬一有疑阻，則豈復得其人也。韓、富由是搆隙。英宗即位，時富文忠解喪爲樞密使。一日鎖院麻出，乃立潁王制，富文忠初不與聞，遂以語侵忠獻，而引疾力去。韓忠獻之喪，富文忠一不弔問。《聞見近録》。

37 厚陵待近侍甚嚴，其徒讒惎煽熾，慈聖殊不懌。富韓公上書切諫，其略曰：「千官百辟在廷，豈能事不孝之主？伊尹之事，臣能行之。」厚陵時雖病，猶能嘉納。其後聖躬康復，車駕一出，都人懽忭鼓舞，所在相慶。慈聖語其事於宰執，宰執稱賀，魏公進曰：「臣觀太皇、太后陛下所以諭臣等，必是聖心深厭萬幾，欲行復子明辟之事，此盛德也。前代母后，豈能有哉！臣敢不仰承慈訓，以詔天下？臣等謹自此辭。」乃列拜，呼中貴捲簾而退。既下殿，富韓公徐曰：「稚圭，兹事甚好，何不大家先商量。」魏公微笑而已。《曲洧舊聞》卷八。

38 英宗即位之初，感疾不能視朝，大臣請光獻太后垂簾權同聽政，后辭之不獲，乃從。英宗才康復，后已下手書復辟。魏公奏：臺諫有章疏，請太后早還政。后聞之遽起。魏公急令儀鸞司撤簾，后猶未轉御屏，尚見其衣也。時富韓公爲樞密相，怪魏公不關報撤簾事，有「韓魏公欲致弼於族滅之地」之語。歐陽公爲參政，首議追尊濮安懿王，富公曰：「歐陽公讀書知禮法，所以爲此舉者，忘仁宗，累主上，欺韓公耳。」富公因辭執政例遷官，疏言甚危，三日不報，見英宗，面奏曰：「仁宗之立陛下，皇太后之功也。陛下未報皇太后大功，先録臣之小勞，非仁宗之意也。方仁宗之世，宗屬與陛下親相等者尚多，必以陛下爲子者，以陛下孝德彰聞也。今皇太后謂臣與胡宿、吴奎等曰：『無夫婦人無所告訴。』其言至不忍聞，臣實痛之。豈仁宗之所望於陛下者哉！」以笏指御牀曰：「非陛下有孝德，孰可居此？」英宗俯躬曰：「不敢。」富公求去益堅，遂出判河陽，自此與魏公、歐陽公絶。後富公致政居洛，每歲生日，魏公不論遠近，必遣使致書幣甚恭，富公但答以老病，無書。魏公之禮終不替，至薨乃已。豈魏公有愧於富公者乎？然天下兩賢之。魏公、歐陽公之薨也，富公皆有祭弔。國史著富公以不預策立英宗，與魏公不合，至此祭弔不通，非也。《邵氏聞見録》卷三。

39 仁廟登遐，英宗即位，日以悲傷得疾，國步方艱，萬機懼曠，而慈聖光獻曹后因垂簾視事者久之。魏公度上疾瘳矣，時旱甚，迺援故事，請天子以素仗出禱雨。當是時，都人争矚目懽呼，大慰中外望。魏公遂得藉是執奏，丐歸政天子。后許矣，未堅也。一旦，魏公袖詔書簾前曰：「皇太后聖德光大，頃許復辟。今書詔在是，請付外施行。」后未及答，即顧左右曰：「撤簾。」后乃還宫。時鄭公方爲樞密，班繼執政而上。將奏事，則見簾已捲，天子獨當宁殿上矣。既下而怒，魏公曰：「非敢外富公也。懼不合，則歸政未有期。」其後，熙寧中魏公薨於鄉郡，而鄭公不弔祭。識者以爲盛德之歉。《鐵圍山叢談》卷三。

40 英宗初臨御，韓魏公爲相，富鄭公爲樞密相。一日，韓公進擬數官者策立有勞，當遷官。富公曰：「先帝以神器付陛下，此輩何功可書？」韓公有愧色。後韓公帥長安，爲范堯夫言其事，曰：「琦便怕它富相公也。」《邵氏聞見後録》卷二十一。《宋名臣言行録》後集卷二。

41 富鄭公爲樞密使。英宗初即位，賜大臣永昭陵遺留器物，已拜賜，又例外獨賜鄭公如干，鄭公力辭。東朝遣小黄門諭公：「此微物，不足辭。」雖家人亦以爲不害大體，屢辭恐違中旨。公曰：「此固微物，要是例外也。大臣例外受賜不辭，若人主例外作事，何以止之？」竟辭不受。《寓簡》卷五。《何氏語林》卷十三。《宋稗類鈔》卷三。

42 英宗一日因公進除目而震怒，響滿一殿，擲除目榻下。公慨然搢笏拾除目進之，曰：「天子亦有怒焉，出九師以伐四夷，否則陳斧鉞以誅大臣。今日陛下之怒不爲常事，除目也，必以臣等有大過惡可怒者，何不誅臣以謝天下？」英宗爲之霽色温言，公進説猶久之不已。《宋名臣言行録》後集卷二引晁以道《富公奏議序》。

43 富文忠以累朝舊相出鎮河陽，龍圖韓贄自西京被召孟洛，相去不及百里。雖非入都正驛，而迂行止一舍爾。韓未戒行，馳書於公，欲因而假道三城，以通典謁。公報拒之，意謂侍從被召，不當曲程，先展私覿，慮招物議。《珍席放談》卷下。

44 富韓公爲相，神宗嘗對大臣稱知河南府李中師治狀。公以中師厚結中人，因對曰：「陛下何從知之？」中師銜其沮己，及再尹河南，富公已老，乃籍其户，令出免役錢，與富民等。《容齋續筆》卷四。《樵書》初編卷一。

45 熙寧初，神宗謂王安石曰：「有比丘尼千姓者，爲富弼言：世界漸不好，勿預其事可也。弼信之。」然亦不之罪也。《邵氏聞見後録》卷二十八。

46 見王安石54。

47 見王安石55。

48 富公熙寧中罷相鎮亳，常深居養病，罕出視事。時幕府諸公事須禀命，常以狀白公，公批數字于紙尾，莫不盡其理。或有難決之事，諸公憂疑不能措手者，相與求見公，公以一二言裁處，徐語它事，諸公曉然，率常失其所疑者。退而歎服，以爲世莫可及也。《澠水燕談録》卷二。《宋朝事實類苑》卷八。

49 富文忠公尤達性理。熙寧中，余守官洛下，公時爲亳守，遺余書，託爲訪荷澤諸禪師影像。余因以偈戲之云：「是身如泡幻，盡非真實相。況兹紙上影，妄外更生妄。到岸不須船，無風休起浪。惟當清靜觀，妙法了無象。」公答偈曰：「執相誠非，破相亦妄。不執不破，是名實相。」既又以手筆貺余曰：「承此偈見警，美則美矣，理則未然。所謂無可無不可者，畫亦得，不畫亦得。就其中觀像者爲不得，不觀像者所得如何？禪在甚麽處？似不以有無爲碍者，近乎通也。思之！思之！」《青箱雜記》卷十。《何氏語林》卷九。《宋稗類鈔》卷七。

50 富鄭公少好道，自言吐納長生之術，信之甚篤，亦時爲煉燒丹竈事，而不以示人……熙寧初，再罷相，守亳州，公已無意於世矣。圓照大本者，住蘇州瑞光寺，方以其道震東南。潁州僧正顒，世號華嚴者，從之，得法以歸。鄭公聞而致之於亳，館於書室，親執弟子禮。一日旦起，公方聽事公堂，顒視室中有書櫃數十，其一扃鐍甚嚴，問之左右，曰：「公常手自啓閉，人不得與。」意必道家方術之言，亟使取火焚之，執事者争不得。公適至，問狀，顒即告之曰：「吾先爲公去一大病矣。」公初亦色微變，若不樂者，已而意定，徐曰：「無乃太虐戲乎！」即不問。自是豁然，遂有得。顒曰：「此非我能爲，公當歸之吾師。」乃以書偈通圓照，故世言公得法大本。然公晚年於道亦不盡廢。薨之夕，有大星隕於寢，洛人皆共見。《巖下放言》卷中。《宋稗類鈔》卷七。

51〔丞相富弼居士〕聞顒禪師主投子，法席冠淮甸，往質所疑。會顒爲衆登座，見其顧視如象王回旋。公微有得，因執弟子禮，趨函丈，命侍者請爲入室。顒見即曰：「相公已入來，富弼猶在外。」公聞汗流浹背，即大悟，尋以偈寄圓照本曰：「一見顒公悟入深，夤緣傳得老師心。東南謾説江山遠，目對靈光與妙音。」後奏署顒師號。《五燈會元》卷十六。

52富丞相一日於墳寺髡度一僧，貢父聞之，笑曰：「彦國壞了幾箇，才度得一箇。」人問之，曰：「彦國每與僧對語，往往奬予過當，其人恃此傲慢，反以致禍者，攽目擊數人矣，豈非壞了乎！」皆大笑。《道山清話》。《讀書鏡》卷三。

53熙寧二年，富公判亳州，以提舉常平倉趙濟言公沮革新法，落武寧節度及平章事，以左僕射判汝州。過南京，張公安道爲守，列迎謁騎從於庭，張公不出。或問公，公曰：「吾地主也。」已而富公來見，張公門下客私相謂：「二公天下偉人，其議論何如？」立屏後竊聽。張公接富公亦簡，相對屹然如山岳。富公徐曰：「人固難知也。」張公曰：「謂王安石乎？亦豈難知者！仁宗皇祐間，某知貢舉院，或薦安石有文學，宜辟以考校，姑從之。安石者既來，凡一院之事皆欲紛更之。某惡其人，檄以出，自此未嘗與之語也。」富公俛首有愧色。蓋富公素喜王荆公，至得位亂天下，方知其姦云。《邵氏聞見録》卷九。《曲洧舊聞》卷二。《讀書鏡》卷八。

54 王介甫未達，韓子華、富彦國愛其才，皆力薦於朝。王秉政，頗失士望，二公悔惡之。張安道歸南京，富公守陳。安道由陳見富公，尊俎閒談，疾介甫不已。安道略不答，富公曰：「安道是介甫耶？」安道曰：「某何嘗謂是，公自不知人，今將何尤？」富公默然無語。《過庭録》

55 見宋神宗8。

56 富鄭公致政歸西都，嘗著布直裰，跨驢出郊，逢水南巡檢，蓋中官也，威儀呵引甚盛，前卒呵「騎者下」，公舉鞭促驢，卒聲愈厲，又唱言：「不肯下驢，則請官位。」公舉鞭稱名曰：「弼。」卒不曉所謂，白其將曰：「前有一人，騎驢衝節，請官位不得，口稱『弼』。」將方悟曰：「乃相公也！」下馬執鋭，伏謁道左，其候贊曰：「水南巡檢唱喏！」公舉鞭去。《萍洲可談》卷三。《賢弈編》卷一。《何氏語林》卷十四。《昨非庵日纂》一集卷十。《宋稗類鈔》卷三。

57 洛陽園池多因隋唐之舊，獨富鄭公最爲近闢而景物最勝。……鄭公自還政事歸第，一切謝絶賓客，燕息此園幾二十年，亭臺花木皆出其目營心匠，故逶迤衡直，闓爽深密，曲有奧思。《邵氏聞見後録》卷二十四。

58 富韓公居洛，其家圃中淩霄花無所因附而特起，歲久遂成大樹，高數尋，亭亭然可愛。韓秉則云：「淩霄花必依他木，罕見如此者，蓋亦似其主人耳。」《曲洧舊聞》卷二。

59 淩霄花未有不依木而能生者，惟西京富鄭公園中一株，挺然獨立，高四丈，圍三尺餘，花大如杯，旁無所附。宣和初，景華苑成，移植於芳林殿前，畫圖進御。《老學庵筆記》卷九。

60 〔富〕公清心學道，獨居還政堂，每早作，放中門鑰，入瞻禮家廟。對夫人如賓客，子孫不冠帶不見，平時謝客。文潞公爲留守，時節往來。富公素喜潞公，昔同朝，更拜其母，每勸潞公早退，潞公愧謝。既薨，其子朝議名紹廷，字德先，守其家法者也。公兩女與其婿及諸外甥皆同居公之第，家事一如公無恙時，毫髮不敢變，鄉里稱之。《邵氏聞見録》卷九。《宋名臣言行録》後集卷二。

61 康節公先與富韓公有舊，公自汝州得請歸洛養疾，築大第，與康節天津隱居相邇。公曰：「自此可時相招矣。」康節曰：「某冬夏不出，春秋時，間過親舊間。公相招未必來，不召或自至。」公謝客戒子曰：「先生來，不以時見。」康節一日過之，公作詩云：「先生自衛客西畿，樂道安閑絶世機。再命初筵終不起，獨甘窮巷寂無依。貫穿百代嘗探古，吟詠千篇亦造微。珍重相知忽相訪，醉和風雨夜深歸。」康節和曰：「道堂閒話儘多時，塵外盃觴不浪飛。初上小車人已静，醉和風雨夜深歸。」又題康節《擊壤詩集》云：「黎民於變是堯時，便字堯夫德可知。更覽新詩名擊壤，先生全道略無遺。」其知康節如此。《邵氏聞見録》卷十八。《宋詩紀事》卷十八。

62 邵康節與富韓公在洛，每日晴必同行至僧舍。韓公每過佛寺神祠，必躬身致敬。康節笑曰：「無乃爲佞手？」韓公亦笑，自是不爲也。《道山清話》。《何氏語林》卷十九。

63 見邵雍22。

64 見邵雍23。

65 見邵雍24。

66 見邵雍25。

67 彦國富弼之言鋪陳，晦叔吕公著之言簡當，君實司馬光之言優游，伯淳程顥之言條暢。熙寧間，康節邵先生雍作《四賢吟》。《小學紺珠》卷六。《邵氏聞見録》卷十五。

68 有仇生者，少與富鄭公善，後以失歡去，游於韓魏公之門。未幾，韓、富不協，遷怒仇，謂背有所短也。及魏公卒，富公至不往弔，且欲甘心於仇。或謂仇須面詣謝，仇曰：「刺骨之恨，豈送面可消！但富公正人，韓公君子，短正人於君子之前，能不入於妒婦之條乎？」富公聞之，於是釋然。《楓窗小牘》卷下。

69 元豐六年，富公疾病矣，上書言八事，大抵論君子小人爲治亂之本。神宗語宰輔曰：「富弼有章疏來。」章惇曰：「弼所言何事？」帝曰：「言朕左右多小人。」惇曰：「可令分析孰爲小人。」帝曰：「弼三朝老臣，豈可令分析？」右丞王安禮進曰：「弼之言是也。」罷朝，惇責安禮曰：「右丞對上之言失矣。」安禮曰：「吾輩今日曰『誠如聖諭』，明日曰『聖學非臣所及』，安得不謂之小人！」惇無以對。《邵氏聞見録》卷九。

70 富公爲人温良寬厚，泛與人語，若無所異同者。及其臨大節，正色慷慨，莫之能屈。智識深遠，過人遠甚，而事無巨細，皆反復熟慮，必萬全無失然後行之。宰相，自唐以來謂之禮絶百僚，見者無長幼皆拜，宰相平立，少垂手扶之。送客，未嘗下堦。客坐稍久，則吏從傍唱「相公尊重」，客踧踖起退。及公爲相，雖微官及布衣謁見，皆與之抗禮，引坐，語從容，送之及門，視其上馬，乃還。自是群公稍稍效之，自公始也。自致仕歸西都，十餘年，常深居不出。晚年，賓客請見者亦多謝以疾。所親問其故，公曰：「凡待人，無貴賤賢愚，禮貌當如一。吾累世居洛，親舊蓋以千百數。若有見有不見，是非均一之道；若人人見之，吾衰疾，不能堪也。」士大夫亦知其心，無怨也。嘗欲之老子祠，乘小轎過天津橋，會府中徙市於橋側，市人喜公之出，隨而觀之，至於安門，市爲之空，其得民心也如此。及違世，士大夫無遠近、識與不識，相見則以言，不相見則以書，更相弔唁，往往垂泣，其得士大夫心也又如此。《涑水記聞》卷十五。《宋名臣言行録》後集卷二。《宋朝事實類苑》卷八。《錦繡萬花谷》前集卷十。

71 富鄭公初請功德院，得勑額曰「奉親」。已而乃作兩院，共用一名，謂之南奉親院、北奉親院。《老學庵筆記》卷四。

72 富鄭公治家嚴整，有二子舍，凡使女、僕輩戒不得互相往來，閨門肅如也。《麈史》卷中。

73 張子韶云，富鄭公年八十，書座右曰：「守口如瓶，防意如城。」《自警編》卷二。《宋元學案》卷三。案：《宋元學案》謂「劉器之曰」。

74 〔元豐六年〕夏五月，大星殞於公所居還政堂下，空中如甲馬聲，登天光臺，公焚香再拜，知其將終也。異哉！《邵氏聞見録》卷九。《宋名臣言行録》後集卷二。《古事比》卷一。

75 富文忠甲辰年丙寅月丙午日癸巳時生，韓忠獻戊申年庚申月庚申日庚辰時生。昔有善術者云：「富命可及九分，韓不及一二分，功名禄位，弗相上下。」論者莫以爲然。厥後忠獻薨時才年六十，文忠還政優游自適，十年方捐館，壽八十。始信術之精微也。《珍席放談》卷下。

76 洛中耆舊言，伊洛水六十年一泛濫爲祥害。自祥符至熙寧中，自福善坡以北，率被昏墊，公私蕩没。富公晏夫人尚無恙也，倉卒以浴桶濟之而沉。水退，死者衆多。《畫墁録》。

宋人軼事彙編卷十一

魯宗道

1 見王繕1。

2 祥符中，天書降，群臣稱賀。魯宗道上疏，略曰：「天道福善禍淫，不言示化。人君政得其理，則作佑以垂報，治乖於上，則出異以警戒，又何書哉？臣恐姦臣肆其誕妄，妖惑上聽。」真宗雖不開納，然甚奇之。《國老談苑》卷二。

3 魯宗道爲正言，言事違忤，真宗稍忌之。宗道一日自訟於上前曰：「臣在諫列，言事乃臣之職，陛下以數而忌之，豈非有納諫之虚名，俾臣負素飡之辱矣。臣切愧之，謹願罷去。」上喜其忠慤，勉而遣之。他日，追念其言，御筆題殿壁曰：「魯直。」《國老談苑》卷二。《宋名臣言行録》前集卷五。《自警編》卷六。《言行龜鑑》卷六。《類説》卷四十五引《聖宋掇遺》。

4 仁宗在儲宫，真宗慎擇官僚，皆難其人。魯宗道時作正言，慷慨敢諫。忽一日便坐召對，真宗曰：「太子，天下之本，當得正人輔之。今以付卿，其志心以導吾子。」宗道退讓，敦獎遣之。翌日，除右諭德。

《國老談苑》卷一。

5 仁宗在東宫，魯肅簡公宗道爲諭德。其居在宋門外，俗謂之浴堂巷，有酒肆在其側，號仁和，酒有名於京師，公往往易服微行，飲於其中。一日，真宗急召公，將有所問。使者及門而公不在，移時乃自仁和肆中飲歸。中使遽先入白，乃與公約曰：「上若怪公來遲，當託何事以對？幸先見教，冀不異同。」公曰：「但以實告。」中使曰：「然則當得罪。」公曰：「飲酒人之常情，欺君臣子之大罪也。」中使嗟歎而去。真宗果問，使者具如公對。真宗問曰：「何故私入酒家？」公謝曰：「臣家貧無器皿，酒肆百物具備，賓至如歸，適有鄉里親客自遠來，遂與之飲。然臣既易服，市人亦無識臣者。」真宗笑曰：「卿爲宫臣，恐爲御史所彈。」然自此奇公。《歸田録》卷一。《宋朝事實類苑》卷五十三。《宋名臣言行録》前集卷五。《仕學規範》卷六。《自警編》卷二。《言行龜鑑》卷二。《群書類編故事》卷二十二。《東都事略》卷五十三。

6 魯宗道直龍圖閣，時濟陽公方用事。一日以公事造其第，盤辟之際，丁謂曰：「學士拜時衫窣地。」應聲答曰：「侍中宴處幕漫天。」時丁有異心，聞公此言，神悸膽怯，殆不能支。《類説》卷四十五引《聖宋掇遺》。參見丁謂35、楊億51、52。

7 魯簡肅公宗道，仁宗時，參政事。京師富民陳子城毆殺磨工，初有詔立賞追捕，數日，中旨罷之。魯公爭于簾前曰：「陳某家豪，不宜保庇。」章獻怒曰：「卿安知其家豪？」魯公曰：「若不家豪，安得關節至禁中？」章獻默然。真宗素賞魯之剛直，書魯宗道于殿柱。故章獻拔用之。《能改齋漫録》卷十三。

8 魯宗道爲參政，以忠鯁自任。嘗與宰執議事，時有不合者，宗道堅執不回。或議少有異，則遷諍不已，然多從宗道所論。時人謂曰「魚頭公」，蓋以骨鯁目之也。《國老談苑》卷二。《類説》卷四十五引《聖宋掇遺》。《紺珠集》卷十二。《古事比》卷二十。

9 魯肅簡公立朝剛正，嫉惡少容，小人惡之，私目爲「魚頭」。《歸田録》卷一。

10 見王日 80。

11 魯宗道以孤直遇主，公家之事，知無不爲。每中書罷歸私宅，別居一小齋，繪山水，題曰「退思巖」，獨游其間，雖家人罕接焉。《國老談苑》卷二。《圖畫聞見志》卷六。《紺珠集》卷十二。《類説》卷四十五引《聖宋掇遺》。《昨非庵日纂》二集卷十三。

12 魯肅簡公勁正，不徇愛憎，出於天性。素與曹襄悼不協，天聖中因議茶法，曹力擠肅簡，因得罪去。賴上察其情，寢前命，止從罰俸。獨三司使李諮奪職，謫洪州。及肅簡病，有人密報肅簡，但云：「今日有佳事。」魯聞之，顧婿張昷之曰：「此必曹利用去也。」試往偵之，果襄悼謫隨州。肅簡曰：「得上殿乎？」張曰：「已差人押出門矣。」魯大驚曰：「諸公誤也！利用何罪至此？進退大臣，豈宜如此之遽！利用在樞密院，盡忠於朝廷，但素不學問，倔强不識好惡耳。此外無大過也。」嗟惋久之，遽覺氣塞，急召醫視之，曰：「此必有大不如意事動其氣，脈已絶，不可復治。」是夕，肅簡薨。李諮在洪州聞肅簡薨，有詩曰：「空令抱恨歸黃壤，不見崇山謫去時。」蓋未知肅簡臨終之言也。《夢溪續筆談》。《湧幢小品》卷十四。《宋稗類鈔》卷三。

13 魯肅簡貶濮州團練副使，汀州安置。在汀二年，杜門不與人接，日閱書數卷而已。室内僅容一榻，坐卧其中，欲將終身焉。人不堪其憂，而公處之裕如也。《言行龜鑑》卷二。

夏竦

1 夏英公其父侍禁，名承皓。因五鼓入朝，時冬月盛寒，見道左有嬰兒啼甚急，蓋新生子也。立馬遣人燭下視之，錦綳文葆，插金釵子二隻，且男子也。夏無子，因攜去育之，竟不知誰氏子焉。稍長，其父没王事，得官潤州丹陽主簿。姚鉉作浙漕，見其人物文章，薦試大科，遂知名。《默記》卷中。

2 夏文莊父爲侍禁時，文莊尚幼，有道士愛之，乞爲養子。父止文莊一子，弗許。道士曰：「是兒有仙骨，不爾，位極人臣，但可惜墮落了。」後文莊爲通判，又見昔日道士，曰：「尚可作地位。」在成都復見道士跨驢於市，摇手曰：「無及矣。」遂不復見。《孫公談圃》卷上。

3 夏文莊公竦，初侍其父監通州狼山鹽場，《渡口》詩曰：「渡口人稀黯翠煙，登臨尤喜夕陽天。殘雲右倚維揚樹，遠水南回建業船。山引亂猿啼古寺，電驅甘雨過閑田。季鷹死後無歸客，江上鱸魚不直錢。」時年十七。後之題詩，無出其右。識者以謂「甘雨過閑田」雖有爲霖之志，而終無濟物之澤。《澠水燕談録》卷七。《宋朝事實類苑》卷三十四。

4 夏文莊公竦幼負才藻，超邁不群。時年十二，有試公以《放宫人賦》者，公援筆立成，文不加點。其略曰：「降鳳詔於丹陛，出蛾眉於六宫。夜雨未回，儼鬟雲於簾户；秋風漸曉，失釵燕於房櫳。」又曰：「莫不喜極如夢，心摇若驚。踟蹰而玉趾無力，眄睞而横波漸傾。鸞鑑重開，已有歸鴻之勢；鳳笙將罷，皆爲別鶴之聲。于時銀箭初殘，瓊宮乍曉。星眸争別於天仗，蓮臉競辭於庭沼。行分而掖路深沉，步緩而回廊繚繞。嫦娥偷藥，幾年而不出蟾宫；遼鶴思家，一旦而卻歸華表。」《青箱雜記》卷五。

5 夏英公少年作詩，語意驚人，有「野花無主傍人行」之句。《江鄰幾雜志》。

6 本朝夏英公亦嘗以文章謁盛文肅，文肅曰：「子文章有館閣氣，異日必顯。」後亦如其言。《青箱雜記》卷五。

7 夏竦，字子喬。父故錢氏臣，歸朝爲侍禁。竦幼學於姚鉉，使爲《水賦》，限以萬字。竦作三千字以示鉉，鉉怒不視，曰：「汝何不於水之前後左右廣言之，則多矣。」竦又益之，凡得六千字，以示鉉，鉉喜曰：「可教矣。」《涑水記聞》卷三。《宋朝事實類苑》卷三十四。《堯山堂外紀》卷四十六。《堅瓠壬集》卷二。《宋稗類鈔》卷五。

8 金鶯池在丹陽縣治内。宋夏竦爲主簿時，一日，侍母燕坐，見黄鸝雙舞，俱没於地。發之，得金鶯二。其母命瘞之，竦因築亭其上。後人發地求金鶯不得，遂鑿爲池。《明一統志》卷十一。

9 夏鄭公竦以父歿王事，得三班差使，然自少好讀書，攻爲詩。一日，攜所業，伺宰相李文靖公沆退朝，拜於馬首而獻之。文靖讀其句，有「山勢蜂腰斷，溪流燕尾分」之句，深愛之，終卷皆佳句。翌日，袖詩呈真宗，及敘其死事之後，家貧，乞與换一文資，遂改潤州金壇主簿。後數年，舉制科，對策庭下，有老宦者前揖曰：「吾閱人多矣，視賢良，他日必貴，乞一詩，以志今日之事。」因以吴綾手巾展於前，鄭公乘興題曰：「簾内衮衣明黼黻，殿前旌旆雜龍蛇。縱横落筆三千字，獨對丹墀日未斜。」是年制策高等。平生好爲詩，皆有所屬。……晚年流落，仇敵益衆，而抨彈之疏，不輟上聞。因作詩送一臺官曰：「弱羽驚絃勢未安，孤飛殊不礙鵷鸞。黃金自有雙南貴，莫與游人作彈丸。」《東軒筆録》卷二。《宋朝事實類苑》卷三十四。《宋詩紀事》卷九。

10 公舉制科，庭對策罷，方出殿門，遇楊徽之，見其年少，遽邀與語曰：「老夫他則不知，唯喜吟詠，願丐賢良一篇，以卜他日之志，不識可否？」公援筆欣然曰：「殿上衮衣明日月，研中旌影動龍蛇。縱横禮樂三千字，獨對丹墀日未斜。」楊公嘆服數四，曰：「真將相器也。」《青箱雜記》卷五。《宋朝事實類苑》卷三十四。《西塘集耆舊續聞》卷九。《堯山堂外紀》卷四十六。《宋詩紀事》卷九。

11 夏英公竦雖舉進士，本無科名。以父没王事，授潤州丹陽簿，即上書乞應制舉，其略曰：「邊障多故，羽書旁午，而先臣供傳遽之職，立矢石之地，忘家徇國，失身行陣。……若陛下令臣待詔公車，條問急政，對揚紫宸，指陳時事，猶可與漢唐諸儒方轡並驅，而較其先後矣。」真廟再三賞激，召赴中書，試論六首。……是歲遂應中制科。《宋朝事實類苑》卷四十。

12 陳絳與夏英公竦同試，時以二十八將爲題。英公忘其四，就絳問焉。既而絳擢第一，英公第二。《莆陽比事》卷二。

13 大科始進文字，有合則召試祕書省，出六論題於九經，諸子百家十七史及其傳釋中爲目。而六論者，以五通爲過焉。……夏英公就試過，適天大風吹試卷去，不得所在，因令重作，亦得過。《鐵圍山叢談》卷二。

14 夏竦，大中祥符元年爲（台州）通判，值山水泛濫，率僚屬禱于山椒，忽見黃衣道士泛舟冒雨而來，衣不沾濕，目竦曰：「若遂修道，可登真籙。」答以欲作顯官，以報罔極，道士曰：「亦須位極人臣。」拂衣登舟而去。《方輿勝覽》卷八。《堯山堂外紀》卷四十六。

15 景德中，夏公初授館職，時方早秋，上夕宴後庭，酒酣，遽命中使詣公索新詞。公問：「上在甚處？」中使曰：「在拱宸殿按舞。」公即抒思，立進《喜遷鶯》詞曰：「霞散綺，月沉鉤，簾捲未央樓。夜涼河漢截天流，宫闕鎖新秋。瑶堦曙，金莖露，鳳髓香和雲霧。三千珠翠擁宸游，水殿按梁州。」中使入奏，上大悦。《青箱雜記》卷五。《孔氏談苑》卷三。《宋朝事實類苑》卷三十四。《西塘集耆舊續聞》卷九。《名賢氏族言行類稿》卷三十九。《堯山堂外紀》卷四十六。《詞苑叢談》卷七。《詞林紀事》卷三。

16 見丁謂12。

17 見王旦85。

18 夏英公竦謫守黄州，時龐穎公司理參軍，英公曰：「龐司理他日富貴，遠過於我。」《東軒筆録》卷三。《宋朝事實類苑》卷四十九。《雲齋廣録》卷一。《古今事文類聚》前集卷三十九。

19 見龐籍2。

20 夏文莊公謫守黄州時，龐穎公爲郡掾，文莊識之，異禮優待。而龐嘗有疾，以爲不起，遂屬文莊後事。文莊親臨之，曰：「異日當爲貧宰相，亦有年壽，疾非其所憂。」龐詰之曰：「已爲宰相，豈得貧耶？」文莊曰：「但於一等人中爲貧耳。」故龐公晚年退老，作詩述其事曰：「田園貧宰相，圖史富書生。」爲是故也。《青箱雜記》卷四。《宋朝事實類苑》卷四十五。

21 夏文莊公知蘄州，龐莊敏公爲司法，嘗得時疾在告。方數日，忽吏報莊敏死矣。文莊大駭，曰：

「此人當爲宰相，安得便死？」吏其家已發哀。文莊曰：「不然。」即親往見，取燭視其面，曰：「未合死。」召醫語之曰：「此陽證傷寒，汝等不善治，誤爾。」亟取承氣湯灌之。有頃，莊敏果蘇，自此遂無恙。《厚德録》卷四。

《石林燕語》卷十。《羣書類編故事》卷十八。

22 夏英公疎知襄州，歲飢，發公廩，募富人出粟，嘗全活數萬人。賜詔褒諭。

23 見胡旦12。

24 〔夏〕文莊守安州，宋莒公兄弟尚皆布衣，文莊亦異待。命作《落花詩》，莒公一聯曰：「漢皋珮解臨江失，金谷樓危到地香。」子京一聯曰：「將飛更作回風舞，已落猶成半面粧。」是歲詔下，兄弟將應舉，文莊曰：「詠落花而不言落，大宋君當狀元及第。又風骨秀重，異日作宰相。小宋君非所及，然亦須登嚴近。」後皆如其言。故文莊在河陽，聞莒公登庸，以別紙賀曰：「所喜者，昔年安陸已識台光。」蓋爲是也。樞密孫公固亦小官時曾謁文莊，文莊許他日當踐樞幄，今亦驗焉。《青箱雜記》卷四。《宋朝事實類苑》卷四十五。

《堯山堂外紀》卷四十六。《堅瓠庚集》卷三。

25 夏英公知安陸日，受大勑舉幕職，令録詣京師。有節度推官王某者，糲食敝衣，過爲廉慎，一馬瘦瘠，僅能移步，席韉繩韁不勝騎，自二車而下，列狀乞以斯人應詔。夏亦自知之，遂改官宰邑，去安陸數百里。洎至任，素履一變，侈衣靡食，恣行貪墨。夏俾親舊喻之，答曰：「某乃妙攫也，必無敗露，請舍人無慮。」夏常謂僚屬曰：「世之矯僞有如此者。」斯人今爲正郎。《倦游雜録》。《宋朝事實類苑》卷七十三。

26 夏英公父官於河北，景德中契丹犯河北，遂歿于陣。後公爲舍人，丁母憂起復，奉使契丹，公辭不行，其表云：「父歿王事，身丁母憂。義不戴天，難下穹廬之拜；禮當枕塊，忍聞夷樂之聲？」《歸田録》卷一。

27 青州城西南皆山，中貫洋水，限爲二城。先時，跨水植柱爲橋，每至六七月間，山水暴漲，水與柱鬬，率常壞橋，州以爲患。明道中，夏英公守青，思有以捍之，會得牢城廢卒，有智思，疊巨石固其岸，取大木數十相貫，架爲飛橋，無柱。至今五十餘年，橋不壞。慶曆中，陳希亮守宿，以汴橋屢壞，率嘗損官舟、害人，乃命法青州所作飛橋。至今沿汴皆飛橋，爲往來之利，俗曰虹橋。《澠水燕談録》卷八。

28 夏英公爲南京留守，杖人好濳加其數。提點刑獄馬洵美，武人也，劾奏之曰：「夏竦大臣，朝廷寄任非輕，罪有難恕者，明施重刑可也，何必欺罔小人、濳加杖數乎？」詔取戒勵。當時文臣皆爲英公恥之。《涑水記聞》卷九。

29 寶元中，夏英公以陳恭公不由儒科，驟躋大用，心不平之。恭公亦傾英公。英公除集賢，有臺章，恭公啓换爲樞密使。英公知之，意愈怏怏。是時西北有警，英公能結内官，又得上心，乃撰一策題如策試制科者，教仁宗以試兩府大臣，欲以窮恭公之不學也。一日，仁宗御資政殿見兩府，出此題，署云付陳執中等。兩府跽受開讀次，已見小黄門設矮桌子具筆硯矣。英公色欲揮翰，其餘皆愕然相視，未知所爲。宋鄭公徐奏曰：「陛下所問，皆臣等夙夕謀謨之事。臣等不職，陛下責之可也。若策試乃朝廷所以待草茅之臣，臣備位執政，不可下同諸生。乞歸中書，令中書、密院各具所見以對。」仁宗俯首面赤，云：「極是！極是！」既退，恭公謂鄭公曰：「適來非公之言，幾至狼狽。」鄭公曰：「某爲國惜體，非爲諸君地也。」中書所對，皆出鄭公之筆，極攻密院之失，是時顯立仇讎矣。人言紛紛，英公不自安，欲晦其迹，又撰一策題，故爲語言參差，或失粘，或不對，欲如禁中親制者，教仁宗以策試兩府、兩制。然間有三兩句絶好處，人亦識其爲英公詞也。仁宗寬容，亦聽之。一日，召兩府、兩制對于迎陽門，又出此題付之。然英公之迹，終不能晦焉。《孔氏談苑》卷二。

30 夏竦嘗統師西伐，揭榜塞上云：「有得趙元昊頭者，賞錢五百萬貫，爵爲西平王。」元昊使人入市賣箔，陝西荻箔甚高，倚之食肆門外，佯爲食訖遺去，至晚，食肆竊喜，以爲有所獲也。徐展之，乃元昊購竦之榜，懸箔之端，云：「有得夏竦頭者，賞錢兩貫文。」比竦聞之，急令藏掩，而已喧播遠近矣，竦大慚沮。《孔氏談苑》卷一。《何氏語林》卷二十八。《宋稗類鈔》卷六。

31 〔夏〕竦集幕職兵官，議五路進討，凡五晝夜，屏人絶吏，所謀秘密，處置軍馬，分擘糧草，皆有文字。已成書，兩人之力不能舉，封鑰于一大櫃中。一夕失之，竦等大駭，陰令訪求甚急，既數日，却在櫃上。竦進兵之議遂格，由此懇乞解罷。《孔氏談苑》卷一。

32 夏英公既失時譽，且以《慶曆聖德頌》之故，不正之名愈彰，然固自有好處。夏羌之叛，英公爲四路經略安撫招討使，韓魏公副之。賊犯山外，韓公令大將任福自懷遠城趨得勝寨，出賊後，如未可戰，即據險置伏，要其歸，戒之至再。又移檄申約，苟違節度，雖有功亦斬。福竟爲賊誘，没于好水川，朝論歸咎於韓。英公使人收散兵，得韓檄於福衣帶間，言罪不在韓，故但奪一官。英公此事賢矣。《容齋四筆》卷十三。

33 〔夏〕鄭公在朝，數爲御史糾劾，疑時宰諷旨，作《青雀》詩：「青雀孤飛毛羽單，卑棲豈敢礙鴛鸞。明珠自有千金價，莫與他人作彈丸。」《中山詩話》。《堯山堂外紀》卷四十六。

34 夏文莊，豪傑之流也，然操行多疵，清論寡與。慶曆中，自前執政拜樞密使，言者排之不已，即罷。時石守道進《聖德頌》。……公怏怏，銜之深。歲設水陸齋，常旁設一位，立牌，書曰「夙世冤家石介」。《珍席放談》卷下。

35 石介作《慶曆聖德詩》以斥夏英公、高文莊公，曰：「惟竦若訥，一妖一孽。」後聞夏英公作相，夜走臺諫官之家，一夕所乘馬爲之斃。所以彈章交上，英公竟貼麻，改除樞密使，緣此與介爲深仇。其後介死，英公每對官吏或公廳，時失聲發歎曰：「有人於界河逢見石介來。」後卒有投蕃將發棺之事，有旨下兖州驗實。杜祁公罷相守兖州，力爲保明乃免。《默記》卷中。

36 石介爲國子監直講，獻《慶曆聖德頌》，褒貶甚峻，而於夏竦尤極詆斥，至目之爲不肖，及有「手鋤姦枿」之句。頌出，泰山孫復謂介曰：「子之禍自此始矣。」未幾，黨議起，介在指名，遂罷監事，通判濮州，歸徂徠山而病卒。會山東舉子孔直温謀反，或言直温嘗從介學，於是夏英公言於仁宗曰：「介實不死，北走胡矣。」尋有旨編管介妻子於江淮，又出中使與京東部刺史發介棺以驗虚實。是時，吕居簡爲京東轉運使，謂中使曰：「若發棺空，而介果北走，則雖孥戮不足以爲酷。萬一介屍在，未嘗叛去，即是朝廷無故剖人塚墓，何以示後世耶？」中使曰：「誠如金部言，然則若之何以應中旨？」居簡曰：「介之死，必有棺斂之人，又内外親族及會葬門生無慮數百，至於舉柩窆棺，必用凶肆之人，今皆檄召至此，劾問之，苟無異説，即皆令具軍令狀，以保任之，亦足以應詔也。」中使大以爲然，遂自介親屬及門人姜潛已下，并凶肆棺斂舁柩之人，合數百狀，皆結罪保證，中使持以入奏，仁宗亦悟竦之譖，尋有旨放介妻子還鄉，而世以居簡爲長者。夏鄭公之死也，仁宗將往澆奠，吴奎言於上曰：「夏竦多詐，今亦死矣。」仁宗憮然，至其家澆奠畢，躊躇久之，命大閹去竦面幕而視之，世謂剖棺之與去面幕，其爲人主疑一也，亦所謂報應者耶！《東軒筆録》卷九。《厚德録》卷二。《東都事略》卷三十二。《名賢氏族言行類稿》卷三。

37 夏竦薨，仁宗賜謚曰文正，劉原父判考功，上疏言：「謚者，有司之事，且竦行不應法，今百司各得守其職，而陛下奈何侵之乎？」疏三上。是時，司馬温公知禮院，上書曰：「謚之美者，極于文正，竦何人，可當？」光書再上，遂改謚文獻。知制誥王原叔曰：「此僖祖皇帝謚也。」封還其目，不爲草詔，於是太常更謚竦文莊。《澠水燕談録》卷一。《宋朝事實類苑》卷十六。

38 夏文莊初謚文正，劉原父持以爲不可，至曰「天下謂竦邪，而陛下謚之『正』。」遂改今謚。宋子京作祭文，乃曰：「惟公温厚粹深，天與其正。」蓋謂夏公之正，天與之，而人不與。《老學庵筆記》卷七。

39 夏英公嘗美李林甫之作相。《江鄰幾雜志》。《香祖筆記》卷十。

40 見宋綬9。

41 見寇準81。

42 夏英公竦，性好古器奇珍寶玩。每燕處，則出所祕者，施青氈列于前，偃卧牙牀，瞻視終日而罷。月常數四如此。《能改齋漫録》卷十二。

43 夏英公伏日供帳温室，戒客具夾衣，客皆笑之。既坐，體寒生粟。乃以漆斛漬龍皮也。酒半，取瓦礫醮藥水爲黄金以娱客。《後山談叢》卷二。

44 夏文莊性豪侈，禀賦異於人，纔睡即身冷而僵，一如逝者。既覺，須令人温之，良久方能動。人有見其陸行，兩車相連，載一物巍然，問之，乃綿帳也，以數千兩綿爲之。常服仙茅、鍾乳、硫黄，莫知紀極。晨朝每食鍾乳粥，有小吏竊食之，遂發疽，幾不可救。《夢溪筆談》卷九。《宋稗類鈔》卷四。

45 夏英公家中風方，父子屢中輒愈。《後山談叢》卷五。

46 英公夏竦居士，自契機於谷隱，日與老衲游。偶上藍溥禪師至，公問：「百骸潰散時，那箇是長老自家底？」藍曰：「前月二十離蘄陽。」公休去。藍却問：「百骸潰散時，那箇是相公自家底？」公便喝。藍曰：「喝則不無，畢竟那箇是相公自家底？」公對以偈曰：「休認風前第一機，太虚何處著思惟。山僧若要通消息，萬里無雲月上時。」藍曰：「也是弄精魂。」《五燈會元》卷十二。

47 夏英公既卒，其家客鄢陵，鄰之講僧有學解，客嘗問之曰：「英公貪阻喜殺，其報如何？」曰：「以教言之，當爲龍爾。」未以爲然也。他日至京師，遇夏氏故吏，語及其主，曰：「往夢遇公於塗，氣貌枯悴，白衣故暗，問其所在，曰爲廬山東潭龍爾。」客始驚。其後復至京師，過其故人於興國寺，其鄰有相語曰：「廬山東潭龍已去矣。」客又大驚，往問之，曰：「東潭隱密，人所不至，往歲木皆立槁，人始至其上，潭水清徹，有白龍在焉。夏日之中，水沸而龍死，夜則復生，冬結於冰。數歲，有僧十餘，結廬其上，爲之誦經。又數歲而龍去，草木復生。」英公奉釋，故當困厄，復能致僧爲之作福。《後山談叢》卷三。

48 夏竦薨，子安期奔喪至京師。館中同舍謁見，不哭，坐榻茶橐如平時，又不引客入奠，人皆訝之。戊戌年，安期死數日，子伯孫猶着衫帽接客，無毁容，愈肥澤焉。《孔氏談苑》卷一。

49 夏英公好術數，于洛中得善地。迨其葬時，其子龍圖安期已貴顯，當開營域，不自督促，委之幹者。其地乃古一侍中葬穴也，故椁碑刻具在，諱不以白，取棺于旁近埋之。葬未幾，而龍圖死，其婦挈貲財數萬改適，次弟又得罪，廢焉。《湧幢小品》卷六。

50 信州杉溪驛舍中有婦人題壁數百言，自叙世家本士族，父母以嫁三班奉職鹿生之子，娩娠方三日，鹿生利月俸，逼令上道，遂死於杉溪，將死乃書此壁，具逼迫苦楚之狀，恨父母遠，無地赴訴。言極哀切，頗有詞藻，讀者無不感傷。既死，稾葬之驛後山下，行人過此，多爲之憤激，爲詩以弔之者百餘篇。人集之，謂之《鹿奴詩》，其間甚有佳句。鹿生，夏文莊家奴，人惡其貪忍，故斥爲「鹿奴」。《夢溪筆談》卷二十四。

王　曙

1 余爲潞州長子縣尉，西寺中有王文康公祠，其老僧爲余言：文康公之父，邑人也，以教授村童爲業。有兒年七、八歲，不能養，欲施寺之祖師。祖師善相，謂曰：「兒相貴，可令讀書。」因以錢幣資之。是謂文康公。後公貴，祖師已死，命寺僧因祠之。《邵氏聞見録》卷八。

2 文康王公晦叔，諱曙，嘗宰定海縣，賦《回峯院》詩云：「山勢欲壓海，禪扃向此開。魚龍腥不到，日月影先來。樹色秋擎出，鐘聲浪答回。何期隨吏役，暫得拂塵埃。」商逸卿得遺墨刻之。《娱書堂詩話》卷下。《宋詩紀事》卷七。

3 王文康治蜀，頗以法御下，有謗其太苛。會劉燁召還，爲右正言，真宗召問：「淩策、王某治蜀，孰優？」曰：「淩策在蜀，值歲豐，故得以平易治之。王某值歲小歉，慮民爲盜，故以法治之。使之易治，則皆然。」真宗善其言。《宋朝事實類苑》卷十五引《本朝名臣傳》，又卷二十三引。

4 王文康公、薛簡肅公俱嘗鎮蜀，而皆有名。章獻時，同爲執政。一日，奏事已，因語蜀事，文康曰：「臣在蜀時，有告戍卒反，乃執而斬之於營門，遂無事。」簡肅曰：「臣在蜀時，亦有告戍卒反者，叱出之，亦無事。」《宋朝事實類苑》卷九引《湘山野録》。

5 〔王曙〕知益州，爲政嚴平而不可犯，人以比張詠，爲之謡曰：「蜀守之良，前張後王。惠我赤子，而無流亡。何以報之，俾壽而昌。」《東都事略》卷五十三。《名賢氏族言行類稿》卷二十四。

6 見楊億47。

7 王文康公苦淋，百療不瘥，洎爲樞密副使，疾頓除，及罷，而疾復作。或戲之曰：「欲治淋疾，惟用一味樞密副使，仍須常服，始得不發。」《東軒筆録》卷三。《宋朝事實類苑》卷六十四。《五雜組》卷十六。《宋稗類鈔》卷二。《古事比》卷十一。

8 見錢惟演12。

9 見王曾42。

王益柔

1 王益柔勝之爲館職，年少意頡頏。張掞叔文亦新貼職，年長而官已高，每群聚輒居上座。王密于屏風題云：「四十餘年老健兒。」翼日會食，張正坐詩下，衆無不哂。《中山詩話》。

2 王益柔，字勝之，昔懿恪王君貺言：蘇子美進奏院祭神會事時指慢詩，乃益柔作也。《温公日記》卷三。

3 見蘇舜欽3。

薛奎

1 薛簡肅贄謁馮魏公，首篇有「囊書空自負，早晚達明君」句，馮曰：「不知秀才所負何事。」讀至第三篇《春》詩云：「千林如有喜，一氣自無私。」乃曰：「秀才所負者此也。」《東齋記事》卷三。《宋名臣言行録》前集卷五。《詩人玉屑》卷十。《堯山堂外紀》卷四十五。《歸田詩話》卷上。

2 薛簡肅公奎，爲隰州軍事推官。民嘗聚博僧舍者，一日，盗殺寺奴，取財去，而博者四人至，啓户踐血污衣，遽驚走，邏者因捕送州，考訊引伏。奎獨疑之，使緩其獄，後數日，果得殺人者。《仕學規範》卷十八引《皇朝名臣四科事實》。

3 見劉后13。

4 仁皇初，薛簡肅知開封府，上新即大位，莊獻臨朝，一切以嚴治，人謂之「薛出油」。其後移知成都，歲豐人樂，隨其俗與之語嬉游，作《何處春游好》詩十首，自號「薛春游」，欲換前所稱也。《東齋記事》卷三。《詩話總龜》前集卷三十一。《宋朝事實類苑》卷六十七。《宋詩紀事》卷九。

5 薛簡肅公知開封府，時明參政鎬爲府曹官，簡肅待之甚厚，直以公輔期之。其後公守秦、益，常辟以自隨，優禮特異。有問於公何以知其必貴者，公曰：「其爲人端肅，其言簡而理盡。凡人簡重則尊嚴，此貴臣相也。」其後果至參知政事以卒。時皆服公知人。《歸田録》卷一。

6 王懿恪公、歐陽文忠公同爲薛簡肅公婿，人皆謂簡肅公能擇婿也。以余觀之，簡肅公蓋能知人耳。嘗聞公知成都日，一見范蜀公，即俾同子弟講學，曰：「范君，廊廟人也。」洎自成都還，或問曰：「歸有何奇物？」公曰：「蜀珍不足道，吾得一偉人耳。」謂蜀公也。既而蜀公爲賢從官。簡肅公知人如此。《甕牖閒評》卷三。參見范鎮1。

7 蜀人正月二日、三日上冢，知府亦爲之出城置會。是時薛公奎以是日會於大東門外。有戍卒扣鄭龍腦家，求富貴，鄭即以銀匙、筯一把與之，既出，隨以告人。至第二巷尾客店，升屋放火殺傷人。相次都監至，捕者益多。卒自知不免，即下就擒。都監往白薛公，公指揮只於擒獲處令人斬却。民以爲神斷。不然，妄相攀引，旬月間未能了得，又安其徒黨反側之心也。《東齋記事》卷四。

8 薛簡肅公奎知益州，里父訟其子不孝者。詰之，乃曰：「貧無以爲養。」奎因出俸錢與之。《厚德録》卷三。《折獄龜鑑》卷八。

9 薛簡肅公奎爲蜀，以惠愛得名。民有老嫗告其子不孝者，子訴貧不能養。公取俸錢與之，曰：

「用此爲生以養。」母子遂相慈孝。《自警編》卷四。《言行龜鑑》卷七。

10 見王曙4。

11 薛尚書歷典大郡，其治嚴明，每五鼓冠帶，黎明據案決事，雖寒暑無一日異也。其精强如此。《墨客揮犀》卷八。

薛長孺

1 薛長孺爲漢州通判，戍卒閉營門，放火殺人，謀殺知州、兵馬監押。有來告者，知州、監押皆不敢出。長孺挺身叩營，諭之曰：「汝輩皆有父母妻子，何作此事。元不預謀者，各作一邊。」於是不敢動，惟首謀者八人突門而出，散於諸縣村野，捕獲。是時，非長孺則一城之人盡遭塗炭矣。鈐轄司不敢以聞，遂不及賞。長孺乃簡肅公之姪，質厚人也，臨事乃敢決如此。《東齋記事》卷四。

范　雍

1 〔范忠獻公〕爲洛陽主簿，實典廩納，而邑多權要，公必先細民而後形勢。時尚書張公詠道過洛陽，聞其事，乃記公姓名，置之于屏，常指以示人曰：「識斯人否？」至是張公鎮淮陽，致書於寇萊公，道公之才，復奏公爲淮陽倅。成命未行，會萊公出守西洛，辟公貳留守司，朝廷俞之。張公曰：「奪我賢倅耶！」公自兹名重朝廷。《名臣碑傳琬琰集》中卷十。

2 景祐末，詔以鄭州爲奉寧軍，蔡州爲淮康軍。范雍自侍郎領淮康節鉞，鎮延安。時羌人旅拒戍邊之卒，延安爲盛。有内臣盧押班者鈐轄，心嘗輕范。一日軍府開宴，有軍伶人雜劇，稱參軍夢得一黄瓜，長丈餘，是何祥也？一伶賀曰：「黄瓜上有刺，必作黄州刺史。」一伶批其頰曰：「若夢見鎮府蘿蔔，須作蔡州節度使。」范疑盧所教，即取二伶杖背，黥爲城旦。《宋朝事實類苑》卷六十五引《倦游録》。

3 寶元元年，党項圍延安七日，鄰於危者數矣。范侍郎雍爲帥，憂形於色。有老軍校出，自言曰：「某邊人，遭圍城者數次，其勢有近於今日者。虜人不善攻，卒不能拔。今日萬萬無虞，某可以保任。若有不測，某甘斬首。」范嘉其言壯人心，亦爲之小安。事平，此校大蒙賞拔，言知兵善料敵者首稱之。或謂之曰：「汝敢肆妄言，萬一言不驗，須伏法。」校笑曰：「君未之思也。若城果陷，何暇殺我邪！聊欲安衆心耳。」《夢溪補筆談》卷二。《宋稗類鈔》卷一。

4 夏寇既敗官軍，劉平、石元孫陷没，延州幾至不守。范雍日告朝廷益兵，復爲詩以言賊事，凡數十章。其傳播者云：「七百里山界，飛沙與亂雲。虜騎擇虚至，戍兵常忌分。嘯聚類宿鳥，奔散如驚麏。難稽守邊法，應敵若絲棼。」又云：「承平廢邊事，備預久已亡。萬卒不知戰，兩城皆復湟。輕敵謂小醜，視地固大荒。願因狂狡叛，從此葺兵防。」又云：「劇賊稱中寨，驅馳甲鎧精。昔惟驚突騎，今亦教攻城。伏險多邀擊，驅羸每玩兵。拘俘詢虜事，肉盡一無聲。」蓋延州屢得賊中諜者，雖臠其肉且盡，終無一言，故雍詩有云。初，朝廷輕視元昊，邊臣奏請，不甚允從。至是，方罪樞臣而逐之。《儒林公議》。《宋詩紀事》卷九。

5 見范仲淹30。

姜遵

1 見范仲淹2。

2 姜樞密遵、魯簡肅公亦皆以嚴稱，時目姜爲姜擦子，目魯爲魚頭公。《宋朝事實類苑》卷六十七引《東齋録》。

趙稹

1 趙稹，字仲微，單父人。登進士第，累爲兵部員外郎，益州路轉運使。真宗謂曰：「遠方之事，朕皆欲聞，一一奏來，朕當爲卿行之。」故稹至蜀，奏利害最詳。及後益州闕守，乃自三司鹽鐵副使授諫議大夫、集賢院學士、知益州。天聖中，以工部侍郎知并州，迴，上殿奏事，上曰：「先帝時，嘗詔益州市錦六千匹，時有姓趙者知州，止市千匹還，是卿否？」稹曰：「是。」上曰：「卿如此恤民，誠是至公。嘗聞先帝言，卿朴厚可任。」未幾，爲刑部侍郎、樞密副使，以先帝所委臣故也。《宋朝事實類苑》卷七引《本朝名臣傳》。

2 見任布1。

宋綬

1 宋宣獻公綬，楊徽之外孫。徽之無子，盡付以家所藏書。後與父皋同在館閣，每賜書必得二本。子敏求、敏修，並以文學見稱於世，其藏書之盛有以也。《研北雜志》卷下。

2 宋宣獻家藏書過祕府。章獻明肅太后稱制，未有故實，於其家討論，盡得之。《孫公談圃》卷下。

3 文正李公既薨，夫人誕日，宋宣獻公時爲從官，與其僚二十餘人詣第上壽，拜於簾下，宣獻前曰：「太夫人不飲，以茶爲壽。」探懷出之，注湯以獻，復拜而去。《後山談叢》卷三。

4 見丁謂30。

5 吴春卿殿試《聖有謨訓賦》，用「荅揚」二字，自謂頗工。考官張希顔不曉，云：「只有『對揚休命』，豈有『荅揚』者耶？」傍一人云：「荅即對也，乃及時文耳。」遂加一抹。宋宣獻公綬編排卷子，知其誤，不敢移易也。《江鄰幾雜志》。

6 故事，春試進士，皆在南省中東廂。刑部有樓，甚寬壯，旁視宣德，直抵州橋。鎖院每以正月五日，至元夕，例未引試，考官往往竊登樓，以望御路燈火之盛。宋宣獻公在翰林時，上元以修史促成書，特免扈從，嘗賦詩云：「屬書不得陪春豫，結客何妨事夜游。還勝南宫假宗伯，黄扉深鎖暗登樓。」蓋謂此也。至嘉祐中，歐陽文忠公知舉，梅聖俞作《莫登樓》詩，諸公相與唱和。自是遂爲禮闈一盛事。《苕溪漁隱叢話》前集卷二十九。《宋詩紀事》卷九引《蔡寬夫詩話》。

7 見王洙5。

8 宋參政綬，常患仕路人色多冗。其在政府，例得奏奴隸補班行，公獨不奏。議者佳之。《能改齋漫録》卷十二。

9 宋宣獻公、夏英公同試童行誦經。有一行者，誦《法華經》不過，問其「習業幾年矣」，曰：「十年也。」二公笑且閔之，因各取《法華經》一部誦之，宋公十日，夏公七日，不復遺一字。《歸田録》卷一。《宋稗類鈔》卷五。

10 謝希深亦言：宋公垂同在史院，每走廁必挾書以往，諷誦之聲琅然聞於遠近。其篤學如此。《歸田録》卷二。《宋朝事實類苑》卷十。

11 蔡君謨嘗言：宋宣獻公未嘗俗談。在河南時，衆官聚廳慮囚，公問之曰：「汝與某人素有何冤？」囚不能對。坐上官吏以俗語問之，囚始能對。……久視之，無一點塵氣，真神仙中人也。《東齋記事》卷三。

宋敏求

1 宋次道龍圖云：「校書如掃塵，隨掃隨有。」其家藏書皆校三五徧者。世之畜書，以宋爲善本。居春明坊，昭陵時，士大夫喜讀書者多居其側，以便於借置故也。當時春明宅子比他處僦直常高一倍。陳叔易常爲予言此事，歎曰：「此風豈可復見耶！」《曲洧舊聞》卷四。《何氏語林》卷九。《宋稗類鈔》卷四。

2 熙寧中三舍人：宋敏求次道、蘇頌子容、李大臨才元。《小學紺珠》卷六。

宋敏修

1 宋中道有俊才，而身短小，人多戲之。蘇子美與中道年相懸，然甚愛其才調，道亦傾心作詩論交。

子美長大魁偉，與中道並立，下視曰「交不着」，此京師市井語也。號中道爲宋錐，爲其穎利而么麽云。贈之詩曰：「譬如利錐末，所到物已破。」後中道通判洺州，洺州本趙地，有毛遂墓。聖俞作詩送行，舉錐處囊事，亦所以戲之也。《古今詩話》。《中山詩話》。《詩話總龜》前集卷四十。

蔡齊

1 蔡文忠公自爲布衣時，已恢廓有大志，而姿表秀異，見者多聳動。祥符中，擢進士，爲天下第一。真宗臨軒，目其堂堂英偉，進退有法，大悦之，顧寇萊公曰：「得人矣！」特詔給金吾衛士七人清道，時以爲榮。尋詔：「自今第一人及第，給金吾七人當直，許出兩對引喝。」上聞公單貧，傭僦僕隸，故有是命。《澠水燕談録》卷五。《宋朝事實類苑》卷二十五。《東齋記事》卷一。《孔氏談苑》卷四。《吹劍四録》。

2 真宗臨軒策士，夜夢下有菜一苗甚盛，與殿基相高。及拆第一卷，是乃蔡齊，上見其容貌曰：「得人矣。」特詔執金吾七人清道，自齊始。《孔氏談苑》卷三。《類説》卷二引《名臣傳》。《新編分門古今類事》卷七。《堯山堂外紀》卷四十五。《宋詩紀事》卷八。

3 見宋真宗41。

4 祥符八年，真宗皇帝采賈誼置器之説，試禮部所奏士，讀至公賦，有安天下意，歎曰：「此宰相器也。」《歐陽修全集》卷三十八。《蔡公行狀》。《宋名臣言行録》前集卷五。

5 蔡文忠公喜酒，飲量過人。既登第，通判濟州，日飲醇酎，往往至醉。是時太夫人年已高，頗憂之。

一日，山東賈存道先生過濟，文忠館之。數日，先生愛文忠之賢，慮其酒廢學生疾，乃爲詩示文忠曰：「聖君恩重龍頭選，慈母年高鶴髮垂。君寵母恩俱未報，酒如成病悔何追？」文忠瞿然起謝之。自是，非親客不對酒，終身未嘗至醉。《宋名臣言行録》前集卷五引《澠水燕談録》。《西清詩話》卷上。《宋朝事實類苑》卷三十六。《塵史》卷中。《賢奕編》卷四。《自警編》卷二。《古今合璧事類備要》外集卷四十四。《言行龜鑑》卷二。《堯山堂外紀》卷四十五。《堅瓠補集》卷二。《宋詩紀事》卷八。

6 通判濰州，民有告某氏刻僞税印爲姦利者，已逾十年，蹤跡連蔓，至數百人。公歎曰：「盡利于民，民無所逃，是爲政者之過也。」爲緩其獄，得減死者十餘人，餘皆釋而不問。濰人皆曰：「公德于我，使我自新爲善人。」由是風化大行。《歐陽修全集》卷三十八《蔡公行狀》。《宋名臣言行録》前集卷五。

7 真宗新棄天下，天子諒陰不言。丁晉公用事專權，欲邀致蔡文忠公，許以知制誥，公拒不往。已而寇萊公、王文康公皆以不附連黜，公歸，歎曰：「吾受先帝之知至於此，豈宜爲權臣所脅？得罪非吾懼也。」既而晉公敗，士嘗爲其用者皆恐懼，獨公終無所屈。《自警編》卷二。《宋名臣言行録》前集卷五。

韓億

1 忠憲公將生，令公夢人手中書一大「興」字示之，知門户之將起也。《桐陰舊話》。

2 忠憲公少年家貧，學書無紙，莊門前有大石，就上學書，至晚洗去。烈日及小雨，即張繖以自蔽。《仕學規範》卷二引《韓莊敏公遺事》。《桐陰舊話》。

3 韓參政億、李參政若谷、王丞相隨未第時，同於嵩山法王寺讀書。有一男子自言善相，曰：「王君，宰相才也。韓、李二君，皆當爲執政。王君官雖高，子孫不及韓、李二君之盛。」後韓參政之子絳、縝皆爲宰相，維爲參知政事；李參政之子淑領三院學士，有文名。兩家子孫宦學，至今不衰；王丞相之後微矣。《邵氏聞見録》卷八。

4 韓參政億、李參政若谷未第時，皆貧，同途赴試京師，共有一席一氈，乃割分之。每出謁，更爲僕。李先登第，授許州長社縣主簿。赴官，自控妻驢，韓爲負一箱。將至長社三十里，李謂韓曰：「恐縣吏來。」箱中止有錢六百，以其半遺韓，相持大哭別去。次舉韓亦登第。後皆至參知政事，世爲婚姻不絶。《邵氏聞見録》卷八。《宋名臣言行録》前集卷六。《自警編》卷四。《言行龜鑑》卷三。《東山談苑》卷五。

5 李康靖公爲汝州守趙公門客，忠憲公亦往見焉。趙公尤敬待忠憲，每聞公至書院，即令設肉食。康靖嘗有簡戲云：「久思肉味，請兄訪及也。」趙公遂以女許嫁忠憲。公既過省，趙公遣人送女至京師，資從甚鮮華，女亦乘馬披繡衫戴帽，洎城外旅邸。一夕病心痛卒，忠憲具素服往哭。後乃爲王文正公婿也。《桐陰舊話》。《宋名臣言行録》前集卷六引《莊敏公遺事》。《自警編》卷四。《言行龜鑑》卷三。

6 見王旦83。

7 公知洋州，有大校李申，以財豪于鄉里，誣其兄之子爲他姓，賂里嫗之貌類者，使認之爲己子。又醉其嫂而嫁之，盡奪其奩橐之富。嫂姪訴于州及提轉，申賂獄吏，嫂姪被笞掠，反自誣服，受杖而去。積十餘年，洎公至，又出訴。公察其冤，因取前後案牘視之，皆未嘗引乳醫爲證。一日，盡召其黨立庭下，出乳醫示之，衆皆伏罪，子母復歸如初。《宋名臣言行録》前集卷六引《辜録》。《棠陰比事》。《仕學規範》卷十五。《折獄龜鑑》卷六。

8 韓忠獻公爲河北轉運使，王太夫人坐太平車，以葦爲棚，覆獻肅公，乘驢隨車。時王文正公已貴，忠獻公作一路使者，其儉如此。《言行龜鑑》卷四。《自警編》卷二。案：忠獻，爲「忠憲」之誤。

9 韓忠憲使虜，其介劉太后之姻，庸而自專，私於虜使云：「太后言兩朝歡好，傳示子孫。」韓了不知。忽置一筵，遣臣來伴，因問：「太后有此語，何故不傳？」忠憲答云：「皇太后每遣使，使人簾前受此語，戒使人令慎重爾。」於是以手頂禮云：「兩朝生靈之福也。」《江隣幾雜志》。《東都事略》卷五十八。

10 韓忠憲公億性方重有守，治家嚴肅，雖燕居，未嘗見其惰容。益州故事，歲首官出米六萬石，或五六倍之以濟貧民。億知州，當歲儉，乃數倍賑之。《厚德録》卷四。

11 韓忠憲教子，嚴肅不可犯。知亳州日，第二子舍人自西京倅謁告省覲，康公與右相及姪柱史宗彦皆中殊科歸。公喜，召僚屬之親厚者，俾諸子坐於一隅。唯持國多深思，知必有義方之訓，託疾不赴。坐中忽云：「二郎，吾聞西京有疑獄奏讞者，其詳云何？」舍人思之未得已，呵之。再問，未能對。遂推案持梃大詬曰：「汝食朝廷厚禄，倅貳一府。事無巨細，皆當究心。大辟奏案，尚不能記，則細務不舉可知矣。吾千里外無所干預，猶能知之。爾叨冒廪禄，何顔報國？」必欲撻之，衆賓力解方已。諸子股慄，累日不能釋。家法之嚴如此。《魏公譚訓》卷十。《宋名臣言行録》前集卷六。《言行龜鑑》卷四。《群書類編故事》卷七。《賢弈編》卷二。《昨非庵日纂》一集卷五。《宋稗類鈔》卷四。

12 韓忠憲公罷政事，嘗語康公兄弟以馬伏波論少游事云：「吾已無及，汝曹他日能如少游言，爲鄉里善人，守墳墓亦足矣。」康公既葬忠憲許昌，仕寖顯。一日，歸省墓下，用王逸少故事期六十即挂冠歸，以終公志，爲文自誓。元豐末，謫守鄧州。明年六十，乃具述前語，求致仕，章十上。是時裕陵眷康公未衰，苦留之，遣中使喻旨曰：「先臣有知，見卿宣力國事，當亦必以爲然。」康公猶請不已，乃就易許昌，曰：「可以守墳墓矣。」公不得已，拜命。未幾，再入爲相。《石林避暑録話》卷四。

13 韓參政億謚忠憲，韓魏公謚忠獻，字雖不同，音則莫辨。《賓退録》卷三。

14 韓億、絳、縝，家諱保樞，皆爲樞密而不避。《齊東野語》卷四。

15 韓忠獻八子：綱、總、繹、緯、縝、維、緬、絳，時人以此號「韓氏八龍」。《玉芝堂談薈》卷四。

16 王夫人初未有子，夢一僧貌甚異，手持蓮花曰：「汝欲生男乎？」摘五葉餌之。後生舍人及獻肅公、職方、宫師、莊敏公五子，皆貴顯。《桐陰舊話》。

17 慶曆中，一日，丞相將出中書，候午漏未上，因從容聚廳閑話，評及本朝文武之家箕裘嗣續閥閲之盛。諸公屈指，若文臣惟韓大參億之家，武臣惟夏宣徽守贇之家。堂吏馳白韓、夏二宅，以爲美報。《湘山野録》卷中。

韓綜

1 知制誥韓綜通判天雄軍，會河水漲，金堤民依丘冢者凡數百家。水大至，綜出示：「能活一人者予千錢。」民争操舟栰盡救之，已而丘冢潰。《自警編》卷八。

2 知制誥韓綜，嘗爲契丹館伴使。虜人欲爲書，稱北朝而去契丹號，綜謂曰：「自古未有建國而無號者。」虜使慙不復言。《仕學規範》卷十九引《皇朝名臣四科事實》。

盛度

1 盛度，字公量……少時父豫嘗令賦秋夜詩，句有「蛩」字而偶不省，夢人以金書「蛩」字於牌示之。既寤以告，父撫其首曰：「異日必以文學大吾門。」端拱初登進士第，奉使陝西，參質漢、唐故地，繪爲西域圖以獻。《咸淳臨安志》卷六十五。《搜神秘覽》卷下。

2 盛度以第二名登第，其父喜甚，頤解而卒。《齊東野語》卷六。

3 盛公度修起居注日，嘗感疾而死，肢體猶温，故家人未敢殮。越宿乃蘇，云：始爲人追攝，若行田間，氣候昏塞，如欲雨狀。良久，入一府，見主者被古諸侯服，起而接公，且諗以同姓名而誤追，亟命公還。既而復行田間，遠望有數人，皆若舊識。及追視之，乃故相國沈公義倫也，喜揖盛曰：「審知學士得還，爲我語家人，頗爲汗脚襪所苦。」草草别去。盛神還，疾亦漸愈。《括異志》卷二。

4 見夏竦6。

5 見宋祁14。

6 盛文肅公正剛蹇絶，無他腸，而性微狷急。時爲内相，孫抃方召試館職，以文投之，文肅大怒曰：「投贄盡皆邪道，非公朝所尚。」呵責再三，孫惶恐失措而退。比試學士院，孫夙夕憂其擯落，文肅乃題所試卷爲三等上，其公正如此。《青箱雜記》卷六。

7 盛文肅在翰苑日，昭陵嘗召入，面諭：「近日亢旱，禱而不應。朕當痛自咎責，詔求民間疾苦。卿只就此草詔，庶幾可以商量，不欲進本往復也。」文肅奏曰：「臣體肥，不能伏地作字，乞賜一平面子。」上從之。逮傳旨下有司，而平面子至，則詔已成矣。上覽之，嘉其如所欲而敏速，更不易一字。或曰文肅屬文思遲，乞平面子，蓋亦善用其短也。《曲洧舊聞》卷一。《茶香室四鈔》卷二十二。

8 見錢惟演19。

9 〔盛〕度雖肥，拜起輕健。爲翰林學士時，嘗自前殿將赴後殿，宰相在其後，度初不知，忽見，趨而避之，行百餘步，乃得直舍，隱於其中。翰林學士石中立見其喘甚，問之，度告其故，中立曰：「相公不問否？」度曰：「不問。」別去十餘步乃悟，罵曰：「奴乃以我爲牛也！」《涑水記聞》卷三。《何氏語林》卷二十七。《堯山堂外紀》卷四十五。《宋稗類鈔》卷六。

10 石參政中立在中書時，盛文肅度禁林當直，撰《張文節公知白神道碑》，進御罷，呈中書。石急問之：「是誰撰？」盛卒對曰：「度撰。」對訖方悟，滿堂大笑。《湘山野録》卷上。《宋稗類鈔》卷六。參見杜默6。

11 〔盛度〕肌體豐大，艱於起拜。有拜之者，俯伏不能興，或至詬罵。《東都事略》卷五十五。

12 盛文肅公豐肌大腹，而眉目清秀。丁晉公疎瘦如削。二公皆兩浙人也，並以文辭知名於時。梅學士詢在真宗時已爲名臣，至慶曆中爲翰林侍讀以卒。性喜焚香，其在官所，每晨起將視事，必焚香兩鑪，以公服罩之，撮其袖以出，坐定撒開兩袖，郁然滿室濃香。有竇元賓者，五代漢宰相正固之孫也，以名家子有文行爲館職，而不喜修飾，經時未嘗沐浴。故時人爲之語曰：「盛肥丁瘦，梅香竇臭」也。《歸田録》卷二。《宋朝事實類苑》卷六十六。《堯山堂外紀》卷四十五。《宋稗類鈔》卷六。《古謡諺》卷五十九。《宋詩紀事》卷一百。參見梅詢10。

13〔盛度〕天聖間爲翰林學士，宰相丁謂去不附己者十人，盛其一也。落學士，工部郎中知光州，到任未幾，又責和州團練副使。官者押去，才行一日，使者不少止食，盛苦之，夜問左右曰：「使者何不食耶？」曰：「五更食訖。」盛市胡餅十餘枚，貫以緡，貯水一葫蘆，挂於鞍，行則啖之。餘十里，使者顧見，驚問曰：「何從得此物？」答以早令市之。使者撫掌大笑。蓋盛善飯，常兼數人，欲以困之也。《麈史》卷下。

14 盛度以久任，泣於上前，遂參知政事。王博文倣度泣，遂自龍圖學士爲樞密副使。時蕭定基爲殿中侍御史，有士人匿名以《河滿子》嘲之。一日奏事，上曰：「聞外有《河滿子》。」定基曰：「臣知之。」上令定基自歌於殿上，既而貶之。時有語曰：「殿院一聲河滿子，龍圖雙淚落君前。」《碧雲騢》。《古謡諺》卷九十三。

15 景祐中，王沂公曾、吕許公夷簡爲相，宋綬、盛度、蔡齊爲參知政事。沂公素喜蔡文忠，吕公喜宋公垂，惟盛文肅不得志于二公。晚年王、吕相失，交章乞退。一日，盛文肅致齋于中書，仁宗召問曰：「王曾、吕夷簡乞出甚堅，其意安在？」文肅對曰：「二人腹心之事，臣亦不能知。但陛下各詢以誰可爲代者，即其情可察矣。」仁宗果以此問沂公，公以文忠薦。一日又問許公，公以公垂薦。仁宗察其朋黨，於是四人者俱罷政事，而文肅獨留焉。《宋朝事實類苑》卷十六引《歸田録》。

16 盛文肅爲尚書右丞，知揚州，簡重少所許可。時夏有章自建州司户參軍授鄭州推官，過揚州，文肅驟稱其才雅，明日置酒召之。人有謂有章曰：「盛公未嘗燕過客，甚器重者方召一飯。」有章荷其意，别日爲一詩謝之。至客次，先使人持詩以入。公得詩，不發封即還之，使人謝有章曰：「度已衰老，無用此詩。」不復得見。有章殊不意，往見通判刁繹，具言所以，繹亦不諭其由，曰：「府公性多忤，詩中得無激觸否？」有章曰：「元未曾發封。」又曰：「無乃筆札不嚴？」曰：「有章自書極嚴謹。」曰：「如此必是將命者有所忤耳。」乃往見文肅而問之：「夏有章今日獻詩何如？」公曰：「不曾讀，已還之。」繹曰：「公始待有章甚厚，今乃不讀其詩，何也？」公曰：「始見其氣韻清秀，謂必遠器，今封詩乃自稱『新圃田從事』，得一幕官，遂爾輕脱，君但觀之，必止於此官，志已滿矣。切記之，他日可驗。」賈文元時爲參政，與有章有舊，乃薦爲館職，有詔候到任一年召試。明年，除館閣校勘，御史發其舊事，遂寢奪，改差國子監主簿，仍帶鄭州推官。未幾，卒於京師。《夢溪筆談》卷十。《魏公譚訓》卷下。《何氏語林》卷十五。《宋稗類鈔》卷三。

17 盛文肅鎮廣陵，蘇參政某客游，過之。嘗獻書，文肅一覽大喜，曰：「觀君之才，宜應制科。」對曰：「下走竊亦有此志，顧朝夕之養是急，不得三年讀書工夫耳。」文肅曰：「吾有圭田租八百斛，可以成君此志也。」蘇亦不辭。文肅乃薦之歸朝，又於公卿間爲之延譽。後三年，遂中制科。前輩成就人有如此者。《曲洧舊聞》卷一。

18 盛文肅公度好學，家居惟圖書滿前，每歸休，未嘗釋手。或勸之少休，則曰：「吾自樂此，非以爲勞也。」《仕學規範》卷一引《皇朝名臣四科事實》。

李若谷

1　見韓億3。

2　見韓億4。

3　李康靖爲長社，每日懸百錢于壁上，用盡即已。《宋名臣言行録》前集卷六引《莊敏遺事》。《鶴林玉露》乙編卷五。《自警編》卷四。《言行龜鑑》卷三。《讀書鏡》卷七。《昨非庵日纂》集卷九。《古事比》卷四十二。

4　李侍郎若谷守并州，民有訟叔不認其爲姪者，欲併其財，累政不能直。李令民還家毆其叔，民辭以不敢。李固强之，民如公言。叔果訟其姪，因而正其罪，分其財。《能改齋漫録》卷十二。《自警編》卷七。

5　〔劉器之云：〕安世初登第，與二同年謁李若谷參政，三人同起身請教，李曰：「若谷自守官以來，常持四字，曰勤、謹、和、緩。」其間一後生應聲曰：「勤、謹、和既聞命矣，緩之一字，某所未聞。」李正色作氣曰：「何嘗教賢緩不及事來？」且道：「世間甚事不因忙後錯了！」《宋名臣言行録》後集卷十二引《呂氏雜録》。

6　李若谷教一門生云「清勤和緩」。門人曰：「清廉、勤瘁、和同則聞命矣，緩安可爲也？」李公云：「天下甚事不是忙後壞了！」《孔氏談苑》卷三。《晁氏客語》。

李　淑

1　寶元中，御史府久闕中丞。一日，李淑召對，仁宗偶問以憲長久虚之故。李奏曰：「此乃呂夷簡欲用蘇紳，臣聞夷簡已許紳矣。」仁宗疑之。異時，因問許公曰：「何故久不除中丞？」許公奏曰：「中丞者，風憲之長，自宰相而下，皆得彈擊，其選用，當出聖意，臣等豈敢銓量之？」仁宗頷之，自是知其直矣。《東軒筆録》卷三。

2　故相陳堯佐既終身家居於鄭，翰林學士李淑知鄭州，諸子納其父行實於淑，求神道碑文。淑怨堯佐素不薦引，雖納其潤賂，文有譏薄之意。陳子哀訴，求爲改削，淑終不從。其家恥不立石，因摭淑在鄭時《詠柴陵》詩奏之，云：「弄駟牽車撓鼓催，不知門外倒戈回。荒榛斷隴才三尺，剛道房陵半仗來。」淑自負文藻，急於柄用，衆惡其陰險，每入朝則搢紳爲之不安，上漸知之，故久留外郡。其詩實由怨懟而作，遂罷禁林，主鑰南都。淑上章自理不已，後因持服，遂留京師。《儒林公議》。

3　李淑在翰林，奉詔撰《陳文惠公神道碑》。李爲人高亢，少許可與，文章尤尚奇澁。碑成，殊不稱文惠之功烈、文章，但云平生能爲二韻小詩而已。文惠之子述古等懇乞改去二韻等字，答以已經進呈，不可刊削，述古極銜之。會其年李出知鄭州，奉時祀於泰陵，而作恭帝詩曰：「弄楯牽車挽鼓催，不知門外倒戈迴。荒墳斷隴纔三尺，猶認房陵平伏來。」述古得其詩，遽諷寺僧刻石，打墨百本，傳於都下。俄有以詩上聞者，仁宗以其詩送中書，翰林學士葉清臣等言本朝以揖遜得天下，而淑誣以干戈，且臣子非所宜言。仁宗亦深惡之，遂落李所居職，自是運蹇，爲侍從垂二十年，竟不能用而卒。《東軒筆録》卷三。《臨漢隱居詩話》。《澠水燕談録》卷七。《宋詩紀事》卷十。

4　慶曆中，翰林侍讀學士李淑守鄭州，題周少主陵云：「弄耜牽車晚鼓催，不知門外倒戈回。荒墳斷隴才三尺，剛道房陵半仗來。」時上命淑作《陳文惠公堯佐墓銘》，淑書「堯佐好爲小詩，間有奇句」，及有「尫㥾弗咸」等語。陳氏子弟請易去，淑以文先奏御，不可易。陳氏子弟恨之，刻淑《周陵》詩於石，指「倒戈」爲謗。上亦以藝祖應天順人，非逼伐而取之，落淑學士。淑上章辨《尚書》之義，蓋紂之前徒，自倒戈攻紂，非武王倒戈也。上知淑深於經術，待之如初。《邵氏聞見後録》卷十七。

5　見王禹偁30。

6　李獻臣好爲雅言，曾知鄭州，時孫次公爲陝漕，罷赴闕，先遣一使臣入京，所遣乃獻臣故吏，到鄭庭參，獻臣甚喜，欲令左右延飯，乃問之曰：「餐來未？」使臣誤意餐者謂次公也，遽對曰：「離長安日，都運待制已治裝。」獻臣曰：「不問孫待制，官人餐來未？」其人慚沮而言曰：「不敢仰昧，爲三司軍將日，曾喫却十三。」蓋鄙語謂「遭杖」爲「餐」。獻臣掩口曰：「官人誤也。問曾與未曾餐飯，欲奉留一食耳。」《夢溪筆談》卷二十二。《墨客揮犀》卷五。《何氏語林》卷三十。《堯山堂外紀》卷四十六。

李復圭

1　李復圭三世皆知滑州。天聖中，其祖康靖公若谷知；慶曆中，其父邯鄲公淑又知；及後八年，復圭又知。前此邯鄲公嘗迎侍康靖，題詩於州廨曰：「滑守如今是世官，阿戎出守自金鑾。郡人莫訝留題別，孫息期同住此看。」後復圭刻石記其事，一曰：「仰承詒訓，允契冥兆。」《青箱雜記》卷十。《樵書》二編卷十。《宋詩紀事》卷十。

2 李復圭龍圖臨事有斷。年二十八知滑州，與郡官夜會，有衙兵奪銀匠鐵鎚殺人者，一府皆驚擾，公捕至，立斬之。上章待罪。諸司亦按公擅殺。仁宗曰：「李復圭，帥才也。」除知慶州。後責光化軍。有放停卒自陳乞添租剗佃某人官田者，公曰：「汝揀停之兵，如何能佃官田？」卒曰：「筋力未衰也。」公曰：「汝以衰故揀停，既未衰卻合充軍。」呼刺字人刺元軍分，人皆稱之。《邵氏聞見録》卷十八。

3 見曾公亮13。

李傳正　詹大和

1 詹大和堅老來京師，省試罷，坐微累下大理。時李傳正端初爲少卿，初入之時，堅老哀鳴曰：「某遠方舉人，不幸抵此，祈公憐之。」端初怒，操俚談詬曰：「子嘴尖如此，誠姦人也。」因困辱之。已而牓出奏名，所犯既輕，在法應釋，得以無事。自此各不相聞。後十餘年，端初爲淮南路轉運副使，既及瓜，堅老自郎官出爲代，端初固忘之，而堅老心未能平也。相見各敘昧生平而已。既再見，端初頗省其面目，猶不記前事，因曰：「郎中若有素者，豈嘗邂逅朝路中邪？」風采堂堂，非曩日比也。」堅老答曰：「風采堂堂，固非某所自見。但不知比往時嘴不尖否？」端初愧怍而寤。《揮麈餘話》卷二。

程　琳

1 文簡公一夕夢紫衣持箱幞，其中若勑書，受之，曰：「壽州陳氏。」不測所謂，以問伯祖殿直，亦莫能曉。後登科，有媒氏來告：「有陳氏求婿，必欲得高科名。」問其鄉里，乃壽州人。文簡公年少才高，欲婿名家，弗許。伯祖曰：「爾夢如是，蓋默定矣，豈可違也？」强之使就。《程氏家世舊事》。

2 族父文簡公應舉來京師，館于廳旁書室。唯乘一驢，更無餘資，至則賣驢得錢數千。伯祖殿直輕財好義，待族人甚厚，日責文簡公具酒餚，欲觀其器度。文簡公訴曰：「驢兒已喫至尾矣。」《程氏家世舊事》。

3 章獻垂箔，有方仲弓者，上書乞依武氏故事立劉氏廟。章獻覽其疏，曰：「吾不作此負祖宗事。」裂而擲之於地。仁宗在側，曰：「此亦出於忠孝，宜有以旌之。」乃以爲開封司録。及章獻崩，黜爲汀州司馬。程琳亦嘗有此請，而人莫知之也。仁宗一日在邇英謂講官曰：「程琳心行不忠，在章獻朝嘗請立劉氏廟，且獻七廟圖。」時王洙侍讀聞之。《龍川别志》卷上。

4 《聞見後録》又云：「某公在章獻明肅后垂箔日，密進《唐武氏七廟圖》，后怒抵之地曰：『我不作負祖宗事！』仁皇帝解之曰：『某但欲爲忠耳。』后既上賓，仁皇帝每云：『某心行不佳。』後竟除平章事。蓋仁皇帝盛德大度，不念舊惡故也。自某公死，某公爲碑、志，極其稱贊，天下無復知其事者矣，某公受潤筆帛五千端云。」予按潁濱《龍川略志》載，進《七廟圖》乃程文簡也。夫善惡之實，公議不能掩，所謂史官不記，天下亦皆記之矣。然程公墓志、神道碑，皆歐陽公所爲。《梁溪漫志》卷八。《邵氏聞見後録》卷二十二。

5 程琳欲買張遜之宅，使張遜乳母入宮見太后，用御寶許售而後買之，卒以致敗。歐公碑中諱而不言，琳獻《武后臨朝圖》亦不載也。《隨園隨筆》卷五。

6 程琳知益州，治大體，略細務，嚴肅簡重，蜀民畏而愛之。蜀州有不逞者，聚惡少百餘人，作灌口二郎神像，私立官號，作士卒衣裝，鐃鼓簫吹，日椎牛爲會。民有駿馬者，遂遣人取之，曰：「神欲此馬。」民拒之，其馬遂死。又率良民從其群，有不願往者，尋得疾病，蓋亦有妖術爾。有白其事，琳皆捕而戮之，曰：「李順由此而起，今鋤其根本，且使蜀中數十年無恙。」《宋朝事實類苑》卷二十三。

7 程琳知開封府，決事如神。是年冬，司天上明年正旦日蝕，此所謂三陽之始，人君所忌，請移閏月以避之。上亦以爲然。琳曰：「日者，衆陽之長，君上之象。今有所蝕，蓋由乾剛之道忽有所虧而致，惟修德政可以免之。」上曰：「卿言極是，朕亦思之，不如自責，可以答天變。」上畏天之威，不爲日者所惑如此。《宋朝事實類苑》卷十七引《本朝名臣傳》。

8 夏秋沿納之物，如鹽麴之類，名件煩碎。慶曆中，有司建議併合歸一名，以省帳鈔。程文簡爲三司使，獨以謂仍舊爲便；若没其舊名，異日不知，或再取鹽麴，則致重複。此亦善慮事也。《東齋記事》卷三。《宋朝事實類苑》卷二十三。

9 程琳，字天球，張文節獨知之。爲三司使日，議者患民税多名目，恐吏爲姦，欲除其名而合爲一。琳曰：「合爲一而没其名，一時之便，後有興利之臣，必復增之，是重困民也。」議者雖莫能奪，然當時未知其言之爲利也。至蔡京行方田之法，則盡併之，乃始思其言而咨嗟焉。大麥纊絹紬鞋錢食鹽錢。《曲洧舊聞》卷三。

10 程丞相性嚴毅，無所推下。出鎮大名，每晨起，據案決事，左右皆惴恐，無敢喘息。及開宴，召僚佐飲酒，則笑歌歡譃，釋然無間。於是人畏其剛果，而樂其曠達。《墨客揮犀》卷八。《遯齋閒覽》。《宋稗類鈔》卷四。

11 見歐陽修35。

12 見龐籍8。

石中立

1 石參政中立爲館閣時，亦賜緋，仍繫銀帶。石滑稽，服之無怍色，過司天監，馬驚，墜地，銀帶頗傷。衆吏曰：「何星也？」石曰：「吾不善推步，但怪土犯寶瓶爾。」一時士人莫不以爲笑也。《師友談記》。

2 石參政中立事太宗時爲館職，至真宗末年猶爲學士。一夕夢朝太宗，面諭以將有進用之意，石謝訖，將下殿，下覺鏘然有聲，顧視魚袋墜于墀上。及覺，大異之。不數日，有參政之命，謝日，方拜起，亦覺有聲，顧視則魚袋墜地矣。《東軒筆録》卷三。

3 禮部引試舉人，常在正月末，及試經學，已在二月中旬，京師適陶渠矣。舊省前乃大渠，有「三禮」生就試，誤墜渠中，舉體沾濕。仲春尚寒，晨興尤甚，「三禮」者體不勝其苦，遂於簾前白知舉石内翰中立，乞給少火，炙乾衣服。石公素喜謔浪，遽告曰：「不用炙，當自安樂。」同列訝而詰之，石曰：「何不聞世傳『欲得安，「三禮」莫教乾』乎？」《東軒筆録》卷十五。《古謡諺》卷五十九。

4 石中立、丁度在翰林，丁前行，石從後呼之捉瓦擱筒，云：「忘卻帽子頭了去也。」《江鄰幾雜志》。

5 見盛度9。

6 見盛度10。

7 梅金華詢久爲侍從，急於進用，晚年多病，石參政中立戲之曰：「公欲安乎？惟服一清凉散即瘥也。」蓋兩府在京，許張青蓋耳。《東軒筆録》卷三。《宋朝事實類苑》卷六十四。《五雜組》卷十六。《宋稗類鈔》卷二。

8 劉子儀侍郎三入翰林，意望兩府，頗不懌，移疾不出。朝士問候者，但云虚熱上攻。石中立在坐，云：「只消一服清涼散便安矣。」蓋謂兩府始得青涼傘也。張唐公謚錢思公作文墨公，諸子服經邀執政訴之。石中立指其幼者云：「此東山一寸金也。」《孔氏談苑》卷二。

9 石資政中立好談諧，樂易人也。楊文公一日置酒，作絶句招之，末云：「好把長鞭便一揮。」石立其僕，即和云：「尋常不召猶相造，况是今朝得指揮。」其談諧敏捷，類皆如此。又嘗於文公家會葬，坐客乃執政、貴游子弟，皆服白襴衫，或羅或絹，有差等。中立坐而大慟，人問其故，曰：「憶吾父。」又問之，曰：「父在時，當得羅襴衫也。」蓋見執政子弟服羅，而石止服絹。坐中皆大笑。石之父熙載嘗爲樞密副使。《東齋記事》卷三。《宋朝事實類苑》卷六十三。《拊掌録》。《堯山堂外紀》卷四十五。

10 石資政中立好諧謔，士大夫能道其語者甚多。嘗因入朝，遇荆王迎授，東華門不得入，遂自左掖門入。有一朝士，好事語言，問石云：「何爲自左去聲掖門入？」石方趍班，且走且答曰：「秪爲大王迎授。」聞者無不大笑。楊大年方與客棋，石自外至，坐於一隅。大年因誦賈誼《鵩賦》以戲之云：「止於坐隅，貌甚閑暇。」石遽答曰：「口不能言，請對以臆。」《歸田録》卷一。《宋朝事實類苑》卷六十三。《何氏語林》卷二十七。

11 〔石〕中立性滑稽，嘗與同列觀南御園所畜獅子，主者云：「縣官日破肉五斤以飼之。」同列戲曰：「吾儕反不及此獅子邪？」中立曰：「然。吾輩官皆員外郎，敢望園中獅子乎？」衆大笑。借聲爲「園外狼」也。朝士上官闢嘗諫之，曰：「公名位非輕，奈何談笑如此？」中立曰：「君自爲上官闢，借聲爲「鼻」字。何能知下官口？」及爲參知政事，或謂曰：「公爲兩府，談諧度可止矣。」中立取除書示之曰：「勅命我『可本官參知政事，餘如故』，奈何止也？」嘗墜馬，左右驚扶之，中立起曰：「賴爾『石』參政也，嚮若『瓦』參政，齏粉久矣！」《涑水記聞》卷三。《孔氏談苑》卷二。

12 石參政中立，性滑稽。天禧中，爲員外郎貼職。時西域獻獅子，畜於御苑，日給羊肉十五斤。嘗率同列往觀，或嘆曰：「彼獸也，給肉乃爾。吾輩忝預郎曹，日不過數斤，人翻不及獸乎？」石曰：「君何不知分耶？彼乃苑中獅子，吾曹員外郎耳，安可比耶？」《倦游雜録》。《墨客揮犀》卷九。《孔氏談苑》卷二。《宋朝事實類苑》卷六十七。《五雜組》卷十六。《何氏語林》卷二十七。《堯山堂外紀》卷四十五。《宋稗類鈔》卷六。

13 石中立參政滑稽，有上官佖郎中勸以慎口，對曰：「下官口干上官鼻何事？」一日改授禮部郎中，時相勉之曰：「主上以公清通詳練，故授此職，宜減削談諧。」對曰：「某授語云：『特授禮部郎中，餘如故』。以此不敢減削。」《類説》卷十九引《駭聞録》。《孔氏談苑》卷二。

14 石中立性疏曠，少威儀，好詼諧，雖時面戲人，人不以爲怒，知其無心爲輕重。及參大政，或諫止之，中立曰：「詔書云，餘如故，安可改。」人傳以爲笑。《悦生隨抄》。

15 石參政在中書堂，一相曰：「取宣水來。」石曰：「何也？」曰：「宣徽院水甘冷。」石公曰：「若司農寺水，當呼爲農水也。」《類説》卷五十五引《大酒清話》。《孔氏談苑》卷二。

16 章郇公得象，與石資政中立素相友善，而石喜談諧，嘗戲章云：「昔時名畫有戴松牛、韓幹馬，而今有章得象也。」《歸田録》卷二。《宋朝事實類苑》卷六十四。《五雜組》卷十六。《堯山堂外紀》卷四十五。《宋稗類鈔》卷六。

17 見陸東1。

18 康定中，西賊寇邊，王師失律於好水川，没巨將旌旗者四五。朝廷方擾，時當國一相以老得謝，拂衣晏坐而歸。兩府就宅爲賀，因而陳觴，退相飲酣，自矜於席曰：「某一山民耳，遭時得君，今還衮紼，告老於家。當天下平定無一事之辰，自謂太平幸民。」石參政中立應聲曰：「只有陜西大竊盗未獲。」坐客吞聲，簪珥幾墮。《續湘山野録》。

19 見陳堯佐15。

20〔石中立〕請老于家，客至其門者必延飲，非醉不得去。《東都事略》卷三十一。

張　觀

1 張文孝公觀，以真宗幸亳歲狀元及第，仕至樞密副使，而其父尚無恙。父名居業，《周易》學究及第，滯選調三十餘年，年六十餘始轉京秩，以主客員外郎致仕，見其子入踐樞府，受大府卿，壽九十餘卒。未逾年，張公亦捐館，故謚文孝，乃知張公貴達皆其父慶福所致。《宋朝事實類苑》卷二十四引《澠水燕談録》。

2 參知政事張觀，嘗知開封府。府有犯夜，巡者捕致之。觀據案訊之，曰：「有證見乎？」巡者曰：「若有證見，亦是犯夜。」左右無不大笑。於是京師知其謬。《碧雲騢》。

3 張文孝公觀性端謹，一生未嘗作草字，故其詩有「保心如止水，爲行見真書」之句。世多以謂人之所爲，可於書體見之。《蔡寬夫詩話》。《苕溪漁隱叢話》前集卷二十七。《石林避暑録話》卷三。《東齋記事》補遺。

4 〔張觀〕平生未嘗草書，因自爲詩曰：「保心如止水，爲行見真書。」仁宗嘗飛白「清」字賜之。《東都事略》卷五十五。

5 張文孝右丞買宅，既償其賈，復隨所索與之。迨入宅，掘地得一石匣，刻鏤甚工巧，中有黄金數百兩，正酬售屋之直。《清波雜志》卷六。

王博文

1 王博文，字仲明，曹州濟陰人也。年十六，善屬文，應舉開封府，以回文詩百篇投試卷，場屋中謂之「王回文」。《東都事略》卷五十五。

2 王樞密博文，天禧四年詔按朱能、王先僞乾祐天書事，連逮者衆，唯治首惡，脅從者請皆減死論。沿邊軍民逃入蕃部，擒至者有錦袍、銀帶、茶綵之賞。間有自歸，而爲蕃部所得，亦不能免，法皆處斬。博文遣習事者，持信紙密招之，至則驗而貸其罪，減誅死者甚衆。《厚德録》卷四。

3 景祐中，有輕薄子以古人二十字詩益成二十八字，嘲誚云：「仲昌故國三千里，宗道深宫二十年。殿院一聲《河滿子》，龍圖雙淚落君前。」龍圖者，王博文也。嘗更大藩鎮、開封知府、三司使任使。一日對上，因叙歔歷之久，不覺淚下。殿院者，蕭定基也。爲殿中侍御史，與韓魏公、吴春卿、王君貺同發解。開封府舉人作《河滿子》曲嘲之。因奏事，上問之，令誦一過。宗道者，王宗道也。爲諸宫教授及講書凡二十餘年，輒于上前自訴在宗藩二十餘年，求進用。仲昌者，章郇公之從子。論科場不公，郇公奏聞，牒歸建州。《東齋記事》卷三。《宋朝事實類苑》卷六十三。《東軒筆録》卷十五。參見陳博古1、盛度14。

4 見韓琦13。

5 王景彝之父博文爲樞密副使，月餘而卒。景彝亦爲樞密副使，月餘亦卒。人甚異之。《東齋記事》卷三。

王疇

1 王忠簡公疇，博文之子也。至和初，爲開封府判官。宦者李允良，疑人毒死其叔父，訴請發棺驗視。疇獨曰：「驗而無實，是無故暴人尸。此安知非允良有姦？」既而窮治，果引伏與叔家有怨。《厚德録》卷四。

2 見王安國3。

3 見王博文5。

鄭戩

1 原武鄭公戩，天聖中，舉進士，嘗與同輩賭彩選，一坐盡負，獨戩贏數百緡，是歲第三人及第。《青箱雜記》卷三。《新編分門古今類事》卷十五。

2 鄭文肅天休，初爲湖北漕。荆南屯禁卒譁，言倉粟腐不堪食。公命掌廩者給爲己俸，因會客日，試取作飯，舉匕而盡，曰：「孰謂不可食邪！」譁者遂息。《能改齋漫録》卷十二。

3 仁宗時，開封府豪吏馮士元，挾狡數通貴要，多爲姦利，睚眦必中以禍。操制一府，畏甚于尹，都人目之爲京兆。鄭文肅天休知開封府，廉知罪惡，窮按姦贓，悉得其受賂撓法之狀。權貴多爲請者，了不以聽。獄具，奏流海島，家没償贓，轂下懔然。《能改齋漫録》卷十二。

4 鄭文肅天休，仁宗時知杭州。郡中西湖，環三十里，溉湖上良田千頃。唐李泌即湖中作陰竇，引水灌城中六井，以資汲者。武肅置撩清軍以疏其惡。自錢氏納土，至公居郡時，凡六十餘年矣。而湖穢不治。豪奪以耕，僧侈其宇，浸淫蠹食，無有已時。公按舊記，復故堤，程工無慮十萬，調境内丁夫鬬之，湖利大興。《能改齋漫録》卷十二。

5 鄭戩字天休，居臯橋。天聖初，登進士第。嘗知開封府，發擿奸伏，都下肅然。遷三司使，知樞密院。俄以資政殿學士知杭州，移鎮長安。有表曰：「聽嚴宸之鐘鼓，未卜何晨；植勁柏於雪霜，更觀晚節。」上稱誦者數四，謂左右曰：「戩氣質英豪，朕欲用爲宰相，故屢試於外也。」《中吴紀聞》卷二。

6 鄭戩結中官黄元吉。吉左遷外補，戩同列戲曰：「天休走郤爺矣。」戩笑曰：「君不知我更有一爺在。」《碧雲騢》。

任布

1 趙積納賄中官羅崇勳，而引爲樞密副使。任布援積之迹，又因見宰相，曰：「布昨知魏府，經南郊賞給，軍人平帖無言。前知府狄樂，以南郊賞賜不時，軍人喧噪。樂歸，今爲美職。某不合使軍人平帖，歸守給事中班。」人多哂之。遂亦緣此爲樞密副使。《碧雲騢》。

2 見杜衍9。

3 〔任〕布歸休洛中，作五知堂，以知恩、知道、知命、知足、知幸也。《東都事略》卷五十五。

吴育

1 見宋綬5。

2 吴正肅試賢良方正科殿試策，因論古今風俗之變，皆隨上好惡，有曰：「城中大袖，外有全帛之奢；雨下墊巾，衆爲一角之效。」是時試策猶間用對偶句也。……仁宗喜此兩句，對輔臣誦之。有意大用正肅者，實肇於此。蓋仁宗聖性節儉，方自家刑之於天下，戒在於變俗，而稱此聯爾。《五公四六話》卷下。

3 陳執中罷相，仁宗問：「誰可代卿者？」執中舉育，上即召赴闕。會乾元節侍宴，偶醉，坐睡，忽驚，顧拊牀呼其從者。上愕然，即除西京留臺。《宋名臣言行録》前集卷八。

丁度

1 丁度，字公雅，開封祥符人。祖顗，盡其家資聚書至八千卷，爲大室以貯之，曰：「吾聚書多，雖不能讀，必有好學者爲吾子孫矣。」《涑水記聞》卷十。《宋朝事實類苑》卷九。

2 丁文簡公嘗言，舉進士時，以制誥爲贄卷。既而復自笑曰：「是不揆也。」然其後爲知制誥、翰林學士，參知政事，亦見其所存有素矣。初舉人居鄉，必以文卷投贄先進，自糊名後寖衰。賈許公爲御史中丞，又奏罷公卷，而士子之禮都亡矣。《宋朝事實類苑》卷九引《湘山野録》。

3　故參知政事丁公度、晁公宗慤往時同在館中，喜相諧謔。晁因遷職，以啓謝丁，時丁方爲群牧判官，乃戲晁曰：「啓事更不奉答，當以糞墼一車爲報。」晁答曰：「得墼勝於得啓。」聞者以爲善對。《歸田録》卷一。《宋朝事實類苑》卷六十七。

4　丁文簡公度爲學士累年，以元昊叛，仁宗因問：「用人，守資格與擢材能孰先？」丁言：「承平無事則守資格，緩急有大事大疑，則先材能。」蓋自視久次，且時方用兵，故不以爲嫌。《石林燕語》卷七。《涑水記聞》卷十。

5　見杜衍9。

6　丁文簡公度罷參知政事，爲紫宸殿學士，即文明殿學士也。文明本有大學士，爲宰相兼職，又有學士，爲諸學士之首。後以「文明」者，真宗謚號也，遂更曰紫宸。近世學士，皆以殿名爲官稱，如端明、資政是也。丁既受命，遂稱曰丁紫宸。議者又謂紫宸之號非人臣之所宜稱，遽更曰觀文。觀文是隋煬帝殿名，理宜避之，蓋當時不知。《歸田録》卷一。

7　〔丁〕度早喪妻，晚年學修養之術，常獨居静室，左右給使唯老卒一二人而已。《涑水記聞》卷十。

8　慶曆中，有朝士將曉赴朝，見美女三十餘人，靚妝麗服，兩兩並馬而行，丁度觀文按轡於其後。朝士驚曰：「丁素儉約，何姬之衆耶？」有一人最後行，朝士問曰：「觀文將宅眷何往？」曰：「非也。諸女御迎芙蓉館主。」俄聞丁卒。《類説》卷二十四引《括異志》。《能改齋漫録》卷十八。《賓退録》卷六。

丁諷

1 丁諷知蔡州，及代，蔡人號泣請留，閉城，斷橋，不得行者累日。《古事比》卷二十三。

2 丁諷病廢，常令兩女奴掖侍見客于堂中。諷之病以好色，既廢亡賴，益求妙年殊質，以厭其心。客出不能送，又令一婢子送至中門，曰「謝訪」。以故賓客之至者加多，乃愈于未病時，蓋其來不專爲諷也。《孔氏談苑》卷二。《何氏語林》卷三十。《宋稗類鈔》卷四。

3 丁諷以館職病風，廢于家。一日，有妄傳諷死者，京師諸公競致奠儀，紙酒塞門，諷曰：「酒且留之，紙錢一任別作使用。」諷本乏資，由是獲美醖盈室焉。《孔氏談苑》卷二。

高若訥

1 見范仲淹31。

2 本朝公卿能醫者，高文莊一人而已，尤長于傷寒，其所從得者，不可知矣。而孫兆、杜壬之徒，始聞其緒餘，猶足名一世。文莊，鄆州人，至今鄆多醫，尤工傷寒，皆本高氏。余崇寧、大觀間在京師，見董汲、劉寅輩，皆精曉張仲景方術，試之數驗，非江淮以來俗工可比也。《石林避暑録話》卷一。

孔道輔

1 孔道輔自以聖人之後，常高自標置，性剛介，急於進用。或有勸其少通者，答曰：「我豈姓張、姓李者耶？」聞者多笑之。《儒林公議》。《昨非庵日纂》二集卷十四。《宋稗類鈔》卷二。

2 孔公道輔，祥符中進士及第，補寧州推官。道士治真武像，有蛇數出像前，人以爲神。州將率其屬往拜之，蛇果出，公即擧笏擊殺之，衆大驚服。徂徠先生石守道嘗爲公作《擊蛇笏銘》。《澠水燕談録》卷四。《儒林公議》卷下。《東都事略》卷六十。《名臣碑傳琬琰集》中卷十四。《名賢氏族言行類稿》卷三十四。

3 孔中丞道輔爲州掾，太守到官三日謁廟。廟有蛇，以爲神，每祀之，則蛇自神像鼻中直出飲酒。孔方讀祝，蛇出飲。孔厲聲曰：「明則有禮樂，幽則有鬼神，蛇何爲哉！」以笏擊蛇死，遂揮像壞其廟而去。《聞見近録》。

4 李公明曰：孔中丞道輔知仙源縣，諸孔犯法，無所容貸。《涑水記聞》卷十。《宋朝事實類苑》卷二十三。

5 見馮拯5。

6 見王德用5。

7 孔公道輔以剛毅直諒名聞天下。知諫院日，請明肅太后歸政天子。爲中丞日，諫廢郭后。其後，知兗州日，近臣有獻詩百篇者，執政請除龍圖閣直學士，仁宗曰：「是詩雖多，不如孔道輔一言。」乃以公爲龍圖閣直學士。《倦游雜録》。《澠水燕談録》卷二。《宋朝事實類苑》卷五。《自警編》卷二。《宋名臣言行録》前集卷九。《名臣碑傳琬琰集》中卷十四。

8 孔道輔爲御史中丞，勘馮士元事，盡法不阿。仁宗稱之，有意大用。時大臣與士元通姦利，最甚者宰相程琳。道輔既得其情矣，而退傳張士遜不喜道輔，欲有以中之。上使道輔送劄子中書，士遜屏人與語久之。時臺官納劄子，猶得於宰相公廳後也。因言公將大用，道輔喜。士遜曰：「公所以至此，誰之力也？非程公，公不至此。」道輔悵然，愧而德之。不數日上殿，遂力救琳。上大怒，既貶琳，亦黜道輔兖州。道輔知爲士遜所賣，感憤得疾，死中路。《東坡志林》十二卷本之卷四。

孔宗翰

1 元祐中上元，駕幸迎祥池宴從臣，教坊伶人以先聖爲戲，刑部侍郎孔宗翰奏：「唐文宗時嘗有爲此戲者，詔斥去之。今聖君宴犒群臣，豈宜尚容有此？」詔付伶官置于理。或曰：「此細事，何足言？」孔曰：「非爾所知。天子春秋鼎盛，方且尊德樂道，而賤伎乃爾褻慢，縱而不治，豈不累聖德乎！」聞者慚羞歎服。《澠水燕談録》卷八。《宋朝事實類苑》卷十三。

2 劉攽31。

鞠詠

1 見王化基2。

劉　隨

1 劉隨待制爲成都通判，嚴明通達，人謂之「水晶燈籠」。《東齋記事》補遺。《孔氏談苑》卷三。《該餘叢考》卷三十八。

段少連

1 段少連性夷曠，亦甚滑稽，陳州人。晚年，因休官還里中，與鄉老會飲。段通音律，酒酣，自吹笛，座中有知音者，亦皆以樂器和之。有一老儒獨歎曰：「某命中無金星之助，是以不能樂藝。」段笑曰：「豈惟金星，水星亦不甚得力也。」《東軒筆録》卷十五。《宋朝事實類苑》卷六十六。

王　素

1 見王旦84。

2 慶曆中，仁宗親除先公、歐陽文忠、蔡君謨、余安道四公爲諫官，先公實居其長。三公曰：「公宰相子，且不貧，朝廷責之，必不至嶺外，縱遠亦可行。我輩疎遠且貧，凡論事，必期先之。」先公以爲然。當時號先公曰「獨打鶻」，三公曰「一棚鶻」。《清虚雜著補闕》。

3 見宋仁宗34。

4 見宋仁宗35。

5 王素待制，大丞相旦之子，自筮仕，所至稱爲能吏。……一日，欲作奏論事，方據几秉筆，則瞑目思睡，乃就枕。夢至一處，若瓊瑶世界，殿上有紺服翠冠，與公對揖，紺服者謂公曰：「公棄去仙局，下謫塵世，未久也。吾即玉京黄闕東門侍郎，公即西門侍郎也。公向以奏牘玉帝，語傷鯁訐，暫謫下世。今公欲作奏論事，事有大利害，更審之而後諍也。」公曰：「諾。」立顧左右送公歸，乃悟。夜已三鼓，乃索筆，書一絶於窗云：「似至華胥國裏來，雲霞深處見樓臺。月光冷射雞鳴急，驚覺游仙一夢回。」後出鎮定武，亦以惠政稱。晚歲思玉京之夢，乃爲詩曰：「虚碧中藏白玉京，夢魂飛入黄金城，何時再步煙霞外，皓齒青童已掃廳。」《宋朝事實類苑》卷四十六引《名賢詩話》。《詩話總龜》前集卷三十五。《宋名臣言行録》後集卷四。《仕學規範》卷十七。《宋詩紀事》卷十三。

6 見陳執中13。

7 見張方平13。

8 以翰林學士、户部郎中吴奎爲左司郎中、權知開封府，翰林侍讀學士、權知開封府王素充群牧使。初，素與歐陽修數稱譽富弼於上前，弼入相，素頗有力焉。弼既在相位，素知開封府，冀弼引己以登兩府。既不如志，因詆毁弼，又求外官，遂出知定州，徙知益州，復還知開封府，愈鬱鬱不得志，厭倦煩劇，府事多鹵莽不治，數出游宴。素性驕侈，在定州、益州，皆以賄聞。爲人無志操，士大夫多鄙之。開封府先有散從官馬千、馬清，善督察盜賊，累功至班行，府中賴之。或謂素：「二馬在外，威福自恣，大爲姦利。」素奏，悉逐之遠方。於是京師盜賊累發，求捕不獲。臺官言素不才，亦自乞外補，朝廷因而罷之。《涑水記聞》卷十。《宋朝事實類苑》卷七十二。

9 王端明素、盧太尉政。俱以丁未八月二十四日辰時生，而王出於貴胄，盧起於軍伍。王卒於邊藩，盧薨於殿帥，事皆略同，亦可怪也。《青箱雜記》卷四。《宋朝事實類苑》卷四十九。

王　質

1 范文正公貶饒州，朝廷方治朋黨，士大夫莫敢往別。王待制質獨扶病餞於國門，大臣責之曰：「君，長者，何自陷朋黨？」王曰：「范公天下賢者，顧質何敢望之？若得爲范公黨人，公之賜質厚矣。」聞者爲之縮頸。《澠水燕談録》卷二。《能改齋漫録》卷十二。《宋朝事實類苑》卷九。《宋名臣言行録》前集卷九。《自警編》卷二。《何氏語林》卷二十四。

2 見范仲淹32。

3 王待制質通判蘇州，與知州黄宗旦數争事，宗旦曰：「少年乃敢與文人抗邪？」質曰：「受命佐公，事有當争，職也。」嘗以病告居，一日宗旦省視，因言：「獄有盜鑄錢百餘人，吾以術陰鉤得之。」質曰：「弋不射宿惡，陰中於物也。今殺數人，而徒流者又數十百人，公中之也。」宗旦矍然大驚，爲貸其死罪而餘悉輕出之。《仕學規範》卷十五引《仁宗朝名臣傳》。

4 〔王待制質〕出知蔡州，人歲時祠吴元濟廟，質曰：「安有逆醜而廟食於民者？」毁之，爲更立狄仁傑、李愬像而祠之，蔡人號雙廟云。《仕學規範》卷十五。《東齋記事》補遺。

5 王待制質權知荆南府，有媪訴其婦薄於養。婦曰：「舅姑家既窮，而婦且奉事無不謹。」質曰：「姑雖不良，獨不顧若夫耶！」取家人衣衣媪，又給以廩粟，使歸養之。皆感泣而去。《厚德録》卷三。

6 王待制公在相門，弗驕弗華，以貧爲寶。文正作舍人時，家甚虚，嘗貸人金以贍昆弟，過期不入，輟所乘馬以償之。公因閲家藏書而得真券，召家人示之曰：「此前人清風，吾輩當奉而不墜，宜秘藏之。」又得顔魯公爲尚書時乞米於李大夫墨帖，刻石以模之，遍遺親友間。其雅尚如此，故終身不貪。《自警編》卷二。《言行龜鑑》卷四。

7 王子野生平不茹葷腥，居之甚安。《夢溪筆談》卷九。

余靖

1 余靖，本名希古，韶州人。舉進士，未預解薦，曲江主簿王仝善遇之，爲干知韶州者舉制科。知州怒，以爲玩己，捃其罪，無所得，唯得仝與希古接坐，仝坐違敕停任，希古杖臀二十。仝遂閑居虔州，不復仕進。希古更名靖，字安道，取他州解及第。景祐中，爲館職，爲范文正訟寃獲罪，由是知名。范公入參大政，引爲諫官。秘書丞茹孝標喪服未除，入京師私營身計，靖上言：「孝標冒哀求仕，不孝。」孝標由是獲罪，深恨靖。靖遷龍圖閣直學士，王仝數以書干靖求貨，靖不能應其求。孝標聞靖嘗犯刑，詐匿應舉，乃自詣韶州購求其案，得之。時錢子飛爲諫官，方攻范黨，孝標以其事語之，子飛即以聞。詔下虔州問王仝。靖陰使人諷仝令避去，仝辭以貧不能出，靖置銀百兩於茶笸中，託人餉之。所託者怪其重，開視，竊銀而致茶於仝，仝大怒。及詔至，州官勸仝對「當日接坐者余希古，今不知所在」，仝不從，對稱「希古即靖是也」。靖竟坐以左屯衛將軍分司。《涑水記聞》卷十。《宋名臣言行録》前集卷九。《堯山堂外紀》卷四十七。

2　余靖初及第，歸韶州，州吏嘗鞫其獄者往見之，靖不爲禮，吏恨之，乃取靖案，裹以緹油，置於梁上。吏病且危，囑其子曰：「此方今達官之案，他日朝廷必來求之。汝謹掌視，慎勿失去。」及茹孝標求其案，人以爲事在十年前，必不存，孝標訪於吏子，竟得之。《涑水記聞》卷十。

3　范文正公言事，忤大臣，貶知饒州，諫官、御史緘口避禍，無敢言者。余公襄獨上書曰：「陛下親政以來，三逐言事者矣。若習以爲常，不甚重惜，恐鉗天下之口，不可不戒。」書既上，落職監均州酒税。尹公洙、歐陽公修相繼抗疏論列，又以書讓諫官高若訥，亦得罪遠謫。時天下賢士大夫相與惜其去，號爲「四賢」，蔡襄作《四賢一不肖》詩以記其事，其詩播于都下。《自警編》卷六。《言行龜鑑》卷五。參見范仲淹31。

4　慶曆中，余靖、歐陽修、蔡襄、王素爲諫官，時謂之四諫。《東軒筆録》卷十三。《宋朝事實類苑》卷十四。《自警編》卷六。《宋稗類鈔》卷三。

5　慶曆中，開寶寺塔災，國家遣人鑿塔基，得舊瘞舍利，迎入内庭，送本寺，令士庶瞻仰。傳言在内庭時，頗有光怪。將復建塔，余襄公靖言：「彼一塔不能自衛，何福逮于民？凡腐草皆有光，水精及珠之圓者夜亦有光，烏足異也。梁武造長干塔，舍利長有光，臺城之敗，何能致福！乞不營造。」仁宗從之。《澠水燕談録》卷一。《宋朝事實類苑》卷十六。

6　余靖不修飾。作諫官，乞不修開寶塔。時盛暑，上入内云：「被一汗臭漢薰殺，噴唾在吾面上。」

《孔氏談苑》卷三。《何氏語林》卷三十。《堯山堂外紀》卷四十七。《宋稗類鈔》卷三。

7　余靖兩使契丹，虜情益親，能胡語，作胡語詩。虜主曰：「卿能道，吾爲卿飲。」靖舉曰：「夜宴設邏厚盛也。臣拜洗，受賜。兩朝厥荷通好。情感勤。厚重。微臣雅魯拜舞。祝若統，福祐。聖壽鐵擺嵩高。俱可忒。無極。」主大笑，遂爲釂觴。漢史有《槃木白狼》詩，譯出夷語，殆不若靖真胡語也。劉沆亦使虜，使凌壓之，契丹館客曰：「有酒如澠，繫行人而不住。」沆應聲曰：「在北曰狄，吹《出塞》以何妨。」仁宗待虜有禮，不使纖微迕之，二公俱謫官。《中山詩話》。《韻語陽秋》卷二。《堯山堂外紀》卷四十七。

8　余尚書靖慶曆中知桂州。州境窮僻處，有林木延袤數十里。每至月盈之夕，輒有笛聲發于林中，甚清遠。土人云：「聞之已數十年，終不詳其何怪也。」公遣人尋之，見其聲自一大柏木中出，乃伐取以爲枕，聲如期而發，公甚寶惜。凡數年，公之季弟欲窮其怪，命工解視之，但見木之文理，正如人月下吹笛之像，雖善匠者不能及。重以膠合之，則不復有聲矣。《遯齋閒覽》。《續墨客揮犀》卷四。《古事比》卷五十一。

9　余左丞靖嘗夢人告已云：「官至八座，死在秦亭。」常自思曰：「然則我不過爲天水郡將耳。」其後靖過江寧，泊舟秦淮亭下，得疾而亡。《能改齋漫録》卷十八。

10〔余尚書靖〕始自曲江將求薦於天府，與一同郡進士劉某偕行。劉已四預計。偕行至洲頭驛，有祠頗靈。余謂劉曰：「與足下萬里圖身計，盍乞靈焉。」遂率劉以楮鏹、香酒禱祠下，乞夢中示以休咎。是夕，余夢神告，召而謂曰：「公禄甚厚，貯於數廩。官至尚書，死於秦亭。劉某窮薄，止有禄六斗耳。」公謝而退，遂寤。其後出入清華，聲望赫然……竟至工部尚書。常語交親曰：「關中任使，決不敢去。」既罷廣州，至烏江得疾，遂入金陵就醫。艤舟秦淮，扶病登亭，視其扁曰「秦淮亭」。公不懌，數日而薨。《括異志》卷二。

11 余安道番禺詔赴闕，過韶陽，游龍光山寺，題詩云：「暫離人世界，且到佛家鄉。」議者謂恐非吉兆。至旬日，公果卒於秦淮亭。《新編分門古今類事》卷十四。

蔡　襄

1 見范仲淹31。

2 仁宗慶曆初，急于用賢。當時有聲望者，王兵部素、歐陽校理修、余校理靖、魚工部周詢。四人並命作諫官，朝野相慶。時惟魚望不及三人。蔡君謨時爲校勘，乃爲詩慶之曰：「御筆新除三諫官，士林相賀復相懽。」魚聞之，乃曰：「予不預士論，何顔復當諫列？」遂乞辭職。朝廷從之，乃過臺爲御史。即除蔡代知諫院。《能改齋漫録》卷十二。

3 慶曆初，歐陽修、王素、余靖俱除諫官，蔡襄賀詩云：「御筆新除三諫官，喧然朝野競相歡。當年流落丹心在，自古忠良得路難。必有謀猷裨帝右，直須風采動朝端。世間萬事皆塵土，留取功名久遠看。」三人以詩薦於上，亦除諫官，時號爲一棚鶻。《莆陽比事》卷四。《涑水記聞》卷四。《宋朝事實類苑》卷三十九。《宋名臣言行録》後集卷四。《堯山堂外紀》卷四十七。

4 蔡襄漕本路，自大義渡抵臨漳夾道，植松七百里。郭公甫歌曰：「六月行人不知暑，千古萬古摇清風。」閩人刻碑頌德，官禁剪伐。《莆陽比事》卷四。

5 皇祐中，御筆賜蔡襄字君謨。後唱進士第日，有竊以爲名者。仁宗怒曰：「近臣之字，卿何得而名之！」遂令更改。《能改齋漫録》卷十三。

6 東坡評本朝書，以君謨爲第一，仁宗尤愛之。御製《元舅隴西王碑》文，詔君謨書之。其後，命學士撰《温成皇后碑》文，又欲詔君謨書，君謨曰：「此待詔之所職也，吾其可爲哉！」遂力辭之。《曲洧舊聞》卷一。《莆陽比事》卷四。《清波雜志》卷六。《雲谷雜紀》卷三。

7 蔡忠惠公書名重當時，上嘗令寫碑志，則以例有資利，辭曰：「此待詔職也，與待詔争利，可乎？」力辭不從。《佩文齋書畫譜》卷七十六引《匏翁家藏集》卷二。

8 蔡君謨知開封府，事日不下數千，每有日限事，揀三兩件記之，至其日問，人不測如神。《晁氏客語》。

9 陳烈先生幼嘗與蔡君謨同硯席，時君謨出鎮福唐，束吏治民，毫髮不容。一日，烈往見之，維舟庭下，聞其嚴察，不往謁之，但留詩於亭曰：「溪山龍虎蟠，溪水鼓角喧。中宵鄉夢破，六月夜衾寒。風生殘樹，蛟螭喜怒瀾。殷勤祝舟子，移棹過前灘。」亭吏不敢隱，録詩呈公。自是公爲之少霽威稜。《唐宋分門名賢詩話》卷二。《詩話總龜》前集卷一引《翰府名談》。《宋朝事實類苑》卷三十六。《莆陽比事》卷六。《宋詩紀事》卷二十三。

10 蔡君謨守福州，上元日，令民間一家點燈七盞。陳烈作大燈，長丈餘，大書云：「富家一盞燈，太倉一粒粟。貧家一盞燈，父子相對哭。風流太守知不知，猶恨笙歌無妙曲。」君謨見之，還輿罷燈。《晁氏客語》。《堯山堂外紀》卷四十九。《蓬窗日録》卷七。《柳亭詩話》卷二十四。參見陳烈6。

11 蔡君謨知福州，以疾不視事者累日，每夜中即夢登鼓角樓憑鼓而睡。通判有怪鼓角將累日不打三更者，因對：「數夜有大蛇盤據鼓上，不敢近。」君謨既愈，與通判言所夢，正與鼓角將所説同，人遂以君謨爲蛇精。《東齋記事》卷五。《徐氏筆精》卷八。《玉芝堂談薈》卷十。參見劉沆14。

12 蔡襄守泉州，創意造石橋，兩岸依山，中託巨石，因搆亭觀。累石條爲橋基八十，所闊二丈，其長倍之，兩頭若圭射勢，石縫中可容一二指釃潮水，每基相去一丈四尺。橋面闊一丈三四尺，爲兩欄以護之。閩中無石灰，燒蠣殼爲灰。蔡公於橋岸造屋數百楹，爲民居，以其僦直入公帑，三歲度一僧，俾掌橋事。故用灰常若新，無纖毫罅隙。春夏大潮，水及欄際，往來者不絶，如行水上。十八年橋乃成，即多取蠣房，散置石基上，歲久延蔓相黏，基益膠固矣。《泊宅編》三卷本卷中。

13 嘉祐中，近臣執政多表乞立皇嗣，或云蔡襄獨有異議。暨英宗立，襄方爲三司使，仁宗山陵，用度百出，而財用初甚窘迫，蔡夙夜經畫，僅能給足，用是數被詰責。永昭復立，蔡遂乞知杭州，英宗即允所請。韓魏公時爲相，因奏曰：「自來兩制請郡，須三兩章，今一請而允，禮數似太簡也。」英宗曰：「使襄不再乞，則如之何？」卒與杭州，其爲上不喜如此。《東軒筆録》卷十。

14 蔡襄在昭陵朝，與歐陽文忠公齊名一時。英宗即位，韓魏公當國，首薦二公，同登政府。先是，君謨守泉南日，晉江令章拱之在任不法，君謨按以贓罪，坐廢終身。拱之，望之表民同胞也。至是，既訟寃於朝，又撰造君謨乞不立厚陵爲皇子疏，刊板印售於相藍。中人市得之，遂干乙覽，英宗大怒，君謨幾陷不測。魏公力爲營救……君謨終不自安，乞補外，出官杭州。已而憂去，遂終。《玉照新志》卷四。

15 朝奉郎李遘知興化軍，時蔡君謨襄自福帥尋罷歸鄉，病革，以後事屬李守。守夜夢神人紫綬金章，從數百鬼物升廳，與守云：「迓代者。」守問：「何神？代者復何人？」神曰：「予閻羅王，蔡襄當代我。」明日，蔡公薨。李作挽詞有「不向人間爲冢宰，卻歸地下作閻王」之句。《泊宅編》三卷本卷中。

16 蔡端明事母至孝。嘗步行，遇一嫗，貌甚龍鍾，問其年，曰：「百單二矣。」端明再拜曰：「願吾母之壽如嫗。」後果符其言。《獨醒雜志》卷一。

17 蔡襄母有賢行，仁宗特賜冠帔以寵之。《古事比》卷二。

18 蔡襄素重義。嘗飲會靈東園，坐客有射矢誤傷其人。客遽指爲襄矢，京師喧然。事聞上，因問，襄再拜愧謝，終不自辯，退亦未嘗以語人。《莆陽比事》卷六。《宋名臣言行録》後集卷四。《自警編》卷四。

19 〔陳少陽跋蔡君謨《茶録》云〕：「余聞之先生長者，君謨初爲閩漕時，出意造密雲小團爲貢物，富鄭公聞之，歎曰：『此僕妾愛其主之事耳，不意君謨亦復爲此。』」《梁溪漫志》卷八。

20 錢惟演爲洛帥留守，始置驛貢花，識者鄙之。蔡君謨加法造小團茶，貢之，富彦國歎曰：「君謨士人，乃爲此耶？」《碧溪詩話》卷五。

21 茶之品，莫貴於龍、鳳，謂之團茶，凡八餅重一斤。慶曆中，蔡君謨爲福建路轉運使，始造小片龍茶以進，其品絶精，謂之小團，凡二十餅重一斤，其價直金二兩。然金可有而茶不可得，每因南郊致齋，中書、樞密院各賜一餅，四人分之。宫人往往縷金花於其上，蓋其貴重如此。《歸田録》卷二。《澠水燕談録》卷八。

22 蔡君謨，議茶者莫敢對公發言。建茶所以名重天下，由公也。後公製小團，其品尤精於大團。一日，福唐蔡葉丞祕教召公啜小團。坐久，復有一客至，公啜而味之，曰：「非獨小團，必有大團雜之。」丞驚呼童，曰：「本碾造二人茶，繼有一客至，造不及，乃以大團兼之。」丞神服公之明審。《墨客揮犀》卷八。

23 蔡君謨善別茶，後人莫及。建安能仁院有茶生石縫間，寺僧採造，得茶八餅，號石岩白。以四餅遺君謨，以四餅密遣人走京師，遺王内翰禹玉。歲餘，君謨被召還闕，訪禹玉。禹玉命子弟於茶笥中選取茶之精品者，碾待君謨。君謨捧甌未嘗，輒曰：「此茶極似能仁石岩白，公何從得之？」禹玉未信，索茶貼驗之，乃服。《墨客揮犀》卷四。《何氏語林》卷二十三。《宋稗類鈔》卷七。

24 宋時杭妓周韶、胡楚、龍靚皆有詩名。韶好蓄奇茗，嘗與蔡君謨鬭勝，題品風味，君謨屈焉。《西湖游覽志餘》卷十六。

25 蔡君謨少年頗躭聲色，既與諸伎鬭茶，如龍倩、周韶輩，特爲書其小詩。又游寓所到，必訪佳麗。過嘉禾郡，留一絶云：「盡道瑶池瓊樹新，仙源尋到不逢人。陳王也作驚鴻賦，未必當時見洛神。」《六研齋二筆》卷三。

26 蔡君謨嗜茶，老病不能飲，但把玩而已。《仇池筆記》。《東坡志林》卷十。《古事比》卷三十九。

27 韓魏公以上相作晝錦堂於相州，時歐陽文忠以參政爲之記，而蔡忠惠以三司使書之，時稱三絶。又謂忠惠每一字必寫數十赫蹏，竢合作而後用之，以故書成特精絶，世所謂「百衲碑」者是也。《弇州山人四部稾》卷一百三十六。

28 蔡君謨既爲余書《集古録目序》刻石，其字尤精勁，爲世所珍。余以鼠鬚栗尾筆、銅緑筆格、大小龍茶、惠山泉等物爲潤筆，君謨大笑，以爲太清而不俗。後月餘，有人遺余以清泉香餅一篋者，君謨聞之歎曰：「香餅來遲，使我潤筆獨無此一種佳物。」兹又可笑也。清泉，地名，香餅，石炭也，用以焚香，一餅之火，可終日不滅。《歸田録》卷二。《宋朝事實類苑》卷五十。《宋稗類鈔》卷八。

29 龍圖馬公遵，字仲塗……今其家藏蔡忠惠公帖，用金花牋十六幅，每幅四字……云：「梅三、馬五、蔡大，皇祐壬辰中春，寒食前一日，會飲於普照院。仲塗和墨，聖俞按紙，君謨揮翰。過南都，試呈杜公、歐陽九評之，當處在何等？馬五諾我，精婢潤筆，皆是奇事。」凡六十四字。《游宦紀聞》卷九。

30 見王英英1。

31 見歐陽修157。

32 見歐陽修158。

33 昭陵晚歲開内宴，蓋數與大臣侍從從容談笑，嘗親御飛白書以分賜，仍命内相王岐公禹玉各題其上，更且以香藥名墨徧賚焉。一大臣得「李超」墨，而君謨伯父所得乃「廷珪」。君謨時覺大臣意歎有不足色，因密語：「能易之乎？」大臣者但知「廷珪」爲貴，而不知有「超」也。既易，轉欣然。及宴罷，騎從出内門去，君謨於馬上始長揖曰：「還知廷珪是李超兒否？」《鐵圍山叢談》卷五。

34 伯父君謨嘗得水精枕，中有桃花一枝，宛如新折，茶甌十、兔毫四，散其中，凝然作雙蛺蝶狀，熟視若舞動，每寶惜之。《鐵圍山叢談》卷六。

35 伯父君謨，號「美髯鬚」。仁宗一日屬清閒之燕，偶顧問曰：「卿髯甚美，長夜覆之於衾下乎？將置之於外乎？」君謨無以對。歸舍，暮就寢，思聖語，以髯置之内外悉不安，遂一夕不能寢。蓋無心與有意，相去適有間。凡事如此。《鐵圍山叢談》卷三。《堯山堂外紀》卷四十七。《五雜組》卷十六。

36 余嘗官莆，至〔蔡襄〕其居，去城三里。荔子號「玉堂紅」者，正在其處。矮屋欲壓頭，猶是當時舊物。……京、卞同郡晚出，欲自附於名閥，自稱族弟，本傳云爾。襄孫佃，唱名第一，京時當國，以族孫引嫌，降第二，佃終身恨之。《直齋書録解題》卷十七。

37 仁和鍾化民，字維新，其母夢蔡忠惠襄而生。宰惠安，時洛陽橋壞，渡者苦溺。橋工鉅，且架海難爲力，化民毅然修復之。既刻期，爲文告海神，海不揚波者五日，人稱神明。及更新忠惠祠，於座前土中得碣云：「五百年後爲怪濤所折，繼我者其維新焉。」後化民以太常少卿巡撫河南，卒于官，上特賜祠額，名忠惠，出於宸斷，不由擬撰，而適與蔡端明之祠謚合，亦可異也。《樵書》初編卷五。

王拱辰

1 王懿恪公拱辰與歐陽文忠公同年進士。文忠自監元、省元赴廷試，鋭意魁天下。明日當唱名，夜備新衣一襲，懿恪輒先衣以入，文忠怪焉。懿恪笑曰：「爲狀元者當衣此。」至唱名，果第一。後懿恪、文忠同爲薛簡肅公子婿，文忠先娶懿恪夫人之姊，再娶其妹，故文忠有「舊女婿爲新女婿，大姨夫作小姨夫」之戲。《邵氏聞見録》卷八。《群書類編故事》卷五。案：「文忠先娶懿恪夫人之姊」，「文忠」、「懿恪」當互乙，據歐陽修《薛公墓志銘》。

2 王君貺安撫西蜀，年二十四五，民謡曰：「汙萊岸上征租稅，餓莩門前動管絃。」《月河所聞集》。

3 見宋仁宗29。

4 見宋仁宗37。

5 充契丹國信使副王拱辰等昨至靴甸赴筵，狂醉無狀，執手拍肩，或聯嘲謔之詩，或肆市廛之語，沙漠驚怪，道塗沸騰……痛飲深夜，遂致副使宋選、王士全等歌舞失儀。……拱辰赴會至醉，吟詩乃有「西朝信使休辭醉，皆得君王帶笑看」之句，語同俳優，意涉譏刺。《增訂遼詩話》卷下引《趙清獻奏議》。

6 王拱辰以宣徽使尹南都，外郛之外築一道，通中出入，朝廷聞而俾毁之。奏曰：「臣所治，當水陸衝要，往來賓客旁午，或開筵，遇夜，城門已闔，不敢輒啓，恐冒于法。臣開此道，亦設關鍵，以備賓客夜出。然踰城，甚於啓關矣。」《宋朝事實類苑》卷二十三引《倦游雜録》。

7 熙寧間，王拱辰即洛之道德坊營第甚侈，中堂起屋三層，上曰「朝元閣」。時司馬光亦居洛，於私居穿地丈餘作「壤室」。邵堯夫見富鄭公，問新事，堯夫曰：「近有一巢居，一穴處者。」遂以二公對，富大笑。《塵史》卷下。《堯山堂外紀》卷四十七。參見司馬光42。

8 王君貺送牡丹與永叔，答詩云：「最好花常最後開。」蓋君貺同時輩皆入兩府，永叔以最後戲之也。王得詩不喜，對來价擲之。永叔謂人曰：「好花不開也。」君貺聞之愈怒。《詩話總龜》前集卷三十八引《詩史》。

9 王君貺拜三司，二十有七歲矣。自爾居洛起第，至八十歲，位至宣徽二府，盡其財力，終身而宅不成。子舍早世，唯有一孫與其姪居之，不能充一隅，未完亟壞。《畫墁録》。

魚周詢

1 見蔡襄2。

劉元瑜

1 見蘇舜欽5。

李　定

1 見蘇舜欽2。

2 李定，字仲求，洪州人。晏元獻公之甥，文亦奇。欲預賽神會，而蘇子美以其任子拒之，致興大獄。梅聖俞謂「一客不得食，覆鼎傷衆賓」者也。其孫即商老彭，以詩名列江西派中。又李定字資深，元豐御史中丞。其孫方叔正民兄弟，皆顯名一時，揚州人。又李定，嘉祐治平以來，以風采聞，嘗遍歷天下諸路計度轉運使。官制未行，老于正卿。乃敦老如岡之祖，蓋濟南人也。《揮麈録》卷四。

王　平

1 侍御史王平，字保衡，侯官人。章聖時，初爲許州司理參軍。里中女乘驢單行，盜殺諸田間，褫其衣而去。驢逸，田旁家收繫之。覺，吏捕得驢，指爲殺女子者。訊之四旬，田旁家認收繫其驢，實不殺女子。公意疑，具以狀白府。州將老吏，素彊，了不之聽，趣令具獄。公持益堅，彼乃怒曰：「掾懦邪！」公曰：「今觸奏坐懦，不過一免耳。與其阿旨以殺無辜，又陷公于不義，校其輕重，孰爲愈邪？」州將因不能奪。後數日，河南移逃卒至，詳劾之，乃是殺女子者。田旁家得活。後因衆見，州將謝曰：「微司理，嚮幾誤殺人。」《能改齋漫録》卷十二。《揮麈後録》卷六。《宋稗類鈔》卷一。

席平

1 御史席平因鞠詔獄畢上殿，仁宗問其事，平曰：「已從車邊斤矣。」時謂之「斤車御史」。《東軒筆録》卷十二。《五雜組》卷十六。《陔餘叢考》卷三十八。

2 御史臺儀，凡御史上事，一百日不言，罷爲外官。有侍御史王平拜命垂滿百日，而未言事，同寮皆訝之。或曰：「端公有待而發，苟言之，必大事也。」一日，聞入劄子，衆共偵之，乃彈御膳中有髮，其彈詞曰：「是何穆若之容，忽覩鬈如之狀。」《倦游雜録》。《墨客揮犀》卷一。《宋朝事實類苑》卷七十。《類説》卷十六。

李京　吴鼎臣

1 慶曆三年，有李京者爲小官，吴鼎臣在侍從，二人相與通家。一日，京薦其友人與鼎臣，求聞達于朝廷，鼎臣即繳書具奏之，京坐貶官。未行，京妻謁鼎臣妻取别，鼎臣妻慙不出。京妻立廳事，召幹僕，語之曰：「我來既爲往還之久，欲求一别。亦爲乃公嘗有數帖與吾夫禱私事，恐汝家終以爲疑。」索火焚之而去。《侍講日記》。《厚德録》卷二引《吕原明語録》。《自警編》卷四。《賢弈編》卷一。《昨非庵日纂》二集卷十。《宋稗類鈔》卷三。

沈邈

1　宿州營妓張玉姐，字温卿，本蘄澤人。色技冠一時，見者皆屬意。沈子山爲獄掾，最所鍾愛。既罷，途次南京，念之不忘，爲《剔銀燈》二闋。其一云：「一夜隋河風勁。霜濕水天如鏡。古柳堤長，寒烟不起，波上月無流影。那堪頻聽，疎星外、離鴻相應。須信道、情多是病。酒未到、愁腸還醒。數疊蘭衾，餘香未滅，甚時枕鴛重並。教伊須省，更將盟誓要言定。」其二云：「江上秋高霜早。雲静月華如掃。候雁初飛，啼蛩正苦，又是黄花衰草。等閒臨照，潘郎鬢、星星易老。那堪更、酒醒孤棹。望千里、長安西笑。臂上妝痕，胸前淚粉，暗惹離愁多少。此情難表，除非是、重相見了。」其後明道中，張子野先、黄子思孝先繼爲掾，尤賞之。偶陳師之求古以光禄丞來掌榷酤，温卿遂託其家。僅二年而亡，才十九歲。子思以詩弔之：「人生第一莫多情，眼看仙花結不成。爲報兩京才子道，好將詩句哭温卿。」先是，子思有愛姬宜哥，客死舟中，遺言葬堤下，冀他日過此得一見，以慰孤魂。子思從之，作詩納柩中。其斷章云：「恩同花上露，留得不多時。」二人皆葬于宿州柳市之東。《能改齋漫録》卷十七。《宋詩紀事》卷十一。《詞林紀事》卷七。

2　慶曆中，沈邈、薛紳爲京東轉運按察使，欲盡究吏民之情，乃取部吏之憸猾者四人尚同、李孝先、徐九思、孔宗旦，俾偵伺一路，而四人怙權，頗致搔擾，時謂之「山東四伥」。王逵、楊紘、王鼎皆爲轉運按察，尤苛刻暴虐，時謂之「江東三虎」。仁宗知其事，下詔戒敕，削去按察二字，後澆風漸革，而士大夫務崇寬厚，無復暴虐之名矣。《東軒筆録》卷十三。

宋禧

1　慶曆中，衛士有變，震驚宫掖，尋捕殺之。時臺官宋禧上言：「此蓋平日防閑不至，所以致患。臣聞蜀有羅江狗，赤而尾小者，其儆如神。願養此狗於掖庭，以警倉卒。」時謂之「宋羅江」。《東軒筆録》卷十二。《宋朝事實類苑》卷七十三。《儒林公議》。《五雜組》卷十六。

2　慶曆中，有親事官欄入殿門，御史宋禧乞内庭畜羅江之狗，時號「宋羅江」，亦曰「宋神狗」。《倦游雜録》。《墨客揮犀》卷六。

宋人軼事彙編卷十二

文彦博

1 文潞公本姓敬，其曾大父避石晉高祖諱，更姓文。至漢，復姓敬。入本朝，其大父避翼祖諱，又更姓文。《邵氏聞見後録》卷二十一。

2 文潞公幼時與群兒擊毬，入柱穴中不能取，公以水灌之，毬浮出。《邵氏聞見録》卷九。《宋名臣言行録》後集卷三。《堯山堂外紀》卷四十七。

3 潞公爲子弟讀書於孔目官張望家。望嘗爲舉子，頗知書，後隸軍籍，其諸子皆爲儒學。潞公少年好游，令公怪責之，潞公久不敢歸。張望白令公曰：「郎君在某家，學問益勤苦，不復游矣。」因出潞公文數百篇，令公爲之喜。王司封欲以女嫁公，其妻曰：「文彦博者寒薄，其可託乎？」乃已。後潞公出入將相，張望尚無恙。《邵氏聞見録》卷九。《宋詩紀事》卷十二。

4 文潞公父爲白波輦運，潞公時尚少。一日，嘗以事忤其父，欲撻之，潞公密逃去。張靖父爲輦運司軍曹，司知其所在，迎歸使與靖同處。其父求潞公月餘不得，極悲思之，乃徐出見，因使與靖同學，後因登第。潞公相時，擢靖爲直龍圖閣。《石林燕語》卷十。

5 文潞公少時，從其父赴蜀州幕官。過成都，潞公入江瀆廟觀畫壁，祠官接之甚勤，且言夜夢神令灑掃祠庭，曰：「明日有宰相來，君豈異日之宰相乎？」公笑曰：「宰相非所望，若爲成都，當令廟室一新。」慶曆中，公以樞密直學士知益州，聽事之三日，謁江瀆廟，若有感焉。方經營改造中，忽江水漲，大木數千章蔽流而下，盡取以爲材。廟成，雄壯甲天下。又長老曰：「公爲成都日，多宴會。歲旱，公尚出游，有村民持焦穀苗來訴。公罷會，齋居三日，禱於廟中，即日雨，歲大稔。」《邵氏聞見録》卷九。

6 文潞公嘗言，初及第，授大理評事、知絳州翼城縣，未赴任，有客李本者，三見訪而後得見之，且言：「某有婿爲縣中巡檢，幸公庇之。」又言曰：「某非獨敢奉干，亦有以奉助。某嘗知其邑户口衆，人猾難治。」因出一策，文字皆影跡人姓名，其首姓張。比潞公至，姓張人事已敗，縣未能結正。簿、尉皆云：「某等在此各歲餘，豈無過失爲此人所持？計君之來，必辨之矣。」於是盡得其姦狀，上於州，決配之，邑人皆悚畏。《東齋記事》補遺。《宋朝事實類苑》卷二十二。

7 文潞公始登第，以大理評事知并州榆次縣，吏新鞔衙鼓，面新潔，公戲題詩于上曰：「置向譙樓一任撾，撾多撾少不知它。如今幸有黄紬被，努出頭來道放衙。」《倦游雜録》。《宋朝事實類苑》卷六十七。

8 文潞公爲太常博士，通判兖州回，謁吕許公。公一見器之，問潞公：「太博曾在東魯，必當别墨。」令取一丸墨瀕階磨之，揖潞公就觀：「此墨何如？」乃是欲從後相其背。既而密語潞公曰：「異日必大貴達。」即日擢爲監察御史。《夢溪筆談》卷九。《邵氏聞見録》卷八。《宋稗類鈔》卷三。《宋詩紀事》卷十二。

9 寶元中，河東闕漕使，堂上議，難得可任者。章郇公言：「聞縉紳間說，文彥博者，磊落有稱時。」呂許公曰：「恨不識也，可召來，試面詢之。」明日，召至堂上，許公都不交一談，但睥睨不已。郇公强問其鄉曲任使次第，因問河東事。曰：「某鄉里無所不知。」郇公喜之，文退，許公歎曰：「此大有福人，何所任用不可？」遂自殿中侍御史差委，明年，就遷待制，不出十年，出將入相。《宋朝事實類苑》卷五十七引《趙康靖公録》。

10 文潞公任成都府日，米價騰貴，因就諸城門相近寺院，凡十八處，減價糶賣，仍不限其數，張榜通衢。翌日，米價遂減。《東齋記事》卷四。《宋名臣言行録》後集卷三。《自警編》卷七。

11 文潞公知成都，偶大雪，意喜之。連夕會客達旦，帳下卒倦于應待，有違言忿起，拆其井亭共燒，以禦寒者。守衙軍將以聞，公曰：「今夜誠寒，更有一亭可拆。」以付餘卒，復飲至常時而罷。翼日，徐問：「先拆亭者何人？」皆杖脊配之。《石林避暑録話》卷二。《涑水記聞》卷十。《宋朝事實類苑》卷十四。《宋名臣言行録》後集卷三。《賢弈編》卷二。《鶴林玉露》乙編卷六。《湖海新聞夷堅續志》補遺。《昨非庵日纂》二集卷十五。《識小録》卷四。《宋稗類鈔》卷三。

12 文潞公慶曆中以樞密直學士知成都府。公年未四十，成都風俗喜行樂，公多燕集，有飛語至京師。御史何郯聖從，蜀人也，因謁告歸，上遣伺察之。聖從將至，潞公亦爲之動。張俞少愚者謂公曰：「聖從之來無足念。」少愚自迎見於漢州。同郡會有營妓善舞，聖從喜之，問其姓，妓曰：「楊。」聖從曰：「所謂楊臺柳者。」少愚即取妓之項上帕羅題詩曰：「蜀國佳人號細腰，東臺御史惜妖嬈。從今喚作楊臺柳，舞盡春風萬萬條。」命其妓作《柳枝》詞歌之，聖從爲之霑醉。後數日，聖從至成都，頗嚴重。一日，潞公大作樂以燕聖從，迎其妓雜府妓中，歌少愚之詩以酌聖從，聖從每爲之醉。聖從還朝，潞公之謗乃息。《邵氏聞見録》卷十。《西溪叢語》卷上。《能改齋漫録》卷五。《清波雜志》卷八。《湖海新聞夷堅續志》補遺。《何氏語林》卷二十九。《青泥蓮花記》卷十三。《堯山堂外紀》卷四十七。《宋稗類鈔》卷四。《宋詩紀事》卷十三、卷十七。

13 慶曆七年，貝州卒王則據城叛，詔明鎬加討，久無功。參知政事文彦博請行，仁宗欣然遣之，且曰：「『貝』字加『文』爲『敗』，卿必擒則矣。」未逾月而捷報聞，詔拜平章事，曲赦河北，改貝州爲恩州。《澠水燕談録》卷八。《西塘集耆舊續聞》卷八。《新編分門古今類事》卷十四。《宋稗類鈔》卷一。

14 樞密直學士明鎬討貝州，久未下，上深以爲憂，問於兩府，參知政事文彦博請自往督戰。八年正月丁丑，以彦博爲河北宣撫使，監諸將討貝州。時樞密使夏竦惡鎬，凡鎬所奏請，多從中沮，唯恐其成功。彦博奏：「今在軍中，請得便宜從事，不中覆。」上許之。閏月庚子朔，克貝州，擒王則。初，彦博至貝州，與明鎬督諸將築距闉以攻城，旬餘不下，有牢城卒董秀、劉炳請穴地以攻城，彦博許之。貝州城南臨御河，秀等夜於岸下潛穿穴，棄土於水，晝匿穴中，城上不之見也。久之，穴成，自教場中出。秀等以褐袍塞之，走白彦博，選敢死士二百，命指使將之，銜枚自穴入。有帳前虞候楊遂請行，許之。遂白：「軍士中有病欬者數人，此不可去，請易之。」從之。既出穴，登城殺守者，垂絙以引城下之人，城中驚擾。賊以火牛突登城者，登城者不能拒，頗引卻。楊遂力戰，身被十餘創，援鎗刺牛，牛卻走踐賊，賊遂潰。王則、張巒、卜吉與其黨突圍走，至村舍，官軍追圍之。則猶着花幞頭，軍士争趣之，部署王信恐則死無以辨，以身覆其上，遂生擒之。巒、吉死於亂兵，不知所在。彦博請斬則於北京，夏竦奏言所獲賊魁恐非真，遂檻車送京師，剮於馬市。董秀、劉炳並除内殿崇班。《涑水記聞》卷九。《宋朝事實類苑》卷五十六。《宋名臣言行後録》卷三。

15 上顧彦博曰：「卿，朕之裴度。」《宋朝事實》卷十六。《古事比》卷二十一。

16 文彦博相，因張貴妃也。貴妃父堯封，嘗爲文彦博父洎門客，貴妃認堯佐爲伯父，又欲士大夫爲助，於是誘進彦博。彦博知成都，貴妃以近上元，令織異色錦。彦博遂令工人織金線燈籠，載蓮花，中爲錦紋，又爲秋遷，以備寒食。貴妃始衣之，上驚曰：「何處有此錦？」妃正色曰：「昨令成都文彦博織來，以嘗與妾父有舊。然妾安能使之？蓋彦博奉陛下耳。」上色怡，自爾屬意彦博。彦博自成都歸，不久參知政事。貝州王則叛，朝廷以明鎬往取之。賊將破，上以近京，甚憂之。一日宮中語曰：「執政大臣，無一人爲國家了事者，日日上殿，無有取賊意，何益？」貴妃密令人語彦博，明日上殿，乞身往破賊。上大喜，以彦博往統軍。至則鎬已破，賊擒矣。捷書至，遂就路拜彦博同平章事。後因監察御史唐介拜疏，召彦博殿上，面條奇錦事數件，質於上，皆實事，彦博守本官出知許州。明年上元，中官有詩曰：「無人更進燈籠錦，紅粉宫中憶佞臣。」上聞此句亦笑。《碧雲騢》。《宋稗類鈔》卷六。

17 見張貴妃2。

18 見張貴妃5。

19 文公爲相，龐公爲樞密使，以國用不足，同議省兵。於是揀放爲民者六萬餘人，減其衣糧之半者二萬餘人，衆議紛然，以爲不可。施昌言、李昭亮尤甚，皆言衣食於官久，不願爲農，又皆習弓刀，一旦散之閭閻，必皆爲盜賊。上亦疑之，以問二公，二公曰：「今公私困竭，上下遑遑，其故非他，正由畜養冗兵太多故也。今不省去，無由蘇息，萬一果有聚爲盜賊者，二臣請以死當之。」既而昭亮又奏：「兵人揀放，所以如是多者，大抵皆縮頸曲膕，詐爲短小，以欺官司耳。」公乃言：「兵人苟不樂歸農，何爲詐欺如此？」上意乃決，邊儲由是稍蘇。《宋朝事實類苑》卷十四引《東軒筆録》。

20 見唐介2。

21 唐介爲御史，論公專權植黨，交結宮禁。仁宗怒，召二府示之疏。唐公語益切，樞副梁公適叱唐公下殿，詔送臺劾之。公獨留再拜，曰：「御史言事，職也，願不加罪。」於是唐公既貶，公亦罷相。其後公再入相，首薦唐公，復召用焉。《宋名臣言行録》後集卷三。

22 唐御史介，上言陳宰臣文彦博之過，貶授英州别駕。介未至英州，彦博奏：「出介至重，是陛下因臣而退敢言之士，願召用之。」尋通判潭州，移知復州，又召爲言事御史。《厚德録》卷三。《自警編》卷六。

23 文潞公爲唐質肅所擊，罷宰相，質肅亦坐貶嶺外。至和間，稍牽復爲江東轉運使。會潞公復入相，因言唐某疏臣事固多中，初貶已重，而久未得顯擢，願得復召還。仁宗不欲，止命遷官，除河東。《石林燕語》卷九。

24 文彦博知永興軍。起居舍人母湜，鄠人也。至和中，湜上言：「陝西鐵錢不便於民，乞一切廢之。」朝廷雖不從，其鄉人多知之，争以鐵錢買物，賣者不肯受，長安爲之亂，民多閉肆。僚屬請禁之，彦博曰：「如此是愈使惑擾也。」乃召絲絹行人，出其家縑帛數百疋，使賣之，曰：「納其直盡以鐵錢，勿以銅錢也。」於是衆曉然知鐵錢不廢，市肆復安。《涑水記聞》卷十。《宋名臣言行録》後集卷三。《古今合璧事類備要》外集卷六。《自警編》卷七。《宋稗類鈔》卷四。

25 石才叔蒼舒，雍人也，與山谷游從，尤妙於筆札，家蓄圖書甚富。文潞公帥長安，從其所借藏褚遂良《聖教序》墨蹟一觀。潞公愛玩不已，因令子弟臨一本。休日宴僚屬，出二本令坐客別之。客盛稱公者爲真，反以才叔所收爲僞。才叔不出一語以辨，但笑啓潞公云：「今日方知蒼舒孤寒。」潞公大哂，坐客赧然。《玉照新志》卷三。《何氏語林》卷五。《宋稗類鈔》卷五。

26 李學士世衡喜藏書，有一晉人墨跡，在其子緒處，長安石從事嘗從李君借去，竊摹一本，以獻文潞公，以爲真跡。一日，潞公會客，出書畫，而李在坐，一見此帖，驚曰：「此帖乃吾家物，何忽至此？」急令人歸，取驗之，乃知潞公所收乃摹本。李方知爲石君所傳，具以白潞公。而坐客牆進皆言潞公所收乃真跡，而以李所收爲摹本。李乃歎曰：「彼衆我寡，豈復可伸！今日方知身孤寒。」《夢溪補筆談》卷二。

27 宋文潞公當國時，有某甲官人者，收得一名畫如李成山水之類，某乙官人借去模一本，送與文潞公。一日出示衆賓，某甲偶在坐，一見而笑曰：「得非某乙獻乎？」潞公驚曰：「何以知之？」某甲曰：「真本乃某家所藏，數日前某乙嘗借去，恐其模一本以獻耳。」潞公驚甚曰：「不知可以借來一觀乎？」某甲曰：「可。」遂命取來，潞公凝視兩本久之，曰：「畢竟某乙者是真。」衆賓亦相與和曰：「某乙者是真。」某甲更不作聲而退。《疑耀》卷七。

28 至和初，陳恭公罷相，而並用文、富二公。正衙宣麻之際，上遣小黄門，密於百官班中聽其論議，而二公久有人望，一旦復用，朝士往往相賀。黄門具奏，上大悦。余時爲學士，後數日，奏事垂拱殿，上問：

「新除彦博等，外議如何？」余以朝士相賀爲對。上曰：「自古人君用人，或以夢卜，苟不知人，當從人望，夢卜豈足憑耶！」故余作《文公批答》云：「永惟商、周之所記，至以夢卜而求賢，孰若用搢紳之公言，從中外之人望」者，具述上語也。《歸田録》卷一。《宋朝事實類苑》卷十。

29 見狄青38。

30 至和三年春，仁宗寢疾，不能言。兩府以設道場爲名，皆宿禁中，專決庶政。有禁卒詣開封府告大校謀爲變者，府中夜封上之。時富公以疾謁告，惟潞公、劉相、王伯庸居中。旦日，潞公召三帥問大校平日所爲如何，三帥言其謹愿。潞公秉筆欲判其狀，斬告變者，伯庸揑其膝，乃請劉相判之。《涑水記聞》卷十。

31 潞公嘉祐中位元台時，上偶違豫，二府同宿於内。一夕，有人款禁闥告變，公即命礱墨於盆，呼其人至前，濃塗面目，驅出，斬東華門外。翌日，都下帖然，雖左右亦莫知其上變者誰何也。《珍席放談》卷下。

32 仁宗寢疾，兩府雖宿禁中，數日不知上起居。潞公召内侍都知等詰之曰：「主上疾有增損，皆不令兩府知，何也？」對曰：「禁中事不敢漏泄。」潞公怒曰：「天子違豫，海内寒心。彦博等備位兩府，與國同安危，豈得不預知也！何謂漏泄？」顧直省官曰：「引都知等至中書，令供狀：今後禁中事如不令兩府知，甘伏軍令。」諸内侍大懼。日暮，皇城諸門白下鎖，都知曰：「汝自白兩府，我當他劍不得！」由是禁中事兩府無不知者。樞密使王德用開便門入中書，潞公執守門親事官送開封府撻之。明日，謂同列曰：「昨日悔不斬守門者。天子違豫，禁中門户豈得妄開邪？」《涑水記聞》卷十。

33 仁宗暴疾，執政欲宿禁中。宦者白無故事。文潞公令設醮于大内，兩府宿殿廡行香。《吹劍録》。

34 仁宗嘗郊，時潞公作宰相，百官已就位。上忽暴中風，左右驚擾，潞公急止之曰：「毋嘩！」因誡左右曰：「事不得聞幄外。」乃扶上就湯藥，遂稱攝行事。至禮畢，百官無知者。當時但是樂減一奏，識者疑之。及出入始知之，皆大驚，且服潞公之能當大事也。《北窗炙輠録》卷上。

35 熙寧二年，潞公爲樞密使，陳升之拜相，以公宗臣，詔升之位公下。公言：「國朝樞密使無位宰相上者，獨曹利用嘗在王曾、張知白上，卒取禍敗，臣忝文臣，粗知義理，不敢紊亂朝著。」上從之。《宋名臣言行録》後集卷三。

36 潞公在西府，人有以魏公進退諷潞公者。潞公曰：「彦博豈可以望韓公？韓公地位别，某則有些粗材，蒙朝廷擢備兩府耳。」人頗與潞公自知之明也。《韓魏公遺事》。

37 見李稷1。

38 文潞公判北京，有汪輔之者新除運判，爲人褊急。初入謁，潞公方坐廳事，閲謁，置按上不問，入宅，久之乃出，輔之已不堪。既見，公禮之甚簡，謂曰：「家人頃令沐髮，忘見，運判勿訝。」輔之沮甚。舊例：監司至之三日，府必作會，公故罷之。輔之移文定日檢按府庫，通判以次白公，公不答。是日公家宴，内外事並不許通。輔之坐都廳，吏白侍中家宴，匙鑰不可請。輔之怒，破架閣，庫鏁亦無從檢按也。密劾潞公不治。神宗批輔之所上奏付潞公，有云「侍中舊德，故煩卧護北門，細務不必勞心。輔之小臣，敢爾無禮，將别有處置」之語，潞公得之不言。一日，會監司曰：「老謬無治狀，幸諸君寬之。」監司皆愧謝，因出御批以示輔之。輔之皇恐逃歸，託按郡以出。未幾，輔之罷。《邵氏聞見録》卷十。

39 見韓琦100。

40 熙寧行新法，諸路使者率用一時新進之士。大理寺丞李察爲河北提舉常平，頗事風采。時文潞公守北門，思欲折之。察年少侏儒，公俟其來，於廳事特設高脚椅子。察進謁盤跚，久不能就坐。公顧左右，徐曰：「抱上寺丞。」察慚沮而退。《高齋漫録》。

41 元豐間，文潞公以太尉留守西京，未交印，先就第廟坐見監司、府官。唐介參政之子義問爲轉運判官，退謂其客尹焕曰：「先君爲臺官，嘗言潞公，今豈挾以爲恨耶？某當避之。」焕曰：「潞公所爲必有理，姑聽之。」明日，公交府事，以次見監司、府官如常儀。或以問公，公曰：「吾未視府事，三公見庶僚也。既交印，河南知府見監司矣。」義問聞之，復謂焕曰：「微君殆有失於潞公也。」一日，潞公謂義問曰：「仁宗朝先參政爲臺諫，以言某謫官，某亦罷相判許州。未幾，某復召還相位，某上言唐某所言切中臣罪，召臣未召唐某，臣不敢行。仁宗用某言起參政通判潭州，尋至大用，與某同執政，相知爲深。」義問聞潞公之言至感泣，自此出入潞公門下。後潞公爲平章重事，薦義問以集賢殿修撰，帥荆南。嗚呼！潞公之德度絶人蓋如此。《邵氏聞見録》卷十。《宋名臣言行録》後集卷二。《自警編》卷四。《仕學規範》卷十三。

42 文潞公以使侍中，留守西洛。時薛适以汾州司户，爲京西漕司帳官。往修謁，典賓請致參。薛怒謂曰：「适是漕屬，有何統攝？」典賓以告。移時公出，據坐，命典賓揖薛庭參，曰：「京西帳幹，與西京留守，即無統攝；然侍中是河東節度使，汾州司户合受節制。」遂贊謁，六拜而退。《能改齋漫録》卷十三。

43 文潞公丞相出鎮西京，奉詔於瓊林苑燕餞，從列皆預，賦詩送行。王禹玉時爲内相，詩云：「都門秋色滿旌旗，祖帳容陪醉御巵。功業迴高嘉祐末，精神如破貝州時。匣中寶劍騰霜鍔，海上仙桃壓露枝。昨日更聞褒詔下，别刊名姓入周彝。」時以爲警絶。《墨莊漫録》卷四。《宋稗類鈔》卷一。

44 嘉祐中，文潞公、富鄭公爲相，劉丞相沆、王文安公堯臣爲參知政事，始議立皇嗣，而事秘不傳，雖英宗亦莫知也。元豐中，文安子同老上書，言「先帝之立，乃先臣在政府始議也，其始終事並藏於家。」及宣取，上驚歎久之。是時鄭公、劉公、王公皆已薨，獨潞公留守西京，遽召至闕，慰藉恩禮，窮極隆厚，册拜太尉。及還西都，上作詩送行，有「報主不言功」之句。兩府並出餞，皆有詩，王丞相禹玉詩有「功業特高嘉祐末，精神如破貝州時」，蓋謂是也。《東軒筆録》卷十。《苕溪漁隱叢話》前集卷二十八。《宋詩紀事》卷十五引《東皋筆録》。

45 潞公以太尉鎮洛師，遇生日，僚吏皆獻詩，多云五福全者，潞公不悦，曰：「遽使我考終命耶？」有一客詩云「綽約肌膚如處子」，蓋用《莊子》姑射仙人事也。洛人笑之曰：「願爾得婦色若此。」潞公色黯也。《明道雜志》。

46 元豐五年，文潞公以太尉留守西都，時富韓公以司徒致仕，潞公慕唐白樂天九老會，乃集洛中公卿大夫年德高者爲耆英會。以洛中風俗尚齒不尚官，就資勝院建大厦曰耆英堂，命閩人鄭奐繪像其中。時富韓公年七十九，文潞公與司封郎中席汝言皆七十七，朝議大夫王尚恭年七十六，太常少卿趙丙、秘書監劉几、衛州防禦使馮行已皆年七十五，天章閣待制楚建中、朝議大夫王慎言皆七十二，太中大夫張問、龍圖閣直學士張燾皆年七十。時宣徽使王拱辰留守北京，貽書潞公，願預其會，年七十一。獨司馬温公年未七十，潞公素重其人，用唐九老狄兼謩故事，請入會。温公辭以晚進，不敢班富、文二公之後。潞公不從，令鄭奐自幕後傳温公像，又至北京傳王公像，於是預其會者凡十三人。潞公以地主攜妓樂就富公宅作第一會。至富公會，送羊酒，不出。餘皆次爲會。洛陽多名園古刹，有水竹林亭之勝，諸老鬚眉皓白，衣冠甚偉，每宴集，都人隨觀之。潞公又爲同甲會，司馬郎中旦、程太常珦、席司封汝言，皆丙午人也，亦繪像資勝院。其後司馬公與數公又爲真率會，有約：酒不過五行，食不過五味，惟菜無限。楚正議違約增飲食之數，罰一會。皆洛陽太平盛事也。……方潞公作耆英會時，康節先生已下世，有中散大夫吴執中者，少年登科，皇祐初已作祕書丞，不樂仕進，早休致，其年德不在諸公下，居洛多杜門，人不識其面，獨與康節相善。執中未嘗一至公府，其不預會者，非潞公遺之也。《邵氏聞見録》卷十。《宋名臣言行録》後集卷三。《澠水燕談録》卷四。《夢溪筆談》卷九。《宋朝事實類苑》卷二十四。《齊東野語》卷二十。《群書類編故事》卷十八。《識小録》卷六。《宋詩紀事》卷十二。

47 文潞公保洛日，年七十八。同時有中散大夫程珦、朝議大夫司馬旦、司封郎中致仕席汝言，皆年七十八。嘗爲「同甲會」，各賦詩一首。潞公詩曰：「四人三百十二歲，況是同生丙午年。招得梁園爲賦客，合成商嶺採芝仙。清談亹亹風盈席，素髮飄飄雪滿肩。此會從來誠未有，洛中應作畫圖傳。」《夢溪筆談》卷十五。《墨客揮犀》卷二。《宋朝事實類苑》卷二十四。《詩律武庫》卷四。《群書類編故事》卷十八。《堯山堂外紀》卷四十七。《宋詩紀事》卷十二。

48 西京五老：文潞公彦博、范景仁鎮、張仲巽、史中輝、劉伯壽几。《小學紺珠》卷六。

49 見司馬光72。

50 洛之士庶又生祠潞公於資勝院，温公取神宗送潞公判河南詩，隸書於榜曰「竚瞻堂」，塑公像其中，冠劍偉然，都人事之甚肅。《邵氏聞見録》卷十。《宋名臣言行録》後集卷三。

51 元豐末，文潞公致仕歸洛，入對時，年幾八十矣。神宗見其康强，問其「攝生亦有道乎」？潞公對：「無他，臣但能任意自適，不以外物傷和氣，不敢做過當事，酌中恰好即止。」上以爲名言。《石林燕語》卷三。

52 元豐七年春，文太師告老，奏乞赴闕，親辭天陛，庶盡臣子之誠。既見，神宗即日對御賜宴，顧問温渥，上酌御盞親勸。數日，朝辭，上遣中使以手札諭公留過清明，飭有司令與公備二舟，泝汴還洛。清明日，錫宴玉津園，公作詩示同席。翌日，上用公韻屬和，親灑宸翰，就第賜公。將行，特命三省以上赴瓊林苑宴餞，復賜御詩送行。公留京師一月，凡對上者五，錫宴者三，錫詩者再，顧問不名，稱曰太師，寵數優異，近世無比。《澠水燕談録》卷二。《宋朝事實類苑》卷六。

53 見高后11。

54 蘇惠州嘗以作詩下獄，自黄州再起，遂遍歷侍從。而作詩每爲不知者咀味，以爲有譏訕，而實不然也。出守錢塘，來別潞公，公曰：「願君至杭少作詩，恐爲不相喜者誣謗。」再三言之。臨別上馬，笑曰：「若還興也，便有箋云。」時有吴處厚者，取蔡安州詩作注，蔡安州遂遇禍，故有「箋云」之戲。「興也」，蓋取毛、鄭、孫詩分六義者。又云：「願君不忘鄙言。某雖老悖，然所謂者希之歲，不妨也善之言。」《明道雜志》。《堯山堂外紀》卷五十二。

55 文潞公洛陽居第，袁象先舊基，屋雖不甚宏大，晚得其旁羨地數畝爲園，號「東田」，日挾家童數輩，肩輿與賓客姻戚共游無虚時。既罷，遣聲妓取營籍十餘人，月賦以金，每行必命之執事，人以爲適。《巖下放言》卷下。

56 文潞公東田，本藥圃，地薄東城，水渺瀰甚廣，泛舟游者，如在江湖間也。淵映、瀍水二堂，宛宛在水中，湘膚、藥圃二堂間之，西去其第里餘。今潞公官太師，年九十，尚時杖屨游之。《邵氏聞見後録》卷二十五。

57 西京一僧院，後有竹林甚盛，僧開軒對之，極瀟灑，士大夫多游集其間。一日，文潞公亦訪焉，大愛之。僧因具榜乞命名，公欣然許之，攜榜以歸。數月無耗，僧往請，則曰：「吾爲爾思一佳名，未之得也，姑少待。」後半年，方送榜還，題曰「竹軒」。余觀士大夫立所在亭堂名，當理而無疵者極少。潞公之語雖質，然不可破也。《卻掃編》卷下。

58 洛中士人張起宗以教小童爲生，居於會節園側，年四十餘。一日，行於内，前見有西來行李甚盛，問之曰：「文樞密知成都回也。」侍姬皆騎馬，錦繡蘭麝，溢人眼鼻。起宗自歎曰：「我丙午生，相遠如此。」傍有瞽卜輒曰：「秀才，我與汝算命。」因與藉地，卜者出算子約百餘布地上，幾長丈餘，凡闢兩時，曰：「好笑諸事不同，但三十年後，有某星臨某所，兩人皆同，當並案而食者九箇月。」起宗後七十餘歲，時文公亦居於洛，起宗視其所交游飲宴者皆一時貴人，輒自疑曰：「余安得並案而食乎？」一日，公獨游會節園，問其下曰：「吾適來，聞園側教學者甚人？」對曰：「老張先生。」公曰：「請來。」及見大喜，問其甲子，又與之同，因呼爲會節先生。公每召客，必預，若赴人會，無先生則不往。公爲主人則拐於左，公爲客則拐於右，並案而食者將及九月。公之子及甫知河陽府，公往視之。公所居私第地名東田，有小姬四人，謂之東田小藉，共升大車隨行，祖於城西。有伶人素不平之，因爲口號曰：「東田小藉，已登油壁之車；會節先生，暫别玳筵之宴。」坐客微笑。自此潞公復歸洛，不復召之矣。《嬾真子録》卷五。《宋稗類鈔》卷一。

59 張塤，字叔和，一日到洛中謁潞公，方飯後，坐於一亭，亭邊皆蘭，既見，不交一談，對坐幾時。公方曰：「香來也。」叔和以爲平生所未聞。潞公云：「凡香嗅之則不佳，須待其因風自至。」余始悟山谷詩云：「披拂不盈懷，時有暗香度。」《王直方詩話》。《詩話總龜》前集卷十四。

60 潁昌府陽翟縣有富民孟三郎，元祐間至洛中，飲水山間，見一婦人甚麗。孟往追之，即失所在，因窮極幽遠，得牡丹一品，紅色，灑金，其葉千疊，遂移至洛陽。文潞公愛之，目曰「澗仙紅」。《可書》。

61 有獻黄花乞名者，潞公名之曰「女真黄」。《古今合璧事類備要》别集卷二十四。《柳亭詩話》卷二十三。

62 宰相遇誕日，必差官具口宣押賜禮物。其中有塗金鐫花銀盆四，此盛禮也。獨文潞公自慶曆八年入拜，厥後至紹聖歲丁丑，凡五十年，所謂閒鍍鈒花銀盆固在。遇其慶誕，必羅列百數於座右，以侈君賜。當時衣冠傳以爲盛事。《鐵圍山叢談》卷二。

63 文序世言：潞公有白玉盆，徑尺餘，三足，破貝州時，仁皇帝賜也，常用以貯酒，後納之壙中云。《邵氏聞見後録》卷二十六。

64 見蔡京25。

65 見張在1。

66 文潞公在貝州時，有黄璵者，爲公笠。用一幅大綾，寫「九十二歲善終」六字，藏於家。……紹聖元年，公九十二歲，坐異意降太子少保，河南府差通判來取節鉞。月餘終。《萍洲可談》卷三。

67 文潞公號「伊叟」。《石林燕語》卷十。

68 見韓琦130、131。

69 文潞公花押佩之止瘧。《柳亭詩話》卷十。

70 大觀之前，吾竹馬歲，與群兒戲。適道文太師、韓侍中，語纔一語吐，則翁姥長者輩必變色以戒曰：「小後生不得亂道。」當是時，去二公薨已數十年，猶凜凜然尊嚴，使人尚敬之若神。《鐵圍山叢談》卷二。

71 粘罕在西京，令人廣求大臣文集、墨迹、書籍等，又尋富鄭公、文潞公、司馬温公等子孫。時唯潞公第九子殿撰維申，老年杖屨，先奔走出城，乃遺一妾、一嬰兒，粘罕既得，撫之良久，贈衣服珠玉爲壓驚，復令歸宅。《三朝北盟會編》卷六十三。

文及甫

1 文及甫，潞公子也，二十八歲，以直龍圖閣知陝州，士論少之。郡僚戲云：「本州公筵，客將司奉台旨喫炒刴。」當時傳以爲笑。《萍洲可談》卷三。

宋庠

1 鄉人傳元憲母夢朱衣人畀一大珠，受而懷之，既寤猶覺煖，已而生元憲。後又夢前朱衣人攜《文選》一部與之，遂生景文，故小字「選哥」。二公文學詞藝冠世，天下謂二宋。《塵史》卷中。

2 宋元憲，繼母乃吾里朱氏也。與仲氏景文以未第，因依外門，就學安陸。居貧，冬至召同人飲，元憲謂客曰：「至節無以爲具，獨有先人劍鞘上裹銀得一兩，粗以辦節。」乃笑曰：「冬至吃劍鞘，年節當吃劍耳。」時予先君年未冠，處座下，嘗語予曰：「觀二公居貧，燕笑自若，後享名位如此。」《塵史》卷中。《何氏語林》卷十四。《昨非庵日纂》二集卷十。《黄嬭餘話》卷四。

3 見令狐揆1。

4 宋莒公兄弟，平時分題課賦，莒公多屈於子京，及作《鷙鳥不雙賦》，則子京去兄遠甚，莒公遂壇場。《青箱雜記》卷十。

5 二宋丱角之年，同於黌舍肄業。有胡僧見而謂曰：「小宋他日當魁天下，大宋亦不失甲科。」後十餘年春試罷，復過僧於壓邸。僧執大宋手而驚曰：「公風神頓異昔時，能活數百萬命者。」大宋笑曰：「貧儒何力及是？」僧曰：「不然，肖翹之物，皆命也。公試思之。」大宋俛思良久，乃笑而言曰：「旬日前，所居堂下有蟻穴，爲暴雨所侵，群蟻繚繞穴傍。吾乃戲編竹爲橋以渡之，由是蟻命獲全。得非此乎？」僧曰：「是也。小宋今歲固當首捷，然公終不出小宋下。」二宋私相語曰：「妄也，一歲固無兩魁。」比唱第，小宋果中首選。章憲太后當朝，謂「不可以弟先兄」，乃以大宋爲第一，小宋爲第十。始信僧言不妄。《厚德録》卷一引《遯齋閒覽》。《善誘文》。《自警編》卷二。《類説》卷四十七。《堯山堂外紀》卷四十六。

6 見夏竦24。

7 天聖初，宋元憲公在場屋日，夢魁天下。故事，四方舉人集京師，當入見，而宋公姓名偶爲衆人之首。禮部奏舉人宋郊等，公大惡之，以爲夢徵止此矣。然其後卒爲大魁。《老學庵筆記》卷九。《宋稗類鈔》卷二。

8 宋莒公兄弟居安州，初未知名。會夏英公謫知安州，二人以文贄見，大稱賞之，遂聞於時。初試禮部，劉子儀知舉，擢景文第一，余曾叔祖司空第二，莒公第三。時諒闇不廷試，暨奏名，明肅太后曰：「弟何可先兄！」乃易莒公第一，而景文降爲第十。《石林燕語》卷八。《東都事略》卷六十五。

9 宋莒公殿試《德車結旌賦》，第二韻當押結字，偶忘之。考試官奏過，得旨，因得在數，以魁天下。其後謝主文啓云：「掀天波浪之中，舟人忘檝；動地鼓鼙之下，戰士遺弓。」蓋叙此也。《能改齋漫録》卷十四。

10 宋鄭公庠省試《良玉不琢賦》，號爲擅場。時大宗胥内翰偃考之酷愛，必謂非二宋不能作之，奈何重疊押韻，一韻有「瓌奇擅名」及「而無刻畫之名」之句，深惜之，密與自改「擅名」爲「擅聲」。後埒之於第一。殆發試卷，果鄭公也。胥公孳孳於後進，故天聖、明道間得譽於時，若歐陽公等皆是，後雖貴顯，而眷盻亦衰。故學士王平甫撰《胥公神道碑》，略云：「諸孤幼甚，歸於潤州。公平日翦擢相踵，而材勢大顯者無一人所助，獨宋鄭公卹其家甚厚。」蓋兹事也。《湘山野録》卷上。

11 宋元獻自安州赴開封，試《良玉不琢賦》，重疊用「名」字韻。既悟，還南薰門外，將治歸裝。胥偃内翰爲館職，主文柄，挾卷廁上，改「蘊精」二字，以第一處之。及榜將出，宋使其僕人偵誰爲解元者，僕奔告曰：「秀才爲解元。」宋不知所以，久乃知之。胥既改謄録卷，而真卷送武成廟，乃使刁景純往改之。時天大雨，刁著木屐混於群胥中，得卷改之，宋遂無虞。既殿試，景文爲第一，以其弟也，又方州貢士，遂以開封解元爲狀元。景文降十名，元獻不十年位致公輔。《魏公譚訓》卷七。

12 元憲宋公應舉，再上及第，初任通判襄州。景文一上及第，初任復州推官。元憲謂曰：「某多幸，纔入仕不識州縣況味。」景文答曰：「某亦多幸，纔應舉便不知下第況味。」兄弟相與笑謔而罷。《塵史》卷下。

13 景祐元年，張唐卿牓賜恩澤出身、章服等，制誥詞略云：「青衿就學，白首空歸。屢陳鄉老之書，不預賢能之選。靡負激昂而自勵，止期華皓以見收。」仁宗怒曰：「後世得不貽其子孫之羞乎？」御筆抹去。宋鄭公別進云：「久淪巖穴，夙蘊經綸。鶯遷未出於喬林，鶚薦屢光於鄉校。縱轡誠虧於遠到，博風勉屈於卑飛。」上頗悦。《玉壺清話》卷八。

14 宋鄭公初名郊，字伯庠，與其弟祁自布衣時名動天下，號爲二宋。其爲知制誥，仁宗驟加獎眷，便欲大用。有忌其先進者譖之，謂其「姓符國號，名應郊天」。又曰「郊者交也，交者，替代之名也，『宋交』，其言不詳。」仁宗遽命改之，公怏怏不獲已，乃改爲庠，字公序。《歸田録》卷一。《靖康緗素雜記》卷九。《宋朝事實類苑》卷十。《宋名臣言行録》前集卷四引《宋史略述》。《新編分門古今類事》卷二十。

15 〔宋庠〕初名郊。李淑在翰林，因對言於仁宗曰：「宋郊，姓符國號，名應祀天，不祥也。」仁宗語之更焉。《名賢氏族言行類稿》卷四十二。《郡齋讀書志》卷十九。《志雅堂雜志》卷上。

16 元憲宋公始名郊，字伯庠，文價振天下。既入翰林，有愬於上者，以姓名於朝廷非便，神文乃間諭元憲，令易之，遂名「庠」字。一日因具奏劄，先書「臣庠」，時李獻臣爲翰長，見奏指宋公名曰：「此何人耶？」吏具以對。已而白宋，宋乃書一絶云：「紙尾何勞問姓名，禁林依舊玷華纓。欲知《七略》稱臣向，便是當年劉更生。」《塵史》卷下。《何氏語林》卷二十六。

17 宋元憲公始拜内相，望重一時，且大用矣。同列譖其姓宋而郊名，非便。公奉詔更名庠，意殊怏怏不滿。會用新名移書葉道卿清臣，仍呼同年。葉戲答公曰：「清臣，宋郊榜第六中選。遍閲小録，無宋庠者，不知何許人。」公因寄一絶自解：「紙尾勤勤問姓名，禁林依舊玷華纓。莫驚書録題臣向，即是當時劉更生。」《西清詩話》卷中。《東原録》。《靖康緗素雜記》卷九。《新編分門古今類事》卷二十。《堯山堂外紀》卷四十六。《堅瓠乙集》卷三。《宋詩紀事》卷十一。

18 見夏竦29。

19 宋庠、葉清臣、鄭戩及庠弟祁同年登第，皆有名稱。康定中，庠爲參知政事，戩爲樞密副使，清臣任三司使，祁爲天章閣待制。趣尚既同，權勢亦盛，時人謂之「四友」。吕夷簡深忌之，指爲朋黨。俄有無名子作，謗庠有「天下文章惟獨我，榜中龍虎更無人」之句，餘韻甚多，深訐庠之私短。語寖上聞，乃盡罷四人爲郡，仍降詔天下，戒朋比焉。《儒林公議》。

20 吕申公作相，宋鄭公參知政事。吕素不悦范希文。一日，希文答元昊書，録本奏呈。吕在中書，自語曰：「豈有邊將與叛臣通書？」又云：「奏本如此，又不知真所與書中何所言也。」以此激宋。宋明日上殿，果入札子論希文交通叛臣。既而中書將上，吕公讀訖，仁宗沈吟久之，遍顧大臣，無有對者，仁宗曰：「范仲淹莫不至如此。」吕公徐應曰：「擅答書不得無罪，然謂之有它心，則非也。」宋公色沮無辭。明日，宋公出知揚州。又二年，希文作參知政事，宋尚在揚，極懷憂撓，以長書謝過，云爲憸人所使。其後宋公作相，薦范純仁試館職。純仁尚以父前故，辭不願舉。《孔氏談苑》卷一。

21〔范文正〕知延州，移書諭趙元昊以利害，元昊復書，語極悖慢。文正具奏其狀，焚其書不以聞。時宋相庠爲參知政事。先是，許公執政，諸公唯諾書紙尾而已，不敢有所預。宋公多與之論辨，許公不悦。一日，二人獨在中書，許公從容言曰：「人臣無外交，希文乃擅與元昊書，得其書又焚去不奏，他人敢爾邪？」宋公以爲許公誠深罪范也。時朝廷命文正分析，文正奏：「臣始聞虜有悔過之意，故以書誘諭之。會任福敗，虜勢益振，故復書悖慢。臣以爲使朝廷見之而不能討，則辱在朝廷，乃對官屬焚之，使若朝廷初不知者，則辱專在臣矣。故不敢以聞也。」奏上，兩府共進呈，宋公遽曰：「范仲淹可斬！」杜祁公時爲樞密副使，曰：「仲淹之志出於忠果，欲爲朝廷招叛虜耳，何可深罪？」争之甚切。宋公謂許公必有言助己，而許公默然，終無一語。上顧問許公：「如何？」許公曰：「杜衍之言是也，止可薄責而已。」乃降一官，知耀州。於是，論者諠然，而宋公不知爲許公所賣也。宋公亦尋出知揚州。《涑水記聞》卷八。《龍川别志》卷下。

22 見梅堯臣4。

23 有武士方圭好作惡詩，極有可笑者，有《旁見集》行於世，多爲士大夫之口實。慶曆初，宋丞相庠守揚州，會圭經過赴會，至于席上談詩，嘲哳可厭。宋公厭之，因顧望野外有牛繫樹下，牛拽樹將折，宋公謂坐客胡恢曰：「青牛恃力狂挨樹。」恢已曉公意，應聲對曰：「怪鳥啼春不避人。」公大笑，圭亦慚怒。《臨漢隱居詩話》。《續墨客揮犀》卷六。《堯山堂外紀》卷四十六。《宋稗類鈔》卷六。

24 本朝狀頭入相者，吕文穆公蒙正、王文正公曾、李文定公迪、宋元憲公庠。元憲登庸，知制誥石揚休賀以詩曰：「皇朝四十三龍首，身到黃扉止四人。」元憲大喜，持示同列。樞密副使王伯庸堯臣覽之，矍然色動，徐曰：「何不道『已四人』，而特言『止』，惜哉！」蓋伯庸實繼元憲魁天下士，然未幾薨於位。自慶曆距今，迄未有先多士而後大拜者，異哉！《西清詩話》卷上。

25　元憲宋公以言者斥其非才，罷樞相守洛。有一舉人，行橐中有不稅之物，公問何緣而發之，吏言因其僕告。公曰：「舉人應舉，人孰無貨，其情未可深罪。若奴告主，此風不可長也。」僚屬曰：「此犯人乃言官之子也。」爲其父嘗有章及元憲，意欲激其報耳。公曰：「弗可。」送稅院倍其稅，仍治其奴以罪而遣之。衆服之。《塵史》卷中。《宋名臣言行録》前集卷六。《宋稗類鈔》卷一。

26　沈邈嘗爲京東轉運使，數以事侵宋元憲公庠，後任御史，又彈奏庠不可以爲執政。及庠在洛，邈子監麴院，因出借縣人負物，杖之道死。死者實以他疾，而邈之子府屬所惡，痛治之以法。庠獨不肯，曰「此何足以爲罪也」。人以此稱庠長者。《厚德録》卷三。《仕學規範》卷五。

27　許昌西湖與子城密相附，緣城而下，可策杖往來，不涉城市。云是曲環作鎮時，取土築城，因以其地道潩水瀦之。略廣百餘畝，中爲橫堤。初但有其東之半耳，其西廣于東增倍，而水不甚深。宋莒公爲守時，因起黃河春夫浚治之，始與西相通，則其詩所謂「鑿開魚鳥忘情地，展盡江湖極目天」者也。其後韓持國作大亭水中，取其詩名之曰「展江」。《石林詩話》卷上。《苕溪漁隱叢話》前集卷二十六。《青箱雜記》卷七。《宋朝事實類苑》卷四十六。

28　宋元憲公鎮河陽，嘗坐麗譙，俯大河，得句云：「舟從底柱過。」咀味口吻間，久不能對。一日再至，望太行諸峯森峙，雲物如湧，遂續云：「雲自太行來。」此皆對景得之，天成混然，爲一篇警策。《西清詩話》卷下。

29 太原土風喜射，故民間有弓箭社。〔韓〕琦在太原不禁，亦不驅，故人情自得，亦可寓兵備於其間。後宋相繼政，頗著心處之，下令籍爲部伍，仍須用角弓。太原人貧，素用木弓，自此有賣牛買弓者。《宋名臣言行録》後集卷一。

30 宋莒公晚年，景文奄謝，諸侄成服，公惡其縗縷太粗，命易去。有一門客自言素辱恩遇，願請以衣，當日都下人多傳笑。《珍席放談》卷下。

31 宋相郊居政府，上元夜在書院内讀《周易》，聞其弟學士祁點華燈，擁歌妓，醉飲達旦。翌日，諭所親令誚讓云：「相公寄語學士：聞昨夜燒燈夜宴，窮極奢侈，不知記得某年上元，同在某州州學内吃虀煮飯時否？」學士笑曰：「却須寄語相公：不知某年同在某處吃虀煮飯，是爲甚底？」《錢氏私志》。《堯山堂外紀》卷四十六。

32 〔蔡君謨〕云：「宋元憲公近之和氣拂拂然襲人，景文公則英采秀發……久視之，無一點塵氣，真神仙中人也。」《東齋記事》卷三。

33 宋元憲嘗奏事而帶寬，誤墜文書數紙於地，不顧而行。仁宗呼内侍臣拾以與之。議者謂仁宗有人君體，宋公得大臣體。《呂氏雜記》卷下。《宋名臣言行録》前集卷六。《東山談苑》卷四。

34 宋丞相庠早以文行負重名於時，晚年尤精字學，嘗手校郭忠恕《佩觿》三篇寶翫之。其在中書，堂吏書牒尾以俗體書宋爲「宋」，公見之不肯下筆，責堂吏曰：「吾雖不才，尚能見姓書名，此不是我姓！」

堂吏惶懼改之，乃肯書名。《歸田録》卷二。《宋朝事實類苑》卷十。

35 鍾著作生二女，長嫁宋氏，生庠、祁。其季嫁常州薛秀才，生一女，爲尼，與僧居和大師私焉，亦生一女，嫁潘秀才。潘有子名與稽，今爲朝奉大夫。與稽之視居和，乃外祖父也。居和乃以牛黄丸療風疾者也，飲酒食肉，不守僧戒。然用心吉良，每鄉里疾疫，以藥歷詣諸家，救其所苦，或以錢賙之。薛尼于宋氏，以姊妹親，常至京師。是時庠爲翰林學士。尼還常州，和病革，問尼曰：「京師誰爲名族善人者？」尼曰：「吾所出入多矣，無如宋内翰家也。」和曰：「我死則往托生焉。」尼誚曰：「狂僧，宋家郡君已娠矣，安得托生？」和曰：「吾必往也。」既而和死，人畫一草蟲于其臂。是日，宋家郡君腹痛將娩，祁之妻往視産，見一紫衣僧入室，亟走避之。既而聞兒啼，曰：「急令僧去，吾將視吾姒。」人曰：「未嘗有僧也。」乃知所生子乃和也。既長，形相酷似和，亦好飲酒食肉，隱然有草蟲在其臂。名均國，爲絳州太守卒。《孔氏談苑》卷一。

宋祁

1 見宋庠1。

2 見宋庠2。

3 見令狐揆1。

4 見宋庠4。

5 見宋庠5。

6 見夏竦24。

7 宋景文與兄元憲，少時嘗謁楊大年。坐中賦《落花詩》，元憲云：「金谷路塵埋國豔，武陵溪水泛天香。」景文云：「將飄更作回風舞，已落猶成半面妝。」文公以兄爲勝，謂景文小巧，他日富貴亦不迨其兄，且不當更用「落」字也。《雞肋編》卷中。

8 見孫奭9。

9 宋景文應舉安陸，試《仲尼五十而學〈易〉賦》。次日，試《周成漢昭孰優論》，景文質其是非於令狐子先，答以兩可之説。既出，各舉程文，令狐乃以孝昭覺上官桀謀爲優於成王不察四國之流言也。景文由是不懌。是年，景文首薦，令狐被黜。故景文謝啓有云：「言雖執於盈庭，文不同而如面。」蓋謂是也。《麈史》卷中。

10 見范鎮2。

11 自科場用賦取人，進士不復留意於詩，故絕無可稱者。惟天聖二年省試《采侯詩》，宋尚書祁最擅場，其句有「色映堋雲爛，聲迎羽月遲」，尤爲京師傳誦，當時舉子目公爲「宋采侯」。《六一詩話》。《仕學規範》卷三十九。《堯山堂外紀》卷四十五。《歷代詞話》卷四引《古今詞話》。《宋詩紀事》卷十一。

12 見宋庠8。

13 見宋庠12。

14 宋子京明道初召試學士院，試《琬圭賦》，其辭有曰：「爾功既昭，則增圭之重；彼績不建，則貽玉之羞。是以上無虚授，下靡妄求。」又曰：「爾公爾侯，宜念吾王之厚報。」時翰林盛公度奏御日，極褒稱之，曰：「此文有作用，有勸戒，雖名爲賦，實若詔誥詞也。」即授直史館。《東原録》。

15 韓魏公與宋尚書同試中書，賦琬圭。宋公太息曰：「老矣，尚從韓家郎君試邪！」蓋宋公文稱已著，韓公以從官子弟二名登科，然世尚未盡知也。或聞韓公則愧謝曰：「某其敢望宋公？報罷必矣。」已而韓公爲奏篇之首，宋公反出其下。後韓公帥中山，作閲古堂，宋公詞有云：「聽説中山好，韓家閲古堂。畫圖名將相，刻石好文章。」韓公見之不悦。《邵氏聞見後録》卷十九。《西塘集耆舊續聞》卷三。

16 魏公少年巍科，與宋景文同召試祕閣《琬圭賦》。景文賦獨行於世，魏公歎服。景文語客曰：「既賦《琬圭》，又與韓氏少年同場。」意甚少之。魏公聞之不平。景文後修《唐書》，久之，魏公登庸，遂請改命歐陽修分撰《唐紀》與《志》。景文出知成都，聽以書局自隨，既成上之，旌賞都畢，已而景文召還，故有《罷郡將還先寄永興梁丞相》詩云：「留滯魚符素領垂，十年方喜覲彤闈。平臺賦罷鄒陽至，宣室釐殘賈誼歸。疲馬有情依櫪歎，倦禽知困傍林飛。相君門下餘塵在，擁篲應容一叩扉。」至雍，道中被命鄭州，不得朝，卒於外。《塵史》卷中。

17 宋景文公子京，不甚爲韓魏公所知，故公當國，子京多補外。嘉祐末，始再入爲翰林學士。偶朝會，子京因病謁告，以表自陳云：「不獲預率舞之列。」魏公見之，殊不樂。《石林詩話》卷中。

18 見王德用4。

19 宋子京素有士望，而才高爲衆所媢，竟不至兩地。初在翰苑，時兄莒公執政。一日對昭陵，天顔不懌，久乃曰：「豈有爲人兄而不能詔其弟乎？」莒公知譖者，因答云：「臣弟兄才薄非據，冒榮過分，方俟乞外。」昭陵曰：「甚好，將取文字來。」對畢，同時上章告退。已而莒公守維揚，子京守壽春。凡貴臣出守朝辭，例有頒賜。子京告下，遂入朝辭榜子。宰相呂許公於漏舍呼閤門詢之，曰：「宋學士甚日朝辭？」閤門云：「已得班。」許公於是愕然，曰：「敏哉！」蓋欲放謝詞，截其頒賜也。子京辭退，到都堂敘述：「兄弟久叨至庇，今兹外補揚、壽，相去不遠，盡出陶鎔之恩。」許公曰：「更三年後相見。」此語，宋氏子弟云。《西塘集耆舊續聞》卷三。

20 見晏殊27。

21 國朝命妃，未嘗行册禮。然故事須候旨，方以誥授之。凡降誥，皆自學士院待詔書詞送都堂，列三省銜，官誥院用印，然後進入。慶曆間，加封張貴妃時，宋翰林當制。宣麻畢，宋止就寫告，直取官誥院印用之，遽封以進。妃寵方盛，欲行册命之禮，怒擲地，不肯受。宋祁落職知許州。乃令丁度撰文行册禮。宋氏子弟云：元豐末，東坡赴闕，道出南都，見張文定公方平。因談及内庭文字，張云：「宋某文某文甚佳，忘其篇目，惟記一道是《張貴妃制》。坡至都下，就宋氏借本看，宋氏諸子不肯出，謂東坡滑稽，萬一摘數語作諢話，天下傳爲口實矣。《西塘集耆舊續聞》卷三。

22 宋子京在翰林時，同院李獻臣以次，有六學士。一日，張貴妃詞頭下，議行告庭之禮，未决，子京遽以制上，妃怒抵於地曰：「何學士敢輕人？」子京出知安州，以長短句詠燕子，有「因爲銜泥汙錦衣，垂下珠簾不敢歸」之句。或傳入禁中，仁皇帝覽之一歎，尋召還玉堂署。《邵氏聞見後録》卷十九。

23 或有薦宋莒公兄弟可大用，昭陵曰：「大者可，小者每上殿來，則廷臣無一人是者。」已而莒公果作相，而景文竟以翰長卒於位。《曲洧舊聞》卷一。

24 見夏竦38。

25 《蘭亭》舊刻……石晉之亂，契丹自中原輦國貨、圖書至真定。德光死，漢祖起太原，遂棄此石於中山。……慶曆中，宋景文爲定帥，有游子攜此石走四方，最後死營妓家。伶人孟水清取以獻，子京愛而不受，留之公帑。元豐中，薛師正爲帥，始攜石去。《蘭亭考》卷六。《蘭亭續考》卷一。

26 宋景文公帥真定，時漕使周浩郎中已罷，李維少卿方到。宋公往見，參狀稱運使郎中。李怒曰「我非郎中」，辭不受。典賓以情懇，宋曰：「沿襲前官之誤，願賜矜貸。」公題一詩于狀後以遺李，末句曰：「若向西清遇榮顯，少卿只合作郎中。」李詰其故，宋曰：「國朝故事，無少卿知制誥者。若當制，即少卿改授前行郎中。」李愧謝之。《能改齋漫録》卷十三。

27 見蔣堂4。

28 宋子京修《唐書》。嘗一日逢大雪，添簾幕，燃椽燭一，秉燭二，左右熾炭兩巨鑪，諸姬環侍。方磨墨濡毫，以澄心堂紙草某人傳，未成，顧諸姬曰：「汝輩俱曾在人家，曾見主人如此否？可謂清矣。」皆曰：「實無有也。」其間一人來自宗子家，子京曰：「汝太尉遇此天氣，亦復何如？」對曰：「只是擁鑪，命歌舞，間以雜劇，引滿大醉而已，如何比得内翰。」子京點頭曰：「也自不惡。」乃閣筆掩卷，起索酒飲之，幾達晨。明日對賓客自言其事。後每燕集，屢舉以爲笑。《曲洧舊聞》卷六。《何氏語林》卷二十一。《堯山堂外紀》卷四十六。《詞林紀事》卷三。《宋稗類鈔》卷四。

29〔宋子京〕晚年知成都府，帶《唐書》於本任刊修。每宴罷，盥漱畢，開寢門，垂簾，燃二椽燭，媵婢夾侍，和墨伸紙，遠近觀者，皆知尚書修《唐書》矣，望之如神仙焉。多内寵，後庭曳羅綺者甚衆。嘗宴於錦江，偶微寒，命取半臂，諸婢各送一枚，凡十餘枚皆至。子京視之茫然，恐有厚薄之嫌，竟不敢服，忍冷而歸。《東軒筆録》卷十五。《何氏語林》卷三十。《宋稗類鈔》卷四。《堅瓠丁集》卷三。《宋詩紀事》卷十一。《詞林紀事》卷三。

30 宋景文公修《唐史》，好以艱深之辭文淺易之説。歐陽公思有以諷之，一日大書其壁曰：「宵寐匪貞，札闥洪休。」宋見之，曰：「非『夜夢不祥，題門大吉』耶？何必求異如此！」歐公曰：「《李靖傳》云『震雷無暇掩聰』，亦是類也。」宋公慚而退。《事類備要》前集卷四十四。《堯山堂外紀》卷四十六。《宋稗類鈔》卷五。

31 歐公在潁上日，取《新唐書》列傳，令子棐讀而公卧聽之。至《藩鎮傳叙》，嗟賞曰：「若皆如此傳，其筆力亦不可及也。」《曲洧舊聞》卷三。

32 見沈士龍1。

33 工部尚書宋祁，與其兄樞密使郊，以文章齊名。天下稱爲「二宋」，以比「二陸」。祁守蜀日，嘗有詩三百首，名曰《猥藁》。其初有詩云：「碧雲漫有三年信，明月空爲兩地愁。」後竟不入兩地，愁憤而薨。人以爲詩讖。《雲齋廣録》卷二。《類説》卷十八。《優古堂詩話》。《宋詩紀事》卷十一。

34 宋子京罷守成都，故事當爲執政，未至，宰相以兩地見次，盡以他人充之。子京聞報悵然，有「梁園賦罷相如至，宣室釐殘賈誼歸」之句。言者又論蜀人不安其奢侈，遂止爲鄭州，望國門不得入，久之再爲翰林承旨。未幾，不幸訃至成都，士民哭於其祠者數千人，謂「不安其奢侈」者誣矣。宰相，韓魏公也。言者，包孝肅也。然子京先有「碧雲漫有三年信，明月長爲兩地愁」之句，竟不至兩地，悲憤而没，世以爲讖云。《邵氏聞見後録》卷十九。

35 嘉祐中，禁林諸公皆入兩府，是時包孝肅公拯爲三司使，宋景文公祁守鄭州，二公風力名次最著人望，而不見用。京師諺語曰：「撥隊爲參政，成群作副樞。虧他包省主，悶殺宋尚書。」明年，包亦樞密副使，而宋以翰林學士承旨召。景文道長安，以詩寄梁丞相，略曰：「梁園賦罷相如至，宣室釐殘賈誼歸。」蓋謂差除兩府足，方被召也。《東軒筆録》卷十一。《宋朝事實類苑》卷六十三。《宋詩紀事》卷十一。

36 宋景文平生數賦《落花》詩。晚于圃田，又賦此題云：「香歸蜂蜜盡，紅入燕泥乾。」人謂景文與落花俱盡，未幾果卒。《槁簡贅筆》。《老學庵筆記》卷四。

37 見歐陽修102。

38 見宋庠30。

39 見宋庠31。

40 見宋庠32。

41 小宋好客，會賓於廣厦，中外設重幕，内列寶炬，百味具備，歌舞俳優相繼，觀者忘疲。但覺更漏差長，席罷已二宿矣，名曰「不曉天」。《堯山堂外紀》卷四十六。《宋稗類鈔》卷二。

42 子京過繁臺街，逢内家車子，中有褰簾者曰：「小宋也。」子京歸，遂作《鷓鴣天》詞，曰：「畫轂雕鞍狹路逢。一聲腸斷繡簾中。身無彩鳳雙飛翼，心有靈犀一點通。　金作屋，玉爲籠。車如流水馬游龍。劉郎已恨蓬山遠，更隔蓬山一萬重。」都下傳唱，達於禁中。仁宗知之，問：「内人第幾車子、何人呼小宋？」有内人自陳：「頃侍御宴，見宣翰林學士，左右内臣曰：『小宋也。』時在車子中偶見之，呼一聲耳。」上召子京從容語及，子京惶懼無地。上笑曰：「蓬山不遠。」因以内人賜之。《唐宋諸賢絶妙詞選》卷三。《堯山堂外紀》卷四十六。《宋稗類鈔》卷一。《堅瓠丁集》卷三。《詞苑叢談》卷七。《詞林紀事》卷三。

43 張子野郎中以樂章擅名一時，宋子京尚書奇其才，先往見之，遣將命者謂曰：「尚書欲見『雲破月來花弄影』郎中。」子野屏後呼曰：「得非『紅杏枝頭春意鬧』尚書耶？」遂出，置酒盡歡。蓋二人所舉，皆其警策也。《苕溪漁隱叢話》前集卷三十七引《遯齋閒覽》。《堯山堂外紀》卷四十六。《詞林紀事》卷三引《古今詞話》。

44 劉夢得作《九日詩》，欲用餻字，以五經中無之，輟不復爲。宋子京以爲不然。故子京《九日食餻》有詠云：「颷館輕霜拂曙袍，糗餈花飲鬬分曹。劉郎不敢題餻字，虚負詩中一世豪。」遂爲古本絶唱。「糗餌粉餈」，餻類也，出《周禮》。「詩豪」，白樂天目夢得云。《邵氏聞見後録》卷十九。《宋詩紀事》卷十一。

45 二宋俱爲晏元獻門下士，兄弟雖甚貴顯，爲文必手抄寄公，懇求雕潤。嘗見景文寄公書曰：「莒公兄赴鎮圃田，同游西池，作詩『長楊獵罷寒熊吼，太一波閑瑞鵠飛』，語意驚絶。因作一聯云：『白雪久殘梁複道，黄頭閑守漢樓船。』」仍注「空」字於「閑」之旁，批云：「二字未定，更望指示。」晏公書其尾云：「『空』優於『閑』。且見雖有船不御之意，又字好語健。」蓋前輩務求博約，情實純至如此。《西清詩話》卷上。《宋朝事實類苑》卷三十九。《苕溪漁隱叢話》前集卷二十六。《宋詩紀事》卷十一。

46 大儒宋景文公學該九流，於音訓尤邃，故所著書用奇字，人多不識。嘗納子婦三日，子以婦家饋食物書白，一過目即曰：「書錯一字，姑報之！」至白報書，即怒曰：「吾薄他人錯字，汝亦爾邪！」子皇駭，卻立緩扣其錯，以筆塗「煖」字。蓋婦家書「以食物煖女」云，報亦如之。子益駭，又緩扣當用何煖字？久之，怒聲曰：「從食從而從大。」子退檢字書《博雅》，中出「餪」字，注云：「女嫁三日，餉食爲餪女。」《邵氏聞見後録》卷二十七。

47 予幼時，先君日課令誦《文選》，甚苦其詞與字難通也。先君因曰：「我見小宋説：手鈔《文選》三過，方見佳處。汝等安得不誦？」由是知前輩名公爲學，大率如此。《麈史》卷中。《蓬窗日鈔》卷六。

48 余於爲文似蘧瑗，瑗年五十知四十九年非。余年六十始知五十九年非……每見舊所作文章，憎之，必欲燒棄。梅堯叟喜曰：「公之文進矣。僕之爲詩亦然。」《宋景文公筆記》卷上。《仕學規範》卷三十二。

龐籍

1 龐醇之相爲舉人時，趙文定作試官，見其《惟幾成天下務賦》云：「當群形未兆，已爲造物之權。洎大象賦形，遂握生民之柄。」曰：「此必爲宰相。」及爲黄州司理，夏英公見之，亦以公輔稱焉。後果爲首相數年。《宋朝事實類苑》卷三十八引《趙康靖公見聞録》。

2 外大父穎公，初爲黄州參軍，事夏英公。公喜相人，謂穎公曰：「吾使相爾，而君真相也。」視其手曰：「雖貴而貧，不如吾也。」出其手，突如堆阜，曰：「此大富之相也。」《後山談叢》卷二。

3 見夏竦18。

4 見夏竦20。

5 見夏竦21。

6 龐籍爲黄州司理，夏竦時知黄州。龐嘗游洪水山，有詩云：「登臨不覺致身危。」夏頗異之。後龐爲相，而夏爲使相，龐適當軸，曰：「今日向司理筆下作使矣。」《東原録》。

7 丞相龐公初登第，爲郡掾。會郡守性褊急，好責人小禮，常年掾屬羅拜庭下，而已坐受之。衆皆忿恥竊罵，公獨處之自若。公曾以疾在告，月餘方出，例當庭參。偶是日大雨，守乃命張傘布茅於庭下，使公設拜，公拜起唯謹。此亦公遠到之量也。《墨客揮犀》卷七。《自警編》卷一。《何氏語林》卷十四。

8 程文惠公與龐穎公同生於戊子，程已貴而龐尚爲小官，嘗戲龐曰：「君乃小戊子耳。」後穎公大拜，文惠致書賀曰：「今日大戊子卻爲小戊子矣。」穎公笑之。《東軒筆録》卷十五。《宋稗類鈔》卷六。《宋詩紀事》卷九。

案：程文惠，當爲程文簡，即程琳。《宋稗類鈔》、《宋詩紀事》誤作陳文惠。

9 景祐中，審刑院斷獄，有使臣何次公具獄，主判官方進呈，上忽問此人名「次公」者何義？主判官不能對。是時龐莊敏爲殿中丞、審刑院詳議官，從官長上殿，乃越次對曰：「臣嘗讀《前漢書》，黄霸字次公，蓋以「霸」次「王」也。此人必慕黄霸之爲人。」上頷之。異日復進讞，上顧知院官問曰：「前時姓龐詳議官何故不來？」知院對任滿已出外官。上遽指揮中書與在京差遣，除三司檢法官，俄擢三司判官。《夢溪筆談》卷十。

10 見种世衡10。

11 龐莊敏公帥延安日，因冬至奉祀家廟齋居，中夜恍惚間，天象成文云：「龐某後十年作相，當以仁佐天下。」凡十有三字，駐視久之，方滅。公因自作詩紀其事云：「冬至子時陽已生，道隨陽長物將萌。星辰賜告銘心骨，願以寬章輔至平。」手緘之。是日，齋誠密記。其詩後藏其曾孫益孺處，余嘗親見之，用小粉牋，字札極草草。《曲洧舊聞》卷九。《南窗紀談》。《玉芝堂談薈》卷十九。《宋詩紀事》卷九。

12 元昊初臣，龐穎公自延州入爲樞密副使，首言關中苦餽餉，請徙沿邊兵就食内地。議者争言不可。以爲虜初伏，情僞難測，未可遽弛備。獨公知元昊已困，必不能遽敗盟，卒徙二十萬人。後爲樞密使，復言天下兵太冗，多不可用，請汰其罷老者。時論紛然，尤以爲必生變，公曰：「有一人不受令，臣請以身坐之。」仁宗用其言，遂汰八萬人。《石林燕語》卷八。

13 皇祐五年，儂智高陷二廣，詔樞密副使狄青督諸將討之。言事者以青武人，不可專用，請以文臣副之。仁宗以問龐莊敏公。曰：「向者王師所以屢敗，由大將不足以統一，裨將人人自用，故遇敵輒北。劉平以來，敗軍覆將，莫不由此。青勇敢有智略，善用兵，必能辦賊，願勿憂。」仁宗乃詔行營諸軍皆受青節制；賊平處置民事，則與孫沔、余靖同議。及捷報至，上喜謂莊敏曰：「嶺表平殄，皆卿之力也。」《澠水燕談録》卷二。

14 狄武襄公既平嶺南，仁宗欲以爲樞密使、平章事，龐莊敏公曰：「太祖遣曹彬平江南，止賜錢二十萬，其重慎名器如此。今青功不及彬遠矣，若用爲平章事，富貴已極，後安肯爲陛下用？萬一後有寇盜，青更立功，陛下以何官賞之？」乃以青爲護國軍節度，諸子皆優官，厚賜金帛。《澠水燕談録》卷一。《宋朝事實類苑》卷十六。

15 龐籍與文彦博爲婚姻，遂得譽。後爲悍妻因貪而敗，遂出守本官知鄆州。《碧雲騢》。

16 始平公自鄆徙并，過京師，謁上。是時，上新用文、富爲相，自以爲得人，謂公曰：「朕新用二相，如何？」公曰：「二臣皆朝廷高選，陛下拔而用之，甚副天下之望。」上曰：「誠如卿言。文彦博猶多私，至於富弼，萬口同詞，皆云賢相也。」始平公曰：「文彦博，臣頃與之同在中書，詳知其所爲，實無所私，但惡之者毁之耳。況前者被謗而出，今當愈畏慎矣。富弼頃爲樞密副使，未執大政，朝士大夫未有與之爲怨者，故交口譽之，冀其進用，而已有所利焉。若富弼以陛下之爵禄樹私恩，則非忠臣，何足賢也；若一以公議槩之，則向之譽者將轉而爲謗矣。此陛下所宜深察也。且陛下既知二臣之賢而用之，則當信之堅，任之久，然後可以責成功；若以一人之言進之，未幾又以一人之言疑之，臣恐太平之功未易可致也。」上曰：「卿言是也。」《涑水記聞》卷五。《宋朝事實類苑》卷十五。《宋名臣言行録》前集卷八。

17 龐丞相籍以使相判太原。時司馬温公適倅并州。一日被檄巡邊，温公因便宜命諸將築堡於窮鄙，而不以聞，遂爲西羌敗我師，破其堡，殺一副將焉。朝廷深訝龐擅興，而詰責不已。龐既素重温公之賢，終略勿自言。久之遂落使相，以觀文殿學士罷歸。然龐公益默不一語，温公用是免。嗚呼，龐公其真宰相，上接古人千載之風矣。《鐵圍山叢談》卷三。《宋稗類鈔》卷三。

18 始平公自定州歸朝，既入見，退詣中書，白執政以求致仕。執政曰：「康寧如是，又主上意方厚，而求去如此之堅，何也？」始平公曰：「若待筋力不支，人主厭棄，然後去，乃不得已也，豈得爲止足哉？」因退歸私第，堅卧不起。自青州至是，三年凡七上表，其劄子不可勝數，朝廷乃許之，以太保致仕。是時論者皆謂公精力充壯，必未肯決去，至是乃服。《涑水記聞》卷五。《宋朝事實類苑》卷八引《廬陵居士集》。

19 龐穎公耤喜爲詩，雖臨邊典藩，文案委積，日不廢三兩篇，以此爲適。及疾亟，余時爲諫官，以十餘篇相示，手批其後曰：「欲令吾弟知老夫病中嘗有此思耳。」字已慘淡難識，後數日而薨。《温公續詩話》。《詩話總龜》前集卷十一。《疑耀》卷三。

龐元直

1 龐丞相子元直，字温叔。性寡嗜好，獨蓄奇石，大小形似，皆有名品，澤以清泉，終日置之坐隅，憂患皆忘。往使江南，訪求巖壑，或有得者，不吝資費也。《研北雜志》卷上。

梁　適

1 梁莊肅公，景祐中監在京倉。南郊赦，録朱全忠之後，莊肅上疏罷之，曰：「全忠，叛臣也，何以爲勸？」仁宗善之，擢審刑院評議官，記其姓名禁中，自是遂見進用。《石林燕語》卷七。

2 梁丞相適始任刑詳，一日隨判院盧南金上殿進劄子，奏案中偶有臣僚名次公者，仁宗忽問曰：

「因何名次公？」判院以明法登仕，不能即對，時梁代對曰：「臣聞漢黃霸字次公，必以霸字而名也。」上遂問曰：「卿是何人？」對曰：「臣秘書丞、審刑詳議官梁適。」又問：「卿是那個梁家？」對曰：「先臣祖顥、先臣父固俱中甲科，獨臣不肖，於張唐卿牓行間及第。」上曰：「怪卿面貌酷肖梁固。」他日上殿進劄子，進罷，適抱笏俯躬奏曰：「向蒙陛下金口親諭，臣面貌類先臣，伏念先臣祖父頃事太宗、真宗，皆祥符之前，不知陛下以何知之？」上曰：「天章閣有名臣頭子，朕觀之甚熟。」適因下殿泣謝。《玉壺清話》卷三。《類説》卷五十五引《雜説》。《魏公談訓》卷四。

3 梁丞相適頃爲詳議官，審刑議事廳舊在中書之旁、廨舍院之右。朋僚親暱者往往時過笑語，公以政堂逼近，竊不自安，因命筆題廳之東，告來者曰：「紫垣甚近，黃閣非遥，僚友見過，幸低聲笑語。」適謹啓。」後紫垣、黃閣不十年登之，語兆之應也若此。《玉壺清話》卷七。

4 見曹后5。

5 見曹后6。

6 梁適始與蘇紳有奸邪之迹，時號「草頭木腳」，隱語其姓也。《碧雲騢》。

劉沆

1 ［劉］沆，吉州永新人。曾祖景洪，事楊行密爲江西牙將。有彭玕者，據州稱太守，脅景洪附湖南，僞許之。復以州歸行密，遂不仕。嘗謂人曰：「我不從彭玕，當活萬餘人。後必有隆者。」因名所居山曰後隆山。山有唐牛僧孺讀書堂故基，即其上築臺曰聰明臺。沆母夢牛相公來而生沆。《能改齋漫録》卷五。《東都事略》卷六十六。《獨醒雜志》卷一。

2　吾州劉沆丞相微時讀書山寺，寺僧請公戲作《偷狗賦》，有云：「搏飯引來，猶掉續貂之尾；索綯牽去，尚回顧兔之頭。」《誠齋詩話》。參見滕元發2。

3　丞相劉公沆，廬陵人，少以氣義自許，嘗詠牡丹詩云：「三月内方有，百花中更無。」又《述懷》詩云：「虎生三日便窺牛，獵食寧能掉尾求。若不去登黄閣貴，便須來伴赤松遊。奴顔婢舌誠堪耻，羊狠狼貪自合羞。三尺太阿星斗焕，何時去取魏齊頭。」皇祐中，公初出領豫章轉運使。潘夙素有詩名，乃以《小孤山》四十字示公，公即席和呈，文不加點，詩曰：「擎天有八柱，一柱此焉存。石聳千尋勢，波留四面痕。江湖中作鎮，風浪裹蟠根。平地安然者，饒他五嶽尊。」覽者皆知公有宰相器矣，未幾參大政，遂正鼎席。《宋朝事實類苑》卷四十六。《青箱雜記》卷七。

4　故相劉沆文忠公，吉州人。鄉薦數上不第，年逾四十，不欲復試，鄉人共爲投納文字，迫期強之使就試，已而又預首選。明年禮部中選，殿試訖，一夕夢遊天宇間，聞殿上唱云：「劉沆南斗下立。」又言：「北斗下立。」覺自占曰：「曆象南斗司生，北斗注死，我其死乎？」唱名，狀元太師王拱壽，賜名拱辰，沆第二。乃悟所夢。《麈史》卷中。

5　相國劉公沆，累舉不第。天聖中，將辦裝赴省試，一夕，夢被人砍落頭，心甚惡之。有鄉人爲解釋曰：「狀元不到十二郎做，劉公第十二，只得第二人。」劉公因詰之，曰：「雖砍却頭，留沆在裹。」蓋南音謂項爲沆，留劉同音，後果第二人及第。《青箱雜記》卷三。《宋朝事實類苑》卷四十六。《堯山堂外紀》卷四十七。《玉芝堂談薈》卷二。

6 劉丞相沆爲士人時，携一僕赴禮部，夜卧忽驚起哭。丞相怪問，僕曰：「不祥殊甚，不敢言。」再三詰之，曰：「夢主君爲人斫去頭。」丞相曰：「此乃吉證，斫去頭留得項，我當爲第二人。」果於王拱辰牓第二人賜第。《獨醒雜志》卷二。

7 天聖庚午歲殿試，賦題《藏珠於淵》。韻脚八字「君子非貴難得之物」。是年，劉丞相沆中第二人，其謝啓云：「對靈光之殿，難舍飛動之詞；賦合浦之珠，莫叙來去之意。」《能改齋漫録》卷十四。

8 劉貢父云：張鄧公當國，有遺其子友直珠冠者，使者不能徑通。劉相沆謂曰：「我識學士，我爲汝通之。」因以歸。破其書，别録一通，用己圖書印之，留其真本。又于珠冠之角，小書己名，乃復封題如舊，以授使者，使自通之。他日，以語友直，友直大驚。劉時權三司判官，尋即真，俄知制誥。《能改齋漫録》卷十三。

9 劉觀文沆出知衡州，大姓尹氏者欲買鄰人田，莫能得。鄰人老而子幼，乃僞爲買券，及鄰人死，逐其子。二十年不得直。沆至，子又出訴，尹氏持積歲所收户抄爲驗，沆曰：「若田千頃，户抄豈特收于此乎？」又問其始爲券時，嘗問他鄰乎？其人固多在。尹氏不能對，遂伏。《仕學規範》卷十五。《折獄龜鑑》卷六。《棠陰比事》。

10 見余靖7。

11 劉沆與鄉人尹鑑少同場屋，劉已登第大拜，皇祐中，尹以恩牓始登第，還鄉，劉以詩送之曰：「少年相款老相逢，鄉舉雖同遇不同。我已位塵三事後，君方名列五科中。榮登莫計名高下，宦達須由善始終。若到鄉關人見問，爲言歸思滿秋風。」《青箱雜記》卷十。《宋朝事實類苑》卷三十六。《宋詩紀事》卷十二。

12 劉丞相在位時，族人偶有逋負官租數十萬，丞相不知也。前後官吏，望風不敢問。程公珦爲廬陵縣尉，主賦事，追逮囚繫，責令盡償而後已。或以告丞相，丞相曰：「賦入不時，吾家之罪，縣官安可屈法也！」乃致書謝之。後珦罷官至京師，丞相延見，禮貌有加。珦出，謂人曰：「劉公偉量，非他人能及，真宰相也。」《獨醒雜志》卷五。

13 劉相沆爲臺官言後，令裴煜代作章奏，言：「雖三省之無他，奈群犬之已甚。」臺官吴中復上言：「劉相以犬斥言事之官。」《東原録》。

14 劉丞相沆沖之守陳州時，嘗夢登譙樓抱鼓而寢。既覺，家人告曰：「夜漏不聞四鼓，何也？」明日，丞相問故，更吏對曰：「夜將四鼓，有蜈蚣長三尺許旋辟鼓上，惴恐莫敢近，遂不報四更。」丞相因悟昨夢，乃不之責。《獨醒雜志》卷一。參見蔡襄11。

15 劉丞相沆鎮陳州日，鄭獬經由陳，劉公爲啓宴於外庭，使妓樂迎引至通衢。有朱衣樂人悞旨，公性卞急，遽杖於馬前。既即席，酒數行而公得疾，舁還府衙而終。先是，張侍讀環夢公馬前有一朱衣人被血而立，至是果有此變。《東軒筆録》卷十二。《宋詩紀事》卷二十。

16 故相劉沆薨，贈侍中，知制誥張瓌草告詞，頗薄其爲人。其子瑾詣闕，累章訟冤，稱瓌挾私怨，至詆瓌云：「祖奸、父贓、母穢、妻濫。」瓌，洎之孫，父方回，嘗以贓抵罪，母、妻之謗，出於錢晦所訟「一門萃衆醜，一身備百惡」。又帥兄弟婦女，衰絰詣待漏院哭訴。執政亦以褒贈乃朝廷恩典，瓌不當加貶黜之詞。五月戊子，瓌左遷知黄州，然瑾竟亦不敢請謚。《涑水記聞》卷十。

17 蘇子容言：士大夫三世登科者蓋有之，未有一朝者，獨劉沆天聖八年，其子待制瑾皇祐五年，其孫俌治平元年，并及第，皆在仁宗朝。《塵史》卷下。

劉　瑾

1 劉瑾元忠知真定，入寺見僧坐禪，以爲不敬，執赴有司。僧告吏曰：「願少憩供答。」吏可之，僧即跏趺而化，衆甚異之。他日，有僧以事至府，元忠急呼杖之，且曰：「少緩，即又坐化矣。」《清虚雜著補闕》。

2 見陳烈6。

曾公亮

1 曾學士居泉州南安縣，去所居五里，有草堂和尚者，年九十餘，戒行孤絜，未嘗出庵。曾公與夫人時時攜果饌衣物往遺之。老僧謝曰：「吾年齒衰邁，無以爲報，願爲夫人之子以報。」時夫人方孕。一夕，夢老僧披幃而入，夫人驚寤而子生。遽遣人問之，則草堂和尚已坐化矣。所生子名公亮，後爲宰相，封魯公云。《續墨客揮犀》卷一。《類説》卷四十七。

2 慶曆中，河北道士賈衆妙善相，以爲曾魯公脊骨如龍，王荆公目睛如龍，蓋人能得龍之一體者，皆貴窮人爵。《老學庵筆記》卷七。《能改齋漫録》卷十二。《續博物志》卷二。

3 謝逸記：曾魯公布衣游京師，舍于市側。旁舍泣聲甚悲，詰朝過而問之。旁舍生意慘愴，欲言而色愧。公曰：「若第言之。或遇仁人，戚然動心，免若于難。不然，繼以血，無益也。」旁舍生顧視左右，欷歔久之，曰：「僕頃官于某，以某事而用官錢若干。吏督之且急，視其家無以償之。乃謀于妻，以女鬻于商人，得錢四十萬。行與父母訣，此所以泣之悲也。」公曰：「商人轉徙不常，且無義。愛弛色衰，則棄爲溝中瘠矣。吾士人也，孰若與我？」旁舍生跽曰：「不意君之厚既小人如此。且以女與君，不獲一錢，猶愈于商人之數倍。然僕已書券納直，不可追矣。」公曰：「第償其直，索其券。彼不可，則訟于官。」旁舍生然之。公即與四十萬錢，約曰：「彼三日以其女來。吾且登舟矣，俟若于水門之外。」旁舍生如公教，商人果不敢争。攜女至期以往，則公之舟無有也。詢旁舟之人，則曰：「其舟去已三日矣。」其女後嫁爲士人妻。《能改齋漫録》卷十二。《仕學規範》卷二十九引《曾魯公軼事》。《夷堅志補》卷三。《自警編》卷四。《昨非庵日纂》一集卷三。《宋稗類鈔》卷三。

4 見鄭獬5。

5 曾魯公以侍讀守鄭州，有廢疾中貴人，在郡寄居，多沽私酒。恃結連内侍，輕州縣，不法。公始善諭之，俾自悛戢，輒出大言。公命吏搜捕，盡得其釀具，依法盡行。遂奏乞中官老廢者，不得家外郡，朝廷嘉之。《能改齋漫録》卷十二。

6 知鄭州，郡多寇攘，公至，悉竄他境。路不拾遺，民外户不閉，至號公爲「曾開門」。《宋名臣言行録》後集卷六引《行狀》。

7 曾魯公以侍讀守鄭州，時文潞公自長安召入中書。過鄭，方在宴席，俄報潞公失去銀盆。曾即曰：「郡人敢爾，必三日可獲。若公之從者自爲，則今日必擒。」公未以爲然。逡巡果捕至，乃從者也。潞公驚，因謂曰：「君知即獲，何也？」曾曰：「所至有捕盜者。從人單露，必須易敗。」潞公以爲神明，遂引復翰林。《能改齋漫録》卷十二。《宋稗類鈔》卷一。

8 曾明仲治郡，善用耳目，於迹盜尤有法。潞公過鄭，失金唾壺，明仲見公於驛中，公言其事。明仲呼孔目官，附耳囑付之。既去，不食，頃已擒偷唾壺人來矣。潞公歸朝，大稱賞之。《曲洧舊聞》卷五。

9 曾魯公尹天府，前政以不辨善惡而去。公至未三日，有倡妓訟官吏宿其家。公得牒，審其意在譁毀。公殊不形聲色，唯命檢閱有無胎孕。既得驗狀無有，始責以故欲穢汙衣冠，重刑而械之。都下善良翕然稱頌，小人畏縮。《能改齋漫録》卷十二。

10 曾侍中公亮爲相時，每得四方奏獄，必躬閲之。密州銀沙發民田中，有强盜者，大理論以死。公亮獨曰：「此禁物也，罪不應死。」下有司議。卒比劫盜禁法，盜得不死。先是金銀所發，多以强盜坐死，自是無死者。《原德録》卷三。

11 曾魯公公亮識度精審，練達治體，當其在中書，方天下奏報紛紜，雖日月曠久，未嘗有廢忘之者。其爲文章尤長於四六，雖造次柬牘，亦屬對精切。曾布爲三司使，論市易事被黜，魯公有柬别之，略曰：「塞翁失馬，今未足悲；楚相斷蛇，後必爲福。」曾赴饒州，道過金陵，爲荆公誦之，亦歎愛不已。《東軒筆録》

卷六。

12 尚書省文字下六司諸路，例皆言「勘會」。曾魯公爲相，始改作「勘當」，以其父名「會」避之也。《石林燕語》卷四。《齊東野語》卷四。

13 曾魯公公亮自嘉祐秉政，至熙寧中尚在中書，雖年甚高，而精力不衰，故臺諫無非之者。惟李復圭以爲不可，作詩云：「老鳳池邊蹲不去，餓烏臺上噤無聲。」魯公亦致仕而去。《東軒筆録》卷十。《宋名臣言行録》後集卷六。《自警編》卷五。《堯山堂外紀》卷五十。《宋詩紀事》卷二十六。

14 熙寧初，議新法，中外惶駭。韓魏公有文字到朝廷，裕陵之意稍疑。介甫怒，在告不出。曾魯公以魏公文字問執政諸公曰：「此事如何？」清獻趙公曰：「莫須待介甫參告否？」魯公默然，是夜遣其子孝寬報介甫：「且速出，參政若不出，則事未可知，是參政雖在朝，終做一事不得也。」介甫明日入對，辨論不已。魏公之奏不行。其後魯公致政，孝寬遂驟用。《曲洧舊聞》卷八。

15 見章辟光1。

16 曾宣靖公提舉修《英宗實録》成，將上，故事，當遷一品。曾官已左僕射，乃預辭於上曰：「臣官進一等則爲司空，此三公之職也。坐而論道，不可以賞勞。」神宗以爲誠，遂從其請。書上，曾獨不遷官，人以爲得體。《石林燕語》卷四。

17 見劉摯4。

18 曾魯公生日，放生以鱟蛤之類，以爲人所不放，而活物之命多也。一日，夢被甲者數百人前訴。既瘖而問其家，乃有惠蛤蜊數篭者，即遣人放之。是夜，復夢被甲者來謝。《東齋記事》卷五。《古今事文類聚》後集卷三十四。

王堯臣

1 天聖四年夏，海州書表司雋宗遠嘗夢有神告云：「來年狀元，是王堯臣。」乃題司房之北壁。是年秋試，開封府解榜到，雋見王之姓名，謂同列曰：「此是明年狀元也。」洎南省榜出，又見王預奏名，雋愈喜應，再題于壁，未幾果魁多士。《宋朝事實類苑》卷四十五。

2 見宋庠24。

3 見狄青15。

4 乾明寺尼道堅説：王伯庸參政忽病，家人説「猫兒作人語」，云此亦不祥之驗也。未幾，伯庸卒。《宋朝事實類苑》卷六十八。

5 王參政伯庸得疾，既委頓，是夕有靈鶴十餘隻，空中嘹唳。八月二十日夜三更，月甚明，時其弟純臣差知亳州，公人來迎候者，皆以爲怪訝。須臾聞宅中慟哭，群鶴遂散，時人以謂伯庸當作仙官爾。《宋朝事實類苑》卷四十三。

田況

1 慶曆中，田元均帥秦鳳，喪其父，奏乞解官終喪，仁宗累降手詔，又遣中使勉諭。元均既葬，託邊事求見上，曰：「陛下以孝治天下，方邊隅無事，而區區犬馬之心不得自從。」因泣下。上視其貌瘠，乃許終喪。《澠水燕談録》卷四。《宋朝事實類苑》卷五十四。

2 田況移守成都，其在蜀，治尚和易，法去苛細，奬進儒素，禁戢姦暴，以德化人，人不忍欺。時謂張乖崖之明、王文康之平、程文簡之肅、韓忠獻之愛，公皆兼而有之。《宋朝事實類苑》卷二十三引《本朝名臣傳》。《仕學規範》卷二十。

3 田樞密況知成都府，自李順、王均之亂，守皆得便宜從事，雖或小罪，并其家内徙，流離道路失所者頗衆。況察其非有甚惡，釋之。《厚德録》卷四。

4 田元均密諫況，寬厚明辨，其治成都最爲有聲。有訴訟，其懦弱不能自伸者，必委曲問之，莫不盡得其情，故決遣未嘗少誤。蜀人謂之「照天蠟燭」。《東齋記事》卷四。《孔氏談苑》卷三。《宋朝事實類苑》卷二十三引《本朝名臣傳》。

5 田宣簡公況爲三司使，時人目爲「照天臘燭」，以其明見物情也。楊宣懿公察繼其任，譽不減田公，人目之爲「水晶燈籠」。《吕氏雜記》卷下。

6 京師諸司庫務，皆由三司舉官監當。而權貴之家子弟親戚，因緣請託，不可勝數，爲三司使者常以爲患。田元均爲人寬厚長者，其在三司，深厭干請者，雖不能從，然不欲峻拒之，每温顔强笑以遣之。嘗謂人曰：「作三司使數年，强笑多矣，直笑得面似靴皮。」《歸田録》卷二。《宋朝事實類苑》卷六十五。《昨非庵日纂》二集卷十。

7 田元鈞狹而長。魚軒，富彥國女弟，闊而短。在館中，石曼卿目之爲「龜鶴夫妻」。《江隣幾雜志》。《五雜組》卷十六。

孫沔

1 侍讀孫公知晉州，近臣過晉，夜半叩城欲入。公曰：「城有法，吾不得獨私。」終不爲開門。《仕學規範》卷二十一引《皇朝名臣言行録》。

2 孫沔緣〔龐〕籍親，又因中官石全彬而進，至樞密副使。沔與妻邊氏俱淫濫，世人言沔已爲穢矣。籍欲與之地，令取南蠻。沔至嶺下，稱疾不敢進，後因狄青破賊有功。初，沔受秦州，而怨諫官彈其穢跡，稱疾泊舟南京，上章求徐州，實以觀朝廷意，陰結中官與龐籍相助。於是上遣尚醫視疾，令中使押往。沔厚賂中使及醫官，曰實病。既聞儂賊擾南方，乃入京，去赴秦州。龐籍上言南方非沔不能成功，乃南征。沔未行，沔在大佛寺安下，其妻曉夕在籍家，沔曉夕在南省前陳家，通陳之妻。陳氏，沔之外生，既受沔奏爲齋郎。沔又奏陳子掌南行機宜，歸又奏爲職官。南方效力有考第者，不過得縣令，人甚嗟恨之。《碧雲騢》。

3 皇祐末，契丹請觀太廟樂，仁宗以問宰相，對曰：「恐非享祀，不可習也。」樞密副使孫公沔曰：「當以禮折之，請謂使者曰：『廟樂之作，皆本朝所以歌詠祖宗功德也，它國可用邪？使人如能助吾祭，乃觀之。』」仁宗從其言，使者不敢復請。《澠水燕談録》卷二。《宋朝事實類苑》卷八。

4 孫元規知杭州，擿姦發伏，號爲神明。有僧元夕市中然頂求化，以新寺宇。左右施利山積。公出見，立馬不行，瞰其情，久之，入，呼僧前詰其姦狀，僧惶恐頓伏。又，一僧醉卧道上，爲邏者所擒。公問其故，僧答曰：「野性所嗜，不能自禁。」又問：「復能飲酒否？」曰：「公家賜酒，安敢不飲。」遂與酒一壺，一引而盡。公戒邏者曰：「速扶師歸院，勿使爲群小侵侮。」僧明日聲鼓登坐，謂衆曰：「吾西域之人也，溷跡於此，不幸爲此子所識，不可復留矣。」於是結跏趺坐，奄然而逝。其分别淑慝，皆此類也。《墨客揮犀》卷九。《類説》卷四十七引《遯齋閒覽》。

5　孫元規最不喜僧，帥浙東，過潤州甘露寺，令僧盡去詩碑，獨留僧文灝詩云：「本爲向空寬病目，却因多見動閑心。」《侯鯖録》卷六。

6　見韓琦83。

7　孫資政沔出帥環慶，宿管城，值夏州進奉使至，或白當選驛者。公曰：「使夏國主自入朝，亦外臣也，猶當在某下，况陪臣乎？」羌使遂宿白沙。仁廟聞而嘉之。《倦游雜録》。《宋朝事實類苑》卷十一。《墨客揮犀》卷一。《宋稗類鈔》卷三。

8　孫威敏治平中起自謫官，以觀文殿學士知慶州。至鄭州，會西使至，時威敏已授館驛中，州將白威敏徙居，曰：「我大臣，可爲陪臣避耶？」已而使至。威敏大啓其門，設矮榻偃卧堂上，鼓笛自若。西使至門，望而問之。左右曰：「慶州孫經略也。」西人俛首而過。《聞見近録》。

9　孫威敏公夫人邊氏，喜食鱠。須目見割鮮者，食之方美。一日親視庖人將生魚已斷成臠，忽有睡思，遂就枕，令覆魚於器，俟覺而切。乃夢器中放大光明，有觀音菩薩坐其内，遽起視魚，諸臠皆動，因棄於水中，自是終身蔬食。《雞肋編》卷下。

程戡

1 見張昇1。

2 程康穆帥高陽，北使過部，稱疾，遣人白公，欲著帽以見。公拒之，報曰：「疾則可無相見，見當如禮。」使人沮伏，莫能爲辭。《珍席放談》卷下。

3 太尉程公戡、侍郎掌公禹錫，俱以庚寅三月十日生，程子時，掌午時，二公同年及第。程作樞密副使，晚年帥延安，建節。而掌以工部侍郎致仕，位不逮於程。而二公享壽，修短不差，程以治平三年二月薨，掌以其年三月捐館。《青箱雜記》卷四。《宋朝事實類苑》卷四十九。

張昇

1 張昇杲卿微時，與程戡俱下第。橐盡，步出南薰門，至朱仙鎮。是日立春，就肆買食，共探懷得數十錢，僅能買湯餅，無錢致肉也，相與摘槐茁薦食而去。後俱在政府，遇立春日，程邀杲卿開宴，水陸畢陳，艷妾環侍，程有驕色。杲卿從容話舊，及朱仙槐角事，程愧其左右，面頳舌咋，終無歡而罷。杲卿歸語其内曰：「程三其黜乎？器盈於此矣！」未幾，果罷執政。《萍洲可談》卷三。

2 張杲卿丞相知潤州日，有婦人夫出外數日不歸，忽有人報菜園井中有死人，婦人驚，往視之，號哭曰：「吾夫也。」遂以聞官。公令屬官集隣里就井驗是其夫與非，衆皆以井深不可辨，請出屍，驗之。公曰：「衆皆不能辨，婦人獨何以知其爲夫？」收付所司鞠問，果姦人殺其夫，婦人與聞其謀。《夢溪筆談》卷十二。《宋朝事實類苑》卷二十二。《仕學規範》卷十九。《棠陰比事》。《折獄龜鑑》卷五。《續墨客揮犀》卷六。

3 張昪自知雜左遷知潤州，司諫陳旭數言其梗直，宜在朝廷，上曰：「吾非不知昪賢，然言詞不擇輕重。」旭請其事，上曰：「頃論張堯佐事云：『陛下勤身克己，欲致太平，奈何以一婦人壞之乎！』」旭曰：「此乃忠直之言，人臣所難也。」上曰：「昪又論楊懷敏云：『懷敏苟得志，所爲不減劉季述。』何至於此？」旭曰：「昪志在去惡，言之不激，則聖意不回，亦不可深罪也。」皇祐二年，昪以天章閣待制代杜杞知慶州。《涑水記聞》卷三。

4 張相昪爲御史，數上封章，論及兩府。仁廟顧謂曰：「卿本孤寒，何故屢言近臣？」公奏曰：「臣安得謂之孤寒？臣自布衣，不數年致身清近，曳朱腰金，如陛下乃孤寒也。」帝曰：「何爲孤寒？」曰：「陛下内無賢相，外無名將，官冗而失黜陟，兵多而少教習，孤立朝廷之上，此所以孤寒也。」帝喜而優容之。近侍皆爲之懼，自此名重朝野。《墨客揮犀》卷一。《貴耳集》。

5 張康節爲御史中丞，論宰執不已，上曰：「卿孤寒，殊不自爲地。」康節曰：「臣自布衣，叨冒至此，有陛下爲知己，安得謂之孤寒？陛下今日便是孤寒也。」上驚而問其故，康節曰：「内自左右近習，外至公卿大臣，無一人忠於陛下者。陛下不自謂孤寒，而反謂臣爲孤寒，臣所未喻也。」當時有三真之語，謂富、韓二公爲真宰相，歐公爲真内翰，而康節爲真御史也。《曲洧舊聞》卷一。

6　張杲卿爲御史中丞日，因登對言及家世及履歷本末。仁廟曰：「卿亦出自孤寒。」杲卿曰：「臣本書生，陛下擢任至御史中丞，三子皆服官裳，亦有先臣之田廬，家事有託，自謂非孤寒。陛下可謂孤寒矣。」仁廟徐曰：「亦有説乎？」曰：「陛下春秋高，奉宗廟社稷之重，主鬯尚虚位，天下之心未有所繫，是陛下孤寒也。」仁廟改容，頗嘉其意，後遂參柄用。《倦游雜録》。《宋朝事實類苑》卷十七。

7　張杲卿丞相致政居陽翟，於少室山下造庵，爲養性存神之地。間或乘肩輿而往，從者不過五六人，處庵中，往往踰月方歸。一日，有道人形神瀟灑，野冠山服來謁，公與之語，頗達道要，亦究佛理，待之甚喜。既夕，道人曰：「某新自浙中迴，得茗芽少許，欲請相公一啜。」公欣然可之，道人乃躬自滌器，進火烹茶以進，公頗稱善。良久，又取茶飲從者各一甌，少時，從者皆昏瞑顛仆且睡，道人即白公曰：「某欲往羅浮，煉丹之藥劑鼎竈之資，行從多金器，願賜數事。」公遽呼從者，皆不應，亦無可奈何，任其所取，幾十餘斤，悉持去。迨曉，從者始醒。《倦游雜録》。《宋朝事實類苑》卷七十。《萍洲可談》卷三。

8　〔樞相張公昪〕除侍御史知雜事，不十年作樞相，退歸陽翟。生計不豐，短氈輕絛，翛然自適。乃結庵於嵩陽紫虚谷，每旦晨起焚香讀《華嚴》，庵中無長物，荻簾、紙帳、布被、革履而已。年八十餘，自撰《滿江紅》一首，聞者莫不慕其曠達，詞曰：「無利無名，無榮無辱，無煩無惱。夜燈前，獨歌獨酌，獨吟獨笑。況值群山初雪滿，又兼明月交光好。便假饒百歲擬如何，從他老。　知富貴，誰能保。知功業，何時了。算簞瓢金玉，所争多少。一瞬光陰何足道，但思行樂常不早。待春來，攜酒殢東風，眠芳草。」《青箱雜記》卷八。《宋稗類鈔》卷五。

9〔張康節〕公晚年鰥居，有侍妾晏康，奉公甚謹，未嘗少違意。公嘗召而謂曰：「吾死，亦當從我爾。」妾亦恭應曰：「唯命是從。」公薨，妾相繼果死，人以爲異。《過庭録》。

孫抃

1〔孫抃〕六世祖長孺喜藏書，貯以樓，蜀人號「書樓孫家」。《郡齋讀書志》卷十九。《宋詩紀事》卷十一。

2 樞密孫公抃生數日，患臍風，已不救，家人乃盛以盤合，將棄諸江，道遇老媪曰：「兒可活。」即與俱歸，以艾炷灸臍下，遂活。《青箱雜記》卷八。《獨醒雜志》。

3 孫文懿公，眉州魚蛇人。少時家貧，欲典田赴試京師，自經縣判狀，尉李昭言戲之曰：「似君人物求試京師者有幾人？」文懿以第三人登第，後判審官院。李昭言者赴調，見公恐甚，意公不忘前日之言也。公特差昭言知眉州。又公嘗聚徒榮州，貧甚，得束脩之物持歸，爲一村鎮鎮將悉税之。至公任監左藏庫，鎮將者部州絹綱至，見公愧懼。公慰謝之，以黄金一兩贈其歸。《邵氏聞見録》卷八。《仕學規範》卷十二。

4 孫夢得參政，初名貫，字道卿。嘗語予曰：「某舉進士過長安，夢見持一大文卷者，問之，云：來年春榜。索而視之，不可。問其有孫貫否？曰：無，惟第三人有孫抃。既寤，遂改名抃，因字夢得。又數日，至華陰，與數同人詣金天帝廟乞靈，且求夢。夜中夢明憁下草制詔，諸人相慶曰：他日爲知制誥、翰林學士矣。雖未以爲信，然乃陰自喜。明年，第三人及第。」其後爲集賢院知制誥，如其夢云。《東齋記事》卷五。《青箱雜記》卷三。《新編分門古今類事》卷七。《群書類編故事》卷五。

5 眉之彭山進士有宋籌者，與故參知政事孫抃夢得同赴舉，至華陰，大雪，天未明，過華山下。有牌堠云「毛女峯」者，見一老姥坐堠下，鬢如雪而無寒色。時道上未有行者，不知其所從來，雪中亦無足跡。孫與宋相去數百步，宋先過之，亦怪其異，而莫之顧。孫獨留連與語，有數百錢挂鞍，盡與之。既追及宋，道其事。宋悔，復還求之，已無所見。是歲，孫第三人及第，而宋老死無成。《東坡志林》卷三。

6 見李宸妃4、5。

7 孫參政抃爲御史中丞，薦唐介、吴中復爲御史。人或問曰：「聞君未嘗與二人相識，而遽薦之，何也？」孫答曰：「昔人耻呈身御史，今豈求識面臺官也！」後二人皆以風力稱於天下。孫晚年執政，嘗歎曰：「吾何功以輔政？唯薦二臺官爲無愧耳。」《東軒筆録》卷十二。《能改齋漫録》卷十二。《宋朝事實類苑》卷五十七。《宋名臣言行録》後集卷五。《何氏語林》卷六。

8 吴龍圖中復性謹約，詳於吏治，自潭州通判代還。孫文懿公爲中丞，聞其名，初不之識，即薦爲監察御史裏行。或問文懿：「何以不相識而薦之？」文懿笑曰：「昔人恥爲呈身御史，吾豈薦識面臺官耶？」當時服其公。《石林燕語》卷七。

9 見李參3。

趙槩

1 趙康靖公初名禋，直史館黄宗旦名知人，一見公，曰：「君他日當以篤厚君子稱于世。」因使改名約。已而忽夢有持文書示之若公牒者，大書「趙槩」二字。初弗悟，既又夢有遺之書者，題云「祕書丞通判汝州趙槩」，始疑其或諭己，乃改後名。後六年登科，果以祕書丞通判海州。但「汝」字不同爾，議者謂「汝」字篆文與「海」字相近，公夢中或不能詳也。《石林避暑録話》卷四。《澠水燕談録》卷六。《能改齋漫録》卷十八。

2　趙叔平客漣水軍，郡守召至門下。數年，叔平以館職守漣水，後守以所居爲「豹隱堂」。石曼卿有詩云：「熊飛清渭逢何暮，龍卧南陽去不還。昔日客爲今郡守，蔚然惟在立談間。」士大夫留詩甚多，莫可偕者。《詩話總龜》前集卷十八引《古今詩話》。《中山詩話》。《古今事文類聚》前集卷二十四。《堯山堂外紀》卷四十七。《茶餘客話》卷二十二。

3　趙槩與歐陽修同在史館，及同修起居注，槩性重厚寡言，修意輕之。及修除知制誥，是時韓、范在中書，以槩爲不文，乃除天章閣待制，槩澹然不以屑意。及韓、范出，乃復除知制誥。會修甥嫁爲修從子晟妻，與人淫亂，事覺，語連及修，修時爲龍圖閣直學士、河北都轉運使，疾韓、范者皆欲文致修罪，云與甥亂。上怒，獄急，群臣無敢言者，槩乃上書言：「修以文學爲近臣，不可以閨房曖昧之事輕加汙衊。臣與修蹤跡素疎，修之待臣亦薄，所惜者朝廷大體耳。」書奏，上不悦，人皆爲之懼，槩亦澹然如平日。《涑水記聞》卷三。《宋朝事實類苑》卷十三。《宋名臣言行録》後集卷三。《厚德録》卷一。《自警編》卷四。《言行龜鑑》卷三。《讀書鏡》卷六。《何氏語林》卷三。《昨非庵日纂》二集卷十。《宋稗類鈔》卷三。

4　趙康靖公槩，厚德長者，口未嘗言人短。與歐文忠公同爲知制誥，後亦同秉政。及文忠被謗，康靖密申辨理，至欲納平生誥勑以保之，而文忠不知也。中歲常置黄、黑二豆于几案間，自旦數之，每興一善念，爲一善事，則投一黃豆于別器，暮發視之。初黑豆多于黃豆，漸久反之。既謝事歸南京，二念不興，遂徹豆，無可數。《石林避暑録話》卷二。《仕學規範》卷十三。《厚德録》卷三。《自警編》卷二。《言行龜鑑》卷二。《宋稗類鈔》卷三。

5 趙康靖公槩既休致居鄉里，宴居之室必寘三器几上，一貯黃豆，一貯黑豆，一空。又間投數豆空器中，人莫喻其意。所親問之，曰：「吾平日興一善念，則投一黃豆；興一惡念，則投一黑豆用以自警。始則黑多於黃，中則黃多於黑。近者二念俱忘，亦不復投矣。」《卻掃編》卷中。《朱子語類》卷一百二十九。

6 皇祐二年，〔趙槩〕館伴契丹泛使，遂報聘焉。契丹請賦《信誓如山河詩》。詩成，契丹主親酌玉杯以勸槩，且以素扇授其近臣劉六符，寫槩詩置之懷袖。《東都事略》卷七十一。

7 歐文忠與趙康靖公槩同在政府，相得歡甚。康靖先告老歸睢陽，文忠相繼謝事歸汝陰。康靖一日單車特往過之，時年幾八十矣。留劇飲踰月日，於汝陰縱游而後返，前輩掛冠後能從容自適，未有若此者。文忠嘗賦詩云：「古來交道愧難終，此會今時豈易逢？出處三朝皆白首，彫零萬木見青松。公能不遠來千里，我病猶堪嚼一鍾。已勝山陰空興盡，且留歸駕爲從容。」因牓其游從之地爲會老堂。明年，文忠欲往睢陽報之，未果行而薨。兩公名節固師表天下，而風流襟義又如此，誠可以激薄俗也。《蔡寬夫詩話》。《苕溪漁隱叢話》後集卷二十三。《詩話總龜》後集卷三十五。《詩林廣記》後集卷一。《詩人玉屑》卷十七。

8 見歐陽修139。

9 見趙抃25。

10 參政趙侍郎宅，在東京麗景門内，後致政，歸睢陽舊第。宋門之宅，更以爲客邸，而材植雄壯，非邸可比，時謂之無比店。李給事師中保釐西京，時駝馬市有人新造酒樓，李乘馬過其下，悦其壯麗，忽大言曰：「有巴。京師諺語以美好爲有巴。」時人對曰：「梁苑叔平無比店，洛陽君賜有巴樓。」《倦游雜録》。《宋朝事實類苑》卷六十三。

胡宿

1　胡文恭公肅，字武平，少善一浮屠。其人將死，謂公曰：「我有秘術，能化瓦石爲黄金，子其葬我！」公曰：「爾之後事，吾敢不勉。秘術，非所欲也。」浮屠歎曰：「子之志未可量也。」《席上腐談》卷下。《仕學規範》卷五引《神宗朝名臣傳》。

2　胡文恭公通判宣州，有被誣以殺人者。獄成，議法將抵死。公疑之，呼囚以訊，囚憚箠楚，不敢言。公正衣冠坐堂上思之，俄而假寐，夢有人來告曰：「吴姓也。」公遽引囚辟左右，復訊之，囚曰：「且將之田，縣吏執以赴官，不知其由也。」公取獄辭窮治，乃被毆之婦與吴姓姦，姦者殺其夫，與婦謀執平人以告也。《仕學規範》卷二十一。《自警編》卷八。

3　胡文恭公宿爲真州楊子尉，縣大水，漂溺居民，令不能救，宿率公私舟活數千人。……知湖州，築石塘百里捍水患，大興學校。學者盛於東南，自湖學始。既去，而人思之，名其塘曰「胡公塘」。《仕學規範》卷十六引《神宗朝名臣傳》。《東都事略》卷七十一。

4　見滕宗諒3。

5 胡武平内翰丁母憂，前一歲，常州宅中海棠開白花。《江鄰幾雜志》。

6 見蔣堂8。

7 胡文恭公宿，平生守道，不以進退爲意。在文館二十餘年，每語後進曰：「富貴貧賤，莫不有命，士人當修身俟時，無爲造物者所嗤。」世以爲名言。《澠水燕談録》卷三。

8 或譖胡宿於上曰：「宿名當爲去聲，乃以入聲稱，名尚不識，豈堪作詞臣？」上以問宿。宿曰：「臣名歸宿之宿，非星宿之宿。」譖者又曰：「果以歸宿取義，何爲字拱辰也？」故後易字武平。《邵氏聞見後録》卷二十。

9 胡武平嘗奉勑撰《温成皇后哀册文》，受旨，以温成嘗因禁卒竊發，捍衛有功，而秉筆者不能文其實，公乃用西漢馬何羅觸瑟、馮媛當熊二事以狀其意，曰：「在昔禁闈，誰何弛衛？觸瑟方警，當熊已厲。」覽者無不歎服。《青箱雜記》卷五。《宋朝事實類苑》卷四十。

10 胡文恭公執政時，詳議官闕，判院者當擇人薦於上，公與同列得二人。此二人才智明法無上下，一人者監税河北，以水災虧課。同列議曰：「虧課小失，不足白上以累才。」公不可，至上前悉白之，且曰：「此人小累，才足惜。」仁宗曰：「果得才，小累何惜？」遂除詳議官。同列退，誚公曰：「詳議欲得人，公固欲白上，緣是不得奈何？」公曰：「彼得與不得，一詳議官耳，是固亦有命也。宿以誠事主，今白首矣，不忍絲髮欺君，以喪生平之節，爲之開陳，聽上自擇耳。」同列驚曰：「某從公久，乃不知公所存如此！」《自警編》卷二。《仕學規範》卷二十一。

11 客有造公者，具公服鞾板而忘記不易帽。公與之對語，盡禮而退，終未嘗色動。《宋名臣言行録》後集卷四。

胡宗炎

1 見宋仁宗84。

胡宗愈

1 常州諸胡，余外氏，自武平使樞密，宗愈繼執政，宗回、宗師、宗炎、奕修皆兩制，宗質四子同時作監司，家貲又高，東南號「富貴胡家」。相傳祖塋三女山尤美，甚利子婿，余母氏乃尊行，如渭陽諸婿，錢昂、黄輔國、李詩、柳廷俊、張巨、陳舉、蔣存誠，皆爲顯官，餘無不出常調。《萍洲可談》卷三。

2 尚書右丞胡宗愈夫人丁氏，司封員外郎宗臣之女，自幼穎慧，無所不能，其善相人，蓋出天性。在西府時，嘗於窻隙遥見蔡丞相確，謂右丞曰：「蔡相全似盧多遜。」或以盧、蔡肥瘠色貌不同詰之，丁氏曰：「吾雖不及見盧，但嘗一觀其畫像，與今丞相神彩相似爾。」後蔡果南竄。又户部尚書李常除老龍，尹成都，途中貽右丞書，丁氏一見其字畫，驚曰：「此人身筆已倒，不久數盡，仍須病咽喉而死。」李公行次鳳翔，中毒而卒。如此之類不一。初，司封有楊妃數美人真挂後堂。丁氏年未笄，每晨興，省問尊親了，必戲道：「諸妃萬福。」一日，潘妃忽答云：「夫人萬福。」家人輩大怪之，欲毁其真，惟其叔竇臣令：

「勿毁，此女他日未可量也。」鄉人多能道其事。《泊宅編》三卷本卷下。

吴　奎

1　公少爲吏，晝則治公事，夜輒讀書，不寐者二十餘年。《宋名臣言行録》後集卷三引劉貢父撰《墓志》。

2　吴文肅公奎將舉賢良，一夕，夢入魏文帝廟，召升殿，顧問群臣優劣，公未及對，帝曰：「韓延壽爲最。」是夕，門下抄書吏楊開者，夢公讀《楊阜傳》。翌日，告公。公異之，即取二傳覽之。及祕閣試六論，一題乃《韓延壽楊阜孰優論》，公遂膺首選。《澠水燕談録》卷六。

3　吴參政少以學究登科，復中賢良爲翰林學士。常草制以示歐陽文忠，文忠稱之，因戲曰：「君福至心靈。」《幕府燕閒録》。

4　唐子方始彈張堯佐，與諫官皆上疏。及彈文公，則吴奎畏縮不前，當時謂拽動陣脚。及唐争論於上前，遂并及奎之背約，執政又黜奎，而文公益不安，遂罷政事。時李師中作詩送唐，略曰：「並游英俊顔何厚，未死姦諛骨已寒。」厚顔之句，爲奎發也。《東軒筆録》卷七。《宋詩紀事》卷十三。

5　吴長文有先識。方天下盛推王安石，以爲必可致太平，時長文獨曰：「心强性狠，不可大用。」後卒如其言。《韓魏公别録》。《宋名臣言行録》後集卷三。

6　吴奎爲參知政事，會御史中丞王陶以韓魏公不肯押班事，其言兼及兩府，奎乃上章言：「爾來天文謫見，皆爲王陶召之。」又嘗於上前薦滕甫可爲邊帥，上問其故，奎曰：「滕甫不惟將略可取，至於軀幹膂力，自可被兩重鐵甲。」異時，上語其事於侍臣，且曰：「吴奎論事，大概皆此類也。」《東軒筆録》卷八。《宋朝事實類苑》卷七十。

7 神宗問政府地震之變，魯公曰：「陰盛。」上曰：「誰爲陰？」魯公曰：「臣者，君之陰；婦者，夫之陰；夷狄者，中國之陰，皆宜戒之。」上問公，公曰：「但爲小人黨盛耳。」上不懌。《宋名臣言行録》後集卷三。

8 吴長文，博學通古今，尤不喜釋氏。其父卒，不召僧，不作佛事。居常閭巷細民與其父相往來者，人贈二縑。《宋朝事實類苑》卷四十三引《倦游雜録》。《清波雜志》卷十。

9 參政吴文肅公，初與鄉人王彭年善，稱道其能爲致名宦。彭年客死於京師，公使長子主喪事，周恤其家，嫁其二女焉。……又以錢二千萬買田北海，號曰義莊，以賙親戚朋友貧乏者。終之日，家無餘財，諸子無宅以居。《仕學規範》卷二十九。《東都事略》卷七十三。《名賢氏族言行類稿》卷七。《自警編》卷三。

包拯

1 先人曾有雜録册子，記李仲和之祖見居三衢，同包孝肅同讀書一僧舍，每出入，必經由一富人門，二公未嘗往見之。一日，富人俟其過門，邀之坐。二公託以他事，不入。他日復招飯，意廑甚。李欲往，包公正色與語曰：「彼富人也，吾徒異日或守鄉郡，今妄與之交，豈不爲他日累乎！」竟不往。後十年，二公果相繼典鄉郡。《朱子語類》卷一百二十九。

2 〔包拯〕進士及第，以親老侍養，不仕宦且十年，人稱其孝。《涑水記聞》卷十。《宋朝事實類苑》卷二十三。《言行龜鑑》卷四。

3 包拯知天長縣，有訴盜割牛舌者，拯曰：「第殺而鬻之。」俄有告私屠牛者，拯曰：「已割其舌矣，非私殺也。」盜色變，遂引服。《名賢氏族言行類稿》卷十八。《名臣碑傳琬琰集》下卷六。《仕學規範》卷十五。《自警編》卷七。《棠陰比事》。《折獄龜鑑》卷七。《言行龜鑑》卷七。

4 包孝肅公拯知端州，州歲貢硯，前守緣貢率數十倍，以遺權貴人。公命製者纔足貢數，歲滿，不持一硯歸。《仕學規範》卷二十一。《宋名臣言行録》前集卷八。

5 吕許公夷簡聞包拯之才，欲見之。一日待漏院，見班次有包拯名，頗喜。及歸又問，知居同里巷，意以拯欲便於求見。無幾，報拯朝辭，乃就部注一知縣而出，尤奇之，遽使人追還，遂薦對，除裏行，自此擢用。《仕學規範》卷七。《宋朝名臣言行録》前集卷八。《自警編》卷五。

6 見姚嗣宗5。

7 包孝肅拯，合肥人。及出守本郡，不肯少屈法以阿鄉曲之好，故流俗稍稍謗議，〔宋景文〕公乃爲詩以見意，其間一聯云：「直幹終爲棟，真鋼不作鈎。」其守正不回如此。《苕溪漁隱叢話》前集卷二十六。

8 王禹玉曰：包希仁知廬州，廬州即鄉里也，親舊多乘勢擾官府。有從舅犯法，希仁撻之，自是親舊皆屏息。《涑水記聞》卷十。《宋朝事實類苑》卷二十三。《宋名臣言行録》前集卷八。

9 包孝肅公守廬州，歲饑，亦不限米價，而商賈載至者遂多，不日米賤。《能改齋漫録》卷二。

10 包樞密知府禮上日，衆吏前請諱。公曰：「何諱也？」吏曰：「公祖先之名，群吏當避之。」公瞋目曰：「吾無所諱，惟諱吏之有贓污者。」吏懼而引去。《墨客揮犀》卷十。

11 包孝肅公之尹京也，初視事，吏抱文書以伺者盈庭。公徐命闔府門，令吏坐階下，枚數之，以次進，取所持案牘遍閱之。既閱，即遣出數十人。後或雜積年舊牘其間，詰問辭窮。蓋公數有嚴明之聲，吏用此以試，且困公。公悉峻治之，無所貸。自是吏莫敢弄以事。《卻掃編》卷中。

12 包孝肅公立朝剛嚴，聞者皆憚之。至于閭里童稚婦女，亦知其名；貴戚宦臣，爲之斂手。舊制，凡訴訟不得徑造庭下，府吏坐門，先收狀牒，謂之「牌司」。公開正門，徑使至前，自言曲直，吏民不敢欺。《宋名臣言行録》前集卷八。

13 包孝肅公尹京，人莫敢犯者。一日，閭巷火作，救焚方急。有無賴子相約乘變調公，亟走聲喏於前曰：「取水於甜水巷耶，於苦水巷耶？」公勿省，亟命斬之。由是人益畏服。《獨醒雜志》卷一。

14 包孝肅尹京，號爲明察。有編民犯法當杖脊，吏受賕，與之約曰：「今見尹，必付我責狀，汝第呼號自辯，我與汝分此罪，汝決杖，我亦決杖。」既而包引囚問畢，果付吏責狀，囚如吏言，分辯不已。吏大聲訶之曰：「但受脊杖出去，何用多言！」包謂其市權，捽吏於庭，杖之七十，特寬囚罪，止從杖坐，以抑吏勢。不知乃爲所賣，卒如素約。小人爲姦，固難防也。孝肅天性峭嚴，未嘗有笑容，人謂「包希仁笑比黄河清」。《夢溪筆談》卷二十二。《宋朝事實類苑》卷七十二。《宋名臣言行録》前集卷八。

15 京師人有以金銀繒錦實二篋，託付於其相知，數年而死。彼人歸詣其子。子曰：「我父平日未嘗一言及此，且無契卷之驗，殆長者之誤也。」其人曰：「我躬受之，爾父豈待卷契與汝，必預聞者。」兩人相推無敢當。其人遂持以白于官。時包孝肅公尹京，驗究其實，斷與其子。世俗之説，皆謂今人無復良心，惟知有利耳。聞是二人之風，可以釋一世之疑。《呂氏雜記》卷上。《厚德録》卷二。

16〔包拯〕知開封府，爲人剛嚴，不可干以私，京師爲之語曰：「關節不到，有閻羅包老。」吏民畏服，遠近稱之。《涑水記聞》卷十。《宋朝事實類苑》卷二十三。《宋名臣言行録》前集卷八。《仕學規範》卷二十一。

17公在言路，極言時事，復爲京尹，令行禁止，至今天下皆呼「包待制」，又曰「包家」。市井小民及田野之人，凡狗私者皆指笑之，曰：「你一個包家。」見貪污者曰：「你一個司馬家。」天下稱司馬公曰「司馬家」。《宋名臣言行録》前集卷八引《家塾記》。《仕學規範》卷七。

18舊開封府有府尹題名，起建隆元年居潤，繼而晉王、荆王而下皆在焉。獨包孝肅公姓名爲人所指，指痕甚深。《癸辛雜識》別集上。《茶香室叢鈔》卷三。

19見張貴妃7。

20見富弼29。

21包孝肅爲中丞，張安道爲三司使，攻罷之。既又自成都召宋子京，孝肅復言其在蜀燕飲過度事，改知鄭州。已而乃除孝肅，遂就命。歐陽文忠時爲翰林學士，因疏孝肅攻二人，以爲不可，而已取之，不無蹊田奪牛之意。孝肅雖嘗引避，而不終辭。元祐間，蘇子由爲中丞，攻罷許冲元，繼除右丞，御史安鼎亦以爲言。二人固非有意者。然歐陽公之言，亦足以厚士風也。《石林燕語》卷十。

22 見宋祁35。

23「包彈」對「杜撰」爲甚的。包拯爲臺官，嚴毅不恕，朝列有過，必須彈擊，故言事無瑕疵者曰「没包彈」。杜默爲詩，多不合律，故言事不合格者曰「杜撰」。《野客叢書》卷二十。《宋稗類鈔》卷六。

24 包孝肅公家訓云：「後世子孫仕宦，有犯贓濫者，不得放歸本家。亡歿之後，不得葬於大塋之中。不從吾志，非吾子孫。」共三十七字。其下押字又云：「仰珙刊石，竪於堂屋東壁，以詔後世。」又十四字。「珙」者，孝肅之子也。《能改齋漫録》卷十四。《吹劍四録》。《東山談苑》卷三。《宋稗類鈔》卷三。《古事比》卷三。

25 西羌于龍呵既歸朝，至闕下引見，謂押伴使曰：「平生聞包中丞拯，朝廷忠臣，某既歸漢，乞賜姓包。」神宗遂如其請，名順。《甲申雜記》。《茶香室叢鈔》卷三。

26 世俗傳包希文以正直主東岳速報司，山野小民，無不知者。庚子秋，太安界南征兵掠一婦還，云是希文孫女，頗有姿色。倡家欲高價買之，婦守死不行。主家利其財，捶楚備至，婦遂病。鄰里嗟惜而不能救。里中一女巫，私謂人云：「我能脱此婦，令適良人。」即詣主家，閉目吁氣，屈伸良久，作神降之態。少之，瞑目咄咤，呼主人者出，大駡之。主人具香火，俛伏請罪，問何所觸尊神。巫又大駡云：「我速報司也，汝何敢以我孫女爲倡？限汝十日，不嫁之良家，吾滅汝門矣。」主家百拜謝，不數日嫁之。《續夷堅志》卷一。

張方平

1 張文定安道未第時，貧甚，衣食殆不給，然意氣豪舉，未嘗稍貶。與劉潛、李冠、石曼卿往來山東諸郡，任氣使酒，見者皆傾下之。沛縣有漢高祖廟并歌風臺，前後題詩人甚多，無不推頌功德，獨安道《高祖廟詩》曰：「縱酒疏狂不治生，中陽有土不歸耕。偶因亂世成功業，更向翁前與仲爭。」又《歌風臺》曰：「落魄劉郎作帝歸，樽前感慨大風詩。淮陰反接英彭族，更欲多求猛士爲？」蓋自少已不凡矣。《石林詩話》卷中。《苕溪漁隱叢話》前集卷二十七。《宋詩紀事》卷十一。

2 張文定公年十六發解入京，從汴岸日者問休咎。日者曰：「子來正及時，吾嗜酒，然術甚高，每醉則不能推測，今日偶不飲，當爲盡言。」良久，曰：「言之勿怒，子更十年，當以三人及第。又二年，當爲狀元。」文定大怒曰：「三人及第，豈再魁乎！」拂衣而去。是歲下第。後十年，始以茂才異等除校書郎，知崑山縣，三人恩例也。又二年，再舉賢良方正，除將作監丞，通判睦州，狀元恩例也。《西塘集耆舊續聞》卷七。

3 張方平少穎悟絶人，凡書一覽，終身不再讀。宋綬、蔡齊見之，以爲天下奇才也，共以茂材異等薦之。《名賢氏族言行類稿》卷二十五。《東都事略》卷七十四。

4 元昊既叛，陝西四路置帥。夏英公竦爲總帥，居長安，不臨邊，精兵勇將留寘麾下，四路戰守出入皆取決焉，既遠不及事，而四路負敗，罰終不及總帥。知制誥張公安道爲諫官，言：「自古元帥無不身對敵，雖齊桓、晉文霸主，亦親履行陣。至於將佐有敗，元帥必任其責。諸葛亮爲大將軍，馬謖之敗，降右將軍，此古今通義也。今夏竦端坐長安，未嘗臨敵，諸路失律，一皆不問，有總帥之名，而無總帥之實。乞據四路敗事，加以責罰，而罷總帥，使四路帥臣，自任戰守之計，有事干它路者，遞相關報，隨宜救應，於事爲便。」朝廷從之。英公降知別州，而四路各任其事，蓋始於此。《龍川別志》卷下。

5 陳恭公拜集賢殿大學士，時賈文元公昌朝當國，張方平草麻，有「萬事不理，繫胡廣之能言；四夷未平，賴陳平之達識。」賈公深惡之。《東軒筆録》卷十一。《宋朝事實類苑》卷三十八。

6 張文定公方平爲滁州日，游琅邪，周行廊廡，神觀清浄。至藏院，俛仰久之，忽呼左右梯梁間，得經一函。開視之，則《楞伽經》四卷，餘其半未寫。公因點筆續之，筆蹟不異。味經首四句曰：「世間相生滅，猶如虚空花。智不得有無，而興大悲心。」遂大悟流涕，見前世事。蓋公生前嘗主藏于此，病革，自以寫經未終，願再來成之故也。《冷齋夜話》卷七。《侯鯖録》卷七。《捫蝨新語》卷十五。《寓簡》卷五。《湖海新聞夷堅續志》後集卷二。《堯山堂外紀》卷四十五。《宋詩紀事》卷十一。

7 張文定守江陵，歲大旱，田稼將敗，民憂艱食。公自府宇率僚佐，炎日中拖紳端笏徹蓋，徒步至承天寺佛舍匄雨。升殿焚香，祀拜才終，甘澤飄零，霈然霑足。邦人舞泳，遂獲有秋。《珍席放談》卷上。

8 儂智高自邕州敗奔南詔，西南夷聞之，聲言智高將借兵南詔以入蜀。時知成都程戡適罷去，轉運使高良夫權知成都，得報大恐，移檄屬郡，勸民遷入城郭，且令逐縣添弓手。蜀人久不見兵革，懼甚，洶洶待亂。文潞公爲長安帥，知兩蜀無武備，即車載關中器甲入蜀，蜀人益懼。朝廷遣張安道出帥成都，於道中見所運關中器甲，即令所至納下，仍罷所添弓手。蜀人聞之皆安，歸田畝。公徐問智高入蜀之報，本雅州蕃牙郎號「任判官」者所爲。遂呼至成都，詰其敢虚聲動摇兩蜀情狀，將斬之以狥。任震恐伏罪，乞以舉家數十口繫雅州獄，身自入蕃，窮問智高詣實，通月不至，請舉家爲戮。公久之乃許。任如期至，得小雲南書，言智高至南詔，復謀爲亂，爲南詔所殺。公乃釋任而奏其事。初，邕州之捷，朝廷未知智高在亡，故未盡賞戰功，至是，乃命加賞將吏。《龍川别志》卷下。

9 見蘇軾18。

10 見歐陽修86。

11 張文定以端明殿學士尹成都日，值藥市。其門醫李生，因市藥遇一老人，相與問訊，老人曰：「張公已再鎮蜀矣。」文定實一至，老人似言其前身事也。又曰：「今有藥二粒，君爲我達於公。或公不信，未肯餌，則以一粒烹水銀，候汞成金，可無疑也。」李生以藥獻公，公素好道，聞之甚喜。乃於府第小亭躬取水銀構火，投藥一粒烹之。既烹，有聲如粥沸，有紅光自鼎中起。俄頃，光罩一亭，而鼎中聲亦屢變，火滅，視鼎中，爛然餅金矣。公取餘一粒服之。公壽八十五歲，康寧終身，無疾坐而逝。殯後，柩有大聲，豈其尸解矣，不然神丹在腹，豈與常人同腐也？某見公子恕，説藥金一兩許，公令作四指環，其一公以奉其父，其一與夫人，其一長子，其一以自服。……公年八十餘時，某猶見之，視其頤頰，白膩如少年。然公少年喜飲酒，飲量絶人，晚年病目，亦其毒也。《續明道雜志》。《聞見近録》。

12 張安道知成都，日以醫官自隨。重九，請出觀藥市，五更，市方合而雨作，入玉局觀避之。至殿上，見一道人臨階而坐。往就之，相問勞已，道人曰：「張端明入蜀，今已再矣。」醫曰：「始一至蜀耳。」曰：「子不知也。凡人元氣重十六兩，漸老而耗，張公所耗過半矣。吾與之夙相好，今見子，非偶然也。」解衣裾出藥兩圓，曰：「一圓可補一兩氣。」醫曰：「張公雖好道，然性重慎，恐未信也。」道人曰：「所以二圓，正爲爾也。取一圓并水銀一兩，納銚中，以盞蓋之，燒之良久，札札有聲，揭盞，以松脂末投之，當有異。三投而藥成，當知此非凡藥也。」醫徑歸白公，試之如其言。……然服之亦無他異。《龍川別志》卷下。

13 張宣徽安道守成都，眷籍娼陳鳳儀。後數年，王懿敏仲儀出守蜀，安道祝仲儀致書與之。仲儀至郡，呼鳳儀曰：「張尚書頃與汝留情乎？」鳳儀泣下。仲儀曰：「亦嘗遺尺牘，今且存否？」曰：「迨今蓄之。」仲儀云：「尚書有信至，汝可盡索舊帖，吾欲觀之，不可隱也。」遂悉取呈，韜於錦囊甚密。仲儀謂曰：「尚書以剛勁立朝，少與多讎，汝毋以此黷公。」乃取書付鳳儀，併囊盡焚之。後語安道，張甚感之。王、張，姻家也。《墨莊漫録》卷一。《宋稗類鈔》卷三。

14 見宋英宗20。

15 上將召用介甫，訪於大臣，争稱譽之。張安道時爲承旨，獨言：「安石言僞而辨，行僞而堅，用之必亂天下。」由是介甫深怨之。《涑水記聞》卷十六。

16 神宗嘗問文定識王安石否？曰：「安石視臣大父行也。臣見其大父日，安石髪未丱，衣短褐布，身瘡疥，役灑埽事，一蒼頭耳。」故荊公亦畏其大，不敢與之争辯。《日録》中盡詆前輩諸公，獨於文定無譏云。《邵氏聞見後録》卷二十。

17 見富弼53。

18 見富弼54。

19 王荊公當國，欲逐張方平，白上曰：「陛下留張方平於朝，是留寒氣於内也。留寒氣於内，至春必發爲大疾癘，恐非藥石所能攻也。」東坡著《樂全先生集序》，乃以安道比孔文舉、諸葛孔明。二公議論，不侔如此。安道元豐間以宣徽南院使退居睢陽，是時東坡就逮下御史獄，安道獨上書力陳其可貸之狀。劉莘老、蘇子容同輔政，子容曰：「昨得張安道書，不稱名，但著押字而已。」莘老曰：「某亦得書，尚未啓封。」令取視之，亦押字也。《泊宅編》十卷本卷七。

20 三司使章惇嘗登對，上譽張安道之美，問識否，惇退，以告〔吕〕吉甫。明旦，吉甫與安道同行入朝，因告以上語，且曰：「行當大用矣。」安道縮鼻而已。其暮，安道方與客坐，惇呵引及門入謁，安道使謝曰：「素不相識，不敢相見。」惇慙怍而退。故蔡承禧彈惇云：「朝登陛下之門，暮入惠卿之室。」爲此也。由是上惡惇，介甫惡安道，未幾皆出。《涑水記聞》卷十五。《何氏語林》卷十三。《宋稗類鈔》卷三。

21 熙寧八年五月，内批：「張方平樞密使。」介甫即欲行文書，吉甫留之，曰：「當俟晚集更議之。」因私於介甫曰：「安道入，必爲吾屬不利。」明日再進呈，遂格不行。《涑水記聞》卷十五。

22 張文定留守南京，高麗使者至，例當留守迎送，文定曰：「我前執政也，可與陪臣禮乎？」遂不出，而遣少尹。尋以其事聞，神宗以爲得體。《聞見近録》。

23 荆公行新法，鬻坊場河渡，司農又請并祠廟鬻之。官既得錢，聽民爲賈區，廟中穢雜喧踐，無所不至。張安道知南京，上疏言：「宋，王業所基也，而以火德王。閼伯封於商丘，以主大火，微子爲宋始封，此二祠者，獨不可免於鬻乎？」神考覽之震怒，批曰：「慢神辱國，無甚於斯！」於是天下祠廟皆得免鬻。《鶴林玉露》乙編卷五。

24 張諤檢正中書五房公事，判司農寺，上言：天下祠廟，歲時有燒香施利，乞依河渡坊場，召人買撲。王荆公秉政，多主謬言，故凡司農起請，往往中書即自施行，不由中覆。賣廟勑既下，而天下祠廟各以緊慢，價直有差。南京有高辛廟，平日絶無祈祭，縣吏抑勒，祝史僅能酬十千。是時張方平留守南京，因抗疏言：「朝廷生財，當自有理，豈可以古先帝王祠廟賣與百姓，以規十千之利乎？」上覽疏大駭，遂窮問其由，乃知張謬建言，而中書未嘗覆奏。自是有旨，臣僚起請，必須奏禀，方得施行。賣廟事尋罷。《宋朝事實類苑》卷七十四引《倦游録》。《東軒筆録》卷六。

25 見蘇軾 69。

26 予治平末泝峽還蜀，泊舟仙都山下，有道士以《陰真君長生金丹訣》石本相示。後十餘歲，官於南京，張公安道家有一道人，陝人也，爲公養金丹。其法用紫金丹砂，費數百千，期年乃成。公喜告予曰：「吾藥成，可服矣。」予謂公何以知其藥成也。公曰：「《抱朴子》言：藥既成，以手握之，如泥出指間者，藥真成也。今吾藥如是，以是知其成無疑矣。」予爲公道仙都所聞，謂公曰：「公自知内丹成，則此藥可服，若猶未也，姑俟之若何？」公笑曰：「我姑俟之耶。」《龍川略志》卷一。

27 張文定公在蜀，一見蘇公父子，即以國士許之。熙寧中，張守陳州南都，辟子由幕府。元豐初，東坡謫齊安，子由貶監筠酒税，與張别，張悽然不樂，酌酒相命，手寫一詩曰：「可憐萍梗飄蓬客，自歎匏瓜老病身。從此空齋掛塵榻，不知重掃待何人。」後七年，子由召還，猶復見之於南都。及元符末，自龍川還許昌，因姪叔黨出坡遺墨，再讀張所贈詩，其薨已十年，泣下不能已，乃追和之曰：「少年便識成都尹，中歲仍爲幕下賓。待我江西徐孺子，一生知己有斯人。」《容齋四筆》卷四。《宋詩紀事》卷二十一。

28 元豐三年，蘇子由謫官筠州，張安道口占一絶送之云：「因嗟萍梗才名客，自歎匏瓜老病身。一榻從兹還倚壁，不知重掃是何人。」已而涕下。東坡云：「安道平生未嘗出涕向人。」《王直方詩話》。《詩話總龜》前集卷四十三。《宋詩紀事》卷十一。

29 張安道晚年病目，家厚資，南京庫帑不迨也。常閉目，使人運籌，一算差必能摘之，庫物精粗，分毫不謬。《畫墁録》。

30 張尚書方平、李給事徽之、王祕監端，俱以丁未九月二十三日生。張酉時，李卯時，王戌時，迄今皆致政康强。《青箱雜記》卷四。《宋朝事實類苑》卷四十九。

31 三蘇自蜀來，張安道、歐陽永叔爲延譽於朝，自是名譽大振。明允一日見安道，問云：「令嗣近日看甚文字？」明允答以軾近日方再看《前漢》。安道曰：「文字尚看兩遍乎？」明允歸以語子瞻曰：「此老特不知世間人果有看三遍者。」安道嘗借人十七史，經月即還，云：「已盡。」其天資强記，數行俱下，前輩宿儒罕能及之。《高齋漫録》。

32 王鞏云：「張安道説，蘇子瞻比予孔北海、諸葛孔明。孔明吾豈敢望？北海或似之，然不至若是之戇也。」《仇池筆記》卷下。

33 張文定公安道，平生未嘗不衣冠而食。嘗暑月與其婿王鞏同飯，命鞏褫帶，而己衫帽自如。鞏顧見不敢，公曰：「吾自布衣諸生，遭遇至此，一飯皆君賜也。享君之賜，敢不敬乎？子自食某之食，雖衩衣無害也。」《卻掃編》卷中。《何氏語林》卷三。《昨非庵日纂》二集卷十三。《宋稗類鈔》卷三。

34 〔張〕方平嘗託某人買妾。其人爲出數百千買妾，方平受之而不償其直。《朱子語類》卷一百三十。

35 王荆公嘗問張文定公曰：「孔子去世百年生孟子，亞聖後絶無人，何也？」文定公曰：「豈無？又有過孔子上者。」公曰：「誰？」文定曰：「江西馬大師，汾陽無業禪師，雪峯、巖頭、丹霞、雲門是也。」公暫聞意不甚解，乃問曰：「何謂也？」文定曰：「儒門淡薄，收拾不住，皆歸釋氏耳。」荆公欣然歎服。《捫蝨新話》卷十。《何氏語林》卷五。

36 見張耒4。

37 見歐陽修164。

宋人軼事彙編卷十三

狄青

1〔狄青〕年十六，時其兄素與里人號鐵羅漢者鬭於水濱，至溺殺之。保伍方縛素，青適餉田，見之，曰：「殺羅漢者我也。」人皆釋素而縛青，青曰：「我不逃死，然待我救羅漢，庶幾復活。若決死者，縛我未晚也。」衆從之。青默祝曰：「我若貴，羅漢當蘇。」乃舉其尸，出水數斗而活，人咸異之。《東都事略》卷六十二。《昨非庵日纂》二集卷四。

2 狄武襄，西河書佐也。逋罪入京，竄名赤籍，以三班差使、殿侍出爲清澗城指使。种世衡知城，范文正帥鄜延，科閱軍書，至夜分，從者皆休，惟狄不懈，呼之即至。每供事，兩手如玉，种以此異之，授以兵法。然又延之于范公，遂成名。《畫墁録》。

3 狄武襄狀貌奇偉，初隸拱聖籍中，爲延州指揮使。范文正一見，知其後必爲名將，授以《左氏春秋》。遂折節讀書，自春秋戰國至秦漢用兵成敗，貫通如出掌中。與尹師魯尤善。師魯與論兵法，終不能屈。連立戰功，驟至涇原經略招討副使。仁宗聞其名，欲召見，會寇入平涼，詔圖形以進，於是天下始聳然畏慕之。神宗初即位，有意二邊。一日，忽内出御製祭文，遣使祭其墓，欲以感動將士。或云，滕元發之詞也。《石林燕語》卷九。

4 狄武襄公青爲指揮使時，尹洙與談兵，善之，薦於經略使韓琦、范仲淹，一見奇之，曰：「此良將才也。」授以《左氏春秋》，曰：「將不知古今，匹夫勇耳！」青遂折節讀書，悉通秦漢以來將帥兵術，由是知名。《言行龜鑑》卷一。

5 狄武襄公青，初以散直爲延州指使，是時西邊用兵，公以才勇知略，頻立戰功。常被髮、面銅具，馳突賊圍，敵人畏懾，無敢當者。公識度宏遠，士大夫翕然稱之，而尤爲韓魏公、范文正公所深知，稱爲國器。文正以《春秋》、《漢書》授之曰：「將不知古今，匹夫之勇，不足尚也。」公於是博覽書史，通究古今，已而立大功，登輔弼，書史策，配享宗廟，爲宋名將，天下稱其賢。公初爲延州指使，後顯貴，天下猶呼公爲狄天使。《澠水燕談録》卷二。《邵氏聞見録》卷八。《宋朝事實類苑》卷五十五。

6 寶元中，党項犯塞。時新募萬勝軍未習戰陣，遇寇多北。狄青爲將，一日，盡取萬勝旗付虎翼軍，使之出戰。虜望其旗，易之，全軍徑趨，爲虎翼所破，殆無遺類。《夢溪筆談》卷十三。參見張亢4。

7 狄武襄公青初爲延州指揮使，與西賊大小二十五戰，每戰帶銅面具，被髮出入行陳間，凡八中箭。累官至涇原路招討副使。上未識其面，欲召見之，會賊寇邊急，止令圖其形以進。《東齋記事》卷三。《宋朝事實類苑》卷五十五。

8 狄青，字漢臣。元昊叛，屢將兵出戰，四年間大小二十五陣，八中流矢，人呼爲狄天使。上觀其儀表曰：「朕之關、張也。」于是有敵萬之稱。《孔氏談苑》卷三。《類説》卷二引《名臣傳》。

9〔狄〕青在涇原，嘗以寡當衆，度必以奇勝，預戒軍中盡捨弓弩，皆執短兵器，令軍中聞鉦一聲則止，再聲則嚴陣而陽却，鉦聲止則大呼而突之，士卒皆如其教。纔遇敵，未接戰，遽聲鉦，士卒皆止。再聲，皆卻。虜人大笑，相謂曰：「孰謂狄天使勇？」時虜人謂青爲天使。鉦聲止，忽前突之，虜兵大亂，相蹂踐死者，不可勝計也。《夢溪筆談》卷十三。《續墨客揮犀》卷十。

10韓魏公帥定，狄青爲總管。一日會客，妓有名白牡丹者，因酒酣勸青酒曰：「勸班兒一盞。」譏其面有涅文也。青來日遂笞白牡丹者。後青舊部曲焦用押兵過定州，青留用飲酒，而卒徒因訴請給不整，魏公命擒焦用，欲誅之。青聞而趨就客次救之。魏公不召，青出立于子階之下，懇魏公曰：「焦用有軍功，好兒。」魏公曰：「東華門外以狀元唱出者乃好兒，此豈得爲好兒耶！」立青而面誅之。青甚戰灼，久之，或曰：「總管立久。」青乃敢退，蓋懼并誅也。其後，魏公還朝，青位樞密使，避水搬家於相國寺殿。一日，衩衣衣淺黄襖子，坐殿上指揮士卒，盛傳都下。及其家遺火，魏公謂救火人曰：「爾見狄樞密出來救火時，着黄襖子否？」青每語人曰：「韓樞密功業官職與我一般，我少一進士及第耳。」《默記》卷上。

11狄青作定副帥，一日宴〔韓魏〕公，惟劉易先生與焉。易性素疏訐，時優人以儒爲戲，易勃然謂：「黥卒敢如此！」構詈武襄不絶口，至擲樽俎以起。公是時觀武襄，氣殊自若，不少動，笑語益温。次日，武襄首造劉易謝之。魏公於是時已知其有量。《韓魏公遺事》。《宋朝事實類苑》卷十五。《宋名臣言行録》前集卷八。《仕學規範》卷十一。《昨非庵日纂》一集卷十。

12 見劉易2。

13 狄武襄公青初以散直爲延州指使，……尤爲范文正、韓忠獻、范正獻諸公所知。文正公授以《春秋》、《漢書》曰：「爲將而不知古今，匹夫之勇耳。」武襄感服，自勉勵無怠，後位樞密。或告以當推狄梁公爲遠祖，武襄愧謝曰：「某出田家，少爲兵，安敢祖唐之忠臣梁公者？」又或勸其去鬢間字，則曰：「某雖貴，不忘本也。」每至韓忠獻家，必拜於廟廷之下，入拜夫人甚恭，以郎君之禮待其子弟。《邵氏聞見録》卷八。《清波雜志》卷五。《宋名臣言行録》前集卷八。《古事比》卷四十。

14 狄青與文彦博同鄉人。青在定州，彦博令門客往游索，青遺之薄。客歸，彦博以書責青，再遣客往謁，青於是厚遺之。明年，青建節知延州，彦博又令客詣青，曰：「延州之行，我有力焉。合奏異姓一人，當以客爲請。」青遂奏客爲試校書郎。《碧雲騢》。

15 都下鄙俗目軍人爲赤老，莫原其意。……狄青自延安入樞府，西府迓者，累日不至。問一路人，不知乃狄子也，既云未至，因謾罵曰：「迎一赤老，累日不來。」士人因呼爲赤樞。伯庸常戲其湼文云：「愈更鮮明。」狄答云：「莫愛否？奉贈一行。」王大慚恧。《江隣幾雜志》。《孔氏談苑》卷二。《國老談苑》卷二。

16 王文安公堯臣登第之日，狄武襄公始隸軍籍。王公唱名自内出，傳呼甚寵，觀者如堵。狄公與儕類數人止於道傍，或歎曰：「彼爲狀元而吾等始爲卒，窮達之不同如此。」狄曰：「不然，顧才能如何爾。」聞者笑之。後狄公爲樞密使，王公爲副，適同時焉。《卻掃編》卷下。《東軒筆録》卷十。《宋朝事實類編》卷九。

17 世多言狄之隸籍，與參政王堯臣作狀元之年同，後亦爲兩府。仁宗以其然，命王諭狄去其黥文。

狄謂王曰：「青若無此兩行字，何由致身于此？斷不敢去，要使天下健兒知國家有此名位待之也。」議者韙其言。《能改齋漫録》卷十二。

18 狄武襄公青本拱聖兵士，累戰功致位樞府。既貴，時相或諷其去面文者，但笑不答。仁廟亦宣喻之，對曰：「臣非不能，姑欲留以爲天下士卒之勸。」上由此益愛之。《泊宅編》十卷本卷二。《宋稗類鈔》卷一。

19 狄青，時號「涅使相」。《古事比》卷二十。

20 狄青善用兵，多智數，爲一時所伏。其出師討儂智高也，既行，燕犒士卒於瓊林苑中，將士皆列坐。酒既行，青自起巡而問之曰：「兒郎若肯隨青者，任其願同去。若有父母侍養，及家私幼小，畏怯不願去者，便請于此處自言。若大軍一起之後，敢有退避者，惟有劍耳。」於是三軍之士感泣自勵，至嶺外，無一人敢有怠惰者。《默記》卷上。

21 儂智高犯廣南，破諸郡。官軍屢敗，朝廷震動，遂遣狄青作宣撫招討使。青至洪州，聞陶弼在外邑丁憂，蓋弼久作廣南官也。青至，微服往見弼，問籌策。弼察其誠，爲青言廣南利害曰：「官吏皆成貪墨不法，惟欲溪洞有邊事，乘擾攘中濟其所欲，不問朝廷安危，謂之『做邊事』。涵養以至今日，非智高能至廣州，乃官吏不用命，誘之至此。智高豈能出其巢穴至廣州哉？今誠能誅不用命官吏，使兵權在我，一變舊俗，則賊不足破也。」青大奇之，所以初至廣州，按法誅不遵節制、出兵而敗陳崇儀而下三十餘人。明日一鼓而破賊，二廣晏然者，用弼之策也。《默記》卷上。

22 南俗尚鬼。狄武襄青征儂智高時，大兵始出桂林之南，道旁偶一大廟，人謂其廟甚神靈。武襄遽爲駐節而禱之焉，因祝曰：「勝負無以爲據。」乃取百錢自持之，且與神約：「果大捷，則投此，期盡錢面也。」左右或諫止：「儻不如意，恐沮師。」武襄不聽，萬衆方聳視，已揮手倏一擲，則百錢盡面矣。於是舉軍歡呼，聲震林野，武襄亦大喜。顧左右取百釘來，即隨錢疏密布地而釘帖之，加諸青紗籠覆，手自封焉，曰：「苟凱歸，當償謝神，始贖取錢。」其後，破崑崙關，敗智高，平邕管。及師還，如言贖取錢，與群幕府士大夫共視之，乃兩字錢也。詔封廟曰靈順。《鐵圍山叢談》卷二。《宋稗類鈔》卷一。

23 儂智高反時，官軍屢敗。孫沔、余靖軍行不整，所過殘掠。狄青爲帥，有婦人賣蔬于道，一卒倍取，青拽卒馬前斬之。至廣，召諸將，責陳曉犯英廟御名違節制，斥起，大門外已羅酒炙，遂斬之，孫、余坐上股栗。自是軍聲大振，秋毫無犯，遂破賊焉。《孫公談圃》卷下。

24 見祖無擇1。

25 狄青之征儂智高也，自過桂林，即以辨色時先鋒行。先鋒既行，青乃出帳，受衙罷，命諸將坐，飲酒一巵，小餐，然後中軍行，率以爲常。及頓軍崑崙關下，翌日，將度關，辰起，諸將張立甚久，而青尚未坐。殆至日高，親吏疑之，遽入帳周視，則不知青所在，諸將方相顧驚怛，俄有軍候至曰：「宣徽傳語諸官，請過關喫飯。」方知青已微服同先鋒度關矣。《東軒筆録》卷四。《宋朝事實類苑》卷五十五。《宋名臣言行録》前集卷八。《宋稗類鈔》卷一。

26 狄青爲樞密副使，宣撫廣西。時儂智高守崑崙關，青至賓州，值上元節，令大張燈燭，首夜燕將佐，次夜燕從軍官，三夜饗軍校。首夜樂飲徹曉，次夜二鼓時，青忽稱疾，暫起如內，久之，使人諭孫元規，令暫主席行酒，少服藥乃出。數使人勸勞座客。至曉，各未敢退。忽有馳報者云，是夜三鼓，青已奪崑崙矣。《夢溪筆談》卷十三。《續墨客揮犀》卷六。《宋名臣言行録》前集卷八。《自警編》卷八。《言行龜鑑》卷八。《宋稗類鈔》卷一。

27 儂智高陷邕州，狄青討之，列軍陣城下。智高大宴城頭，鼓吹振作。一人衣道服，罵官軍。有善射者一矢斃之。青隨行倚河東王簡子爲先鋒，勇甚，爲鏢所殺，青見之，汗出如雨。世言青真武神也。至是，曳兩皂旗麾兵而戰，先用蕃落馬貫，賊亂之，大呼，騎步夾進，遂破智高。《孫公談圃》卷上。

28 〔儂智高〕圍廣州，殺將吏張忠等數十人。最後，遣狄公青以蕃落五百騎敗之邕州歸仁鋪，凡得首級五千三百四十一，築爲京觀。初，謡言云：「農家種，糴家收。」至是爲狄公所敗。《東齋記事》卷一。

29 狄青討邕州儂賊，發西邊蕃落馬，用氊裹蹄。《江隣幾雜志》。

30 武襄狄公青平儂智高，以用延州舊府蕃落騎兵之效。及歸，狄欲奬此一軍，乞于講武殿閲武試，冀仁宗親覩其驍勇。俄而奮擊號呼，一如臨敵，飛矢至殿陛。仁宗遽移御座，而中官前蔽，再三申命方止。識者鄙其不知體。《能改齋漫録》卷十二。

31 狄青破儂智高，見孔明《紀功碑》，云：「後有功在吾上，立石于右。」青果立碑其右，後爲震雷所擊。《古事比》卷四十八。

32 向在建康，於鄰人狄似處，見其五世祖武襄公收儂智高時所帶銅面具及所佩牌，上刻真武像。世言武襄乃真武神也。《清波雜志》卷二。

33 見龐籍14。

34 狄青爲樞密使，有狄梁公之後，持梁公畫像及告身十餘通，詣青獻之，以爲青之遠祖。青謝之曰：

「一時遭際，安敢自比梁公？」厚有所贈而還之。《夢溪筆談》卷九。《東山談苑》卷三。《宋稗類鈔》卷一。

35〔狄青〕爲樞密使，是時予爲諫官，人有相侵，夜吟：「漢似胡兒胡似漢，改頭換面總一般，只在汾河川子畔。」以爲青汾河人，面有刺字，不肯滅去；又姓狄，爲漢人：此歌爲是人作也爲不疑矣，欲予言。予應之曰：「此唐太宗殺李君羡事，上安忍爲？適以啓君臣疑心耳。」《宋朝事實類苑》卷五十五引《東齋記事》。《宋名臣言行録》前集卷八。

36 狄武襄起行伍，位近臣，不肯去其黥文，時特以酒濯面，使其文顯，士卒亦多譽之。或云其家數有光怪，且姓合讖書，歐陽文忠、劉原甫皆屢爲之言。獨范景仁爲諫官，人有諷之者，景仁謝曰：「此唐太宗所以殺李君羡，上安忍爲也？」然武襄亦竟出知陳州。《石林燕語》卷七。

37 京師火禁甚嚴，將夜分，即滅燭，故士庶家凡有醮祭者，必先關白廂使，以其焚楮幣在中夕之後也。至和、嘉祐之間，狄武襄爲樞密使，一夕夜醮，而勾當人偶失告報廂使，中夕驟有火光，探子馳白廂主，又報開封知府，比廂主、判府到宅，則火滅久矣。翌日，都下盛傳狄樞密家夜有光怪燭天者，時劉敞爲知制誥，聞之，語權開封府王素曰：「昔朱全忠居午溝，夜有光怪出屋，隣里謂失火而往救，則無之，今日之異，得無類此乎？」此語諠於搢紳間，狄不自安，遽乞陳州，遂薨於鎮，而夜醮之事，竟無人爲辨之者。《東軒筆録》卷十。《宋名臣言行録》前集卷八。

38 狄青爲樞密使，自恃有功，驕蹇不恭，怙惜士卒，每得衣糧，皆負之曰：「此狄家爺爺所賜。」朝廷患之。時文潞公當國，建言以兩鎮節度使出之。青自陳：「無功而受兩鎮節旄，無辜而出典外藩。」仁宗亦然之，及文公以對，上道此語，且言狄青忠臣。公曰：「太祖豈非周世宗忠臣？但得軍情，所以有陳橋之變。」上默然。青未知，到中書再以前語白文公。文公直視語之曰：「無他，朝廷疑爾。」青驚怖，却行數步。青在鎮，每月兩遣中使撫問。青聞中使來，即驚疑終日，不半年，疾作而卒。皆文公之謀也。《野老記聞》。

39 武襄赴陳州，不懌，語所親曰：「青此行必死。」問其然，曰：「陳州出一梨子，號青沙爛，今去本州，青必爛死。」一時雖笑之，未幾果卒。《清波雜志》卷二。《茶香室叢鈔》卷三。

狄詠

1 神廟大長公主，哲宗朝重於求配，遍士族中求之，莫中聖意。帶御器械狄詠，頗美丰姿。近臣奏曰：「不知要如何人物？」哲宗曰：「人物要如狄詠者。」天下謂詠爲人樣子。狄詠，狄青子也。《過庭録》。《宋稗類鈔》卷五。

王德用

1 邢、洺盜出入二州間，歷年吏不能捕。公以氈車載勇士，爲婦人服，盛飾誘之邯鄲道中。賊黨争前邀劫，遂皆就擒。由是知名。《宋名臣言行録》前集卷八引《神道碑》。

2 真宗上仙，時雖仲春而大雪苦寒，莊獻太后詔賜坐甲衛士酒，獨王德用令所轄禁旅不得飲。后以問德用，德用曰：「衛士荷先帝恩德厚矣，今率土崩心，安忍縱飲？矧嗣君尚少，未親萬機，不幸一夫酗酒，奮臂狂呼，得不動人心耶。」后大歎賞，自是有意大用。《澠水燕談録》卷二。

3 夏守恩作殿帥，舊例：諸營馬糞錢，分納諸帥。守恩受之，夫人别要一分。王德用作都虞候，獨不受。又章獻上仙，内官請坐甲，王獨以謂不須。興國寺東火，張耆樞相宅近，須兵防衛，王不與。以此數事，作樞密副使。《孔氏談苑》卷三。

4 韓忠獻公、宋景文公同召試中選，王德用帶平章事，例當謝，二公有空疎之謙言。德用曰：「亦曾見程文，誠空疎，少年更宜廣問學。」二公大不堪。景文至曰：「吾屬見一老衙官，是納侮也。」後二公俱成大名，德用已薨，忠獻爲景文曰：「王公雖武人，尚有前輩激勵成就後學之意，不可忘也。」《邵氏聞見後録》卷二十一。《宋名臣言行録》前集卷八。

5 王德用號黑王相，年十九，從父討西賊，威名大震。西人兒啼，即呼「黑大王來」以懼之。德用在朝屢引年，仁宗惜其去，兩爲減年。一日，除樞密使，孔道輔上言：「德用狀類藝祖，宅枕乾綱。」即出知隨州，謝表云：「狀類藝祖，父母所生；宅枕乾綱，先朝所賜。」時人莫不多其言。《孫公談圃》卷上。《墨客揮犀》卷十。《雞肋編》卷中。《東都事略》卷六十二。《名賢氏族言行類稿》卷二十四。《志雅堂雜鈔》卷上。

6 王武恭公善撫士，狀貌雄偉動人，雖里兒巷婦，外至夷狄，皆知其名氏。御史中丞孔道輔等因事以爲言，乃罷樞密出鎮，又貶官至隨州，士皆爲之懼。公舉止言色如平時，惟不接賓客而已。久之，道輔卒，客謂公曰：「此害公者也。」公愀然曰：「孔公以職言事，豈害我者？可惜朝廷亡一直臣。」於是言者終身以爲愧，而士大夫服公爲有量。《自警編》卷一。《石林燕語》卷九。《東都事略》卷六十二。《名賢氏族言行類稿》卷二十四。

7 王武恭公德用，寬厚善撫御，其狀貌魁偉，而面色正黑，雖匹夫下卒、閭巷小兒，外至遠夷君長，皆知其名，識與不識，稱之曰「黑王公」。皇祐末，仁宗以爲樞密使，而以富韓公爲宰相。是冬，契丹使至，公爲伴射。使者曰：「以公爲樞密使、富公爲相，得人矣。」上聞甚喜。《東齋記事》卷三。《宋名臣言行録》前集卷八引《燕談》。《澠水燕談録》卷二。《石林燕語》卷七。《東都事略》卷六十二。《名賢氏族言行類稿》卷二十四。《言行龜鑑》卷二。

8 見宋仁宗35。

9 德用素善射，侍射瑞國園，持二矢未發。帝顧之，使必中。一發中的，再發又中。帝笑曰：「德用欲中即中爾。」《名賢氏族言行類稿》卷二十四。

10 叔禮爲余言：昔通判定州，佐王德用。是時契丹主在燕京，朝廷發兵屯定州者幾六萬人，皆寓居逆旅及民家，闐塞城市，未嘗有一人敢諠譁暴横者。將校相戒曰：「吾輩各當務斂士卒，勿令擾我菩薩。」一旦，倉中給軍糧，軍士以所給米黑，諠譁紛擾，監官懼，逃匿。有四卒以黑米見德用，德用曰：「汝從我，當自入倉視之。」乃往召專副問曰：「昨日我不令汝給二分黑米、八分白米乎？」曰：「然。」「然則汝何不先給白米後給黑米？此輩見所得米腐黑，以爲所給盡如是，故諠譁耳。」專副對曰：「然。某之罪也。」德用叱從者杖專副，人二十。又呼四卒謂曰：「黑米亦公家物，不給與汝曹，當棄之乎？汝何敢乃爾諠譁！」四卒相顧曰：「向者不知有八分白米故耳。某等死罪。」德用又叱從者，亦人杖之二十。召指揮使罵曰：「衙官，汝何敢如此，欲求決配乎？」指揮使百拜流汗，乃捨之。倉中肅然，僚佐皆服其能處事。《涑水記聞》卷四。《宋朝事實類苑》卷十三。

夏守贇

1 見韓億17。

郭承祐

1 〔郭承祐〕好言事，指切人過失，時謂之「武諫官」云。《東都事略》卷六十二。

許懷德

1 康定中，羌人盜邊，陷金明縣，又追延州，取北關，王師敗于五龍川，都總管劉平、石元孫被擒。後數日，賊乃出塞，時許懷德爲鄜延總管，聞賊深入，自東路歸，所統兵纔數千。至延州東有百餘山下，見賊馬幾萬騎，許皇遽妄呼曰：「令河東廣鋭若干指揮往某處，令折家蕃兵幾萬騎往某處。」既而，羌亦退。明日入城，見通判計用章，握手竊語曰：「不意賊馬遂至塞外，其儻早來，亦爲擒矣。昨日忽逢賊兵，不覺皇駭，遂詐爲河東救兵，妄語分布。今日幸得相見，初勿與他人説也。」相次諸州擒蕃俘，問元昊遁歸之因，咸云：「聞河東救兵至，遂走出塞。」其鈐轄盧押班訟通判計用章之失，自稱賊圍城時，守捍有功。用章屢進狀，言賊之遁去，由許懷德假言河東救兵使然，完延州者懷德也。既而盧、計皆得罪，朝廷嘉懷德之功，擢爲殿前侍衛馬步軍都指揮使。《倦游雜録》。《宋朝事實類苑》卷七十五。

2 許懷德爲殿帥，嘗有一舉人，因懷德乳媼求爲門客，懷德許之。舉子曳襴拜於庭下，懷德據座受之。人謂懷德武人不知事體，密謂之曰：「舉人無没階之禮，宜少降接也。」懷德應之曰：「我得打乳媼關節秀才，只消如此待之。」《夢溪筆談》卷九。《墨客揮犀》卷八。《宋稗類鈔》卷六。

范恪

1 范恪在陝西亦爲有功，常挽一石七斗力弓，其箭鏃如鏵，謂之鏵弓。箭羽間勒其官稱、姓名，往往一箭貫二人者，賊甚畏之。《東齋記事》卷二。

劉平

1 劉莊恪公平初及第，爲常州無錫尉。時有巨盜在境上未獲。會歲旦日，入謁縣宰。是時，循國初故事，多用齊、魯鄙朴經生爲縣令，而無錫令又昏老之經生也。令廳史贊簿、尉廷趨，而端坐於廳事受之。平素尚氣，不能堪。徑趨廳事，捽而奮拳痛毆之，踣于座下，左右挽引以去。一邑喧傳，尉毆死令矣。平亦不顧，歸而酣飲至醉。群盜聞尉毆令死，大喜，乘節日至邑之草市飲酒。會有密報平者，乘大醉亟呼弓手并市人徑捕之。諸盜俱醉，且不虞尉能遽至也。平手殺五人，擒得者二十餘人，全火并獲，凱旋歸邑。會令家嚾藥救之得蘇。功過俱奏上，詔改大理評事，知鄢陵縣，由此知名。《默記》卷中。

苗繼宣

1 慶曆初，趙元昊圍麟州二十七日。城中無井，掘地以貯雨水。至是水竭，知州苗繼宣拍泥以塗藁積，備火箭射。賊有諜者潛入城中，出告元昊：「城中水已竭，不過二日，當破。」元昊望見塗積，曰：「城中無水，何暇塗積？」斬諜者，解圍去。《涑水記聞》卷十二。《宋朝事實苑》卷五十六。

王吉

1 慶曆初，趙元昊圍麟州……苗繼宣募吏民有能通信求援於外者，通引官王吉應募。繼宣問：「須幾人從行？」吉曰：「今虜騎百重，無所用衆。」請髡髮，衣胡服，挾弓矢，齎糗糧，詐爲胡人。夜縋而出，遇虜問，則爲胡語答之。兩晝夜，然後出虜寨之外，走詣府州告急。府州遣兵救之，吉復間道入城，城中皆呼萬歲。及圍解，詔除吉奉職，本州指使。《涑水記聞》卷十二。《宋朝事實類苑》卷五十六。

2 吉嘗從都監王凱及中貴人將兵數千人，猝遇虜數萬騎。中貴人惶恐，以手帛自經，吉曰：「官何患不得死？何不且令王吉與虜戰？若吉不勝，死未晚也。」因使其左右數人守中貴人，曰：「貴人有不虞，當盡斬若屬。」因將所部先登，射殺虜大將，虜衆大奔，衆軍乘之，虜墜崖死者萬餘人。《涑水記聞》卷十二。《宋朝事實類苑》卷五十六。

3 吉嘗與夏虜戰，其子文宣年十八，從行。戰罷，不見文宣，其麾下請入虜中求之，吉止之曰：「此兒爲王吉之子，而爲虜所獲，尚何以求爲？」頃之，文宣挈二首以至，吉乃喜曰：「如此，真我子也！」吉每與虜戰，所發不過一矢，即捨弓肉袒而入，手殺數人，然後返，曰：「及其張弓挾矢之時，直往抱之，使彼倉卒無以拒我，則成擒矣。吾前後數十戰，未嘗發兩矢也。」《涑水記聞》卷十二。《宋朝事實類苑》卷五十六。

史　吉

1 康定初，夏虜寇延州，永平寨主、監押欲引兵匿深山，俟虜去復歸。指揮使史吉帥所部數百人遮城門，立於馬前，曰：「寨主、監押欲何之？」二人以其謀告，吉曰：「如此，兵則完矣，如城中百姓、芻糧何？此往還之迹何可掩？異日爲有司所劾，吉爲指揮使，不免於斬頭，願先斬吉於馬前，不然，不敢以此兵從行也。」寨主、監押慙懼，引轡而返。虜至，圍城，吉帥衆拒守，數日而虜去。朝廷以寨主、監押完城功，各遷一官，吉曰：「幸不喪城寨，吾豈論功乎？」後官至團練使。女爲郭逵夫人，亦有明識。逵善治生，家甚富，夫人常規之曰：「我與公俱老，所衣食能幾何？子孫皆有官，公位望不輕，胡爲多藏以敗名也？」《涑水記聞》卷九。《宋朝事實類苑》卷五十三引《范蜀公蒙求》。

种世衡

1 种公世衡，字仲平，少尚氣節。昆弟有欲其家者，君推貲産與之，惟取季父圖書而已。《言行龜鑑》卷四。

2 〔种世衡〕嘗知武功縣，用刑嚴峻，杖人不使執拘之，使自凭欄立塼上受杖，杖垂畢，足或落塼，則更從一數之。人亦服其威信，或有追呼，不使人執帖下鄉村，但以片紙榜縣門，云：「追某人，期某日詣縣庭。」其親識見之，驚懼走告之，皆如期而至。《涑水記聞》卷九。《宋朝事實類苑》卷五十六。《宋名臣言行録》前集卷七。《古今事文類聚》外集卷十四。

3〔种世衡〕知澠池縣。……縣旁山上有廟，世衡葺之，其梁重大，衆不能舉。世衡乃令縣幹剪髮如手搏者，驅數對於馬前，云「欲詣廟中教手搏」，傾城人隨往觀之。既至，而不教，謂觀者曰：「汝曹先爲我致廟梁，然後觀手搏。」衆欣然，趣下山共舉之，須臾而上。其權數皆此類。《涑水記聞》卷九。《宋朝事實類苑》卷五十六。《宋名臣言行録》前集卷七。《宋稗類鈔》卷四。

4 初，趙元昊既陷安遠、塞門寨，朝廷以延州堡寨多，徒分兵力，其遠不足守者悉棄之，而虜益内侵爲邊患。大理寺丞、簽署保大軍節度判官事种世衡建言：「州東北二百里有故寬州城，修之，東可通河東運路，北可扼虜要衝。」詔從之，命世衡帥兵董其役，且城之。城中無井，鑿地百五十尺始遇石，而不及泉，工人告不可鑿，衆以爲城無井則不可守，世衡曰：「安有地中無水者邪？」即命工鑿石而出之，得石屑一器酬百錢，凡過石數重，水乃大發，既清且甘，城中牛馬皆足。自是邊城之無井者效之，皆得水。詔名其城曰青澗，以世衡爲内殿承制、知城事。《涑水記聞》卷九。《宋朝事實類苑》卷五十六。

5〔种世衡〕初至青澗城，逼近虜境，守備單弱，芻糧俱乏。世衡以官錢貸商旅使致之，不問所出入，未幾，倉廩皆實。又教吏民習射，雖僧道婦人亦習之。以銀爲射的，中者輒與之。既而中者益多，其銀重輕如故，而的漸厚且小矣。或争徭役優重，亦使之射，射中者得優處。或有過失，亦使之射，射中則釋之。

由是人人皆能射。士卒有病者，常使一子視之，戒以不愈必笞之。撫養羌屬，親入其帳，得其歡心，争爲之用。寇至，屢破之。部落待遇如家人。有功者或解所服金帶，或撤席上銀器遺之。比數年，青澗城遂成富彊，於延州諸寨中，獨不求益兵、運芻糧。《涑水記聞》卷九。《宋朝事實類苑》卷五十六。《宋名臣言行録》前集卷七。

6 初，洛苑副使种世衡在青澗城，欲遣僧王嵩入趙元昊境爲間，召與之飲，謂曰：「虜若得汝，考掠求實，汝不勝痛，當以實告邪？」嵩曰：「誓死不言。」世衡曰：「先試之。」乃縛嵩於庭，而掠之數百，嵩不屈，世衡曰：「汝真可也！」時元昊使其妻之兄弟、寧令之舅野利旺榮及剛浪唛，分將左右廂兵，最用事。世衡使嵩爲民服，齎書詣旺榮，且遺之棗及畫龜。旺榮鎖嵩囚地牢中，且半歲所。會元昊欲復歸中國，而恥自言，乃釋嵩囚，使旺榮遺邊將書，遣教練使李文貴逆嵩還，曰：「曏者种洛苑書意，欲更求通和邪？」邊將送文貴及嵩詣延州，時龐公爲經略使，已奉朝旨招納元昊，始遣文貴往來議其事，奏嵩除三班借職。《涑水記聞》卷九。《宋朝事實類苑》卷五十六。《東都事略》卷六十一。

7 种世衡初營青澗城，有紫山寺僧法崧，剛果有謀，以義烈自名。世衡延置門下，恣其所欲，供億無算。崧酗酒狎博，無所不爲，世衡遇之愈厚。留歲餘，崧亦深德世衡，自處不疑。一日，世衡忽怒謂崧曰：「我待汝如此，而陰與賊連，何相負也？」拽下械繫，捶掠極其苦楚，凡一月，瀕於死者數矣，崧終不伏，曰：「崧丈夫也，公聽姦人言欲見殺，則死矣，終不以不義自誣。」毅然不顧。世衡審其不可屈，爲解縛沐浴，復延入卧内，厚撫謝之曰：「爾無過，聊相試耳。欲使爲間，萬一可脅，將洩吾事。設虜人以此見窮，能不相負否？」崧默然曰：「試爲公爲之。」世衡厚遺遣之，以軍機密事數條與崧曰：「可以此藉手，仍僞報西羌。」臨行，世衡解所服絮袍贈之曰：「胡地苦寒，此以爲别。至彼須萬計求見遇乞，非此人無以得其心腹。」遇乞，虜人之謀臣也。崧如所教，間關求通遇乞，虜人覺而疑之，執於有司，數日，或發袍領中，得世衡與遇乞書，詞甚款密。崧初不知領中書，虜人苦之備至，終不言情。虜人因疑遇乞。舍崧，遷於北境。久之，遇乞終以疑死。崧邂逅得亡歸，盡得虜中事以報。朝廷録其勞，補右侍禁，歸姓爲王。崧後官至諸司使，至今邊人謂之「王和尚」。《夢溪補筆談》卷二。《宋稗類鈔》卷一。

8 元昊分山界戰士爲二廂，命兩將統之，剛浪崚統明堂左廂，野利遇乞統天都右廂，二將能用兵……慶曆中，种世衡守青澗城，謀用間以離之。有悟空寺僧光信者，落魄耽酒，邊人謂之「土和尚」，多往來蕃部中。世衡嘗厚給酒肉，善遇之。一日語信曰：「我有書答野利相公，若爲我賫之。」以書授信。臨發，復召飲之酒而謂曰：「界外苦寒，吾爲若納一襖，可衣之以行，回日當復以歸我。」信始及山界，即爲邏兵所擒，及得賫書以見元昊。元昊發其書，即尋常寒暄之問，元昊疑之，遂縛信拷掠千餘，至脅以兵刃，信終言無他。元昊益疑，顧見信所衣之襖甚新潔，立命剺拆，即中得與遇乞之書，具言：「前承書有歸投之約，尋聞朝廷，及云只候信回得報，當如期舉兵入界，惟盡以一廂人馬爲内應，儻獲元昊，朝廷當以静難軍節度使、西平王奉賞。」元昊大怒，自此奪遇乞之兵，既又殺之。遇乞死，山界無良將統領，不復有侵掠之患，而邊陲亦少安矣。洎西戎入貢，信得歸，改名嵩，仕終左藏庫副使。《東軒筆録》卷八。

9 〔种〕世衡嘗以罪怒一番落將，杖其背，僚屬爲之請，莫能得。其人被杖已，奔趙元昊，甚親信之，得出入樞密院。歲餘，盡詗得其機事以歸，衆乃知世衡用以爲間也。《涑水記聞》卷九。《宋朝事實類苑》卷九。

10 洛苑副使、知青澗城种世衡，爲屬吏所訟以不法事，按驗皆有狀。鄜延路經略使龐公奏：「世衡披荆棘立青澗城，若一一拘以文法，則邊將無所措手足。」詔勿問。頃之，世衡徙知環州，將行，別龐公，拜且泣曰：「世衡心腸鐵石也，今日爲公下淚矣。」《涑水記聞》卷九。《宋朝事實類苑》卷五。《宋名臣言行録》前集卷七。

11 慶曆二年春，范文正公巡邊，至爲環慶經略使，環州屬羌多懷貳心，密與元昊通，以种世衡素得屬羌心，而青澗城已完固，乃奏徙世衡知環州以鎮撫之。有牛奴訛，素屈强，未嘗出見州官，聞世衡至，乃來郊迎。世衡與約，明日當至其帳，慰勞部落。是夕，雪深三尺，左右曰：「奴訛凶詐難信，且道險，不可行。」世衡曰：「吾方以信結諸胡，可失期邪？」遂冒雪而往。既至，奴訛尚寢，世衡蹴起之，奴訛大驚，曰：「吾世居此山，漢官無敢至者，公了不疑我邪？」帥部落羅拜，皆感激心服。《涑水記聞》卷九。《宋朝事實類苑》卷五十六。《宋名臣言行録》前集卷七。《錦繡萬花谷》前集卷二。《名賢氏族言行類稿》卷二。《昨非庵日纂》一集卷六。

12 胡酋蘇慕恩部落最强，世衡皆撫而用之。嘗夜與慕恩飲，出侍姬以佐酒。既而世衡起入内，潛於壁隙窺之。慕恩竊與侍姬戲，世衡遽出掩之。慕恩慙懼請罪，世衡笑曰：「君欲之邪？」即以遺之。由是得其死力，諸部有貳者，使慕恩討之，無不克。《涑水記聞》卷九。《宋朝事實類苑》卷五十六。《宋名臣言行録》前集卷七。《東都事略》卷六十一。《古今事文類聚》後集卷十六。《錦繡萬花谷》前集卷十五。《宋稗類鈔》卷四。

13 環、原之間，屬羌有明珠、滅臧、康奴三種最大，素號横猾，撫之則驕不可制，攻之則險不可入，常爲原州患。其北有二川，通於夏虜。二川之間，有古細腰城。慶曆四年，參知政事范文正公宣撫陝西，命世衡與知原川蔣偕共城之。世衡先遣人説誘夏虜，以故未及出兵争之。世衡以錢募戰士，晝夜板築，旬月而成。乃召三種酋長，諭以官築此城，爲汝禦寇。三種既出其不意，又援路已絶，因而服從。世衡在役所得疾，明年正月甲子卒，屬羌朝夕聚哭其柩者數日。青澗、環州吏民及屬羌皆畫像事之。《涑水記聞》卷九。《宋朝事實類苑》卷五十六。《宋名臣言行録》前集卷七。

14 僕大父諱問，字昌言，初與种世衡有舊。及憂居，世衡遺以汝州田十頃，辭不受。使者在塗而世衡卒，乃更還其子古，用父命不肯當，凡蕪廢者三十年。元豐中，鄰人告官，移文二家，皆不承。郡守劉斐因言於朝，賜名种張莊，給田州學，以旌高誼。《可書》。

15 种世衡倅鳳翔，以贓編置高州。文正知其才，奏授武職，帥陝，提拔爲多。忠宣爲慶帥，种子詁爲環守，執屬羌爲盜，奏流南方。羌過慶聲寃，忠宣爲按驗，果非盜，釋之。時介甫當柄，詁乘時訴忠宣挾請變獄，對獄寧州，事皆無狀。忠宣謫守信陽。……先子承志，調原之曹掾，僦寓長安，於提舉劉韐客次見緋衣老出廳事後，注視先子曰：「公范忠宣後乎？」先子愕然，不知爲誰，應曰：「是也。」老曰：「見公頤頷，音聲類丞相耳。」先子竊問其姓名，老曰：「吾乃史師也，舊供事忠宣，拜尊丈於公家，契甚厚。」委曲問行藏，先子具以告，相揖而去。先子之任。种忠憲克西夏，帥涇原，辟史爲客。一日，史從种郡圃正已堂習射，种曰：「以先祖才業，只終皇城使。某何人，叨冒乃爾。然子孫繼承，至今不敢忘范文正之德。中間以家叔事頗難見渠子弟，欲訪其後，少報先德，未得其人也。」史具言長安邂逅先子曲折，种即顓使具書，邀至軍前議事。一見甚喜，張宴，酒酣，謂先子曰：「先祖荷文正不報之恩。」先子曰：「蓋未聞也。」种曰：「公爲范氏子，獨不知此乎？」先子曰：「先公以公議舉人，非謂私恩，未嘗語家人也，安得知之?」种益欽歎,曰:「真有家風也。」厚贈先子歸,曰:「此有警,當屈賢者席。」威平之役,召先子從行,奏功,特改秩,旋累勞遷陞,四十一歲已爲員外郎,皆种吹噓之力也。《過庭録》。

种詁

1 〔种〕詁字大質,少慕從祖放爲人,不事科舉。父世衡欲乞廕補官,詁辭以推諸弟,杜門讀書,時稱小隱君。《名賢氏族言行類稿》卷一。《東都事略》卷六十一。

2 見范純仁16。

3 見种世衡15。

种諤

1 建中、貞元間,藩鎮至京師,多于旗亭合樂。郭汾陽纏頭綵率千匹,教坊梨園小兒所勞各以千計。元豐中,劉伯壽謝事後,以議樂召至京城。已事得請,薄有沾賚。與唐沈、丁竦皆期望日閱于樊樓,凡京籍者率造焉。未幾,种諤自鄜延陳邊事到闕。一日,期集于樊,服紫花織成袍,令束帶。劉、沈皆葛巾鶴氅,都人觀者頗塞。是日,諤揮散亦數千人。神宗密令黄門窺之,既而諤辭,上舉貞元故事,勉以渾、郭功名。《畫墁録》。

2 見李稷1。

3〔种〕諤殘忍好殺，士卒有犯者，立而劈之，敵亦畏其嚴。《名賢氏族言行類稿》卷一。

王　嵩

1 見种世衡6。

2 見种世衡7。

3 見种世衡8。

董士廉

1 見姚嗣宗6。

姚嗣宗

1 姚嗣宗，關中詩豪，忽繩檢，坦然自任。杜祁公帥長安，多裁品人物，謂尹師魯曰：「姚生如何人？」尹曰：「嗣宗者，使白衣入翰林亦不忝，減死一等黜流海島亦不屈。」姚聞之大喜，曰：「所謂善評我者也。」時天下久撤邊警，一旦，忽元昊以河西叛，朝廷方羈籠關豪之際，嗣宗也因寫二詩於驛壁，有「踏碎賀蘭石，埽清西海塵。布衣能效死，可惜作窮鱗」。又一絶：「百越干戈未息肩，九原金鼓又轟天。崆峒山叟笑不語，静聽松風春晝眠」之句。韓忠獻公奇之，奏補職官。既而一庸生張忘其名，亦堂堂人，蝟鬚黑面，頂青巾緇裘，持一詩代刺，摇袖以謁杜公，曰：「昨夜雲中羽檄來，按兵誰解埽氛埃？長安有客面如鐵，爲報君王早築臺。」祁公亦異之，奏補乾祐一尉，而胸中無一物，未幾，以贓去任。《續湘山野録》。《江鄰幾雜志》。《宋朝事實類苑》卷七十四。《宋詩紀事》卷十六。

2 張元、吴昊、姚嗣宗，皆關中人，負氣倜儻，有古俠士志。……張、吴徑之西夏，范文正公追之不及，獨表姚入幕府。朝廷困西兵十餘年，皆二人之力。姚《述懷詩》曰：「大開雙白眼，只見一青天。」《貴耳集》卷中。

3 見張元、吴昊6。

4 姚嗣宗，字因叔，華陰人，豪放能文章，喜談兵。嘗作詩曰：「踏破賀蘭石，埽清西海塵。布衣有此志，可惜作窮鱗。」韓魏公宣撫陝西，薦於朝。命官以大理寺丞，知華陰。有運使李參者，性卞急，因謁岳相，見庭中唐大碑爲火所焚，問嗣宗曰：「誰焚此碑？」嗣宗曰：「草賊耳。」參問曰：「何不捕治？」嗣宗曰：「當時捉之不獲。」參問賊姓名，嗣宗曰：「黄巢耳。」參知其玩己，乃已。《邵氏聞見録》卷十六。

5 華州西嶽廟門裏有唐玄宗封西嶽御書碑，其高數十丈，砌數段爲一碑，其字八分，幾尺餘，其上薄雲霄也。舊有碑樓，黄巢入關，人避于碑樓上，巢怒，并樓焚之。樓既焚盡，而碑字缺剥焚損，十存二三也。京兆姚嗣宗知華陰縣，時包希仁初爲陝西都轉運使，纔入境，至華陰謁廟，而縣官皆從行。希仁初不知焚碑之由，禮神畢，循行廟内，見損碑，顧謂嗣宗曰：「可惜好碑，爲何人燒了？」嗣宗作秦音對曰：

「被賊燒了。」希仁曰：「縣官何用？」嗣宗曰：「縣中只有弓手三四十人，奈何賊不得。」希仁大怒曰：「安有此理！若奈何不得，要縣官何用！且賊何人，至於不可捉也？」嗣宗曰：「卻道賊姓黄名巢。」希仁知其戲己，默然而去。《默記》卷中。《湛淵静語》卷二。

6　董士廉，關中豪俠之士，佐劉滬同擅築水洛城，尹師魯大非之。其後，狄青帥渭，希師魯意，以滬擅興，械送獄，將案誅之。時士廉已罷幕府至京師，青請於朝，檻車捕送，欲至渭而誅之。時士廉過華陰縣，姚嗣宗知縣事。姚、董，意氣之交也。縣當發人護送，而監者兵仗嚴密如護叛，送者不得語也。嗣宗交護送者于路，因呼士廉行第，屢引兩手向上示之。士廉應曰：「會得嗣宗意，令作向上一路出此檻車也。」既至渭州，青方坐廳事，列兵仗，盛怒以待之。士廉在檻車中見青，大呼曰：「狄青，你這回做也！你只是董士廉礙着你，你今日殺了我，這回做也！」青聞之大驚，不敢誅。蓋青起于卒伍而貴，嘗有嫌疑之謗，心惡聞此語。因破檻車，械送獄。既在有司，士廉得以爲計矣。其後反訟師魯贓罪，師魯貶死，而士廉從輕比者，用姚嗣宗之計得脱也。《默記》卷上。

7　高副樞若訥一日召姚嗣宗晨膳，忽一客老郎官者至，遂自舉新詩喋喋不已。日既高，賓主盡餒，無由其去。姚亦關中詩豪，辨謔無羈，潛計之，此老非玩不起。果又舉《甘露寺閣詩》云：「下觀揚子小。」姚應聲曰：「宜對『卑末狗兒肥』。」雖愠不已，又舉《秋日峽中感懷》曰：「猿啼旅思悽。」姚應曰：「好對『犬吠王三嫂』。」老客振色曰：「是何下輩？余場屋馳聲二十年。」姚對曰：「未曾撥斷一條絃。」因奮然而去。高大喜，因得就匕。《湘山野録》卷中。

趙禹

1 景祐中，趙元昊尚脩職貢，蔡州進士趙禹庶明言元昊必反，請爲邊備。宰相以爲狂言，流禹建州。明年，元昊果反，禹逃歸京，上書自理。宰相益怒，下禹開封府獄。是時，陳希亮爲司録，言禹可賞不可罪，宰相不從，希亮争不已，卒從希亮言，以禹爲徐州推官。徂徠先生石守道有詩曰「蔡牧男兒忽議兵」，謂禹也。《澠水燕談録》卷一。《宋朝事實類苑》卷十六。

張元　吴昊

1 張元，許州人也。客于長、葛間，以俠自任。縣河有蛟長數丈，每飲水轉橋下，則人爲之斷行。一日，蛟方枕大石而飲，元自橋上負大石中蛟，蜿轉而死，血流數里。又嘗與客飲驛中，一客邂逅至，主人者延之。元初不識知也，客乃顧元曰：「彼何人斯？」元厲聲曰：「皮裹骨頭肉人斯！」應聲以鐵鞭擊之而死。主人塗千金之藥，久之能蘇。元每夜游山林，則吹鐵笛而行，聲聞數里，群盜皆避。元累舉進士不第，又爲縣宰笞之，乃逃詣元昊。將行，過項羽廟，乃竭囊沽酒，對羽極飲，酹酒泥像。又歌秦皇草昧，劉、項起吞并之詞，悲歌累日，大慟而遁。及元昊叛，露布有「朕欲親臨渭水，直據長安」之語，元所作也。後鄜延被圍，元實在兵中，于城外寺中題曰：「太師尚書令兼中書令張元從大駕至此。」其跋扈如此。昊雖彊黠，亦元導之也。《聞見近録》。

2 景祐中，華州張源作絶句云：「太公年登八十餘，文王一見便同車。如今若向江邊釣，也被官中配看魚。」吟此詩畢，入夏州。《詩話總龜》前集卷二引《東齋録》。

3 景祐末，有二狂生曰張曰吴，皆華州人。薄游塞上，覘覽山川風俗，慨然有志於經略。恥於自售，放意詩酒，語皆絶豪嶮驚人，而邊帥豢安，皆莫之知。倀無所適，聞夏酋有意窺中國，遂叛而往。二人自念不力出奇，無以動其聽。乃自更其名，即其都門之酒家，劇飲終日，引筆書壁曰：「張元、吴昊，來飲此樓。」邏者見之，知非其國人也，迹其所憩，執之。夏酋詰以入國問諱之義。二人大言曰：「姓尚不理會，乃理會名耶！」時曩霄未更名，且用中國賜姓也。於是竦然異之，日尊寵用事。寶元西事，蓋始此。其事國史不書。《桯史》卷一。《宋稗類鈔》卷三。

4 華山狂子張元，天聖間坐累終身，嘗作《雪》詩云：「七星仗劍攪天池，倒捲銀河落地機。戰退玉龍三百萬，斷鱗殘甲滿天飛。」又《鷹》詩云：「有心待搦月中兔，更向白雲頭上飛。」其詩怪譎多類此。韓魏公在鄜延日，元以策干公，不用。後流落，竄西夏，教元昊爲邊患。《西塘集耆舊續聞》卷六。

5 〔張〕元本華陰布衣，使氣自負。嘗再以詩干〔韓〕魏公，公不納，遂投西夏而用事。迨王師失律於好水川，元題詩於界上僧寺云：「夏竦何曾聳，韓琦未是奇。滿川龍虎輦，猶自説兵機。」其不遜如此。熊子復著《九朝通略》，於康定元年書：「華州進士張源逃入元昊界，詔賜其家錢米以反間之。」卻用此「源」字。《清波雜志》卷二。

6 西夏曩霄之叛，其謀皆出於華州士人張元與吴昊，而其事本末，國史不書。比得田晝承君集，實紀其事云：張元、吴昊、姚嗣宗，皆關中人，負氣倜儻，有縱横才，相與友善。嘗薄游塞上，觀覘山川風俗，有經略西鄙意。姚題詩崆峒山寺壁，在兩界間，云：「南粤干戈未息肩，五原金鼓又轟天。崆峒山叟笑無語，飽聽松聲春晝眠。」范文正公巡邊，見之大驚。又有「踏破賀蘭石，掃清西海塵」之句。張爲《鸚鵡》詩，卒章曰：「好著金籠收拾取，莫教飛去别人家。」吴亦有詩。將謁韓、范二帥，恥自屈，不肯往，乃礱大石，刻詩其上，使壯夫拽之於通衢，三人從後哭之，欲以鼓動二帥。既而果召與相見，躊躇未用間，張、吴徑走西夏。范公以急騎追之，不及，乃表姚入幕府。張、吴既至夏國，夏人倚爲謀主，以抗朝廷，連兵十餘年，西方至爲疲弊，職此二人爲之。時二人家屬羈縻隨州，間使諜者矯中國詔釋之，人未有知者。後乃聞西人臨境，作樂迎此二家而去，自是邊帥始待士矣。姚又有《述懷》詩曰：「大開雙白眼，只見一青天。」張有《雪》詩曰：「五丁仗劍決雲霓，直取銀河下帝畿。戰死玉龍三十萬，敗鱗風卷滿天飛。」吴詩獨不傳。觀此數聯，可想見其人非池中物也。承君所記如此。予謂張、吴在夏國，然後舉事，不應韓、范作帥日尚猶在關中，豈非記其歲時先後不審乎！《容齋三筆》卷十一。《能改齋漫録》卷十一。《清夜録》。

7　張元與吴昊同走夏國，二名凑成「元昊」字。《吹劍四録》。

8　舊制，殿試皆有黜落，臨時取旨，或三人取一，或二人取一，或三人取二，故有累經省試取中，屢擯棄於殿試者。故張元以積忿降元昊，大爲中國之患，朝廷始因其家屬，未幾復縱之。於是群臣建議，歸咎於殿試黜落。嘉祐二年三月辛巳，詔進士與殿試者皆不黜落，迄今不改。是一叛逆之賊子，爲天下後世士子無窮之利也。《燕翼詒謀録》卷五。

王逵

1　王逵者，屯田郎中李曇僕夫也。事曇久，親信之。既而去曇應募兵，以選入捧日軍，凡十餘年。會曇以子學妖術妄言事，父子械繫御史臺獄。上怒甚，治獄方急，曇平生親友無一人敢餉問之者，逵旦夕守臺門不離，給飲食、候信問者四十餘日。曇坐貶南恩州別駕，仍即時監防出城，諸子皆流嶺外。逵追哭送之，防者遏之，逵曰：「我主人也，豈得不送之乎？」曇，河朔人，不習嶺南水土，其從者皆辭去，曰：「某不能從君之死鄉也。」數日，曇感恚自死，旁無家人，逵使母守其屍，出爲之治喪事，朝夕哭如親父子，見者皆爲流涕。殯曇於城南佛舍然後去。《涑水記聞》卷四。《宋朝事實類苑》卷五十四。《古今事文類聚》後集卷十七。《古今合璧事類備要》卷五十四。

李教

1　李教者，都官郎中曇之子。自少不調，學左道變形匿影飛空妖術。既成而精，同黨皆師而信服焉。曇之母以夏月晝寢於堂，而堂堦前井中，忽雷電霹靂大震，續有黄龍自井飛出。曇母驚起，開目見之，怖投牀下徑死。家人徐視之，乃教所變，龍即教也。曇見母死，吼怒杖之垂盡，逐出。教益與惡少薄游不檢。一日，書娼館曰：「吕洞賓、李教同游。」曇知其尚存也，遣人四出捕之，尋獲矣，教皇窘自縊死。久之，王則叛於貝州。其徒皆左道用事，聞教妖術最高，聲言教爲謀主用事。朝廷亦知教妖術最高，果爲則用，不可測也。聞之大駭，捕曇及教妻兒兄弟下獄，冀必得教。雖曇言教逐出既自縊死，終不信也。又於娼館得教所題「教與吕洞賓同游」，又詔天下捕李教及吕洞賓二人。會貝州平，本無李教者，始信其真死矣。乃獨令捕吕洞賓。甚久，乃知其寓託，無其人，乃已。雖知其貝州無李教，所部監司、太守如張昷之、張存十數人前皆重貶，曇責昭州别駕，教妻子皆誅死。《默記》卷中。

馬　遂

1　慶曆末，妖賊王則盗據貝州。賈魏公鎮北門，倉卒遣將，引兵環城，未有破賊之計，公日夜憂思。有指使馬遂者白公曰：「堅城深池，不可力取，願得公一言，入城殺元凶，餘黨可説而下也。」公壯其言，遣行，丁寧祝之曰：「壯士立功，在此行也。」遂至城下，浮渡濠，叫呼，守城者垂匹練，縋身以上。見賊隅坐，爲陳朝廷恩信……辭尤激切，賊不答。遂度終不能聽，遂急擊，賊仆地，扼其喉幾死。左右兵至，遂被殺，聞者莫不義之。是時，翰林鄭毅夫方客魏，爲之作傳。《澠水燕談録》卷四。《宋朝事實類苑》卷五十三。

楊　遂

1　見文彦博14。

2　楊太尉遂，微時爲文潞公虞候吏，每燕會，太尉獨不食餘饌，他人與之，亦不顧。潞公以此奇之。《邵氏聞見録》卷八。

郭逵

1 郭宣徽逵少時，人物已魁偉，日懷二餅，讀《漢書》於京師州西酒樓上。饑即食其餅，沽酒一升飲，再讀書。抵暮歸，率以爲常。酒家異之，後亦以散直爲延州指使。范文正公爲帥，令主私藏。端坐終日不出門，文正益任之。韓魏公代文正公，宣徽又事之，魏公尤器重。屢立大功，進至副都總管。《邵氏聞見録》卷八。

2 郭逵伐交州，行師無紀律。其所措置，殆可笑也。進兵有日矣，乃付諸將文字各一大軸，謂之「將軍下令」。字畫甚細，節目甚繁，又戒諸將不得漏洩，諸將近燈火竊竊觀之。徐禧嘗見之，云：「如一部《尚書》多。」禧三日夜讀之方竟，則諸將倉猝之際，何暇一一也！內一事云：「一、交人好乘象。象畏猪聲，仰諸軍多養猪。如象到，以錐刺猪。猪既作聲，象自退走。」《孔氏談苑》卷三。

3 見史吉1。

陶弼

1 見狄青21。

王罕

1 王罕，儂智高犯廣州，罕爲轉運使，出巡至梅州，聞之而還。仲簡使人間道以蠟丸告急，且召罕，罕從者纔數十人，問曰：「圍城何由得入？」曰：「城東有賊所不到處，可以夜縋而入。」罕曰：「不可。」進至惠州，廣民擁馬求救，曰：「賊圍城，十縣民皆反，相殺掠，死傷蔽野。」罕曰：「吾聞之先父曰：『凡有大事，必先詢識者，而後行之。無人，則詢老者也。』」乃召耆老問之，對曰：「某家客户十餘人，今皆亡爲賊矣。請各集以衛其家。」罕曰：「賊者多於莊客，何以禦之？」乃召每村三大户，與之帖，使人募壯丁二百，又帖每縣尉募弓手二千人以自衛。捕得暴掠者十餘人，皆腰斬之。又牒知州、知縣、縣令皆得擅斬人。一夕，鄉村肅然。罕爲募民驍勇者以自隨，得二千人，船百餘艘，製旌旗鉦鼓，長驅而下，趣廣州。蠻兵數千人來逆戰，擊却之。蠻皆斂兵聚於城西，乃開南門，作樂而入。罕不視家，登城，子死於賊人之手而不哭。樹鹿角於南門之西以拒蠻，自是南門不復閉矣，凡糧用皆自南門而入。東莞主簿黄固取拋村，知新州侍其淵在廣州，罕以其忠勇與之共守。蠻衆數萬，皆所掠二廣之民也，使之晝夜攻城，爲火車，順風以焚西門。時六月，城上人不能立。軍校請罕下城少休，罕欲從之，淵奮劍責軍校曰：「汝曹竭力拒敵，則猶可以生，若欲潰去，縱不爲賊所殺，朝廷亦當族汝。全部亦欲何之？」罕乃止，士氣亦自倍，蠻軍不能克而退。提刑鮑軻率其弩欲過嶺北，至雄州，蕭勃留之，乃日遞一奏。又召罕至雄州計事，罕不來，又奏之。諫官李兑奏罕只在廣州端坐，及奏罕退走。圍解，罕降一官，信州監税，軻受賞。罕不自言。黄固當圍城時最輸力，已而磨勘若有不足者，亦得罪，淵功亦不録。《涑水記聞》卷十一。《宋朝事實類苑》卷五十六。

2 王罕知潭州，州素號多事，知州多以威嚴取辦，罕獨以仁恕爲之，州事亦治。有老嫗病狂，數邀知州訴事，言無倫理，知州却之則悖詈。先後知州以其狂，但命徼者屏逐之。罕至，嫗復出，左右欲逐之，罕命引歸廳事，召使前，徐問。嫗雖言雜亂無次，亦有可曉者，乃本爲人嫡妻，無子，其妾有子，夫死爲妾所逐，家貲爲妾盡據之。嫗屢訴於官，不得直，因憤恚發狂。罕爲直其事，盡以家貲還之，吏民服其能察冤。《涑水記聞》卷十四。《宋朝事實類苑》卷二十三。

侍其淵

1　儂智高圍廣州，轉運使王罕嬰城拒守，都監侍其淵晝夜未嘗眠。久之，將士疲極。有裨將誘士卒下城，欲與之開門降賊，淵適遇之，諭士卒曰：「汝曹降賊，必驅汝爲奴僕，負擔歸其巢穴，朝廷又誅汝曹父母妻子；不若併力完城，豈唯保汝家，亦將有功受賞矣。」士卒乃復還，登城。罕夜寢於城上，淵忽來，徐撼而覺之，曰：「公勿驚，公隨身有弓弩手否？」罕曰：「有。」乃與罕帥弩手二十餘人，銜枚至一處，俯見賊已踰壕，蟻附登城，將及堞矣。城上人皆不覺，淵指示弩手使射之，賊乃走出壕外。及賊退，淵終不言裨將謀叛之事。熙寧中致仕，介甫知其爲人，特除一子官，給全俸。淵年八十餘，氣志安壯。范堯夫以爲陰德之報云。《涑水記聞》卷十三。《宋朝事實類苑》卷五十七。

2　見王罕1。

趙師旦　曹覲

1　儂賊破邕州，偶江漲，遂乘桴沿流入番禺。時贊善大夫趙師旦知康州，到任始一日，賊既迫境，諭官屬吏民使避賊，謂曰：「吾固知斯城不可守，守城而死，乃監兵洎吾之職也。若曹無預禍。」賊既至，率弱卒不滿百，禦之，半日，城陷，趙與監兵者皆死之，士卒得免者無一二。先是一日，趙方出其妻，藏於山谷，道上生一子，棄草中。賊去凡三日，復歸視之，尚生，人謂忠義之感。有曹覿者，以太子中舍知封州，賊既至，乃易服遁去，未十餘里，爲賊所擒。賊首謂曰：「汝乃好罵我南人作蠻者也，今日猶不拜邪？」曹竟不屈，至晚，積薪燔死于江壖。時本路主漕運者，與曹有舊，仍移師旦事，勒詩于石。朝廷贈覿太常少卿，子孫弟姪洎女子受官賞命服者數人。趙贈衛尉少卿，一子得殿直。趙使君之事，嶺外率知之，康人爲之立祠堂，至今祭祀不絶。《倦游雜録》。《宋朝事實類苑》卷五十三。

2　皇祐四年五月，儂智高寇二廣，諸郡皆棄城避賊，獨贊善大夫知康州趙師旦、太子中舍知封州曹覿城守死。方賊之至康州也，贊善閲兵，得羸兵二百餘人，扼戰，斬賊數十人。明日，兵盡城破，詬賊，賊度不可屈，害之。時方暑，越三日，屍不可視，獨姿色如生。初，夫人王氏避賊，女生始三日，棄之草間，信宿回視，無苦，人以謂忠義之感。賊平，朝廷贈光禄少卿，而康民立祠以祀。丞相王荆公志其葬，博士梅聖俞表其墓。尤悉所棄女，予子宲婦也。《澠水燕談録》卷四。《宋朝事實類苑》卷五十三。

孔宗旦

1　皇祐末，諸司使陳拱知邕州，有旨任内無邊事與除閤門使。是時廣源蠻酋儂智高檄邕州，乞於界首置榷場，以通兩界之貨，拱不報。久之，智高以兵犯横山寨，掠居民畜産而去。拱慮起事而失閤門使也，皆寢不奏，亦不爲備。司户參軍孔宗旦知其必爲患，移書於拱，乞爲備禦，拱不省。宗旦以糧料院印作移文，遍檄隣州及沿江郡縣，俾爲應援。未幾，智高乘水漲以兵犯邕，殺拱而屠其城，執宗旦欲降之。宗旦瞋目大駡。智高命斬於市，陳屍於路，時盛暑，蠅不集而屍亦不壞。智高懼，命埋之而去。《東軒筆録》卷十二。

石　鑑

1 石鑑，邕州人，嘗舉進士，不中第。儂智高陷邕州，鑑親屬多爲賊所殺，鑑逃奔桂州。智高攻廣州不下，還據邕州。秘書監余靖受朝命討賊，鑑以書干靖，言：「邕州三十六洞蠻，素受朝廷官爵恩澤，必不附智高。曏者從智高東下，皆廣源州蠻及中國亡命者，不過數千人，其餘皆驅掠二廣之民也。今智高據邕州，財力富强，必誘脅諸蠻，再圖進取，若使智高盡得三十六洞之兵，其爲中國患未可量也。鑑素知諸洞山川人情，請以朝廷威德説諭諸蠻酋長，使之不附智高，智高孤立，不足破矣。」靖乃假鑑昭州軍事推官，間道説諸洞酋長，皆聽命。《涑水記聞》卷十三。

儂智高

1 儂智高發三解不得志，遂起兵兩廣，遂有兩解試攝官之格。《貴耳集》卷下。

柴宗慶

1 見李遵勗4。

2 李公武既以文詞見稱諸公間，楊大年嘗爲序其詩，爲《閒燕集》二十卷。柴宗慶亦尚太宗魯國公主，貪鄙麤暴，聞公武有集，亦自爲詩，招致舉子無成者，相與酬唱。舉子利其餘食，争言可與公武並馳。真宗東封亦嘗獻詩，强大年使爲之序，大年不得已爲之，遂亦自名其詩爲《平陽》、《登庸》二集，鏤板以遺人，傳者皆以爲笑。《石林避暑録話》卷三。

李遵勗

1 李遵勗本名勗，崇矩之孫，繼昌之子，真宗朝尚長公主，御筆增爲遵勗，升爲崇矩之子，繼昌之弟。自此爲例，實亂人倫。治平四年二月，神宗皇帝手詔，述英宗治命，應公主出降，其夫不得升同父行。蓋英宗久欲釐正，以病未果出命，故神宗以遺命行。《燕翼詒謀録》卷四。

2 李公武尚太宗獻穆公主，初名犯神宗嫌名，加賜上字「遵」。好學，從楊大年作詩，以師禮事之，死爲制服，士大夫以此推重。私第爲閒燕、會賢二堂，一時名公卿皆從之游。卒謚和文，外戚未有得「文」謚者，人不以爲過。其後李用和之子瑋，復尚真宗福康公主。故世目公武爲老李駙馬。所居爲諸主第一，其東得隙地百餘畝，悉疏爲池，力求異石名木，參列左右。號静淵莊，俗言李家東莊者也。宣和間，木皆合抱，都城所無有。其家以歸有司，改爲擷芳園。後寧德皇后徙居，號寧德坊。《石林避暑録話》卷三。

3 李文和居永寧坊，有園亭之勝，築高樓臨道邊，呼爲「看樓李家」。《揮麈録》卷二。

4 仁宗朝，駙馬柴公宗慶，與駙馬李公遵勗連袂。柴主賢而李亦賢，柴主欲與李主角富貴。李先詣柴第，柴之夫婦盛飾以爲勝，左右皆草草。次及柴主之過李第，李之夫婦道裝而已，左右皆盛飾。徐出二子示曰：「予所有者，二子耳。」柴頗自愧，士論高之。《能改齋漫録》卷十二。

5 見王旦27。

6 見韓琦11。

7 都尉李文和公雖累世勳忠，尚天姻，而識學優贍，與楊文公爲禪悦深交，其法辨與天下禪伯相角。沁園東北濱於池，曰「静淵莊」，搆茆齋，延高僧。遇蕭國大長主垂帨之日，設高座，鳴法鼓於宅之法堂，命谷隱、石霜、葉縣三大禪者登座演法。時大長主松巒閣設箔觀焉。臨際宗範，每登座，拈拄杖敲擊牀機，以示法用。前二師説法竟，其末葉縣禪師者機用剛猛，始登座，以拄杖就膝拗折，擲於地，無一語便下。文和笑曰：「老作家手段。」終別，師曰：「都尉亦不得無過。」斯須，蕭國召公入箔，怪問曰：「末後長老何故發怒？」公雍容對曰：「宗門作用，施設不定，乞無賜訝。」公將薨，治而不亂，自寫遺頌曰：「拈下幞頭，脱却腰帶。若覓生死，問取皮袋。」時膈胃躁熱，尼道堅就機問曰：「都尉，衆生見劫盡，大火所燒時，切要照管主人翁。」公曰：「大師與我煎一服藥來。」尼無語，公曰：「這師姑藥也不會煎。」投枕未安而没。《湘山野録》卷下。

8 李遵勗、楊億、劉筠，聚二三僧談宗性，各繪其像曰禪會圖。《類説》卷四十五引《聖宋掇遺》。

9 李和文公作詠菊《望漢月》詞，一時稱美。云：「黄菊一叢臨砌，顆顆露珠妝綴。獨教冷落向秋天，恨東君、不曾留意。雕欄新雨霽，緑蘚上、亂鋪金蘂。此花開後更無花，願愛惜、莫同桃李。」時公鎮澶淵，寄劉子儀書云：「澶淵營妓，有一二擅喉轉之技者，唯以『此花開後更無花』爲酒鄉之資耳。」「不是花中唯愛菊，此花開後更無花」，乃元微之詩，和文述之爾。《能改齋漫録》卷十六。《詞林紀事》卷三。

李端懿

1 李端懿、端愿問卜人李易簡曰：「富貴吾不憂，但問壽幾何？」易簡曰：「二君，大長公主之子。生而富貴，窮奢極欲。又求長壽，當如貧者何？造物者如此，無乃大不均乎？」遂不與卜。《能改齋漫録》卷十三。

2 見宋仁宗91。

3 李良定公，魏國大長公主所出，雅好儒學。其帥鄆日，每春大閲戰士，必先詣宣聖廟延講經書，飲諸生，然後始及武士。《能改齋漫録》卷十二。

李端愿

1 見孫洙5。

2 駙馬都尉李端愿，居戚里最號恭慎。既失明，猶戒勵子弟，故終身無過。時京師競傳州西二郎廟出聖水，治病輒愈。李素不事鬼神，一日，其子舍有病稚，家人竊往請水，李聞大怒，即杖其子，且云：「使爾子果死，二郎豈肯受枉法贓故活之耶？若不能活，又何求？」《萍洲可談》卷三。

張堯佐

1 見唐介2。

李璋

1 見沈遘7。

2 見費孝先5。

閻文應

1 見宋仁宗19。

2 見郭后4。

閻士良

1 見宋仁宗18。

張繼能

1　内侍張繼能，嘗爲鎮戎軍鈐轄。初，古原州自唐已來，陷於党項，徙治平涼縣。繼遷之叛，李繼隆、繼和建議城古原州，以保障内屬蕃部，併力禦賊，是爲鎮戎軍。以隆、和知軍事，幾七八年，繼能爲鈐轄，題詩於廳事曰：「夜聞磧外鈴聲苦，曉聽城頭角調哀。不是感恩心似鐵，誰人肯向此中來？」繼能讀書有識略，忠直好談論，知治體，今爲入都内領郡。《楊文公談苑》。《宋朝事實類苑》卷五十五。

王昭明

1　韓魏公嘗稱，内侍王昭明，絶不類内官。往年，執政賈昌朝、陳執中惡歐陽公，欲因張氏事深治之，令蘇安世鞫獄，不成，蘇云：「不如鍛鍊就，仍乞不録問。」昭明時爲監勘官，正色曰：「上令某監勘，正欲盡公道，鍛鍊何等語也？」歐陽公遂清脱。《宋朝事實類苑》卷十六引《魏王别録》。

俞獻卿

1　俞刑部獻卿補壽州安豐縣尉，有僧積施財甚厚，其徒殺而瘞之，已而告縣曰：「師出游矣。」獻卿揣其有姦，曰：「吾與師善，不告而去，何也？」其徒色動，因執之，得其所瘞尸。一縣大驚。《仕學規範》卷十五引《仁宗朝名臣傳》。

郎簡

1〔郎簡侍郎〕與杜祁公相厚善。既老，謝事居里中，築别館徑山下，善服食，得養生之術，即徑山澗旁種菖蒲數畝，歲採以自餌，山中人目之菖蒲田。《巖下放言》卷下。《宋詩紀事》卷七。

2〔徐〕敦立爲貳卿，明清偶訪之。坐間忽發問曰：「度今此居，號侍郎橋，何耶？」明清即應以仁宗朝郎簡，杭州人，以工部侍郎致仕，居此里，人德之，遂以名橋。《揮麈録》卷四。《宋詩紀事》卷七。

燕肅

1 燕肅爲郡守，上言：「一應天下疑獄，並具事節，奏取勑裁。」仁宗知其有仁心，後至龍圖閣直學士。《東軒筆録》卷三。《宋朝事實類苑》卷九。

2 本朝之制誥、待制，止繫皂鞓犀帶，遷龍圖閣直學士，始賜金帶。燕公爲待制，十年不遷，乃作《陳情詩》上時宰，詩曰：「鬢邊今日白，腰下幾時黄？」於是時宰憐其老，未幾遷直學士。《青箱雜記》卷九。《宋詩紀事》卷八。

3 燕龍圖肅有巧思，初爲永興推官，知府寇萊公好舞《柘枝》，有一鼓甚惜之，其鐶忽脱，公悵然，以問諸匠，皆莫知所爲。燕請以鐶脚爲鏁簧内之，則不脱矣。萊公大喜。燕爲人寬厚長者，博學多聞，其漏刻法最精，今州郡往往有之。《歸田録》卷二。

4 龍圖燕公肅雅多巧思，任梓潼日，嘗作蓮花漏獻於闕下，後作藩青社，出守東潁，悉按其法而爲之。其制爲四分之壺，參差置水器於上，刻木爲四方之箭，箭四觚，面二十五刻，刻六十四面，百刻總六千分，以效日，凡四十八箭，一氣一易，鑄金蓮承箭，銅烏引水，下注金蓮，浮箭而上，有司唯謹視而易之。其行漏之始，又依《周官》水地，置泉法，考二交之景，得午時四刻一十分，午爲正南，北景中以起漏焉；以梓潼在南，其法晝增一刻，夜損一刻；青社稍北，晝增三刻；潁處梓、青之間，晝增二刻，夜損亦如之。仍作宣祕漏，其窺天愈密焉，兹亦張平子之流也。《青箱雜記》卷九。

彭　乘

1 見張詠46。

2 見曹利用6。

3 彭乘爲翰林學士，文章誥命尤爲可笑。有邊帥乞朝覲，仁宗許其候秋凉即途，乘爲批答之詔曰：「當俟蕭蕭之候，爰堪靡靡之行。」田況知成都府，會西蜀荒歉，饑民流離，況始入劍門，即發倉賑濟，既而上表待罪，乘又當批答曰：「纔度巖巖之險，便興惻惻之情。」王琪性滑稽，多所侮誚，及乘死，琪爲輓詞，有「最是蕭蕭句，無人繼後風。」蓋謂是耳。《東軒筆録》卷九。《宋朝事實類苑》卷七。

4 翰林學士彭乘不訓其子文學，參軍范宗翰學士責之曰：「王氏之琪、珪、玘、琰，器盡璠璵；韓氏之綜、絳、縝、維，才皆經緯。非蔭而得，由學而然。」《西塘集耆舊續聞》卷五。

彭几

1 彭淵材初見范文正公畫像，驚喜再拜，前磬折稱：「新昌布衣彭几，幸獲拜謁。」既罷，熟視曰：「有奇德者必有奇形。」乃引鏡自照，又捋其鬚曰：「大略似之矣，但只無耳毫數莖耳。年大當十相具足也。」又至廬山太平觀，見狄梁公像，眉目入鬢，又前再拜，贊曰：「有宋進士彭几謹拜謁。」又熟視久之，呼刀鑷者使剃其眉尾，令作卓枝入鬢之狀。家人輩望見驚笑。淵材怒曰：「何笑！吾前見范文正公，恨無耳毫。今見狄梁公，不敢不剃眉。何笑之乎？耳毫未至，天也；剃眉，人也。君子修人事以應天，奈何兒女子以爲笑乎！吾每欲行古道，而不見知於人，所謂傷古人之不見，嗟吾道之難行也。」《墨客揮犀》卷二。《五雜組》卷十六。《堅瓠續集》卷三。《宋稗類鈔》卷六。

2 叔淵材好談兵，曉大樂，通知諸國音語。嘗詫曰：「行師頓營，毋患乏水。近聞開井法甚妙。」時館太清宫，於是日相其地而掘之，無水。又遷掘數尺，觀之四旁，遭其掘鑿，孔穴棋布。道士月夜登樓之際，顰額曰：「吾觀爲敗龜殼乎？何四望孔穴之多也！」淵材不懌。又嘗從郭太尉游園，咤曰：「吾比傳禁蛇方甚妙，但咒語耳，而蛇聽約束，如使稚子。」俄有蛇甚猛，太尉呼曰：「淵材可施其術！」蛇舉首來奔，淵材無所施其術，反走，汗流，脱其冠巾，曰：「此太尉宅神，不可禁也。」太尉爲之一笑。嘗獻樂書，得協律郎，使余跋其書曰：「子落筆當公，不可以叔侄故，溢美也。」余曰：「淵材在布衣，有經綸志，善談兵，曉大樂，文章蓋其餘事。獨禁蛇、開井，非其所長。」淵材觀之，怒曰：「司馬子長以酈生所爲事事奇，獨説高祖封六國爲失，故於本傳不言者，著人之美爲完傳也。又於子房傳載之者，不欲隱實也。奈何言禁蛇、開井乎！」聞者絶倒。《墨客揮犀》卷六。《宋稗類鈔》卷六。

3 紹聖初，曾子宣在西府，淵材往謁之，論邊事，極言官軍不可用，用士爲良，子宣喜之。既罷，與余過興國寺河上，食素分茶甚美。將畢，問奴楊照取錢，奴曰：「忘持錢來，奈何？」淵材色窘。予戲曰：「兵計將安出？」淵材以手捋鬚良久，目予，趨自後門出，若將便旋然。予追逐，淵材以手拏帽，褰衣走如飛。予爲奴楊照追逐。二相公廟，淵材乃敢回顧，喘立，面無人色，曰：「鞭虎頭，撩虎鬚，幾不免于虎口哉！」予又戲曰：「在兵法何如？」淵材曰：「三十六計，走爲上計。」《冷齋夜話》卷九。《墨客揮犀》卷二。《宋稗類鈔》卷六。

4 淵材迂闊好怪，嘗畜兩鶴，客至，指以誇曰：「此仙禽也。凡禽卵生，而此胎生。」語未卒，園丁報曰：「此鶴夜產一卵，大如梨。」淵材面發赤，訶曰：「敢謗鶴也！」卒去，鶴輒兩展其脛伏地，淵材訝之，以杖驚使起，忽誕一卵。淵材嗟咨曰：「鶴亦敗道，吾乃爲劉禹錫《佳話》所誤。自今除佛、老子、孔子之語，予皆勘驗。」予曰：「淵材自信之力，然讀《相鶴經》未熟耳。」又嘗曰：「吾平生無所恨，所恨者五事耳。」人問其故。淵材斂目不言，久之曰：「吾論不入時聽，恐汝曹輕易之。」問者力請説，乃答曰：「第一恨鰣魚多骨，第二恨金橘太酸，第三恨蓴菜性冷，第四恨海棠無香，第五恨曾子固不能作詩。」聞者大笑，而淵材瞠目曰：「諸子果輕易吾論也。」《冷齋夜話》卷九。《續墨客揮犀》卷一。《宋稗類鈔》卷六。

5 淵材游京師貴人之門十餘年，貴人皆前席。其家在筠之新昌，其貧至饘粥不給，父以書召其歸，曰：「汝到家，吾倒懸解矣。」淵材于是南歸，跨一驢，以一黥挾以布橐，橐、黥皆斜絆其腋。一邑聚觀，親舊相慶三日，議曰：「布橐中必金珠也。」予雅知其迂闊，疑之，乃問親舊，聞淵材還，相慶曰：「君官爵雖未入手，必使父母妻兒脱凍餒之厄。橐中所有，可早出以觀之。」淵材喜見眉鬚，曰：「吾富可敵國也，汝可拭目以觀。」乃開橐，有李廷珪墨一丸，文與可竹一枝，歐公《五代史》草藁一巨編，餘無所有。《冷齋夜話》卷八。《何氏語林》卷三十。《五雜組》卷十六。《昨非庵日纂》一集卷二。《宋稗類鈔》卷六。

6　李舟大夫客都下，一年無差遣，乃受昌州。議者以去家遠，乃改受鄂倅。淵材聞之，吐飯大步往謁李，曰：「今日聞大夫欲受鄂倅，有之乎？」李曰：「然。」淵材悵然曰：「誰爲大夫謀？昌，佳郡也，奈何棄之？」李驚曰：「供給豐乎？」曰：「非也。」「民訟簡乎？」曰：「非也。」「然則何以知其佳？」淵材曰：「天下海棠無香，昌州海棠獨香，非佳郡乎？」聞者傳以爲笑。《冷齋夜話》卷九。《捫掌録》。

蔣　堂

1　蔣堂侍郎方六歲，父令作《梔子花詩》曰：「庭前梔子樹，四畔有椏杈。未結黄金子，先開白玉花。」《古今詩話》。《詩話總龜》前集卷二。

2　蔣侍郎堂初知撫州臨川縣。縣有大姓李申，積爲民害。乃復僭擬亡制，動作不法。承前宰無敢摘其罪。公至，緣事捕治之，盡得其姦狀，卒坐棄市。害根鋤去，闔境慰悦。《能改齋漫録》卷十二。

3　蔣堂侍郎爲淮南轉運使日，屬縣例致賀冬至書，皆投書即還，有一縣令使人，獨不肯去，須責回書，左右諭之，皆不聽，以至呵逐，亦不去，曰：「寧得罪，不得書不敢回邑。」時蘇子美在坐，頗駭怪，曰：「皂隸如此野狠，其令可知。」蔣曰：「不然。審必健者，能使人不敢慢其命令如此。」乃爲一簡答之，方去。子美歸吴中月餘，得蔣書曰：「縣令果健者。」遂爲之延譽，後卒爲名臣。或云乃天章閣待制杜杞也。《夢溪筆談》卷十。《墨客揮犀》卷三。《宋稗類鈔》卷一。

4 禮部侍郎蔣堂希魯，宜興人。仁宗時，以樞密直學士知成都。嘗召高才碩生，會試府中，親較才等，勸成學者。于府學之側，别建西學，以廣諸生齋室。迄成，而公移蒲中。其後轉運使毁之，以增廨舍。既而常山宋公尚書至府，聞其事，歎惜久之，且欲成公意，乃即其舊址，建文翁祠。祠之内，圖嚴君平、鄭子真、司馬相如、揚子雲蜀士先賢九人，及公之像而十。常山公爲之贊，至公，略云：「蔣侯挺挺，天與嚴方。健而文明，不迎不將。」《能改齋漫録》卷十二。

5 蜀先主祠，在成都錦官門外，西挾即武侯祠，東挾即後主劉禪祠。蔣公堂帥蜀，以禪不能保有土宇，因去之。大慈寺有蜀後主王衍銅像，程公堂權帥，毁以鑄鐘。蜀語曰：「任是兩王，難當二堂。」《能改齋漫録》卷十二。

6 見釋惟正2。

7 見林希2。

8 胡文恭公守蘇，蔣公希魯將致政歸。文恭公頃爲諸生，嘗受學於蔣，因即其居第表爲「難老坊」。蔣公見之，愀然謂文恭曰：「此俚俗歆艷，内不足而假之人以誇者，非所望於故人也。願即徹去。」文恭公愧謝，欲如其請，即營繕已嚴，乃資其嘗獲芝草之瑞，改爲「靈芝」。文恭退而語人曰：「識必因德而後達。蔣公之德，蓋人所畏，而其識如是，固無足疑，非吾所及也。」《中吴紀聞》卷六。

9　蔣堂，字希魯，嘗兩守此郡。後既謝事，因家焉，自號曰遂翁，所居曰靈芝坊，作園曰隱圃。圃之内，如巖扃、水月庵、煙蘿亭、風篁亭、香巖峯，皆極登臨之勝。公喜賓客，日爲燕會，時以詩篇爲樂。范貫之龍圖嘗賦詩云：「勇退人難事，明公識慮長。波濤濟舟楫，霜雪見松篁。林下開前圃，花間撤亞槍。二疏良宴會，老杜好篇章。道向清來勝，機於静處忘。當除印如斗，試一較閒忙。」《中吴紀聞》卷一。

10　隱圃在靈芝坊，樞密直學士蔣堂之居。堂兩守吴，謝事因家焉。自號遂翁。圃中有巖扃、水月庵、煙蘿亭、風篁亭、香巖峯、古井、貪山等。堂嘗自賦《隱圃十二詠》。結庵池上，名水月。宅南小溪上，結宇十餘柱，名溪館。又築南湖臺於水中。皆有詩。《吴郡志》卷十四。《宋詩紀事》卷八。

11　蔣公蓋自名其宅前河爲招隱溪，來者亦不復敢輒據。《石林避暑録話》卷三。

12　蔣密學堂居嘗産芝草，名靈芝坊。《石林避暑録話》卷三。

13　蔣侍郎棠，還鎮告老，高比蘇公，吟咏格調清越，士君子頗稱賞之。一日，有僧謁公回，將歸錢塘，時吕濟叔住巨川。願得一書，以光其行。公曰：「吾無書，有詩餞子之行。」詩曰：「告老於君意灑然，年來無事老江邊。吾師莫訝無書去，閒慢緘題必不看。」僧得詩遂行。僧將公詩陳濟叔，濟叔爲之惻然，厚遇其僧，且以詩愧謝公焉。《青瑣高議》前集卷五。

程堂

1 見蔣堂5。

吴遵路

1 明道末，天下蝗旱，知通州吴遵路乘民未飢，募富者，得錢萬貫，分遣衙校航海糴米於蘇、秀，使物價不增。又使民採薪芻，官爲收買，以其直糴官米。至冬，大雪寒，即以元價易薪芻與民，官不傷財，民且蒙利。又建茅屋百間，以處流民，捐俸錢置辦鹽蔬，日與茶飯參俵，有疾者給藥以理之，其願歸者，具舟續食，還之本土。是歲，諸郡率多轉死，惟通民安堵，不知其凶歲也，故其民愛之若父母。明年，范文正公安撫淮、浙，上公績狀，頒下諸郡。熙寧中，予官于通，距公之治逾四十年，猶詠誦未已。《澠水燕談録》卷四。《厚德録》卷二。

2 見范仲淹86。

劉夔

1 劉侍郎夔因赴省之時，攜筇徒步，道經三衢。臨登舟次，以所攜之竹杖投於江，乃口占詩以祝之曰：「曾伴仙翁出武夷，艱難險阻有扶持。我今去作朝天客，送汝爲龍到葛陂。」識者聞其詩，知此公志量不出人下，是年果登第。《新編醉翁談録》卷一。

滕宗諒

1　景祐初，内寵頗盛，上體多疾。司諫滕宗諒上疏曰：「陛下日居深宫，留連荒宴，臨朝則多羸形倦色，決事如不掛聖懷。」坐是出知信州。《涑水記聞》卷三。

2　滕公宗諒，仁宗朝知湖州，大興學校，學者皆敦行實，傳經義，人各治一事，又兼一事，學徒千數。寶元初，太學下湖州學，取其法行之。《言行龜鑑》卷一。

3　滕宗諒知湖州，興學，費民錢數千萬，役未畢而去。或言錢出入不明者，通判以下不肯簽簿。胡武平宿來繼守，而言曰：「滕侯所爲非是，諸君奚不早言？候其去乃非之，豈分謗之意乎？」于是衆聞其言，皆慙而簽簿，卒成其業。《能改齋漫録》卷十三。

4　滕宗諒知涇州，用公使錢無度，爲臺諫所言，朝廷遣使者鞫之。宗諒聞之，悉焚公使曆。使者至，不能案，朝廷落職徙知岳州。《涑水記聞》卷十。

5　見宋仁宗31。

6　滕宗諒知岳州，修岳陽樓，不用省庫錢，不斂於民，但牓民間有宿債不肯償者，獻以助官，官爲督之。民負債者争獻之，所得近萬緡，置庫於廳側，自掌之，不設主典案籍。樓成，極雄麗，所費甚廣，自入者亦不鮮焉。州人不以爲非，皆稱其能。《涑水記聞》卷十。

7 放臣逐客，一旦棄置遠外，其憂悲憔悴之歎，發於詩什，特爲酸楚，極有不能自遣者。滕子京守巴陵，修岳陽樓，或贊其落成，答以：「落甚成，只待憑欄大慟數場！」《清波雜志》卷四。

8 慶曆中，滕子京謫守巴陵，治最爲天下第一。政成，重修岳陽樓，屬范文正公爲記，詞極清麗。蘇子美書石，邵餗篆額，亦皆一時精筆。世謂之「四絶」云。《澠水燕談録》卷六。《負暄野録》卷上。《茶香室叢鈔》卷二。

9 見范仲淹68。

10 滕宗諒謫守巴陵郡，有華州回道士上謁，風骨聳秀，神臉清邁，滕知其異人，口占一詩贈之曰：「華州回道士，來到岳陽城。别我游何處，秋空一劍横。」回聞之，憮然大笑而别，莫知所之。《東軒筆録》卷十。《西塘集耆舊續聞》卷六。《宋詩紀事》卷八。

11 滕子京待制知蘇州日，感疾在牀，其二子見其從堂前行過，疑之，往省其父，依然在牀上，後數日卒。愚時在蘇丁憂，親聞之。《宋朝事實類苑》卷六十九引《趙康靖公聞見録》。

謝濤

1 見張詠57。

2 謝濤，字濟之，絳之父也。終於太子賓客。女適梅堯臣。幼爲王黄州所知，世稱雅善品藻文章。江夏黄才叔，喜自負其文，謂濤曰：「公能損益一字，吾服公。」濤爲削去二十字。才叔雖不樂，然無以勝之也。《曲洧舊聞》卷四。

3 太子賓客謝濤，生平清慎，恬于榮利。晚節乞知西臺，尋分務洛中，不接賓客，屏去外事，日覽舊史一編，以代賓話。將終前一日，夢中得詩一章，覺，呼其孫景初録之，曰：「百年奇特幾張紙，千古英雄一窖塵。惟有炳然周孔教，至今仁義浸生民。」足以見篤於仁義，著乎神明，故至死而不亂也。《澠水燕談録》卷二。《宋朝事實類苑》卷四十六。

謝絳

1 〔謝〕希深初以奉禮郎鎖廳應進士舉，以啓事謁見大年，有云：「曳鈴其空，上念無君子者；解組不顧，公其如蒼生何！」大年自書此四句於扇，曰：「此文中虎也。」由是知名。《歸田録》卷一。《曲洧舊聞》卷三。《隱窟雜志》。《何氏語林》卷九。《宋稗類鈔》卷五。

2 見楊億55。

3 見王舉正、黄鑑1。

4 見錢惟演8。

5 希深居富陽小隱山，别築室曰「讀書堂」，構雙松亭於前，倚山臨江，雜植花果，沼荷稻圩，環流布種，頗稱幽人之居。〔梅〕聖俞慕悦其風，時以詩文問答倡和，一時傳爲雅事云。《宋詩紀事》卷八引《富春遺事》。

6 謝絳，吴人，雅秀有詞藻。景祐中，知制誥。然輕黠利唇吻，人罕測其心，時謂之「十一面觀音」。

與范諷同年，素爲諷所薄，及龐籍訟諷，兩被黜。時王堯臣當制，絳求代草其詞，籍誥末云：「季孫行父之功，予不忘矣。」蓋指諷爲四凶也，論者益畏之。未幾出守南陽，遂卒於官。疾亟，自噬舌，嘆其血肉，聞者深鑒之。《儒林公議》。《宋詩紀事》卷八。《詞林紀事》卷三。

謝景初

1 元微之貶江陵府士曹，少年氣俊，過襄陽，夜召名妓劇飲，將别，作詩云：「花枝臨水復臨堤，也照清江也照泥。寄語東風好擡舉，夜來曾有鳳凰棲。」謝師厚作襄倅，聞營妓與二胥相好，此妓乞書扇子，遂改下二句云：「寄語東風好擡舉，夜來曾有老鴉棲。」《侯鯖録》卷三。

2 謝師厚廢居於鄧。王左丞存，其妹婿也，奉使荆湖，枉道過之。夜至其家，師厚有詩云：「倒著衣裳迎户外，盡呼兒女拜燈前。」《後山詩話》。《詩話總龜》前集卷九。《苕溪漁隱叢話》前集卷二十八。《宋詩紀事》卷十六。

3 師厚方爲其女擇對，見黄庭堅詩，乃云：「吾得婿如是足矣。」庭堅因往求之。然庭堅之詩竟從謝公得句法。故嘗有詩曰：「自往見謝公，論詩得濠梁。」《王直方詩話》。《類説》卷五十七。《詩話總龜》前集卷八。《苕溪漁隱叢話》前集卷二十八。《宋詩紀事》卷十六。

4 謝景初師厚，知制誥希深之子。詩極高，豫章黄魯直娶其女，自以爲從師厚得句法。而師厚之姑，實歸梅聖俞，其淵源所從來遠矣。《研北雜志》卷上。

5 紙以人得名者，有謝公，有薛濤。所謂謝公者，謝司封景初師厚。師厚創箋様，以便書尺，俗因以爲名。謝公有十色箋，深紅、粉紅、杏紅、明黄、深青、淺青、深緑、淺緑、銅緑、淺雲，即十色也。《天中記》卷三十八。《宋詩紀事》卷十六。

謝景温

1 見梅堯臣29。

2 謝景武師直與王存正仲友善。謝仕襄陽，王遠至，夜叫門見之。師直屣履出迎，率子姪行家人禮，慷慨道舊，喜而有詩，云：「倒着衣裳迎户外，盡呼兒女拜燈前。」《過庭録》。案：景武，誤。

謝景平

1 謝希深幼子景平，初任爲大理評事，監光化軍税。有兵官者爲本廳軍員持以事，兵官常憂鬱不樂。景平一日問之，兵官泣訴，景平曰：「君當解官去，吾必能報之。」兵官去，景平因權軍事，呼軍員詰之，曰：「老兵何敢把持兵官，使罷任去！」軍員者無賴，大言曰：「景平但可飲酒擊鞠耳，此事不當預。」景平以犯階級送獄，獄成，決配之。《邵氏聞見録》卷十六。《何氏語林》卷六。

胥　偃

1 見宋庠10。

蘇紳

1 翰林蘇公紳嘗題潤州金山寺一聯云：「僧依玉鑑光中住，人踏金鼇背上行。」時公方舉大科，識者以「人踏金鼇背上行」，乃榮入玉堂之兆，已而果然。公位止於内相。《青箱雜記》卷七。《吟窗雜録》卷三十八。

2 曾祖康定二年使北虜，爲母后生辰使。虜主望見曾祖儀觀，大奇異之。及宴，躬至坐次，持大杯手酌盈升，曾祖釂之。虜人歎息，以謂自通好幾四十年，未有如此禮也。《魏公譚訓》卷二。

3 蘇儀甫使虜，至虜庭，傳宣求紫魚，答云：「雖是某鄉中物，偶不賫來。」又云：「某篋中恐有。」試搜之，得獲，乃家中納褚中，忘告之也。《江隣幾雜志》。

4 見宋仁宗25。

5 蘇紳、梁適，謂之「草頭木脚」，其害在士大夫。《困學紀聞》卷十五。

王繕

1 司門郎中王繕，濰州人，治《三傳春秋》中第，再調沂州録事參軍。時魯肅簡公宗道方爲司户參軍，家貧，食口衆，禄俸不給，每貸於王，猶不足，則又懇王預貸俸錢。魯御下嚴，庫吏深怨之，訴魯私貸緡錢，州并劾王。王喻魯曰：「第歸罪某，君無承也。」魯曰：「某貧不給，以私干公，過實自某，公何辜焉！」王曰：「某碌碌經生，仕無他志，苟仰俸入以養妻子，得罪無害；矧以官物貸人，過不及免。君年少有志節，明爽方正，實公輔器，無以輕過輒累遠業，併得罪何益！」卒明魯不知而獨受私貸之罪。魯深愧謝，不自容。王處之裕如，無慊恨色，由是沉困銓管二十餘年。晚用薦者引對，吏部狀其功過，奏日有魯姓名。時魯已參大政，立侍殿中，仁廟目魯曰：「豈卿耶？」魯遽稱謝，且具陳其實。仁廟歎曰：「長者也！」先是，有私過者例改次等，由是得不降等，詔改大理寺丞。仕至省郎，累典名郡，晚年田園豐腆，子孫繁衍，壽八十九卒，亦庇賢爲善之報也。《厚德録》卷二引《澠水燕談録》。《自警編》卷四。《宋稗類鈔》卷三。

李餘慶

1　國子博士李餘慶知常州，强於政事，果於去惡，兇人惡吏畏之如神。末年得疾甚困，有州醫博士多過惡，常懼爲餘慶所發，因其困，進利藥以毒之。服之，洞洩不已，勢已危，餘慶察其奸，使人扶舁坐廳事，召醫博士杖殺之，然後歸卧，未及席而死。葬於横山，人至今畏之，過墓者皆下馬。有病瘧者，取墓土着牀席間，輒差。其敬憚之如此。《墨客揮犀》卷三。《宋稗類鈔》卷一。

王　逵

1　見何仙姑1、2。

2　福唐有老嫗當壚，有舉子謂嫗曰：「吾能與爾致數十千。」乃令嫗作酒帘，題曰：「下臨廣陌三條闊，斜倚危樓百尺高。」太守王祠部逵見之，大喜，呼嫗，與錢五千。蓋詩乃王公《詠酒旗》詩，平生最得意者。《詩話總龜》前集卷十七。《宋詩紀事》卷九。

3 王逵工詩。熙寧初，韓忠獻出知大名府，逵因歲節以詩干酒，曰：「故吏寂寥新歲近，願分餘瀝漲蛟盤。」公以百壺答之。《堯山堂外紀》卷五十。

4 王學士逵妻某氏，妾常辱之，愬於逵，不受，亦不校也。或問之，曰：「彼將去矣，不必校也。」已而逵怒，逐之，某盡歸其裝，一家皆諫止之，曰：「此自彼有，吾何與焉？然亦非彼所有也。」妾遇盜，盡亡其資。嘗語家人：「今夕甘露下，使以器取之。」又謂逵曰：「新婦妾某日當死，以後事屬公。」皆然。《後山談叢》卷五。

呂居簡

1 見夏竦36。

唐肅

1 待制唐公肅，雅有遠識。先與丁晉公同舉進士，劇相善。居水櫃街，與晉公宅相對。一日，朝廷自金陵召晉公，將大用，唐遂徙居州北避之。虞部員外郎李畋往諮其由，唐曰：「謂之入即大拜，權勢日隆。若數與往還，事涉依附；或經旬不見，情必猜疑，故避之。」期歲，晉公黜嶺外，李復謁唐，唐曰：「果然。蓋丁之才術，乃唐李贊皇之流，勳多而德寡，任智而鮮仁，可以佐三事，不可以冢庶僚。若太祖朝，趙中令、吕丞相居其上，則丁之用不私，位不危矣。」朝士莫不服唐之遠識。《能改齋漫録》卷十二。《該聞録》。《類説》卷十九。《何氏語林》卷十五。《宋稗類鈔》卷三。

2 唐待制肅爲泰州司理參軍。有商人夜宿逆旅，而同宿者殺人亡去。旦視之，血汙其衣，爲吏所執，不能明，遂自誣服。肅爲白其寃，而知州事馬知節趣令具獄，肅固持不可，後數日果得真殺人者矣。《厚德録》卷三。

3 唐龍圖肅恬静寡欲，天聖中，以工部郎中知洪州，艤舟南康，徘徊不進。或問其故，答曰：「職由以四月爲限，今遽之任，得無獲趣利之譏乎！」逾月乃上，當時仕宦者無不愧服之。《續墨客揮犀》卷四。

唐　詢

1 唐彦猷侍讀詢、弟彦範詔，俱擅一時才雅之譽。彦猷知書好古。彦範文章氣格高簡不屈，疎秀比六朝人物；尤精翰墨，遣一小劄，亦華牋妙管，詳雅有意。忽一客攜黄筌《梨花卧鵲圖》求貨，其花晝全株，卧兩鵲於花中，斂羽合目，其態逼真，合用價數百緡。彦猷畜晝最多，開篋以蜀之趙昌、唐之崔彝數品花較之，俱所不及。題曰錦江釣叟黄筌筆。彦猷償其半，因暫留齋中少玩，絹色晦淡，酷類古縑。彦猷視其圖角有巨印，徐少潤揭而窺之，乃和買絹印。彦範博知世故，大笑曰：「和買絹始於祥符初，因王勉知潁州，歲大饑，出府錢十萬緡於民，約曰：『來年蠶熟，每貫輸一縑，謂之和買，自爾爲例。』黄筌唐末人，此後人矯爲也。」遂還之，不受其誣。《玉壺清話》卷八。《宋朝事實類苑》卷五十一。

2 唐彦猷清簡寡慾，不以世務爲意。公退，居一室，蕭然終日默坐，惟吟詩、臨書、烹茶、試墨，以此度日。嘉祐中守青社，得紅絲石於黑山，琢以爲硯。其理紅黄相參，文如林木，或如月暈，或如山峯，或如雲霧花卉。石自有膏潤，浮泛墨色，覆之以匣，數日不乾。彦猷作《硯録》，品爲第一，以爲自得此石，端溪、龍尾，皆置不復視矣。《澠水燕談録》卷八。《宋朝事實類苑》卷六十。

3 唐詢，字彦猷，好蓄硯，客至，輒出而玩之。《研北雜志》卷上。

唐詔

1 見唐詢1。

范諷

1 范給事諷通判淄州，是歲春大旱六月。始民乏種食，諷行縣至鄒平，發官廩貸民。縣令争之，諷曰：「令無與也。」即貸以萬斛。比秋，民皆先期而輸。《仕學規範》卷十五。

2 見宋仁宗85。

3 御史有闔吏，隸臺中四十餘年，事二十餘中丞矣，頗能道其事，尤善評其優劣。每聲諾之時，以所執之梃，視中丞之賢否，中丞賢則横其梃，中丞不賢則直其梃。此語諠於縉紳，凡爲中丞者，唯恐其梃之直也。范諷爲中丞，聞望甚峻，闔吏每聲諾，必横其梃。一日，范視事，次日，闔吏報事，范視之，其梃直矣。范大驚，立召問曰：「爾梃忽直，豈覩我之失耶？」吏初諱之，苦問，乃言曰：「昨日見中丞召客，親諭庖人以造食，中丞指揮者數四。庖人去，又呼之，復丁寧教誡者，又數四。大凡役人者，授以法而觀其成，苟不如法，有常刑矣，何事喋喋之繁？若使中丞宰天下之事，不止一庖人之任，皆欲如此喋喋，不亦勞而可厭乎？某心鄙之，不知其梃之直也。」范大笑，慙謝，明日視之，梃復横矣。《東軒筆録》卷四。《宋朝事實類苑》卷二十三。《賢弈編》卷二。《何氏語林》卷十五。《宋稗類鈔》卷三。

4 范諷性倜儻，好直節，不拘細行。自在場屋，與鞠詠、滕宗諒游，已有軒輊之名。及爲中丞，力擠張士遜，援呂夷簡，意夷簡引己至二府。夷簡忌其剛伉，久之不敢薦引，諷憤激求出。知兗州，將行，謂上曰：「陛下朝無忠臣，一旦紀綱大壞，然始召臣，將無益矣！」夷簡愈惡之，故尋被譴謫。《涑水記聞》卷三。

5 范諷自給事中謫官數年，方歸濟南，城南有張聰寺丞園亭，甲於歷下，張邀公飲于園中，因作詩云：「園林再到身猶健，官職全抛夢乍醒。惟有南山與君眼，相逢不改舊時青。」《倦游雜録》。《詩話總龜》卷二十二。

6 見寇準62。

7 范諷，齊人，性疎誕，不顧小節。嘗忤外計，乃棄官求監舒州靈仙觀。莊獻太后臨朝，聞其俊邁，召拜諫官。好大言捭闔，時亦有補益，當塗者皆畏之。任三司使，闕畧財計，議者以爲任不適其器。好朋飲，高歌嗷呼，或不冠幘，禮法之士深疾之。時人顔太初作《東州逸黨詩》以譏，識者亦以諷非廊廟器。未幾，被黜，遂卒。《儒林公議》。《宋詩紀事》卷十。

8 天聖、寶元間，范諷與石曼卿皆喜曠達，酣飲自肆，不復守禮法，謂之「山東逸黨」，一時多慕效之。《石林燕語》卷七。

9 見石延年24。

杜杞

1 參見蔣堂3。

2 杜杞，字偉長，爲湖南轉運副使。五溪蠻反，杞以金帛官爵誘出之，因爲設燕，飲以漫陀羅酒，昏醉，盡殺之，凡數十人。因立《大宋平蠻碑》，自擬馬伏波，上疏論功。朝廷劾其棄信專殺之狀，既而捨之。《涑水記聞》卷三。

周湛

1 湖南之人掠良人，踰嶺賣爲奴婢。周湛爲廣東提點刑獄，下令捉搦，及令自陳，得男女二千六百餘人，還其家，而世少知之。蓋亦古之良吏也。《東齋記事》卷三。

2 周諫議湛善射弩，十發十中的，隔屋射亦然。嘗謂予曰：「其法雖由審固，然亦自有神用。今以架服弩，施箭其上，往往不中，至于用神之專，無不向的，非神用而何。」《東齋記事》卷二。

張奎

1 張密學奎、張客省亢母宋氏，白之族也。其夫好黄白術，宋氏伺其夫出，取其書並燒煉之具悉焚之。夫歸，怒之，宋氏曰：「君有二子，不使就學，日見君燒煉而效之，他日何以興君之門？」夫感其言而止。宋氏不愛金帛，市書至數千卷，親教督二子使讀書。客至，輒於窗間聽之。客與其子論文學、政事，則爲之設酒殽。或閑話、諧謔，則不設也。僑居常州，胡樞密宿爲舉人，有文行，宋氏以爲必貴。亢少跅弛，宋氏常藏其衣冠，不聽出，唯胡秀才召，乃給衣冠使詣之。既而二子皆登進士第，仕至顯官。《涑水記聞》卷十。

2 張密學奎、張客省亢，兄弟也。奎清素畏慎，亢奢縱跅弛，世言「張奎作事，笑殺張亢；張亢作事，唬殺張奎。」楊景宗本以軍營卒，由椒房故爲觀察使，暴横無賴，世謂之「楊骨槌」。一日，語奎曰：「公弟客省俊特可愛，只是性麤疏。」奎快然不悦，歸語亢曰：「汝本士人，服膺名教，不知作何等事，致令楊骨槌惡汝麤疏也。」《東軒筆録》卷十一。《宋朝事實類苑》卷六十五。

3 張密學奎少嗜酒，嘗有酒失，母怒，欲笞之，遂不復飲，至終身。《涑水記聞》卷十。

4 〔張〕奎性甚孝。爲御史時，母病。乃齋戒，刲股肉，和藥進之，遂愈。《厚德録》卷三。

張亢

1 張亢八九歲時，夢皂衣人遺筆一管，及寤，言與親友間。後因戲於庭樹下，有鳥啣筆，正落亢前，其大小宛如夢中所得，人皆奇之。……天禧三年科場，未嘗以習讀爲意，曾於友人家假得書數册，都不省覽。每醉歸，但用楮頭。南省奏名，來日殿試，猶尚暮回。酒醒初意闌，夜深無寐，因取楮頭書看，乃《尚書》也。燈下披讀，頓忘倦怠，不覺盡其一編。詰旦，御題有《日宣三德論》，亢恍然大悟，乃是夜來詳讀者矣。於是一揮成名，年方二十。《友會談叢》卷下。

2 見晏殊7。

3 見王琪7。

4 慶曆初，萬勝軍皆市井罷軟新應募者，西賊易之，而素畏虎翼。是時，麟府路兵馬鈐轄張亢修建寧寨，更其旗幟。賊見萬勝旗幟，不知其虎翼軍也，而先犯之。萬弩齊發，賊奔潰，斬首二千餘級。遂築建寧、清塞、百勝、中候、鎮川五堡。亢之智謀，大率如此。《東齋記事》卷一。《隆平集》卷十九。參見狄青6。

5 慶曆中，閤門使張亢知高陽關，契丹方遣信使僥求諸事，沿邊皆驚。亢每遣諜者，厚以金帛，無所吝惜。閒處使坐，有弟子行首入曰：「願屏人白事。」亢慢罵久之。其人曰：「所白機事也。」不肯去。亢爲屏人，乃曰：「閤使錢如糞土，何故？」亢曰：「何與汝事？」曰：「閤使所與非其人也，如我乃可與耳。」亢復罵久之。曰：「我非與閤使劇，我一外甥女，予自少教歌舞，甚妙麗，爲虜騎掠去，今幸於虜主，日夜居帳中，將相皆事之。今遣人有所市，閤使善結之，虜中情僞如指掌也。」亢曰：「所市何物？」曰：「某大王納女婿，須紫竹鞭，閤使所執可與也。其餘所市物非一。」亢皆從之。自是虜中動静必告。時邊城多警，每一掛搭，所費甚厚，惟高陽獨否。《龍川別志》卷下。

6　瀛州城本隘狹，景德中，幾爲北虜所破。自講和之後，居民軍營，悉在南關。張客省亢守郡日，召郡中高貲户謂之曰：「聞若等産業多在南關，吾欲城入之，然而計工匠樓櫓之費，非十餘萬緡不可。」咸曰：「苟得圍入大城，願備所用工。」公令富民自均其數，未經旬日，不督而集。乃命官籍其數，募廂庫禁卒以充役，既成，始奏取旨。或曰：「不俟朝命，罪必及焉。」公曰：「苟俟中覆而爲，城必不立矣。今興工而後奏，俟朝旨允與不允，吾城已築過半矣。儻或得罪，不過斥張亢耳，民獲百世之利，又何疑焉？」其後城垂就，而公坐不先上聞，果被左遷漕司。或疑有乾没，俾官窮究，無毫釐之欺。治平中，河朔地震，瀛之中城圮，因而斸去之。今爲大郡，寇戎苟至，亦不可攻圍矣。公昔守鄜州，鄜州有兩城，守居北城，上佐廨宇，器甲軍財之帑，皆在南城，渡一小澗，幾百步方入北城。北城可容南城三四，公亦先定謀而後聞，遂併南入北，省守陴者十之三，朝廷亦不之罪。近時聞邊建水利，繕城壘，必先計己之恩賞厚薄，然後爲之，校乎張公之心，一何異哉！《倦游雜録》。《宋朝事實類苑》卷二十三。

7　張亢滑稽敏捷，有門客因會話，亢問曰：「近日作賦乎？」門客曰：「近作《坤厚載物賦》。」因自舉其破題曰：「粤有大德，其名曰坤。」亢應聲答曰：「奉爲續兩句，可移贈和尚。續曰：『非講經之坐主，是傳法之沙門』。」《東軒筆録》卷十五。《堯山堂外紀》卷五十一。《宋稗類鈔》卷六。參見陳亞6。

8　見張奎2。

9　見張師雄1。

張　𣸣

1 龍圖張公𣸣，樞密直學士奎之子也。樞直爲殿中丞日，奉朝請，在京師税宅于汴河南小巷中。居常閉關。一日，有人叩門頗急，大呼曰：「小師入去，何故便不放出？」張起視之，乃一老道士也，疑其狂且醉，不復與之校量。良久乃去。邑君先妊娠，是夕生𣸣。……景元神骨清粹，襟懷夷曠，豈非仙曹之被謫者歟？《括異志》卷七。

葉清臣

1 見宋庠17。

2 葉道卿自浙漕罷，以母老求司宫鑰。長子經臨江軍修謁，方入客次，聞衆賓聚首言：「道卿被罪。」葉揖而問：「得報耶？」賓曰：「傳聞耳。」曰：「葉道卿，乃某之家君，以祖母老求便，實無過。」衆賓負赧，幾失所措。《仕學規範》卷十一引《和氏談選》。《昨非庵日纂》一集卷十二。

3 前廣西漕李朝奉湜，江寧人，言昔日内相葉清臣道卿守金陵，爲《江南好》十闋，有云：「丞相有才裨造化，聖皇寬詔養疎頑。贏取十年閒。」意以爲雖補外郡，不越十年必復任矣。去金陵十年而卒。《麈史》卷下。

孫　甫

1 司馬温公書公〔《唐史》記〕後云：孫公昔著此書，甚自重惜，常别緘其稿於笥，必盥手啓之，謂家人曰：「萬一有水火刀兵之急，他貨財盡棄之，此笥不可失也。」每公私少間，則增損改易，未嘗去手。……其後金陵大火，延及轉運廨舍，弟子察親負其笥，避於沼中島上。公在宣州聞之，亟還，入問曰：「《唐書》在乎？」察對曰：「在。」乃悦，餘無所問。《宋名臣言行録》前集卷九。

2 孫之翰，人嘗與一硯，直三十千。孫曰：「硯有何異而如此之價也？」客曰：「硯以石潤爲賢，此石呵之則水流。」孫曰：「一日呵得一擔水，纔直三錢，買此何用？」竟不受。《夢溪筆談》卷九。《宋名臣言行録》前集卷九。《墨客揮犀》卷九。《自警編》卷二。《賢弈編》卷一。

周沆

1 周沆侍郎嘗爲河東轉運使。自慶曆以來，河東行鐵錢，民多盜鑄。吏以峻法繩之，抵罪者日繁，終不能禁。沆乃命高估鐵價，盗鑄者無利，不禁自息。《折獄龜鑑》卷八。《仕學規範》卷二十八。

劉渙

1 康定中，趙元昊既虜劉平，遂約吐蕃毋與中國通，陰相爲援。朝廷患之，擇能使絶域者，將以恩信譙讓唃氏。尚書屯田員外郎劉渙上書請行，間道馳至青唐城，譙唃氏。皆頓首悔謝，請以死扞邊。因盡圖其地形，并誓書還奏。仁宗嘉歎，進直昭文館。俄而元昊臣服，再加刑部郎中，賜金紫。初，渙之奉使也，或數日不得食，於佩囊中得風藥數粒咀潤咽喉。《澠水燕談録》卷二。《宋朝事實類苑》卷五十四。

2 治平間，河北凶荒，繼以地震，民無粒食，往往賤賣耕牛，以苟延歲月。是時，劉涣知澶州，盡發公帑之銀以買牛。明年，震摇息，逃民歸，無牛以耕，而其價騰踴十倍。涣復以所買牛，依元直賣與。是故河北一路，唯澶州不失所，由涣權宜之術也。《東軒筆録》卷四。《宋朝事實類苑》卷二十二。

張　鑄

1 張鑄，河北轉運使，緣貝州事，降通判太平州。是時葛源初得江東西提點銀銅坑冶，欲薦鑄，而移文取其脚色。鑄不與，但以詩答之曰：「銀銅坑冶是新差，職比催綱勝一階。更使下官供脚色，下官縱跡轉沉埋。」《東軒筆録》卷十二。《倦游雜録》。《古今事文類聚》前集卷三十。《宋詩紀事》卷二十引《見聞雜録》。

2 張鑄，健吏也。性亦滑稽，爲河北轉運使，以事謫知信州。是時，以屯田員外郎葛源新得提舉銀銅坑冶，信州在所提舉。源欲爲鑄發舉狀，移牒令鑄供歷任脚色狀。鑄不平，作詩寄之曰：「銀銅坑冶是新差，職任催綱勝一階。更使下官供脚色，下官蹤跡轉沉埋。」源有慚色。《隱漢隱居詩話》。

梅　摯

1 梅諫議摯通判蘇州。初，二浙飢，官貸種食，已而督償之甚急。摯上言：「賑民所以爲惠也，反撓民不便。」因下其奏，他州悉得緩期償之。《厚德録》卷三。

2 梅公儀知滑州，夜中河決，即部官吏兵卒走河上疊埽，埽不足，拆官私屋楗塞。俄有一白鬚翁，載一船稭稈，中流而下，助填疊，遂定。平曉，不知白鬚翁所在，以爲神也。州民請爲公儀立頌功德碑，朝廷止降詔以褒獎。《宋朝事實類苑》卷六十九引《東齋記事》。

3　嘉祐初，龍圖閣直學士、尚書吏部郎中梅摯公儀，出守杭州，上特制詩以寵賜之。其首章曰：「地有吳山美，東南第一州。」梅既到杭，欲侈上之賜，遂建堂山上，名曰「有美」，歐陽修爲記以述之，亦人臣之榮遇也。《庚溪詩話》卷上。《輿地紀勝》卷二。《西湖游覽志餘》卷十。

陳希亮

1　陳公弼知潭州長沙縣。部僧有海印者，多識權貴人，數撓政違法，奪民園池，更數令莫敢治。公弼捕笞之，以園池還民。又知虔州雩都縣，毀淫祠數百區，勒巫覡爲良民七十餘家。《東齋記事》卷三。

2　見趙禹1。

3　陳希亮，字公弼，天資剛正人也。嘉祐中，知鳳翔府。東坡初擢制科，簽書判官事，吏呼「蘇賢良」。公弼怒曰：「府判官何賢良也？」杖其吏不顧，或謁入不得見。故東坡《客次假寐》詩：「雖無性命憂，且復忍斯須。」又《九日獨不預府宴登真興寺閣》詩：「憶弟恨如雲不散，望鄉心似雨難開。」其不堪如此。又《東坡詩案》云：任鳳翔府簽判日，爲中元節不過知府廳，罰銅八斤，亦公弼案也。東坡作《府齋醮禱祈》諸小文，公弼必塗墨改定，數往反。至爲公弼作《凌虛臺記》……公弼覽之，笑曰：「吾視蘇明允猶子也，某猶孫子也。平日故不以辭色假之者，以其年少暴得大名，懼夫滿而不勝也，乃不吾樂邪？」不易一字，亟命刻之石。後公弼受他州饋酒，從贜坐，沮辱抑鬱抵於死。或云歐陽公憾於公弼有曲折東坡，不但望公弼相遇之薄也。公弼子慥季常，居黄州之岐亭，慕朱家、郭解爲人，閭里之俠皆歸之。元豐初，東坡謫黄州者，執政疑公弼廢死自東坡，委於季常甘心焉。然東坡、季常相得驩甚，故東坡特爲公弼作傳，至比之汲黯。《邵氏聞見後録》卷十五。

4 予兄子瞻嘗從事扶風，開元寺多古畫，而子瞻少好畫，往往匹馬入寺，循壁終日。有二老僧出揖之曰：「小院在近，能一相訪否？」子瞻欣然從之。僧曰：「貧道平生好藥術，有一方能以朱砂化淡金爲精金。老僧當傳人而患無可傳者，知公可傳，故欲一見。」子瞻曰：「吾不好此術，雖得之，將不能爲。」僧曰：「此方知而不可爲，公若不爲，正當傳矣。」是時，陳希亮少卿守扶風，平生溺於黄白，嘗於此僧求方，而僧不與。子瞻曰：「陳卿求而不與，吾不求而得，何也？」僧曰：「貧道非不悦陳卿，畏其得方不能不爲耳。貧道昔嘗以方授人矣，有爲之即死者，有遭喪者，有失官者，故不敢輕以授人。」即出一卷書曰：「此中皆名方，其一則化金方也。公必不肯輕作，但忽輕以授人。如陳卿，慎勿傳也。」子瞻許諾。……後偶見陳卿，語及此僧，遽應之曰：「近得其方矣。」陳卿驚曰：「君何由得之？」子瞻具道僧不欲輕傳人之意，不以方示之。陳固請不已，不得已與之。陳試之良驗，子瞻悔曰：「某不惜此方，惜負此僧耳，公慎爲之。」陳姑應曰：「諾！」未幾坐受鄰郡公使酒，以贜敗去。子瞻疑其以金故，深自悔恨。後謫居黄州，陳公子慥在黄，子瞻問曰：「少卿昔竟嘗爲此法否？」慥曰：「吾父既失官至洛陽，無以買宅，遂大作此。」然竟病指癰而没。乃知僧言誠不妄也。《龍川略志》卷一。《春渚紀聞》卷十。《夷堅志補》卷十三。

魏瓘

1 魏侍郎瓘初知廣州，忽子城一角頹墊，得一古磚，磚面範四大字云「委於鬼工」，蓋合而成「魏」也。感其事，大築子城，繚罷，詔還，除仲待制簡代之。未幾，儂智高寇廣，其城一擊而摧，獨子城堅完，民逃於中，獲生者甚衆。賊退，帥謫筠州。朝廷以公有前知之備，加諫議，再知廣二年。召還，公以築城之效，自論久不報，有《感懷》詩曰：「羸羸霜髮一衰翁，踪跡年來類斷蓬。萬里遠歸雙闕下，一身閑在衆人中。螭頭賜對恩雖厚，雉堞論功事已空。淮上有山歸未得，獨揮清涕洒春風。」文潞公采詩進呈，加龍圖，尹京。《湘山野録》卷中。《東齋記事》輯遺。《宋朝事實類苑》卷二十二。《新編分門古今類事》卷十八。《宋詩紀事》卷十三。

2 見唐介1。

許元

1 見王隨2。

2 許景山逖知維揚以卒，子子春既除服，往舊治，將丐府公，理遺表事。時王丞相隨爲郡，子春以封狀見之。謁通判，拒不見，子春大怒，拂衣去。而丞相聞之，曰：「前日一封狀甚謹，况其氣節如此。」因立奏遺表，遂授太廟齋郎。時年已四十。終天章閣待制。《孫公談圃》卷下。

3 許元初爲發運判官，每患官舟多虚破釘鞠之數，蓋陷於木中，不可稱盤，故得以爲姦。一日，元至船場，命拽新造之舟，縱火焚之，火過，取其釘鞠稱之，比所破纔十分之一，自是立爲定額。《宋朝事實類苑》卷二十二。

宋咸

1 梁少卿吉甫、宋郎中咸，俱乙未八月二日生，梁申時，宋巳時。梁二十八已爲太子中舍、通判饒州，而宋猶未第，客游鄱陽。有日者妙於星術，宋往叩之，日者曰：「秀才命似本州通判，他日官職亦相類，壽則過之。」後皆如其言。《青箱雜記》卷四。《宋朝事實類苑》卷四十九。

李參

1 李參，鄆州人，爲定州通判。夏守恩爲真定路都部署，貪濫不法，轉運使楊偕、張存欲發其事，使參按之，得其斂戍軍家口錢十萬爲之遣代者；權知定州，取富民金釵四十二枚，爲之移卒於外縣。守恩坐除名、連州編管，弟殿前都指揮使守贇亦解兵權。參由是知名。《涑水記聞》卷八。

2 見姚嗣宗4。

3 李參自荆南召，欲以爲三司使，參政孫夢得抃固執不可，曰：「此人爲主計，外臺承風刻剥，則天下之人益困弊矣。」由是遂改授群牧使。《東齋記事》卷三。

黄孝先

1 黄公孝先有文行，天資孝悌。母有肺疾，綿痼歲久，飲食藥餌，非經公手，則不中度，公乃一一自調。冬日先暖温被，然後請母就枕，迨其得所，然後起而觀書，坐是不能輒去左右。年三十二矣，母病稍安，始就鄉舉，中上第，而母亡。每遇新物，未經祭，則不食。《言行龜鑑》卷四。

2 見沈邈1。

薛俅

1 薛俅肅之爲梓州路提刑，市有道人賣兔毫筆者，以蜀中所無也，因呼之。見其目光射人，則曰：「有術乎？」曰：「小技，姑爲官人試之。」令熾炭稱許，以一手并衣袂置火中，取斗酒酌之。酒盡火赤灰滅，道人振袖而起如初。肅之異而遣之，問其所答，絶不言而去。明日再招，不復見矣。肅之以爲終身之恨。《邵氏聞見録》卷十六。

刁約

1 刁景純愷悌敦厚，周人之急，甚於己私，至誠有過人者。在京師，賓客造請，雖至貧下，必往報復，晝日未嘗在家，夜歸常至三更。不知者以爲干謁自爲己，其實不然。宋尚書判館事，督諸館職畢集，而景純或數日不至，宋使人邀而譙讓之。王原叔戲改杜工部《鄭廣文》詩云：「景純過官舍，走馬不曾下。驀地趁朝歸，便遭官長罵。」李獻臣曰：「我能足之。」是時，西戎唃氏有子名摩氊，而景純嘗爲宣政使王某作墓銘，即續其後曰：「多羅四十年，偶未識摩氊。近有王宣政，時時與紙錢。」於是以古文篆隸寫之，加褾軸，密使掛景純廳事。景純旦出夕還，初不覺知，賓客至者見之，往往誦念而去。景純自外頗聞之，亦不能曉。會一日大雨，不可出，始周行廳事間，乃見此圖，問其從者，曰：「掛此已十餘日矣。」《宋朝事實類苑》卷六十三引《貢父詩話》。《中山詩話》。《堯山堂外紀》卷四十六。

2〔刁〕景純喜交游，多所過從，到局或不下馬而去。一日退朝，與子京相遇，子京謂之曰：「久不辱至寺，但聞走馬過門。」李邯鄲獻臣立談間，戲改杜子美《贈鄭廣文》詩嘲之曰：「景純過官舍，走馬不曾下。忽地退朝逢，便遭官長罵。多羅四十年，偶未識磨氊。賴有王宣慶，時時乞與錢。」葉道卿、王原叔各爲一體詩，寫於一幅紙上，子京於其後題六字曰：「效子美誶景純。」獻臣復注其下曰：「道卿著，原叔古篆，子京題篇，獻臣小書。」歐陽文忠公又以子美詩書於一綾扇上。高文莊在坐曰：「今日我獨無功。」乃取四公所書紙爲一小帖，懸於景純直舍而去。時西羌首領唃廝羅新歸附，磨氊乃其子也。王宣慶大閹求景純爲墓志，送錢三百千，故有磨氊、王宣慶之誚。《夢溪補筆談》卷三。

3刁景純官於都下，遇節，必令人持馬銜，每至一門首，撼數聲而留刺，以表到。忽有客知其誣，急出視之，僕云適已脱籠矣。《可書》。

4刁約使契丹，戲爲四句詩曰：「押燕移離畢，看房賀跋支。餞行三匹裂，密賜十貔狸。」皆紀實也。

移離畢，官名，如中國執政官。賀跋支，如執衣防閤。匹裂，似小木罌，以色綾木爲之，如黄漆。貔貍，形如鼠而大，穴居食果穀，嗜肉，狄人爲珍膳，味如㹠子而脆。《夢溪筆談》卷二十五。《詩話總龜》前集卷十八。《齊東野語》卷十六。《堯山堂外紀》卷四十六。《宋詩紀事》卷十三。

5 刁學士約喜交結，請謁常至夜半，號「刁半夜」。杜祁公爲相，蘇學士舜欽，其婿也，歲暮，以故事奏用賣故紙錢祠神以會賓客，皆一時知名士也。王宣徽拱辰丞御史，吕申公之黨也，欲舉其事以動丞相，曰：「可一舉網而盡也。」有曰：「刁亦與召，知其謀而不以告。」詰朝，送客城東，於是蘇坐自盜除名，客皆逐，丞相亦去，而刁獨逸。其後坐客皆至從官，而刁獨終於館職。《後山談叢》卷六。

6 見宋仁宗56。

7 〔刁約〕浩然有山林之志，掛冠而歸，一時名流皆宗仰之。作藏春塢，爲州間勝絶之景，日游其中以自樂。東坡先生有《賦藏春塢》詩云：「白首歸來種萬松，待看千尺舞霜風。年抛造物陶甄外，春在先生杖履中。楊柳長齊低户暗，櫻桃爛熟滴階紅。何時卻與徐元直，共訪襄陽龐德公。」《名賢氏族言行類稿》卷十八。《事類備要》續集卷十九。《堯山堂外紀》卷四十六。

8 見王韶5。

陸經

1 陸經，慶曆中爲館職。一日，飲於相國寺僧秘演房，語笑方洽，有一人箕踞於旁，睥睨經曰：「禍作矣，近在頃刻，能復飲乎？」陸大怒，欲捕之，爲秘演勸而止。薄暮，飲罷上馬，而追牒已俟於門，陸惶懼不知所爲。復見箕踞者行且笑曰：「無苦，終復故物。」既而陸得罪，斥廢累年。嘉祐初，乃復館職。《東軒筆録》卷十。《宋朝事實類苑》卷四十五。

2 陸經學士坐責流落，歐陽文忠公憐其貧，每與人作碑志，必先約令陸子履書，欲以濡潤助之也，自是子履書名亦自此而盛。《皇宋書録》卷中引《續東軒筆録》。《宋詩紀事》卷十三。

3 陸經多與人寫碑銘，頗得濡潤。人有問：「子履近日所寫幾何？」對曰：「近日寫甚少，總在街上喝道行裏。」《孔氏談苑》卷二。《宋詩紀事》卷十三。

4 嘉祐初，王文公、陸子履同在書林。日者王生一日見兩公，言介甫自此十五年出將入相。顧子履曰：「陸學士無背，仕官齟齬多難，且壽不滿六十，官不至侍從。」皆如其言。子履死，家人悉夢云：「帝命同宋次道修官制，凡吾平生所著職官書，可盡焚之。」未幾，朝廷果修官制焉。《西清詩話》卷上。

5 見王觀 2。

祖無擇

1 狄青宣撫廣南，平儂智高。未出師，先大陳軍儀，數諸將不俟大軍之到，先出師不利。就坐擒陳崇儀等三十餘人，拽出斬之。次問余襄公，襄公瞿然下拜，而孫元規頗申理之，得免。次及提刑祖擇之，問諸將兵敗亡之由。擇之知必不免，勃然起對曰：「太尉不得無禮！無擇來時，金口别有宣諭。」其客將在廳下，即呼牽提刑馬，遂就廳事上馬以出于甲冑兵戈之間。既至所舍，便溺俱下，滿于鞍韉。此所謂氣勝也。蓋青武人，非倉猝之間言「金口别有宣諭」，以折其謀，則必不免矣。《默記》卷上。

2　祖無擇晚聚徐氏，有姿色。議親之時，無擇爲館職，徐氏必欲訾相其人，而無擇貌寢，恐不得當也。同舍馮當世丰姿秀美，乃諭媒妁，竢馮出局，揚鞭躍馬經過徐居，曰：「此祖學士也。」徐竊窺甚喜，成婚始寤其非，竟以反目離婚。歐公嘗作詩云：「無擇名聲重當世，早歲多奇晚乃偶。」蓋爲此也。《高齋詩話》。《苕溪漁隱叢話》前集卷二十九。《堯山堂外紀》卷四十八。《宋詩紀事》卷十八。

3　祖無擇，字擇之，蔡州人，少從穆伯長爲古文，後登甲科。嘉祐中，與王介甫同爲知制誥，擇之爲先進。時詞臣許受潤筆物，介甫因辭一人之饋不獲，義不受，以其物置舍人院梁上。介甫以母憂去，擇之取爲本院公用。介甫聞而惡之，以爲不廉。熙寧二年，介甫入爲翰林學士，拜參知政事，權傾天下。時擇之以龍圖閣學士、右諫議大夫知杭州。介甫密諭監司求擇之罪，監司承風旨以贓濫聞於朝廷，遣御史王子韶按治。子韶小人也，攝擇之下獄，鍛鍊無所得，坐送賓客酒三百小瓶，責節度副使安置。《邵氏聞見録》卷十六。《舊聞證誤》卷二。

4　宋時閫帥、郡守等官，雖得以官妓歌舞佐酒，然不得私侍枕席。熙寧中，祖無擇知杭州，坐與官妓薛希濤通，爲王安石所執。希濤榜笞至死，不肯承伏。《西湖游覽志餘》卷二十一。

5　祖擇之押字，直作一口字。人問之，云：「口無擇言。」《江鄰幾雜志》。

苗振

1 苗振以第四人及第，既而召試館職。一日，謁晏丞相，晏語之曰：「君久從吏事，必疏筆硯，今將就試，宜稍温習也。」振率然答曰：「豈有三十年爲老娘，而倒綳孩兒者乎？」晏公俛而哂之。既而試《澤宮選士賦》，韻押有王字，振押之曰：「率土之濱莫非王。」由是不中選。晏公聞而笑曰：「苗君竟倒綳孩兒矣。」《東軒筆録》卷七。《倦游雜録》。《何氏語林》卷三十。《堯山堂外紀》卷四十六。《宋稗類鈔》卷六。

2 苗振以列卿知明州，熙寧中致仕，歸鄆州，多置田産，又自明州市材爲堂，舟載歸鄆。時王逵亦致仕，作詩嘲振曰：「田從汶上天生出，堂自明州地架來。」此句傳至京師，王荆公大怒，即出御史王子韶使兩浙廉訪其事，子韶又言知杭州祖無擇亦有姦利之迹，於是明州、秀州各起獄鞠治，振與無擇貶斥。熙寧已後，數以謡言起獄，然自逵詩爲始也。《東軒筆録》卷十二。《臨漢隱居詩話》。《堯山堂外紀》卷五十。

3 苗振，熙寧初知明州，致仕歸鄆，自明州造一堂極華壯，載以歸。或言：「鄆州置田亦多機數而得。」是時，王逵亦居鄆，作詩嘲之曰：「伯起雄豪世莫偕，官高禄重富於財。田從汶上天生出，堂自明州地架來。十隻畫船風破浪，兩行紅粉夜傳杯。自憐憔悴東鄰叟，草舍茅簷真可咍。」伯起，振字。東鄰，逵自謂。是時，王荆公秉政，聞此詩，遽遣王子韶爲浙路察訪，於明州廉得其實，遂起大獄，振竟至削奪。《臨漢隱居詩話》。

范祥

1 見陳執中11。

范育

1 范侍郎育作庫務官，隨行箱籠只置廳事上，以防疑謗。《仕學規範》卷二十七。《自警編》卷二。

張侍問 盧士倫

1 張侍問爲淄州長山縣主簿，縣有盧伯達者，與曹侍中利用通姻，復憑世蔭，大爲一邑之患。縣令累憚其勢，莫敢與之較。張一日承乏之令，適會伯達以訟至庭，即數其累犯，杖之。未幾，伯達之姪士倫來爲本路轉運使，衆皆爲張危之，或勸以自免而去。張曰：「盧公果賢者，安肯銜隙以害公正之吏乎？」了不嬰意。一日，士倫巡按至邑，召張語之曰：「君健吏也，吾叔父賴君懲之，今變節爲善士矣。」爲發薦章而去。《東軒筆録》卷十二。

張宗古

1 張宗古自堂後官守登州，祈雪獲應，一判官以詩爲賀。宗古曰：「玩我。」欲繳進，爲人勸止。《清波雜志》卷九。

楊察

1 楊宣懿察之母甚賢。能文，而教之以義，小不中程，輒扑之。察省試《房心爲明堂賦》榜，登科第二人。報者至，其母睡未起，聞之大怒，轉面向壁曰：「此兒辱我如此，乃爲人所壓，若二郎及第，待不教人壓卻。」及察歸，亦久不與語。寘果魁天下。《默記》卷下。

2 楊察侍郎謫信州，及召還，有士子十二人送於境上。臨别，察即席賦詩，皆用十二事，而引諭精至，士子無能屬和者。其詩曰：「十二天之數，今宵席上盈。位如星占野，人若月分卿。醉極巫山側，聯吟嶰管清。他年爲舜牧，協力濟蒼生。」《東軒筆録》卷十五。《宋稗類鈔》卷五。《宋詩紀事》卷十三。

3 見田況5。

4 見宋仁宗80。

5 見晏殊49。

6 見晏殊32。

楊寘

1 楊寘，字審賢，兩爲國子解元，貢院奏名、殿庭唱第皆第一，未除官而卒。《涑水記聞》卷九。

2 見王安石10。

3 本朝楊狀元貞，連魁天下，英俊時彦，皆以「楊三元」呼之。釋褐不久，卧病，乃曰：「吾此疾恐不起矣！」家人驚問，公曰：「吾以夢證之也。吾昨夢至一處，若王公大人之居，有一人持一板云『楊某受龍首山人』。龍首者，以吾今作殿元，山人，無官爵之稱也。此疾愈，吾當道服游林泉下，不復趨仕路矣！」已而果不免。《新編分門古今類事》卷七引《摭遺集》。案：楊貞，爲「楊寘」之誤，參見《宋史》卷四百四十三。

4 前進士黄通與狀元楊公寘相善。嘗夢楊投刺，自稱龍首山人。慶曆初，既登第，丁内艱，未終喪而卒。其後好事者解之曰：龍首，謂狀元登第也；山人，無禄之稱也。《括異志》卷二。

張伯玉

1 張伯玉，字公達，嘗爲郡從事，剛介有守，文藝甚高。范文正公深愛之，嘗舉以應制科舉，詞云：「張某天賦才敏，學窮閫奥，善言皇王之治，博達古今之宜。素藴甚充，清節自處，堪充應賢良方正能直言極諫科。」其應詔也，又作《上都行》送之，果中高選。《中吴紀聞》卷二。

2 見宋仁宗82。

3 予嘗見吕居仁言，曾子固爲太平州司户，時張伯玉作守。歐陽公與荆公諸人咸薦之，伯玉殊不爲禮。一日，就設廳作大排，召子固。惟賓主二人，亦不交一談。既而召子固于書室，謂曰：「人以公爲曾夫子，必無所不學也。」子固辭避而退。一日，請子固作《六經閣記》，子固屢作，終不可其意。乃謂子固曰：「吾試爲之。」即令子固代書曰：「六經閣者，諸子百家皆在焉，不書，尊經也。」乃知伯玉之意，取李畋發明弼傳《易》之意耳。伯玉，字公達，范文正公客。所以揭己，示子固如此者，子固年少恃才名，私以不識字詆之，伯玉有所聞，故耳。《能改齋漫録》卷十。參見曾鞏2。

4　張伯玉守河陽，作《六經閣記》，先託游士及在職者各爲之，凡七八本。既畢，並會於府，伯玉一一閲之，取紙書十四字，徧示客曰：「六經閣，諸子、史、集在焉，不書，尊經也。」時曾子固亦預坐，驚起摘伏。《容齋五筆》卷五。

5　張端公伯玉，大科成名，篇什豪邁，尤爲清脱。過姑熟，見李太白《十詠》，歎美久之。周流泉石間，後見一水清激，詢地人，曰：「此水名明月泉。」公曰：「太白不題此泉，將留以待我也。」公有詩曰：「至今千丈松，猶伴數巖雪。不見纖塵飛，寒泉皜明月。」《墨客揮犀》卷四。《宋詩紀事》卷二十。

6　張端公伯玉，仁廟朝人也。名重當時，號張百杯，又曰張百篇，言一飲酒百杯，一咏詩百篇故也。有士人頗强記自負，飲酒世尠雙。乃求朝士之有聲價者，藉其書牘與先容。一旦持謁張，張得函啓緘，喜曰：「君果多聞耶！又能敵吾飲。吾老矣，久無對，不意君之肯辱吾也。」遂命酒，共酌三十餘杯。士人者雄辨益風生，而張略不爲動。俄辭以醉，張笑之曰：「果可人！然量止此乎？老夫當爲君獨引矣。」遂自數十舉，始以手指其室中四櫃書曰：「吾衰病，不如昔。今所能記憶者獨在是。君試自探一卷袠，吾爲子誦焉。」士人曰：「諾。」即櫃中取視之，偶《儀禮》也，以白張。張又使士人：「君宜自舉其首。」士人如其言，張乃琅然誦之如流。士人於是始駭服，再拜：「端公真奇人也。」《鐵圍山叢談》卷三。《何氏語林》卷九。

《堅瓠庚集》卷一。《宋詩紀事》卷二十。

7 張伯玉郎中酒量過人，能飲至數斗不醉，世號張百杯。將飲時，先置清水大盂於其側，每盡一杯即吸水漱滌。人問其故，云：「酒之毒在齒，滌去則不能爲患。」《續墨客揮犀》卷八。

范師道

1 范師道居都水監，忽一日，有野禽飛來室中，如野雉狀，而文彩過之，捕得，甚馴熟。范疑隣家所養，或南人攜來，將出門外，令人識認，久之，無來認者。忽有閩中客至，見之曰：「此山禽也，福唐有之，能學種種聲。」范令人教之，無不解。未幾，謫官福唐。人云：「鄉人來迎，弗可免其去也。」《宋朝事實類苑》卷六十八引趙康靖公《聞見録》。

2 范侍御師道居名豸冠坊。《石林避暑録話》卷三。

楚執中

1 見韓琦17。

于 燾

1 太子中舍于燾彭年，青州壽光人，博學，能爲文，喜言兵。富文忠公、丁文簡公薦堪將領，以爲武學教授。慶曆中，元昊數寇邊，北虜乘釁，聚兵來求關南地。丞相吕文靖公召彭年計之，彭年云：「夷狄不可校義理，今幸歲德在我，爲主者勝，宜治西北行宫，若將親征者，以壓其謀。」乃以大名府爲北都。未幾，西戎請盟，虜亦通好。吕丞相稱之，彭年謝不復見。慶曆末，仁宗春秋高，皇嗣未立，登州岠嵎山數震，郡以言。彭年上疏曰：「岠嵎極東方，殆東朝未建，人心摇動之象。宜早定儲，以安天下之心。」且言宜以齊爲節度。逮英宗入繼，乃由齊邸，遂爲興德軍，人以先識稱之。《澠水燕談録》卷四。

馬　遵

1 馬遵責守宣州，及其去也，郡僚軍民争欲駐留，至以鐵鎖絶江。遵於餞筵倚醉，令官妓剥椢實而食，眷眷若留連狀。又以所乘驄馬寄梅聖俞家，郡人皆不疑其去也。遵夜使人絶鎖解舟，以水沃櫓牙，使之不鳴。逮曉，舟去遠矣。聖俞寄遵詩云：「三更醉下陵陽峰，扁舟江上去無蹤。叉牙鐵鏁漫横絶，濕櫓不驚潭底龍。斷腸吴姬指如笋，欲剥玉椢將何從？短翎水鴨飛不遠，那經細雨山重重。卻顧舊埒病驄馬，塵沙歷盡空龍鍾。」蓋謂是也。《臨漢隱居詩話》。《宋詩紀事》卷十三、二十。

蕭　注

1 蕭注亦以癸丑年生，乙丑月乙丑日丁丑時，亦是「四丑」。《能改齋漫録》卷十二。

2 蕭注，字巖夫，臨江新喻人。熙寧中，上殿奏對罷，上問：「今臣僚中孰貴？」曰：「文彦博。」又問其次，曰：「韓琦。」又問：「王安石如何？」注曰：「牛形人，任重而道遠。」一説：裕陵問：「文彦博跛履，韓琦嘶聲，何爲皆貴？」注曰：「若不跛履與嘶聲，陛下不得而臣。」又問：「朕如何？」注曰：「龍鳳之姿，天日之表，臣無得而言。」又問：「卿如何？」注曰：「陛下以爲貴則貴矣，以爲賤則賤矣。」注累任邊要，以知人自許。上曰：「聞卿有袁許之學。」因問韓絳、王安石、馮京，注曰：「安石牛耳虎頭，視物如射，意行直前，敢當天下大事。然不如絳得和氣多，惟和氣能養萬物。京得五行之秀，遠之若可愛，近之若廉隅。」見本傳。《清波雜志》卷四。參見王安石67。

吕夏卿

1 吕縉叔以知制誥知潁州，忽得疾，但縮小，臨終僅如小兒。《夢溪筆談》卷二十一。《宋稗類鈔》卷十八。《東山談苑》卷八。《古事比》卷十一。

錢明逸

1 見錢易3。

2 見宋仁宗42。

3 見釋曇穎1。

4 王斿元龍言，錢子飛有治大風方，極驗，常以施人。一日夢人自云：「天使已以此病人，君違天怒，若施不已，君當得此病，藥不能愈。」子飛懼，遂不施。《東坡志林》卷三。

5 錢明逸每宿戒，必詰其謁者曰：「是吃酒，是筵席？」筵席，客無數，一巡酒、一味食也。吃酒……終日不交一談，恐多酒氣也。不食，恐分酒地也。翌日問其旨否，往往不知，其志不在味也。終日傾注，無涓滴揮灑，始可謂之酒徒，其視揖讓飲酒如牢獄中。《畫墁録》。《宋稗類鈔》卷四。

呂溱

1 景祐五年春，廷試進士，以「鯤化爲鵬」爲詩題。狀元呂溱詩云：「九霄離海嶠，一宿過天池。」議者曰：「此詩意自當爲第一人也。」《雲齋廣録》卷二。《詩話總龜》前集卷三。

2 治平中，英宗再起呂溱知杭州。時張紀爲御史，因彈呂溱昔知杭州時，以宴游廢政，乞不令再往，其誥詞有曰：「朝朝只在湖上，家家盡發淫風。」尤爲人所笑。《東軒筆録》卷十二。

3 治平中，御史有抨呂狀元溱杭州日事者，其語有：「歡游疊嶂之間，家家失業；樂飲西湖之上，夜夜忘歸。」執政笑謂言者曰：「軍巡所由，不收犯夜，亦宜一抨。」《湘山野録》卷上。

4 見宋神宗41。

5 溱爲人簡倨，每接賓客，不過數言。時人目爲七字舍人。《宋詩紀事》卷十四引米芾《書呂溱事》。

賈黯

1 見杜衍20。

2 見范仲淹66。

3 賈直孺母少亦爲其父所出，更娶他氏。直孺登第，乃請奉其出母而歸，與其後母並處。既貴，二母猶無恙，並封。《石林避暑録話》卷三。

沈遘

1 〔翟惟康〕館於姊夫開封府推官沈扶家，會其女兄有娠入月，遣惟康市少備用藥餌之屬，偶自持之過相國寺，有瞽者善揣骨聽聲，惟康試叩之焉。瞽者曰：「子手中所持何物耶？」惟康曰：「吾來卜于子，焉問此爲？」瞽者曰：「此非催生藥乎？此婦必生男子，非常之人也，子之前程實有繫焉。俟此兒高官，子當受其蔭，始入仕。」惟康笑其狂誕一至于此，不問其他而去。是月，惟康之姊免身得雄，惟康自此連蹇。其兒即沈文通也。《投轄録》。

2 見梅堯臣22。

3 沈内翰文通治杭州，人有貧不能葬，及女子孤無以嫁者，公以錢賙濟數百人。倡優養良家女爲己子者，奪歸其父母。《言行龜鑑》卷七。

4 沈文通以龍圖侍講知杭州，州人好食蝦蟆，文通一切禁之。終二年，人不敢食，蝦蟆亦不生。及文通代去，其禁遂弛，而復生如故。《東齋記事》卷五。《墨客揮犀》卷六。《西湖游覽志餘》卷二十四。

5 沈文通未知杭州時，有士人任康敖，即作《薄媚》及《狐狸》者也，粗有才，然輕薄無行，嘗與一倡哄，亦墨其面。後文通知杭州，聞其事，志之。一日，文通出行春燕望湖樓，凡往來乘騎者，至樓前皆步過，惟敖不下馬，乃驟轡揚鞭而過。文通怒，立遣人擒至，即敖也。顧掾吏案罪，即判曰：「今日相逢沈紫微，休吟薄媚與崔徽。蟾宫此去三千里，且作風塵一布衣。」遂于樓下決之。此可爲輕薄者之戒。《北窗炙輠録》卷下。

6 翰林沈公遘爲京尹，敏于政事，號稱嚴明。平時治開封府者，晨時視事，至暮不能已，甚者或廢飲食。及公尹府，旦晝決事，日中則府無留人，出謝賓客，從容談燕。人皆怪其日有餘力，而翕然以稱治。《澠水燕談録》卷四。

7 英宗素憤戚里之奢僭，初即位，殿前馬步軍都指揮使李璋家犯銷金，即日下有司，必欲窮治。知開封府沈遘從容奏曰：「陛下出繼仁宗，李璋乃仁宗舅家也。」英宗惕然曰：「初不思也，學士爲我平之。」遘退坐府，召衆匠出衣示曰：「此銷金乎？銷銅乎？」匠曰：「銅也。」沈即命火焚衣而罷。《東軒筆録》卷十。

8 沈翰林文通喜吏事，每覺有疾，藥餌未驗，亟取難決詞狀，連判數百紙，落筆如風雨，意便欣然。《石林避暑録話》卷二。《宋稗類鈔》卷四。

9 荆公素輕沈文通，以爲寡學，故贈之詩曰：「倏然一榻枕書卧，直到日斜騎馬歸。」及作文通墓志，遂云：「公雖不常讀書。」或規之曰：「渠乃狀元，此語得無過乎？」乃改「讀書」作「視書」。《老學庵筆記》卷一。《何氏語林》卷二十八。《宋稗類鈔》卷六。

10 見馮京13。

沈遼

1 沈睿達遼，文通之同胞。長於歌詩，尤工翰墨。……登科後，游京師，偶爲人書裙帶，詞頗不典。流轉鬻于相藍，内侍買得之，達于九禁，近幸嬪御服之，遂塵乙覽。時裕陵初嗣位，勵精求治，一見不悦。會遣監察御史王子韶察訪兩浙，臨遣之際，上喻之曰：「近日士大夫全無顧藉。有沈遼者，爲倡優書淫冶之辭于裙帶，遂達朕聽。如此等人，豈可不治？」子韶抵浙中，適睿達爲吴縣令，子韶希旨，以它罪劾奏。時荆公當國，爲申解之，上復伸前説，竟不能釋疑，遂坐深文，削籍爲民。其後卜居池陽之齊山。《揮塵餘話》卷一。《宋稗類鈔》卷一。《宋詩紀事》卷二十四。

2 沈遼睿達以書得名，楷隸皆妙。嘗自湖南泛江北歸，舟過富池，值大風，波濤駭怒，舟師失措，幾溺者屢矣。富池有吴將甘寧廟，往來者必祭焉。睿達望其祠，以誠禱之，風果小息，乃得維岸。乃述寧仕吴之奇謀忠節，作贊以揚靈威，而答神之休。自作楷法大軸，以留廟中而去。其後乃爲過客好事者取之，是夜神夢於郡守，趣使還之。明日，守使人訊其事，果得之，復畀廟令掌之。《墨莊漫録》卷九。

張去惑

1 范希文知鄧州，是時法綱闊疎，監司尚預游宴。張去惑爲提點刑獄，醉中起舞，既而曰：「啓諫議，壞了提刑也。」《孔氏談苑》卷三。

何郯　張俞

1 見文彦博12。

張才翁

1 白雲先生之子張才翁，風韻不羈，敏於詞賦。初任臨邛秋官，邛守張公庠不知之，待之不厚。臨邛故事，正月七日有白鶴之游，郡守率屬官同往，而才翁不預焉。才翁密語官妓楊皎曰：「此老子到彼，必有詩詞，可速寄來。」公庠既到白鶴，登信美亭，便留題曰：「初眠官柳未成陰，馬上聊爲擁鼻吟。遠宦情懷銷壯志，好花時節負歸心。別離長恨人南北，會合休辭酒淺深。欲把春愁閒抖擻，亂山高處一登臨。」楊皎録此詩以寄，才翁得詩，即時增減作《雨中花》一闋，以遺楊皎，使皎調歌之，曰：「萬縷青青。初眠官柳，向人猶未成陰。據征鞍無語，擁鼻微吟。遠宦情懷誰問，空勞壯心銷沈。好花時節，山城留滯，又負歸心。　別離萬里，飄蓬無定，誰念會合難憑。相聚裏、莫辭金盞，酒淺還深。欲把春愁抖擻，春愁轉更難禁。亂山高處，憑欄垂袖，聊寄登臨。」公庠再坐晚筵，皎歌於公庠側。公庠怪而問，皎進稟曰：「張司理恰寄來，令楊皎歌之，以獻台座。」公庠遂青顧才翁，尤加禮焉。《歲時廣記》卷九引《古今詞話》。《能改齋漫録》卷十六。《緑窗新話》卷下。《宋詩紀事》卷十六。《詞林紀事》卷四。

徐仲謀

1 徐仲謀在皇祐中，罷廣東提刑，到闕時，京師多雨，遂獻《秋霖賦》。其略曰：「連綿乎七月八月，渰浸乎大田小田。望晴霽而終朝禮佛，放朝參而隔夜傳宣。泥塗半没於街心，不通車馬；波浪將平於橋面，難度舟舡。」時賈文元、陳恭公秉政，共引過於上前，且云：「陰陽失序，自當策免，然臣等已屢乞罷，而聖恩未允，致有疎遠小臣，以猥語侵侮，臣等實無面目師長百辟。」仁宗怒，降仲謀監邵武軍酒稅。《倦游雜録》。《宋朝事實類苑》卷七十三。《續墨客揮犀》卷四。

彭思永

1 彭尚書思永清謹長者，尤長於吏事。年八九歲時，晨得闌遺金釵於門外，俄有吏至皇皇然，若有求者。思永以物色訪之，果墜釵者也，即以與之。吏謝以錢，思永笑不受。《仕學規範》卷五。

2 〔彭公〕始就舉時，貧無餘貲，惟持金釧數隻棲於旅舍。同舉者過之，衆請出釧爲翫，客有墜其一於袖間者，公視之不言，衆莫知也，皆驚求之。公曰：「數止此耳，非有失也。」將去，袖釧者揖而舉手，釧墜於地，衆服公之量。《宋名臣言行録》後集卷五。《自警編》卷一、卷四。《昨非庵日纂》一集卷十。

3 彭思永，字季長，歷陽人。微時嘗夢人告曰：「爾生爲兩制，死住秦州。」季長異其事，嘗語於親識間。彭拜御史中丞，未幾，除知秦州。彭母尚無恙，深疑其行，誠告執政者曰：「定數固不可逃，奈老母在。」執政憐其意，且預知其説，乃奏易江寧。季長大喜，奉親之任。至淮，更促裝登舟，一夕感疾而卒。蓋秦淮亭下舟中也。《過庭録》。

唐介

1 嘉祐中，仁宗自内閤降密勑：「近以女謁縱横，無由禁止。今後應内降批出事，主司未得擅行，次日執奏定可否。」始數日，左承天門一寬衣老兵持竹弊器，上以敗荷覆之。門吏搜之，乃金巨弁一枚，上綴巨蚌，燦然不知其數。禁門舊律盡依外門例，凡有搜攔更不申覆，即送所司。時開封方鞫劾次，一小璫馳騎急傳旨令放，其物即進呈。府尹魏公瓘不用執奏法，遂放之。唐質肅公介方在諫垣，疏曰：「陛下臨御以來，所降勑旨，未有若執奏内批之勑爲今治世之大公也。臣風聞禁門近有搜攔之獄，傳旨令放，主司殊不顧執奏之法，乞再收犯者劾之，使正其典。」疏入不報。公又疏曰：「臣聞王者一語朝出，四海夕聞。今執奏之勑既爲無用，乞下詔收之，免惑天下。」既而又不報。公又疏曰：「臣聞開封乃天下百執事之首司也。魏某爲尹臣，君父語旨輒不遵守，望端門無咫尺之地，尚敢輒爾，况九州之遠乎？欲重貶魏某，以明不遵君命之惡。臣以言職，不能早竄清衷，亦乞罷黜。」魏由此降越州。時《感事詩》有「鐵冠持白簡，藩棘聚青蠅」之句。《謝上表》略云：「狂風動地，孤蓬所以易飄；衆斧登山，直木終須先伐。」才者愛之。《續湘山野録》。《宋朝事實類苑》卷十七。

2　張堯佐以進士擢第，累官至屯田員外郎、知開州。會其姪女有寵於仁宗，册爲修媛，堯佐遂驟遷擢，一日中除宣徽、節度、景靈、群牧四使。是時御史唐介上疏，引天寶楊國忠爲戒，不報。又與諫官包拯、吴奎等七人論列殿上，既而御史中丞留百官班，欲以庭争。卒奪堯佐宣徽、景靈兩使，特加介一品，以旌敢言。未幾，堯佐復除宣徽使，知河陽。唐謂同列曰：「是欲與宣徽，而假河陽爲名耳。我曹豈可中已耶？」同列依違不前，唐遂獨争之，不能奪。仁宗諭曰：「差除自是中書。」介遂極言宰相文彦博以燈籠錦媚貴妃，而致位宰相，今又以宣徽使結堯佐，請逐彦博而相富弼。又言諫官觀望挾姦，而言涉宫掖，語甚切直。仁宗怒，趍召兩府，以疏示之。介猶諍不已，樞密副使梁適叱介，使下殿，介諍愈切。仁宗大怒，玉音甚厲，衆恐禍出不測。是時，蔡襄修起居注，立殿陛，即進曰：「介誠狂直，然納諫容言，人主之美德，必望全貸。」遂貶春州别駕。翌日，御史中丞王舉正救解之，改爲英州别駕。始，大怒未已，兩府竊議曰：「必重貶介，則彦博不安。彦博去，則吾屬遞遷矣。」既而果如其料。當是時，梅堯臣作《書竄詩》曰……始堯臣作此詩，不敢示人。及歐陽文忠公爲編其集，時有嫌避，又削去此詩，是以人少知者，故今盡録焉。《東軒筆録》卷七。《宋朝事實類苑》卷十七。

3　嘉祐中，嘗欲除張堯佐節度，陳秀公作中丞，與全臺上殿争之。而仁宗初盛怒，作色待之，既進見，謂之曰：「豈欲論張堯佐不當授節度使耶？節度使本麤官，何用甚争！」時唐質肅公作御史裏行，最在衆人後，越次而前曰：「節度使，太祖、太宗總曾作來，恐非麤官。」上竦然，而堯佐此命竟罷。《續明道雜志》。《宋稗類鈔》卷六。

4 文潞公守成都，獻燈籠錦於温成宮中，都下傳其新異。代還輔政，繼而宰國。唐子方爲言官，舉貢錦事，廷斥其奸，詞甚鯁，忤天子震怒而不懾。左右之人靡不爲之惴惴也，坐是竄逐嶺外。李師中有詩送行云：「孤忠自許時不與，獨立敢言人所難。去國一身輕似葉，高名千載重如山。並游英俊顔何厚，未死奸諛骨已寒。天意若思安社稷，肯教夫子不生還。」人有易「未」字作「尚」者，蓋有所謂爾。當時義夫壯士，非獨欽唐之孤節勁氣，而亦重李之鋭然樂善成美矣。後子方聲問寖揚，禄位益顯，爲御史中丞，俛默以養譽望，而無所建明，不若前時之國爾忘家也。李遂貽書誚其故，索取昔年所送之詩，可謂直諒之友焉。《珍席放談》卷下。《自警編》卷五。

5 昔李師中作送唐介謫官詩曰「去國一身輕似葉，高名千古重於山。並游英俊顔何厚，未死姦諛骨已寒」云云。已而，聞介赴月首上官，李大驚，以書索其詩。唐公笑曰：「吾正不用此無對屬落韻詩。」遂以還之。李大驚，久之乃悟「一身」、「千古」非挾對。《冷齋夜話》卷四。《詩話總龜》前集卷五十。

6 見李師中1。

7 見文彦博21—23。

8 唐質肅公在諫垣日，仁宗密令圖其像，置温成閣中，御題曰：「右正言唐介。」時猶衣緑，外庭不知。逮質肅薨於位，裕陵澆奠，索畫影看曰：「此不見後生日精神。」乃以此畫像賜其家，人始知之。《曲洧舊聞》卷一。

9 晁以道云，〔唐〕介貶嶺南，將行，遣中使賜介金，又畫其像於便殿。《宋名臣言行録》後集卷五。

10 一歲，潭州一巨賈私藏蚌胎，爲關吏所搜，盡籍之，皆南海明胎也。在仕無不垂涎而愛之，太守而下輕其估，悉自售焉。唐質肅公介時以言事謫潭倅，分珠獄發，奏方入，仁宗預料謂近侍曰：「唐介必不肯買。」案具奏覈，上覽之，果然。真所謂「知臣莫若君」也。《湘山野録》卷中。《宋朝事實類苑》卷六。《宋名臣言行録》後集卷五。《自警編》卷二。《言行龜鑑》卷二。《昨非庵日纂》二集卷二。

11 唐質肅公介一日自政府歸，語諸子曰：「吾備位政府，知無不言，桃李固未嘗爲汝輩栽培，而荆棘則甚多矣。然汝等窮達，莫不有命，惟自勉而已。」《湘山野録》卷中。《宋朝事實類苑》卷十。《自警編》卷五。《群書類編故事》卷七。

12 見王安石54。

13 見王安石56。

14 子方一日見介甫誦《華嚴經》，因勸介甫不若早休官去。介甫問之，子方曰：「公之爲官止是作業，更做執政數年，和佛也費力。」介甫不答。一日，子方在朝假，介甫乃以子方之言白于上，將以危之。上大笑而止。《道山清話》。《宋稗類鈔》卷六。

15 唐子方爲人剛直，既參大政，與介甫議事每不協。嘗與介甫議殺人傷者許首服，以律案問免死，爭於裕陵之前。介甫强辯，上主其議。子方不勝憤懣，對上前謂介甫曰：「安石行乖學僻，其實不曉事，今與之造化之柄，其悞天下蒼生必矣！」上以其先朝遺直，驟加登用，亦不之罪。既而子方疽背而死。方其病革，車駕幸其第以臨問之，子方已昏不知人，忽聞上至，開目言曰：「願陛下早覺悟，可惜祖宗社稷，教安石壞卻。」上首肯之。問其家事，無一言。及薨，又幸其第，見其畫像不類，命取禁中藏本以賜其家。上有昭陵御題「直哉若人，爲國砥柱」八字，印以御寶，下有昭陵御押字。《道山清話》。《宋稗類鈔》卷一。

16 唐質肅公參禪，得法於浮山遠禪師。嘗作《贈僧》詩云：「今日是重陽，勞師訪野堂。相逢又無語，籬下菊花黄。」《老學庵筆記》卷十。

17 御史唐介，一日挈家渡淮，至中流，忽有大風，波濤泛溢，舟人甚恐，以爲不免飼魚鼈矣。公乃朗吟詩云：「聖宋非狂楚，清淮異汨羅。平生仗忠信，今日任風波。」日暮，舟濟南岸，衆乃欣然以謂復生。公因憩於旅亭，遂繼其詩云：「舟楫顛危甚，黿鼉出没多。斜陽幸無事，沽酒聽漁歌。」《雲齋廣録》卷二。《自警編》卷二。《堯山堂外紀》卷四十七。

18 康熙間，陽城田文端公宰英德，建書院，立三賢祠：唐忠肅公介、洪忠宣公皓、鄭監門俠。每春秋祀，諸生咸來習禮。《雪橋詩話》卷十。

唐嘉問

1 質肅公之第三子大夫公嘉問字顯夫，亦以直名紹聖。初至京師，調官謁時相。相府接客有定數，數溢輒卻之。公一日坐客次，聞門外有喧競聲，頃之，一人朱衣象笏，匍匐自門闑下入，蓋以來暮，在數外，爲典客不納者也。問之，則嘗爲江淮郡守矣。公歎曰：「士大夫汩喪廉恥，乃至是耶！」即拂衣徑去，自此終身不求堂除，不謁執政，每官滿，輒從吏部注合入闕以去。《家世舊聞》卷下。

《東山談苑》卷二。

唐之問

1 〔唐之問〕字季實，質肅公季子，博學篤行，所交皆知名士，尤不喜進取，終身常爲筦庫。錢穆父、吕原明皆深知之。宣仁山陵，錢公以京尹爲頓遞使，奏公領汜水。頓中人往來如織，公一以法令共給之，非法，雖束芻不與。錢公亦爲公危之，而公不恤也。黄魯直以史事拘於陳留。或謂大臣且坐以謗訕先烈，置極典，雖親戚不敢與通，公獨自京師馳至陳留，謁之。比魯直謫命下，公又調護其行，至衣襪茵被，皆出公家。陳無己客京師，食常不足，公分米給之者累歲。仕既不偶，又數以觸當路，自免去。最後得監中嶽廟而殁。過江後，士大夫惟吕居仁猶能道公言行，蓋公與原明尤善也。《家世舊聞》卷下。

李師中

1 李承之待制，奇士，蘇子瞻所謂「李六丈人豪」也。爲童子時，論其父緯之功於朝，久不報，自詣漏舍，以狀白丞相韓魏公，公曰：「君果讀書，自當取科名，不用紛紛論賞也。」承之云：「先人功罪未辨，深恐先犬馬溝壑，無以見於地下，故忍痛自言。若欲求官，稍識字，第二人及第固不難。」魏公，王堯臣榜第二人登科，承之故云，公聞其語矍然。或云魏公德量服一世，獨於承之終身不能平。承之既登第，官浸顯，益有直聲。唐介參政爲臺官時，言文潞公燈籠錦獻張貴妃事，上怒甚，謫介春州，承之送以詩，有「去國一身輕似葉，高名千古重如山。並游英俊顏何厚，已死英雄骨尚寒」之句。後介用潞公薦，官於朝廷，無所言，承之以故從介索所送詩，介無以報，取詩還之曰：「我固不用落韻詩也。」以「山」、「寒」二字韻不同，故云。可見承之之剛正也。承之在仁宗朝官州縣，因邸吏報包拯拜參政，或曰：「朝廷自此多事矣。」承之正色曰：「包公無能爲。今知鄞縣王安石者，眼多白，甚似王敦。他日亂天下者，此人也。」後荆公相神宗，以天命不足畏、祖宗不足法、人言不足卹爲術，承之深詆之。至吕獻可中丞死，承之以詩哭之，有「奸進賢須退，忠臣死國憂。吾生竟何益，願卜九泉游」之句。荆公之黨吕惠卿益怨之，未有以發也。會承之上章自敍，神宗留其章禁中，惠卿堅請領之。惠卿因節略文意，以「天生微臣，實爲陛下」等語激上意，遂有愚弄人主之責，終其身不至大用。《邵氏聞見録》卷十三。《何氏語林》卷二十六。《堯山堂外紀》卷四十七。《宋稗類鈔》卷四。案：承之，爲「誠之」之誤。

2 李師中誠之，其父緯，坐鎮戎軍退陣，當斬。誠之赴省試，訟父之寃，且乞斬韓魏公，以其起陝西民兵，乃應賊致敗。是時，誠之叔紘知開封府，誠之方年十八歲。一日，紘坐廳視事，見朝廷押上書人至堦下。視之，乃其家六秀才也。尋得釋，是年遂登科。《默記》卷中。

3 李師中爲布衣，父坐鎮戎退陣當斬。〔韓魏〕公馳至鎮戎，以賊衆我寡，非諸將罪，且欲戮其爲首一人。師中父在貸中。方請於朝，會師中赴南宫試，遂上書論公募民爲兵往應賊，大擾，乞斬公以謝陝西。既不行，後有疑公心。執政有請勿害師中者，公笑曰：「彼是時以子救父，豈可加罪？」人聞之，咸服其公恕，然而師中終未之信。後擢爲兩制，師中方愧服，且深謝之。《韓魏公遺事》。

4 韓魏公爲陜西安撫，開府長安。李待制師中過之。李有詩名，席間使爲官妓賈愛卿賦詩，云：「願得貔貅十萬兵，犬戎巢穴一時平。歸來不用封侯印，只問君王乞愛卿。」《後山詩話》。《苕溪漁隱叢話》前集卷六十。《堯山堂外紀》卷四十七。《宋詩紀事》卷十三。

5 李師中與王介甫同年進士，自幼負材氣。一日，廣坐中稱其少年豪傑。介甫方識之，見衆人稱舉其豪傑，乃云：「唐太宗十八歲起義兵，方是豪傑，渠是何豪傑？」衆不敢以對。《默記》卷中。

6 見唐介4、5。

7 李師中誠之帥桂罷歸，一詞題别云：「子規啼破城樓月，畫船曉載笙歌發。兩岸荔枝紅，萬家煙雨中。　佳人相對泣，淚下羅衣濕。從此信音稀，嶺南無雁飛。」「荔枝」、「煙雨」，蓋桂實景也。《過庭録》。

8 郭祥正嘗從章惇入梅山溪洞中，見洞主蘇甘家有畫像，事之甚嚴，云桂府李大夫也。問其名，曰：「此豈可名哉！」叩頭稱死罪數四，卒不敢名。徐考其年月，則李師中誠之也。嘗爲提刑，權桂府耳。夷獠乃爾畏信之。《仇池筆記》卷上。《東坡志林》十二卷本之卷五。《苕溪漁隱叢話》後集卷三十六。

9 李師中平日議論多與荆公違戾，及荆公權盛，李欲合之，乃於舒州作傅巖亭，蓋以公嘗倅舒，而始封又在舒也。《東軒筆録》卷六。《宋朝事實類苑》卷七十一。《讀書鏡》卷四。

10 李誠之才致高妙，守邊有威信。熙寧初，荆公用事，議論不合，退居汶上。題詩云：「燕子知時節，還從舊宇歸。新人方按曲，不許傍簾飛。」《苕溪漁隱叢話》後集卷三十六引《東皋雜録》。《宋詩紀事》卷十三引《東皋雜録》。

韓贄

1 韓龍圖贄，山東人，鄉里食味，好以醬漬瓜啗之，謂之瓜虀。韓爲河北都漕，廨宇在大名府中，諸軍營多鬻此物，韓嘗曰：「某營者最佳，某營者次之。」趙閱道笑曰：「歐陽永叔嘗撰《花譜》，蔡君謨亦著《茘枝譜》，今須請韓龍圖撰《瓜虀譜》矣。」《倦游雜録》。《宋朝事實類苑》卷六十五。《紺珠集》卷十二。

吕誨

1 英宗即位，侍御史吕誨獻可言歐陽修首建邪議，推尊濮安懿王，有累聖德；并劾韓琦、曾公亮、趙槩。積十餘章，不從。乞自貶，又十餘章，率其屬以御史敕告納帝前，曰：「臣言不效，不敢居此位。」出知蘄州，徙晉州。《邵氏聞見録》卷十。

2 治平初，議濮廟者六人：吕獻可爲中丞，吕微仲、范堯夫、趙大觀、傅欽之與龔鼎臣爲御史。既同時相繼被貶，天下號「六御史」。《石林燕語》卷四。《小學紺珠》卷六。

3 熙寧中，王介甫初參大政，神考方厲精圖治。一日，紫宸早朝，二府奏事畢，日刻既晏，例隔言事官於中廡，須上入更衣復出，以次贊引。時吕獻可爲御史中丞，司馬文正公爲翰林學士，侍讀邇英閣，將趨經筵，相遇於庭中。文正公密問曰：「今日請見言何事邪？」獻可舉手曰：「袖中彈文，乃新參政。」文正公愕然曰：「以王介甫之文學行藝，命下之日，衆皆喜於得人，奈何遽言之？」獻可正色曰：「安石雖有時名，上意所向，然好執邪見，不通物情，輕信難回，喜人佞己，聽其言則美，施於用則疎，若在侍從，猶或可容，置之宰輔，天下必受其禍。」文正公曰：「與公素爲心交，苟有所懷，不敢不盡。今日之論，未見有不善之迹，似傷恩遽，或别有章疏，願先進呈，姑留是事，更加籌慮可乎？」獻可曰：「上新嗣位，富於春秋，朝夕所與謀議者，二三執政而已，苟非其人，將敗國事，此乃心腹之疾，治之惟恐不及，顧可緩邪？」語未竟，閤門吏抗聲追班，遂趨而出。文正公退自講筵，默坐玉堂，終日思之，不得其説。……文正公退居洛陽，每論當世人物，必曰：「呂獻可之先見，范景仁之勇決，皆予所不及也。」《邵氏聞見後録》卷二十三。《邵氏聞見録》卷十。《宋名臣言行録》後集卷五。《東都事略》卷七十八。《何氏語林》卷十五。《宋稗類鈔》卷三。

4 呂獻可中丞於熙寧初荆公拜參知政事日，力言其姦，每指荆公曰：「亂天下者，必此人也。」又曰：「天下本無事，但庸人擾之耳。」司馬温公初亦以爲不然，至荆公虐民亂政，温公乃深言於上，不從，不拜樞密副使以去。又貽荆公三書，言甚苦，冀荆公之或從也。荆公不從，乃絶之。温公悵然曰：「呂獻可之先見，余不及也。」《邵氏聞見録》卷十二。

5 〔呂〕獻可言安石不已，出知鄧州。康節先生與獻可善，方獻可初赴召，康節與論天下事，至獻可謫官，無一不如所言者。故獻可之爲鄧州也，康節寄以詩云：「一别星霜二紀中，升沉音問不相通。林間談笑雖歸我，天下安危且係公。萬乘几前當蹇諤，百花洲上略相從。不知月白風清夜，能憶伊川舊釣翁。」獻可和云：「冥冥鴻羽在雲天，邈阻風音已廿年。不謂聖朝求治理，尚容遺逸卧林泉。羡君身散隨時樂，顧我官閑飽晝眠。應笑無成三黜後，病衰方始賦歸田。」獻可尋請宫祠歸洛，温公、康節日相往來。

獻可病，自草章乞致仕，曰：「臣無宿疾，偶值醫者用術乖方，殊不知脈候有虛實，陰陽有逆順，診察有標本，治療有先後，妄投湯劑，率任情意，差之指下，禍延四肢，寢成風痹，遂艱行步。非秖憚跛盭之苦，又將虞心腹之變。勢已及此，爲之奈何？雖然一身之微，固未足恤；其如九族之託，良以爲憂。是思納禄以偷生，不俟引年而還政。」蓋以一身之疾喻朝政之病也。温公、康節日就卧内問疾，獻可所言，皆天下國家之事，憂憤不能忘，未嘗一語及其私也。一日手書託温公以墓銘，温公亟省之，已瞑目矣。温公呼之曰：「更有以見屬乎！」獻可復張目曰：「天下事尚可爲，君實勉之。」……後温公相天下，再致元祐之盛，獻可不及見矣，天下誦其言而悲之。至温公薨，獻可之子由庚作挽詩云：「地下若逢中執法，爲言今日再昇平。」記其先人之言也。《邵氏聞見録》卷十。《邵氏聞見録》卷八。《歸田詩話》卷上。《宋詩紀事》卷三十一。

6 温公志公墓文未成，河南監牧使劉航仲通自請書石。既見其文，遲迴莫敢書，其子安世曰：「成吾父之美可乎？」代書之。仲通又陰囑獻可諸子勿摹本，恐非三家之福。時小人蔡天申厚賂鐫工，得本以獻安石。安石得之，掛壁間，謂其門下士曰：「君實之文，西漢之文也。」《宋名臣言行録》後集卷五。《邵氏聞見録》卷十。

7 吕諫議誨，初，祖端卒，家日益貧，誨既仕，自奉養薄甚，常分俸之半，以給宗族之孤嫠者。《仕學規範》卷五引《神宗朝名臣傳》。

8 吕誨端公，先朝爲御史，直言正色，傾動朝野，以言事出安州。一日獨坐瞑目，忽見一碧衣童云：「非久，玉帝南游炎洲，命子隨行，糾正群仙。炎洲苦熱，上帝賜公清涼丹一粒。」公拜賜而吞之，若冰雪下咽，乃覺。公頗異其事，亦謂所親者言之，不久，公捐館。進士朱明復登第，自湖北渡湘江，道見吏兵數百人前導，次見公跨玉角青鹿，左右皆青衣童。明復雅與公善，乃降騎拜曰：「公何之也？公其已仙乎？」公笑而不答，公曰：「吾侍上帝南游，不得叙款曲。」口占一篇爲别，詩曰：「功行偶然書玉闕，衣冠無限葬塵埃。我今從帝爲司糾，更有何人直柏臺？」乃南去。後數日，方聞公已謝世。《宋朝事實類苑》卷四十六引《名賢詩話》。《類説》卷五十二引《翰府名談》。《賓退録》卷六。案：《古今詩話》、《紺珠集》卷九、《玉芝堂談薈》卷七誤作吕端事。

顧　方

1 丹陽顧方，篤行君子也。皇祐末，登進士第，再調明州象山縣令。視事之初，召邑中父老，詢問民間利害及境内士民之善惡。善者，訪而親勸之，使勿怠；惡者，喻而戒之，使自修。又建學舍，率其子弟之秀者教之。暇日，親爲講説，掖誘使進於善。逾年，民大化服。俄而方病，邑民相率出錢詣塔廟祈禱者數千人，爲臠股者十三人，方竟不起。百里之内，號泣思慕，如失父母，與立祠，以歲時祀方。《澠水燕談録》卷三。

林　積

1 林積，南劍人。少時入京師，至蔡州，息旅邸。覺牀第間物逆其背，揭席視之，見一布囊，中有錦囊，又其中則綿囊，實以北珠數百顆。明日，詢主人曰：「前夕何人宿此？」主人以告，乃巨商也。林語之曰：「此吾故人，脱復至，幸令來上庠相訪。」又揭其名于室曰：「某年某月日劍浦林積假館。」遂行。商人至京師，取珠欲貨，則無有。急沿故道處處物色之。至蔡邸，見榜即還，訪林於上庠。林具以告曰：「元珠具在，然不可但取，可投牒府中，當悉以歸。」商如教。林詣府，盡以珠授商。府尹使中分之，商曰：「固所願。」林不受，曰：「使積欲之，前日已爲己有矣。」秋毫無所取。商不能强，以數百千就佛寺作大齋，爲林君祈福。林後登科，至中大夫。《夷堅甲志》卷十二。《仕學規範》卷三十一。《自警編》卷四。《宋史翼》卷二。

2 林積，字公濟，慶曆六年登進士乙科，補循州判官。嘗覆訊强盜獄，多平反，忤提刑意。提刑初欲薦積，因是已之。積笑曰：「失一薦而活五十八人，何憾焉！」《宋史翼》卷二引黄裳《演山集》。

3 南劍尤溪林績，仁宗時爲吉州安福令。時有張嗣宗者，挾妖術作符籙，自稱漢師君三十二代孫。率其徒自龍虎山至，謂能卻禍邀福。百姓翕然以從。積視其印文，曰：「嘻，乃賊物耳。昔張道陵再傳至魯，魯以鬼道教民，自號師君，遂據漢川。垂三十年，方敗于曹操，而歸陽平關，此印所以有『陽平治都公』之文。今有道之世，詎容妖賊苗裔公肆誣罔，以害吾治耶！」于是收治之。聞于朝，毀印。而江左妖學遂息。《能改齋漫録》卷十三。

過昱

1 前剡令過昱，字彦旉，皇祐三年，以祕書郎來知剡事。連值歲祲，出常平錢糴米，以活流民。復割俸麥七十斛爲種，假超化院十餘頃，役饑民耕種之。明年，得麥五百餘斛，民賴以活。熙寧中，昱已亡，〔劉〕彝過故院，與僧追誦欷歔，見民有談及公去，無不泣下。因作《悼賢詩》云：「良田十頃接晴烟，曾假過侯救旱年。俸麥一車開德濟，流民千里荷生全。人嗟逝水今亡已，俗感遺風尚泫然。獨對老僧談舊事，斜陽春色漫盈川。」《宋詩紀事》卷十六引《嵊縣志》。

侯　可

1 侯可寓逆旅，有書生病亟，將爲庸醫所誤。侯與書生無契素，特哀其途窮，輒叱去醫者，自爲調藥餌病。病間，始與之告别。《厚德録》卷二。

王景仁

1 王元規景仁，慶曆末將赴吏部選，一夕，夢一人衣冠高古若術士者，因訪以當受何地、官期早晚。書八字與之云：「時生一陽，體合三水。」既覺，不悟其意也。及注官河南府河清主簿，凡三字皆從水；到官日，正冬至。《澠水燕談録》卷六。

魏　廣　李殿丞

1 嘉祐中，有李殿丞者，知濟源縣，魏廣者主簿，汜水人，二人素相好。一日會府中，李被酒，謂廣曰：「我果宦達，當薦君爲屬。」未幾，倅闕，攝其事；守闕，李又攝之，遂檄廣權幕官，相從益歡。監司以燕會數，俱罷歸故官。廣先去，李餞於東門席上，賦詩有曰：「今日不知明日事，人情反復似車輪。我今自是飄萍客，更向長亭作主人。」蓋當時朝廷文法寬，所用監司皆長者，故能容州縣之吏如此。《邵氏聞見録》卷十六。《宋詩紀事》卷九十六。

畢達

1 英宗山陵，有輦官畢達慟哭於仁宗永昭陵下，曰：「臣事陛下四十餘年，得服役天上，死不恨。」是夕達暴卒。《邵氏聞見録》卷二。